从部落到国家

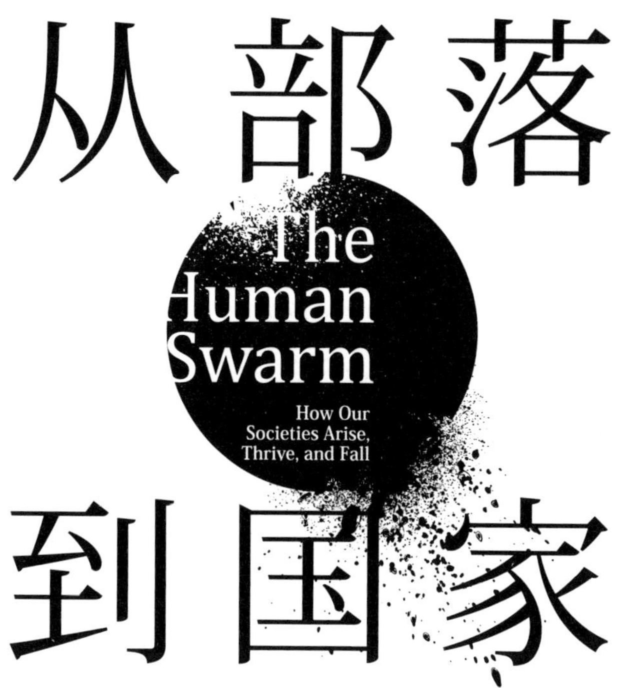

人类社会的崛起、繁荣与衰落

[美]马克 · W. 莫菲特（Mark W. Moffett） 著
陈友勋 译

中信出版集团 | 北京

图书在版编目（CIP）数据

从部落到国家：人类社会的崛起、繁荣与衰落 /
(美) 马克·W.莫菲特著；陈友勋译. -- 北京：中信出
版社, 2020.7 (2022.3重印)
书名原文: The Human Swarm: How Our Societies
Arise,Thrive,and Fall
ISBN 978-7-5217-1756-3

Ⅰ.①从… Ⅱ.①马… ②陈… Ⅲ.①社会人类学－
研究 Ⅳ.①C912.4

中国版本图书馆CIP数据核字（2020）第062062号

从部落到国家——人类社会的崛起、繁荣与衰落

著　　者：[美] 马克 · W. 莫菲特
译　　者：陈友勋
出版发行：中信出版集团股份有限公司
（北京市朝阳区惠新东街甲4号富盛大厦2座　邮编　100029）
承 印 者：北京诚信伟业印刷有限公司

开　　本：787mm×1092mm　1/16　　印　　张：36　　字　　数：666千字
版　　次：2020年7月第1版　　印　　次：2022年 3 月第 4 次印刷
京权图字：01-2019-4278
书　　号：ISBN 978-7-5217-1756-3
定　　价：88.00元

服务热线：400-600-8099
投稿邮箱：author@citicpub.com

谨以本书献给三位人士，

他们在我的人生中极为重要，可谓意义非凡。

—

首先，

是我的导师爱德华·威尔逊（Edward O. Wilson）。

他身上总是洋溢着一种诗意的精神，让人对其敬畏有加。

导师数十年如一日，致力于打通各门科学，

并对众多学生的工作支持不懈，而我的偏执追求也有幸获得了他的理解与支持。

—

其次，

献给已故的伟大学者艾维·德沃尔（Irv DeVore）。

他培养了几代人类学家的批判性思维能力，

并不厌其烦地与我这样一位生物学家进行交流并给予我指导。

我们常常要畅谈数小时之久。

—

最后，

本书要献给梅丽莎·威尔斯（Melissa Wells）——

我出色的妻子和人生伴侣，她总是对我信任有加。

于是我问：

“在考虑政权规模以及领土面积时，

国君要遵循什么样的界限才最为恰当，

并保证自己不会僭越这个界限?”

–

“对此你有何高见?”他反问道。

–

“我将允许国家在有利于团结的前提下扩大疆土。

而这，就是我心目中的最佳界限。”

–

“说得真好。”他赞叹道。

——柏拉图《理想国》

目 录

第四部分

人类匿名社会的深层历史

第五部分

社会功能的正常运转（或异常表现）

第六部分

和平与冲突

第七部分

社会的诞生与消亡

第八部分

从部落到国家

第九部分

从俘虏到邻居……再到全球公民?

导言

只要社会存在，人们就觉得自己在自然界中的地位已然改变，那些社会成员在他们的心目中俨然变成了高尚的人类。不过，虽然对社会的归属感会极大地提升全体成员的自我意识，但这并不意味着他们会高看来自其他社会的成员。相反，在他们眼中，那些其他社会的成员不但行为举止和自己大相径庭，而且有时形象丑恶、面目可憎。每个社会成员都可能把整个其他人群想象成某些非人的，甚至像害虫一样的东西。

他们觉得其他人群卑鄙丑陋，完全应当像虫子一样，被自己踩在脚下踱成碎末，而事实上，这样的例子在历史上不断上演，可谓经久不衰、层出不穷。让我们回到 1854 年华盛顿地区的西雅图。当时，和这座新建城市同名的西雅图（Seattle），是苏奎米什部落（the Suquamish Tribe）的首领。他刚刚聆听了该地区新近任命的州长艾萨克 · 史蒂文斯（Isaac Stevens）在部落长老面前发表的讲话。史蒂文斯通知他们说，所有苏奎米什人都将被迁到一个保留地去生活。于是，西雅图站起身来发表自己的观点。和眼前这个身材矮小的州长相比，西雅图显得高大威猛。他说着苏奎米什方言，首先对本部落与白人社会之间所存在的巨大鸿沟深表痛惜，同时也清醒地意识到历史留给苏奎米什部落的日子已经屈指可数。然而，对于族人的悲惨遭遇，他的态度却显得豁达而又坚忍：“部落新旧交替，国家彼此更迭，就像海浪一样，前赴后涌，永无止歇。这是大自然的发展规律。人类即使心有不甘，也无济于事。”[1]

作为一名野外生物学家，我一直都在思考大自然的发展规律。在探索人类部落和国家的时候，我花了多年时间来对我们称之为“社会”的这个概念进行研究。我总是被一种异己性现象（foreignness）吸引：它能让一些实际上很细微的差别，变成横亘在人们之间的一条鸿沟，并且这种表现还渗透到日常生活中从生态到政治的各个方面。因此，我写作本书的目的就是希望通过考察智人（*Homo sapiens*）以及其他动物所形成的各种社会，尽可能广泛、深入地对异己性现象进行揭示和研究。本书的主要论点可能听起来不甚入耳或让人感觉不适，但人类社会和昆虫社会其实非常相似，二者之间的相似程度甚至超出了我们乐于接受的范畴。

对人类而言，任何一件鸡毛蒜皮的小事都可能是异己性的表现，比如我在这方面就有很多亲身体验。当我在印度拿食物的手不对时[①]，旁边围观的人们一脸羞愤。在伊朗，当我点头表示自己同意时，殊不知这个动作在当地代表着反对。在新几内亚高地，我和全村的人坐在长着苔藓的地面上观看一台老掉牙的电视中播放的《布偶秀》，而这台电视居然是靠一节汽车电池来提供能源。当一只猪——它可是当地百姓敬畏的神兽——穿着裙子和高跟鞋在屏幕上跳华尔兹时，当地的男女老幼都用一种嘲笑的神情看着我，因为他们知道我来自美国，而这个《布偶秀》节目就是在美国制作出来的。在斯里兰卡泰米尔民族冲突期间，我费尽唇舌才得以从机关枪下逃脱。当满腹狐疑的玻利维亚官僚试图弄清眼前这个奇怪的家伙究竟是谁、在他们国家干什么勾当，以及是否该允许我这么做时，我吓得直冒冷汗。回到家乡，我也看到

① 在印度文化中，右手代表尊贵，所以他们用右手握手表示友好，也用右手抓食物吃；而左手代表肮脏，所以他们用左手擦屁股。当地人如果看到有人用左手拿食物，会觉得此人没有文化、亵渎神灵。——译者注

美国同胞对外国人同样表现出不适和困惑，有时甚至对他们充满愤慨。出于本能，双方都认为自己对面的家伙极为怪异，尽管他们同样身为人类，彼此其实有着太多的相似之处，比如都长着双臂和两腿，心中都充满了对爱情、家庭和亲人的渴望。

在本书中，我把社会成员的身份视作人类自我意识中的一个特殊组成部分（特别是在最后几章中）。这一点应当与种族（race）和族群（ethnicity）一起加以考虑，因为后面这两种认同感也会在社会中发挥重要作用并激起我们的情感共鸣。与构成我们身份认同感的其他方面相比，我们把社会——以及种族和族群——的重要性放到如此显著的位置，似乎显得有些荒谬。例如，诺贝尔经济学奖获得者、哲学家阿马蒂亚·森（Amartya Sen），就曾试图解释人们为何愿意把自己融入一个凌驾一切的群体身份当中。阿马蒂亚·森以在卢旺达发生的致命冲突为例，深感痛惜地指出："一名来自首都基加利的胡图族劳工可能会在当地主流舆论的影响下，认为自己只是一名胡图族人，并被煽动杀害图西族人。然而事实上，他不仅是胡图族人，也是基加利人、卢旺达人、非洲人，以及劳工中的一分子和整个人类中的一员。"[2] 诸如此类的细节问题将是后面章节要讨论的主题内容之一。当人们对社会的所属性质或它究竟代表哪方利益的信念出现分歧时，怀疑就会产生，而信任也将坍塌。

于是你会想到"部落主义"（tribalism）这种说法，它指的是人们被任何相同的事物吸引到一起，无论是出于对赛车的共同热爱，还是对全球变暖的一致否认。[3] 以这种宽松方式使用的部落概念，是许多畅销书中经常出现的一个主题。然而，当谈到一个新几内亚高地的部落，或者谈到涉及我们与社会之间关系的部落主义时，我们指的其实是一种终生维系的归属感，想到的是它如何激发出人们心中的爱意和忠诚。不过同时，我们还会想到在处理与外来者之间的关系时，这种归属感也会促使我们心生仇恨、产生破坏的想法或者充满绝望之情。

在讨论这些主题之前，我们将回到一个最基本的问题上，那就是：什么是社会？正如我们将会看到的那样，社会和社交——积极地与他人产生联系的行为——之间存在一个主要差别，并且在自然界中不太常见，因为我们所谓的社会其实就是一个个的独立群体，其成员由某个物种构成，还可以世代延续下去。虽然人们对于自己身为何种社会成员没有选择的余地，但关于其中哪些是重要社会成员，通常都心知肚明。而外来者，其外表、口音、手势及他们对周围事物所流露出的种种态度，包括对猪的看法以及是否把接受小费视为一种对自己的侮辱，都已经表明他们身上的异己性特征。这是显而易见、不会弄错的，因此他们很难得到当地人的认可。因此，在许多情况下，外来者只有接受时间的洗礼，经过几十年甚至几个世纪之后，才能完全融入当地社会。

除了家庭之外，社会也是我们最经常宣誓效忠、为之战斗，甚至不惜牺牲的一种组织形式。[4] 但在日常生活中，社会的首要地位倒是表现得不太明显，它只是形成我们自我意识的部分内容，也给我们比较他人与自己的不同之处提供了条件。在日常生活中，我们往往会选择加入政党、书友会、扑克俱乐部，以及青少年团体等各种组织。甚至坐同一辆观光巴士的游客也会暂时团结起来，觉得自己这辆车上的旅伴比其他车上的游客更有存在价值。并且，这可以让我们作为一个团队而共同努力，从而卓有成效地解决当天可能遇到的种种问题。[5] 加入群体的倾向凸显出我们作为人类的个体特征，并且一直作为一个长盛不衰的话题而受到广泛的研究。与此同时，我们的社会以自己的节奏继续运行，其表现一如既往，波澜不惊、自然平常，就像我们的心跳和呼吸一样容易被人忽视。当然，在民族艰难或亟待唤醒隐藏在人们身上的爱国热忱之时，社会的价值就得以凸显。发生一场战争、遭受恐怖袭击，或者一位领袖的去世，都可能对一代人产生深刻影响。但是，即使在和平年代，社会也为我们的生活定下基调，影响我们的信仰，并为我们个人提供广阔的活动背景。

如果你对不同社会——无论是像美国这样横跨大洲、人口众多的国家，还是位于新几内亚的原始部落——之间有时出现的不可逾越的差异现象进行思索，就会发现一些极为重要的问题。难道社会的出现以及将他人贴上其他群体标签的做法是“大自然发展规律”的一部分，因此也就属于无法避免的自然现象吗？由于自我优越感的束缚，加上易受来自其他群体的敌意的影响，每个社会是否注定就像西雅图所认为的那样，要么会与其他社会发生矛盾冲突，要么社会成员之间会产生一种疏远感，这种感觉会逐渐蔓延，从而使社会在经历一番痛苦的挣扎之后而走向衰落？

我写本书的目的就是想回答这些问题。对这些问题的争论覆盖的知识面极广，涉及自然历史学、史前考古学，以及人类变化无常的文明进程——从苏美尔的泥墙到脸书上浩瀚的电子资源，等等。行为科学家惯于在狭窄的语境框架中梳理人类的互动特征，例如通过使用策略游戏来阐明我们如何对待彼此的关系。但我试图联系更广泛的学科背景来开展研究。了解社会的起源、运行和解体——社会出现的历史必然性、社会产生的具体过程，以及社会所具有的重要意义——将会让我们了解生物学、人类学和心理学中的最新成果，其中还会涉及一些哲学知识。

当然阐述中少不了借鉴历史知识，尽管这些历史知识更多是用来揭示社会的发展模式，而不在于它所提供的细节信息。每个社会都留下了一些关于自己的传奇故事，但我认为，可能存在一些共同的作用因素，这些因素既可以将社会维系成一个整体、促进其茁壮发展，也可以导致它分崩离析、走向瓦解。实际上，无论是通过征服、嬗变、同化、分裂还是灭亡，所有社会——无论其成员是动物还是人类，是低调的狩猎-采集者还是工业巨头——都将走到生命的尽头。由于人类的生命如昙花一现、极为短暂，因此很容易忽略一个事实，即人类社会也不会永恒存在，也具有生命周期。社会的衰亡不是由于有不怀好意的邻居在周边虎视眈眈，或者是由于环境恶化所致，也不是由于人们本身的生命短暂，而是因为社会成员呈现给彼此以及世界的身份在短时间内发生了改变。人与人之间出现的差异至关重要，正是这些差异慢慢将人们曾经熟悉的事物变成了陌生的东西。

人类与社会的联系有着深厚的渊源，这可以追溯到我们过去作为动物的那段历史。然而，我试图借鉴心理学，用成员身份（membership）来描述社会，这意味着人类群体之间可能出现内外之分（ingroup and outgroup），但这种做法在生物学领域显得不合时宜。例如，我的生物学同事们往往就讨厌谈论社会，虽然他们很少明确承认这一点。比方说，尽管量词为描述许多物种社会提供了具体的表达词汇（例如，猴子和大猩猩是“一群”，狼和非洲野狗是“一窝”，斑点鬣狗和猫鼬是“一堆”，而马匹则是“一队”），但研究人员经常避开这些特定字眼，而简单地使用“一组”来加以概括，结果导致无论说话者的表达还是听话者的理解都不够清晰。试想一下，我曾经坐下来聆听一位生态学家发表的演讲。他谈到一群猴子被“分成两组”，后来“其中一组与另外一组发生了冲突”。结果我费了好大的劲儿才终于弄懂他要表达的意思，原来他想说的是：一群猴子的所有成员先分成两路，朝着不同的方向前进，结果这群猴子中一半的成员遇到另一群猴子并与之打了起来。毋庸置疑，一群猴子也是一个群体，但它是一个非常特殊的群体，是一个由稳定的成员构成的封闭群体，于是就可以和其他猴子分隔开来，从而不仅值得猴群的所有成员为之战斗，而且值得拥有一个特殊的术语来加以标记。

一旦一组——或者一队、一窝、一群——物种具有了这种独特身份，它就超越了只是通过繁衍后代而建立起来的普通关系，成为社会的一个组成部分，从而可以从这个社会中获得诸多利益。我们和这些动物有什么共同特点？我们人类之间存在什么样的个体差异？更值得讨论的是，这些差异重要吗？

虽然借鉴动物王国有助于阐明社会的价值，但不足以解释人类是如何发展到今天这种地步的。虽然在世界上的大多数人看来，当今这些伟大国家的出现，似乎是自然而然的事情，但其实它们并非历史发展的必然产物。在繁荣的文明出现之前（我指的是拥有众多城市和标志性建筑的社会），我们人类社会也在地球表面辗转迁徙，寻找一片可以安身立命之地。不过当时社会的规模要比现在小得多，比如当时的人们生活在部落里，依赖简单的菜园和家养动物为生，或者作为狩猎－采集者从野外获取食物。这些社会就相当于当时的国家。而我们每个人的祖先都曾与它们有联系，因为追溯到远古时代，那时所有人都是狩猎－采集者。事实上，生活在新几内亚、婆罗洲、南美雨林、撒哈拉以南的非洲地区以及世界其他地区的许多民族，都和一个部落中的几百或几千人保持着基本联系，而这个部落在很大程度上独立于其国家政府。

为了描述最早的社会，我们可以从最近几个世纪的狩猎－采集者和考古记录中寻找证据。现在这些让我们深感自豪的广袤国度，会让我们那些身为狩猎－采集者的祖先感觉不可思议。我们将探索是什么因素在推动社会朝着这方面发展，并且，尽管如今的社会已经变得如此浩瀚广大，其中大多数成员彼此都不认识，但他们仍旧歧视外来者。当代人类社会的一个特点是具有随意性和匿名性，这看似无关紧要，实则具有举足轻重的意义。你走进一家满是陌生人的咖啡馆，却没有引起任何人的关注，这看似微不足道，却是我们人类取得的“最不受重视”的成就之一，它将人类与大多数其他可以构成社会的脊椎动物区分开来。那些物种的成员必须能够识别它们社会中的其他个体，而这是大多数科学家都忽略的一个限制因素，不过它也解释了为什么狮子或草原犬鼠不能建立起横跨大陆的动物王国。我们能够与社会中不熟悉的成员融洽相处，这不但给人类带来了诸多方便，更使国家的出现成为可能。

组成现代人类社会的成员众多，并且大家可以万众一心，这在比指甲盖大的所有物种的生命史中，可谓绝无仅有、独树一帜。然而，我关注的对象是一些更小的生物，其中包括群居的昆虫，（从个人偏好而言，）蚂蚁就是这方面的典型例子。我是在圣迭戈附近的一个小镇上看见一个长达数公里的战场时，脑海中才开始产生写作此书的想法的。当时在那里，我目睹了两支阿根廷蚂蚁组成的超级战队，每一方都有数十亿只蚂蚁，在为保卫自己的草皮而战。早在 2007 年，这些小家伙就让我想到了一个问题：大量的个体，无论是蚂蚁还是人类，如何才能真正成为一个社会？本书将在讨论中指出：蚂蚁采用的手段几乎和人类如出一辙，它们在社会中依靠匿名方式来对彼此的行为做出回应。而这就说明，我们——以及它们——作为个体，不需要相互熟悉也能保持自己社会的独特性，而此种能力为人类超越其他大多数哺乳动物社会所遭遇的规模限制创造了可能性。这方面最早的例证出现在狩猎 – 采集者社会，它们后来发展到可以容纳数百人的规模，并最终为历史上出现大型国家铺平了道路。

但匿名社会是如何实现的呢？我们如果要用像蚂蚁那样的方式来识别彼此，就得借助一些共同特征来将其他个体标记为自己的同伴。这些标记虽然在蚂蚁中只是一些简单的化学物质，但在人类当中就变得复杂了，从衣服到手势和语言之类的很多内容都可以被包括在内，而且这些还不足以完全解释是什么将我们的文明组合在一起。与智力低下的蚂蚁相比，有利于扩大人类社会的条件显得既严格又脆弱。人们从他们的心理工具箱中找出其他久经考验的技能，以适应社会中涌现出越来越多同伴的情况。比如，通过工作和其他区别（我们的群体性）来强化个体差异就是其中的一种工具。也许更令人惊讶的是，我将讨论的不平等现象的出现，尤其是在领导人的崛起过程中的表现对于一个社会的人口建设同样重要。我们将这类现象视为理所当然，但其实这种现象在狩猎 – 采集者中表现出的差异很大，因为在狩猎 – 采集社会中，有些人虽然居无定所，但内部成员之间却是平等的关系。

一个社会中各个种族和族群的共存，主要开始于农业时代，是我们在前面所提到的愿意接受个体差异——甚至包括接受他人权威——的一种扩展或延伸。先前的一些独立群体聚集起来形成联盟，这在狩猎 – 采集者团队中简直是闻所未闻、令人匪夷所思的。事实上，在其他物种中也没有出现过类似情况。如果人们不能重新调整他们的生存认知方式，从而接纳并适应不同的种族群体，那国家就失去了存在的根基。人们对差异性的容忍必然会产生一些压力，这些压力最终会对社会产生强化作用，但也可能对社会产生破坏和冲击。因此，虽然多民族成功融合算得上好消息，但这也只是就历史本身的发展进程而言，因为民族融合会产生自我中心主义（we-ness），而它是导致群体暴乱、种族清洗和社会大屠杀的根源。

我在写作本书时，自始至终希望能激发读者对一些神秘现象产生兴趣，其中一些现象意义非凡，而其他现象虽然表现得奇特怪异，但仍然不失启迪作用，并能够发人深省。比如后文将提到，非洲热带稀树草原上的大象会形成自己的社会，而亚洲象则不会这样。我们还将讨论一个奇怪的问题：既然人类和另外两种猿类——黑猩猩和倭黑猩猩——在生物学上具有如此密切的亲缘关系，那为什么蚂蚁会做各种各样“人类的”事情，比如修路、制定交通规则、拥有清洁工，以及进行流水线工作……而那些猩猩却不能这样做。我们将考虑猩猩发出的那种被称为喘啸（pant-hoot）的原始叫声是否标志着我们的祖先朝着挥舞爱国旗帜的方向迈出了最初的一小步，并且这种行为在某种意义上，也是形成我们今天这些超级大国的基础。此外，身为一个外国人，我怎么就能无视人种的差异到其他国家和地区继续进行自己的研究，而大多数动物，包括蚂蚁在内，就不能做到这一点呢？或者，对历史爱好者来说，值得他们考虑的一个问题是：当时大多数南方人仍然认为自己是美国人，是否对美国内战的结果产生了影响？

萧伯纳①曾这样写道：“爱国主义的本质乃是一种信念，即一个人由于出生的关系而认定自己的祖国在世界上最为优秀。”[6] 如果人的秉性就是深深眷念自己的社会，对其加以美化讴歌，不惜经常轻视、怀疑、贬低甚至憎恨来自其他社会的成员，会产生什么样的后果呢？这是我们人类表现出的不可思

① 萧伯纳，全名乔治·伯纳德·萧，爱尔兰剧作家，1925 年获诺贝尔文学奖。——编者注

议之处，也是促使我写作本书的原因之一。当人类社会的规模从小到大不断发展时，我们对别人是否适合该社会保持着一种直觉性的认识。是的，我们可以和外国人建立友谊，但他们身上的异己特征并不会因此消除。无论是好是坏，这种区别依然存在——同时社会内部也存在着同样明显并且往往带有破坏性的区别特征。对此，我希望自己能解释其中的原因。因为我们对待相同和不同事物的态度极为重要，它决定了社会的性质和未来的发展方向。

本书的写作之旅

本书的写作之旅不是一路到底的平坦大道，而是沿着许多纵横交错的小径逐步展开。我们会不时回头，从新的角度来研究、借鉴生物学和心理学等学科知识。我们的讨论并不总是按时间顺序进行编排。为了掌握人类的行为和想法，我们参考的对象不仅包括人类历史，还包括我们的进化历史。考虑到我们的写作之旅路途蜿蜒，会在许多不同的登陆地点之间穿梭前行，因此有必要对后文将要涉及的主要内容做一下简单的介绍。

我把本书分成九个部分。第一部分的标题是“接纳与认可”，这部分内容涵盖了广泛的脊椎动物社会，并重点关注哺乳动物。其中，第一章考虑合作在社会中的作用，但我将努力证明它不如身份问题重要，因为社会是由具有丰富人际关系的不同个体组成的，所有成员之间的关系并非都融洽和睦。第二章针对的是其他脊椎动物，特别是其中的哺乳动物，我将主要阐明尽管社会内部的合作关系存在诸多不完善之处，但社会仍能通过满足需求并提供保护来让成员从中获益。第三章探讨了动物在同一社会内部以及不同社会之间出现的流动现象，如何有力地保障了各个动物群体的成功运行。其中一种形式多样的活动模式，即裂变 – 融合，会创造出一种活力机制，而这有助于解释某些物种中出现的智力进化，其中最明显的就表现在人类身上，而且这个主题将在本书中反复出现。第四章研究在大多数哺乳动物所组成的社会当中，成员之间的相互了解必须达到什么程度，才能让它们的社会得以维持下去。在这里，我揭示了许多物种组成的社会所面临的一个限制因素，即所有成员，无论彼此是否情愿，都必须以个体的身份相互了解，而这将它们的社会限制在最多几十个成员的规模。既然如此，那后来人类是如何摆脱这种限制的，就成了一个有待探讨的谜团。

第二部分“匿名社会”，把研究对象锁定在一组容易突破这种数量限制的生物身上，它们就是：群居昆虫。我的写作目标之一是希望读者明白进行这些比较的重要意义，从而消除他们对将昆虫比作“高级物种”，尤其是和人类扯上关系可能产生的任何厌恶之情。第五章阐述随着基础设施和体力分工等特征日益复杂，昆虫社会的规模变大，从而导致社会复杂性也普遍攀升，而人类社会中也出现了类似的趋势。第六章研究了大多数群居昆虫，以及一些脊椎动物，如抹香鲸，它们是如何通过使用标志其身份的事物来表明自己与社会之间的联系的。比如，蚂蚁是借助身上的化学物质（气味），而鲸鱼则是通过发出某种声音。这些简单的技术不受记忆的限制，因此允许某些物种的社会可以达到巨大的规模，在较为罕见的情况下，其成员数量甚至可以无限制地发展下去。接下来的一章“匿名人类”则阐述了人类是如何使用相同的方法的：我们可以娴熟使用每个社会都易于接受的那些标记信息，其中包括一些极为微妙，甚至只有在潜意识中才能加以区别的行为特征。通过这种方式，人们可以在被我称为“匿名社会”的社会中与陌生人交往联系，从而打破制约社会发展规模的隐形上限。

第三部分“近代以前的狩猎–采集者”包括三章内容，探讨农业出现之前我们人类的社会状况。我研究了近代以前的狩猎–采集者的生活方式，研究对象既包括那些规模甚小、四处游走的流浪团队，又包括一年大部分时间甚至长年累月定居生活的群体。虽然游牧民族已经被学者们广泛关注，并被视为反映我们祖先生活状况的黄金标准，但一个很有说服力的结论却是：上述两种生活方式都处于人类的选择范围之内，并且很可能追溯到我们人类的起源时期。我们还可以得出一个结论：狩猎－采集者不是以古老方式生活的古老民族。相反，这些人应当被认为与我们基本上没有什么不同，甚至可以说，他们就是能够“用现在时态”进行描述的人类群体。尽管在过去的1万年中，人类出现了持续甚至快速进化的迹象，但自第一个智人出现以来，人类的大脑显然没有进行过任何根本性的重组。[7] 这意味着，无论人类针对现代生活做出了什么调整，我们都可以根据文字记录的历史来审视狩猎－采集者的生活方式，并把人类社会早期的本质特征视为构建我们现在社会的基石。

我们最感兴趣的是过着游牧生活的狩猎－采集者和过着定居生活的狩猎－采集者之间的巨大差异，因为前者具有平等思想，通过集体讨论来解决问题，而后者的社会中则出现了领袖人物、体力分工以及财富不均。以游牧为生的狩猎－采集者的社会结构表明人类具有一种心理多样性，这种多样性在我们身上至今传承不息，虽然今天大多数人的行为表现更接近于那些采取定居生活的狩猎－采集者。第三部分得出了两个结论：一是狩猎－采集者形成了不同的社会结构；二是这些社会和现代社会一样，是通过身份标记来加以区分的。

这意味着，在遥远的过去，我们的祖先肯定采取了一种至关重要但迄今为止一直被人忽视的进化措施，即利用身份标志来形成社会，而这种方式随着时间的推移，会让人类社会发展成更大的规模。为了寻找其中的发展线索，第四部分用了整整一章，带我们穿越到过去的历史中，还仔细研究了现代黑猩猩和倭黑猩猩的行为特征。在此，我提出一个假设，即猿类在发声方面所发生的一种简单转变，形成了它们的原始叫声，结果这种声音成为它们识别自己社会成员的必备工具。在遥远的过去，这样的转变或者类似的情况，很容易发生在我们祖先的身上。后来，越来越多的标记特征被添加到这个最初的“识别密码”中，其中许多与我们的身体相关，从而将我们的血肉之躯转变成一种公告牌，向社会展示自己的人类身份。

在研究了身份标志产生的历史之后，我们可以进一步探索隐藏在这些标志以及社会成员身份背后的心理学内容。第五部分“社会功能的正常运转（或异常表现）”共有五章，回顾了关于人类大脑研究中一系列令人着迷的发现成果。虽然这方面的大多数研究都集中在种族和族群上面，但它们也应当适用于研究社会。其中一些议题包括：人们如何看待其他群体所拥有的一种潜在本质，这种本质使社会（以及种族和族群）显得如此重要，以至于他们认为这些群体就像独立的生物物种一样；婴儿如何学会识别这些群体；刻板印象在简化我们与他人互动中所起的作用，以及这些刻板印象如何与偏见联系在一起；此外，偏见是如何不由自主、不可避免地被表达出来的，这常常导致我们将外来者视为其族群或社会中的一员，而不是将其视为一个独特的个体。

我们对他人的心理评估是多种多样的，包括我们倾向于认为外来者“低于”自己的同胞，甚至在某些情况下根本就不把他们当成人类对待。第十五章阐述了我们如何把对他人的心理评估扩大升级，并将其应用于对整个社会的评价当中。人们认为异族群体的成员（以及自己社会的成员）可以作为一个统一实体，并具有相应的情感反应和追求目标。第十六章回顾了我们在社会心理学和基础生物学中的一些研究成果，并提出了一个更广泛的问题，即家庭生活是如何融入社会中的。例如，社会是否可以被理解为一个大家庭。

第六部分名为“和平与冲突”，讨论了社会之间的关系问题。在第十七章中，我提供了一份来自自然界的证据，该证据表明虽然动物社会不需要发生冲突，但它们之间相安无事的情况也相对较少，即使有也只存在于少数物种当中，并且这些物种所处的环境几乎不存在任何竞争关系。接下来，第十八章把重点放在狩猎－采集者身上，考察了社会之间除了和平相处之外，还包括积极合作的现象，这二者是如何成为我们人类的选择的。

第七部分“社会的诞生与消亡”研究社会是如何形成以及如何分裂的。在对人类展开研究之前，我还调查了动物世界，得出的结论是，所有社会都会经历某种生命周期。虽然正如我们将看到的那样，新社会的形成也可能是由其他一些机制导致的，但对于大多数物种的社会而言，“新陈代谢”的关键因素是现有社会的分裂。来自黑猩猩和倭黑猩猩的证据得到了其他灵长类动物数据的支持，这表明在出现分化之前长达数月或数年的时间之内，社会上已经出现了一些派系，而它们的出现加剧了社会的动荡并最终导致社会分裂。通常在长达几个世纪的时间里，人类也形成了一些派系，但其中有一个关键的区别：让人类派系相互决裂的主要因素是当初将一个社会联系起来的标记不再被认同，这导致社会成员认为自己和他人不属于同一类人。这一部分阐述了人们对自己身份的看法是如何随着时间的推移而逐渐发生变化的，并且这种变化在史前是无法被阻止的，其主要原因在于狩猎－采集者之间沟通不畅。因此，狩猎－采集社会尽管在今天看来规模很小，但也注定会发生分裂。

我在第八部分“从部落到国家”中阐述的社会变化情况，使社会具有了扩展为政权（国家）的可能性。一些狩猎－采集者定居地以及进行简单农业生产的部落村庄，朝着这个方向迈出了第一步，因为它们的首领开始扩张自己的权力，控制周边相邻的社会。我首先描述这些部落是如何演变为多个村庄的，但每个村庄在很多时候都独立行动。这些联系松散的村庄的首领，并不擅长维持社会团结和防止社会崩溃，其中的部分原因是他们缺乏让人民与社会保持一致的手段，比如道路和船只等，这些手段可以将人们与他们的同胞在其他地方的所作所为联系起来。这种发展还要求扩大社会对周边其他领土的控制。兼并领土并不会以和平的方式进行：在整个动物界，我几乎没有发现它们的社会出现自由融合的蛛丝马迹。人类社会开始相互征服，从而将外来者纳入自己的统治范围。其他物种也偶尔会有成员转移，但在人类社会中，随着奴隶制的出现，以及最后对整个群体的集体性征服，这种转移现象发展到了一个新的高度。

既然我们了解了推动小社会发展为大社会——包括今天的国家——的历史因素，那么第二十三章就对这些社会是如何走向灭亡的进行了分析。通过征服而形成的社会所具有的典型特征，并不像我们之前分析狩猎－采集者时所看到的那样，表现为各个派系之间的决裂，也不表现为社会的完全崩溃——尽管这种情况可能发生，而是表现为一种社会分裂现象，并且几乎总是大致沿着组成该社会的各个民族以前的领土界线展开。大社会并不一定比小社会持续得更久，其平均寿命才几百年而已。

最后一部分带领我们沿着迂回的路线继续探索前进，这条路线导致了种族和族群的崛起，但有时也导致在当前的民族身份认同之中出现一些错乱现象。为了成为一个相互联系的整体，一个征服者社会必须改变自己以前控制独立群体的那套做法，转而将他们接纳为自己社会中的新成员。但这需要调整人们之间的身份。在这场身份转换当中，少数民族群体得适应人数居多的主导群体——因为后者属于统治阶层。在绝大多数情况下，由于是后者建立了社会，因此他们不但可以控制这个社会的身份特征，而且垄断了大部分社会资源和权力。但这种社会同化作用只能在一定程度上得以实现，其原因在于：不同的种族和族群——正如本书在前面阐述个人和社会时所展示的那样——在一起感觉最舒适的前提是他们得拥有一些共同点，但同时相互差别又得足够大，可以将其区分开来。不同的少数群体之间也出现了身份差异，并且这方面的差异可能会随着时代的发展而发生改变——尽管主导群体几乎总是牢牢控制着社会大权。少数民族群体的成员要被接纳为社会成员，先得允许他们与主导群体混合起来，但并非所有以前的社会都允许人口之间进行这样的地理融合。

第九部分中的第二十五章讨论了现代社会如何通过移民的方式，使大量外来者能更友好地融入进来。但进行移民并不容易，并且像过去的情况一样，移民在社会中只能获得较少的权力和较低的社会地位。如果他们从事的工作能减少与其他社会成员之间的竞争，同时又能给自己带来一种价值感和荣誉感，那他们遭到的社会排斥、抵制就会较小。移民往往得把自己在民族家园中曾经珍视的身份特征进行重塑、改造，以使自己可以融入新的更广泛的种族群体中。新加入社会的成员需要先转变自己的观念，但他们可以接受这种转变，因为在新的社会中自己可以获得更广泛的社会支持。这一章最后描述了公民身份的获取标准与人们对社会成员是否享有合法地位的心理评判之间如何逐渐产生偏离。人们对后者的判断，在很大程度上受自己对一个问题所持态度的影响，即社会在供养异族个体或人群与保护自身利益方面，到底该扮演多重要的角色？人们对该问题的不同态度，分别与爱国主义和民族主义有关。社会成员在这个问题上所凸显的个性差异，对于一个正常社会来说可能是必然现象，尽管它也是导致出现今天成为头条新闻的那些社会冲突的原因之一。鉴于存在这些压力，最后一章“社会出现的必然性”掀起了关于社会是否有必要存在下去的讨论。

在本书中，我做了一些力所能及的推理，但我先得承认，想对社会进行统一研究，只是一个遥不可及的梦想。一种最常见的情况是，学术研究通过将知识领域划分为壁垒森严的各种学科，如生物学、哲学、社会学、人类学以及历史学，培养了人们对某些思维方式的习惯性关注以及对陌生学科的蔑视之情，从而在知识的每个角落都留下了很大的争论空间。例如，“现代派”的历史学家将国家视为纯粹的近代产物。但在我看来，建国立邦是一种历史悠久的传统做法。一些人类学家和社会学家的观点更为激进，他们认为社会完全是可有可无的，只有当人们认为此举符合自身利益时才会结成这样的联盟。然而我想说的是，对我们的幸福安康而言，获得社会成员身份就像寻找伴侣或疼爱孩子一样重要。我这样说，也许会让我所在的生物学领域中的一批专家学者感到不安。我曾听到一些生物学家坚决反对这样的观点——社会应当被视为由不同身份和成员构成的群体组织，因为他们发现自己研究的物种不完全符合其中的标准。然而，这种强烈的反应其实比任何事物都更清楚地表明了“社会”一词所具有的重要影响。

撇开专家之间的争论不谈，每位持不同政治观点的读者都会在如今的科学当中发现既有好消息，又有坏消息。但是，无论你持什么样的社会观点，我都恳请你考虑一下那些超出自己平时兴趣的领域所提供的见解，因为这样你才能知道自己所存有（通常隐藏在潜意识里）的偏见，以及周围人群所存有的偏见——这在大众之中表现得非常明显——会如何影响你所在国家的规划决策以及你与他人之间的日常行为。

第一部分

接纳与认可

第一章

–

何谓社会：来自正反角度的观察

来到纽约中央火车站，如果你从中央大厅的楼梯顶上往下看，就会发现在闻名遐迩的四面钟下，人群像潮水一样，摩肩接踵、川流不息。他们踩在用田纳西州大理石铺就的地板上，发出短促尖锐的脚步声，脚步声和他们说话的喧嚣声混杂在一起，听起来时高时低、此起彼伏，犹如海浪冲击着海螺，给人一种空旷幽深、荡气回肠的感觉，令人难以忘怀。拱形天花板上的壁画，描绘的是纽约10月的一个夜晚的璀璨星空，其中2500颗星星被永久地定格在固定的位置上，与下面人类的喧嚣形成极其鲜明的对比。

人潮如织，川流不息，其中的三教九流形形色色，有的仅仅是一面之缘、擦肩而过，有的则三五成群、交头接耳，但却不失为反映整个人类社会的缩影：这里的人类社会并非人们之间形成的一种自愿性协会，而是一种持久性组织，它需要占有一片领土并能激发居民的爱国热情。当我们说起这样的社会时，你可能会想到美国、古埃及、阿兹特克人，或者霍皮族印第安人。这些群体是人类生存的核心内容，也是构成我们集体历史的基石。

那么，构成一个社会的人口，应当具有哪些特征？无论此刻你想到的是加拿大、中国的汉朝，还是亚马孙部落，甚至一个狮群，你都会发现：社会是一个独立群体，由一些个体组成，而组成社会的个体并不局限于一个简单的家庭——里面包括父母，以及他们繁衍出的一群后代——这些家庭成员基于这一共同身份而与其他的类似群体得以区分，并且能够把这种共同身份世代延续。事实上，一个社会最终可能会衍生出其他这样的社会。比如，美国从英国独立出去，或者一个狮群分化成两个，就属于这种情况。最重要的是：组成社会的成员变化很小，社会要发生变化也很困难；这样的组织是封闭的，或者说是“有界的”（bounded）。尽管各个成员对社会的归属感会有所不同，但与其他所有集体意识相比，大多数人都对社会要重视得多。当然，这得把他们与家庭的关系排除在外。社会对于成员的这种重要性体现在：如果形势需要，人们愿意为捍卫社会而努力奋斗，甚至不惜牺牲生命。[1]

一些社会科学家认为社会主要是政治便利的产物，是在最近几个世纪才出现的。一位持有这种观点的学者是已故的历史学家兼政治科学家本尼迪克特·安德森（Benedict Anderson），他将国家视为“想象共同体”（imagined communities），因为其中的人口太多，以至于每位成员根本无法与其他所有成员进行面对面的交流[2]。事实上，我赞同他的基本想法。通过把“我们”（归属于同一组织的成员）和“他们”（不属于这个组织的人员）区分开来，“共同想象”（shared imaginings）足以帮助我们创造出一个真实而整齐的社会实体。安德森还指出，这些虚拟身份是现代环境和大众媒体共同作用下的人为产物，但这一点是我和他的分歧所在。我们的共同想象用一种精神力量来约束人们，其有效性和真实性丝毫不亚于将原子束缚在分子上并让二者都转化为实体的那种物质力量。实际上，这种情况一直存在，亘古未变。“想象共同体”的概念不仅适用于现代社会，也适用于我们祖先经历的所有社会，很可能从遥远的史前人类社会以来，就一直如此。比如狩猎–采集社会就是由一种共同的身份感维系在一起的，不依赖于成员之间建立一对一的关系，或者正如我们下文将要考察的那样，狩猎–采集社会根本就不需要其中的成员彼此了解；在其他动物当中，社会也在成员心目中得以牢固体现，并且它们对社会的概念也纯属想象。但产生社会所需要的这种与生俱来的本能，并没有使人类与社会之间的联系显得原始粗糙，或者说缺乏人类特征。虽然所有社会都根源于自然，但让社会繁荣发展的种种方式都显得精巧复杂且意义非凡，其中显然反映出我们这个物种才具有的行为特征，而这正是本书将要探讨的主题之一。

我的上述观点应当总结了大多数人在谈论“社会”时脑海中会涌现的想法。当然，任何一种表述都要容纳一些例外情况，而我们知道：没有哪个动物社会可以和人类社会画等号，就像没有两个人类社会能完全等同一样。我想向那些希望在这方面划清界限的人申明，最能体现一个定义作用的地方在于：当出现让它不太适用的异常情况时，我们能从中获得多少启迪。说得更为极端一些，除了用数学方式和其他抽象概念表述的定义之外，其他定义都注定会遇到让它失效的情况。比如：你让我给你看一辆汽车，而我给你看的却是汽车破碎之后形成的一堆垃圾（虽然它也许在机械师的心目中仍然算一辆汽车）；天文学家让人们看一颗星星，但手指的方向却是一团积聚起来的过热尘埃。所以，判断一个定义是否准确的标准，不仅在于看它能否清晰地界定一组事物，同时还要看当事物存在概念混淆时，该定义是否失效。[3] 因为国家的存在，使我对社会的定义，即以多重身份及大量信息汇聚而成的分散的组群，发生了改变。例如，尽管伊朗政府压制其境内库尔德人的群体身份，但仍将许多库尔德人算作伊朗公民，而与此同时，这些库尔德人却认定自己是一个独立的国家，并声称对自己的领土拥有权利。库尔德人认定的身份与他们所处的社会相冲突，这样的例子能帮助我们认识到：随着时间的推移，一些因素可以进一步增强和扩大当前社会，或者恰恰相反，促使旧社会发生分裂并催生出新的社会。[4]

我所在的生物学领域有许多专家，此外还有一些人类学家，他们也给出了不同的社会定义，只是他们不是从身份的角度来进行描述，而是将社会定义成一种以合作方式组织起来的团体。[5] 虽然社会学家承认合作对于一个社会的成功至关重要，但是在该领域中，直接将社会等同于合作体系的观点已经极为罕见。[6] 尽管如此，人们在思考社会问题时还是容易犯这样的错误，其中的原因显而易见：在人类进化史中，合作一直是保证我们生存的核心内容。人类的合作超越了其他动物，大大提高了我们为实现共同目标而交流思想并领会他人想法的能力。[7]

联系社会成员的纽带

合作与社会身份认同（social identity）不一样，它是构成社会的一个基本特征，也是社会得以区分的基础。我们可以从研究人类学家提出的一个关于智力起源的假说开始。该假说认为：随着人类大脑变得越来越大，我们的社会关系也同样不断增长，二者互为因果、彼此影响，促使它们都发展出更大的规模和更复杂的程度。[8] 牛津大学的人类学家罗宾·邓巴（Robin Dunbar）指出：一个物种大脑的大小——确切地说，应当是大脑新皮质的体积——和该物种个体能够维持的社会关系的平均数量之间存在关联。根据邓巴的数据，我们的近亲黑猩猩能够保持大约 50 个合作伙伴或盟友关系：它会把这 50 个最能和自己慷慨合作的黑猩猩视为朋友。[9]

当涉及人类时，根据邓巴的计算，一个普通人可以维持大约 150 种亲密关系。但随着时间的流逝，新朋旧友有来有去，所以具体的知心朋友会发生变化。邓巴将这个数字概括为“如果你在酒吧与其邂逅，即使先前没受邀请，也可凑上前去与他们喝上一杯，并且不会感到尴尬窘迫的人的数量”。[10] 这个数字被称为邓巴数。

但“社会大脑假说”漏洞百出。首先，这种结论过于简化：毫无疑问，你如果跟踪观察路人的行为，会发现这些路人除了寻找食物、制作工具之外，还要进行大量尚无准确定义的活动，并且其他一些人类技能也需要他们付出认知努力。而且，我们还得考虑事情发生的背景，具体情况具体分析。比如，一名学者在一场专业会议上可能会与很多与会者具有共同的兴趣爱好，他在酒吧可能也愿意和任何一个陌生人喝上一杯。此外，友谊不是非此即彼的二元对立关系。如果邓巴数变成了 50 或 400 人，那只表明人们对于基本的亲密和融洽程度要求不一，其标准或松或紧、不够统一。

但是，不管人们在人际关系中投入了多少脑力，我们的社交圈远没有达到民族国家的规模。你在生活中为 150 个朋友腾出空间的能力，与黑猩猩维持 50 个伙伴的能力之间存在的差距太小，不足以解释当今人类社会所具有的惊人规模，甚至和我们过去规模较小的社会也无法相提并论。事实上，从石器时代到互联网时代，从来没有一个人类社会仅仅由一群兄弟姐妹组成，或者说是一种最多由 150 个可以相互分享的朋友和家庭组成的团体，成员们都生活在相互尊重的环境之中。因为这样认为的话，就会误解友谊的本质，进而误解我们在朋友之间建立的人际关系网络。无论是在人口过剩的印度、拥有约 1.2 万名公民的波利尼西亚族岛国图瓦卢，还是在肯尼亚图尔卡纳湖畔的微型埃尔莫洛部落，没有任何人能和社会中的每个人交上朋友或进行合作：他们只能从中精挑细选。当耶稣基督说要像爱自己一样爱你的邻居时，他并不是说你一定得和每个人交上朋友。撇开埃尔莫洛部落不谈，我们的社会至少包括一些我们永远不会遇见——并且多数情况下应当数量巨大——的人，更不用说和他们交朋友了。不要在意那些我们没有选为朋友的人，或者那些拒绝我们的人——几乎可以肯定，我们最大的敌人就生活在自己的国内。

关于个体如何互动的数据揭示出一个物种的邓巴数与其社会规模之间同样存在差异。比如，一个由黑猩猩组成的群体可以称为猩猩社区，其中的成员往往超过 100。然而，即使是一个只有 50 个成员的人类社区，根据邓巴的计算，这些人应当完全是知心好友，但事实是这种情况也从未发生。[11]

“对群体规模的认知限制”（邓巴的用语）让一些社会大脑假说的粉丝心生疑惑，是因为他们混淆了社会网络（其中社会关系的强弱因人而异，并且取决于每个人的不同视角，例如邓巴数所描述的那种情况）与不同群体（最显著的例子就是社会本身）之间的界限。[12] 两者都在人类和其他动物的生活中发挥着作用。具有明确界限的社会提供了极为丰富的土壤，让长期持续——

尽管可能会不断变化的——合作关系得以发展。虽然合作关系网有时可能会把每个成员都纳入其中，但这些合作关系只有建立在每个人掌握的智慧和合作技能的基础之上，并且在那些彼此相处融洽的成员之间才能发展得最好。

因此，社会得以存在，不仅仅依赖于成员相互结盟的人际关系，更是基于成员共享的身份特征。与其他物种不同，人类在各个社会中都是通过多种多样的统治规则来维持社会生活的正常运转并促进各种社会网络的健康发展的。我们仔细研究各种做法并制定惩罚措施，以保证人们交易公平、举止得体，并且这种措施可以适用于大多数人，帮助他们实现互惠互利。比如，拾荒者通过捡陌生人扔的垃圾来换取金钱、自食其力。他在街角旮旯从一个素不相识的店主那里买来咖啡，也可能会在教堂或员工大会上对着数百名陌生人发表讲话。但这种互动管理也存在局限性。尽管一个社会能给成员们带来经济利益并提供保护手段，但社会派系之间的意见分歧，特别是关于对方是否尽职尽责以及互惠互利的争论，却让人感到痛苦。而这种小打小闹所带来的伤害还是最小的。此外，没有一个社会不会出现犯罪或暴力现象（合作现象的反面例子），而这是由该社会具有完全成员资格的某一个体或团体针对另一个体或团体而做出的侵害行为。然而，即使在实际运行中因出现功能障碍而加速了社会解体的步伐，它也能苟延残喘地存活数世纪之久——此时你立刻会想到罗马帝国，尽管在这方面还有无数其他例子。

不过通常情况下，社会倾向于采取合作。让一个社会解体所需要的自私成分或分裂行为，可能比你下意识想到的要多得多。在《山民》（*The Mountain People*）一书中，生于英国的人类学家科林·特恩布尔（Colin Turnbull）记录了乌干达的伊克人在20世纪60年代一场灾难性饥荒中所出现的道德堕落情况：这场饥荒无视社会道德约束，导致大量的儿童和老人死亡。特恩布尔的记录显示了一个社会在压力下会崩溃到何等程度，尽管如此，伊克人的社会仍然存在。[13] 同样，尽管委内瑞拉首都加拉加斯的经济一再崩溃，其谋杀率在某些年份甚至超过了战争地区，但委内瑞拉至今仍然是一个独立的国家。每当我去那里拜访一位勇敢的朋友，他都会开车带我从一些偏僻荒凉的街道上快速穿过，以避免在高速公路上遭遇汽车司机开枪射击。尽管如此，他还是喜欢待在那个地方。而且令人惊讶的事实是，委内瑞拉人对自己国家的依恋和自豪，丝毫不亚于美国人对自己国家的感情。[14] 此外，社会在更糟糕的情况下都能挺下去。例如，在加利福尼亚淘金热期间，当地的凶杀率就大大高于现在的委内瑞拉。

虽然分歧和憎恶能对社会结构形成破坏，但与之相反的合作行为也不一定会将社会联系在一起，或者将一个社会与其他社会分离开来。即使合作有助于社会成员积累资本并提高社会的整体生产效率，情况也不会发生改变。用合作对某个社会的生活状况进行衡量所产生的最大问题在于，它完全忽略了对社会生存构成挑战的大多数因素。19 世纪的社会理论家格奥尔格·西梅尔（Georg Simmel）将合作和冲突解释为不可分割的“社会形式”，二者相互依存，不可或缺。[15] 所以，过度夸大社会中的合作现象其实是一厢情愿的做法。

在我们猿类近亲的社会之中，善良和合作同样只是反映了现实世界的局部情况。黑猩猩为了争夺社会地位而不惜互相恐吓或者直接动手，而那些处于劣势的黑猩猩偶尔会遭到排斥甚至被对方杀死。猿类除了母子之外很少互相帮助，即使真的出现了这种行为，往往也表现为几只猩猩联合起来击败其他竞争对手，从而让其中一只顺利登上首领之位。黑猩猩还会联合起来猎杀红疣猴，据报道，它们是通过同时发动攻击而不是借助团结合作的形式来达到这一目的的。无论哪只黑猩猩最终抢到了猎物，都可能会让其他黑猩猩尝一口味道，但对方得恳求才行。[16] 倭黑猩猩看起来像长着一颗小脑袋和两片粉红色嘴唇的黑猩猩，虽然它们更乐于提供帮助，但一有机会就会从其他伙伴那里偷取食物，并且和黑猩猩一样不愿进行合作。[17]

即使群居昆虫是无条件合作的象征，其群体也会面临内部矛盾从而表现出自私自利的行为。尽管在大多数群居昆虫物种当中，王后通常是唯一一个负责繁殖的个体，但在蜜蜂和一些蚂蚁群中，一些原本扮演工人角色的个体也会产卵，这简直颠覆你先前对它们的认知。这样一来，它们的巢穴可成了名副其实的“警察国家”，成员中的“工人们”正警惕地搜寻任何并非王后所产的卵，并将其就地消灭。[18] 然而，无论在什么物种当中，不尽心尽力的个体都会拖累别的成员。因此，从包括节肢动物到人类在内的一系列社会是如何处理欺骗现象并实现公平的，本身就是一个颇有价值的研究领域。[19]

如果一个动物社会包括的成员非常明确，那它们需要在多大程度上进行合作，才能让该社会得以维系？从理论上说，它们并不需要太多的合作。驱逐“外国人”可能属于最基本的合作范围。设想有一只孤独的生物，它通过向任何靠近的动物扔石头来控制自己的一片专属空间或领地。现在，我们想象几只这样的生物定居在一起。它们还是像以前一样向侵入领地的其他动物扔石头，但现在有一点和以前不同：它们彼此之间不会再扔石头。可以说，这种“别砸我”的默契——实现所谓的和平共处——就相当于一种基本的合作。

当然，如果一个社会没有为其中的群体（进化生物学家称之为群体选择）、个体成员或二者同时提供竞争优势，那它就不可能进化。[20] 那由这么一群不友善的成员组成的集体，到底具有什么吸引力？我认为该社会只有在以下的前提下才具有存在的价值，比如：10 只动物这样扔石头，就能占领比它们单打独斗大 10 倍的领土面积，或者就能以较少的努力或风险，占领更富饶的领土。它们这样做，也有可能纯粹是通过把其他竞争者拒于门外，从而排除那些对扔石头不坚定的成员，同时又可以在内部独享交配机会（虽然在谁和谁交配方面仍会发生多次内讧）。

对动物王国的调查显示，社会成员之间可能存在一些“亲社会”（prosocial）的行为，我们不妨称之为原始合作，但这种行为也许只是偶然现象。[21] 比如，马达加斯加的环尾狐猴似乎就表现得不太爱合作，因为猴群成员之间虽然互相帮助，但几乎根本就不指望彼此能够联起手来，共同对付外来猴群。[22] 一位专家指出，土拨鼠，也就是一种高山松鼠，虽然根本就不喜欢自己的同类，但为了取暖仍然会挤在一起，而另一位权威专家则将群居的獾类描述为“一个由孤独动物组成的紧密群体”。[23] 此外，即使成员之间关系并不和睦，人们也会保持着自己对该群体的忠诚，因为我们的作用往往取决于社会对我们的要求。[24]

和睦相处的社会

当圣玛丽亚号、尼娜号和平塔号这三艘西班牙船只第一次抵达新大陆时，一个社会对它们的到来表示欢迎，而另一个社会却因此遭到奴役。当地的泰诺族印第安人是一个阿拉瓦克部落，曾被克里斯托弗·哥伦布描述为“男男女女，都像初生婴儿一样赤身裸体”，他们或是游泳，或是划着独木舟，热情洋溢地出来迎接这些新客人。这些印第安人虽然连一句西班牙语也听不懂，但却给他们送去大量的淡水、食物和各种礼物。然而，根据哥伦布的记录，这些欧洲人对热情好客的印第安人的反应却令人不寒而栗：“他们会成为优秀的仆人……只要带上 50 个人，我们就可以征服他们，让他们做我们想让他们做的任何事情……我一到印度群岛，就在自己发现的第一个岛屿上，强行带走了一些当地原住民，以便他们能给我提供信息，帮我了解这些地方的情况。”[25]

这两种态度，一种体现了无条件的信任，另一种则反映出狡猾和剥削，它们之间的对比如此鲜明、令人不安，但几乎不会让我们因此而感到惊讶。我们人类拥有分辨某人是否属于自己社会成员的天赋，然后据此在心理学家所谓的“内部群体”（ingroup）和“外部群体”（outgroup）之间画出一道清晰的界线——虽然我们可能对后者表现得相当友好。从孩提时代起，我们就认识到外国人对自己构成一种潜在的威胁，或者就像阿拉瓦克人和哥伦布以不同的方式所诠释的那样——意识到他们的存在能给我们提供一种机会。

行文至此，我们已经找出了另一个原因，可以解释为何合作并不会总是标志着一个社会的结束以及另一个社会的开始。比如在纽约车站中央大厅的人群中，无疑有一些外国人与美国公民建立了富有成效的合作关系。因此，正如一个人在自己的社会中既有敌人也有盟友一样，一个社会的成员也有可能与另一个社会的成员进行交流，以实现友谊和合作的目标。动物社会之间也会产生友谊，虽然只有在罕见的情况下才会出现这种情况。倭黑猩猩被称为“嬉皮猿”，因为它更喜欢和平相处而不是彼此挑衅。然而，我敢打赌，倭黑猩猩个体在其他社会偶尔也会遇到对手。因为即使是一个和平主义者，也不见得就可以容下其他所有人。

今天，人们可以轻松地飞往其他国家，这将我们与外国人的接触提高到了一个新的水平，然而正如我们稍后将要讨论的那样，这一本领在自然界可谓独步天下。事实上，现代生活以新颖的方式把我们的身份特征进行了扭曲和延伸，从而挑战我们对他人的容忍程度。但是自始至终，我们一直都生活在社会之中。

没有社会的合作

跟随昆虫学家特里·欧文（Terry Erwin）进入秘鲁雨林意味着黎明就要起床出发。趁风势尚小，史密森尼自然历史博物馆的昆虫学家在一台被称为烟雾机的设备里装进了一种可生物降解的杀虫剂，并把它的喷口对准上方，这样灰蒙蒙的雾气就会缓缓升起，飘入林中。我可以听到轻微的雨声，但没有看到有水滴落下——其实，这只是一些微小的物体落到铺在地面的帐篷布而发出的声音。经过这么多年，欧文已经了解到热带地区的物种是多么丰富。据他估计，每 1 公顷雨林，就生活有大概 300 亿个生物，而它们分属于 10 万个不同的物种。[26]

无论我走到哪里，都对生物的多样性敬畏有加。欧文和其他人所提供的数据，能使我们从全球生物多样性这种最广泛的角度来看待社会。但值得注意的是，绝大多数生物都是作为孤独的个体而勉强度日。在秘鲁或其他地方，99% 以上的树栖物种都采取这种孤独的生活方式。抛开交配和抚育后代的义务不谈，我们不清楚为什么一个生物个体必须和其他生物个体保持亲密关系。作为能够从他人的陪伴之中感到快乐的物种，我们人类其实很少考虑这个问题。但是，物以类聚，无论是人类还是鸟儿，都可能要争夺相同的资源，包括获取食物、饮水和性交的机会，以及建立一个可称之为家的地方，从而可以和亲人交流并一起抚育孩子。在许多物种当中，个体只是偶尔才聚在一起。即便如此，它们彼此之间也会为争夺食物而打得不可开交，就像许多松鼠抢坚果的情况一样。因此，独自生活不失为一种安全的方法，这至少可以保住自己努力获得的成果。有鉴于此，为了使群体生活有所回报，任何群体——更不用说整个社会——在与贫困成员以及贪婪个体打交道时，必须保证让其有所收获。

一种选择是在情况合适的时候与其他个体合作，然而这种可能性却凸显了把社会与合作联系起来的困难，虽然进行合作的这些个体可以说具有社会属性，但这并不意味着它们就组成了一个社会。在重要著作《对地球的社会征服》（*The Social Conquest of Earth*）中，我仰慕崇拜的导师、生态学家爱德华·威尔逊（Edward O. Wilson）就观察到：具有社交能力的动物——它们在生活的某个时刻聚到一起，并创造出某些互惠互利的条件——在自然界简直无处不在。[27]

尽管如此，很少有物种在发展过程中采取社会进化的方式。再来看组成社会的两个最基本单位：组成家庭的一对夫妻，以及抚育后代的母亲。但并非所有的动物都需要形成这种社会组合。比如鲑鱼会把卵产进水中受精，而海龟则会把蛋埋在沙里，然后就弃之不顾。新生的海龟和幼小的鱼苗都很脆弱，所以此时给它们提供帮助很有必要。因此在所有鸟类和哺乳动物，以及其他一些动物种类中，母亲在此关键时刻就扮演了照顾者的角色。在少数情况下，就像美洲知更鸟（the American robin）所表现的那样，爸爸也会伸出援手。尽管如此，这种照料行为通常只能在幼鸟父母关系存续期间得以维持。所以，大多数这样的小家庭都是独自经营，而不是作为一个持久社会的构成单位。

此外，盟友关系或亲密友谊，也不是必须借助社会才能得到发展。例如，红毛猩猩不会建立社会，而且大多数时候它们都独自生活，但灵长类动物学家谢丽尔·诺特（Cheryl Knott）告诉我，在青春期就已经彼此熟悉的雌性红毛猩猩，偶尔会一起结伴游玩。或者，我们想到另一个例子：两只及以上的猎豹，尽管并不总是具有兄弟关系，但会团结起来共同捍卫一块领地。[28]然而，据我估计，友谊不同于性伙伴之间的关系，必须在社会中才能发展得最为成功——因为该模式表明，社会成员的稳定身份为形成这种密切关系提供了一个坚实的基础。此外，社会大脑假说的粉丝们对研究这种关系也很感兴趣。

但是，与其他同类在一起——即使并非出于养育后代或建立友谊的目的，而只是维持一段短暂的关系——也可能会给动物们带来好处。以合唱的鸟儿为例，它们来了又去，有聚有散，就像喧嚣的青少年参加晚会的情况一样。它们这样时聚时散其实相当于在履行社会事务，不但可以吸引附近人们的注意，保护它们免受天敌的侵害，而且也便于它们寻找配偶，或者惊动地下的虫子，供自己食用。[29]一些鸟类在迁徙时，如果排成V字形飞行，会比单独飞行消耗更少的能量。与此类似，沙丁鱼群和羚羊群也会给个体成员带来好处，即使其中的参与者没有尽心尽力，也同样能获得积极的回报。[30]除了实现这种共同利益之外，动物中也有利他主义的例子出现，即动物以自己付出某种代价来帮助别的个体。比如，鲦鱼群中总会有几条鱼儿游向前去探看掠食者的情况。这样一来，鱼群显然能从掠食者反应的激烈程度中了解自己面临的形势有多危险。[31]当涉及动物之间的亲属关系时，它们表现出的这种慷慨行为就遵循了一种特殊的进化逻辑，因为动物个体可以通过帮助自己的亲戚来提升自身的基因。比如，一对知更鸟抚养后代的基本方法就说明了这一点，即亲属选择（kin selection）。

正如我在大学期间第一次进行热带探险时所观察到的那样，建立亲属关系纯属一种自私考虑，因为这有利于保证后代数量的增加。在哥斯达黎加，我加入了鳞翅目昆虫学家艾伦·杨（Allen Young）的考察小组，他要求我记录双翼透明的橙斑虎蝶毛虫所表现出的行为特征。这种呆萌的幼虫会在食用杂草叶子后休息，接下来就成群结队地爬动。蜘蛛和黄蜂是威胁它们生存的两大天敌，而那些位于队伍外部的毛虫就成了这些掠食者首先猎杀的对象。我据此得出结论：橙斑虎蝶毛虫的生存本能就是挤在一起，相互推推搡搡，从而把弱小的同类挤到外边，推向灭亡。记下这些结论之后，我发现著名生物学家 W. D. 汉密尔顿已经为鱼类以及哺乳动物等生物群体总结出这种向心运动的行为特征，并指出：它们是自私的群体。[32] 然而，尽管这些毛虫自私自利，它们也有互相帮助的时候，即使这只是偶然现象。如果独自行动，它们很难割破坚硬多毛的叶子表皮，从而胡吃海喝、大快朵颐；但作为一个群体，它们则表现得更好，因为第一只成功撬开叶子表皮的毛虫相当于为后面的每个同伴打开了享受食物的大门。[33]

在此我想强调的是：我观察的这些毛虫——像鱼群、鹅群，以及那些筑巢的知更鸟一样——虽然出现了合作现象，但没有形成自己的社会。这些毛虫，只要体型相当，当我把它们放在一起时，似乎就可以相处得很好。其他因不得已而聚在一起的动物的情况也与之相似。例如，有另一个物种，叫作帐篷毛虫（tent caterpillar），它们会联合起来编织一个更大的丝质帐篷，从而可以更好地抵御寒冷的天气。[34] 同样，一种被称为“社交编织者”的非洲鸟儿，将自己的窝和其他许多鸟巢安插在一起，形成一个大的公共建筑群，从而能为所有居民提供空调效果。这些鸟儿可以在公共聚居地随意进出，尽管这种情况只持续几个月而已，不像其他许多成群的鸟儿一样，总是待在一起。虽然这样聚居在一起之后，一些鸟儿会逐渐彼此了解，但整个聚居群体仍像一般鸟群一样，不会把外来者拒之门外。相反，任何新来的鸟儿只要能找到筑巢之处，就可以被群体接纳。[35]

简而言之，那些将社会等同于合作的人弄错了社会与合作之间的关系。一个典型的社会包括各种各样的关系，有的积极，有的消极，有的友好和睦，有的充满敌意。鉴于合作既可以在社会内部，又可以在社会之间蓬勃发展，甚至在根本没有社会的地方也可以出现，那我们最好不要把社会视为合作者组成的集体，而是应当将其当作一种群体，其中每位个体成员都深深感受到一种因持久的共同身份而产生的成员意识。人类和其他物种的社会成员身份是一个非此即彼的简单问题，很少出现模糊不清的情况。可能对许多物种而言，无论是出于友谊、家庭关系，还是社会义务而组建联盟，都是代替社会获得利益的最佳方式，但实际情况并非如此。一个没有家庭且对全体人类嗤之以鼻的厌世者，仍然可能和你一样，属于国家的公民。不管他是选择离群索居、不食人间烟火，还是大隐隐于市，像社会的寄生虫一样生活，都摆脱不了与社会之间的联系。[36] 一个社会中的所有成员通过他们的成员身份而被绑在一起，并且这种情况不会因为他们是否经常打交道或是否愿意互相帮助而得以改变——尽管共同的成员身份可以为他们实现上述关系打下坚实的基础。

照此说来，这又是一个先有鸡还是先有蛋的问题。对此，你是选择成员身份还是合作关系？如果社会要发展，是否不仅仅需要最低程度的合作？还是在形成任何长期合作关系之前必须先建立成员身份？遗憾的是，这仍然是一个悬而未决的问题。不过，无论最初的情况到底如何，下一章将介绍在自然界中，社会为我们的脊椎动物“表亲”所提供的诸多优势。

第二章

脊椎动物从社会中得到了什么

动物即使有了社会，也得像无依无靠的生物一样努力奋斗。无论是在进食、交配、筑巢，还是育雏方面，它们都会发生冲突。并非所有动物都活得顺风顺水。成员身份只能让它们在面对更广阔的世界时具有一定的安全性。即使对于那些除了合力驱逐入侵者就几乎无瓜葛的动物社会而言，情况也是如此。如果加入的社会较为成功或占据统治地位，那每位成员最终分到的利益份额，就比个体单打独斗或生活在一个弱势社会时更大，因此也就值得动物们为之赌上一把。虽然松散的临时群体也有一定优势，但一旦动物适应了稳定的社会生活，再让它们重新独自生活就会出现问题。动物如果没有社会做后盾，或生活在一个没落的社会之中，其后果就非常危险。

在研究社会所带来的利益时，脊椎动物——或者更具体地说，哺乳动物——给我们提供了一个很好的出发点。特别是由于我们自己也是哺乳动物，因而我们如何从哺乳动物开始进化是本书写作的核心主题。但这并不是说其他脊椎动物就没有形成自己的社会。在一些鸟类物种当中，如佛罗里达灌丛鸦，它们的雏鸟会帮助父母抚育弟弟妹妹，生物学家将这种现象描述为“世代重叠”（overlap of generations），并据此认为它们的群体代表了一种简单的社会。或者，我们可以看看寄居在贝壳里的慈鲷鱼，它的学名是多带新亮丽鲷（*Neolamprologus multifasciatus*），原产于非洲的坦噶尼喀湖。[1] 多达 20 条的慈鲷鱼会组成一个小型社会，保护它们从淤泥中挖出的一堆贝壳。每条鱼都有一个贝壳作为自己的私有住所，一位生物学家将其称为“复杂的公寓式套房，即使作为现代的公共住宅也足以让人引以为豪”。[2] 其中会有一条雄性慈鲷鱼头领负责繁殖，而它们的鱼群只是偶尔才允许外来的雄鱼或雌鱼加入进来。

比起生活在社会中的鱼类或鸟类，生活在社会中的哺乳动物更广为人知，人们说起它们来也更津津乐道。[3] 即便如此，如果我们能重新审视哺乳动物的社会成员和身份问题，也会获得一些新的启迪。下面举两个老生常谈的例子，这两个例子分别是生活在北美平原的草原犬鼠以及生活在非洲稀树草原的大象。虽然这两种动物都组建了自己的社会，但事实上，反而是其他动物形成的群体最受关注。人们一般认为草原犬鼠喜欢聚居生活或在城镇里活动，而大象则喜欢成群结队地生活。然而，无论是草原犬鼠的聚居生活还是大象的群体生活，都很少代表单一的社会结构，而更多体现出一种多重社会的特征：这种社会结构对草原犬鼠而言意味着彼此之间的敌意和对抗；而对大象而言，则经常意味着欢乐和享受。

草原犬鼠作为个体，不会认为自己属于某个聚居地并愿意为之奋斗；相反，它们只是效忠于聚居地里的某个拥有一小片领地的群体，而这个群体有时被称为“小圈子”（coterie）（这样命名意味着它是某些草原犬鼠的专属团体，真可谓名副其实）。在 5 种草原犬鼠当中，人们研究得最多的可能就是甘尼森草原犬鼠了。它们的每个小圈子包括多达 15 只处于繁殖期的成年草原犬鼠，其中至少有一名雌性或雄性成员，占据并积极守卫着方圆 1 公顷的领地。[4]

相比之下，非洲稀树草原大象彼此之间存在广泛的社交活动，而其具有的一个组群特征让它们的组群可以被称为社会。[5] 核心象群（core groups），或简称核心，拥有最多 20 头成年母象，以及它们的幼崽。大象的社会由母象负责打理。公象成年之后都会去忙自己的事，因此永远不会成为核心成员。即使数百头大象和许多核心象群聚在一起，我们也可以通过观察大象彼此的反应来找出它们的核心所在。为了保留它们特殊的成员身份，核心象群通常不会让其他大象，甚至它们喜欢的大象，长期待在身边。而核心象群之间的关系非常复杂。核心象群之间会建立起联系，从而组建起联络象群（bond groups）。但它们之间的这种联络关系并不能保持一致，因为核心象群对于应当和谁建立联系可能产生意见分歧，比如：核心 A 可以同时和核心 B、核心 C 建立联系，而核心 C 却可能避免和核心 B 接触。只有核心内部的大象，才会作为特殊成员而长期待在一起。

形成核心的非洲稀树草原大象的生活有别于另外两种大象物种，即非洲森林象以及亚洲象，因为后面两种大象虽然也有社交活动，但没有形成清晰的社会组织。[6] 是否由于未能形成社会，这些动物的生活就不那么复杂？这一问题的答案取决于你对“复杂”一词如何定义。答案很可能是：它们的生活反而会变得更加复杂，因为亚洲象的大脑与体重的比值，超过了非洲稀树草原大象的大脑与体重的比值。也许非洲稀树草原大象对于核心象群的依赖，让它们把照料日常社会的义务留给少数几个核心同伴去操心，从而让自己的生活变得简单起来。像鼬鼠和熊这样的孤独物种，总是完全依靠自己，这可以解释为什么它们比许多依靠社会生活的物种更聪明，正如它们在解决困难时展示出的许多奇思妙想所反映的那样。[7] 与此类似，亚洲象虽然表现得很合群，但很可能经常面临认知挑战，因为它们生活的地方缺乏明显的边界。

社会给哺乳动物带来的优势

从广义上来说，社会给哺乳动物——从非洲稀树草原大象和草原犬鼠，到狮子和狒狒——提供了使其成员获得安全和机会的多种途径，让它们免受外部世界的威胁，同时又可以利用彼此共有的资源。社会提供给它们的安全大致分为两种略有重叠的类型：供给与保护。

社会的供给功能包括让成员长期且稳定地获得来自其他同伴的帮助，这对喂养、照看幼崽的动物母亲们来说，无疑是一个福音。比如，灰狼和佛罗里达灌丛鸦之类的鸟儿，在哺育后代时就互相帮助。它们的社会由一些大家庭组成，而这些大家庭中的很多后代都会帮助父母或近亲抚养它们的兄弟姐妹。我们知道，许多物种都有一个共性：当动物母亲出去觅食时，其他成员会负责照看婴儿。狐獴在这方面表现得尤为突出，因为它们还会清理洞穴，捉昆虫喂养幼崽。[8] 在一些猴群之中，母猴很少会去照料其他母猴的幼崽。但是，如果一只母猴从未有过生育经验，那它可以在照顾其他母猴的幼崽的过程中受益匪浅——可别忘了，旁边的母猴正紧张地注视着它的一举一动。[9]

此外，社会带来的优势还有：彼此之间一直熟悉的成员，可以通过高效的群体合作来猎取食物。掠食动物如果捕获大型猎物，会让其他成员都来分享美食。但是，在非洲野犬等一些物种当中，对合作的需求会比其他物种更加强烈。而狮子则是一个反面例子，因为它们懒于参加集体狩猎。并且，即使进行合作，它们分到的食物往往也不会比自己单独行动得到的多。一些在所有哺乳动物社会中都普遍存在的行为其实意义重大，虽然在我们眼中，这些行为与（诸如鸟儿之类的）临时聚集起来的动物群体的行为相比，几乎乏善可陈。例如，狐獴和环尾狐猴依靠数量优势来寻找觅食地点，并且它们还通过保持一种密集的阵势来把很多昆虫吓出来，从而便于自己将其捕捉。狒狒则习惯于和群体中最厉害的觅食高手待在一起，有时甚至还偷这位高手的口粮。

对于生活在佛罗里达州西部的宽吻海豚而言，组成社会可能主要是为了另一个目的：使自己能适应当地的环境条件。养育幼崽是所有海豚的共同责任，所以它们要让小海豚学习一些世代相传的行为习惯。比如，成年海豚会教幼崽们合力把鱼儿包围起来，让它们聚在一起，从而将鱼儿驱赶到海滩。于是，这些海豚可以在海滩上叼起活蹦乱跳的鱼儿，然后再一扭一拐地爬回大海。此外，黑猩猩等物种同样会对后代进行类似的社会教育。[10]

社会对成员提供的保护作用，就和社会给它们提供的资源一样重要。当然，二者之间是有关联的。如果不能给自己的后代争取到所需食物，雌黑猩猩就会叛逃到由其他黑猩猩组成的社会，所以雄黑猩猩只能不辞辛劳，承担起保护自己的成员以及资源免受来势汹汹的入侵者威胁和掠夺的责任。但是，对于雄性动物而言，获得交配权是最直接的动机。[11] 除了食物和水源之外，许多物种还为幼崽提供巢穴或有利的地势。比如灰狼为幼崽放哨，马匹为幼崽挡风，许多灵长类动物会为后代提供一个安全的休息场所。草原犬鼠占据的土墩就像郊区的房屋一样，分布在它们的“城市”里面。这些土墩很像慈鲷鱼寄居的贝壳，也是动物重要的私有生活空间。虽然对于草原犬鼠而言，很有可能是两三个成员共享一个土墩。

在占有资源方面，社会成员内讧产生的负面影响可以得到抵消，因为生活在社会里，意味着有更多的眼睛和耳朵可以侦测竞争对手以及其他外来威胁，有更多的声音可以发出敌人入侵的警告，以及有更多的牙齿和利爪对此进行反击。保护后代至关重要，这体现在核心象群保护每位成员的幼崽免受狮子的掠食，或者马匹把幼崽围护在中间并用后腿踢向狼群。甚至在有的情况下，所有成员都得参与防御。比如一支狒狒队伍，包括怀抱幼崽的狒狒妈妈在内，所有狒狒都会冲上去围攻一头敢于入侵的豹子。而在围困豹子，甚至包括偶尔打死豹子的过程当中，一些狒狒身上会出现大面积的伤痕。[12]

一个物种社会与其他同类社会之间发生的竞争通常最为激烈。由于最好的防守就是进攻，因此在同类中垄断资源的常见方式不是直接保护资源本身，而是宣称这些资源所在的地方归自己所有。如果可以独占地盘，或者至少可以在一片领地上具有优势，就可以实现领土权了。于是，一些生物采取修筑城墙的方式来向外界宣布自己的领土范围：对于寄居于贝壳里的慈鲷鱼而言，不同鱼群的“公寓大厦”之间真的出现了用沙砾堆砌而成的隔墙；而像灰狼和非洲野犬之类的哺乳动物，则用气味标记自己的空间。草原犬鼠利用的是岩石或灌木等视觉标志。然而，即使在开阔地面划分的领地范围，也能代代传承并保持稳固。啮齿动物对自己的领地有清醒的认识，如果有胆敢擅入禁地者，将会被它们驱赶出去或直接杀死。如果某种生物有领地意识，我们只要简单地画出它们的活动范围就知道哪些地区属于哪些成员，从而能够确定其社会的组成情况。

但另外一些物种组成的社会，如马匹、热带草原大象和热带稀树草原狒狒，都没有领地意识。相反，这些动物和其他同类一起生活在同一片土地上。即便如此，它们也很少出去随意徘徊，而是停留在自己种群最为了解的一片共同区域。这些社会不会为土地本身而发生冲突，但是它们会争夺土地上出产的资源，因为这些资源通常过于分散，从而让垄断整片土地的做法显得不切实际。一个强势社会，会从成员较少的其他社会或一只独居动物那里抢夺领地或资源。但并非所有的哺乳动物都会与离自己最近的邻居发生斗争。比如倭黑猩猩的社会以及佛罗里达州沿海的宽吻海豚社会，都占有一片基本上专属于自己的领地，但当外来者进来时，它们之间却很少发生争斗。这种“边境不设界”的待客方式表明，这两种动物与邻居之间的竞争较少。[13]

有时，动物生活在社会之中可以在一定程度上让它少受同伴的骚扰，因为这样它可以仅仅只与少数几个友好宽容的成员打交道。例如，马群通常既包括成年的母马，又包括成年的公马，但是有些马群在没有公马的情况下就表现良好。在默许一匹公马加入自己的群体时，“熟悉的坏蛋总比不认识的坏蛋强”可能是这些清一色的母马“娘子军”心照不宣的想法。不管这匹新来的公马性格如何，它都要一遍又一遍地把其他死皮赖脸想加入进来的单身公马驱赶出去。[14] 在其他一些物种组成的社会当中，其成员会与自己社会之外的其他同类交配，于是该社会内的异性成员就试图阻止这种“偷情”行为。比如，一只路过的雄性环尾狐猴如果能悄悄溜进别的猴群而不被里面的公猴发现，就会找到很多迫不及待的交配对象。同样，一只雌性草原犬鼠也会爬到别的鼠群领地去寻欢作乐，虽然它可能在享受过程中暴露身份并遭到攻击。

社会的最后一个好处体现在其内在多样性上。成员众多带来的好处不仅体现在有更多的眼睛、耳朵、牙齿和爪子，同时也体现在：由于各个成员具有不同优势，这就弥补了它们的个体缺陷。比如，一只视力不好或腿部受伤的猴子，或者它身体无恙，只是不擅长寻找食物，就可以跟在眼神锐利、四肢健康的其他猴子后面并从中受益，即使那些具有这方面优势的猴子并无帮助弱者的意愿。此外，或许弱者也可以充当适合自己的社会角色，比如可能去照顾幼崽。

社会的内部关系

上述所有活动，从躲避敌人、打击掠食者到避免骚扰、寻找资源或配偶、获取食物、处理日常杂务以及教育学习，均产生于动物之间的合作或利他行为。比起成员间的通力合作，社会团结一致的更明显的特征是对每位成员身份的认同。即使当有事发生或社会不能为每个人都提供同样的帮助时，成员之间会存在利益冲突，但显然，合作是社会生活给每个人带来的好处之一。就像毛虫躲在同伴后面避免自己沦为午餐的行为一样，自私自利很少成为动物之间交往的主要动力。相反，像狒狒合力对付入侵的豹子等充满危险的行为表明它们的利益具有一致性，不过，这种合作行为在一些物种身上比在其他物种身上表现得更明显、更广泛。

社会内部存在许多关于合作的案例，包括邓巴数所概括的那些个体人际关系网，都具有因人而异的特征。通常，一个人最亲密的盟友以及最知心的好友是自己的家庭成员或未来的配偶，但实际情况并非总是如此。灰狼和马匹都从特殊的同伴身上获取安慰和支持。[15] 同样，一些同时哺育幼崽的母狮，会形成一种关系密切的组织，这被称为“育雏团”（crèche）。与之相比，雄性宽吻海豚之间的感情通常在幼崽时期就形成了，并且会持续终身。它们会一起求偶、一起驱逐不怀好意的其他雄性海豚。

正如前一章所阐明的那样，亲密友谊和盟友关系并不能保证个体在社会中混得风生水起。不是每个人都买得起豪华套房，也并非每只狼都是捕猎高手。社会也可能会变成一个战场，甚至会引发肢体冲突，从而让每个个体能够从群体中分享到的资源受到威胁。动物们常常坚定地依附于某个社群，尽管其中有权利争夺、烦恼痛苦和其他迫害行为，但是只要机会一来，每位成员都会努力去实现自己心中的“梦想”。虽然在这一点上，一些动物会遇到比别的动物更大的困难和阻碍。其实，权力差异不仅存在于不同社会之间，而且也存在于个体成员之间。许多灵长类动物社会通常由一些位于社会顶端的强势个体掌控，这产生了阻碍其他成员获得晋升的瓶颈效应，并给它们带来强烈的生理压力。[16] 斑点鬣狗也是如此，它们是该物种中唯一能形成社会的动物。尤其特别的是，大多数雄性斑点鬣狗的阴茎长度和睾酮水平居然比凶猛的雌性同伴（这些雌性鬣狗的性器官中还长有一条所谓的假阴茎）更短、更低，而且它们的社会地位很低，以至于任何幼崽都可以将它们赶走，不让其靠近觅食。[17] 相比之下，热带稀树草原大象、宽吻海豚和倭黑猩猩则过着田园诗般的惬意生活，然而它们之间也会产生矛盾不和，比如：不受欢迎的大象受到姐妹们的虐待；海豚会与配偶争吵不休；而作为母亲的倭黑猩猩则会挺身而出，吓走任何敢打搅自己儿子“好事”（交配）的其他雄性。

统治能带来优势，即使对那些未能争取到这种权力的成员也是如此。当然，一旦社会根据个体成员的身体和精神禀赋——在某些物种中，则是基于其母亲的身份地位——建立起等级制度，冲突就会减少，因此这对所有成员都有好处。一旦明确了自己在社会中的位置，地位低下的猴子就不会再浪费时间去挑战地位比它高得多的同伴，而会致力于改善自己在猴群中的低下（甚至悲惨）的地位。如果不能以这种方式接受自己的社会地位，社会成员们就只会弄得自己精疲力竭。无论对于人还是其他动物来说，如果大多数成员为了获得更高的地位而陷入无休无止的争斗之中，那整个社会就会土崩瓦解。[18]

看来，无论是依赖母亲保护的可爱倭黑猩猩，还是强调社会地位的狒狒，都是按照迈克尔·柯里昂（Michael Corleone）在《教父Ⅱ》（*Godfather,*

Part II）中所宣布的那种规则在生活："和朋友保持密切关系，和敌人之间的关系则要更加密切。"于是，在社会可预测的身份范围之内，动物们可以密切关注朋友和对手的行为，磨炼自己与它们打交道的能力，熟练利用彼此之间各种积极和消极的关系。有时为了实现自己的利益，这些动物甚至不惜与竞争对手合作。

这或许能解释为何社会带来的优势在倭黑猩猩身上表现得不太明显：因为倭黑猩猩和黑猩猩形成鲜明的对比，它们会结识新的朋友和交配对象，需要应对的掠食者也很少，并且基本不需要同伴帮助自己觅食或捕捉大型猎物。[19] 事实上，倭黑猩猩喜欢交友，甚至对外来者也很慷慨。[20] 尽管倭黑猩猩的生活中没有明显的社区，行为方式似乎也不受影响，但实际上还是存在社区边界的。它们为什么要有社会呢？倭黑猩猩形成社会可能是基于一些最简单的原因，即让一组身份明确而又便于管理的成员聚在一起，这样可以有组织、有规划地过日子。这个假设应当符合情理，尽管并不完全令人满意。对此，我倾向于认为：这种社会给成员提供的作用，要比科学家们目前了解的更多。尽管如此，有一件事是毋庸置疑的，那就是：就像黑猩猩、热带稀树草原大象、草原犬鼠、斑点鬣狗、宽吻海豚以及包括佛罗里达灌丛鸦与寄居在贝壳里的慈鲷鱼在内的其他脊椎动物一样，倭黑猩猩的生活与社会之间的关系根深蒂固。

一位心理学家宣称，由于受人类过去进化历史的影响，当我们感觉自己生活在一个特征鲜明并且与他人完全不同的群体之中时，我们的"个人安全感和存在感"才最强。[21] 对于任何一种依靠社会同伴提供帮助和保护的动物来说，这种说法都没有问题。事实上，大部分社会生活取决于其成员之间如何交往互动，从而在社会内部以及社会之间产生充满活力的活动。这些活动在塑造动物（包括人类）社会的进化特征方面产生了至关重要的影响，而我们将在下一章中对这个问题展开讨论。

第三章

社会演变

我们的路虎车突然一斜停了下来。这时我们眼前出现了奇妙的一幕——一只非洲野犬，竖着双耳，看起来就像两个卫星接收器一样。我无法抑制自己的兴奋之情——因为这些团队猎手在博茨瓦纳地区以及整个撒哈拉以南的非洲很少见。非洲野犬的习性是成群活动，因此在这附近肯定有其他同伴。但这只非洲野犬掉了队，因此它显得神经紧张。它四处走动，然后停了下来，发出响亮的吠声。接着它倾听了一会，然后又吠了一声。在它第三次这样尝试之后的几秒钟内，我们听到它的同伴的回应，于是这只母狗跳起来朝着发出声音的方向跑去。我们赶紧驱车追去，在颠簸了一分钟之后，车就砰的一声停在一群野犬中。只见它们围在车辆四周，彼此挤得很紧，其中有的在打盹，有的在蹦跳，有的在低声咆哮，有的在用鼻子不停闻嗅，还有的则在相互玩耍。

社会能给成员们提供它们独处时所不能享有的利益，这一点毋庸置疑。但这些利益的具体表现形式都和活动有关。社会成员活动以及占据地盘的行为模式使得个体和群体之间可以相互作用。对于一只非洲野犬或猴子而言，和自己的社会伙伴分开无异于响起了三级火警①。例如，如果一只狐獴吃蝎

① 三级火警：美国火警分为五级，其中三级表示形势较为严重，很有可能酿成灾难性后果。——译者注

子时太过专注以至于没有注意到其他同伴已经离开，那么它会不断发出求助叫声，直到其同伴听到并给予回应，从而让它们得以重聚。失联狐獴的这种窘迫状况反映出它害怕其捕食者或天敌可能利用此时的困境而发动袭击。在马群里面，无论是一匹公马在外流浪，还是一匹母马带着幼崽掉队，它们都会惊恐不安。掉队者可能会爬上山去查看大部队的去向，然后赶紧跑去追赶。

但并非所有动物社会都会出现这样的情况。比如对一些物种而言，与群体分开可谓家常便饭。草原犬鼠是这方面的典型例子。它们分散在半私有的土墩里面，以此为据点每天出去觅食，而且它们的洞穴世代相传、不会改变。然而，最有意思的是：这些动物由于其散居习性，四处游牧就成了它们的生活常态。在这些裂变–融合型物种当中，社会成员可以随便在一个地点暂时聚集，然后转移到其他地方形成自己的社会群体，经历发展和消亡的自然过程。由于大多数动物不需要和同伴近距离地朝夕相处，所以几乎任何物种的社会当中都会出现一些裂变–融合现象。然而即便如此，裂变–融合现象在少数哺乳动物的日常生活中仍然非常常见。[1] 其中，斑点鬣狗、狮子、宽吻海豚、倭黑猩猩以及黑猩猩很少会在一个地方聚集。其他动物社会中出现的裂变–融合则带上了各自的特点，比如灰狼组成的群体以及热带稀树草原大象中的核心象群为了便于觅食会暂时分开。裂变–融合现象听起来神秘，但其实这种生活方式的出现具有充分的理由，并且几乎所有具有智慧的哺乳动物都会出现裂变–融合现象，它们是那些钟情于社会大脑假说的人类学家偏好的研究对象，其中最有名的就是智人。

生活在裂变–融合社会的动物选择最适于社会发展的时候开始迁徙。简而言之，它们在社会开始显示恶化征兆之时就采取行动。在迁徙过程中，动物们几乎不受限制，可以自由挑选旅伴，并在摆脱对手威胁的间隙，和自己的朋友或配偶过上一段惬意时光。对于斑点鬣狗而言，摆脱对手的纠缠并不容易，因为它们从出生之日起就一直存在竞争，有时，这样的竞争甚至会带来致命的后果。在肯尼亚，我曾和鬣狗专家凯·霍利坎普（Kay Holekamp）

一起观察这些动物。看到鬣狗的幼崽在巢穴里嬉戏，我原本很兴奋，后来才意识到它们竟然在争夺自己玩伴的尸体。这些幼崽一旦长大，就会离开巢穴，分散到社会的各个角落，一边寻找自己的盟友，一边小心地接近其他群体的成员。

自由迁徙使社会交往变得更加复杂，但动物在与其他成员关系闹僵之时，选择这样做还是有好处的。对于“面对面”生活的动物而言，各种选择都不现实，比如在猴群当中，成员除了和同伴长期待在一起之外别无选择。如果它们反感自己社会的生活又会怎么样呢？在这种情况下，一只社会地位虽然低下但很狡猾的雄性黑猩猩，可能找机会溜到领地中的某处偏僻场所，和一只雌性黑猩猩幽会。更隐秘的情况是，一只灰狼或雄狮会偷偷溜去拜访另一个由同类组成的社会，这是它们为叛逃而采取的第一步行动——当然，要成为另一社会的成员，就得采取这样一些煞费苦心的欺瞒手段。因此，许多生活在裂变－融合社会的物种会变得如此狡猾，根本就不足为奇。

裂变－融合还带来了其他好处。动物与群体分开的生活方式，让一片土地可以养育更多的成员，因为这样就不会出现所有社会成员为了获取同样的自然资源而激烈争夺的局面。设想一下，如果 100 只黑猩猩都挤在同一个群体里面会发生什么样的情况？它们所到之处，一切可食用的东西必然被吃得一点不剩，于是它们就只能像黑色星期五[①]的抢购者一样躁动不安地来回走动，争夺每份微不足道的食物资源。所以，黑猩猩采取了一种相反的做法：它们分开行动，只有在运气爆棚、找到一份难得的食物大餐——比如偶然发现一棵果实累累的大树——时，才会回到一起，组成一个大规模临时性群体。

裂变－融合也有其弊端。当成员稀疏地分布在领地上时，敌人可以入侵并袭击这些势单力薄的小团体或落单的动物，而它在这样做的时候，自身几

① 每年一度的“黑色星期五”是美国最火爆的购物节，无数美国人期待在这一天去商店疯狂扫货，这一天是 11 月下旬感恩节后的第二天，可与中国的“双十一”网购节相媲美。——译者注

乎不会涉及任何风险。攻击者在逃跑之前也不太可能成为大规模反击的目标，因为它一次最多针对几只动物进行袭击。如果它针对 100 只左右的黑猩猩群体发动进攻，这无异于自取灭亡。[2]

撇开攻击的危险不谈，个体的分散意味着裂变 – 融合型动物可以更好地监视广阔的空间上是否有不速之客偷偷潜入，因为领地上到处都有它们社会的耳目存在。也许这就是黑猩猩不愿偷邻居果实的原因。相比之下，成员喜欢黏在一起的动物社会很难知道入侵者何时进入了它们家园的某个遥远角落。例如，狒狒和非洲野犬天天近距离地生活在一起，对进入它们领地犄角旮旯的盲流动物就显得无能为力。这样看来，分散生活可以帮助动物社会捍卫更多的领地。

集中还是分散

人类根据自己的感觉，很容易判断一个物种是否生活在裂变 – 融合型社会当中。然而，这里值得注意的是：我们要考虑到动物对空间的感觉并不一致，这取决于它们的感觉敏锐程度以及彼此接触的方式。简而言之，在动物社会之中，其成员之间的关系是近是远，并不是由我们人类说了算。在描绘狒狒们所面临的困境时，南非博物学家尤金 · 马莱斯（Eugène Marais）把它们的生活比作一场“充满焦虑的持续噩梦”[3]——但不难想象，这种焦虑会因它们经常在一起而加剧。对一群狒狒进行跟踪的 GPS（全球定位系统）数据证实，这些狒狒彼此之间的距离一直保持在几米内。[4] 然而，实际上，虽然一只狒狒几乎总是知道自己和其他同伴待在一起，但它不可能时时刻刻对数十只狒狒的在场情况逐一查验。大多数同伴会经常消失在它的视线中，可能是躲在它的背后或者被周围的灌木丛给挡住了。由于狒狒的视觉和听觉并不比人类灵敏，所以狒狒最多只能密切关注离自己最近的同伴，并在它们离开的时候赶上队伍。如果所有狒狒都这样做，那就足以保持它们的队形完整不乱。

动物社会中成员距离相距较远往往是由于它们具有超强的感官能力。比如大象能够听到同伴从几公里之外传来的叫声。虽然人们可能会认为在树下休息的一些大象与处于它们视野之外的少数几头正在吃草的大象失去了联系，但实际上，这些大象通过发出一种连续的低频叫声使彼此之间仍然保持沟通。这种远程通信的能力让核心象群的成员，即使相隔很远也能协调活动。[5]象群虽然看似分散，但除非它们真的离得太远，否则大象比近距离生活的狒狒还能更好地获悉彼此的活动信息。

动物是通过自己的眼睛（或者耳朵、鼻子）来感知自己生活在群体当中。否则，一旦真的与群体失去联系，即使裂变－融合型动物也会陷入恐慌。所有这一切都意味着，对于社会成员来说，要协调一致地行动，或者至少有效地相互回应，不在于它们的距离看起来有多远，而在于这些动物对其他成员位置的了解情况。这样的了解可能局限于一小片地区，就像在狒狒中的情形一样；也可以延伸到很广很远的地方，大象就是这方面的一个例子。动物社会的成员只要能感知彼此的位置，就相当于生活在一起。

我们把大象（虽然看似在分散生活，但它们通过敏锐的感觉仍然保持着彼此之间的联系）和同样分散生活的黑猩猩进行一下对比。黑猩猩的视觉和听觉像我们人类一样，通常只能感知到附近的同伴。事实上，这种感官上的局限使得黑猩猩社会无论如何都比稀树草原大象的核心群体要分散得多。如果危险出现，比如看到一个充满敌意的家伙闯了进来，只有那些当时碰巧聚在周围的黑猩猩才有机会组织防御。因此，虽然黑猩猩的社会总是处于分散状态，形成一些四处流动的小群体，但组成小群体的黑猩猩们，大部分时间都和其他同伴待在一起。

然而，即使在最分散的裂变－融合社会当中，动物通常也有一些办法与那些距离不太遥远的同类保持定期联系。比如，斑点鬣狗遇到挑衅会汪汪大叫，黑猩猩则靠高声喘啸来保持联系。此外，类似的例子还包括狮吼、狼嚎等。总之，只要通信线路存在，动物成员之间的联系就不会被完全切断。[6]

我们仍在研究这些动物叫声所传达的信息。动物可能只是通过叫声来让同伴了解自己的方位并相应地调整位置，不过一些叫声还能呼唤同伴采取行动。比如，狮子可以通过叫声召唤同伴来参与战斗或者追逐猎物作为晚餐。此外，曾经有多达60只鬣狗聚到一起，攻击另一个敌对的狗群，当时的场面血腥、叫声刺耳。与狮子相比，鬣狗们很少会结队狩猎。它们由于喜欢寻衅滋事，常常导致自己树敌太多，最后和别的同类打得不可开交。

在黑猩猩的叫声中，喘啸最为嘹亮，可以在几公里的范围之内产生回响。喘啸其实是一个拟声词——在一个文明社会里，没有人会像黑猩猩那样发出如此喧闹的声音 [除非你是野生动物研究专家珍妮 · 古道尔（Jane Goodall），想模拟黑猩猩的叫声给观众留下深刻印象]。这种叫声表达了猿类在一起出游时的兴奋之情，欢快的团队欢呼声能加强雄性之间的情感纽带，并在听力所及的范围之内，让黑猩猩们知晓彼此的情况。此外，无论在哪里发现水果，都会让黑猩猩们疯狂喘啸，从而把其他黑猩猩吸引过来分享美食并大快朵颐。[7] 来自其他黑猩猩社群的喘啸会让这些类人猿激动万分。它们会互相拥抱，凝视喘啸传来的方向，有时也会同样喘啸一番，作为回应。[8]

然而，大多数黑猩猩社会的领地非常广阔，以至于如果成员位于领地最远的两端，就很有可能听不见对方的叫声。因此，在实际生活中，从来不会有某个局部地区发生的事情会让整个黑猩猩社会都知晓的情况，因此也肯定不会出现全体成员协调行动的案例。相比之下，倭黑猩猩组成了类似的小群体，但它们的规模更大，持续时间更长，并且通常都处于听力所及的范围之内。这样一来，它们可以在整个社会进行积极的信息交流。比如到了日落时分，倭黑猩猩发出一种特殊的“眠啸”（nest-hoot），引导大家到同一片区域睡觉。灵长类动物学家泽娜 · 克雷（Zanna Clay）告诉我，如果一个倭黑猩猩群体走出了其他成员的听力范围之外，它们就不会再进行眠啸。显然它们知道自己已经脱离了集体，但感觉这并没有什么关系。[9]

或许将来有一天，我们会明白动物叫声所传达的信息比我们目前了解到的更加复杂、更加广泛。甘尼森土拨鼠以复杂的音调进行交流。它们似乎能够以略带差异的尖叫声发出警报。比如，不同的警报声可以区别它们看到的是一个穿红衬衫的高个子跑过来还是一个穿黄衣服的矮个子慢慢走过来，或者它们看到过来的是一只土狼或是一条鬣狗。不过，这些小家伙在发出警报时到底有没有传达这些信息，以及它们是如何传达这些信息的，至今还不为人知。[10] 同样，我们对其他物种的交流内容也知之甚少。一只狼能通过嚎叫给它在远处的伙伴发出指示吗？比如告诉同伴：我们在这里嗅到敌人身上的血腥味了，准备战斗！

关于人类，情况又是怎样的呢？在后文中，我会继续展开对人类散居现象的讨论，包括这种现象对人类智力以及人类社会所产生的重要意义。不过，我可以在这里提前透漏一点内容。在农业出现并把人们束缚住之前，狩猎－采集者可以分散生活。和在其他物种中出现的情况一样，这种裂变－融合生活减少了人类社会的内部竞争，扩大了土地所能养育的人口数量。同时，它让每位个体成员都有机会形成自己与特殊对象之间的交流方式和交流频率。黑猩猩可能无法充分利用裂变－融合生活方式中的融合优势来吸引远方的成员，但对于人类来说，和远方的同类保持联系则是走向成功的关键。在早期社会，大多数人通常都离得太远而不能通过大喊大叫来保持联系，这使得诸如烟雾信号和敲鼓传声等创新方式在生活中变得不可或缺。虽然这些技术手段都具有局限性，但在人类发明电报并实现消息的即时传播之前，所有远程通信方式都无法避免出现这样的弊端。因此，许多史前信号传达的信息量可能和你阅读一条写着“你好”的短信内容差不多。[11]

尽管如此，我们仍然可以从早期的历史记录中发现大量线索，这些线索表明狩猎－采集者之间交流状况良好，尤其是在紧急情况下更是如此。当初的信使轮流传递消息也许就相当于那时的驿马快信制度——毕竟，我们奔跑是没问题的，因为人体天生耐力持久。[12] 通过这种交流方式，口干舌燥的民众找到了最后一口水井；任何成员偶然获得猎物或者碰到敌人，都会引来其他同伴分享大餐或同仇敌忾。比如在1623年4月18日，一艘荷兰船只上的船员挟持了一名澳大利亚原住民，这是欧洲人开始接触澳大利亚原住民时所发生的插曲之一。但到了第二天，船员们就被200名挥舞长矛的原住民团团包围。显然，当时有人遭遇绑架的消息传播得很快。[13]

忠诚的变化

社会虽然呈封闭结构，但并非坚不可摧。社会之间的成员变迁对每个群体的健康发展都起到了重要作用。如果社会成员不能在各个群体之间自由流动，那除了偶尔偷偷摸摸出现的间谍之外，整个社会的人口将变成近亲繁殖，特别是当社会规模还很小的时候更容易出现这种情况。但热带稀树草原大象组成的社会通过接纳一些流浪公象解决了这个问题。公牛则大部分时间都和其他公牛混在一起，其中包括一两个关系最密切的同性朋友。由于没有形成核心群体，它们与任何自己选择的对象交配（但基本上都得先和另一头公牛进行决斗）。不过，在大多数情况下，社会都同时包括成年雄性和雌性。在这些物种组成的社会当中，成员成年之后就必须流动到其他社会。动物在自己出生的社会长大成年，但社会中的其他成员拒绝与之交配，使这些年轻成员只能选择出走。灵长类动物在性关系方面，表现出多种多样的分散类型。在高地大猩猩以及少数其他灵长类动物组成的社会之中，无论雄性还是雌性成员，都可以选择出走。但在别的物种当中，要么是雄性，要么是雌性成员才会做出这种选择。在鬣狗和许多猴子的社会当中，雄性成员会选择出走；而在黑猩猩和倭黑猩猩的社会当中，则是雌性成员出走——尽管少数雌性黑猩猩还是会留在自己的出生地。如果后来，一只动物在社会中的地位变得岌岌可危，最后被驱逐或者选择自愿出逃，那么它就可能再次迁徙。比如，雄性鬣狗不仅可能会受雌性鬣狗的欺负，而且雌性鬣狗很快会对作为性伴侣的新来者失去兴趣，从而迫使许多雄性鬣狗只能到另一个社会去碰碰运气。

有时一只动物在找到新的社会归宿之前，得独自生活一段时间。事实上，它到一个新社会也很难被其成员所容纳接受——因为社会为了保持自己的界限，会设置很高的准入门槛。一个身强力壮的个体为了进入新社会，最初可能要击败那些同性成员，因为后者将其视为与它们争夺交配权的潜在对手。因此，个体要想获得永久的社会成员资格，还需要获得其中异性成员的青睐。因此，一只初来乍到的雄性狒狒，会通过与该群体的雌性狒狒交朋友，同时打败其中原有的雄性狒狒，从而让自己巧妙地慢慢融入一个新社会。在黑猩猩的社会中，一只年龄尚幼的雌黑猩猩，一般会等到自己性成熟后才开始公开露面。这样它会吸引一大批雄性黑猩猩围着自己转，并保护自己免受其他心怀不满的雌性黑猩猩的伤害。

即便如此，这只雌性黑猩猩以后也必须与其他雌性黑猩猩展开竞争，这种情形就和一只新来的雄性狒狒要忙于应付当前的男性等级制度一样：只有不择手段再加上雌性成员的支持，它才能上升到权力的顶峰。但这种糟糕的情况在另外一些物种中并不存在，因为在它们的社会当中，新手会迫使以前的雄性统治者离开。比如雄狮以及马匹会先和其他单身同类混在一起，直到最终在社会上获得自己的一席之地，其通常的方式是赶走现有的雄性居民。但它们可能不会单打独斗。相反，两只或更多的雄性非洲野犬、狮子，甚至有时包括马匹，会联合起来击败对手，并且从此之后，它们可能会建立起长期的盟友关系。雄性环尾狐猴和埃塞俄比亚的狮尾狒狒，也会出现类似的兄弟情谊。不过，一旦成功跻身于一个新社会并与其中的雄性成员称兄道弟，虽然狮尾狒狒还对旧情念念不忘，但狐猴们可早就忘恩负义了。

然而在其他社会中，新成员能否融入主要是一个耐心与毅力的问题，而不是单单依靠蛮力。母象会不时叛投到另一个核心象群中去，有时出现这种情况的原因是它在以前的社会中遭到其他成员的一再驱赶。一只雄性鬣狗或雌性猴子会在一个新的群体旁边不断徘徊，忍受着该群体成员对它发动的猛烈攻击，直到这些家伙对它的出现变得习以为常并能够容忍。但让新成员进入的容易程度取决于目标社会的准入条件。比如，狼群通常要经过几天或几周的考察才会接纳一只孤独的公狼。但在适当的情况下，一只狼如果幸运，几乎可以立即得到同类社会的接纳。1997 年，在黄石公园的一个狼群中，由于其领头的公狼被人类杀死，人们看到狼群成员如何接纳一只流浪的孤狼。刚开始，它们一连好几个小时都保持着距离，那只孤狼和狼群成员不停地相互嚎叫，直到它们开始面对面交流。最终还是一只幼狼打破僵局，跑向前去迎接这只孤狼。仅仅 6 个小时之后，狼群成员就围着它兴奋地嚎叫起来。任何一个具有养狗经验的人都很熟悉它们当时的喜悦心情：摇着尾巴，相互闻嗅并一起玩耍。虽然这群狼在一年以前咬死了这只孤狼的两个兄弟，但它还是立刻就成了该集体中的一名新成员。[14]

在只需要一种性别的成员出走的情况下，留下来的异性成员在社会中会生活得很轻松。就像城镇居民继承了家族农场一样，这种动物与孩提时代的朋友和亲戚保持联系，并且对家园的情况了如指掌。比如成年雄性黑猩猩，终生都不会离开自己的家乡，可以到它童年最喜欢玩耍的地方回味过去；而搬到新社会中去的猩猩姐妹则必须一切从头开始，这样不仅切断了它们以前的联系，而且也切断了它们与出生地之间的所有纽带。

综上所述，我们已经了解：动物在社会内部的流动以及相互联系的方式，能够对社会必须提供的利益产生影响。我们还研究了社会之间的流动——虽然发生的频率很小且不易实现——是如何改变成员对社会的忠诚程度并把一个陌生的外来者变成得到大家认可的社会成员的。我们在下一章中将讨论：哺乳动物的社会成员之间必须相互了解的内容以及达到的程度，这可以减少社会之间的成员流动，并让社会作为一个清晰、独立和持久的单位发挥作用。

第四章

个体识别

正如我们所看到的那样，社会并非牢不可破。大象可以到一个新的核心群体中去碰碰运气，雄性鬣狗和雌性黑猩猩可以叛逃到其他集体，而一只流浪的公狼可以加冕为陌生狼群的领袖。哺乳动物在社会之间的这种流动情况，极好地帮助我们解决了一个难题：如何才能获得社会成员身份，以及在获得身份之后如何才能得以清晰展示。

除了社会之外，其他群体也可以长久保持自己的特征，即使其中的动物彼此之间一无所知，也不会产生什么影响。例如，某些群居蜘蛛动辄成百上千地聚集起来，共同编织蛛网捕捉猎物，而这让普通人想起来就浑身起鸡皮疙瘩。由于这些蛛网彼此隔开，而蜘蛛又喜欢待在一个地方不动，所以它们通常不会产生交集。但是，如果把一群蜘蛛和另一群蜘蛛紧挨着放在一起，那两群蜘蛛就合并了，彼此都不会再把对方区别对待。[1] 如果不做这个实验，你可能不会知道蜘蛛还有这种习性，但实验证明它们的群体完全可以渗透，即对外来者敞开大门，任其随意进出。然而，如果因此说蜘蛛是生活在社会中的一种动物，就显得有些夸大其词了：因为它们对于自己的群体，根本就没有表现出可以被我们理解为成员身份的那种联系。即使对完全生活在社会中的物种而言，渗透性过强有时也会产生问题。比如在西亚和非洲那些盛产家蜂的地方，蜜蜂弄混自己蜂房的可能性原本微乎其微。但现在，由于一些养蜂人把蜂箱紧紧地挨着放在一起，结果一些工蜂“误入歧途”——它们认错了自己的蜂房，却毫不知情，还一如既往、高高兴兴地辛勤采蜜，而真正属于它们的蜂房损失了一个劳动力。

在大多数脊椎动物当中，只在一些寻求配偶的成员个体身上才偶尔表现出这种渗透性。因此，它们要转移到另一个社会任重而道远，需要克服重重困难。在自己的社会里，这些物种通过个体识别来排斥外来者，这就意味着：每个动物都必须把其他成员当成个体来加以识别，而不管它的这些同伴究竟是出生在该群体内部，还是以外来者的身份被接纳进来的。在稀树草原大象或宽吻海豚的心目中，它们社会中的每个成员都必须被识别为具体的张三、李四或王五。当然这不是说它们就是依靠名字来进行身份识别的——因为似乎只有海豚才具有这种本领。这些鲸目动物可以通过惯用的“签名口哨”来唤起朋友的注意，一些研究人员甚至把它们的这种哨声理解为在喊：“过来，简！”[2]

如果你能把其他每个人都牢记在自己脑海之中，当然就知道他们的名字了——这还不是小菜一碟吗？因此，动物也可以学会识别不属于它们社会的个体。这些个体通常是它们的敌人，但也不一定。灵长类动物学家伊莎贝尔·本克（Isabel Behncke）告诉我，某些倭黑猩猩在它们的社会相聚时会相互梳理毛发。虽然不能说这就是完全属于它们之间的外交手段，但梳理毛发似乎是倭黑猩猩社会之间代表友谊的一种标志。不过，这种友好行为不会导致它们忘乎所以，甚至不知道自己到底该属于哪个社会。因为享受完一番亲昵之举后，猩猩们就回家了，而它们的社会身份还保持得完好无损。虽然这种情况在黑猩猩中一般不会出现，但在非洲的塔伊森林则另当别论。然而即使在那里，它们也必须小心翼翼：一些来自不同社会的雌性黑猩猩，可能在移居之前是儿时伙伴，它们会偷偷聚在一起。两只黑猩猩秘密约会，仿佛知道：如果别的猩猩发现它们互相梳理毛发，它们就会有性命之忧。[3] 一个社会中很少出现每只动物都知晓其他成员的情况。或者可以这样说，动物将社会视为一种由个体组成的特殊组织，该组织表明了“我们”与“他们”之间的区别。

虽然动物身上所表现出的这种能力可能令人惊讶，但许多脊椎动物确实能够记住关于其他同类的信息，并用我们（一种使用语言的物种）可能称为“公民”的这种标签来给每位同伴进行标记，然后在此基础上进一步将其加以分类。[4] 以狒狒为例：它们能够识别群体内部的等级、家庭和联盟关系，并利用这些分类信息来预测其他成员的行为。比如，因为雌性基本上是从母亲那里继承自己的社会地位，从而形成了一种被称为“母系关系”（matrilines）的社会网络，因此狒狒希望地位低下的雌性——不管她的个性多么要强——在与地位较高的雌性发生争执时，要选择让步，即使后者表现得再软弱无力、再腼腆怯懦，前者也不能僭越。生物学家罗伯特·塞法斯（Robert Seyfarth）和多萝西·切尼（Dorothy Cheney）认为，事实上，“在狒狒的脑子里……社会类别独立存在，不受具体成员情况的影响”。[5] 毫无疑问，该结论不仅适用于狒狒之间的母系关系，也适用于它们所组成的社会和群体。

非洲的长尾黑颚猴不仅知道哪些猴子是外来的，而且通常还知道那些猴子具体来自哪些猴群。切尼和塞法斯发现长尾黑颚猴通过声音来相互识别，并且在听到相邻猴群某个成员发出的叫声来自错误的方向（另一支猴群的领地）时，它们会表现得更加兴趣盎然。听到这只猴子在别的猴群领地上大叫，其他的长尾黑颚猴全都激动得发狂，不禁又蹦又跳，就像擂台下的观众期待上演一场精彩的拳击比赛一样。我们如此联想，就会觉得它们有这种表现也算合情合理。事实上，这些猴子的反应表明它们意识到自己的邻居一定是擅闯了别的猴群领地，而这种行为通常会在两支猴群中挑起争斗。因此，除了能将自己的社会与广泛意义上的“其他猴子”区别开来之外，长尾黑颚猴还知道，别的猴子分属于不同的群体。

成员身份之所以能基于个体识别而建立起来，是因为社会成员就其归属能够达成共识。虽然有时也会出现意见分歧，但是在所有形成社会的物种当中，这些只是个别现象并且转瞬即逝，并且仅限于个体被逐出或加入社会的过渡时期。例如，一匹公马如果对一匹母马中意，可能会怂恿这匹母马加入自己的群体。而该群体中的其他母马一开始由于视其为异类，会联合起来采取行动，试图把它撵走。因此，这匹母马需要努力瓦解其他母马形成的反对势力，最后让自己不仅被这些母马所容忍认可，而且还要让它们接纳自己为群体成员。

可识别的差异

当然，要识别自己的群体伙伴，就意味着每个成员都必须以某种方式加以区分。在整个动物界，存在通过各种感官进行的识别模式。大多数群居哺乳动物的叫声，从小猴的叫声到狮子的咆哮，全都存在个体差异。视觉识别也很重要：卷尾猴可以快速区分自己群体成员的照片和其他群体成员的照片。[6] 根据不同的环境，斑点鬣狗身上的特征斑点，既可作为伪装，又可作为在热带稀树草原上进行远距离识别的手段。但黑猩猩没有像鬣狗身上的斑点那样明显的标志，所以像人一样，黑猩猩把面部——特别是眼睛——作为彼此主要的区别特征。此外，它们的声音也和人类一样具有区别度，并且它们还能通过同伴的屁股来准确识别对方，这是一种在人类身上尚未发现的辨别能力。[7] 马匹在饮水的时候，看到 50 米以内有来自强势群体的成员靠近，会选择主动避让。[8] 猴子们彼此如此熟悉，以至于在乌干达，红疣猴和其他猴子——包括蓝猴、白眉猴以及红尾猴——会在一起玩耍嬉戏，并和某些异类朋友形成亲密无间的关系。[9] 在研究狮子之间的相互了解程度时，野生动物保护协会的资深环保主义者乔治 · 沙勒（George Schaller）仔细观察了狮子在狮群内部以及狮群之间的行为表现：

> 不管母狮分布的面积有多广大，与其他成员见面的次数有多频繁，

它们仍然形成一个封闭的社会单元，不允许陌生母狮加入其中……同一个狮群的成员在看到其他成员时，可以毫不犹豫地加入它们的行列，并且往往是朝着它们直奔而去；相反，如果是一只陌生的狮子，则通常会蹲下身来，然后再向前走几步，接着转身做出好像要逃跑的样子，并且一般对自己是否会被对方接受表现得不太自信。[10]

这些狮子如果发现旁边有一头陌生的同类，则会扑过去撵它，除非狮群已决定将其接纳。

不过值得注意的是：至今还没有任何人可以系统地证明狮子或任何一种其他动物能够认识自己社会中的每位成员。不过，基于上面所观察到的这些现象，人们即使如此假设，似乎也很有说服力。

拥有对其他成员的记忆，一定是脊椎动物社会进化的必要前提。[11] 事实上，如果个体识别在哺乳动物和鸟类中普遍存在，我也不会感到惊讶，因为鱼、青蛙、蜥蜴、螃蟹、龙虾以及河虾都具有这种能力。[12] 我们应当预料到这一点。即使对于那些不是生活在社会中的动物来说，不管是争夺领地、支配其他成员、寻找配偶，还是将自己的幼崽与其他成员的幼崽加以区分，对同类进行个体识别依然显得非常重要。因此，仓鼠虽然不善交际，但能够把来自毛茸茸的同类的身体不同部位的气味综合起来，从而对其进行个体识别，就像我们在大脑中分析一个人的面部线条从而构建出他的整体形象一样。[13] 帝企鹅和它们的幼崽有时会分离很长的时间，因为要给子女带鱼回家，做父母的往往一出门就是好几天。它们如何才能在成千上万的企鹅里找到自己的家人？答案是：通过声音。[14] 就像我们在觥筹交错的鸡尾酒会上会对背景噪声听而不闻一样，鸟儿也会选择性地只倾听来自亲朋好友的呼唤：汤姆是不是在冰山的那边叫我的名字？

但是，无论数量再多，成员再挤，仓鼠和企鹅形成的群体都称不上社会。无论这种记忆能力表现得多么普遍，当社会生活需要全面了解每个成员，或至少对它们拥有最低限度的了解时，情况就会变得完全不一样。但是这种最低限度的了解到底可以低到什么程度呢？

生物学家们在研究个体识别和社会关系的时候，一直关注的是社会中最强大的那种联系，即谁才是彼此了解最深的成员，以及它们之间如何互动。然而，由于这个看似明智的选择，一个原本应当同样受人重视的研究领域却被我们忽略了，那就是：在社会中互动最少的成员之间，它们彼此了解的程度到底有多大？可以想象，两个碰巧从不打交道的社会成员，可能对彼此的生存状况一无所知。它们之间缺乏联系可能是由于冷漠、轻蔑，也可能是由于它们生活在不同的社会圈子里，导致彼此没有接触的机会。此外，它们可能出于某种战略考虑而忽视对方或避免见面，或者情况可能就像你上百次看到的那些坐在咖啡馆里的顾客一样，他们由于每天忙忙碌碌，所以从来都抽不出时间来介绍自己。

情况甚至可能比这更简单。你可能完全没有注意到那个喝咖啡的家伙，但仍然把他记在脑海里了。你有过下面这样的经历吗？有一天，我觉得自己最喜欢光顾的那家咖啡馆好像有点不同寻常。过了一会儿，我才意识到其中一个老顾客不见了，而对于这个人，我即使搜肠刮肚、绞尽脑汁，也说不清楚他长什么模样。当花时间去把某人——比如咖啡店的顾客——感知为某个个体，我们就相当于把他个体化了，也就是把他当成一个活生生的张三、李四或王五。人类，大概还包括很多动物，都没有这份耐心和毅力来把其他每个成员个体化。我们对其他许多人的了解都显得粗糙、抽象，并且常常处于潜意识的层面。

下面，我们做一个思维实验：假设人类完全以这种抽象的方式来认知他人。对此，一位科学家可能会宣称：我们正在适应周围每个人的怪癖。也就是说，我们在潜意识中记录下他们个性特征的同时，也从自己的日常意识中剔除这些个性特征。就像我们对周围噪声的处理那样，平常一般不会注意到噪声的存在，除非某天它突然消失。因此，在这种潜意识的认知下，一类物种在无须注意周围单个个体的情况下，依然可以通过个体识别形成社会，但这样的社会是多么怪诞而又没有人情味呀！

所以，尽管存在上述可能性，我依然认为大多数脊椎动物组成的社会都规模很小，以至于其中的成员都相互认识。并且，它们不会像我一样，对咖啡馆的老顾客只有一个模糊印象，而是彼此非常熟悉，因为它们要么时常关注对方，要么经常打交道。[15]

记忆需求

一群狒狒或猩猩会保持足够近的距离。它们即使不是每隔几分钟就碰面，也会保证至少每天相聚。这样经常性地见到熟悉面孔，会让个体识别变得十分轻松。然而，眼不见就意味着心不想，一些生活在裂变 – 融合社会中的动物彼此分开一段时间，有时就可能给它们的记忆力带来挑战。例如，生物学家观察到某些害羞的黑猩猩——通常是不受欢迎的雌性黑猩猩——它们虽然也是群体中的成员，但却喜欢躲在群体领地中的某处偏僻角落里独自生活，甚至好几个月才露一次面。因此，我们几乎可以肯定，其他黑猩猩也只是在经过很长时间之后才偶尔会看到这样的孤独者。[16] 显然，这种情况就需要黑猩猩具有良好的记忆能力。

人类学家把我们归为“摆脱距离限制”的物种，因为我们不仅能够记住别人，而且还能够记起自己与长时间未见面的人之间的关系（即使拐弯抹角建立起的关系，比如通过朋友的朋友的朋友建立起来的关系）。只是我们人类之间虽然容易建立信任，但也容易心生疑惑。[17] 此外，这种“摆脱距离限制”的情况也见于一些其他哺乳动物当中，因为这些物种的社会成员在经过长时间的分别之后，能够重新聚首且心无芥蒂。许多记录显示：即使岁月流逝容貌改变，动物也能识别出其他同伴，并立即恢复它们之前的关系。生物学家鲍勃 · 英格索尔（Bob Ingersoll）曾回忆自己与一只阔别 30 余载的黑猩猩再度见面时的情形。“起初，它真的没有认出我来，而我也没有把它认出来。后来我问：‘莫娜，是你吗？’听到这话，它立即朝我挥手示意：‘鲍勃！抱抱我，抱抱我。’”[18]

但并非所有动物的记忆力都如此持久。马匹如果分开的时间超过 18 个月，甚至连自己的后代都记不起了。不过那时，当初的小马驹已经找到了自己的群体归宿，或者说，它已经和自己的社会建立了联系。[19]或许，对于分别之后就永无见面机会的动物来说，拥有良好的记忆力反而意味着浪费脑力且加重记忆负担。

记忆需求还包括让别人记住自己。在一个基于个体识别的社会当中，先别说被其他成员识别为同类伙伴了，单是保证自己能被别的成员正确识别出来，就必须经过让所有成员都熟悉自己的这一认知过程。外来者加入新社会所面临的危险在于其他成员最初根本就不认识它，因此会对它发动攻击。正如灵长类动物学家理查德·兰厄姆（Richard Wrangham）告诉我的那样，为了克服这个困难，初来乍到者会选择先和一些熟悉的成员待在一起，这样可以让其他素未谋面的成员以为它已经属于这个群体——因为，朋友的朋友就是自己的朋友——至少，即使称不上朋友，也算得上是自己的同伴。

就算在社会里出生的幼崽，也必须经历个体识别阶段。并且，让社会熟悉新个体的过程开始得很早，其最初的方式就是由作为母亲的成员直接把自己的幼崽带出来让大家看看。而鸟类则是等幼雏长到一定程度，要离开自己的巢穴出去进行交际——因此也就有可能和别的鸟儿产生混淆之时，才开始这一过程。不过，聚集成群的鸟类几乎在幼雏刚一出生就能对其进行个体区分。[20]然而，动物幼崽要融入社会，除了熟悉它的母亲之外，最终还得让其他社会成员也认识自己。幸运的是，幼崽一开始不会威胁到其他成员，因此可以理解为：除了小家伙的母亲之外，别的动物都不把它当回事。但是等它长大一些，并且可能对其他动物构成威胁时，问题就来了。于是，一群侏獴中的所有成年侏獴都会把自己肛门腺的排泄物涂抹在幼崽身上，或许它们是用这种方式来表示接受幼崽的。[21] 在此之前，它们的幼崽像候鸟一样，只和自己最亲近的同伴待在一起，通过“朋友的朋友是朋友”这一生存法则来保证自己的安全。

个体识别和社会规模

我们前面讨论的这些动物社会都有一个显著的共性：它们规模很小，一般只有一二十个成员，很少拥有超过 50 个成员。即使东非塞伦盖蒂平原上的狮子以猎杀角马为生，它们每个群体拥有的成员数量也不会超过 1000 个。而草原犬鼠的领地范围从来达不到人类社会的规模。它们的洞穴遍布自己的整个领地，其社群包括的成员数量只要能对付其他同类的侵扰就够了。此外，其他类人猿组成的社会，也不会达到像电影《决战猩球》（*Planet of the Apes*）中的那种规模。

在某些情形下，制约动物社会规模的最终原因来自生态方面。1000 头狮子组成的群体很难保证让每位成员每天都能吃饱喝足，这样庞大的狮群注定要忍饥挨饿。但我们有充分的理由相信：大多数脊椎动物组成的社会之所以一直保持很小的规模，其中包含更多的原因。正如邓巴在研究动物友谊时所发现的那样，大量个体之间要保持联系——在这种情形下，有时即使是最低程度的联系——也会变得极其困难。

除了人类具有惊人的共同生活能力之外，猿类社会能够达到的最大规模是由黑猩猩创造的，这一纪录是 200 个左右的成员。规模比这更大的脊椎动物群体无一例外都属于单纯意义上的聚集活动，其中的动物可以随意进出，因此算不上社会。毕竟，社会对成员身份有严格的限制。曼哈顿不远处曾出现一群数量高达 2000 万的鲱鱼，简直可以与该岛的面积匹敌。红嘴奎利亚雀可谓天高任鸟飞，它们成群结队地在非洲上空盘旋，而下方则是数量同样惊人的角马，制造出震耳欲聋的喧嚣声。在有筑巢习性的鸟类当中，最大的群体可能是在智利瓜佛岛繁衍生息的400万只灰鹱。

这些群体的成员是机会主义者。比如企鹅虽然会挤在一起相互取暖，但除了父母与子女之外，它们根本就不关心挨在自己身边的到底是谁。正如一位野生动物研究专家所说的那样，在迁徙过程中，“聚集成群的角马其实彼此关系陌生”。[22] 驯鹿和美洲野牛也是如此，它们可能会和自己的幼崽以及几个朋友经常待在一起，但也会加入由其他陌生同类组成的各种群体中。[23]

在一个由哺乳动物组成并依赖个体识别的社会之中，由于成员能够熟悉并记忆其他同伴的数量有限，无论它们是敌是友——这就限制了该社会的发展规模。如果记忆达到最大负荷，就相当于出现了一个硬件限制，那该社会也发展到了最大规模。[24]

食草的狮尾狒狒，看起来就像普通狒狒戴上了一个万圣节面具，它们非常生动地展示了记忆对社会规模所产生的限制作用。由于它们的群体中包括数百名成员，我们因此推测狮尾狒狒记忆力惊人，应当能够记住其他所有同伴。然而，当灵长类动物学家托雷·伯格曼（Thore Bergman）观察这些动物对其他狒狒影像资料的反应时，得出的结论却是：狮尾狒狒几乎和北美野牛一样，对周围成员知之甚少。狮尾狒狒对同伴的记忆和北美野牛几乎一样，但并非完全一样：狮尾狒狒最多能认识20到30个同伴。伯格曼据此推断：只包括一两只雄性和几只雌性的团队构成了狮尾狒狒的社会实体，或者简而言之，这就是它的社会。这样的狒狒团队可以用术语表述为单位（unit），当许多狒狒单位在同一片土地上觅食时，就构成了它们的群体。[25] 一只雄性狮尾狒狒似乎根本就不认识自己团队之外的任何同类。因此，它总觉得群体中那些整天在自己周围晃荡的外来者可能抢走自己的配偶和地位。

狮尾狒狒的这种表现似乎愚不可及，但却让我们得出了一个重要的结论：依赖个体识别的动物必须至少熟悉自己群体中最低限度的成员，这种限制条件就决定了它们的社会不可能发展到很大的规模。[26] 而我们作为智人，则打破了罩在其他物种社会上面的这层玻璃屋顶。否则，无论人类有多聪明，如果不发展出大规模的社会，就永远不能取得今天的成就。

但在讨论人类之前，我们将继续探索大自然在社会进化中所达到的另一高度——昆虫社会。这些节肢动物不仅包括绝大多数以社会为生的物种，而且它们的社会中有一些达到如此大的规模和如此复杂的程度，不禁让我觉得如果对其加以研究，甚至可以加深我们对人类社会的了解。下面，先简要介绍一下后文将要得出的一些结论：

> 黑猩猩需要认识每个社会成员。
>
> 蚂蚁不需要认识任何一个社会成员。
>
> 人类只需要认识一些社会成员。

而这就产生了后面的所有差异。

第二部分

匿名社会

第五章

蚂蚁和人类，苹果和橘子

我在年轻时第一次走进热带雨林，当时最吸引我的不是猴子、鹦鹉或兰花，尽管它们也很有吸引力，而是一些切成硬币大小的叶子，被一群蚂蚁当成旗帜举着行进，这些蚂蚁的队伍居然有 1 英尺[①]宽、一个足球场那么长！

你不一定要读昆虫学才会喜欢蚂蚁。我们现代人在基因上可能更接近黑猩猩和倭黑猩猩，但和我们最相似的动物却是蚂蚁。通过比较人类和蚂蚁之间的诸多相似之处，我们可以了解更多关于复杂社会以及它们如何演变的历史。事实上，地球上有 14000 多种蚂蚁，它们有许多不同的生活方式。对于一般的群居昆虫来说情况更是如此，而这一类昆虫就包括了白蚁、群居的蜜蜂以及黄蜂。

生活在美洲热带地区的切叶蚁（leafcutter ants）就体现了蚂蚁社会可能达到的复杂程度。在它们的巢穴里，这些像旗帜一样的绿叶被分解成一种基质，而蚂蚁则在上面种植自己的粮食作物——一种室内真菌。蚂蚁将这种真菌种在一些呈球状的花园里面，而这些花园从小如棒球到大如足球，其体积、大小各不相同。也有些蚂蚁过着游牧生活，甚至采取分裂–融合的生活

① 1 英尺约为 0.3 米。——编者注

方式。但是一些定居下来的物种，比如切叶蚁，就以这种方式生活。在脊椎动物组成的社会当中，除了将幼崽藏于巢穴中的物种，或者经常回到树上睡觉的灵长类动物之外，很少有动物在巢穴或大本营之外觅食，但这种情况在蚂蚁当中却很常见。切叶蚁聚居地的规模可能很大。比如在法属圭亚那的丛林里面，我曾偶然发现一个蚁穴，其面积居然相当于一个网球场的大小。这样一个如同大都市般的大型蚁穴具有和人类城市相同的缺点：向里面运输必需的物资就意味着要进行一项艰巨繁重的通勤任务。其中的工蚁每年都会沿着六条“高速公路”，从大巢穴四周的偏远角落把数百磅的新鲜叶子运送进来。我曾经仅仅为了发掘某个蚁穴的一小部分，就在圣保罗附近雇用了六名带鹤嘴锄和铲子的工人。当时我被那群蚂蚁咬了，身上留下一些血淋淋的伤口，但这并没有阻止我继续探索蚁穴，我反而感觉自己像一名考古学家，正在挖掘一座城堡。它们的蚁穴由一段又一段长长的隧道——有些甚至深入地下至少 6 米——组合而成，显得整齐漂亮、错落有致；沿途排列着很多腔室，里面种植着数百个花园。如果按照人类的计量单位进行换算，那蚂蚁的这些地铁系统相当于位于地下 100 公里深。

蚂蚁在巢穴中的活动是如此丰富多彩，让即使最粗心的观众也能一眼就看明白：蚂蚁从集体生活中获得的回报多种多样且不尽相同。其中，工蚁会标出自己的地盘，大胆地从我们的餐盘里收集食物，并在精心设计的安全庇护所里抚养自己的后代。蚂蚁中既有农学家、牧民，又有狩猎–采集者；它们善于沟通、持之以恒、工作努力，随时做好战斗准备，敢于冒险且具有高度的组织纪律性；它们是优秀的军事人员和勤奋的家庭主妇，共同组成了精细协作的劳动力大军，也是善于保护和供养社会的专家能手。比如，除了人类之外，切叶蚁拥有比其他任何动物都更加复杂的社会。此外，它们还开展大规模的农业生产。

把人类比作蚂蚁会引起一些读者的愤怒。但是把人类比作哺乳动物则相当容易，因为我们自己就是哺乳动物，而且我们要长毛发、血管中流着温暖的血液以及分泌乳汁等生理特征都能证实这一点。尽管如此，当观看一部关于哺乳动物社会的自然纪录片时，你可能不会发出这样的惊呼：天哪，它们和我们真像！事实上，人类和哺乳动物之间存在的相似之处非常微妙，并不太明显。相反，我们更多的时候是对二者之间的差异感到惊讶。比如，我们很惊讶地看到，公象居然会被象群抛弃——其实确切地说，它们根本就不能算作任何社会的成员。至于我们的那些“亲戚”，比如黑猩猩和倭黑猩猩，我们和它们之间有多相像？由于我们和猿类在基因方面相近，所以我们的身体看起来和黑猩猩以及倭黑猩猩差不多。但是我们的社会生活模式和它们相比又如何呢？通常在进化心理学或人类学的背景下提出的大多数相似性，更多地涉及广泛意义上的认知方面，而不是和猿类社会组织的细节相关，否则我们就会认为这些不是二者之间的相似性，而是人类特有的现象。[2]

这些相似之处很少像它们看起来那样意义重大或独一无二。比如，虽然黑猩猩和倭黑猩猩可以像我们一样进行思维，但这种相似之处也经常延伸到其他动物身上。这两种猿类都像我们一样能在镜子里认出自己；但是海豚、大象和喜鹊也是如此，甚至有人宣称——虽然遭到普遍质疑——蚂蚁也具有这种能力。[3]曾经有一段时间，黑猩猩被认为是除人类之外唯一能制造工具的动物——它们会用树枝设置陷阱诱捕白蚁就是这方面的一个例子。然而，现在我们知道世界上还有其他会制造工具的动物，比如啄木鸟，它们会用树枝把虫子捅出来。[4]

不过黑猩猩处理冲突的方式确实和我们人类相似。例如，一些黑猩猩是通过好勇斗狠获得认可，而另一些黑猩猩则是依靠智慧取胜。举一个例子：雌性黑猩猩为了阻止愤怒的雄性黑猩猩拿石块打架，会走过去拿走旁边的石块，而且，如果有必要，它可以一再这样进行阻止。[5]这种政治策略，至少对黑猩猩、倭黑猩猩和人类来说，似乎是独一无二的，但事实可能并非如此。我们之所以能发现黑猩猩和倭黑猩猩具有这种政治策略，是我们长期持有偏见而产生的一个直接结果，因为我们认为这些类人猿是自己的近亲，因此值得仔细研究——借用一位科学家的说法，专家们“一直对黑猩猩怀有特殊偏爱”。[6] 在黄石公园德鲁伊峰上生活的一个狼群中，一头母狼“40F”被暗杀就是一个很好的例子。证据表明，在它凶猛地袭击了狼群中的两个成员之后，其他成员挺身而出，将其咬死。观察这些行为的研究人员写道：“它的生死可以借助一句经常用于描述人类暴君的老话来加以概括：如果你靠武力生活，最终将死于武力。”[7] 因此，我们意识到狼群中的政治关系确实很复杂。然而，一旦我们对其他物种也进行这样的仔细观察，无疑会发现更多的动物在运用阴谋诡计方面的能力可以与猿和狼相媲美。

事实上，尽管我们与黑猩猩和倭黑猩猩 98.7% 的基因都相同，但我们与它们之间的差异更引人注目。[8] 事实上，我们和它们之间差别甚大，就像苹果和橘子之间的区别一样。在这两种猿类当中，成员之间的关系是由严格的权力等级决定的，这在黑猩猩中表现为一种专制行为——尤其是在雄性黑猩猩身上展示得更为明显。成年之后，雌性黑猩猩和倭黑猩猩都会离开自己童年生活的社会，融入一个新的社会之中，并且永远不再回来。雌性猩猩只愿意偶尔交配，而它们处于发情期的一个明显标志是屁股变得膨胀。雄性黑猩猩经常强迫处于发情期的雌性黑猩猩与之交配，而在此时段之外，它们要么对雌性黑猩猩大打出手，要么不理不睬。难怪黑猩猩和倭黑猩猩都没有稳定的配偶或者大家庭，因为黑猩猩母亲抚育幼崽时，几乎无法从黑猩猩父亲或者其他任何同类那里得到丝毫帮助。[9] 此外，雌性黑猩猩彼此之间也不擅长交朋友。事实上，一个饱受折磨的黑猩猩妈妈必须躲到一个隐蔽的场所去分娩，以免自己的孩子遭到杀害。

因此，尽管我会在后面的内容中指出人类社会和其他脊椎动物社会之间存在一些引人入胜的相似之处——通常是关于社会能给成员带来的诸多利益，以及这些社会是如何进行相互作用的——但在大多数情况下，其他哺乳动物的社会生活，包括我们的猿类表亲的社会生活，看起来虽然不能说完全没有人性，但也显得极为怪异。与他们的怪异行为不相上下的是我们，作为哺乳动物的我们，又何尝不是如此：黑猩猩就从来不会像我们这样要遵守高速公路的交通规则，或者考虑如何守护自己的房屋；它们也不必劳神费力、苦苦思索如何应对交通拥堵，以及如何处理公共卫生、流水线作业、复杂的协作、劳动力分配、市场经济、资源管理、大规模战争或者奴隶制等问题。尽管我们觉得昆虫的外表以及智力与自己有天壤之别，但除了人类社会之外，还有某些蚂蚁组成的社会也会做上面这些事情，此外还包括其他一些群居昆虫，比如蜜蜂和一些白蚁。[10]

构建一个大规模社会：从蚂蚁身上获得的启示

某些群居昆虫之所以能够和现代人类相提并论，在很大程度上是因为二者具有一个共同的特点：社会人口众多。研究动物行为的科学家们经常狭隘地专注于物种之间的进化关系，因为社会的许多特征更多地与规模——表现为纯粹的数字——有关，而不是与物种的类别产生联系。[11] 我们所观察到的人类以外的脊椎动物社会，包括猿类在内，最多包含几十个成员。但一个大型的切叶蚁巢穴中则至少拥有数百万的劳动力。

一旦社会成员达到如此巨大的数量，各种各样的复杂问题都会浮现出来——事实上，社会为了正常运转，往往也必须解决这些难题。与一些掠食性蚂蚁精心组织的狩猎方式相比，无论是在黑猩猩还是在非洲野犬组成的社会当中，它们的狩猎团队在进行协调配合时都显得太过随意，往往流于一厢情愿。而在蚂蚁组成的社会当中，一些蚂蚁守候在狩猎路线上拦截猎物，另一些蚂蚁则对其施以致命一击，还有一些蚂蚁负责将尸体拆成小块，再由协调小组搬运回巢。大多数脊椎动物没有分配相应劳动力来承担这些特殊角色，而且它们也不是非得以这种方式操作才能让社会成员获得必需的食物。

住房和基础设施也是如此。草原犬鼠的洞穴错综复杂，并且在地下与冬眠室以及迷惑捕食者的死胡同连接起来。然而，与切叶蚁或蜜蜂的巢穴等堪称经典的建筑相比，这些啮齿动物的住所简直就像动物王国的石器时代留下的遗迹。

但是——我猜想你会提出抗议——没有一个人类猎人会像蚂蚁一样狩猎，也没有任何人类住所会与任何一个蚂蚁的巢穴有相似之处。包括苹果和橘子在内的任何两件事物，都具有数不清的共同特征，也有同样数不清的差异之处。无论是共同特征还是差异之处，其中能让人感兴趣的东西，完全取决于人们所持的观点。记住：即使同卵双胞胎在他们母亲的眼中也是不一样的。这一点在我们研究心理学时，将变得非常重要，引申开来就是：一个种族的成员虽然外人可能无法区分，但他们彼此看来却并不相似。抛开其他方面暂且不谈，我请大家先记住这个结论：比较相同的东西会让人感觉无聊透顶。当人们注意到通常被视为不同的想法、事物或行为之间居然存在相似之处时，这时进行的比较才最有成效。而这种情况就适用于我们研究在蚂蚁中存在的奴隶制度，即蚂蚁个体在另一个蚁群中不得不违背自己的意愿而辛勤工作，这既不同于美国人推行奴隶制的方式，又不同于古希腊人对待战俘的待遇。

人类和蚂蚁对于相同的一般问题提供了不同的解决方案，有时甚至使用的是完全不同的方法；而这种情况在不同的人类社会或不同的蚂蚁社会中也同样会出现。在世界的一些地方，人们习惯于靠左开车，在其他地方则习惯于靠右开车。在亚洲掠夺者蚂蚁（marauder ants）聚居地的繁忙路线上，进入巢穴的交通线路是沿着高速公路中心展开的，而出去的蚂蚁则沿着高速公路的两侧行进，这是人类社会从未尝试过的三车道交通方式。但这两种模式都表明：当依赖商品和服务的民众数量巨大，并且它们没有甚至不可能都出去觅食时，将商品和服务安全有效地送达所需之地是何等重要。

再想想商品和服务的分配。人类在这里表现出各种各样的差异性：不同社会制度下，社会处理问题的方式也不同。而蚂蚁则有自己的解决方案。举例来说，在入侵红火蚁（the red imported fire ant）中，商品的流动是根据现有存量和具体需求来进行调节，这体现了市场经济中的供需关系。工蚁对其他成年蚂蚁和幼蚁的营养需求保持监控，并根据具体情形对它们的商品供应进行调节。在一个装满食物的蚁穴中，负责侦察的蚂蚁和它们的助手爬进买家的巢室，把吃进去的食物吐出来让对方品尝，以这种方式向买家推销商品。而这些买家又会在蚁穴中四处漫游，把食物兜售给任何有这方面需要的其他成员。如果这些中间商发现顾客对肉类很中意（也许只是昆虫的尸体而已），它们会在市场上尽力搜寻其他商品，直到最终可能找到某位卖家，可以给自己提供——比如某种含糖的食品，从而拓展自己的销售渠道。当市场供过于求、卖家不能兜售商品时，买家和卖家都会从事别的工作，或者趁机忙中偷闲，小睡一会儿。[12]

蚂蚁是如何进行社会分工的呢？某些工作可以承包给专门执行这些任务的专家，或者让那些更经常、更精确从事此类任务的蚂蚁来负责。年龄在决定工作频率方面起到了一定作用：如果年轻的蚂蚁碰巧还离生养自己的巢室不远，就可以照顾住在里面的其他幼蚁。一开始的时候，它们扮演保姆的角色，帮着自己的母亲梳理、喂养弟弟妹妹（这正好和人类的时间顺序相反，因为在人类社会中，老年人会帮着照看孙子）。但事情也会变得复杂起来。人类的外貌特征会透露其职业信息，比如：一位身穿西服、手提公文包的人很可能是律师；一位头戴安全帽、手拿午餐桶的人很可能是建筑工人。同样，蚂蚁的社会分工也能和它们的外表产生联系。我们暂且不讨论人们总是认为办公室人员长着啤酒肚的刻板印象是否合理，但在许多蚂蚁社会当中，的确可以根据成员的身材和体形来判断它们所从事的工作。

对于蚂蚁和大多数其他群居性昆虫来说，它们最基本的社会分工和人类的情况没有任何相似之处，实际上这种分工和灰狼或狐獴的情况更为相似：通常只有一只雌性（群居昆虫中的王后）负责繁殖后代。于是，在蚂蚁生活中出现的一个特殊现象是：几代年轻的蚂蚁要抚育自己的兄弟姐妹，这就使它们所隶属的蚁群超出了普通家庭的含义，因此，蚁群才有资格被冠以“社会”的称号。

此外，蚂蚁社会是由姐妹组成的社会（这也是我经常用代词“她”来描述蚂蚁的原因）。但这种情况在脊椎动物中也并非闻所未闻。比如，对于热带稀树草原大象来说，一个社会或核心象群的所有成年成员，虽然不总是姐妹，但都是雌性。然而，对许多蚂蚁来说，有无性别在生活中无关紧要，因为工蚁本身没有繁殖能力。比如，切叶蚁中的工蚁虽然有卵巢，但无法生育。与此同时，像蜜蜂中的雄蜂一样，蚂蚁中的雄性对社会几乎没有任何贡献，它们唯一的作用就是进行交配，然后死亡。此外，白蚁则表现出性别平等，因为蚁穴里既有一个国王，也有一个王后，并且所有工蚁都既有雄性，也有雌性。

蚂蚁社会的复杂性：规模差异

最极端的切叶蚁在社会分工中的情况和其他物种完全不同。幼蚁的激增导致它们的社会中产生了一个士兵阶层，该阶层主要负责保护蚁穴中的其他居民。体型较大的兵蚁还要进行重型道路工程施工，负责清理高速公路，使食物、物资和人员可以顺畅流动。当我挖掘圣保罗的蚁穴时，那些把我的皮肤咬得血淋淋的切叶蚁显得非常强壮，它们就属于这个士兵阶层。

为了照料它们的花园，蚂蚁们组成了一条条的流水装配线，除了士兵以外，其他所有成员都得参加。[13] 中等体型的工蚁剪下树叶，传递给体型稍小的蚂蚁，它们则通过漫长的传送，将其运回巢穴。一旦绿叶被运进花园的房间里面，一些体型更小的蚂蚁会把它切成碎片，然后让体型还要小一些的蚂蚁把这些碎叶榨烂成浆。接下来，体型更小的工蚁用前腿将这样产生的覆盖物堆放到花园里面，由体型更小的蚂蚁“种植”真菌，并每隔一段时间就对其进行修剪。体型最小的蚂蚁则小心翼翼地清除花园中不可食用的真菌和各种传染源。蚂蚁也将自己身体产生的杀虫剂用于花园，以此提高真菌的产量。

所有这些劳动——从种植到照料，再到收割——都安排得妥妥当当并执行得井井有条，任何一个农民都会对此赞叹不已。除了人类之外，没有任何其他脊椎动物——不管它们拥有多高的智力或多么庞大的成员数量——在种植食物方面迈出哪怕最简单的一步，然而，切叶蚁和其他一些昆虫已经无数次完成这项工作了。[14]

大规模生产所带来的一个问题是如何处理废物。我可以肯定地告诉你，黑猩猩不会想到处理废物这种事情。事实上，它们也不会遇到这方面的麻烦：就像在人口稀疏的地区一样，那里的人们从来不需要厕所，至今还是习惯到树林里去方便。毕竟，黑猩猩的排泄物在对环境健康造成威胁之前，就已经消失在土壤中了。但是切叶蚁的巢穴则需要设置专职队伍来处理废物。[15] 此外，它们修建巢穴就是为了保持新鲜空气能够流通。总而言之，经过 1.5 亿年的社会进化，蚂蚁在公共安全和废物回收方面所做的工作要比我们人类多得多。

社会的复杂性：规模区别

蚂蚁的一个奇妙之处在于：我们可以将一些非常复杂的蚂蚁社会与规模小得多的蚂蚁社会进行比较。有些蚁群确实很小，比如在棘颚蚁属（*Acanthognathus teledectus*）的物种中或陷阱颚蚁（trap-jaw ants）组成的社会之中，只有几十只工蚁而已。[16] 在美洲热带雨林中，每个蚁群居住在摆放于地面的某根树枝的中空核心里面——因为这在蚂蚁的眼中就相当于一个很大的洞穴。这样的社会和一个类似规模的鬣狗家族、灰狼群体或者规模很小的人类部落相似，不需要拥有高速公路、流水装配线或者复杂的团队，只在捕食猎物时可能需要在几个成员之间进行协调工作。陷阱颚蚁不必面对供应食品或处理废物之类的棘手问题。除了王后之外，它们的体型相等，工作相同。为了完成社会中的所有工作，每只蚂蚁脸上都长着一把类似瑞士军刀的武器。这种蚂蚁的“陷阱颚”其实是它那长长的下颚，末端还有尖刺。实际上，每只蚂蚁都进化得像一个捕熊夹一样，可以完全依靠自己的力量来捕杀并取回猎物。因此它们极少进行社会分工，这不仅是由于它们成员太少不能从事太多的社会活动，还由于当社会规模较小时，过度专业化也会带来风险：就像一个军事中队，如果失去了其中唯一的无线电操作员，可能就注定要走向灭亡。陷阱颚蚁的社会规模太小，所以其中的工蚁必须是多面手才行。规模巨大的社会提供了过剩的成员，可以让劳动力朝着更加专业化的方向发展，这就像纽约和一些乡村所提供的就业名单所显示出的那种差异一样。

让切叶蚁的故事更加引人注目的是，它们在农业实践方面的进化途径与人类的情况非常相似。正如对蚂蚁及其种植真菌的遗传学分析所揭示的那样，切叶蚁的祖先在 6000 万年前就开始涉足园艺工作了。[17] 一些蚂蚁至今仍像它们的祖先一样生活，而它们的社会几乎和陷阱颚蚁组成的群体一样简单。这些社会由几十到几百名工蚁组成，它们在小花园中种植野生真菌。实际上，它们在很多方面很像规模较小的人类社会：经常种植从自然界中获取的野生物种，并且只在简陋住所附近的小块土地上种植自己需要的东西。2000 万年前，早在智人出现之前，在这些容易被人忽视的蚂蚁当中，一些成员就学会了种植真菌——当然，这得依靠蚂蚁们的精心照料。[18] 不过，经过这样的改造之后，这些真菌就不需要在野外生长，而是可以以一种令人难以置信的规模进行大量养殖。于是，蚂蚁社会的成员数量因此而激增，就像人类在像尼罗河谷之类的地方开始进行基于粮食种植的农业生产之后，其社会所经历的情况一样。

由于许多人在一个地方定居，这类大规模社会的许多共同特征——包括基础设施和废物管理系统——成了亟待解决的现实问题。然而，正如阿根廷蚂蚁所证实的那样，社会的复杂性和社会成员数量庞大并不总是同时出现。大多数阿根廷蚂蚁组成的“超级社会”比任何切叶蚁的巢穴都容纳更多的成员，但是其中的工蚁都是同样的体型，没有进行社会分工，缺乏组织流水装配线或形成复杂团队合作的能力，并且也没有修建起任何让人赞叹的居住中心。依靠类似于斑点鬣狗或倭黑猩猩的漫游习惯，阿根廷蚂蚁不知把社会裂变－融合的速度提升了多少倍。它们向四面八方扩散，可以立即将地面上任何一个合适的角落变成自己的安居之所或觅食之地。这种超级社会所呈现出的简单性提醒我们，虽然我们肯定不能指望在一个小型部落里看到高高矗立的帝国大厦——因为如此复杂的建筑工程，只有少数人才能设计和管理——但是并非每个大城市都需要摩天大楼或良好的管道系统。

然而，虽然阿根廷蚂蚁组成的社会较为简单，但它们的超级社会仍然运转高效，因此可以被识别为一个独立的单位。于是，这个事实可以帮助我们回答一个非常宏观的问题，即人类如何将真正规模巨大的社会组织起来，而这正是我们将在下一章探讨的主题。

第六章

终极民族主义者

尽管人们对最初的社会是否由昆虫建立尚有争议，但毫无疑问，今天的群居昆虫是建设社会的高手。尽管昆虫的神经系统不发达，但它们在这方面还是取得了不菲的成就。然而，许多认知活动根本就不需要大脑的参与。昆虫很可能具有可以产生主观体验的心智能力——它们对世界拥有统一的看法，并产生了一种“自我”意识——虽然在我们看来，这种自我意识其实还处于初级阶段。但我们无法深入昆虫的大脑内部，所以无法对此做出肯定的判断。[1]然而，它们取得的成功可以部分归结为某种简单的事实，即一种区分社会的有效方法。阿根廷蚂蚁比任何物种都更能说明这一点。[2]

捕鸟者如果遇到自己没见过的鸟儿，喜欢将其笼统地称为“棕色的小家伙”。如果蚂蚁中也有一种“棕色的小家伙”，那就非阿根廷蚂蚁莫属了。它们起源于阿根廷北部，但现在已经遍及全球。我住在旧金山附近的时候，淡茶色的阿根廷蚂蚁经常爬进我的储藏室，而在海湾地区的其他数百万家庭也和我有同样的遭遇。这些令人讨厌的家伙下颚根本就不强壮，在外形上和其他任何动物都不一样，甚至连一根尖刺都没有。然而，它们却代表着社会进化的顶峰阶段。我可以从我在伯克利的房子里抓住一只阿根廷蚂蚁，然后开车到 800 公里外的墨西哥边境，把这只蚂蚁丢下车。但即使这样，它也不会有事。实际上，它仍然位于自己“家”的范围之内。虽然这看似不太可能，但是聚集在检查我护照的海关官员脚下的这群蚂蚁，和往北边在我家厨房里横行无忌的那些蚂蚁，确实是来自同一蚂蚁王国的成员。

然而，如果我把同一只蚂蚁带到墨西哥以北大约 60 公里的圣迭戈郊区，并把它放在离“边界线”一两厘米以外的地方，又会怎样？虽然那条界线对人类来说不会产生任何影响，但却是蚂蚁们用生命堆砌出来的一个禁区。在这里，这只蚂蚁面临的情况和先前大不一样。生活在郊区的人类居民不会注意到，在一些隐藏在草丛中的极为细微的地方，这只蚂蚁会遇到正在边境巡逻的其他蚂蚁，因此它很可能马上就会变成一具小小的尸体，在修剪整齐的草坪下和别的蚂蚁尸体躺在一起，这些蚂蚁尸体一堆又一堆连绵不绝地排列起来，形成一条长长的细线。这里可以说是有史以来最大的战场，每月有超过 100 万只蚂蚁死亡。

那条界线以西就是霍奇斯湖（Lake Hodges）蚂蚁社会的领地。虽然它们同样属于阿根廷蚂蚁，但其王国的面积竟然超过了 50 平方公里。界线以东的地区生活着专家们所谓的“蚂蚁大帝国”，虽然只是一个单一的社会实体，但它的领土从墨西哥边境延伸到加州中央山谷，还经过旧金山。考虑到南加州的一个后院就可以生活 100 万只左右的阿根廷蚂蚁——即使在最整洁的草坪上，你踩一脚也会惊扰一大堆蚂蚁。如此看来，“蚂蚁大帝国”显然包括数十亿个成员。难怪昆虫学家称这些蚂蚁形成的共和国为“超级社会”（supercolonies）。

加州地区有 4 个蚂蚁组成的超级社会：除了上面提到的两个之外，还有另外两个。只要湿度合适，似乎没有什么能阻止它们的持续增长，除了战斗：它们沿着争议区域进行鏖战，战线绵延数公里，让人想起第一次世界大战时在西部前线出现的战壕。事实证明，智人并不是唯一的拥护帝国主义的生物体。这些超级社会陷入鏖战的时间长得让人瞠目结舌。当地报纸记载，这些蚂蚁最初于 1907 年到达加利福尼亚。每一个超级社会都是从几只蚂蚁开始的，可能是在运输盆栽植物的土壤中夹带进来的。在接下来的几十年里，它们消灭了其他蚂蚁物种，其领地范围不断扩大，直至最终彼此接壤。然后，战斗就打响了。战线在每个月都处于缓慢移动之中，形成了一种拉锯状态：先是朝着一个方向移动几米，然后朝着另一方向又移动几米。

每个蚂蚁超级社会内部运行如此顺畅，并且规模如此之大，以至于相比之下，人类社会——由于成员间相互干涉、存在分歧、彼此欺骗、自私自利、公然侵略以及杀人放火——看起来确实显得有些机能失调。[3]

在偶然发现圣迭戈附近的蚂蚁战区之前，各地的科学家们都发现阿根廷蚂蚁生活在幸福之中，这一观察使他们得出结论：这些蚂蚁都来自同一个幸福美满的家庭。也就是说，直到 2004 年之前，研究人员从不同社区收集到的蚂蚁样本，可能在偶然的情况下，正好属于两个不同的超级社会。然而，令科学家大为震惊的是，当这些蚂蚁被放在一起时，它们立即爆发了一场大战，结果导致许多蚂蚁伤亡。这种情况一下子扭转了科学家们对阿根廷蚂蚁的传统看法，这也暗示着要对自然界中出现的社会进行解释有多么困难。

无知的蚂蚁

如果拥有更大脑袋的脊椎动物通常只能管理包括几十个成员的社会，那究竟是什么原因，让蚂蚁虽然只有最小的神经组织，反而能把社会管理得比它们好上成千上万倍呢？就像我们难以揣测一个包含上百万成员的切叶蚁所组成的社会一样，阿根廷蚂蚁形成的大帝国同样令人难以置信。

蚂蚁显然不可能像狼和黑猩猩一样与社会里的每一个成员都很熟悉。这倒不是因为昆虫肯定缺乏识别彼此的能力。例如，北美纸巢蜂（*Polistes fuscatus*）就像人类一样擅长面部识别。由于与其他同类的战争结果决定了谁才有机会繁殖下去，因此当它们第一次联合起来筑巢时，能否识别彼此就显得极为重要。[4] 等到该阶段晚些时候，一个社会可能发展到包括 200 名左右的成员——这就意味着它们需要记住很多张不同的面孔。然而，到那时，它们之间几乎没什么值得争斗的了，所以纸巢蜂很可能不再需要单独识别其他每位成员。

不过，纸巢蜂毕竟只是一个例外：大多数群居昆虫都没有进行个体识别的能力。比如，蚂蚁和蜜蜂不认识自己群体中的任何个体成员。[5] 蚂蚁之间的联系——例如，为了牵制敌方战斗人员而组成团队——也不需要牵涉成员的个体信息。一只蚂蚁最多能区分出其他成员的不同类型，比如谁是士兵，谁是工人，谁是幼虫，谁是蚁蛹。当然，其中最重要的是把蚁后和其他成员分开。[6] 蚂蚁确实表现出一些个性差异，例如，某些工蚁比别的成员干活更卖力，但那些好管闲事的家伙并不会因其爱找麻烦而得不到同伴们的认可。这意味着蚂蚁不会像脊椎动物那样，不得不面对自己的竞争对手或在社会中拉帮结派。此外，撇开蚁后不谈，没有蚂蚁会根据自己的喜好行事，它们对待其他所有成员都完全一样。总之，在蚂蚁的眼中，只有社会，没有个体。

蚂蚁不需要相互了解，这就解释了为什么你可以将阿根廷蚂蚁随意放到它所属的超级社会中的任何一个地方，而它会立即像以前一样和其他成员开始互动，只是现在互动的对象变成了任何随机出现的社会成员而已。事实上，据专家所知，一只阿根廷蚂蚁，由于没有形成一个集中巢穴，所以只能在超级社会的领地上四处游荡，直至它生命终结的那一天。既然蚂蚁永远不认识其他成员，总是在一群陌生对象中穿行，那它们怎么知道自己走到了所属社会的边界，而外边就是一个新的蚂蚁王国呢？

匿名

1997 年，两名化学家在实验室里饲养阿根廷蚂蚁和蟑螂，进行害虫控制方面的研究。一名助手认为阿根廷蚂蚁可能喜欢吃蟑螂。但是接下来发生的一切纯属意外收获。有一天，这些蚂蚁没有瓜分蟑螂，而是开始相互残杀。原因很快被找到了：那天早上，一名技术人员尝试给蚂蚁喂食一种不同的蟑螂，一种来自非洲的害虫。然而，任何一只蚂蚁只要碰一下这种长着棕色条纹的蟑螂，就会立即被它的同伴杀死。[7]

这是由气味引起的。大多数昆虫是基于一些被称为信息素（pheromones）的化学物质进行交流的，它们身上有专门的腺体，可以释放化合物来表示紧急情况或指引通往食物的路线。群体成员本身也有化学标记。虽然蚂蚁不会像仓鼠那样通过个体的气味来区分每个同类，但它们确实会利用气味作为一种共同的身份标志，将彼此识别为同伴或外来者。只要一只蚂蚁展示了正确的标记，即只要它闻起来气味正常——而这就要求它身体上具有正确的碳氢化合物分子组合——它的同伴就承认它是自己社会中的一员。气味（如果你愿意的话也可称之为味道，因为蚂蚁是通过触碰的方式来进行检测的）就像一根胸针，每只蚂蚁都必须佩戴。如果一只蚂蚁不属于某一社会，那它身上的异常气味很快就会将它的身份暴露。因为蚂蚁没有投降的白旗，所以外来者通常会被杀死，就像那只窥探领土边界的阿根廷蚂蚁所遭遇的不幸一样。在前面的实验当中，也许纯属巧合，棕色条纹的蟑螂身上正好具有蚂蚁用来进行身份鉴别的一些关键性化学物质，而这些化学物质原本被蚂蚁用来区分别的同类是否来自其他蚁群。于是，当一只蚂蚁接触到这种作为食物的蟑螂时，它就将这些化学分子转移到了自己身上，也就相当于穿上对手的服装，所以会被误认为是敌人。

这些识别标记使群居昆虫能够超越脊椎动物，不必普遍要求成员能够直接识别对方。无论我们谈论的是几只在一根树枝内紧紧挤在一起的陷阱颚蚁，还是10亿只遍布各地的阿根廷蚂蚁，它们的成员都不需要彼此接近，甚至见面，更不用说记住对方了。能对自己整体身份进行标记的物种，就生活在我所说的“匿名社会”（anonymous societies）当中。[8]

标记有几个来源。蟑螂的例子证明了环境可以影响群体身份，但是超级社会的所有成员不可能都在同一个环境中生活。虽然超级社会包括不同栖息场所并纵横数千米，但它们的边界线却可以精确到以厘米为单位，这表明遗传学必须在这方面发挥最重要的作用。事实上，碳氢化合物的气味是由基因编码的，饮食通常对其没有什么影响。[9]

因此，人们很容易认为：蚂蚁的行为，包括它们对群体标记的反应，都以一种简单而固定的方式刻进了它们的基因里面。事实上，大部分行为都包括内在或天生的成分，任何物种在这方面都概莫能外，甚至包括人类的活动。比如学习语言，虽然这对婴儿来说不过是小菜一碟。社会心理学家乔恩·海特（Jon Haidt）描述了这种早于经验形成的先天特征。[10] 当一个生物可能会遇到很多不同情况时，其神经系统的构造蓝图，即先于经验的组织结构，必须具有一定的灵活性。在这方面，就像其他动物一样，群居昆虫表现出的灵活性虽然赶不上人类，但我们也不能因此而小瞧它们。因为这些昆虫尽管体型很小，但仍然显得非常灵活。

在蚂蚁身上，这种灵活性甚至表现为它们如何了解自己社会成员的气味标记。这一点可以从蓄奴蚁（the slavemaking ants）身上得到证明。它们利用蚂蚁识别身份的方式来蓄养奴隶，让其给自己的社会提供各种服务。蓄奴蚁会大举袭击其他巢穴，通常选择其他种类蚂蚁的巢穴作为目标。在其他巢穴中已经长大的蚂蚁对蓄奴蚁没有任何用处，因为这些成年蚂蚁是不折不扣的民族主义者，它们宁可死去，也不会接受敌人的统治。于是，蓄奴蚁会抓住蚁群里面的幼蚁，它们尤其偏爱其中的蚁蛹，而蚁蛹是幼虫在变成蚂蚁之前所必须经历的一个休眠阶段。此时，蚁蛹身上还没有产生社会气味。在一般情况下，蛹会在蚁后的巢穴中孵化成蚂蚁，而出生后的蚂蚁很快就习惯了自己社会的气味，并在今后的一生之中都觉得这种气味闻起来舒坦受用。但是一只被绑架的幼蚁很容易受骗上当，并对自己的绑架者形成依赖。这种情形就好比一只幼鸟，虽然你不是它的母亲，但如果它出壳之后第一眼看到的是你，那它一样会对你产生依恋。一只被拐骗的蚂蚁出现在一个蓄奴蚁的巢穴中——根本觉察不出有什么不对劲的地方——它会把周围的社会气味作为自己的“社会标记”，并尽职尽责地为其工作，根本不在乎自己作为蚁奴和蓄奴蚁在体型或颜色上所存在的差异，虽然这些差异在我们看来更为重要。即便如此，蚁奴们还是偶尔会发现有什么地方不对劲，于是选择逃跑，但是蓄奴蚁通常会强迫它们回去继续工作。[11]

让奴隶对奴隶主表示欢迎，是最不现实的想法。蚂蚁大脑的适应性表现在：为了避免社会崩溃，每一只蚁奴和每一只蓄奴蚁都必须欢迎巢中出现的所有其他蚁奴，不管它们是从多少个别的蚁群中被拐骗而来的。然而，尽管每只蚂蚁产生的气味都有所不同，但无论蓄奴蚁还是蚁奴都能毫无疑问地将所有其他蚂蚁视为"自己的"社会成员。这种适应性表现为蚂蚁之间出现了摩擦身体的行为。[12] 在灵长类动物中，摩擦身体、梳理毛发有助于维系个体之间的友好关系，但是专家们认为：蚂蚁之间的摩擦行为会在社会层面上通过混合社会同伴的气味来加强彼此之间的联系，以确保它们获得标准的社会气味。因此，蓄奴蚁的某些气味会在摩擦时留在年轻蚁奴的身上，从而将它们标记为社会成员，而蚁奴也会在彼此之间的摩擦活动中改变自己的气味。把这些气味混合起来会产生意想不到的效果。比如，如果一只蚁奴不慎来到了它出生的社会——它真正的祖国，那儿有它的同胞和姐妹——反而会被当作敌人攻击。这真是一个带有希腊悲剧色彩的故事。[13]

获得一个社会的标记信息就像获得了开启一座城市的钥匙：从此可以畅通无阻。在澳大利亚的一个果园里，我撕开一个编织蚁（weaver ants）的巢穴，找到一只 5 毫米长的橙色节肢动物。在被蚂蚁狠狠咬了好几口之后，我终于认出它是一种蜘蛛，但这种家伙本身并不织网，而是伪装成蚁群成员和编织蚁混在一起。这种蜘蛛通过偷窃编织蚁的幼虫来让自己的身体染上它们的味道，从而实现盗取蚁群身份的目的。身上有了这种浓烈气味的掩盖之后，这种蜘蛛可以在蚁群中通行无阻、随意进出，从负责护理工作的蚂蚁那儿抢走更多的幼虫来满足自己的口腹之欲。一旦它获得了蚁群的身份认可，这种长着八条腿的强盗就阴谋得逞了。尽管如此，还是存在一种风险：如果它从一个编织蚁群漫步来到另一个编织蚁群，将会受到攻击，不过不是作为蜘蛛，而是作为入侵的蚂蚁。[14]

优雅的匿名

在这一点上，我承认自己有所保留。至少有一种脊椎动物生活在匿名社会当中，并且事实上，它们几乎和蚂蚁一样用气味来标记自己的社会，这就是：裸鼹鼠（the naked mole rat）。[15] 它们是一种粉红色的啮齿动物，生活在非洲稀树草原，但显得不伦不类，既非鼹鼠又非老鼠，看起来身上没有毛、皱巴巴的，连两位对其进行研究的顶级专家都不得不承认，它们"甚至违反了关于动物审美的最宽松标准"。[16] 裸鼹鼠的身份标记可以解释为何它们的社会可以超越大多数其他哺乳动物最多 200 个成员的规模限制，并且据有关资料记载，它们所达到的最大的社会规模居然可以容纳 295 名成员。

此外，与蚂蚁的情况不同，裸鼹鼠能够进行个体识别。我们对普通鼹鼠是否能从中获益——比如，它是否因此而找到了一个最好的伙伴——尚不清楚。此外，我们也不清楚：大型社会中的裸鼹鼠是否能记忆其他每个同伴的样子，或者情况就像我猜想的那样，它们遇到一个不太熟悉的皱巴巴的肉团时，必须依赖气味才能对其加以识别。

裸鼹鼠确凿无疑地表现出类似蚂蚁的生活习性，这种情况令人吃惊。作为唯一的冷血哺乳动物，它们在寒冷的夜晚会像蜜蜂一样挤在一起取暖。裸鼹鼠偎依在一起，可能会产生通用于整个群体的气味，起到类似于蚂蚁摩擦身体的作用。和非洲的另一物种达马拉兰鼹鼠（Damaraland mole rats）一样，裸鼹鼠的社会包括社会分工和一只体型庞大、负责繁殖的鼹鼠王后。在这一点上，它们更像白蚁，而不是蚂蚁：它们的王后会选择两三只雄性扮演国王，作为她的专属配偶。

裸鼹鼠在地下的生活习性也像白蚁一样。为了生存，它们在数千平方米的地下修建基础设施，挖掘出一条条蜿蜒前行的隧道，以获取植物的球茎和块茎，因为这是它们唯一的食物来源。裸鼹鼠们不是像行军打仗一样四处巡视，而是像昆虫一样，用许多房间组成一个直径从半米到一米不等的中央巢穴，然后以此为据点，在地下穿梭进出。这些啮齿类动物过着游牧生活，居无定所，每隔几周就会把它们的巢穴在地底迷宫中转移位置。在它们的社会当中，体型最大的裸鼹鼠一般充当士兵，保护这个群体免受蛇和其他任何外来同类的侵扰，这些不速之客身上的异样气味会将其身份暴露无遗。

如果在其他哺乳动物中发现代表其社会成员身份的标记，我也不会感到惊讶，尤其是当标记信息包含了人类无法觉察的气味或声音时，这种情况更是顺理成章。例如，斑点鬣狗喜欢在植物丛里摩擦屁股，这种行为叫作“存味”（pasting）。每只鬣狗都有自己的气味，所以人们认为它们是以这种方式交换气味，从而与其他社会成员保持身份一致。因为不同社会成员摩擦留下的气味在混合之后，会产生一种该群体特有的气味。所以理论上，鬣狗可以通过气味来区分谁是自己社会的成员。虽然它们采取了这种措施，但由于每个鬣狗社会的成员数量稀少，只有几十只，它们相互之间应当非常熟悉，完全能够互相识别。所以，群体气味充其量只能作为一种备用手段，在鬣狗的日常生活中，个体识别才是关键。[17]

关于匿名社会，更有说服力的证据见于鸟类。美国西南部的蓝头鸦（the pinyon jay）聚集在一起有数百只，这个数量对于鸟类来说再正常不过了。但是，有线索表明它们具有一种非常厉害的本领：一群蓝头鸦与另一群同类相遇后，会融合成一个集体，但随后又会恢复成原来各自的群体，并且没有哪只鸟儿在归队时出现任何差错。这让我想起了非洲稀树草原大象是如何平静地混合起来的，有时甚至会出现很多大象同时混合在一起，但过后它们总是能回归原来的核心象群。但一个核心象群只包括几个成员，而一个由蓝头鸦组成的群体包括的成员可以多达 500 只。这可是一个显著的差异。因此，从鸟类的标准来看，表面上一个规模适度的群体，实际上是一个成员数量众多、结构良好的社会，并且每个“鸟类社会”全年都保留着多个大家庭的成员。[18] 通常，一群蓝头鸦会集中在约 23 平方公里的土地上，尽管这不是它们的领地。而且，蓝头鸦不会保卫这片区域或其中的食物，它们自己也经常飞入邻居的领空。但蓝头鸦形成了一个紧密的群体，在一年的大部分时间里不停地飞来飞去，寻找种子和昆虫。在繁殖季节，蓝头鸦会求偶结伴，并且对配偶一生忠诚、至死不渝（蓝头鸦比人类更严格地恪守一夫一妻制）。组成家庭的蓝头鸦会分散在鸟群聚集的土地上，筑巢抚养自己的小宝宝。然而，即便此时，它们也和自己的群体保持联系。

没有人能完全解释蓝头鸦是如何保持这种纯粹的分离状态的，但它们无论是在朝夕相处的群居生活中还是在筑巢分散居住的时候，都能识别出谁是自己社会的成员。蓝头鸦发出的某些声音——包括表示“（我）在附近”的呼叫，即它们发出的一种柔和鼻音——对每只鸟来说都各不相同。即便如此，我们也很难就此认为这些蓝头鸦具有个体识别能力，因为这似乎要求它们在飞行时得时刻关注数百名其他成员的具体情况。事实上，研究表明，没有一只蓝头鸦能够认出群体中的每一个其他成员，它一般只认识自己的配偶、幼雏以及少数几个与自己有私交的朋友。当它与占优势地位的群体成员在食物和巢材方面发生争执时，这些朋友就可以派上用场。我们猜想，不必认识全部成员，只要对其中一些成员有所了解，似乎就足以让 500 只蓝头鸦组成一个完整的群体，每只蓝头鸦只要能听到附近至少一只同类熟悉的叫声，就会感到安全舒适。然而，事实上，这样的联盟关系不会让蓝头鸦组成的社会得以保持完整。相反，随着时间的推移，蓝头鸦的社会要么分散瓦解，要么和其他同类的群体合并成一个。

由于成员众多，除了个体识别之外，蓝头鸦必须得有其他手段来保证自己的成员形成一个稳定的群体。几乎可以肯定的是，蓝头鸦已经形成了匿名社会。事实上，它们的叫声中可能就包含了一些关于群体成员的标记信息。比如，蓝头鸦如果发现天敌来袭，会不断发出一种类似齿轮咬合的警报声，这种声音变化很大，其中包含的信息足以说明报警者的身份以及它来自哪个鸟群。此外，更有意思的是研究鸟儿在飞行中发出的叫声。捕鸟者通过这种叫声可以分辨鸟儿的品种，并且正如我们了解到的社会标记所发挥的作用一样，不同鸟群发出的飞行叫声也各不相同。我毫不怀疑飞行声、警报声或者二者都向鸟群传达了关于鸟儿的身份信息，因此这也解释了蓝头鸦如何保持自己的社会身份。

蓝头鸦选择生活在一个永久社会而非临时群体当中，这样做的好处是显而易见的。每只蓝头鸦都会私藏种子，以备不时之需（尽管它们的群体很像人类社会，也会发生偷窃行为）。负责放哨的蓝头鸦站在头顶的树上四处观察，搜寻附近是否有像狐狸这样的掠食者，因为它们可以杀死正在挖掘种子的同伴。鸟群成员们还协调行动，互相配合。蓝头鸦妈妈留在巢中保护幼雏，而所有的父亲则一起出去觅食。这样它们作为一个狩猎小组，可以比单独行动惊动更多的虫子。并且每隔一个小时，它们就会回去给各自的巢穴送食。幼鸟离开巢穴后，会在一对成年蓝头鸦的密切监视下，在一个育儿小组中学会社交。白天，幼鸟的父母都出去给自己的宝宝觅食，这时的安全保卫工作就由这对成年蓝头鸦负责。一年之后，这些年轻的蓝头鸦从幼鸟中分离出来，加入一个喧闹的少年组织，在里面一直待到它们准备谈婚论嫁的年龄，不过在这之前，它们通常已经在一个新的鸟群中找到了安身之所。每只蓝头鸦的生活都被这样分成了三个阶段。

也有越来越多的证据表明，另一组脊椎动物——鲸目动物——也会形成匿名社会，而且它们的社会有时会达到惊人的规模，抹香鲸便是其中的典型。抹香鲸就是在小说《白鲸》（*Moby Dick*）中以撕咬鱿鱼而著称的有齿类物种。[19] 不过，这种庞然大物的确组成了我所承认的那种在两个单独层面上独立运作的社会。

乍看之下，抹香鲸生活的社会在脊椎动物中只能算是中等规模，由 6~24 只成年雌鲸加上它们的后代组成。社会中的所有成员都保持着密切的联系。（成年雄性抹香鲸，就像公象一样，随心所欲地四处游荡，与任何可能发现的雌鲸交配，但并不参与那些雌鲸专属的社会。）一个抹香鲸的社会会持续数十年之久。事实上，大多数雌鲸会终身待在自己的社会里。但不知何故，一些雌鲸也会离开先前的社会，从而导致很多抹香鲸的社会中出现一些不相关的成员。

年轻的抹香鲸学会了用尾巴短促地振击海水、发出声音，这被我们称为“尾振”（codas）。你可以将其想象成从莫尔斯电码信息中提取出来的一两个字母。不同抹香鲸社会所发出的某些尾振略有不同。抹香鲸在自己的社会与其他同类社会接近时会制造出这种声音，显然是想让对方识别自己并进一步协调彼此的行动。

值得注意的是，这些社会是抹香鲸种群的组织形式，这种组织形式从两个方面清晰地表明这种鲸鱼的习性。太平洋上有 5 个抹香鲸种群，每个种群都有一套自己特定的尾振形式。这些种群由数百个社会组成，它们分布在数千平方公里的海洋里。虽然抹香鲸的日常生活都是在自己的社会里度过的，但它们也重视自己种群成员的身份。只有同一个种群的社会可以相互靠近，并且确实会一起狩猎一段时间。因此，我们可以将其视为一种裂变–融合类型的社会。然而，不同种群的鲸鱼也不太可能打架斗殴，因为这样体型庞大的动物打架很容易对自身造成伤害。此外，它们也没有领地意识（尽管在大西洋上，一些种群相隔甚远）。它们只是选择互相回避。

这些社会为抹香鲸提供了和其他动物社会所能提供的一样的诸多好处：保护它们免受掠食动物的侵害、共同照顾幼鲸，以及提供机会，让它们分享积累起来的知识。而属于同一个种群的优势似乎体现在鲸鱼如何觅食方面：不但同一种群的鲸鱼社会可以一起潜水或旅行，而且还可以一起待在岛屿附近或开阔的水域里。这些细节很重要，因为它们会使每个鲸鱼社会捕获不同种类的鱿鱼。比如在温暖的厄尔尼诺年份里，捕食鱿鱼很难，但有一个鲸鱼种群却表现得非常优异。我们据此推测：鲸鱼只有在和属于自己种群的其他社会合作时，才有机会采取同样的捕猎技术，从而熟练地捕获到猎物。

这些觅食差异不是由基因决定的。由于雄性抹香鲸可以和任何一个种群中的雌性抹香鲸交配，于是所有的抹香鲸种群都具有相同的基因结构。学习这些捕食策略肯定得依靠文化性的传承方式：抹香鲸需要从长辈那里学习鲸鱼种群的捕食技能，就像海豚学习捕鱼策略一样。[20] 但依靠尾振进行的交流显得太过简单，遇到极为罕见的鲸鱼种群时肯定会发生通信障碍。

培育蚂蚁王国

蓝头鸦、抹香鲸，以及像昆虫一样生活的裸鼹鼠，代表了脊椎动物社会中的一个进化侧面，因为大多数脊椎动物社会是通过个体识别来运作的。然而，匿名的蚂蚁社会，尤其是极少数拥有超级社会的蚂蚁物种，仍然以其结构复杂、效率极高和规模巨大而引人注目。我们不禁要问：一个蚁群的身份最初是如何形成的，阿根廷蚂蚁是如何将这些身份扩展成超级社会的？

蚂蚁社会通常脱胎于一个先前就已存在的社会。最初，一个成熟的蚁群养育出一些长着双翼的蚁后。接着，这些蚁后振翅高飞，在空中完成交配，其交配对象往往是几只来自其他蚁群的雄蚁。然后，每只蚁后降落在地面上，自己挖一个很小的“原始”巢穴来抚养她的第一批工蚁后代。而这些工蚁会成为蚁群的中坚力量。遗传和环境因素使它们产生了一种有别于其他所有成员的气味和身份，甚至与诞生蚁后的蚁群也不一样。随着一代又一代的发展，蚁群成员不断增加，直到蚁群接近其成熟规模，不过具体规模得依蚂蚁的种类而定。到了此时，生育后代的部分任务就转移到了其他一些蚁后和雄蚁身上，而这些蚁后和雄蚁又会创造出自己的下一代社会，并且这种情况会年复一年地不断重复。最初的蚁后则继续留在先前的社会里，并且只要她还活着，该社会就一直存在。这就意味着蚂蚁的社会可能会持续很长时间，比如切叶蚁组成的社会就可以存在长达 25 年之久。但是，一旦蚁后去世，工蚁们就会陷入一片恐慌之中，而它们所属的社会很快也就土崩瓦解。因为，即使我们把全世界的食物和土地都提供给一个由蚂蚁组成的社会，它的存在期限也不会超过蚁后的寿命。

阿根廷蚂蚁的超级社会由于在进化中出现了一个转折点而得以不断发展：一个超级社会里面不只生活着一只蚁后，而是同时居住着数百万只蚁后，因为蚁后从来都不会自己飞走。它们虽然可以在遍布整个领土的巢室之间徒步爬行，但总是待在自己的社会里产卵，这些卵会孵化成新的蚂蚁，而这些蚂蚁也会变成该社会的成员。于是年复一年，超级社会不断扩大领土范围，占据任何一个合适的角落。

只要蚂蚁能在超级社会通常宽广无垠的领地上产生相同的气味，它们的这个社会就会保持完整。虽然这种社会的延续性看似不可能实现，但我们可以想象蚂蚁社会中有一种内置的自我校正方法。假设众多蚁后中有一个发生基因突变，从而对它们的社会标记产生了影响。其实，蚁后在行为或形态上发生的其他任何遗传变化，都不会影响它在社会中的地位。但是，如果她的气味与周围蚂蚁所认为的符合她身份的气味产生差异，工蚁们就会在她产卵之前将其杀死。于是，基因突变的影响会消失得干干净净、无影无踪。这样不断净化的结果是：这种蚂蚁不仅像大多数同类一样，能够在一个巢穴之中，甚至在纵横数百公里的范围内，都能坚守一种共同身份。超级社会中的成员无论在领地的哪个角落都有统一身份，这使它获得了某种不朽的存在价值。因此，我们可以假设，加利福尼亚现有的四个蚂蚁社会就发源于一个世纪前入侵该州的那些蚂蚁社会。而且，这几个蚂蚁社会没有发展减缓的迹象，虽然我们偶尔会听到相反的传言。[21]

当你站在加州，看到地面的每个角落都爬满了“蚂蚁大帝国”的成员时，真的很难相信眼前的一切。一些生物学家甚至怀疑超级社会是否真的符合我们关于社会的定义。于是，一些人提出一种不同的看法：既然超级社会从来都不是由地面上一群连续的蚂蚁组成，那它根本就算不上一个真正的社会，而只能看作是包含许多社会的集合体。然而，蚂蚁的这种零星分布更多地与栖息地的适宜性有关，而不是与它们的社会行为或身份有关。例如，蚂蚁会避开过于干燥的区域。然而，即使在炎热的天气里，只要打开草坪洒水器，原来的两块蚂蚁活动地带就逐渐扩展并最终合并在一起，中间不会出现任何问题。

当问及这数十亿只蚂蚁是否能代表一个社会时，这些专家同样可能会态度谨慎地回答说：它们表现得就像一个社会，尽管它们呈零星状态分布，而且它们在超级社会中的遗传特征也因地而异。但我对此会给出一个响亮的肯定答复。在判断这是一个社会而不是成员根据自身喜好进行的敌友选择，用什么作为标准才显得合理？我认为只要蚂蚁内部团结、一致对外，那它们所占据的领地大小，以及成员之间迥异的个体差异，对其作为一个社会而言都无关紧要。就像美国一样，虽然有诸多种族和政治纷争，但仍不妨碍它是一个完整的国家。

对于蚂蚁来说，只要进行一些简单的标记，就能完成识别身份的任务。当昆虫学家杰罗姆·霍华德（Jerome Howard）把一只切叶蚁从它所在社会的一个边界带到该社会的另一个边界——虽然两个边界相隔只有几米的距离——那些新地点的蚂蚁有时也会停下来对新来者进行一番检查。也许生活在这样一个拥有许多高速公路和街头小巷的都市社会之中的蚂蚁成员们，彼此并没有完全接触，因此气味有别，这样积累起来就造成不同地方的蚂蚁会在气味上存在细微差别，但这只是同一面国旗下无伤大雅的细节差异。尽管如此，在一秒钟的警觉之后，新来的蚂蚁就通过检查，可以毫无阻碍地继续忙自己的事情——它仍然被视为社会中的一员。

考虑到阿根廷蚂蚁的社会规模如此巨大，它们仍能表现得如此团结，实在令人惊讶。从它们身上，我们见证了蚂蚁社会的个体——无论与其他成员合作或互动的机会有多少——如何得以保持自己的社会身份。该物种在海上航行中也表现良好，这就是 4 个蚂蚁超级社会能从阿根廷迁徙到美国的原因。超级社会也随着我们的飞机、火车和汽车跳跃前进，如今它们已经遍布全球各地，但仍然保持着自己的身份，就像夏威夷人和美国大陆居民保持着相同国籍一样。“蚂蚁大帝国”已经到达并控制了3000千米的欧洲海岸线以及地球表面的其他一些遥远的地方，其中就包括夏威夷群岛。与此同时，其他超级社会也已经在南非、日本和新西兰等地站稳脚跟，赢得了一片生存之地。

如果把那些具有侵略性的超级社会中的蚂蚁成员加在一起，其总重量可以达到甚至超过抹香鲸的重量，这就让人疑惑它们是如何做到这一点的。也许其中最让人关注的问题是：阿根廷蚂蚁组建的这些跨洲社会，到底比它们原来家园中的社会要大多少？阿根廷的蚂蚁社会确实规模很小：最大才1000米宽，虽然这对于一只蚂蚁来说确实足够宽阔，但和美国加州的阿根廷蚂蚁社会规模相比，没有什么值得夸耀的。阿根廷蚂蚁在这两个不同地方的社会规模差异如此之大，以至于人们可能会猜测：这背后一定发生了某种重大的进化变异。我想，如果外星人曾在2万年前登陆地球，发现当时的社会中只有少数的狩猎–采集者，然后等了数千年重返地球，发现地球竟然有数十亿人口，那么他们对人类可能会产生同样的想法。对于现代人类社会和阿根廷蚂蚁形成的超大型社会，有一个简单得多的解释，其中并不涉及重大的进化变异：对于这两种物种而言，只要条件合适，社会规模就必然扩张。这种无限扩张的惊人能力，而不是其具体规模的大小，是超级社会区别于其他物种社会的原因。于是，即使是在贩运植物时夹带的几十只阿根廷蚂蚁，也可能形成一个超级社会（或至少是形成超级社会的一个组成部分）。社会无限扩张的能力极为罕见，只有少数蚂蚁物种（可能抹香鲸种群也包括在内）以及人类，才具有这种特征。

除了疯狂扩张之外，阿根廷蚂蚁社会与其他蚂蚁物种的社会没有太大区别。像所有蚂蚁一样，它们把攻击目标指向外来者，对蚁群成员很少表现出敌意。此外，在阿根廷的蚂蚁社会与国外的巨型社会在运作方式上也没有什么不同，只不过它们社会规模的发展被周围过多态度恶劣的蚁群邻居所阻碍而已。引发超级社会在国外爆炸式扩张的条件是缺乏竞争。到达加利福尼亚的阿根廷蚂蚁没有遇到什么可以阻止它们征服这一地区的不利因素——直到它们与竞争对手狭路相逢、兵戈相向，超级社会的扩张才停滞下来。

在接下来的章节中，我将论证：如果有机会的话，人类同样不需要做出任何重大改变，就能在史前小联盟的基础上扩大规模、继续发展。帝国成功所需要的所有要素，甚至包括人类对身份标记的固定方式，都已经烙入旧石器时代人类的思想之中。

第七章

匿名人类

在生物发展的历史之中，没有什么比人类可以在咖啡馆里信步漫游更了不起的成就了。我们可能对店里的顾客感到完全陌生，但是这有什么关系呢？大家仍然相安无事。我们表现良好，即使遇到素未谋面的人也泰然自若。这透露出人类的一些独特之处：且不说我们拥有聪明的大脑，拇指能与其余四指灵活相握，还能直立行走……单是上面提到的这件事情，大多数以社会为生的其他脊椎动物就无法做到。如果一只黑猩猩偶然碰到另一只同类，那它要么和对方打得你死我活，要么被吓得落荒而逃，更别提一个咖啡馆里全都是陌生同类的情形了。只有年轻的雌黑猩猩可以在这种情况下不动干戈地逃过一劫，但前提是它得与陌生的雄性交配，并且最好乐于配合。甚至倭黑猩猩也不会从陌生同类的身边若无其事地经过。[1]然而，人类拥有与陌生人打交道的天赋，并且在公司里四处走动也绝不会产生任何问题。即使出现在音乐会、剧院、公园或博览会等公共场合，虽然周围人山人海，但我们却乐在其中。无论是在幼儿园、夏令营还是在工作现场，我们都已经习惯了别人的存在，并选择与自己投缘的少数人成为朋友。

我们通过在别人身上寻找某些符合期望的标记信息，即可以作为身份标志的那些特征，来允许出现这种匿名情况。[2]我们的身份标志可以是人们想象得出的任何事物。例如，一枚 6 克拉的钻石戒指象征着财富和地位；而另外一些标记，如造型独特的箭头形状，或许是专属于某人的特殊标志。不过，在本书中，“标记”的说法及其同义表达，通常指人们赋予自己社会的一些特征。[3]“标记”的同义词包括“标志”和“标签”等词。除了一些脊椎动物，如裸鼹鼠、抹香鲸和大多数群居昆虫之外，其他大多数动物都缺乏像人类那样的标记识别能力。然而，很少有社会学家会进行这类比较。事实上，由于蚂蚁的行为可能缺乏自主意识，所以他们可能会对蚂蚁也有社会身份的说法产生怀疑，甚至对此完全抵制。不过，虽然蚂蚁和其他群居昆虫缺乏自我反思的能力，但令人惊奇的是，它们与我们的基本生活方式一样，都是生活在匿名社会当中。

大多数哺乳动物，实际上包括大多数脊椎动物，缺乏任何能够可靠标记自己社会的东西。比如，在马群当中，其成员从来没有相同的步态，或发出同样的嘶鸣。在大多数情况下，缺乏标记使脊椎动物只能专注于处理成员个体之间的关系；相比之下，蚂蚁则不需要熟悉彼此。而人类则处于中间层次，可以选择性地专注于培养关键的社会关系，而无须关注每个社会成员的具体情况。我们与他人的关系在交往中经常改变，一般只选择和一些个体进行交往。[4] 如果简单地对这些差异加以概括，我们就又回到第四章末尾得出的结论：要让社会生活得以正常运行，黑猩猩需要认识每个社会成员，蚂蚁不需要认识任何一个社会成员，而人类只需要认识一些社会成员。

但是，我们每个人都需要认识的“一些社会成员”属于一个不断扩大的社会关系圈，按从最亲密到最抽象的顺序排列起来就是：自己的配偶、核心家庭、大家庭、大约 150 个朋友，以及我们认识的数百个关系稍微疏远的人。此外剩下的就是我们视为构成一个整体的其他社会成员了，而无论这个整体是一个部落还是一个国家，除了像肯尼亚的微型埃尔莫洛部落之外，其中肯定包括许多我们不认识的人。除了我们对社会的总体忠诚感之外，这些联系大多属于社交网络的范畴，具有因人而异的特点。[5] 其中名列榜首的是那些与我们有特殊联系的人物，而一些社会成员则会骄傲地展示自己钟情的群体的标记，比如芝加哥熊队（橄榄球队）的球迷会把球队的帽子戴在头上。当然，我们对他人的了解并不局限于自己的社会。我们像倭黑猩猩和非洲稀树草原大象一样，不仅认识其他社会的成员，甚至还能和他们成为朋友。

标记我们的社会

人们用各种各样的形式来表达和感知自己与社会之间的关系，国旗、国歌以及脸上可以表明国籍的显著特征只是其中最明显的方式。一个社会的任何特征都可以作为一种标记，不管它是否属于人们有意创造的作品，因为只要其中的偏差足够明显，社会成员就会发现有不对劲的地方。比如，蚂蚁和裸鼹鼠依靠气味识别社会伙伴，抹香鲸只能依靠发声方式辨别同伴，而智人则几乎可利用任何东西来甄别身份。

某些标记能够一直使用，而且很引人注目，比如得到社会认可的服装样式。偶尔也会出现其他标记，这与价值观、风俗习惯和思想意识有关。一些标记属于有意识的行为，例如携带护照，而另一些标记则来自社会成员无法控制的范畴，比如人的肤色。标记根本不需要与人产生联系。一个群体的身份不仅在成员身上打上烙印，还可能延伸到与之相关的任何事物，比如像邦克山（美国马萨诸塞州波士顿港北方的小山，北美独立战争时期的战场）这样的地点和自由钟（美国费城独立厅的大钟，1776 年 7 月 4 日该钟鸣响宣布美国独立）之类的物件上。[6] 历史事件也会融入民族意识之中。一些历史事件可能和社会本身一样古老，但新的历史总是不断被书写。在美国，2001 年 9 月 11 日发生的恐怖袭击是一个历史性事件。纽约双子塔的位置、9 月 11 日，以及这个日期的象征意义，都成为美国人如何看待自己以及他人如何看待美国人的部分内容。这表明，我们社会身份中新的方面会很快受到重视。

一个社会的标志在外人看来可能微不足道，或者只是觉得奇怪。例如，在印度用手吃饭的习俗；在泰国，人们进餐主要用勺子，而不是筷子。虽然人们在饮食方面的习俗千奇百怪，但思想开放的外国人仍然能从中领略不同文化的魅力，比如：我们可以想想印度音乐的不同音调，或者普韦布洛美洲印第安人（Pueblo American Indians）的黑陶设计。[7] 不管它们是否显得愚昧落后、缺乏科学根据，有些差异引发的后果可能生死攸关，比如在开车时应当靠道路的左侧还是右侧行驶。还有一些标记是代表某些事物的图标，比如埃及的象形文字，我们能立即辨认出它们所表示的意思。即使最奇怪的标记，对使用者来说也是合乎逻辑的。比如秃鹰和熊是两种强大的掠食者，分别代表美国与俄罗斯，与之相关的各种联系都可以形成强大的社会黏合剂。

生物学可以加强或者直接确定标记。从几千年前驯化动物开始，人群中就产生了某些基因突变并代代传播，从而使某些成年人能够消化牛奶中所含的乳糖。在坦桑尼亚，以牧牛为生的巴拉拜格人（Barabaig）发现牛奶美味可口，而住在附近的哈扎人（Hadza）是狩猎采集者，他们觉得乳制品很恶心。毫无疑问，这种饮食上的鸿沟进一步加剧了两个族群在物质和文化方面的差异。[8]

虽然视觉和听觉是人类感知标记的主要途径，但味觉的重要性也是显而易见的。中国有句谚语："乡愁不过是对儿时食物的眷念。"所以，人们食谱中的食材范围很广。[9] 比如，我在中国吃过油炸蜈蚣，在日本吃过腌渍黄蜂，在泰国吃过乳猪，在哥伦比亚吃过烤蚂蚁，在南非吃过毛毛虫，在纳米比亚吃过生白蚁，在新几内亚吃过甲虫幼虫，在加蓬吃过老鼠丁。对那些垂涎此等美味佳肴的人来说，外国人对这些食物的厌恶态度令他们极为惊讶并大惑不解。此外，虽然我们从来不像蚂蚁那样重视气味，但人们有时会对其他民族的气味或体臭做出负面的评论。[10]

我称之为标记的许多特征属于文化范畴。虽然该词经常让人想起一个社会在智力和艺术方面所取得的各种成就，但从广义上来说，它指一个社会通过积极教育而代代相传的全部特征。这些标记中被研究得最多的是行为规范。它是公民对自己价值观和道德准则的共同理解，其中包括对慷慨大方或乐于助人的界定，以及何谓公平和适当。[11]

引人注目的文化规范以及诸如食物禁忌或国旗等社会特征，自然容易得到人们的最大关注。相比之下，许多更微妙的标记虽然也非常重要，但却很容易被人忽视。说到这里，昆廷·塔伦蒂诺（Quentin Tarantino）在2009年拍摄的电影《无耻混蛋》中的一幕浮现在我脑海里面。一名伪装成纳粹分子的英国间谍想在一家德国酒吧中买三瓶啤酒喝，于是他举起一只手，用中间的三根手指示意，而不是像德国人那样伸出食指、中指和拇指。接下来发生的一场惊心动魄的枪战，属于特拉蒂诺导演的经典风格。

单是对特定文化中的手势进行研究就可以填补大量这方面的空白。在意大利，每个人的手似乎都在不停地动：在身体前水平挥动一只手，用食指和拇指相触形成O型，意思是这很完美；用一只手做出挥砍的动作是警告对方要小心；双手朝脸挥舞表示很无聊。心理学家伊莎贝拉·波吉（Isabella Poggi）已经对250多种这样的手势进行了研究分类，结果发现其中许多手势都是意大利独有的，并且已经流传了几个世纪，其含义往往比口语词汇更加可靠。[12] 其实，手势似乎比语言更加原始，它们表现得如此自然且符合本能，以至于盲人在和盲人讲话时也会下意识地挥手。[13]

比手势更容易被忽视的是非语言表达形式（nonverbal accents），它们并非他人有意传授的，而是人们在潜移默化中养成的。虽然它们在不同社会的具体表现有所不同，但通常不会引起我们的注意。在生命的最后10年，查尔斯·达尔文发表了《人和动物的情感表达》，他发现一些最基本的情感在我们人类中普遍存在。[14] 尽管如此，在不同的社会中，传达这些情绪用到的面部肌肉发挥的作用却略有差异。例如，有证据表明，虽然美国人不能区分照片上面无表情的肖像到底是日本人还是日裔美国人，但如果这些照片上的人物表现出愤怒、厌恶、悲伤、恐惧或惊讶等面部表情时，他们却能挑选出其中哪些是自己的同胞——日裔美国人。[15] 在另一项实验中，美国人经常通过观察一个人挥手或走路的姿势来判断他是美国人还是澳大利亚人，虽然他们自己也不能解释其中的依据，但这表明人们的整个身体都可以变成非语言表达工具。[16] 这种区别不同于手势，而是像许多气味一样，无法用语言来解释。[17]

记录这些细节的能力来自人们之间的不断接触。他们的这种理解能力类似于二战中少数人能够区分即将到来的是纳粹战机还是盟军飞机。当时，英国迫切需要更多这样的空袭预警者，但问题是没有一个具有这种能力的人能解释自己是如何做到这一点的。当时唯一取得成功的是针对学生的培训，因为他们一开始根本就不知道该怎么看、怎么猜。专业人员不断对这些学生的预测进行纠正，直到他们猜出正确的结果为止。[18] 人们可能一般就是以这种方式对社会标记进行学习和识别的，根本不用对其进行理解或深思熟虑。

识别标记

我们的社会标记十分清晰，甚至其中有些方式可以引起本身不使用标记的动物的注意。比如，大象就能分辨不同的人类部落，并了解他们的行为习惯。在肯尼亚，大象对马赛人（Maasai）敬而远之，因为他们把猎杀厚皮动物作为一种成人礼；但是它们不害怕卡姆巴人（Kamba），因为他们不会猎杀大象。看到马赛人走近时，大象就会藏在高高的草丛里面，这可能是因为它们能分辨出这两个部落成员的体味：马赛人以牛肉为主食，而卡姆巴人则崇尚素食。大象似乎也能通过服饰区分不同的部落，并会攻击身穿红色服装的人类，因为这是马赛人喜欢的服装颜色。[19]

人类进化出身份标志的原因与之相同：我们的安全和福祉得指望这些身份标志。创建个性研究的心理学家戈登·奥尔波特（Gordon Allport）解释说："人类的思维必须借助分类……有序的生活得依赖分类。"[20] 这种能力的根源来自我们身上的动物本能，例如：鸽子不仅能区分鸟和树等类别，而且可以通过训练，学会区分毕加索和莫奈的画作。[21] 所有动物都具有分类能力：

无论人类还是大象，狒狒还是鬣狗，虽然没有人强迫它们彼此识别，但每一头路过的大象在看到另一头大象时，都会通过对方的长鼻子和叫声之类的特征识别出它是自己的同类。只不过一个由大象组成的社会，由于缺乏特有的外貌或行为特征，不像它们作为一个独立物种那么易于区分。

虽然大多数脊椎动物不会通过毛发（或声音、气味）来显示自己的群体身份，但是它们基于自己对"谁属于谁"的认识而产生的社会，与基于标记而建立的社会一样有效、具体。事实上，人类中有的群体也完全是基于个体进行识别的。就拿小时候我家乡的球队来说吧。当时我们买不起队服，所以如果大家在一场比赛中混在一起，外人就无法分辨我们每个人到底来自哪支球队。然而，我们自己从未混淆过彼此的身份，因为我们已经在脑海中记住了每个人归属的球队。毕竟，我们私下认识。正如人们可以通过观察动物的互动方式来区分狼群和狮群一样，观众也可以通过观看我们的比赛情况来辨别我们每个人属于哪支球队。

即使人类彼此了解，标记也非常有用。如果我小时候的球队买得起队服的话，我们肯定会高兴得跳起来。穿上队服不仅可以增强队员的自豪感，还可以淡化我们之间的差异，或许会让人觉得我们更加团结、更难以战胜，而这些内容都会在本书后文中进行讨论。队服也可以帮助我们更好地踢球，因为穿上它们，我们就可以通过衣服的颜色来识别彼此。如果双方动作极为敏捷迅速，我们甚至只要用眼角瞟一下就行了。赛场上犯错的代价高昂，因此能够快速、准确地识别敌我就成了一种真正的优势，相反，如果做不到这一点，你就可能输球。或者，如果不是在球场上，而是在社会中，那就可能导致更严重的后果：你会把自己的资源甚至生命都输给一个不怀好意的外来者。此外，队服可能会吸引其他人更快加入自己的球队。当然，一开始我们可能并不完全信任任何新来的成员。但是，如果他们有令人满意的外表（队服）和行为（包括他们是如何获得队服的），可能很快被接纳入队，甚至连先前不认识他们的球员也会对他们表示认可。

标记让我们对自己是谁产生了一种难以磨灭的认识，并将那些素未谋面的人们绑到共同的世界观之中——即使我们对这个世界观并无多少了解也无所谓。平时，我们对自己的标记感觉如此熟悉、如此自然，每个人对此都习以为常、不去深究，就像我们不会对天空中蓝色的深浅程度进行仔细区分一样。然而，当失去标记的时候，我们会对其充满渴望。这可以解释我们在国外旅行时为何渴望遇到“像我们一样”的人们：我们会去找一家酒吧、餐馆，或者前往一处海外同胞的聚会地点，并跟他们打招呼，就像碰到老朋友一样，尽管我们彼此并不熟悉。虽然标记确实有用，但是通过添加标记来区分自己和别人的社会，并没有给我们的生活带来根本变化：虽然拥有标记有利于我们组成一个社会，但没有它们，我们仍然是一个社会——至少在某种程度上可以这样认为。然而，随着人口的增长，要保持社会的正常发展，拥有标记就变得越来越重要，并且最终成为必不可少的基本方式。此外，对于我们人类来说，标记也是每个社会区分内部各种群体的关键所在。但无论是圣地兄弟会还是芝加哥熊队的帽子，都属于人造之物。在社会上，一个人可以既是波士顿人又是消防员，同时还是保守派，其中任何一种身份都不能否定他所拥有的其他身份——或者否定他作为美国人的身份。人类身份的许多方面都以我们引以为豪的某些标记表现出来，但大部分这样的标记都可以根据需要随意更换。然而，虽然我们习惯把蚂蚁分为工蚁和蚁后（在某些蚁群中，还有兵蚁），但没有任何一只蚂蚁会让自己在上述类别中对号入座。事实证明，脊椎动物也是如此。它们从来没有在社会中长期旗帜鲜明地拉帮结派，当然也就没有任何借助标记的必要了。比如，即使狼群的皮毛颜色不同，黑狼也从来没有把自己与灰狼加以区分。因此，阿根廷蚂蚁超级社会中的数十亿成员看起来也只是形成了一个没有个体差异的大集体而已。相比之下，你我在社会生活中却表现出一百多种差异，比如：我就怀疑你没有对蚂蚁展开过研究。

语言的作用及其重点

语言、方言和口音是被研究最多、可能也是最明显的人类标记。大多数社会和许多种族，包括犹太人或巴斯克人，都有自己的语言或语言变体。[22] 进化语言学家马克·佩吉尔（Mark Pagel）引用了《圣经》中关于巴别塔的故事。在这个故事中，上帝通过混淆人类的语言来阻止他们共同修建一座高耸入云、足以通天的楼塔。佩吉尔认为，这个故事的讽刺性在于："语言的存在反而给我们的交流带来了阻隔。"[23] 除了各门语言之间的巨大差异之外，每种语言都提供了描述母语使用者以及他们如何看待自己的措辞，此外还包括一些短语词汇，用来对其他社会的成员进行描绘。正如一位非洲学者所说的那样：标记很重要，包括社会本身的名称也很重要，因为其中包含"非凡的力量"。[24] 研究发现，甚至连一个只有 6 岁的孩子也表现得更喜欢自己国家的其他孩子。[25] 一个人类社会可能面临的最大威胁之一是和另一个社会争夺同一名称，今天关于"马其顿"名称的激烈争论就说明了这一点：因为马其顿这个国家已经将其用为国名，但是数百万希腊人却将该名称用于称呼自己境内的一个民族。

然而，语言差异既不必然又不足以保持社会的特性。一名语言学家宣称："一个群体一旦失去了语言，通常就失去了自己的独立身份。"[26] 当一个社会征服另一个社会，并把被征服人民变成农奴或奴隶时，这可能是其真实写照。因为在这种情况下，许多标志，包括语言，都会消失或被改造。但是，人类种群即使失去自己的母语，也能保持自己的身份和独立性，因此这并不能证明语言比起其他身份标记来，就拥有绝对的影响力。比如非洲的俾格米人（Pygmies），身为狩猎–采集者的他们在过去的 3000 年里逐渐放弃了自己的母语，转而学习使用周围农业邻居们的语言，因为他们每年都有部分时间和这些邻居生活在一起。这样一来，尽管俾格米人的母语几乎消失殆尽，只留下几个主要用来描述森林中的动物和植物的词语，但他们的社会仍然保持着文化完整性。[27]

这里的关键在于：由于各种标记可以丰富组合，人们甚至能在别人不开口说话的情况下，就判断出对方是否是属于自己社会的成员。话虽如此，语言对于凸显人类身份仍然具有重要作用。除非一个人从小就耳濡目染，否则几乎不可能精确掌握一门语言或方言，因此语言成为判断外来者的首选标准。[28]《圣经》中的《士师记》就讲述了基列士兵如何迫害说话带有口音的以色列部落的人民。

> [基列士兵]命令他们："说出 shibboleth 这个词。"由于这个以色列部落的成员不会这个单词的正确发音，因此他们一旦照做就会露馅，这样基列士兵就对他们实施抓捕并在约旦河的浅水区将其杀害。那时，以法莲部落约有 42000 人惨遭毒手。

语言反映出各种丰富微妙的差异，这也是对一个人的身份进行现场检查的有效手段，因为人们从这些细微差异中获得的信息远远超过了语言本身所能表达的内容。[29] 小孩子们甚至还没说完一个完整的单词，其母语口音就暴露无遗。[30] 当然，其他标记也是如此：我们非常清楚周围同事的言谈举止、一颦一笑，甚至对自己在这些方面的表现情况都没有了解得如此清楚。但关于语言，一个饶有意思的现象是：人们对自己能用当地方言讲话感到很有面子，但如果举止也像当地人则不会让他们产生同样的感觉。[31] 也许只有一些风俗传统，比如像一些波利尼西亚人表演的火上行走，虽然已经成为他们族群的一种特有象征，但却无法用语言进行传达。然而，这种极端的仪式在人类中毕竟罕见。无论行走在地球的偏僻角落还是身处繁华的市井之地，人们都会用语言交流，此时说话者的口音可以立刻暴露他是否是本地人，而关于身份的其他特征则很少能如此迅速地引起别人的直觉反应。

容许差异、怪僻行为和异常表现

人们处理差异的方式因人而异并大相径庭。这方面的情况并不总是像研究意第绪语（日耳曼语系）的语言学家马克斯·魏因瑞奇（Max Weinreich）曾经调侃的那样，“语言是依靠武力作后盾的方言”。[32] 因为正如前面关于俾格米人的例子告诉我们的那样，社会成员的说话方式不是区分不同社会的唯一标准。此外，关于语言的使用情况表明，社会不仅不排斥语言之间的差异，甚至对此还持一种鼓励态度。在一些紧密毗邻的国家，如欧洲各国，就有很多这方面的典型例子。欧洲国家的人们除了自己的母语之外，通常还会说其他一些国家的语言，一般是邻国、贸易伙伴国或过去宗主国的语言。一个国家使用多种语言并非什么新鲜事。比如以前在澳大利亚，就有许多人会说多种语言。这通常是因为在结婚前，要么是他们自己，要么是他们父母中的一方来自其他国家。另外在一些国家，包括瑞士在内，人们可能说好几种母语。当然也存在一种相反的情况，那就是几个国家可能以同一门语言为母语，如英国、澳大利亚和美国都说英语。但即使这样，每个国家内部也都产生了不同的英语方言。

人种学是一门记录文化的科学，其研究重点不在于找出不同社会之间的相似和差异，而是致力于发现：无论在语言还是在其他方面，社会成员认为究竟什么东西才重要。在人种学中出现了这样一种情况：某种语言，如果根据语言学家的标准，可能是两种语言，但在语言使用者们看来，它们根本就属于同一种语言，并且与之相反的情况在现实生活中居然也同样存在，即语言学家们认为是同一种语言，但这门语言的使用者们却认为它们分属两种不同的语言。[33] 因此，我在前面针对阿根廷蚂蚁超级社会的论证结论，也同样适用于所有其他物种构成的社会：在一个社会之中，社会成员对于身份标记的理解才是他们接纳新成员的标准，而不是像你一样的局外者的认识。如果你改变蚁群的气味，会发现有些气味的变化会对它们产生影响，有些则不会。

同样，对于人类来说，变化，例如发生在语言方面的变化，也不一定会危及我们的社会身份——因为这取决于变化发生在哪些方面。[34] 比如，我就认识一个秘鲁人，他在自己的家乡经常被误认为是外国人，因为他不会发西班牙语的弹音“r”。出现这种尴尬，他是否就不算秘鲁人了呢？这当然取决于其他同胞的判断。社会也可以容纳其他与语言同等重要的差异情况。举一个例子：在当今世界，一些宗教会跨越国界，并与其他宗教共存于同一社会。但即便如此，通常情况下（虽然并非总是这样），这也不会让人们混淆这些信徒的宗教信仰。

社会成员的身份标记不是千篇一律并一成不变的——因为社会允许相似性和多样性的存在。研究布希曼人的专家汉斯－约阿希姆·海因茨（Hans-Joachim Heinz）写道，一个人要受欢迎，他的行为就不能僭越社会允许的界限，即使是狩猎－采集者也得遵守这一社会规则：“他做什么、该怎么做，是他自己的决定，邻居无权干涉，他只要保证自己的言行举止仍在公认的行为准则的范围之内就行了。”[35] 社会准则，虽然通常表现得很隐晦，但总是隐藏在社会现象的背后发挥作用，从而为这些评估提供一种参考标准，并限制我们的行为选择。这种情况正如日本谚语所说的那样：“钉子出头被锤敲。”这其中自然会涉及人们的理解和品位两方面的问题。例如，极端保守主义者和极端自由主义者尽管都不得不承认对方和自己属于同一社会，但他们之间总是针锋相对，几乎势如水火。社会成员会期待彼此的行为保持一定程度的共性——比如在某些亚洲文化中，社会成员因从小受教育潜移默化的影响，彼此之间存在一种心照不宣的默契，从而不会轻易表现出自己的愤怒。如果有的人表现得不符合这方面的社会期望，就可能被其他成员视为异类或奇葩，从而遭到唾弃和孤立。

社会对成员共性的重视程度也有所不同。一些人把特立独行视为有个性和进取精神的标志，并宣称成员有权表现得与众不同，这是一个社会得以存在的核心价值。[36] 话虽如此，但所有社会，包括那些在维护个人自由方面引以为豪的社会，都会为了社会的整体安全和良好运行而限制成员的某些自由。边界的狭窄性（the narrowness of the boundaries），即我们必须在多大程度上互相学习和彼此模仿，在某些情况下以及针对某些行为时，会比在其他情况下以及针对其他行为时表现得更为严格。事实上，如果有人违反了一些重要的行为规范，那他们将遭受周围人强烈的排斥，甚至这些越轨者受到的惩罚比外国人犯同样罪行而受到的惩罚更加严厉。心理学家把社会的这种过度反应称为“害群之马效应”。一个人所表现出的离经叛道行为，根据其不符合社会期望的种类和程度，会受到周围人们的排斥、羞辱，他会被迫改正，否则会被当成异类。总之，这种责难机制会对所有社会成员的行为表现产生约束作用。[37]

动物们对异常表现的宽容忍耐也有限度。即使一种动物生活的社会以个体识别为基础，它们也能忍受最低程度的异常表现。一般来说，大象会照顾生病的同伴，但包括它们以及黑猩猩在内，也经常虐待跛足或身体不健康的社会成员。[38]

群居昆虫应当算最循规蹈矩的生物。在蚂蚁组成的社会当中，成员之间几乎没有任何个体差异。[39]这从蚂蚁对基于气味而建立起来的匿名社会绝对忠心耿耿就能反映出来。它们刻板的身份意识让我们有充分的理由认为蚁群是一个超级有机体。因此，就像细胞与生物体之间的结合情况一样，蚂蚁个体以下面的方式与蚁群产生联系：它们通过检测身体表面的碳氢化合物来识别彼此，并且在一个健康的蚁群当中，蚂蚁总是用不同的气味标记来躲避或消灭入侵的同类。与之相似，体内的细胞通过检测细胞表面的化学物质来识别彼此，而免疫系统则会杀死携带错误信号的外来细胞。在此基础上，你的身体以及其中的数万亿细胞就代表了一个微生物社会。[40]然而，一个人如果心怀不满，可以选择离开自己所在的社会，甚至到另一个社会中去。可是，如果是一只工蚁，则只能一辈子都与气味相投的蚁群绑在一起。即使存在“过劳死”的风险，这只蚂蚁终其一生也只能对自己的蚁群不离不弃。我们钦佩细胞对身体的奉献精神，也敬仰群居昆虫对集体的无私付出，但是从人类的角度来看，它们这种无怨无悔、完全把自己融入一个更大的整体之中的做法，会让我们产生一种反乌托邦的感觉。总之，人类社会不是一个超级有机体，我们也不想让自己的社会成为一个超级有机体——相反，我们太珍惜自己拥有作为个体的选择权利了。

和其他动物社会一样，人类社会中的未成年人也没有完全获得社会身份。虽然人类的孩子和尚未带有蚁群气味的幼蚁不可同日而语，但他们最多只能拥有一种初级社会身份。毕竟，没有哪个孩子能够仅仅因为自己还活着这一事实，就可以在社会上赢得受人尊敬的地位。[41] 在基于个体识别的动物社会之中，年幼的动物只要能和其他成员相互认识就行了，但在人类社会里面，孩子们必须善于学习并识别适合自己的社会标记。在我们的后代掌握这种能力之前，他们还显得比较弱小，别人对其不理不睬也在情理之中。此外，其他成年人认为这些孩子年龄尚幼，理应由他们的父母或朋友照看，因此也就和自己扯不上什么关系了。

大脑承担的重负

既然连人类社会中的某些群体都得依靠个体识别来辨别身份，那么基于个体识别的动物是否也至少拥有使用标记的潜在能力呢？虽然我们知道灵长类动物可以学会将塑料标记与非社会性的物体（如食物）联系起来，[42] 但我们对它们使用标记来表示其他社会事物的能力却知之甚少。因此，虽然猴子通常不是借助标志来把自己和外来者区分开来，但我想在猴群中使用一种标记，看它们能否理解其中的意思。任何一只身强力壮的灵长类动物看到红色的运动衫都会将其撕掉，但是对于油漆，它们的反应又如何呢？它们能通过训练，希望看到同伴们都在额头上涂一点红色吗？果真如此的话，它们会对一个带着“团队”标志的异族成员表示欢迎吗？如果幼猴都被涂上了相同的红点，不用彼此熟悉也能辨别自己猴群的成员，那它们能建立起一个超大规模的猴群社会吗？如果我们把其中一半的猴子涂上蓝点，那猴群中会出现内讧和分裂吗？对于这些问题，我估计我们最终会给出否定的答案。因为猴子的大脑天生就不适合处理标记方面的信息，所以即使周围环境中存在这样一些标记符号，它们也无法对其加以识别。

现在，在我们全面了解人类使用标记来识别彼此并相互回应之前，先考虑一下识别标记需要涉及的认知活动。虽然先前我说猴子的大脑生来就不适于处理关于身份的标记信息，但这并不意味着产生此等能力需要具备很高的智商。社会大脑假说认为，动物的大脑体积变大，才能处理更多的社会关系。根据这一理论，如果要建立一个成员众多的社会，就需要以超高的智商为前提，但卑微的蚂蚁却对这一结论带来了强大的挑战。虽然蚂蚁社会极其复杂、极其灵活，但蚂蚁完成这一切，只动用了大约250000个神经元。正如查尔斯·达尔文所说："蚂蚁的大脑是世界上最奇妙的物质原子之一，也许比人类的大脑更奇妙。"[43] 当然，人类的标记无论是在数量还是种类上都比蚂蚁要多得多，因为蚂蚁不分民族，也不会带着口音说话。然而，作为蚂蚁身份标志的气味可能比人们想象的要复杂。不同蚁群的气味各不相同，并且每种气味都是由不同种类和浓度的碳氢化合物分子混合而成。[44] 因此，实际上，气味代表了一整套标记，而不仅仅是一个标记，其中一些分子可能比其他分子更能影响蚂蚁对于气味的理解。例如，蚂蚁对外来群体的气味反应灵敏，它们能将自己熟悉的邻居蚁群的成员与自己从未见过的蚁群成员区分开来，而后者由于构成了一种未知的威胁，很可能遭到它们更猛烈的攻击。[45]

许多学者可能会对此提出异议，因为他们认为人类的标记可以变得极其复杂。事实上有些标记的确如此，比如对神秘宗教文本的记忆就属于这种情况。人类通过给许多标记赋予意义（通常是在多个层面上）来创造象征，从而将标记变成了一门艺术，这种冲动可以说是我们与其他动物之间的一大区别。以三叶草为例：对于爱尔兰人来说，它是一种能预测天气的植物，对于凯尔特人则象征着好运，而圣帕特里克则借它在德鲁伊教中传授三位一体的概念。

研究美国印第安部落的人类学家爱德华·斯派塞（Edward Spicer）指出，每个人都形成了关于“自己与某些符号之间的联系，或者更准确地说，某些符号代表什么意思”的信念。[46] 社会学家并不能确认缺乏象征能力的动物是否可能拥有任何类似于国籍的身份，但人类学家则认为使用象征对人类的出现至关重要。[47] 然而，大多数人显然不知道自己珍视的符号所代表的具体含义。[48] 美国人喜欢高唱《星光灿烂的旗帜》（*The Star-Spangled Banner*），却不知道星光灿烂是什么意思——也不记得该怎么拼写这些单词。因此，社会人类学家马里·沃马克（Mari Womack）曾提醒我们：“很可能精于使用符号的人——萨满、牧师或巫师——也无法准确说出某个特定符号的含义。”[49]

事实上，人们没必要去理解象征符号的深刻含义及其产生的原因，也没有必要去探究为什么它在某件事情上就具有如此深刻的意义，以及我们为什么对它的存在、消失或是否被恰当使用而表现得那么敏感。人们不必为了寻找某种象征符号的含义而劳神费力、绞尽脑汁。它如果真有什么意义，也可能只存在于使用者的心中而已。

制作和识别标记其实不需要付出太多的努力，并且，一旦学会了这种本领，这些标记就可以被无数的人使用，他们不会因此而产生额外的智力需求，也没有维持这种象征关系的义务。就蚂蚁而言，虽然它们中有的成员生活在规模巨大的蚁群里面，但实际上，它们蚁脑的体积却出现了缩小的趋势。[50] 相反，另一些蚂蚁即使生活在规模较小的蚁群里面，也需要相当的智力才行，因为它们一直在社会中充当多才多艺的能工巧匠。在一个规模较大的蚁群之中，兵蚁只管击退来犯之敌，很少去照料幼小的蚂蚁，因为这份工作是由体型更小的蚂蚁负责。总之，蚂蚁不仅通过忽视个体差异来节省脑力消耗，而且在大型蚁群当中，这种技能的精简进一步降低了它们对脑力的要求。

同样对人类来说，只要周围的陌生人给我们的印象以及实际表现没有异常，我们对他们选择性忽视其实是一种好事。想象一下，如果你必须向你遇到的每一个人介绍自己并了解他们，那这样产生的脑力消耗将超过你的承受极限。相比之下，使用标记就简单易行。虽然与其他动物相比，管理我们社会中出现的标记或许有助于人类前脑的扩大，但这可能不是主要原因。比如坐在公共场所，你可以毫不费力地观察周围人们在身体、文化和其他方面所表现出的特征。对此，心理学家会说，标记可以减少社交监控的认知负荷，让你有时间阅读本书，或者在咖啡馆与朋友交谈。甚至像肯尼亚埃尔莫洛这样的一些小部落，虽然人数很少，也会通过他们共同的服饰、语言等标记来降低社交监控的成本。因此，尽管埃尔莫洛部落的每个成员彼此都很熟悉，但它仍然属于一个匿名社会。事实上，自从农业出现以来，人类大脑的总体积已经减少了一个孩子拳头般的大小，这可能是因为我们在执行从烹饪到建筑等任务时，对他人的依赖程度越来越高。[51]

当然，人类会根据环境调整自己的行为，其中可能包括对外国文化的适应。比如在印度的农村待了几个月之后，我在说话时就不自觉地带上了当地口音以及左右摇头的习惯。后来在新加坡，我又染上了他们的口音，喜欢在句子末尾添加“lah”这样的发音来对自己所说的话加以强调。我说话方式的改变似乎能帮助当地人更好地理解我的意思。其中发生的一个小插曲让我引以为豪：我曾经帮助一位印度游客与新加坡店主进行交流，在他们所说的两种英语方言之间进行翻译。但是，即使我笨手笨脚地学着印度男人的样子去穿纱笼（或者叫隆吉），或者做100件其他事情也没有泄露我是外国人的身份，我也相信只要一开口说话，就会把自己与当地人之间显而易见的差异暴露无遗。

至于你那庞大的大脑，与其说与你所在社会的人口数量有关，倒不如说与你整天与周围的熟人打交道有关。标记不仅解除了对社会发展规模的人数限制，而且使社会生活显得不那么复杂。[52] 那为什么其他脊椎动物很少使用标记呢？也许它们的社会成员人数很少，单靠个体识别就可以运转良好。然而，即使在一个规模很小的社会中，比起简单直接地只留意一个可靠标记，对每个成员进行单独追踪会消耗更多的智力资源。我们再来考虑一下匿名社会和基于个体识别社会之间的区别，其中涉及人们对关于苹果和橘子的那条习语的另一种理解：动物判断对方属于哪个类别有两种方式，一是通过观察它们之间的相似性（挑选出它们共有的标记，就像一个人通过柑橘的颜色来挑选橘子一样），二是通过观察它们之间的差异性（根据个体特征挑选出每个成员）。相比之下，显然前者消耗的注意力更少。因此，依赖个体识别的动物会尽可能避开这种认知负担。灵长类动物学家劳里·桑托斯（Laurie Santos）告诉我，当猕猴队伍对峙时，双方都会各自聚在一起。聚集起来不但可以起到盾牌般的防御作用，还可以最大限度地控制混乱局面。因此，每只猕猴只要在对面猴群中看到哪怕一只不属于自己队伍的成员，就可以理所当然地认为该猴群中的所有成员都是敌人。同样道理，一只猴子即使没有看到另一只正在为自己朋友梳理毛发的猴子的面孔，也可以认定它是自己队伍中的成员。

我们社会中出现的极为复杂的个体互动，大多是在与自己关系密切的几十个朋友之间展开的，它既是人类社会的特有标志，又是其他灵长类动物基于个体识别的社会的进一步延续和发展。同时，人类不仅认识自己的朋友和亲戚，而且和其他许多人建立了不同程度的联系。因此，虽然大多数哺乳动物将每个社会成员视为单独的个体，并依靠这种对个体的了解建立起集体身份，但人类仍然希望自己能像生活在蚁群中的蚂蚁个体一样，可以忽略别人，甚至也能容忍自己被别人忽略。因为像蚂蚁一样，我们人类与陌生个体之间的关系基于他们是否认同我们的身份。[53]

这一部分阐述了蚂蚁社会如何与人类社会一样，随着成员数量的增加而表现出越来越复杂的趋势。然而，一个国家人口增长，就像一个蚁群蚂蚁数量增加一样，不会给大脑带来任何额外的压力。因为我们作为匿名社会的成员，通过使用身份标记，获得了将陌生人视为自己社会成员的能力。[54] 现代人类社会已经发展得极为壮大、规模宏大，有时甚至可以横跨大洲大洋，这样的壮举无疑凸显出人类丰富的想象力，而如此超凡出众的想象力在我们祖先的小规模社会中也表现得同样真实、同样优异。这包括过去没有农业的人类社会，其中的社会成员和今天的你我并没有什么不同。因此，要想了解现在的人们，我们就必须了解过去的人们。

第三部分

近代以前的狩猎-采集者

第八章

团队社会

当南非人类学家路易斯·利本伯格（Louis Liebenberg）把我们的吉普车停在纳米比亚卡拉哈里高查潘（Gautcha Pan）的！孔·布希曼人营地（the！Kung Bushmen，！代表一种弹舌音）附近的时候，太阳已经变成了暗红色。这时路易斯正和一个名叫！纳尼（N！ani）的年轻人交谈，问他布希曼人是否用一种有毒的甲虫幼虫来制造毒箭。对，！纳尼不但对此做出肯定的回答，还告诉我们，他知道这种甲虫在不远处就有一些，并且位于我们的步行距离之内，因此他可以带我们走过去看看。

第二天早上，我们开车带着！纳尼经过一片平坦的空地，这块空地上长着一些低矮的荆棘林，其间偶尔还会出现几棵粗壮的猴面包树。显然，布希曼人关于步行距离的概念与我们不一样。在带着我们走了好几公里之后，！纳尼让我们在一片叶子很有光泽的灌木丛旁边停下来。在那里，他用布希曼人传统的挖掘棒从地下撬出一些可怕的苍白色幼虫，并向我们展示如何从这些幼虫身体里挤出毒液并涂到箭头上。

！纳尼和他的！孔·布希曼人同伴，以及其他地方的布希曼人像狩猎–采集者一样，都不从事农业生产或饲养牲畜。他们完全依赖大自然提供的食物，用毒箭和其他一些简单的工具狩猎，并在很远的“步行距离”之内采摘蔬菜。

一个多世纪以来，任何试图了解早期人类的学者都查阅相关的文字证据，研究狩猎 – 采集者在最近几个世纪里如何生活。狩猎 – 采集者中出现的一种生活模式让研究人员特别感兴趣：他们为了便于迁徙，会把成员分成小组，而这样的小组被称为团队（band）。[1] 每个团队都四处漂泊，建立营地，然后以此为据点开始寻找食物和水源。我把这种过着游牧生活的狩猎 – 采集者群体称为团队社会（band societies），并且，正如本章和下一章将要讨论的那样，这种社会通常由几个团队组成。[2] 我之所以将团队社会与部落分开表述，是因为后者正如我在本书中所采取的做法那样，通常用来描述简单的定居社会，其中大部分成员都依赖在菜园中种植作物为生，而不是耕种田地；此外，我也用部落来描述更喜欢四处流动的畜牧者，这些人以驯养牲畜为生。（但让人无语的是，“部落”仍然是描绘北美印第安人的首选词汇，虽然他们中的许多人其实就生活在团队当中。）对于研究人类起源来说，由于从事种植业和畜牧业的人是后来才出现在历史舞台上的，所以在揭示人类的根本特征时就显得不那么重要。而农业则是人类历史的新创造，因此我们甚至连解释现代国家的概念，都需要参考狩猎 – 采集者社会的运作方式。

考古学家刘易斯·宾福德（Lewis Binford）曾请一名生活在阿拉斯加的土著男子将他在团队社会中的游牧生活给我们做一个简要介绍。“他想了一会儿，说道，‘柳木烟和狗尾巴：当我们扎营的时候，四周都升起柳木烟；而当我们启程的时候，你只看到狗尾巴在你面前摇摆。柳木烟和狗尾巴在因纽特人的生活中各占一半’。”[3]

尽管这位老人的话富有诗意，对人类学家来说也有重要参考价值，但这儿有一个悬而未决的问题：近代这些以打猎和采集为生的人们，是否真能准确反映我们过去的生活？几个世纪以来，狩猎 – 采集者要么不得不适应周围农民和牧民的生活，要么就遭到这些邻居的排斥，只能迁徙到条件艰苦的不毛之地。由此可知，在第一批探险者记录下狩猎 – 采集者的生活方式之前，他们的社会可能已经经历了某些深刻的变化。[4] 甚至在不久前就有这样一个例子：当清教徒抵达美洲并创建普利茅斯殖民地时，第一个前来迎接他们的印第安人就已经说起了英语（显然是英国渔民教会他的）。差不多过了两个世纪，刘易斯和克拉克①在野外探险之时，遇到了骑马驰骋的部落，而马匹几千年前在北美大陆已经灭绝，但后来又被欧洲人重新引入当地。[5]总而言之，我们在早期照片中所看到的印第安人，其生活方式显然已经发生了许多重大改变。

任何狩猎－采集者都经历了类似的过程。布希曼人是一个身材矮瘦、肤色红褐、长着娃娃脸的种族，他们看起来和其他非洲人大不相同，因此在关于人类进化的研究中备受重视。他们生活在南部非洲的一个狭长地带——也就是曾出现人类进化的同一个大体区域以及类似的沙漠和热带草原栖息地，但是遗传证据表明，布希曼人在远古时期就和其他人类群体分道扬镳，走上了另一条生活道路。[6]尽管如此，数百年来一直与班图（Bantu）牧民打交道的经历还是对他们的生活方式产生了影响，而这些牧民早在欧洲人到来之前就已经从北方迁徙而来。

在和欧洲人接触之前，澳大利亚是地球上为数不多的几个主要地点之一，其中的本地狩猎－采集者很少接触到生活在农业社会中的居民。原住民在最初离开非洲后，来到这片大陆并生活了5万年之久。应当说，这就让原住民成为我们了解过去的可靠来源。澳大利亚最北部的原住民与居住在托雷斯海峡群岛的部落进行贸易和通婚，而后者会种植芋头和香蕉等作物。此外，从1720年开始的一段时期内，一群印度尼西亚渔民乘船来到澳大利亚北部捕捞海参。这些印度尼西亚人带着一些原住民参观了他们的家乡——马卡萨尔城（Makassar）。从他们那里，原住民学会了制作独木舟和贝壳鱼钩。他们还

① 刘易斯与克拉克远征（1804—1806年）是美国国内首次横越大陆西抵太平洋沿岸的往返考察活动。领队为美国陆军刘易斯上尉与克拉克中尉。该活动由杰斐逊总统发起，其目的是探索密苏里河及其主要支流。——编者注

对新的歌曲和仪式、山羊胡子、烟斗、雕刻木头以及在骨头上作画饶有兴趣。[7]当然，像所有种族一样，原住民在文化上也有发展：他们发明了回旋镖（the boomerang），创建了一种称为“梦想时间”（the dreamtime）的灵魂轮回学说，以及其他一些独特的物件和观点，并在该大陆广为传播。

当欧洲人到来的时候，殖民地的各种疾病和战争也随之而来，让当地原住民的数量锐减。但除了对他们社会的粗略描述之外，这些历史都没有被记录下来。正如一位著名的人类学家所总结的那样：“在欧洲殖民定居生活的影响下，大多数土著部落的传统群体都迅速经历了剧烈变化。”[8]对于那些研究社会如何既能保持身份特征又能独立发展的学者来说，这可是一个严重的问题。

欧洲人与狩猎－采集者之间的接触，是一种我们难以想象的文化冲击，这种冲击改变了一切。在欧洲人出现之前，狩猎－采集者可能像许多其他文明一样，在哥白尼证明地球围绕太阳旋转之前也持有自己的地心说观点。正如19世纪探险家爱德华·米克尔思韦特·科尔（Edward Micklethwaite Curr）所言：“生活在海边的部落居民所认识的世界可能比生活在内陆的部落居民更广阔，同样，定居于大片沙漠之上的部落居民所认为的世界可能比居住在富饶肥沃、人口稠密的社会的部落居民所能想象的更深远。”对于居住于内陆的狩猎－采集者社会，科尔这样写道：“他们认为世界就是一个方圆200英里的平面，而他们就生活在这个平面的中心位置。”[9]果真如此的话，我们可以想象当他们看到欧洲船只停泊在自己的海滩上时，这些原住民会有什么感受。他们当时的心情应当就像我们看到火星人降落在白宫草坪上一样。他们的世界观，包括他们对自己社会以及彼此之间的许多认识，都被击得粉碎，而且不是在几天甚至几年时光内逐渐适应的，而是在令人震惊的一瞬之间就化为齑粉。对于面对欧洲人的当地土著以及面对“小绿人”的欧洲人来说，他们之间曾经不可弥合的那些分歧，从此之后将变得微不足道。虽然直至今日，狩猎－采集者的社会仍然存在，但他们最初的社会身份意识以及区别于其他社会的鲜明特色，几乎不可能被准确重建。

由于上述种种原因，我现在会用过去时态来谈论狩猎－采集者，并且在后文讨论他们的部落社会时也会继续这样做，但这并非意味着狩猎－采集者已经消失，而是说他们当初的生活方式基本上已经不复存在。我曾有幸和为数不多的几个狩猎－采集者（其中包括！纳尼）共度过一段时间，而他们现在都已被要求只能待在一个地方，并且不再进行狩猎活动。尽管如此，我们还是有一些把握，认为近几个世纪人们对狩猎－采集者的研究至少可以粗略勾勒出我们祖先的生活方式。像北极因纽特人和非洲哈扎族人这种多样化的团队社会都在某种程度上具有相似性，这表明人类游牧的生活依据是相同的，而四处寻找野生食物只是他们一揽子生活计划中的部分内容而已，或者说他们全部的社会生活通常还包括其他组成部分，而这些将是后面几节讨论的主题。在随后的写作当中，我们将调查这些社会对狩猎－采集者而言有什么意义，以及为何如此众多的社会学家在研究中会淡化或忽视这些社会形态。不过至少有一点毋庸置疑：这些狩猎－采集者和今天的我们一样，也是生活在匿名社会当中。

裂变－融合与人类状况

在生活方式上，团队社会与其他社会的区别并非只局限于狩猎或采集活动，因为人们至今仍然喜欢进行这类活动，只不过他们现在只能猎杀麋鹿或采摘蘑菇而已。当然，这些狩猎－采集者也不会和游牧民族完全不同。相反，即使像匈奴这样的牧民部落，为了寻找牧场放养牲畜，在一年中也会有部分时间分散到各个营地。[10] 但最让狩猎－采集者社会与众不同的是其社会成员的迁徙模式：这些以游牧为生的狩猎－采集者通过一种裂变－融合方式而分散生活，这也让他们在游牧生活中得以享受很大的自由。

尽管如此，裂变－融合生活在近代以游牧为生的狩猎－采集者中普遍表现为某种固定模式，这种生活状况正如人类社会在发明农业之前的一样。当时人们大多成群结队地四处游荡。每个团队平均由25到35个成员组成，其中包括几个核心家庭。他们通常三代同堂，但一般来说，这些核心家庭之间并无亲戚关系。[11] 一个狩猎-采集者可以到其他团队中走动，但他一般只与一个团队保持长期联系。团队之间的成员通常可以自由交换，不过这种情况不会经常发生，这与黑猩猩和其他采取裂变-融合生活方式的物种相去甚远，因为它们的社会总是无休无止地拉帮结派，而各个帮派的成员也总是在不断变换。

此外，还有一种独特现象：人类团队中的成员每天会分成不同的小组去寻找食物。这些小组被称为“派队”（parties）。不过，这样命名容易让人联想到动物社会中的“拉帮结派”，从而产生混淆。每天晚上，每个成员都会回到团队选择的露营场所，而他们通常会在同一处营地待上几天或几周的时间。成员对团队不离不弃的强烈归属感，以及每个团队都建有一个流动的家庭基地的做法，是我们这个物种独有的特征。在其他过着裂变-融合生活的动物当中，灰狼和斑点鬣狗在群体成员把肉带回巢穴给幼崽喂食的几周之内，在这一点上表现得和人类最相似。这三个物种之所以要偶尔转移自己的基地，是为了防止敌人闻到它们的气味，也是为了让自己的成员接触到新的觅食地点。

生态学家爱德华·威尔逊（Edward O. Wilson）认为，拥有一个受到良好保护的家庭基地是我们人类的核心特征。[12] 从这一点看来，早期的人类就像蚂蚁一样，依靠一个中央据点出去四处觅食。但我要对此观点稍作修正。当然，一个人类团队搭建起自己的营地，可不像狼群做窝，他们会停留一段时间，从而为老弱婴幼提供一个休养生息的机会。然而，营地通常只是暂时用来寄居而已，并不是特别安全。事实上，团队必须为了自身安全而四处迁徙。来自巴拉圭阿奇岛和孟加拉湾安达曼岛的一些狩猎-采集者的生活不断遭到外来者的威胁，于是他们经常改变自己的露营地点——有时甚至每天都得这样做。此外，就像狒狒合力对付豹子会十分奏效一样，人类团队的成员也可以团结起来打退豹子的进攻。可能有人还会认为，许多家庭在营地周围设置火堆比单独一家燃起火焰更能起到防御野兽侵袭的效果。但这些不过是团队级别的防御能力罢了，真正要建立防御工事保护每个成员，只有定居于村寨的人们才有条件完成。

我们源于游牧部落的生活方式，是遍及社会各个层面并且包括各种活动和关系在内的裂变－融合生存网络的组成部分，它表明分散生活和定居生活一样，曾经（现在）是保障人类获得成功的重要手段。在集中营地度过的时间让人类能够以其他裂变－融合物种无法企及的方式，在扩大的面对面互动的基础上磨炼他们的社会和文化生活技能。此外，游牧生活的流动性让人类社会超越了其他任何脊椎动物社会以前所取得的一切成就。这需要极为高超的智慧来监控同一团队中成员之间的日常关系，并尽可能地协调配合远方其他同伴的活动。

与团队社会相比，其他动物社会的裂变－融合方式显得相当混乱，但黑猩猩（以及倭黑猩猩）群体和人类团队之间的差异并没有大到不可调和的地步。实际上，一些黑猩猩几乎可以说已经在临时性的家庭基地定居生活。虽然大多数黑猩猩都是森林居民，但也有一些生活在热带草原，也就是我们人类最初进化的地方。其中，热带草原黑猩猩虽然很少受人重视，但它们的社会模式更接近于狩猎－采集者团队。首先，它们必须像过着游牧生活的狩猎－采集者一样步行。灵长类动物学家菲奥娜·斯图尔特（Fiona Stewart）估计坦桑尼亚共有 67 只黑猩猩，它们的社会占地总面积在 270 平方公里至 480 平方公里之间。这些动物稀疏地分布在其中，就像狩猎－采集者在这种环境中的生活状况一样。

与居住在森林中的同类相比，生活在热带草原中的黑猩猩群体，成员更加稳定，也很少迁徙，其中有几个因素在起作用。首先黑猩猩不容易接触到其他同类群体，因为接触其他同类需要路途辗转，而且它们之间可能相距甚远。它们喜欢栖息的树丛也很少，而且距离很远，这就促使黑猩猩三五成群，在尝试转移到另一个新地点之前，往往会在旧的地点逗留上几天。近代的狩猎－采集者也喜欢在热带草原上选择树丛作为营地，这一是因为它们能在树荫下乘凉，二是因为便于寻找水源以及获取其他需要的物资。此外，热带草原上的树木一般不是很结实，因此黑猩猩可以像它们在森林中那样，把叶子浓密的树枝掰弯，做成一张带顶篷的大床。此外，黑猩猩常见的做法是把草丛捆在一起，或者把树苗折叠起来，给自己遮风挡雨，然后席地而卧。它们的这种简陋设施与布希曼人用野草和树枝搭建而成的临时庇护所非常相似。此外，它们为了躲避正午的阳光，也会在洞穴里待上一阵子。[13] 热带草原黑猩猩在这些休息地点周围觅食，用树枝制成的长矛杀死小型灵长类动物，用棍子铲出食用块茎，这种做法也有点类似于狩猎－采集者。[14]

因此，如果据此推测我们和黑猩猩共同的祖先——更不用说后来出现的许多原始人类——也掌握了类似的生活技能应当不算牵强。此外，人类个体为了能每晚与同一社会的其他成员待在一起而不断提高自己的社交技能。而我们的前任——直立人（Homo erectus）——在 40 万年前就掌握了生火的技能，并且我们的祖先为了能在睡前有食物分享而选择彼此合作，所有这些因素都足以让人类渴望能够拥有一个值得经常回去的避风港。[15] 综上所述，此时的人类应该已经开始考虑为自己建造适当的营地了。

狩猎－采集社会的现实

人类学家撰写了大量关于狩猎－采集者的文章和书籍，但仅仅针对他们在团队中的生活情况，忽略或低估了狩猎－采集者团队如何与更广泛的社会产生联系。有时，他们虽然承认这些团队之间存在联系，但声称过着游牧生活的狩猎－采集者根本就没有社会可言。[16] 这种说法的言下之意是：狩猎－采集者的文化在不同团队中表现各异，它们之间缺乏更广泛的联络关系，也没有出现一个清晰的界限。

但我对此深表怀疑。首先，所有其他的人类成员都生活在我们称之为社会的群体之中。过去几个世纪记载下来的狩猎－采集者团队肯定属于社会的组成部分。事实上，有充分的证据表明，社会成员身份对于狩猎－采集者的生存非常重要——并且在帮助我们理解当今社会如何形成方面，也起到了不可替代的作用。我提出的“团队社会”这个术语，可以表示一个团队就组成了一个社会，并且该情况有时确实存在，但社会通常会扩展为包括一组特定的团队。我对这些社会被人忽视或遭到误解并不感到惊讶。在像古道尔这样的灵长类动物学家从黑猩猩之间保持距离以及它们与外界的对抗反应中推断出这种动物也形成了社会之前，人们一致认为：过着裂变－融合生活的动物属于“开放群体物种”（open-group species），意思是它们没有形成可以明确界定的社会。[17] 于是，人们据此推断：这些人类团队，由于其生活方式同样具有裂变－融合特征，因此也不会形成可以明确界定的社会。

虽然在人类团队社会以及黑猩猩的社会里面，社会成员平时很少聚在一起，我们很难发现他们社会的分界线到底在哪里，但是社会成员之间仍然存在鲜明的身份区别。[18] 我们从大量的记载中获悉，近几个世纪以来的狩猎－采集者们在遇到“同类”时才会感到自己的安全有了保障。[19] 当你问狩猎－采集者的身份信息时，他们一般都会告诉你一个社会的名字，其中包括几个（不过通常是十几个或更多）团队，这些团队分布在一片广泛的地理区域。这些团队社会的人口从几十人到几千人不等。[20]

为了证明狩猎－采集者生活的团队算不上社会，人类学家经常列举一个来自澳大利亚西部沙漠的例子。那是一个资源稀缺、人口稀少的荒凉地区。据报道，该地区的原住民与邻近团队之间没有任何明确的区分界限。[21] 然而，这个观点让人心生疑虑。人类学家默文·梅吉特（Mervyn Meggitt）回忆自己曾与生活在中部和西部沙漠地区的原住民团队中的一群人举行过一次谈话，这些人明确地表达了他们对自己以及对其他原住民的看法。

> “有两种澳大利亚原住民，”他们说，“其中包括我们瓦尔比利人，以及那些不是瓦尔比利人的可怜家伙。我们的法律才是真正的法律，其他的澳大利亚原住民只有劣等法律，这些法律不断遭到他们自己人的破坏。所以，这些人什么事情都做得出来。”[22]

当然，西部沙漠民族之间也会通婚，但上述引言是对他们社会的真实写照。可是为了生存，他们有时可能不得不跨越边界进行活动。人类学家罗伯特·汤金森（Robert Tonkinson）曾写道：“在像西部沙漠这样条件恶劣的地区，人们必须在保持特定身份和与邻近团队保持友好关系之间寻找平衡。”[23]但愿情况真像他说的那样吧。然而，生活在西部沙漠地区的人们与其他地方的原住民一样，会把自己划分为一些独立的团体。[24]虽然他们偶尔也会因形势所迫而与外来者合作，并表现出异乎寻常的慷慨与友好，但他们的社会却不会因此而解体。

我们认为，任何一个国家（学术界称之为“政权”）应当同时具有政府和法律。但严格说来，二者在团队社会中都不存在。尽管如此，狩猎–采集者仍然像我们现在的情况一样，他们在社会成员之间同样可以感受到安慰和信任，并且他们的社会在许多方面都和我们的国家具有类似之处。虽然19世纪历史学家欧内斯特·雷纳（Ernest Renan）认为国家是一种现代现象，但他将国家定义为一个联系紧密的群体，认为他们拥有共同的历史回忆，并有强烈的集体认同感，而这也可以视为对团队社会的一种恰当描述。[25]因此，如今人们在对许多美洲原住民进行讨论时，使用的称呼是“国家”而非“部落”一词，还是有几分道理的。

虽然现代国家规模宏伟壮丽，易于激发人们对自己所在的社会产生热爱之情，但我们所觉察到的民族意识却有着深厚的历史。[26]此等情况正如语言学家罗伯特·迪克森（Robert Dixon）所描述的那样，这不过又是一个针对原住民而发表的观点：

> 一个团队社会几乎就相当于一个政治单位，与欧洲或其他地方的“国家”非常相似。他们的成员非常重视自己的“民族团结”，认为自己拥有一种“民族语言”，并对不同于他们的习俗、信仰和语言采取居高临下的批评态度。[27]

像国家（事实上还包括其他所有人类社会）一样，我们也认为团队社会占有一块专属于自己的土地。他们具有领地意识，对进入自己领地范围的外来者保持警惕，并且通常对外来者怀有敌意。他们可能四处迁徙，过着游牧生活，但是团队成员的集体出走可能和那些依赖农业生产的人们一样受到限制。[28] 当然也有例外，当他们无法再从自己的领地上获得任何收益时，就会放弃这种领土权。在美国西部，生活在大盆地的部落可以相对不受限制地四处游荡，因为那里松子太多，根本没有必要采取任何措施去保护资源供应。[29] 一般而言，每个团队社会都占据着数百至数千平方公里的区域，而这些区域的划分是大家默认的。[30]

黑猩猩以及倭黑猩猩可以在自己社会所占领地盘的任意角落活动（虽然也有例外，因为个别黑猩猩特别偏爱某些地方），但与这些猿类不同，团队社会中的每群成员（即每一支团队）通常只能在自己社会所占领的部分领土范围内活动，并且对这个地方的情况了如指掌。因此，人们对家庭的眷恋并不意味着他们盼望把自己关进某种封闭建筑，而是源于他们对这样一片土地的热爱。于是澳大利亚人类学家威廉·斯坦纳（William Stanner）联系生活发表了以下观点。

> 没有一个英语单词足以描绘一个原住民群体与其家园之间的联系。在我们的语言中，“家”这个字眼虽然温馨感人、含义丰富，但赶不上原住民对家的表达，因为在他们的用语当中，该词可能意味着“营地”“壁炉”“国家”“永恒家园”“图腾之地”“生命之源”“精神中心”以及

其他许多合而为一的意思。[31]

一些人类学家把每个团队占据的土地称为“领地”（territory），但是我觉得使用“领域”（landscape）一词更能概括其中的丰富内涵。[32] 因为就像邻居可以随意敲门向你要一杯糖一样，任何行为正直的团队成员常常径直走入另一支团队所占领的空间区域。此外，如果别的地方供应不足时，只要获得许可，当地团队可能会向其他团队请求分享水源或打猎空间，或者允许前来拜访的人们留在附近与朋友和亲戚拉拉家常、聊聊天。总之，就像同一团队的成员之间可以自由分享和互相借用一样，不同团队的成员之间进行分享活动也是一种常态。

一般情况下，团队之间要比在他们容身之地共存的社会之间表现出更多的善意，因为社会之间提出的请求只有在必要条件下才会得到严格执行。在布希曼人当中，属于同一社会的几个团队所占据的空间可以彼此相邻，而不同社会之间存在的区域却无人居住。[33] 类似的空白地带也将其他物种社会分隔开来，其中包括黑猩猩的群体、狼群以及红火蚁组成的社会。[34]

古代种族

澳大利亚的一个原住民可以大谈其他澳大利亚原住民，这反映出澳大利亚原住民对“谁是谁”的问题保持着清醒的认识，同时也让人想起“种族”（race）问题。人种之间的遗传差异在外貌上有着明显表现，而人们对这些体貌差异的重视程度在整个动物界可谓无出其右。我们习惯于将许多国家（当然也包括其中的人群）和种族联系起来。与此同时，来自世界不同地区的狩猎－采集者，如原住民或俾格米人，他们外貌独特、引人注目，以至于我们常常忽视了对他们的社会展开研究。其实，我们需要考虑的是狩猎－采集者的种族身份，以及该身份对他们的生活产生了多大的影响。

许多社会学家和其他一些学者声称种族是在社会中构建出来的，即种族纯粹是人们主观想象的结果。[35] 其实这种说法很有道理。试想一下，我们通常所谓的种族，其实是指人类在横跨大陆的范围内身体特征逐渐发生变化，当然中间还包含各种各样的过渡形态。拥有独特体貌特征的全体成员进行迁徙，导致不同血统的人们走到一起组成社会，于是在这些社会接触的大背景之下，所谓的种族就被赋予了一种顽强的生命力。但其他物种社会所进行的迁徙活动，还不能以这种方式让自己和邻居之间的区别达到堪称种族差异的地步。

由于所有原住民都是同一批移民的后代，所以包括肤色在内，在一片大陆上相邻社会的成员在外貌上都很相似。[36] 澳大利亚早期的原住民只与沿岸的印度尼西亚人有过一些接触，因此，如果按照明确的定义对人进行分类，那他们除了适应不同社会之间的文化差异之外，不会出现所谓的种族遗传特征。只有在欧洲人移居澳大利亚之后，澳大利亚原始居民才成为原住民（“澳大利亚土著人”），作为一个种族形成了自己关于异族的概念，并发展出一种自我意识。

在堪称人类身心进化熔炉的非洲，情况则大不一样。尽管非洲各国人民之间的差异可能没有我们今天见惯不惊的许多差异那样明显，但正如两位研究专家所说的那样，非洲一些比邻而居的狩猎 – 采集者之间“在基因上的差异，就像人类在世界上的几个主要祖先群体之间的差异一样，简直大得吓人”。[37] 不同人群之间这种比邻而居的情况可能反映了人类社会在这片大陆上分化和迁移的漫长历程，并导致他们最终生活在与自己截然不同的人群附近。同样，在过去的几千年里，俾格米人与不同种族的农民结成联盟，而布希曼人则在科伊科伊族（the Khoikhoi）的牧民中生活了大约 2000 年的时间。但在过去的 1500 年里，布希曼人又一直生活在深色皮肤的班图人当中。

然而，尽管与截然不同的民族有着长期接触，当然他们在这过程中也不会无视彼此的相似之处，布希曼人从来没有觉得自己是一个独特的群体，值得单独取一个名字，并要求别人对自己成员之间的密切关系表示认可。这种情况就像在欧洲人给美洲的原住民起名字之前，那些人根本就不会认为自己是印第安人一样。同样，布希曼人用自己社会的方法称呼自己，比如！凯（！Xõ）或者！孔（！Kung），而他们根本就不知道我们把他们命名为布希曼人。[38] 即使现在，也只有当离开丛林去别处工作的时候，他们才会听到人们这样叫他们。但他们认为布希曼人或者闪族人（San），是他们的邻居科伊科伊人给他们取的一个带贬义的外号，意思是流氓。[39] 这名字和前面谈到的人类其他差异一样，只有当人们自愿接受它时，才会成为他们的身份标志。在这方面，种族也不例外。

许多比邻而居的群体之间表现出明显的身体差异，这并不仅限于非洲的狩猎–采集者。例如，与当地的其他原住民相比，巴拉圭东部的阿尅族人（the Ache）肤色苍白。当然，这些种族在内部也存在细微差异。人们有时会把某个特定的外表与一个单一的群体联系起来，比如叶培提（Ypety）就是一个比其他阿尅族人更容易拥有深色皮肤和浓密胡须的人群。但是在大多数情况下，如今被我们视为种族的那些人群，似乎并非狩猎–采集者中的核心人员。只有对他们一无所知的外来者，通常是那些欧洲人（在他们看来，同一地区的狩猎–采集者都是一个样），才不加区分地把他们视为一个群体，并忽略这样一个事实，即那些狩猎–采集者实际上归属于不同的社会。

不过，社会学家认为种族是历史上的新近产物应当还是一种正确的观点。从这个意义上，种族可视为对没有明显共同传承关系的大量个体在总体外貌上所进行的一种粗略评估。现代人对种族的迷恋其实是一种人为产物，它是用来描绘那些未知的民族，他们从各个地方迁来并汇集形成以前从未见过的广泛阶层。一个地区的狩猎–采集者通常会在更紧密的谱系基础上形成一些种族，但具有讽刺意味的是，那些人非常在乎他们的种族共性。基于某些谱系的种族可能非常稀少或分布有限，以至于他们只有少数几个社会可以作为代表。比如：所有哈扎族人都是一个群体；我们所谓的阿尅族人在当时也只有四个社会；至于火地岛的亚马纳族，现在他们的文化已经灭绝，然而以前他们却有五个社会；而安达曼岛上的居民最初居然被分成十三个社会。在过去的那段时期，这些“原住民”遍布澳大利亚大陆，一共形成了五六百个社会。

匿名的游牧民

尽管狩猎－采集者与黑猩猩以及其他过着裂变－融合生活的哺乳动物具有共同之处，但他们却是生活在匿名社会当中，依赖的是彼此的身份标记，而不是成员之间的个体识别。狩猎－采集者个体常常极为分散，甚至他们有时遇到的“陌生人”其实就和自己处于同一社会。正如近一个世纪前，一位生活在布希曼人中间的人类学家所说的那样：“即使属于同一社会的各个团队，如果他们分布得再广泛一些，就不会相互认识或直接接触。”[40] 比如今天的哈扎族人约有 1000 名成员，尽管他们分成一些小团队并四散生活，但仍然认为自己就是一个民族。只是他们中的许多人从未接触或了解过自己社会中那些生活在遥远边境的其他族人而已。[41]

这表明狩猎－采集者认为他们的社会是围绕着一个共同的身份——语言、文化和其他标志——而团结在一起的。人类学家乔治·西尔伯鲍尔（George Silberbauer）在 1965 年写道，把 G/wi 布希曼人称为一个“部落”，也就是一个社会是有必要的，因为“除了语言之外，他们的文化中还具有其他一些共同特征”。遗憾的是，他从未阐明这些共同特征到底是什么。[42] 2014 年夏天，我苦于找不到更多关于狩猎－采集者身份的文献资料，于是顺道拜访了哈佛大学的退休教授欧文·德沃尔（Irven DeVore），因为他是研究布希曼人的权威专家。当时他已经年届 80，蓄着稀疏的白胡子，身旁两侧挂着部落图腾，看起来就像一个巫师。他告诉我，许多关于团队之间相互联系的细节信息（即他们之间共同认可的一些标记）可能没有被记录或公开，虽然自从他们和欧洲人开始接触以来，这些细节并没有淡化或发生改变。

从现代人的角度来看，造成这种疏忽的一个原因可能在于：狩猎-采集者社会的许多特征似乎不值得研究。尽管我们很好地适应了人们之间的细微差异，并且还经常夸大这些差异的重要性，但其实今天的世界喜欢关注的是那些异乎寻常的刺激事物，而这就将我们的感官推向了前所未有的体验强度。从大本钟到时代广场，我们的许多社会标志都被夸大了，而其他一切事物也是如此。但对于狩猎-采集者而言，日常生活中的种种象征都显得内敛低调，因为他们感受到的全都是细微差别——关于自然界以及生活在其中的人类的种种细微差别。在我们看来，他们邻里之间的区别显得微不足道，但在他们眼中，这种区别就像奔跑的羚羊把草叶踏弯了一样，极为明显。

布希曼人的方言最容易引人注意，因此也得到了充分的研究。今天，布希曼人说的基本语言有 20 多种，其中包括各种方言。令人遗憾的是，其他许多语言以及讲这些语言的布希曼人群，都已经退出了历史舞台。[43] 然而，除了语言之外，还有许多标记可以用来区分布希曼人的社会。人类学家波利·维斯纳（Polly Wiessner）描述了布希曼人使用的某些物品，包括用于占卜的圆盘、庆祝成人仪式的木叉以及女性穿戴的围裙……他认为对于一个团队而言，无论其成员人数有多少，这些物品都是他们生活必不可少的组成部分。[44] 布希曼人生活在他们"由团队组成的集体"（即社会）之中，他们说不同的方言，制作的箭头形状也和别人不同。据维斯纳描述，一个布希曼人能识别射出的箭头不是来自自己人，而是"来自！凯，'他们和我们不是一伙的'"。同时，维斯纳发现还存在另一群布希曼人，即！孔布希曼人，这一团队包括 1500 到 2000 名成员，他们制造的箭头拥有一种独特的风格。[45]

德沃尔告诉我，当布希曼人停止在岩石上绘画和雕刻时，他们之间的一些区别可能就已经消失了，而他们当初进行这种艺术创作的原因也早已被人遗忘。布希曼人也不再制造陶罐，而几个世纪前他们还用这些陶罐和班图人交换物品。考古学家加斯·桑普森（Garth Sampson）从南非一千个古代营地收集陶器碎片。他发现陶器上面画的是一些类似封闭区域的图案，于是得出结论，认为这些区域与那些消失了的布希曼人有关。例如，他仔细研究了在一片住宅区域出土的罐子，发现上面印着像梳子一样的图案，这说明当时的布希曼人一定发明了趁黏土柔软时用蚌壳边缘压制图纹的技术。[46]

其他狩猎－采集者的社会之间具有更多区别。在西方电影的经典场景中，牛仔看到印第安人穿着部落服饰、脸上涂着上战场的鲜艳颜料，一边大喊着“阿帕奇人来了”，一边冲过来，这一幕还是具有一定的现实基础的。“一个有经验的家伙，即使从 100 英尺（1 英尺 =0.3048 米）外看见一双用平原鹿皮制成的鞋子，也可以判断出它的主人到底是一位奥吉布瓦人、克劳人，还是夏延人，”考古学家迈克尔·奥布莱恩（Michael O’Brien）这样告诉我，“虽然皮革本身很有特色，但鞋子上的珠饰品才是能真正说明问题的地方。”陶罐上的装饰以及圆锥形帐篷上的图案也是最有说服力的标志。此外，他们打仗戴的帽子也极具特色：上面的羽毛可以是向四方平展，也可以竖成一根管子的形状。一些部落用牛角或羊角代替羽毛作为帽子上的装饰品。科曼奇人干脆就不戴帽子，而是把整张水牛皮——连同牛角一起——穿在自己身上。[47]

说到原住民，就像瓦尔比利人自豪地宣称“我们的法律才是真正的法律”的那样，清楚表明他们的习俗和信仰在区分群体时有多么重要。至于其中更微妙的方面，历史学家理查德·布鲁姆（Richard Broome）在谈到原住民时这样写道，“甚至手势也可能被误解，因为在一组人中的眨眼和握手，在另一组人则只能用拉扯或触摸来代替”。[48] 然而据我所知，除了语言之外，原住民社会（或者借用人类学的术语将其生硬地称为“种族语言群体”）之间的明显区别其实很少。不过，他们的发型会有所不同。比如，乌拉布纳人把他们的头发裹在“网状结构”里面，而他们的邻居则把鸸鹋羽毛插在头发上面。[49] 此外，他们的其他艺术表现形式，如身体上的疤痕（原住民的一种文身形式），则只有在更广泛的地域范围之外才会发生变化。关于其他地方的狩猎–采集者的群体身份，也有一些有趣的研究发现。比如：大多数安达曼岛民直到20世纪初都极力避免和外人接触，其中包括翁格斯人（the Onges），他们喜欢在自己身体上绘画；还包括贾拉瓦人（the Jarawas），他们用石英碎片刺穿皮肤来给自己文身。[50] 而非洲俾格米人无论音乐的质量和节奏，还是伴随他们表演的舞蹈，以及他们演奏的乐器（大部分仍在演奏）都各不相同。[51] 阿兹族人的四个社会都有自己的神话和传统，还有自己的乐器和演唱风格。其中一个叫作“叶培提阿兹人”（the Ypety Ache）或“阿兹加图人”（Ache Gatu），他们的行为之所以异乎寻常（令其他三个阿兹族社会的成员都心怀恐惧），倒不仅仅是因为他们要吃人肉，而是由于他们虽然只有大约40个成员活在世上，但却保留着一种食用尸体的传统，以及为此而精心设计的一套仪式。正如60多年前一位观察家所描述的那样：“阿兹族人（加图人）吃掉他们的死者，以防止死者的灵魂侵入活人的身体……死者的灵魂在尸体被族人食用之后，会随头骨余烬中升起的烟雾被带走……他的灵魂会升上天空，然后消失在上层世界、隐形森林、巨型草原和死亡之地。”[52]

撇开这种食人现象不谈，我所指出的狩猎–采集者社会之间的大多数差异可能看起来都微不足道，但对他们自己来说，这些差异确实影响重大。狩猎–采集者一生中遇到的最恐怖、最怪异的生物应当是他所不认识的其他一些狩猎–采集者，虽然他们拥有相似的外貌特征以及相近的文化传统。尽管如此，他们之间的差异还是会引发焦虑或恐惧等本能反应，并且这些反应的剧烈程度远远超过你我在这个时代与大多数外国人相遇时的那种感觉。毕竟，古代大多数狩猎–采集者社会的人口密度极低，他们遇到的外来者和我们大多数人今天所熟悉的外国人相比，应当只占极小的比例。

过着游牧生活的狩猎–采集者人口稀少、分布稀疏，这种状况不仅影响了他们社会之间的关系，也影响了他们社会内部的关系。虽然他们的社会比其他脊椎动物的社会前进了一步，但人们每天都只能和自己团队中少数几个成员一起生活。这使每个团队相当于一个联系紧密的流动社区。因此，就社会组织而言，我们认为游牧生活已经达到了期望的效果。但这个结论并不能扩展到经济和政治方面。日常生活中的方方面面，从享受彼此陪伴到开展分工协作以及进行团队决策等一系列问题，都得到了仔细的考虑和精心的安排，并通过集体合作加以贯彻执行，从而保证了这些早期人类能在极富挑战性的自然环境中得以生存。

第九章

–

游牧生活

要了解一个团队社会在日常生活中是如何运作的，我们可以假设其中每一个团队只有 20 到 30 名居民，而不是将其仅仅当成我们平常习惯理解的一个社区。由于必须独立运行，它也就必须成为当地的一个制造中心。不要将团队想象成一个钢铁厂，它只是人们组织起来的一个最小规模的生产单位，你在任何一个城市小区都无法见到类似情况。但这样的工厂并不复杂，因为生活在团队中的成员不需要拥有复杂或永久性的基础设施。他们类似于小型社会中的动物，尤其像一支最简单的蚁群中的蚂蚁，用从现场收集到的材料东拼西凑，搭建简单的住所并制作自己想要的任何东西。当然，你就别指望他们会有药房了。在澳大利亚北部地区，我曾经看到一个原住民在治疗自己的鼻塞时，采用的方式和他的狩猎－采集者祖先完全相同。他先从树上拉下一个帐篷状的编织蚁巢穴，接着将里面的蚂蚁活生生捣成浆状，然后将蚁浆凑近鼻子，用力猛吸几口。我照着试了一下，结果闻到一股浓烈的类似于维克斯伤风膏的桉树油气味。

在团队社会，很少事情需要很多成员通力合作才行。当某件事情——比如制作长矛或搭建窝棚——必须经过许多步骤才能完成时，通常是由同一个（或两个）团队成员从头到尾完成整个过程。即使有时真的需要团队合作，他们也很少事先进行精心策划，不过捕捉长颈鹿或猛犸象可能需要好几个人的协同努力才行，也许捕获这些大型动物需要每个团队成员像蚂蚁一样全体出动。

这些团队主要是按照性别和年龄进行体力分工。在一个团队中，猎杀大型野兽或捕鱼几乎总是男人们的事情，女人由于经常受哺乳拖累（这使她们参加狩猎变得不切实际），只能通过采摘水果、蔬菜以及捕捉蜥蜴和昆虫等小动物的方式，来提供团队成员所需要的大部分卡路里，并负责烹饪晚餐。

这种通过性别分工而组织起来的探险活动，其复杂程度超过了几乎所有其他动物的活动。除了某些蚂蚁形成的觅食组织之外，动物王国里最专业的狩猎活动可能就是黑猩猩合力对灵长类动物发动的围猎，以及灰狼或斑点鬣狗对猎物的结队追逐。

虽然我们将其比作一个工厂，但其实每个团队的组织都不够精简：其中可能会有多个狩猎和采集队伍，而每个家庭也会做许多自己的家务。狩猎－采集者为了填饱肚子必须四处迁徙，因此他们不能积累财产，也没有出现我们所理解的那种财产所有权。人们可以拥有随身携带的东西——有时可能是大约 25 磅（1 磅≈ 0.45 千克）重的食品，也就是航空公司允许旅客随身携带的行李的重量。（这里有几个例外：因纽特人可以用狗拉雪橇载更多的东西，平原印第安人可以用两根交叉的木杆做成的网状雪橇来进行运输，而其他一些人群则把东西装在独木舟上。）他们留下来供以后回来再用的只是火坑、用来研磨种子的沉重石头，以及用来制作工具的岩石块。[1]

我们之所以说这些团队形成了一种经济组织，是因为成员之间要进行物品和信息交换。如果有人无法制作自己需要的物品，那么“借”和“给”就是必然会发生的行为，因为有一天这个曾经出借或给出的成员，会向接受者或接受者的某个家庭成员要求回报。[2] 保证团队生存最重要的是交换食物。我在马来西亚半岛参观过贝特克人（Batek）的团体。他们认为分享食物不是一种慈善行为，所有食物都是属于森林的，而不是专属于某个发现食物的人。[3] 所以，一个打到猎物的成员会和整个团队的其他同伴一起分享美味。甚至在阿尅族人和一些俾格米人当中，猎人从来不吃一口自己抓到的猎物。这种慷慨与黑猩猩以及倭黑猩猩的吝啬态度形成鲜明对比。倭黑猩猩虽然在这方面表现得比黑猩猩稍好一点，但也从来不会把食物和许多同伴一起分享，而这种分享行为对人类来说则属于明智之举，因为猎到的肉必须立即食用，否则就会坏掉。但有时，猎人捕杀的猎物整个团队都不能一次吃完，于是很有必要和别人一起分享。通过形成回报这种生活惯例，一个曾经给众人分发猎物的猎人，可以肯定在将来的某一天，一定会有别人愿意为他提供食物让他的家人填饱肚子——这就是社会保障计划的雏形。[4]

这种工厂生活的一个好处是，人们不必忙于种植庄稼，也不必努力囤积过多的食物。这样一天下来，他们居然还有属于自己的闲暇时间，因此这些游牧民族获得了“原始富足社会”的称号。[5] 于是，他们的这些闲暇时间只能用于发展社会关系。一个典型的团队包括 25 到 35 名成员，这样的规模被证明是最理想的。因为他们一般每天都能找到、加工以及交换足够的肉类、农产品和货物，从而保证每个成员都能吃饱穿暖。然而，当成员人数少于 15 或超过 60 时，团队的生存就成了问题。

但一支团队的规模可以进行自我调节。团队中的个体成员和家庭单位既相互依存，也可以随心所欲地自行活动。比如，人们可以离开人满为患的团队而加入另一支团队，或者单独到一支团队去待上一段时间。每年秋天，内华达州西部的肖肖尼人（Shoshone）就开始上演年度传统节目。他们的每个家庭会离开团队，各自出发，去收集深受蓝头鸦喜爱的那种坚果。不过，他们分开不是因为食物稀缺，而是因为食物分散，这也给他们提供了去其他地方走亲访友的机会。[6]

多才多艺的团队成员

今天，人类对大大小小的各种专业人士（前者如史蒂夫·乔布斯，后者如街头的手表修理工）产生了严重的依赖。与之相比，以前团队社会中的成员则像小型蚁群中的蚂蚁一样，崇尚一切事情自己动手——他们这样做的原因也和那些蚂蚁相似。但是，当劳动力极为稀缺时，对专业人士的依赖会带来灭顶之灾。因为如果其中一名成员碰巧死了，而一时又找不出对这项工作十分熟悉的人才来顶替他的位置，那麻烦就大了。鉴于这方面的原因，团队社会采取了一种最原始、最直接的方法来保证自身的生存和正常运转：要求每位成员都必须记住游牧生活中的一切事物，尽管团队中的成年人，尤其是老年人，在强化正确规范方面起到了更为重要的作用。

现在的人们很难理解他们这样做的原因。因为如今没有人能从零开始制造出一支铅笔，更不用说像苹果手机或汽车之类的高级玩意儿了。团队社会唯一的分工标准就是依据成员的年龄或性别。这样一来，团队里面唯一的专业工作就只能是当医生了。此外，即使当时的原住民医生要花好几年的时间才能培养出来，人们仍然指望他们能够自己完成所有的日常任务。[7]

“一个大脑适合所有工作”的生活方式限制了团队社会的复杂程度以及团队成员的劳动效率。在现代社会中，人们阅读过一些内容复杂的产品使用手册，因此我们都知道：即使是一直都有记录的细节知识，要传授下来也并不容易，何况狩猎–采集者不可能具有书写能力。虽然回旋镖的发明者肯定比一般的原住民更擅长雕刻木头，但他必须找出一种方法让普通人也可以毫不费力地学会制造这种武器，否则这门手艺在他去世之后就必然失传。

尽管一个团队的所有成员都掌握了相同的基本生存本领，但个人之间在创造力和劳动技能上的差异表现依然很明显。正如哲学家冈纳尔·兰德曼（Gunnar Landtman）在20世纪30年代所认识到的那样，在布希曼人当中，“有些女人比其他人更聪明、更勤奋地制作珠子，有些男人则更擅长捻绳子以及穿管子，但由于其制造方法大家都知道，所以也就没有人会专门研究这些事情”。[8] 然而，如何展示自己的才能是一个颇为棘手的问题。由于大家在营地一起生活，关系密切，因此团队社会对其成员炫耀自己的行为难以容忍。

关于狩猎－采集者取笑成功或有才华同伴的故事层出不穷，比如下面这个故事："当我杀死一只猎物时，我们的同伴，尤其是我身边的布希曼人，通常会发出惊呼：'这也太小了吧！先前逃掉的那只受了伤的猎物，看起来比它要大得多，也肥得多呢。'"[9]

撇开这类笑话不谈，对于谁才是最好的猎人或采集者，其实每个人都心知肚明，不过大家还是期望他们表现得尽可能低调谦卑。我们人类天生就能识别出什么是专业知识，甚至连一个三岁的孩子也能意识到个人在掌握的技能和知识上存在差异，所以孩子们在四五岁的时候就会去找合适的帮手来解决问题。[10] 这种习惯可能起源于我们过去的进化历史。许多物种在社会中都从成员的各种才能中受益，而一些动物则被擅长这项任务的个体所吸引，比如，黑猩猩会向厉害的同伴学习如何敲开坚果。[11]

！孔布希曼人把没有一技之长且对社会没有贡献的成员称为"tci ma/oa"或者"tci khoe/oa"，意思是"废物"或"无用之人"。相反，那些具有天赋且给他人带来好处的成员被称为"//aiha"（如果是女性则被称为"//aihadi"），大致可以翻译为"有点本事的人"（可别问我这些称呼该如何发音）。[12] 因此，即使在没有权威专家或职业分工的情况下，团队社会也为心灵手巧的工具制作者、巧舌如簧的故事讲述者、老练周密的冲突调解人及深思熟虑的决策制定者提供了发展机会。天才人物如果在社会中既不因才能出众而骄傲自满，又不因遭人耻笑而自暴自弃，就能够避免像奥尔多斯·赫胥黎在《勇敢的新世界》(*Brave New World*)中所刻画的人物那样遭遇不幸命运，从而让自己的创造力深受限制。相反，他们能够利用自己的才能以社会允许的方式提高生活质量，包括吸引到理想的人生伴侣。[13]

一些心理学家认为人的个性直到中世纪晚期才受到重视。[14] 然而，只要他们的行为不至于被整个部落所憎恶，过着游牧生活的狩猎－采集者就能享有很大的自由，可以做出一些不同寻常的选择。在这里，我们特别要考虑到他们可以自由地转移到另一支团队，从而避开那些看不惯他们的成员。[15] 尽管如此，团队成员在执行任务的具体方式上存在个体差异是可以得到大家认可的。比如某个成员可能掌握了一种特殊的造箭方法，只要他能提供证据，证明自己制作的利箭曾射杀到猎物，就相当于以间接隐晦的方式向别人炫耀了自己的技能。这种对个体差异的宽容态度一定是产生创造力的源泉，尤其是考虑到当时的人才库中包括了几个团队中数百号人，情况就更是如此了。因此，即使每个家庭都不得不自己制造斧头，他们也会尽量向最擅长制作斧头的某个成员学习制造方法。

和没有专业人士一样，狩猎－采集者除了家庭以及每天外出时进行的狩猎和采集聚会之外，很少形成特殊的兴趣小组。他们没有政党或粉丝俱乐部，没有时尚追随者、预科生、嬉皮士、雅皮士或极客——当然也没有穿类似于队服之类的衣物。当时，团队社会中特别喜欢编织的妇女们还不知道有开会这回事，而关系密切的男人们也不会通过制造噱头来博人眼球。所以，最能与上面这些群体相提并论的其实应当就是团队本身，因为人们是基于社会兼容性以及某种程度上的亲属关系而聚到一起的。但是，一个团队的成员通常不认为自己不同于或优于他们社会中的其他团队。虽然个人之间可以进行竞争，并且现代城镇之间也存在竞争，我却没有找到任何证据表明当时的团队之间也有竞争（比如，团队之间从来没有在集体运动中进行过正面交锋）。[16] 除了考虑成员之间性格更兼容以及某个团队也许离水源更近之外，人们发现自己加入这个团队而非另一个团队并没有什么特别优势。

总的来说，人们认为团队社会的成员生活没有保障的另一个原因在于团队社会缺乏一种群体身份认同。在当今时代，我们为了维护各种社会关系而付出了大量的时间和精力，一会儿是去教堂做祷告，一会儿又和保龄球队员一起练习，这其实说明了那种所谓的“群体自我身份”（the group self）在现实生活中呈多样性的表现形式。[17] 然而在一个团队社会里，除核心家庭之外，大多数游牧成员都只能把所有精力用于自己所拥有的唯一身份，即他们所在的社会本身。虽然种种迹象表明社会成员在团队中的生活完全可以反映他们的世界观，但团队社会并没有将自己的神圣信仰（通常与自然界直接相关）与日常生活的其他方面区分开来。同样，仪式、娱乐和教育——除了家庭事务以外的所有事情，都构成了团队成员与整个社会关系的组成内容。[18]

与当今社会的情况一样，有的成员个体与某些成员之间的互动比与其他成员之间的互动确实更频繁一些，但这一事实根本就无足轻重：因为他们对社会身份以及自己与整个社会关系的重视，使全体成员之间的联系变得极为清晰，即使与现代国家公民之间的联系相比也有过之而无不及。

议政管理模式

当加拿大人类学家理查德·李（Richard Lee）向一个布希曼人咨询，问他的民族是否存在头领时，此人狡猾地回答道："我们当然有头领！事实上，我们都是头领。我们每个人都是自己的头领！"[19]

但团队社会欠缺的职业之一就是头领。任何一个热衷于替别人出谋划策的成员都会给团队带来麻烦，因为他们大部分时间都是在小团队中度过的，彼此之间几乎没有任何隐私。那些试图左右他人想法的成员，会遭到其他同伴的讥讽和嘲笑，并且这一招经常用来打击那些喜欢炫耀自己所掌握的技能或自身所具有的其他优势的成员。因此，要对别人具有影响力，不是通过炫耀自己。保持团队的经济繁荣需要借助微妙的社交技巧，用一位人类学家的话来说，团队成员实现其目标应当是通过"说服而不是依靠强迫"。[20]

谦卑低调再次成为其中的关键。在团队中树立威信的成员既是善于斡旋的外交官，也是掌握辩论艺术的口才大师，他能极为巧妙而非咄咄逼人地引导辩论的方向，并在特定情况下，让那些更为睿智的成员出面掌控大局。难怪狩猎–采集者喜欢参加那些竞争不如今天激烈的游戏。不过也有一些例外情况，其中涉及比较激烈的对抗，比如他们举行的拔河比赛，以及布希曼族男孩玩的另一种游戏：把木棍掷向土丘，看谁的木棍弹得最远，但是否获胜倒不是重点。[21]

一个成员当然可以在满足一时之需的狭隘意义上享有权威，这种情况我们大家在日常生活中都经常遇到。比如团队需要采取果断行动，却没有机会讨论此事，此时领导人可能就会应运而生。在动物界中也会发生这样的事情，比如一头野性大发的母狮带领狮群冲向一匹斑马。此外，一个社会成员可能带来必须立刻处理的信息，比如一只负责侦查的蜜蜂返回蜂巢，通过表演“摇摆舞”来告诉其他蜜蜂可以在哪里找到花蜜。

团队打击任何自命不凡的表现，或者试图通过所谓的“逆转支配地位”（a reverse dominance hierarchy）来影响别人的行为。[22] 大多数团队成员会合力制止那些自私自利、争权夺利以及张扬炫耀的行为。当黑猩猩或斑点鬣狗联合抵御来犯之敌时，它们就开始表现出这类行为的一些征兆。然而在一个团队社会当中，这些行为足以颠覆我们祖先作为灵长类动物所继承下来的任何严格的等级制度。[23] 不过，支配地位的逆转也并非一剂包治百病的灵丹妙药。我们所有人都知道几个有权力的人彼此勾结会给大家带来悲惨的后果，就像几个厉害的孩子如果拉帮结派，就可以在校园里为非作歹一样，然而这样的权力游戏也只会一时得逞。人类学家喜欢说狩猎-采集者是用脚在投票，因为当自己的团队遭遇重重困难时，他们往往选择溜之大吉，自顾自地去另一支团队中生活。不过，由于没有办法夺取所有团队的政治控制大权，这倒是可以帮助团队成员安全地避开那些恃强凌弱的行为。

任何人都无法控制整个团队，加上团体本身抵制发号施令的行为，这就共同缔造出一种跨团队的平等关系。动物界中就存在这种平等的例子，比如草原犬鼠、宽吻海豚和狮子也没有领袖，也几乎不会产生支配行为。相比之下，生活在一个温柔体贴的黑猩猩首领的统治下，却未必是件好事，因为它手下的成员总是在觊觎首领的位置并蠢蠢欲动。

说起没有权力区别或影响力差异，人们最容易想到的就是群居性昆虫。它们每天都忙忙碌碌并且效率极高，很容易让人误以为其中有成员在负责指挥——但实际上，团队中并没有这样的角色。你认为一个蚁群是蚁后在领导？不，蚁后没有军队可以指挥，也不会对蚁巢建筑工或幼蚁服务员发号施令。读到这里，你可能会认为它的生活悲惨可怜，因为在酣畅淋漓地交配一次之后，一只蚁后就只能永远困在地下，而产卵则变成了它的唯一职责。与此同时，每只工蚁都独自在蚁群中忙碌，或者与碰巧在身边的其他蚂蚁一起执行任务，并根据自己的作息进食、休息和工作。

那群居昆虫真是平等的吗？大多数以群体为中心的昆虫工人，即使在食物极度短缺的情况下也不会发生争抢行为。但是，在发生下面这种社会矛盾时，它们也表现出“逆转支配”的行为。因为只有王后才可以合法产卵，因此蜜蜂以及一些蚂蚁和黄蜂会派出巡逻队四处搜寻，找到并破坏其他成员偷偷产下的卵。[24]

虽然狩猎–采集者崇尚平等主义，但这并不意味着他们在社会中对谁都绝对一视同仁，并且平等主义也并不总是适用于家庭生活——因为有些父亲总是喜欢进行铁腕统治。[25]虽然社会成员之间的物质财富差异不大，但他们对外交手段和其他技能掌握的程度还是存在差异。在这方面，团队社会让我想起了在大多数狮子中存在的情况。狮子是一个没有统治等级的平等物种，然而它们却经常在狩猎过程中发生争执。平等只是意味着机会平等，而不是结果平等。在人类社会，平等从来不会自发产生。用社会人类学家唐纳德·图津（Donald Tuzin）的话来说就是：“至少对美国人来说，‘平均主义’被罩上一个温和的杰弗逊式的光环，让人想起那些粗犷正派、穿着鹿皮大衣的开国元勋们，他们为了实现所有人的利益而在一起通力合作。但事实却恰恰相反：平均主义往往是一种相当野蛮的学说，因为它让社会成员因力求保持彼此平等而不断相互提防，甚至大搞阴谋诡计。”[26]难怪流言蜚语被认为是人类所掌握的一种最原始的技能。

在现实生活中也不可能真正实现平等。正如我们所看到的那样，在抚养孩子、做饭和打猎等社会生活中，人们总是根据不同的性别和年龄而进行不同分工。这种做法在很大程度上能保证每一种声音都被别人听到，从而给布希曼人以及其他一些人群，带来了比当今大多数社会更大的性别平等。[27] 其中的原因在于：当一个问题出现时，每个受影响的一方都会发表意见，直到大家就观看什么样的电视娱乐节目达成一致。正如英国前首相克莱门特·艾德礼（Clement Attlee）曾经对民主政治所做的描述那样，团队社会确实是最初的“议政管理模式”。[28]

解决分歧是人们最关心的问题。虽然团队成员没有什么正式的手段来规范彼此的行为，但他们对人们应该如何获准行动有着共同的信念。今天，我们认为这些就是权力所代表的内容。从某种意义上来说，认同这些规则成了衡量公民身份的标准：行为得体并参与管理群体中的重要事务。“我们的法律才是真正的法律”，瓦尔比利人曾这样宣称，而他所说的其实是他们的道德准则。

集体决策

其他物种也是通过集体决策来制定群体行动的。找不到食物的狐獴会发出一种“转移叫声”。一只侏獴发出这种叫声不会让它们的群体采取行动，但如果另一只狐獴也发出“转移叫声”，那所有狐獴就会都跟着到一个新的地点去觅食。[29] 在这种情况下，占主导地位的狐獴并不比其他任何成员有更大的权力来左右群体的行动。非洲野犬通过打喷嚏来示意其他成员出去打猎。蜜蜂和一些蚂蚁在决定选择新的巢穴时也使用了相似的方式，它们通过类似于统计投票率的方式在参考地点中做出最后选择。因此，醒醒吧，谁告诉你民主政治只是人类的发明？[30]

行军蚁是一个绝佳的例子，它向我们阐释了不需要监管的组织是怎样一种情况。在尼日利亚，我偶遇一大群行军蚁，它们正准备出去用钢牙利齿捕获猎物。

这些蚂蚁密密麻麻地排成30米宽的阵型，威风凛凛，让人望而生畏。其中没有任何首领来指挥蚁群。蚁群依靠的是群体智能，其中每只成员最多只能贡献一点信息——也许是用某种信息素来指示猎物或敌人的位置。然而，这种大规模行动却具有重要意义，因为数百万只蚂蚁最终在没有领导的情况下踏上了富有成效的征战之旅。

行军蚁的大规模社会协调能力超过了任何一支人类团队。虽然集体决策对小群体来说卓有成效，但是我们的社会在进行大规模活动时越来越依赖于权力中心，从而让我们都更容易受它的影响。然而，领导者可能成为一个社会的致命弱点。因为个人常常为了私利而去讨好接近领导人物，而领导人物如果自以为是、态度傲慢，不关心老百姓死活，但在生活中却又很受欢迎，比如像希特勒或波尔布特一样，那他们就可能毁掉一个社会。不过话说回来，一个心地善良的领袖一旦去世，留下一个无法弥补的空白时，社会同样可能会陷入一片混乱。因此，如果一个社会试图击败另一个社会，那么弑君——杀死国王——就成了战争的廉价替代品。由于在蚁群中找不到指挥官可以俘虏，因此你可以尽情地用脚去踩蚂蚁，直到太阳落山，这些蚂蚁仍然不会被吓退，它们会继续入侵你的储藏室。

信息以及使用信息的能力，被行进中的每只蚂蚁所掌握——也掌握在四散生活的每位狩猎－采集者团队成员身上。在某种程度上，社交媒体让志同道合的人们能够在没有监督且成本几乎为零的情况下采取广泛的集体行动，从而让人类回归这样的群体决策。在这方面，我们找到一个具有历史意义的早期例子。2001年，在马尼拉的伊皮法里奥·德－洛斯·桑托斯（Elipfanio de Los Santos）大道被抗议者挤占之后，菲律宾法院被迫弹劾总统约瑟夫·埃斯特拉达（Joseph Estrada）。让这么多人聚集在一起的竟然是一条短信，内容是："穿黑衣，来集合。"该短信在人群中迅速传播，其阅读量加起来高达数百万次。对这样一个文本产生信赖的前提是要相信转发该短信的人与自己志同道合，即大家是站在同一阵线。那天，"逆转支配地位”运动卷土重来，菲律宾人以未来主义者霍华德·莱茵戈尔（Howard Rheingold）所说的“聪明暴民”的形式牢牢控制了局面。[31]

人类社会的优势：生活在团队之中

动物社会能给成员带来的几乎所有福利都适用于我们人类，其中包括社会如何供养以及保护自己的成员。我们可以从团队社会的角度来考虑这件事情。成员身份使游牧民族在拥有一个可靠家庭基地（实际上是很多家庭基地，因为每个团队都在一定的时间间隔之后迁徙到一个新的基地去居住）的稳定性以及灵活的流动性之间获得了一种平衡，而团队和社会则服务于不同的功能。团队是日常互动的单位，团队成员间的密切程度与保持联系的猴群相当。但即使在团队之中，成员之间的联系也是动态变化的，因为他们每天要分组进行狩猎或采集活动。成员聚集成组的好处是可以共同打败敌人或掠食者，获得食物（和大多数灵长类动物不同，他们可以广泛地分享食物）并照顾孩子。就完成后一项任务而言，倭黑猩猩和黑猩猩表现欠佳，因为这项工作必须由雌性承担主要责任，但有时雄性作为父亲也会参与其中，甚至连祖父祖母也得插手。不过，动物在执行任务时出现老年角色的情况并不常见，比如雌性宽吻海豚如果太老，就无法在抚育后代方面出力。此外，最值得一提的是，社交学习对人类来说不但至关重要，而且错综复杂：因为儿童不仅要从父母那里，还得从其他成年人那里学习经验，从而让自己能够适应社会生活的节奏。

狩猎－采集者组成的社会，不是像他们在团队内部那样主要考虑关系是否融洽，而是以基于身份的方式来提供准入条件。尽管每个团队都必须单独打理自己的日常杂务，社会的存在也给他们提供了一颗定心丸，让他们可以走出自己温暖的小家，到更远的地方和更多人们从事贸易活动甚至联姻。因此，尽管所有团队的成员没有像我们形成国家之后那样形成错综复杂的关系并经常相互依赖，人们融入社会仍带来了巨大的生存价值，因为这为他们分享商品和信息以及在出现问题和机会时能够共同行动提供了基础。

团队社会中的狩猎－采集者尽量减少无意义的争吵，并通过分散在像工厂一样高效的团队中来保持彼此平等。那么，人类是如何利用他们基于共同身份所形成的社会凝聚力来打造文明的呢？

这个过程始于狩猎－采集者本身。事实证明，我对他们社会的描述，虽然与关于他们的大部分书面资料保持一致，但并不完整：因为我没有传达出他们身上所具有的可塑性。人类的裂变－融合方式可以进行重新配置，让人们能以不同方式分散生活，从而既可以安居在简单的村庄又可以适应城市环境，既让自己填饱肚子也能保护自身安全。此外，狩猎－采集者与在他们之后出现的农民一样，其生活方式也会根据环境的变化而调整。一个社会如果有足够的资源就可以安定下来，即使它的成员需要继续从大自然中寻找食物也是如此。他们会抛开自己对接受别人统治的厌恶之情，并且在执行特定任务中所展示出来的个人才华会让他们理所当然地引以为豪，甚至成为一个推动社会发展的不可或缺的因素。但正如下一章将要讲述的那样，成为社会成员既有好处也有压力，二者都会随着社会的发展而进一步放大。

第十章

定居生活

大约30000年前的一次火山爆发，在埃克尔斯山（Mount Eccles）和澳大利亚维多利亚海之间形成了一个熔岩平原，上面留下了数百处人类住宅的考古遗迹。这些住宅以十几个为一组分布，其中一些规模十分宏大，被分割成许多小单元。以前，数以千计的人们居住在这些小村庄中，他们分属的部落之间曾相互排斥、明争暗斗，但其中也有的部落结成了持久的联盟关系。

村庄周围的区域被改造成一个便于管理的巨大水利工程，其中的小溪和河流被各种各样的堤坝拦截分流，形成了一套形似迷宫但又自成体系的排水系统。这些河道绵延数公里，历史悠久，许多甚至可以追溯到8000年前，并在600到800年前进入了鼎盛时代。河道被人们用来运载捕捉到的野味，即一种鳗鱼——当时用来诱捕它的陷阱就长达100米，并被放置在一些高达一米的石墙里面。人们还开辟了人工湿地，可以把幼鳝放到里面让它们茁壮成长，以便日后食用。他们捕捞到的鱼类多得自己都吃不完，于是把剩下的鱼肉保存并储藏起来，以备捕捞淡季食用。[1]

像澳大利亚其他地方的所有原住民一样，生活在埃克尔斯山的人们自己不会驯养动植物，这个复杂的基本技能来自狩猎－采集者们的创意。然而，这些房屋看来是永久性的建筑，有些甚至可能全年都有人居住——因为原来住户的后代可以继续在里面生活。事实上，我们通过研究埃克尔斯山原住民得知，早在人类社会学会耕种之前，他们就已经开始了一种新的生活，进入了我所说的“狩猎－采集者定居社会”（a settled hunter-gatherer society）。

但我们对狩猎－采集者以团队为单位的社交生活知之甚少。他们生活的许多方面似乎与我们的现代生活背道而驰。我们大多数人都乐于追随自己崇拜的领袖人物，甚至我们之中就有人努力争取出人头地，从而让自己也成为一呼百应的风云人物。但过着游牧生活的狩猎－采集者对这两种选择都嗤之以鼻。我们认同的社会等级制度，不仅造成了人们在社会地位上的差异，还让我们敬重有权有势或者有名有利的精英阶层，羡慕那些家境富裕并且举止得体的成员，甚至花大把的时间来追踪那些关于总统以及明星们在私生活方面的八卦新闻。卡尔·马克思（Karl Marx）善于从阶级斗争的角度来看待社会历史，然而在狩猎－采集者团队之中根本就没有阶级斗争。既然狩猎－采集者几乎不积攒家财，并且愿意把所有财产都捐献出去，那么人类创造文明所需的财富从何而来？我们的个人抱负源自何处，它们在人类历史上出现的时间到底有多早？既然我们不可能像小型蚁群中的蚂蚁一样天生就是多面手，那从什么时候开始，我们希望彼此之间能有所不同，并期盼自己在狭窄的职场竞争中比别人更胜一筹？

定居生活迫使人们的心理开始发生变化，这种心理与狩猎－采集者团队的心理有所不同。虽然我们对社会中出现地位不平等、工作专业化以及人们对领袖人物的默许等现象早就见怪不怪，但这些现象在定居的狩猎－采集者的生活中并不常见。只不过，由于每代人都在同一个地方生活，使这些现象更可能成为人们关注的焦点。基于这方面的考虑，人类学家通常将定居的狩猎－采集者描述为生活在一个复杂的社会，以区别于简单的狩猎－采集者团队社会。然而，裂变－融合生活原本就很复杂，其中涉及寻找分布稀疏的食物、挑选合适的营地，以及努力维持社会公平等日常任务所产生的艰巨挑战。有鉴于此，我不打算给狩猎－采集者社会贴上“简单”或“复杂”的标签。相反，我关注的是他们定居地点的稳定性和紧凑性，这是造成狩猎－采集者生活呈现复杂性（或简单性）的最终原因。

许多关于史前人类的研究都假定食物驯化（food domestication）是人类社会中出现的一个重要发展步骤，因为它为后来在人类文明中产生权力和地位差异做好了铺垫。诚然，农业打破了平衡。正如变色龙会根据环境而改变颜色一样，人类也根据形势需要而对社会生活进行重新配置——从人人平等和彼此分享变为对权威和集团的倾斜照顾，以及从四处流浪变为定居。这种转变简直让人难以置信，因为我们已经开始将狩猎－采集者视为一种外星生物，而他们肯定也这样看待我们。然而，人类的认知具有调节能力，这种调节能力仍然可以让狩猎－采集者适应他们选择的社会生活。

聚在一起

如果人们聚在一起就会觉得舒坦惬意，那这在一定程度上要归功于匿名社会，因为它让我们能够忽视其他成员的存在。大多数动物对自己与社会伙伴之间应当保持的距离耐心有限。比如，尽管狒狒需要待在群体里面，但除了几个最亲密的盟友之外，它们与其他同伴都保持着一段谨慎的距离，而行军蚁则总是和同伴密密麻麻地挤在一起。相比之下，蓝头鸦采取了更加灵活的方式：在一年中的某些时候它们在密集的鸟群中生活，但在繁殖期间则雌雄配对待在自己的鸟巢里面。然而让人觉得荒谬的是，大多数过着裂变－融合生活的动物未能充分体现这种生活方式中分散状态的多样性，因为在除人类以外的物种当中，动物个体每次只能容忍自己附近出现少数几个其他成员。古道尔在她的研究站储备了足够的香蕉可以让每只黑猩猩填饱肚子时，发现不是所有黑猩猩都选择在那个地方定居，相反，黑猩猩群体发生了一场大规模内讧，让它们彻底分开了，不过这是后话，我们在这里暂且不表。然而对人类来说，这根本不成问题。即使是那些直到最近还生活在狩猎－采集者团队中的人们也能适应城市生活（当然，无论对谁而言，如果在一个完全不同的社会环境中长大，要适应这样的文化转变往往都很艰难）。相比之下，从纽约车站中央大厅那拥挤不堪的人群中挤出来的一名游客，当天就可以登上一趟开往蓝山公园的火车，然后在人迹罕至的林间漫步，怡然自得地欣赏周围的美景。

当数百个狩猎–采集者团队聚在一起时，人类裂变–融合生活方式中的多样性就展现出来了。这些为数不多的社交聚会是在一个资源充足的季节里举行的，因为此时的食物丰盛，足以让每个人在好几周都可以填饱肚子。在这段时间里，人们就像猴子一样聚在一起——只是没有住在同一个地方而已。他们选择的聚会地点可以是一个泉眼周围或其他某个食物充足的地方。每年，一些四处流浪的安达曼岛居民会回来重建他们在海边的住所，从而让社会中的其他团队可以相聚数月并一起捕鱼。他们用树干和棕榈叶搭建的房屋，其直径超过 10 米，高度有好几米，比我在布鲁克林的公寓还大。在这种房屋里面，每个家庭都有一个睡觉的床铺和一堆篝火。这些社会住所被保留了很多代，拥有数千年甚至更长的历史，这也使每一个住所的某一处都有一些堆积如山的垃圾，这些垃圾堆周长甚至超过 150 米，高度可达 10 米。[2] 这儿还有一个例子：每年秋天在北美地区，一些团队聚集起来，舞棍摇旗、擂鼓呐喊，把大批的北美野牛吓得乱窜，有的甚至掉下悬崖。[3] 但没有任何黑猩猩群体喜欢聚在一起举行这样的盛大集会，相反，它们的社交活动规模很小。

总体而言，这些团队联欢时的生活和他们平时的状况相差无几。每个团队在安营扎寨时往往会稍微分开一段距离，以保持彼此作为"邻居"的定位。然而，在白天团聚的时候，人们相互闲聊、互赠礼物，甚至载歌载舞，让气氛变得欢快活跃。此外，就像公象在象群聚集时的情形一样，男人们则会趁机忙着四处寻觅自己的意中人。[4] 虽然一个团队的个体成员或家庭到另一个团队去拜访自己的私交好友构成了团队之间最常见的社交模式，但是这些聚会同样是基于他们所拥有的一种共同身份。当然，即使这样的聚会仅仅是由于环境使然，它也一定具有促进集体团结和集体实践的意义。虽然没有任何证据可以证明这些集会做出的决定能够对整个集体产生影响，但我仍然相信，这些活动一定让参与其中的所有成员产生了一种共同的使命感。[5]

这些聚会是朝着建立永久定居点方向迈出的一步。虽然聚会可能加强了人们之间的归属感，但它只是让习惯游牧生活的狩猎－采集者暂时停下脚步而已，并且由于下面的几个原因而注定会以失败告终。首先，聚会地点附近的食物会被耗尽，扔掉的动物内脏和其他废物会堆积起来（这是游牧民族因管理不善带来的一个环境问题），而捕捉昆虫则需要在野外花上一整天的时间。此外，最糟糕的是，由于人们性格各异，贸然聚在一起，必然会产生嫉妒和怨恨等不良情绪，毕竟，哪次聚会都有让几个宿敌再度碰面的概率。

事实上，人类从未将团队社会中的那种平等生活方式发扬光大的最重要原因在于：我们和大多数哺乳动物一样，彼此之间经常发生争吵。正如摇滚音乐会可以让社会的熵增加一样，大型聚会也可能以争吵告终。而谋杀案则在这个时候达到了顶峰。[6] 聚会结束之后，各个团队回到了自己的家乡，当然，其中也发生一些类似于“抢座位游戏”之类的插曲：因为总会有一些成员不再回来，追随其他地方的伴侣或朋友一起出去生活。小说家萨尔曼·拉什迪（Salman Rushdie）说过：“自由社会总是处于流动之中，但随之而来的却是种种摩擦。”这句话完全适用于过着流浪生活的狩猎－采集者。[7]

未雨绸缪的心态

在某些情况下，团队发明了一些做法，使得他们的野生食物产量足以接近农业生产的水平。即使不自己播种或驯养动物，某些从环境中获取食物的方式也可以让人们轻松地逗留上一段时间。[8] 比如在 1835 年，澳大利亚测量主任托马斯·米切尔（Thomas Mitchell）记录了达令河边被大火烧毁的平原上出现了一幅绵延数英里的景象，这幅景象“看起来俨然就是一片打草场”。威拉祖利人（the Wiradjuri）会用石刀收割小米，然后将其堆积起来晾干，而这显然是一个流传已久的做法。尽管人们对古人的饮食是否包括小米有不同看法，但事实上小米还是会被他们磨碎并烘烤成面包。[9]

在某些情况下，狩猎–采集者会对自然方式进行改良以提高其生产力。比如，南美洲的阿尅族建立了饲养甲虫幼虫的种植园，砍伐树木并将其切断以让甲虫爬进去，这些幼虫在腐烂的棕榈树中成熟后竟然长达 10 厘米。但团队的活动必须事先进行精心安排，从而保证每个成员都能及时回来享用这些又肥又大的昆虫。这些昆虫如此美味，所以我猜想阿尅族人如果找到一种方法可以在一个地方安全地饲养足够多的甲虫，那他们肯定会立刻决定就在那里定居下来，从而成为职业农场主。[10]

想要狩猎–采集者放弃四处流浪的生活，得让他们在定居期间不断尝到甜头才行。其中包括有多余的食物可以储存，从而可以帮助人们度过饥荒时期。基于这种方式运作的昆虫社会之一就是收获蚁（harvester ants）社会，它们合力建造了状态良好的地下餐室，在那里可以储藏食物的种子，这种子可以在长达数月的时间里保持新鲜。然而，大多数脊椎动物社会不会通过集体努力来为明天的幸福生活做准备。比如，每只蓝头鸦都会自己去搜寻植物种子，并攻击群内敢于偷取自己食物的其他成员。

人类学家理查德·李（Richard Lee）在描述布希曼人采集实践时解释道："这些！孔布希曼人不会囤积多余的食物，因为他们认为大自然就是自己的粮仓。"[11] 然而，如果某种文化习俗能带来持久的食物供应，就能保证人们建立长期的家庭基地。而布希曼人和哈扎人都朝着这个方向迈出了一小步，因为他们发明了做肉干的方法（尽管肉干的数量还不能让他们在同一个地方待很久）。[12] 在这方面，因纽特人做得更好，他们甚至知道把海豹的尸体放进冰里储存——因为对他们来说，户外就是一个天然的巨大冰箱。每年秋天，当西部的肖肖尼人以家庭为单位开始分散生活，从而享用蓝头鸦喜爱的那种坚果时，他们会把吃不完的坚果收集在篮子里。到了冬季食物匮乏的时期，他们聚在一起吃着自己先前储存起来的坚果，从而在每年冬季食物短缺的时期，大家聚集在一起，吃吃喝喝。[13]

大自然中很少有地方可供人们稳定地积累大量食物，即使找得到一个资源丰富的地点，就此定居下来往往也会产生巨大的风险，因为别的邻居也可能会选择定居此地。这样一旦出了岔子，就没有机会转移到其他地方去了。这方面的例子包括埃克尔斯山原住民部落以及日本的绳文人（the Jōmon），他们一年中大部分或全部时间都在自己的定居地生活。有些定居地的村庄规模很小、结构简单，就像位于新几内亚的几处狩猎－采集者的生活情况一样，他们以捕鱼为生，也吃野生西米棕榈结出的果实，因为他们自己的土地上沼泽太多，这种土地无法提供周围擅长园艺的邻居所喜欢的家猪和马铃薯。[14]但更复杂的村庄见于北美洲的一些过着定居生活的狩猎－采集者：比如，位于佛罗里达州西南部的卡卢萨人（the Calusa），位于南加州海岸和海峡群岛的丘玛什人（the Chumash），以及生活在太平洋西北沿海的那些部落，他们在从俄勒冈州北部的高大森林到阿拉斯加海岸的低洼地带都有分布，是迄今为止被研究得最充分的人群。[15] 所有这些部落都大规模收集并储藏水产食物，以确保自己无论在什么情况下都能填饱肚子。[16]

当欧洲人来到北美洲时，他们发现太平洋西北地区到处都生活着狩猎－采集者。正如布希曼人和澳大利亚原住民从未将自己视为一个独立的群体一样，这个地区的狩猎－采集者在自己的语言中既没有专门的词汇可以概括定居社会中的每个成员，也没有专门的词汇可以把自己与居住在更远内陆地区的游牧团队加以区分。出现这种语义省略现象的原因可能是：这些定居生活的狩猎－采集者有着不同的因纽特人或印第安人背景，而每个定居点都由多个部落组成，这些部落不但拥有土地，生活方式也趋于一致。大多数定居点都位于沿海地区，但也有一些以捕食鲑鱼为生的狩猎－采集者在江河附近建立了永久定居点。

几个世纪以来，有数百到近两千名狩猎－采集者一直定居在太平洋西北部的一些地方。其中发展得最好的定居点确实令人印象深刻。他们的长屋和其他一些住宅可能规模很大，其中有据可查的最大一个竟然长 200 米，宽 15 米，这已经和许多现代名人的家宅一样宽敞，不过当时这栋建筑里面居住的是好几家人。规模较小的定居点可能只有一个长屋，而规模较大的村庄则由好几个长屋组成。

这些社会根据身份标记对成员进行清晰区分，因此人们的生活比他们在小团队的时候更好。这种差异在太平洋西北地区非常明显，并且留下了详细的记录。其中，最令人惊讶的是他们的唇饰，这种唇饰其实是通过在脸颊或下唇处穿孔而佩戴的一种饰物，由象牙圆环或五彩珠饰等材料制成。唇饰在 3000 年至 4000 年前就已经出现，是佩戴者社会和经济地位的象征，不过它们的主要作用和原始功能是将人们与部落联系起来。[17] 例如，在遥远的北方，阿留申部落也因他们的文身、鼻钉、项链以及用精选的动物皮毛制作大衣而具有了鲜明的风格。在任何可能遇到陌生人的地方，不管是在气氛友好的会议场所还是在血腥暴戾的战场上，阿留申人最重要的特点永远是戴着一顶看起来像鸟喙一样的部落帽，上面还绘有色彩鲜艳的装饰图案。[18]

领导能力

定居生活的复杂性在很大程度上与处理个体矛盾以及后勤供应有关。如果这些问题处理不善，习惯游牧生活的狩猎 – 采集者社会就会解体崩溃。这对于游牧民族来说是一个棘手的问题，我们观察到的以下事实可以证明这一点：单个的狩猎 – 采集者团队生活在包括苔原和雨林在内的世界各地，虽然其生活区域的食物供应情况千差万别，但他们都将团队规模控制在几十人左右。小规模的团队在狩猎和采集过程中可以避免出现管理不善等问题，这可以解释狩猎 – 采集者团队的人口出现该规律的原因。[19] 相反，一些布希曼人社会里的团队，每隔两三代就运行不畅，并且功能异常。[20]

为了避免自己的社会出现这种功能障碍，居住在定居点的人们开始对那些能做出让众人信服的决定的成员采取容忍态度。在一些动物当中，成员之间在权力和影响力上虽然没有表现出什么差异，但它们的社会照样发展得很好——比如蚁群就是通过集体智慧而正常运作的。但人类毕竟不是蚂蚁，因为对于蚂蚁来说，通过气味标记就足以保证自己的蚁群能正常运行了——甚至对阿根廷蚂蚁而言，管理一个跨洲社会都不成问题。而所有人类都存在社会冲突，团队社会也不例外。人类乐于领导别人或被人领导的特性源于何处呢？当然，这反映出我们从小就接受的一种教育方式，即我们被要求服从自己的父母，因为他们比我们更了解自己的情况，并且他们期望我们——事实上，还经常强迫我们——以适合自己社会以及自身地位的方式说话行事。于是，日久天长、潜移默化，这种教养习惯就融入我们血液并伴随我们一生。今天，我们发现自己周围全是权威人物，这些权威人物不但包括老师、老板，还有警长、总统和国会议员。现在，为了让社会正常运行，人们必须清楚自己在不同情况下所处的位置，并据此行事，选择去领导别人还是被别人领导。[21]

在许多脊椎动物当中，支配地位会让我们想起领导能力。支配地位会决定谁与谁互动，以及该如何互动。尽管手握大权并控制资源仍然是构成顶层社会地位的重要因素，但它们并不一定会让处于社会顶层的人成为领导者。在大多数物种当中，“顶层大佬”虽然对其他成员发号施令，但却没给该群体带来任何明显的益处。不过其中一些重要成员还是发挥了一定作用，比如裸鼹鼠王国中的王后推搡并撕咬手下的工人，据说这样可以刺激它们努力干活。此外，跟随地位最高、权势最大的成员的好处是：如果出了问题，这些追随者可以不用承担任何责任。所以，环尾狐猴的首领通常会为自己的队伍制定好一天的行动路线。然而，马群的情况则另当别论，因为它们是由母马而不是领头的那匹公马来确定路线。[22]

然而，人们更倾向于认为领导者就是在领导社会事务中扮演重要角色的人。处于首领位置的公狼和母狼就是这样做的：除了制定狼群的活动方向之外，它们还得让每个成员都行动起来，一起捕杀猎物或者攻击其他狼群。[23]

在核心象群当中，最年长的大象不是通过排挤其他成员的方式来赢得自己的首领位置：其他大象之所以听它指挥，显然是认可它在分辨敌友等问题上经验丰富、更有智慧。[24]当下属之间的关系出现紧张苗头时，它也会主动介入调节，并在事后安慰受害者，具有领导才能的黑猩猩也会做这样的事情。[25]即便如此，能力强的协调者在自己的社会中还是影响力有限。因为它们不能像人类的君主和总统那样为整个社会制定长期的行动方针（尽管不可否认，今天的人类领袖很少在没有取得他人同意的情况下就下达这样的决定）。

这种严格意义上的领导能力在自然界中极为罕见。然而，我们已经看到，即使人类也可以不需要领导者。在狩猎－采集者团队当中，从日常活动到长期计划，一切都是通过集体讨论来决定的。然而，当几十个人长期在一起生活时，这种平等做法就显得不太现实了。以前在团队生活中，人们一般都不会理睬爱出风头的成员，或者喜欢合力打击他们的嚣张气焰，让其自讨没趣；但在人类出现的第一批村庄里面，先前的这种共识就已经消失。如果你实在看不惯别人自吹自擂，最多只能选择独自离开，远远地走到城镇的尽头而已。

在这种情况下，在决定谁才能成为领导者方面，就出现了许多影响因素。讨人喜欢的人应当能获得众人支持，但这种情况在团队社会或小型定居地很少出现。在多如牛毛的小国家里，我们别指望能看到很多像约翰·肯尼迪一样的领袖人物涌现出来。尽管如此，如果社会矛盾加重，就算由一个稍有才华的成员出面负责管理，情况也会好很多。在这种时候，成为权威人物的努力就会产生回报，而且追随这种权威人物也会产生相应的回报。这两种因素必须同时产生、互相配合，才能给领导能力提供用武之地，而此时人们也会暂时抛开分歧，支持某个成员顺应时势，成为领袖。[26]当时的情形应当和现在一样，人们会被那些能对时事迅速做出回应的风云人物所吸引。领导能力包括公开演讲能力，它一开始是在团队中磨炼出来的，是构成领导能力在初期阶段的一个重要技能。通过所谓的“唠叨的力量”，健谈的人总是会产生一定的影响力，不过据说在布希曼人的平等团体之中，布希曼青年会抑制自己追随领袖的冲动。[27]

因此，虽然狩猎 – 采集者定居地没有组织起像政府一样的机构，但是他们的社会中确实出现了一些具有影响力的成员，只不过我们不能将其明确地断定为领袖人物而已。举个例子，埃克尔斯山周围渔民的首领被视为贵族，他们能够宣战并得到最好的战利品。[28] 在这些新世界的统治者当中，在地位上最接近国王的是卡卢萨酋长，他坐在一张长凳上进行统治，而这张长凳用现在的标准来看虽然不起眼，但却位于一个极大的房间里面，根据一位历史学家的说法，这个房间“能容纳 2000 人却不会显得拥挤”。[29]

丘玛什和太平洋西北地区的酋长们虽然也喜欢招摇过市，但却没有在大庭广众之下对自己的权力大肆宣扬。[30] 与背后有军队撑腰的大型农业社会的领导人相比，他们不得不谨慎行事，与其说是依靠胁迫手段，不如说是依靠劝说和补偿方式，比如通过大摆宴席来鼓励人们履行义务。然而，领袖人物总是擅长操纵政治并维护自己的利益。[31] 因此，这些首领经常把自己打扮成模范成员，同时表现出团队成员应有的谦逊、正直和坚定。如今，这些仍然是我们希望在领导者身上看到的宝贵品质，也许就是对以前平等时代的一种延续吧。事实上，只有通过说服人们一起工作，首领们才能确保构成平等主义心态的元素没有发生改变。不过即便如此，他们的影响力还是有限。在领导别人与被别人领导之间没完没了的拉锯战中，生活在小型定居点的成员还在某种程度上能对自己的首领施加影响。[32] 比如，太平洋西北地区的酋长会寻求非正式议会（informal councils）的支持，因为这些议会对乡村生活的日常事务拥有发言权。这是在议会（the committee）领导下治理社会的一种模式，而议会在游牧社会中负责管理整个团队的事务。

在生活方式之间来回切换

社会之所以需要产生领袖人物，是因为麻烦不一定是来自社会内部的：

一些威胁不是由成员之间的不和造成，而是产生于外部。历史上最受尊敬的一些领导人，以美国为例，包括乔治·华盛顿、亚伯拉罕·林肯和富兰克林·罗斯福等人，他们生逢乱世，众望所归，是应运而生的英雄人物。[33] 当然，这也可能是狩猎–采集者中出现领袖的另一种方式。早期欧洲殖民者在资料中曾记载数百名原住民陷入有组织的激战，根据其中的一些描述，可以认为他们当时已经拥有强大的首领。布希曼人在团结一致对抗敌人时也产生了自己的领袖。[34] 对于生活在现在博茨瓦纳的 = 奥布希曼人以及 // 呃布希曼人（= 和 // 代表的是两种弹音）而言，情况也是如此。19 世纪早期关于这些布希曼人的记录详细描述了 = 奥布希曼人以及 // 呃布希曼人季节性地居住在用栅栏围起来的村庄里面。为了在如此封闭的居住条件下获得足够的食物，布希曼人创新了狩猎方法，他们将牛群驱赶进陷阱里，而那些陷阱是由密密麻麻像迷宫一样的裂缝组成的。[35] 那个时代的 = 奥布希曼人和 // 呃布希曼人就是一些喜欢血腥复仇的战士，他们烧毁马车、偷走牛羊，并从其他布希曼人那里索要物品。

一个有领导者并适应了乡村生活的社会并不意味着一切就可以稳定下来并一成不变了。在 19 世纪的最后几十年里，= 奥布希曼人和 // 呃布希曼人又恢复了没有首领、四处游荡的团队生活。到 1921 年，酋长再度出现，他们扮演着为减少纷争而精心策划武装冲突的角色。这一次，人们也没有采取定居的生活方式。在被其他武装部落，如养牛的奥尔兰族（the Oorlam）入侵期间，这些领导人建立了自己的影响力。[36] 当引起战争的因素减少后，首领们不再受欢迎，人们又回归到先前平等的团队生活。人们可能会认为这才是他们最原始的生活方式，但没有人知道他们究竟在多早以前就已经产生了自卫的需求。= 奥布希曼人以及 // 呃布希曼人的动态文化暗示着社会组织会变来变去，并且其间几乎不会留下任何痕迹。

众所周知，过着游牧生活的美国印第安人也有首领，并且他们的领导角色一直延续到了今天。然而，我们现在不得而知的是：在欧洲人带着马匹和枪支到来之前，这些住在便携式帐篷以及圆锥形棚屋里面的狩猎 – 采集者部落，产生酋长的频率到底有多高？但显而易见，如果一直存在危险，那游牧社会将变得更加复杂。在平原印第安人当中，他们的勇士协会（类似当今的西点军校）就精选出一批成员，并通过对他们进行严格的训练来做好战斗准备。

我们大都认为：与大部分时间都过着游牧生活的 = 奥布希曼人以及 // 呃布希曼人形成鲜明对照，其他狩猎 – 采集者完全过着定居生活，但他们的社会也同样具有可塑性。就连太平洋西北地区的印第安人，虽然被视为采取定居生活的狩猎 – 采集者的黄金样本，但也并非总停留在原地不动。只要条件合适，他们的村庄要么搬迁，要么解散。一些长屋也只是作为季节性住宅，居住在里面的家庭会乘坐运货的独木舟前往其他地方。我们也找到了他们搭建临时营地的证据，这表明印第安人会出去打猎，就像今天的运动员在登山过程中会搭起帐篷一样。[37] 但很可能没有狩猎 – 采集者会采用极端的生活方式，比如常年在家或永远流浪。[38]

生活在差异之中

一旦人们定居足够长的时间，财产不再局限于每个家庭可以随身携带的范围，那就出现了发展技术的可能性，随之而来的社会革命会对人们的日常生活产生冲击。

定居点产生的许多技术都促进了粮食产量的提高。例如，太平洋西北地区的印第安人建造了巨大的适于航海的独木舟、大规模加工鱼类的设备以及可用来长期储存干燥海鲜的防水容器。此外，各种各样的工具层出不穷，比如鱼可以用多种类型的网捕获，或者用棍棒击打、用叉去叉、用线和钩来钓，或者筑坝围困……各式各样的复杂工具解放了生产力，用少数人就能收集大量食物，并且这些食物足够所有人享用。后面这一点很重要，因为集中在一个地方生活，往往使每个人都出去亲自觅食的做法变得不切实际。于是，给家人带回熏肉或鲑鱼，就成为受益于专业技能的众多社会责任之一。

因此，一个人会发现自己在制箭或织布方面的兴趣和才能，在定居点要比在团队中更受欢迎。在太平洋西北地区，一些世袭职业是父母传授给子女的特殊技能。然而，对专业知识的需求越来越大，就意味着社会整体运作的各个方面不再是任何个体成员所能掌握的了，这也意味着社会中知识的总和正在不断扩大。就像定居在一个地方可以保证社会的复杂性不再受到成员背负的物质包袱的限制一样，生活安定意味着社会复杂性也从人们头脑中必须携带的文化包袱中解放出来。

自从法国社会学家埃米尔·涂尔干（Emile Durkheim）做出开创性研究以来，社会学家一直将专业化视为增强社会凝聚力或团结性的力量。[39] 虽然涂尔干心目中的凝聚力并不完全局限于生活在定居点的人们，但定居点的社会状况肯定如他所言。我们知道，即使团队社会中的多面手，也得进行物品交换，而这有助于促进成员之间的团结。虽然团队之间的交易可能发生在拥有不同技能的成员之间，但是在许多定居社会里面，明确的社会分工强化了这种差异化的发展，使人们变得越来越相互依赖，并且这种趋势一直持续到了今天。[40]

社会分工也会简化定居点人们与不太熟悉甚至完全陌生的其他成员之间的互动活动，因为后者在更大的定居点变得越来越常见。我们可以通过辨别一个人的社会角色——例如，根据这个人穿着的警察制服——来确定自己该如何与他打交道，而根本不用知晓关于他的其他情况。同样，无论处在同一蚁群中的一只公蚁和兵蚁以前是否有过接触，它们都能进行适当的互动。

除人类以外的哺乳动物很少从事特殊工作，除了照顾幼崽以及执行某些临时任务，如放哨之类的活动以外。可能有人会争辩说，如果在黑猩猩和倭黑猩猩社会当中，一位善于寻找坚果的成员将它找到的坚果交给另一位善于敲开坚果的同类，那它们的生活质量都会得到改善。做到这一点并不复杂：许多收获蚁的群体中就有一种专门收集种子的工蚁，此外还有体型更大的工蚁，它们会把种子切碎供其他蚂蚁食用。然而，在所有脊椎动物中，其分工最接近这种任务分工的却是裸鼹鼠，它们中规模较大的群体会像蚂蚁一样进行社会分工，即它们会把全体成员分成王后、国王、工人和士兵。

对我们人类而言，专业化不仅让我们知道如何与陌生人互动，也让我们知道如何处理与其他人之间的总体关系，包括处理与各种特殊群体之间的联系。对于过着游牧生活的狩猎－采集者而言，除了性别和年龄差异之外，社会中的这种分工差异往往显得不太重要。然而，许多生活在澳大利亚的原住民分属于“皮肤”（skins）和“半族”（moieties）两种群体。孩子被分配到一个和他们父母一方顺序相邻的“皮肤”里，同时人们还根据这个孩子与祖先的联系以及与某种动植物的关系，给他分配一个“半族”。这些因素将决定他们如何进行社会互动以及今后可以选择哪些人作为婚嫁对象。

在定居的狩猎－采集者当中，从事专业活动的团体的数量会随着时间的推移而迅速增加，比如进行古老仪式并揭示隐藏真相的秘密团体、萨满团体以及其他一些团体。对此，一种可能的解释是：这种五花八门的群体身份源自于人们与社会本身的原始联系，于是人们创造出几十个不那么紧迫、不那么重要、也不那么持久的集体组织。奇怪的是，类似情况在其他动物的社会中很少出现。不过，雌性动物建立的社交网络是这方面的一个例外，但雌性动物的社交网络主要是用来抚养和保护哺乳动物后代的。这些哺乳动物包括海豚、鬣狗和一些灵长类动物。但这些动物中没有谁会认为自己是在与志同道合的伙伴进行联系，比如，它们在一起不会是因为觉得自己都喜欢吃同样的水果。那黑猩猩在一起狩猎或打斗时，是否像人类一样会感到它们之间存在一种团结的纽带？我们很难对此得出结论。

人类定居点的群体性（groupiness）会减少内部竞争，还会将社会激励分解成易于管理并令人满意的组成部分。借鉴心理学中关于最佳区别

（optimal distinctiveness）的概念有助于理解这一点。当人们在相同性和差异性上达到平衡状态时，他们感到自己最有自尊。也就是说，他们希望与别人足够相似，从而感受到自己属于群体的一部分，但他们也希望自己与众不同，从而凸显出自己作为个体具有特殊的存在价值。[41] 虽然成为一个强大组织的成员这种身份可能受人重视，但它不能满足人们对个体特殊性的渴望，可以通过与更具排他性的群体建立联系来激励人们与众不同。但以游牧为生的狩猎－采集者形成的社会规模太小，从而让这个问题表现得一点也不明显。除了成为少数群体——如“半族”和“皮肤”——的成员之外，每个人的怪癖和私人社交关系足以让他们在一个由数百人组成的社会中觉得自己独一无二，因此就没有必要通过从事某项工作或加入某个俱乐部来体现自己的独特价值了。事实上，他们的社会甚至不鼓励成员以这种方式来彰显个性。然而，随着定居社会的规模变得越来越大，人们越来越渴望与众不同。于是，我们遇到其他人时想知道的第一个问题就变成了：你是干什么的？[42]

感觉优越

然而在定居社会中的第二个，也许是更加戏剧性的转变是：除了服从领导之外，社会成员之间还出现了地位差异。当初生活在团队和一些最简单村庄的人们，只要能够满足短期需求就已经心满意足了。只有当这个最低需求没有得到满足的时候，他们才会觉得生活艰苦。但与游牧民族旅行包中寥寥可数的日用物品相比，过着定居生活的狩猎－采集者们拥有的物品数量更多、种类更齐全，并且这些物品大部分可以用来出借或交换。虽然所有权在团队社会中只是一个模糊的概念，但定居生活让社会成员可以及时以个人能够控制的方式收集资源。一般来说，此时物质主义会大行其道。人们不仅拥有财产，而且可以继承财产，其中甚至出现了一些专属财产。[43] 比如，生活在太平洋西北地区的印第安人可以继承任何东西，甚至可以继承唱某首歌曲或讲述某个故事的权利。

随着社会中财富和权力的等级差异不断扩大，所有权成为象征社会地位的一种标志。于是，这给那种在团队社会中强化起来的“分享伦理”敲响了丧钟，尤其是团队的酋长们可以趁机为自己大谋私利。大多数情况下，酋长们是利用社会生产力的提高，把一部分盈余产品据为己有，从而不断巩固自己的领导地位。酋长会把地位和财富传给自己的子女，或者留给自己选择的其他接班人（大多数酋长是男性）。这样一来，贫富差距就开始形成恶性循环。但在四处游荡的团队社会中则不会产生这种问题，因为无论是处理团队财产还是组织管理活动，都和酋长关系不大，他主要是打理别人欠自己的债务。太平洋西北部的酋长们在举行盛大的庆祝宴会时会大肆炫耀自己的经济实力。这种宴会叫作“冬季赠礼节”（potlatches）。在宴会上，酋长们为了实现自己的政治利益，会借机进行精明的投资。他们给别人赠送礼物，甚至不惜损毁美食和物品，而这些食物和物品是他们花费了数年的时间才积累起来的，现在拿出来让人看得眼花缭乱并四处分发，因为人们觉得他们富有，“不是由于他们所积累的财富，而是因为他们所馈赠的礼物”。[44] 至少根据美国人类学家莫顿·弗里德（Morton Fried）的著作，我们可以得出上述结论。

定居点的人们重新调整了自己的关注目标，不再追求尽可能多地享受空闲时光，而是希望努力赢得权力和尊重。在太平洋西北部，一些能工巧匠备受尊崇，人们对他们制作的面具、家庭装饰品和图腾柱趋之若鹜，而这也让他们跻身少数可以全心付出的专职人员行列，并且收入颇丰，仅次于当地的贵族。

太平洋西北部的贵族阶层，虽然不能把自己的意志强加在普通百姓身上，但他们可以退而求其次，通过使唤奴隶来完成自己的工作。这些奴隶是一些俘虏或俘虏的后代，他们最初是在伏击其他部落时被俘获的。随着部落变得越来越复杂，他们也相应地调整了社会标记。而这些标记除了表明成员身份之外，还可以显示人们在财富和权力等级中的差异。不过奴隶由于在社会中没有权利，不被视为社会成员，因此也就不能佩戴唇饰。

那些在团队社会中过惯平等生活的人们，居然如此轻易地适应了这些社会差异，让我深感惊讶。我在资料中看到那时的人们习惯了奴隶的存在、贵族之间的争权夺利，以及专横的首领被废黜下台……但就是没有找到普通民众进行反抗的例子。这也许是因为虽然精英阶层控制了大部分社会资源，但每个社会成员还是能填饱肚子，人身安全也有保障。不管怎么说，以前在狩猎－采集者团队当中，再难出现人们因对权利的渴望而发起的暴乱。这不仅仅是由于人心不齐，难以形成统一意见，更因为精明的首领可以拉拢权贵，同时又在自己身边集结一帮趋炎附势的人，比如卡卢萨酋长就获得了一名军官和一名牧师的支持。所以毫无疑问，造成该现象的另一个原因是：一旦生活取决于地位差异，人类心理学中的一个已知特性就开始发挥作用，即处于下层阶级的人民会认为上层阶级成员理所当然可以享受特权，从而说服自己接受现实。[45] 这种心理习惯可能从存在于黑猩猩群体中的那种权力等级进化而来，所以我们对地位差异的心理适应，可以说是存在于人类心理工具箱中的一种古老工具。

史前的定居生活与权力差异

回到人类历史的某个时间点之前，裂变－融合方式肯定是我们祖先唯一的生活选择。我这么说是因为黑猩猩、倭黑猩猩和人类都表现出一个共同特征：都会裂变－融合成较小的群体。对这一共同特征的一个最简单的解释就是，这三种动物共同的祖先也曾拥有这种生活方式。虽然当时分散生活是他们唯一的选择，但类人猿在早期的夜间露营习惯一定已经催化出了某种社会灵活性，让以后的人类可以凭此能力居住在一处固定的地方。但是，我们和另外两种猿类在进化过程中分道扬镳发生在 600 万年前，而这个时间点是在我们的祖先进化出任何称得上人类的特征之前。那定居生活究竟在多久以前就出现在了人类的进化史上？

出现农业生产以及那些与定居生活相伴而生的社会特征（如领导能力和地位差异），被视为人类发展史上的一道分水岭。的确如此，人类自进行农业生产以来，已经开发出了定居生活的全部潜力。但令我不明白的是在人类历史的早期阶段，既然=奥布希曼人及//呃布希曼人已经拥有如此多的技能，那在适宜的环境条件下，他们为什么就没有演变出这些社会特征呢？[46] 团队社会的成员为保持公平竞争环境所付出的不懈努力表明，平均主义并不是人类的原始状态，而是后来才逐渐完善的一种人为选择。毕竟，即使是和蔼可亲的倭黑猩猩也只是表现出一些平等主义的特征而已：虽然倭黑猩猩可能不会容忍欺凌现象，更不用说争权夺利了，但它们彼此之间还是存在竞争的，而且最多只能容忍和自己群体的许多同伴待在一起。因此我们一再强调：争夺权力以及占有资源是人类从动物祖先身上继承下来的一种天性。

既然人类曾长期习惯社会分工和地位差异，那为什么最近几个世纪里有那么多的狩猎－采集者仍然生活在以平等为特征的团队社会，而不是过上一种定居生活呢？我猜想：即使在农业生产者出现并占据世界上最优秀、最肥沃的地产良田之前，那些狩猎－采集者在流浪迁徙上所花的时间也少于安居乐业。

原住民可以用野草制作面包，而那些野草在外人看来，就和田地里种出的谷物一样。这个例子说明：过着定居生活的狩猎－采集者和农业生产者之间的差异，从本质上说几乎没有什么差别。的确，虽然人类学家按照约定俗成的惯例把生活在像太平洋西北部的那些部落和团队社会都归入狩猎－采集者的行列，但其实他们考虑得最多的是当地的食物供应是否可靠，而不是关心这些食物是产于野外还是种植出来的。[47] 从游牧到定居，从狩猎－采集到农业耕种的转变是一个渐进的过程。在逐渐学会驯养绵羊以及栽种小麦之前，新月沃地（the Fertile Crescent）的狩猎－采集者在村庄里一待就是好几个世纪。然而，一旦人们掌握了农业技能，他们就可以提高粮食产量，让其远远超过自然的供应。从人口的增长趋势和文化的繁荣程度来看，定居的狩猎–采集者已经走进了文明发展的死胡同。当时的大多数团队社会以海洋和淡水鱼类为主要食物来源，要对这些水生食物进行驯养显得不切实际，因为人们无法对它们的繁殖进行控制，也就不能通过它们养育不断扩大的社会人口，或者使社会扩展到可以远离野生食物来源的地方。相比之下，许多种植的农作物和驯化的家畜可以从原产地带走，只要人们能找到或创造一个适合它们生存的环境就行。例如，牧羊人为他们的羊群找到牧场，而农民们则开垦梯田并引水灌溉，直到他们的社会可以四处分布，但这并不是说农民总是被迫扩大自己的生产规模。比如北美的部分地区被种植玉米的农民所占领，但即使几个世纪之后，他们的社会看起来也不比太平洋西北部的狩猎–采集者更完善。[48]

由于我们依赖驯化的食物，并且偏爱这种把匿名社会的规模极度放大的生活方式，于是我们倾向于认为我们的祖先也是从简单社会发展为像当今社会一样的复杂规模。然而，从狩猎、采集到农业生产之间的过渡容不得半点假设。无论是生活在村庄还是在团队中，很少有狩猎–采集者将从事农业视为一种进步行为。“你们这些人会遇到这么多麻烦，既要垦地又要播种，但我们就不会。大自然把这一切都给我们准备好了。”据说，这是一位原住民妇女对一位白人定居者发表的意见。“我们只要在食物成熟的时候去收割就行了。”[49] 20 世纪中叶，一位到安达曼群岛参观的旅行者写道，那里的原住民对种植椰子有过类似的反应。他们反问道，岛上和海里到处都可以找到食物，为什么人们还要“种一棵树并等上 10 年的时间来等它结出坚果”？[50] 因此，丘玛什的狩猎–采集者用鱼来交换他们邻居种植的玉米，从来都没有想过自己要拿起铲子和锄头。即使是非洲的俾格米人，他们作为农民的季节性劳动力生活了几个世纪，因此深谙农业技术，也从来没有尝试自己去全职从事农业生产。因为事实证明，放弃狩猎和采集活动并不能提高生活质量。在农业出现之后，人们在努力种植和收获庄稼的过程中，体型变得越来越小、身体变得越来越弱、健康状况变得越来越差，而这一状况直到他们发明了犁铧并学会用牛耕田才得以改善。[51]

除了最小规模的简单园艺之外，完全采用种植还产生了早期农民无法预测的另一个弊端：它会让社会落入一个种植陷阱。[52] 说它是一个陷阱，是因为一旦社会致力于农业生产并不断扩大规模之后，再想回到过去，像以前一样整天狩猎和采集就绝不可能了。当然，一些狩猎－采集者，如拉科塔人（the Lakota）和乌鸦克劳人（the Crow），以及一些南美的小部落，曾经尝试过农耕生活，但后来又放弃了这种做法。[53] 一旦一个社会发展出庞大的人口，或者与其他农业社会紧密毗邻，就会出现因人口数量太大而导致自己拥有的食物无法满足人们的需求的情形，在此种情形下，就必然爆发饥荒。

在农业生产出现之前，食物供应可靠而集中的定居点是发展人类文明的最初试验场，那儿的人们已经朝着具有现代政治和组织意义的民族化方向迈出了一小步。然而，有一些很好的理由让我们不能忽视狩猎－采集者（包括游牧团队）中所存在的多姿多彩的生活方式。我们和近代史上所有的狩猎－采集者在这一点上都很相似——身为完全进化的人类，我们具有发展出各种社会形态的可能性，虽然其中的大部分选择已经被我们抛弃，但如有必要，我们今天仍然完全可以将其付诸实践。这就是无论研究采取游牧还是定居生活的狩猎－采集者都有助于我们理解现代人的原因。这也是我在介绍从心理学到国际关系以及人们构建社会的种种方式等主题时，会经常联系他们进行讨论的原因。[54]

虽然人类的生理进化还将继续进行，但我认为也没有理由期望在从遥远过去到现在的漫长时间里，我们的社会发展潜力会发生根本性的变化。早期的人类已经拥有足够多的技能，能以小团队的形式分散生活，或者在某一段时间定居于某处飞地[①]，尽管按照今天的标准来看，这些飞地的面积并不算大。这两种生活模式都是围绕着身份标记而展开的，从而使匿名社会比我们现在生活的社会看起来更加简单，但在基本层面上二者并无多少差别。为了解答我们的匿名社会是如何形成的，无论它采取的是定居状态还是游牧模式，我们都必须追溯到更远的史前时期，追溯到我们以布希曼人或原住民模样的狩猎－采集者出现之前，甚至追溯到人类刚刚出现在地球上的时候，看看那时可能发生了什么情况。

① 飞地（enclaves）：一种特殊的人文地理现象，指隶属于某一行政区管辖但不与本区毗连的土地。通俗地讲，如果某一行政主体拥有一块飞地，那么它无法取道自己的行政区域到达该地，只能“飞”过其他行政主体的属地，才能到达自己的飞地。——译者注

第四部分

人类匿名社会的深层历史

第十一章

喘啸与口令

在南非海岸花园沿线，封闭的尖峰地区位于莫塞尔湾一个旅游城镇的边缘，其修剪整齐的高尔夫球场延伸至一处可以俯瞰印度洋的悬崖峭壁之上。从悬崖两侧降阶而下的木质楼梯是由亚利桑那州立大学的考古学家柯蒂斯·马恩（Curtis Marean）定制，并交给当地一个饲养鸵鸟的农场主建造起来的。在沿着下山路段走了一会儿之后，防水油布下面就露出一个梦幻般的世界。油布下方的右边有一个很浅的山洞，里面的研究人员坐在摇摇晃晃的桌子旁，正用笔记本电脑忙碌着自己的事情。左边是沉积物形成的一个山丘，被探照灯照亮，上面用针插上了一些橙色的小旗。这个沙丘挡住了外面阳光明媚的壮丽海景。其他科学家正慢慢地挖凿通往这个山丘的台阶。站在处理数据的计算机专家以及进行挖掘的科学家之间的是三名操作高科技仪器的测量员，他们要在地图上标注出每个新发现物件的坐标数值，于是每隔几秒钟就大喊一声："对准……拍摄！"这种声音单调乏味、一直不停地在响，听得人昏昏欲睡。原来这些考古学家们正在一起工作，想找出并记录那些曾断断续续涉足此地的古人所留下的蛛丝马迹，而这些古人生活的年代距今 164000 年至 50000 年。虽然他们留下的大部分遗迹都是由矿物、石头或贝壳制成的简单人工制品，但却能给我们提供一些关于人类早期祖先生活的最好信息。[1] 我之所以到尖峰地区参观，是因为我对这些考古发现很感兴趣。我在想：有没有证据表明那个遥远时代的人类和现代人类是由同一个模子刻出来的?

因为在现存物种当中，黑猩猩、倭黑猩猩和我们的亲缘关系最密切，而它们也和我们一样，都生活在社会当中，所以我们有理由相信当初生活在尖峰地区的古人也不例外。来自这处遗址和其他地方的证据，虽然都很分散且不够完整，但都进一步印证了这样的结论，即在我们物种历史的很早阶段，那些人类可能就已经完成了社会过渡，已经生活在匿名社会里，并且留下了一些有力的证据，供我们研究这方面的具体进展情况。然而，最终的答案可能并不在于考古记录，而在于人类（甚至在他们学会说话之前）彼此所交流的那些信息。

500 万年到 700 万年前，我们的祖先从一只猿猴进化而来，而这只猿猴的其他后代将演变成黑猩猩和倭黑猩猩，这些祖先繁衍出的一代代也各不相同，它们都生活得多姿多彩。但人类思维自动简化了这些丰富多彩的变化过程，将其排列成一种从原始到复杂的线性发展之道。这种线性思维会扭曲事实。在过去几百万年的大多数时间点，许多类人物种（humanlike species）同时繁衍生息，到处都是他们生机勃勃的身影，形成了一幅枝繁叶茂的谱系树状图。但在树状图中，除了一个分支以外，其他所有分支都走到了尽头，我们成为唯一的幸存者。

这些物种中最早的一种是南方古猿及其祖先，但在外行看来，他们和其他类人猿长得没什么区别。我们作为其中的人属（*Homo*），起源于大约 280 万年前。其中一些早期人类，如直立人（Homo erectus），离开了非洲；而后来的一些物种，包括欧洲和西南亚的尼安德特人（Neanderthal）以及印度尼西亚的“霍比特人”（hobbit）[又称为弗洛里斯人（*Homo floresiensis*）] 则在其他地方进化出来。但就像我们最早的祖先一样，智人也源于非洲。除了非洲之外，我们在世界其他任何地方都算是入侵物种，这种情况就像阿根廷蚂蚁侵入了加利福尼亚和欧洲一样。

追寻过去

早期的智人如何生活，以及其中一个更加无从考证的问题，即他们如何识别自己和他人，是不解之谜。但让我们的研究变得更加困难的是：在人类在这个星球居住的很多时间里，包括人类在尖峰地区露营的大部分时间，智人都生活在困境之中。几个世纪以来的严酷干旱气候使人类数量减少。DNA（脱氧核糖核酸）证据显示，人类历史上一度只有几百人幸存，其数量比今天许多濒临灭绝的动物还少。[2] 想到我们差点就这样被大自然毁灭，真是令人唏嘘。

考古学证据就更加稀缺，因为狩猎–采集者不会制造过多能够经受住时间考验的物件。他们没有理由像我们今天一样，为了储存可以喝几分钟的苏打水，就生产出永不损坏的瓶子来。我们之所以还能在一些深山古洞中找到他们当初留下的艺术创作，只是因为这些地方对他们具有重要意义，很可能体现了他们的某种精神追求。然而，我们能见到的也只有这些艺术品而已，其中一些作品的历史居然长达 40000 年，因为洞穴给它们提供了理想的保存条件。承蒙幸运女神的眷顾，考古学家发现甚至连黑猩猩也能创造出考古文物。它们用来劈开种子的锤子可以追溯到 4300 年以前，这些锤子可以被认为是工具，黑猩猩使用之后就将它们堆积在树下，其表面已经由于反复撞击而产生了磨损的痕迹。[3]

考古学家要研究早期人类也必需倚重石器工具，但从近代狩猎–采集者的情况来看，这些工具只是他们旅行工具包中的一小部分而已。他们留下的大部分文物已经消失不见了。例如，澳大利亚原住民用彩色的沙子在沙漠地面上绘画，但这些作品转瞬之间就随风而逝。同样，他们在庆祝仪式中使用的枝条、牙齿、骨头、棘刺和叶饰，要么已经腐烂分解、不见踪影，要么已经与其他碎片混在一起而无法区分。因此，虽然我们可以猜测古人在尖峰地区睡觉时最喜欢选择何处，但我们不能指望他们会有床上用品的文物留下，我们最多只能猜测他们是否曾经编制篮子或织布纺衣。此外，有关他们社会的许多重要特征，尤其是人们管理社会关系这方面，几乎没有留下任何线索。

如果早期的人类家园极为简陋，或者用不结实的材料制成，那么史前定居点留下的证据就会很少。尽管埃克尔斯山的部分地区在两个世纪前还有人居住，但如今那里，大部分运河的石壁和房屋已经沦为一片废墟。然而，在欧洲已经发掘出了几万年前的茅屋遗迹，这些茅屋看起来很适合长期居住。据报道，在法国的阿马塔（Terra Amata）等地，这些茅屋的建造时间可能要往回追溯几十万年，这说明远在人类进化到目前的形态之前，这些房屋就已经存在。一些人认为这些远古建筑是用树枝搭建的，并辅以石头作为支撑。果真如此的话，那这些房屋应当足以为许多人提供栖身之所。[4]

对于狩猎–采集者来说，最近发生的革命性变化不是定居生活，而是他们创造出了一些足以保存至今的文物，这些文物也成了让考古学家找到他们定居点的证据，或至少是人们经常聚集的地方。我们已知的人类现存的最早建筑是一个纪念性建筑，它就是位于土耳其东南安纳托利亚地区一个山脊上的格贝克利石阵（Göbekli Tepe）。至少在 11000 年前，在人类学会种植植物或饲养家畜之前，那个建筑就已经破土动工。格贝克利石阵被一位考古学家誉为“小山上的大教堂”，是目前已知的最古老的宗教遗址。[5] 在一片斜坡上，三米高、七吨重的 T 形石灰石整块整块地呈圆形排列，上面雕刻着各种装饰性的动物图案，其中包括蜘蛛、狮子、鸟禽、蛇类和其他一些相当危险的物种。令人不可思议的是，所有这些工作都是用简单的燧石工具完成的。从仲夏到秋天，这一带经常出现羚羊。一定是它们把狩猎–采集者吸引到了这个乡村角落。考古勘探已经找到证据，证明格贝克利石阵所在地是当时的盛宴中心，并且宴席饮食中出现了最早的面包和啤酒，它们都是用野生植物长出的谷物制成的。[6] 要建造这样一个令人生畏的大型石阵，建造者们必须全年或至少一年有部分时间住在工地附近。虽然我们还没找到附近有人居住的证据，但在南边考察的其他研究人员已经发掘出大量房屋和精致的头饰，它们属于远古时代的狩猎－采集者，但他们生活在 14500 年以前，远在格贝克利石阵建成之前。纳图菲亚人的定居点证明，早在人们学会种植作物或驯养家畜之前，乡村生活以及与之相应的地位差异就已经出现了。表明乡村生活贫富差距的其他证据包括 3 万年前在莫斯科附近精心安排的葬礼，其尸体上的衣服用数千颗象牙珠子装饰，这些珠子可能需要花费数年时间才能制作出来。[7]

由于更早时期的考古记录甚为稀缺，因此有人断言：石器时代的人们从来不会定居生活，此外，他们没有产生或很少出现艺术、音乐或仪式，也没有创造出复杂的武器、渔网、陷阱或船只，他们甚至连话也不会说。也有一些人认为人类只是在近代才进化出可以抽象思维和复杂推理的智力。如果真是这样，那第一批智人就只不过是一些笨手笨脚的卡通人物罢了。

但他们绝非如此简单。在过去的 15 年里，考古人员已经在尖峰地区发掘出大量的文化制品。在我拜访他们的两天时间中，这些考古人员就挖出了古人饭后留下的贝壳、一个烹饪软体动物的炉膛、一些红色赭石颜料，以及一把削笔刀大小的石英刀片。整个地层都可以找到用硅结砾岩制成并经过热处理的刀片，它们像牙签一样薄，所以唯一的作用应当就是充当矛头或箭镖。

尽管这些东西还很简陋，但我们至少可以说，这些曾在海边涉足的古人已经有了一些审美意识。早在 11 万年前，他们就开始把冠螺和鸟蛤带到洞穴里，而那些美丽的贝壳是他们从沙滩上挖出来的，所以他们当时的行为类似于今天的海滩拾荒者。[8]

考古记录表明，智人的生活在那段古老的岁月里已经有所改善，并且这在过去的 4 万或 5 万年前表现得尤为明显。因为此时的文物数量增加，工艺也变得比以前复杂，其中包括拉斯考克斯（Lascaux）洞穴中的杰出壁画，据说连毕加索都对此感叹道："和他们相比，我们没有取得任何进步。"此外，他们的工具设计得更好，种类也更多，并在考古记录中留下了更多的印记。

事实上，现代狩猎－采集者携带的许多器具都可以追溯到这个时代。在过去的10年里，考古学家在南非的一个洞穴中发现了大量让近代布希曼人认为属于生活必需品的文物，而这些文物已经埋藏了4.4万年之久。[9] 在保存下来的物品当中，有用来挖掘甲虫幼虫和植物块茎的棍子、骨锥、刻着计数单位的木节、用贝壳或鸵鸟蛋制成的珠子、箭头（其中至少一支用赭石进行了装饰）、把箭头粘在箭杆上的树脂，以及用于给箭头涂毒的工具。在近几个世纪生活的任何一个布希曼人对这些物品都应当非常了解。

同时，近代的布希曼人虽然也认识这些物品，但无疑会觉得它们有点陌生、怪异，就像他们使用的是同时代其他布希曼社会所制造出来的工具一样。事实上，既然古代的物品与一个世纪以前布希曼人的物品如此相似，那我们似乎就可以得出一个合乎逻辑的结论：这些物品的制造者同样也可以根据地点的不同而将它们稍加改造，并且同样迅速地将这些变化与当时的某个布希曼社会联系起来。

尖峰地区出土的文物给我们提供了许多启示，早期人类可能已经对使用不同风格的装饰物品很感兴趣，而这通常是在更晚的人类社会中才会出现的特征。从16万年前开始，赭石被运入洞穴，并用火烧焦。不言而喻，加热的目的是进行装饰，火烧可以把赭石变成血一样的鲜红色。世界各地的狩猎－采集者，包括北美印第安人，如丘玛什人，都用赭石在身体上绘上图案，借以表明自己的身份。许多非洲人，包括布希曼人，至今仍保留着这一传统。研究人员在距尖峰地区100公里的海岸线下挖掘出一个有10万年历史的赭石加工厂，里面有磨石、锤石以及储存在鲍鱼壳中的颜料。人们在南非布隆伯斯（Blombos）的洞穴里也发现了赭石块，上面刻有几何图案，这些赭石距今已经有7.1万年历史。此外还有蜗牛壳，上面钻了孔，这样它们就可以像珠子一样被串起来。[10]

然而，即使在一个生活于4.4万年前的布希曼人眼中，尖峰地区和布隆伯斯的艺术制品和生活条件似乎也显得极其原始。这些史前时期的差异如此明显，使许多人类学家都认为，4万年至5万年前人类所展现出的清晰的文化变化，一定是以某种非常剧烈，同时又相当突然的进化嬗变为基础的。但这种说法并不令人信服。如果认为“现代人”产生于那段 1 万年的间隔期间之内，也就是远在人类出现之后，是缺乏认知根据的。这相当于说，因为早期工业革命时代的人们与我们现代人相比，过着艰苦朴素的生活，所以生活在 18 世纪的人类在精神禀赋上就根本和我们无法相比。[11] 两位科学家将这个问题简明扼要地总结成一句话：“考古记录只告诉我们人们过去做了什么，而不是他们能做什么。”[12]

考古学家林恩·瓦德利（Lyn Wadley）认为，经过雕刻的骨头和贝壳项链在石器时代起到了今天国旗的作用。他进而宣称，在人类努力把抽象信息储存在大脑之外的那一刻起，其行为就已经具有了现代特征。[13] 当然，问题在于我们永远无法证明：人类祖先在用赭石进行创作，以及把串珠和箭头加工成特定风格时，他们心里究竟是怎么想的。这些是他们的刻意行为还是漫无目的的涂鸦作品？尽管如此，如果某些不具有实际用途的物品——比如某种特定的贝壳——在尖峰地区的洞穴中反复出现，那它可能就是当时社会的一种标记，因为往往只有重要的东西才会重现，就像古埃及艺术中的猫一样。即便如此，一个手工艺品要能代表一个社会，除了反复出现之外，还得专属于某个特定群体。然而现存的考古遗址实在太少，让我们无法解开早期人类的社会模式。[14] 这样我们最多只能推断某个物品可能在古代社会中充当了标记，因为近代的狩猎–采集者们就是这样做的。

既然第一批布希曼人能用标记区分社会，那这就表明匿名社会可能具有更古老的渊源，甚至可能延伸到智人或更早期人类的诞生时期。一个研究小组在肯尼亚的东非大裂谷发现了人类在 32 万年前就具有复杂技术及一些可理解为象征性行为的证据。考古学家指出，一些黑曜石工具和赭石显示出研磨的迹象，是用来制造他们在那儿发现的染料用的，而这些染料可能已经被当时的人类（可能是智人）用于为彼此化妆，从而标明群体身份。显而易见，这些东西对于其主人来说异常珍贵。现场堆放着大块的赭石和黑曜石，其中黑曜石是从 91 公里以外的地方拖运来的。[15]

这是我们发现的第一个，也是唯一一个，供人类的祖先表达其身份的地方，但距离尖峰地区的山洞还很遥远。在我看来，尖峰地区的人们在树上进行雕刻、在巨石上绘画（不过早已风化消失），无疑是借此宣称这是自己的地盘。自从智人诞生以来，非洲很可能充斥着各种各样的社会标记，这种景象不亚于今天在各洲大陆飘扬的各种国旗，不过这些标记功能各异，比如有的是进行警告，有的是表达庆祝，还有的是表达对土地的敬畏。我之所以对此如此确定，是因为像我们对其他灵长类动物的研究所表明的那样，人类很容易进化出对标记的依赖性。

不断发展的标记

现在各种文化以及与之相关的大量符号充斥着人类社会，我们很难想象在最初的人类社会中会没有它们的踪影。象征性文化以及庞大的人口规模在匿名社会不是必需的要素。比如蚂蚁社会无论规模如何，其身份标记都是以化学形式给出的，这显得简单明了，其中没有（我们所知的）任何符号信息。它们的社会气味只要能将人类和蚂蚁加以区分就行了，不过要在蚂蚁中区分敌我，事情就会变得稍稍复杂一点。在这方面，蓝头鸦发出的叫声、抹香鲸的拍水声、裸鼹鼠的气味，也只是为了起到相同的作用。

在最初的人类社会中出现的简单标志，不需要传达任何抽象的东西，比如，不需要表达人们的爱国主义或者人们与过去生活的联系，因为这些内容以后再添加也不迟。不过，一旦我们不再假设标记必须具有深远意义，那想象人类匿名社会的诞生情况就容易多了。

最初的标记起到的作用可能只是把传达“谁在何处”的出错概率降低而已。每个社会居民都面临着被认错的风险，而产生这种错误的因素可能是双向的：一方面，人们可能会把一个具有威胁的外人误认为是自己社会的成员，并因此而遭受对方的攻击；另一方面，人们也可能在紧要关头，没有认出自己社会的成员并错误地对其采取了攻击行为。如果在上述情况下，人们能明确表示自己不会给对方构成威胁，那这两种失误都能避免。

促成这种标记发展的原因可能是人们希望保证社会成员的行为表现具有一致性。我们的早期祖先，像其他许多动物一样，善于通过社会进行学习，这种本领可以促进文化的产生，即社会传播的信息总集，其中包括狐獴一般比邻居晚睡的习性，以及海豚和鲸鱼向后代传授捕鱼战术的习性。[16] 生活在世界上某些地方的人们学会了宣誓效忠，而生活在其他地方的人们则可以熟练地使用筷子。

简单的模仿行为并不局限于那些群居或智慧生物，比如经常遭到蜘蛛威胁的蛐蛐，也会通过观察经验丰富的同伴的行为而学会如何躲避天敌。[17] 尽管如此，对于生活在社会中的物种来说，进行社会学习仍然显得至关重要。一项研究表明，一只猴子即使从小在更喜欢粉色玉米（比起蓝色玉米来）的猴群中长大，但如果后来加入了一个更喜欢蓝色玉米（和粉色玉米相比）的猴群，它也会跟着喜欢吃蓝色玉米，并且在两种颜色的玉米都同样可以轻松获取的前提下，实验结果也不会改变。[18] 事实上，在黑猩猩组成的社会当中，年轻成员正是通过向长辈学习，才掌握了自己稍有差异的生存技能，比如利用石头来敲碎坚果，借助经过改造的树枝捕食白蚁，使用嚼过的树叶来吸蘸够不着的水源，以及在梳理毛发时彼此拥抱等。[19]

然而，与人类的习俗相比，黑猩猩社会中出现的文化变异显得简单而又稀少，而且众所周知，这些文化变异并不会影响黑猩猩被社会所接纳和认可。黑猩猩不会根据某个成员是否掌握了清洁树叶这一技能来判断它属于哪个群体；同样，海豚也不会通过观察个体在捕鱼策略方面的差异表现来区分敌我。此外，没有任何迹象表明：如果一只黑猩猩偏离了它们群体的传统，比如在梳理毛发时握手的方式和其他成员不一样，会被同伴察觉到异样，更不用说因此疏远它、纠正它、责骂它甚至将其杀死了。[20] 除了有时排斥残疾个体之外，黑猩猩不会对这种行为偏差心怀恐惧，也就是说，它们不会将成员的举止差异作为社会标记。而移居到新社会的雌黑猩猩显然适应了当地的习惯，不会因为无意中暴露出来的任何不良习惯而受到排挤，[21] 相反，这个黑猩猩群体反而适应了它作为个体的存在，这说明黑猩猩对成员的接纳不是基于它是否学会了其他同伴的行为方式。

但在这方面有一个有趣的例外，那就是：黑猩猩用于互相保持联系的高声呼叫，即喘啸。

在某些物种当中，甚至连松散的暂时性群体也会采用相同的声音信号来满足当下的需要，例如鸟类可以在它们一起度过的时间里，为了呼唤彼此而形成一致的叫声。[22] 有时，这种让声音保持一致的做法，大致相当于人们为了表明彼此具有同一立场而相互模仿对方的言谈举止，因为甚至连猴子也更喜欢模仿其行为的人类。[23] 对黑猩猩来说，它们不仅可以区分个体成员的声音——就像猴子可以区分同伴的声音那样，而且事实上，这就像人们通过声音就知道到底是张三、李四还是王五在说话一样，黑猩猩还可以通过聆听其他成员的声音来对自己如何喘啸做出细微的调整，直到最后整个黑猩猩社会发出完全一致的喘啸。[24] 实际上，喘啸的“口音”变成了每个黑猩猩社会不可或缺的标记方式。[25]

尽管不同黑猩猩群体发出的“喘啸”有所不同，但和我们人类根据某人的方言来判断他是本地人还是外地人不一样，黑猩猩似乎不是通过喘啸来鉴别成员身份。相反，喘啸主要是作为一种“群体协调信号”（a group-coordination signal），就像大多数鸟群使用叫声的作用一样，用于聚集和动员社会成员，同时监测来自其他社会的黑猩猩的位置。因此黑猩猩发出喘啸的作用，就和动物划分领地范围及协调远方成员行为时所发出的叫声一样。举个例子，体型较大的矛鼻蝠会利用自己群体特有的尖叫声来引导同伴离开其他蝙蝠，飞到它们领地结满果实的树上，并且还会停在树上继续尖叫，（人们猜想它们）以此表明这些是属于自己的财产。[26]

黑猩猩对邻居的喘啸非常清楚，听到邻居的叫声就知道自己是否会与之狭路相逢。但它们听到自己群体成员发出的喘啸，则会发出喘啸进行回应。当听到自己熟悉的其他黑猩猩群体发出的喘啸时，如果这些黑猩猩从叫声上判断自己具有数量上的优势，则会继续前进，甚至发动攻击。但听到陌生的喘啸，它们通常表现得更谨慎，还会采取避让措施：遇到自己完全陌生的同类群体是让这些猩猩最苦恼的事情。[27] 我们对黑猩猩的大脑进行 PET 扫描的结果也很感兴趣。虽然目前我们还无法解释，但喘啸的作用方式的确不同于黑猩猩的其他叫声，因为喘啸不能激活黑猩猩大脑的后颞叶。[28] 而大脑的这个区域与情绪处理有关，所以可能导致黑猩猩对其他同类无动于衷。

群体协调信号是一种标志，用来协调活动和主张领地所有权，而不一定是把个体成员和外部群体进行区分。我们也有群体协调信号，如今，各国的国旗和历史遗迹，就像猿类的叫声以及狼或蚂蚁留下的气味一样，有效地表明了每个社会的区域。将群体协调信号（如喘啸）转换为用于识别同伴的标记只是小事一桩，并且可能受一些最基本的动机驱使，因为只要稍加努力，熟悉这种叫声是如何发出以及如何接收的，社会成员就可以判断出平时难以确认的某位个体是否真的属于自己的群体。于是这种喘啸或者任何与之类似的东西，只要根据需要进行展示，就能让其他成员知道自己的群体身份，从而成为成员身份的证明，于是一个简单的标志就演变成了证明社会成员身份的暗语。[29]

暗语

早期的人类标记起到了识别身份的暗语作用，尽管这一结论显得很简单，但它还只是一种假设。另一个和我们有密切亲缘关系的物种倭黑猩猩，能发出一种称为“高啸”（high hoot）的叫声，其作用似乎和黑猩猩的喘啸差不多。[30] 这让人有理由相信：我们与猿类的共同祖先应当会一种类似的叫声，可以适应我在前面所描述的这些情况。如今人们很少再依靠暗语来识别对方，尽管在战时一个士兵如果要回归营地，用这种方式表明自己是友非敌还是很有必要的。同样，一个亚诺玛米（Yanomami）部落的成员要回到位于南美洲奥里诺科河（Orinoco）盆地雨林的村庄，就会大喊大叫，通过这种方式来告诉周围人群自己是他们的“朋友”。

事实上，专家们可能在这方面低估了黑猩猩的能力。尽管黑猩猩不会在每次见面时都进行喘啸，但这种叫声仍然可以作为鉴别社会身份的临时暗语。灵长类动物学家安德鲁·马歇尔（Andrew Marshall）告诉我，在动物园，有一只黑猩猩不会像其他群体成员那样进行喘啸。于是黑猩猩群体禁止这个可怜的家伙参加梳理毛发的集体活动，并且直到其他成员都吃饱之后才允许它接近食物。最后，其他雄性黑猩猩还是把它给赶进护城河里淹死了。我们不可能证明它惨遭虐待就是由于它那不同于其他成员的喘啸引起的，但二者之间应当有关联。

人类最初的身份密码可能是用赭石在身体上留下的标记，这相当于让自己裹着一面国旗。但这样的标记很容易被擦掉，因此我认为像喘啸一样发出声音才更有可能。如果这一假设成立，那口音就会先于语言而出现。在文字出现之前，语言是在考古记录中没有留下痕迹的另一种人类特征。没有人能确定我们这个物种何时开始说话，也许在能够进行富有成效的对话之前，人类必须首先发展出一种能鉴别身份的暗语，这样成员之间才有可能产生必不可少的深层信任。[31] 黑猩猩在幼年时期就必须掌握这种声音技能，这比学习像砸坚果之类的生存技能更加重要。这对于刚加入社会的新成员来说也是一个不可或缺的前提，尽管年轻人和新成员在学会正确地发出暗语之前，社会可以对他们稍微放松一点要求。

我的推测是，在人类的祖先开始从森林迁移到非洲大草原之后，他们才逐渐在生活中推广使用最初的暗语。从他们的消化道、牙齿和使用的工具来看，我们的祖先比黑猩猩和倭黑猩猩吃更多的肉食，而狩猎或搜寻非洲稀树草原上的猎物则需要他们在广袤的土地上长途跋涉。[32] 黑猩猩还可以偶尔看到一些隐居的社会成员，但对于分布得最稀疏的团队社会来说，其社会成员要好几年才可能遇到一个位于最偏远地区的团队成员。即使他们以前见过面，但随着时光的流逝，由于身貌发生的变化以及记忆力衰退等因素，也可能出现难以辨认的情况。因此，发明一套可靠的暗语不仅可以避免出现这种困境，而且假以时日，还可以让素未谋面、也许完全陌生的成员因此相认。

我们预测，对于那些依靠个体记忆的动物，如果它们活动的范围过广，就可能会导致社会分裂，因为其中的个体即使不是原本就完全陌生，也会在长时间分离之后彼此相忘。然而，人类社会可以依靠暗语来区分自己的社会成员和陌生的外来者，从而避免出现这种情况。

由于标记允许个体在保持社会联系的同时可以忘记关于他人的细节信息，甚至在完全陌生的环境中也感到舒适自在，从而让社会不仅在空间上而且在人口上都得以扩张。例如，一个黑猩猩群体最多只有几百名成员，而倭黑猩猩群体中的成员则还要稍微少些。但有证据表明，我们祖先的社会在很早以前，就摆脱了这些对社会规模发展的限制。两位人类学家根据对大脑容量的估计而得出一个结论：直立人和早期智人的社交网络已经比黑猩猩的社交网络更大。[33] 这表明他们的社会可能已经远远超过了 200 个成员的规模。另一项基于考古证据的研究预计，人属在 280 万年前出现时，人类的饮食之中开始包括更多的肉类，而他们的社会已经达到了几百个人的规模。[34] 这两方面的结论都表明，社会标记是我们文化遗产中一个难能可贵的组成部分，并且早在第一批复杂的艺术品——如洞穴绘画——变成化石之前，就已经开始发挥作用了。

但我们对以下情况却不得而知：我们祖先的社会是否在很早之时起——当其中的社会标记仅限于一种简单的暗语时——就已经包括互不相识的成员了；或者，只有在社会标记变得越来越复杂以及多样化之后，他们才能与自己不熟悉的其他成员待在一起。然而不管他们属于其中的哪种情况，无论当时他们多久才见一次面，也无论他们称之为家的地方离自己有多远，总之从那时起，早期人类就不再需要认识其他每位成员了。当人们第一次可以轻松自然地和完全陌生的同类待在一起时，我才会把我们的这个物种描述为（已经）“从熟悉中解脱出来”（released from familiarity）。[35]

活生生的广告牌

根据形势需要而创造自己的暗语，这在人类进化中应当是一个关键性的进步，但在以前一直没有引起研究者的重视。尽管以大多数哺乳动物的标准来衡量，几百人的社会已经算是规模庞大了，但与今天的社会规模相比，仍显得微不足道。然而，回到当时，这样的社会却代表着一种突破，因为我们的祖先面对着越来越强大的同类社会的挑战，就像与之差不多同样规模的团队社会一直到今天都面临的情况那样。虽然如此，为了真正确保一个社会的成员身份，以前一个标记符号就能起到的作用现在必须由一个完整的系统来完成。

拥有单一标记的问题在于，它使社会容易受到欺骗或出现差错，这可能使异己分子偷偷溜进来，甚至可能使整个社会的成员产生混淆。当物种依靠太简单或太稀少的信号进行标记时，自然界就会出现大量的例外情况：想想蜘蛛在用蚂蚁的身份密码（即蚁群气味）浸泡身体之后，就可以自由地进入壁垒森严的蚁穴里面。然而，我认为人类社会不可能通过偷偷复制对方身份的方式来接管与自己存在竞争关系的另一个社会。这样做之所以缺乏可行性，是因为我们最初的身份密码会被越来越多的五花八门且不可复制的标记——如复杂的社会仪式——所隐藏和淹没。破解产生蚁群气味的秘密，远比伪造人们彼此识别的复合标记要简单得多。[36] 因此，虽然没有哪种标记会造价高昂，但随着不断进化，某些社会标记，尤其是一个社会的整套标记，会变得极难伪造。因此，即使不喊出“朋友”这样的字眼，人们也能很快使自己的身份标记变得显而易见且无懈可击。[37] 即使一个成员没有注意到某个人身上携带了伪造的标志，其他成员也会很快发现其中的蹊跷。这种依靠集体力量来识别入侵者的行为在昆虫身上也同样存在：一只外来蚂蚁即使逃过了第一只守卫蚂蚁的检测，也会在下一道关口被另一只哨兵给揪出来。[38]

除了简单的手势之外，在人们中普遍存在，并且可能也是最初伴随身份密码而产生的一种标记方式，就出现在人们的身体上。于是，人类进化成了活生生的身份标记广告牌。我们裸露的皮肤和头发，以及使我们区别于其他灵长类动物的解剖学特征，就相当于一张早期的画布，可以用来表明自己的身份，还能用来清楚地了解别人。而且，不管我们是作为自然个体还是作为社会成员，情况都是如此。[39]

在加蓬，我曾向一群闹嚷嚷聚在一起的人展示一本关于非洲各部落的图片。这些图片吸引了人们好奇的目光，并引起他们的激烈交流；他们的手指落在珠宝、羽毛帽和其他任何让当地人感到奇怪的细节上。然而，当地人最感兴趣的还是照片上那些让他们深感陌生（因而也就显得极为荒谬）的发型。如果不是为了满足特定的文化要求，那人类为什么要蓄着拖把式的长发？长发不仅不能像短发那样随意梳理，还得进行精心修剪和造型。

仅仅为了不让头发破坏自己的形象，就会让各个年龄阶段的人们大费心思。据一位历史学家说，在古代中国，有着不加修整的一头乱发的人“总是指那些不属于人类社会的人物，如野蛮人、疯子、鬼魂或神仙”。[40] 公元前210年逝世的秦始皇，其陵墓中兵马俑的发髻就暗含了关于他们民族起源的信息。一位人类学家已经观察到在巴西的卡雅布族（the Kayapo）中，“每个人都有自己独特的发型，这代表着他们自己的文化和社会团体（因此，在他们自己的眼中，也就代表了人类社会能够达到的最高水平）”。[41] 一些北美印第安人把头发剪短，而另一些人让头发长得可以拖到地上；一些人的额头上留一排刘海，而另一些人则剃光了头顶（或者，像莫霍克人一样，把头部的两侧剃光）。毛发可以用各种方式梳理或编织起来，或包裹在海狸皮里面，或梳成角状的锁形。[42] 即使像布希曼人这样的民族，虽然他们卷曲的头发从不会长得太长，但也要花时间来对其加以美化才行。

我们裸露的皮肤同样适合炫耀我们的身份。达尔文认为进化出裸露的身体会使雌性显得更性感，但雄性黑猩猩可能对这种联想完全没有感觉。无毛的皮肤确实给人们提供了一个可以发挥创造能力的表面，因为他们可以在皮肤上蚀刻、素描、涂色、穿孔、文身，或者刺绣来表明自己的身份。皮肤图案的个性化定制可能始于人类用火烤制赭石蜡笔，从而产生各种不同风格，人类学家谢尔盖·阚（Sergei Kan）恰当地将其描述为一种把自然皮肤转变为社会皮肤的行为。[43] 比如，外界人士非常讨厌缅甸北部妇女的文面图案，所以这几乎可以限制她们只能和自己部落的男人结婚。[44]

1991 年，在奥地利和意大利之间的山区发现了一具距今 5300 年的冰冻木乃伊，他生前曾用烟灰戳进背部和脚踝处的伤口里面，从而留下了 14 组文身图案。[45] 然而早在冰人去世之前，我们的身体就可以作为自己的身份广告牌了。虽然没有人知道，凌乱的胡须和拖把样的毛发是什么时候消失的，但人类皮肤几乎褪去毛发已经有 120 万年的历史了，而那时我们还处于早期直立人的生活时代。[46]

卡通片中的洞穴人（通常是一个男人）在日常生活中几乎一点也不关心自己的外表。由于我们在自然界自视甚高，难免会觉得这个野蛮人举止粗鲁、不修边幅并且根本就不洗澡。[47] 这种固执的刻板印象在当代其他文化中也有体现，其实这只是人们的一种主观臆测而非现实本身。比如群居的灵长类动物互相梳理毛发可以长达几个小时，因为邋遢是不健康的标志。理发则是这种清洁打扮行为在人类身上的表现，其动机与其说是加强理发师与理发者之间的联系，不如说是理发者借理发师之手让自己容光焕发，能以最完美的姿态向世人展示自己的身份。在梳妆镜出现之前，我们完全依赖别人来帮助我们塑造自己的外在形象，尤其是像灵长类动物学家艾莉森·乔利（Alison Jolly）曾经说过的那样，我们只能依靠别人来管理“背部的那一小块区域”。然而穴居人不但可能仪容整洁，而且可能表现优雅。正如乔利所说的那样，“25000 年前的人物图案就显示裸体女人留着美丽的辫子”。[48]

最近一千年，护肤和理发已经成为我们狂热追求的一部分，这也让我们把自己变成活生生的移动广告。修改颅骨的形状，增加脖子、耳垂、嘴唇的长度，补牙修牙，美甲，修脚，在世界各地，从头到脚都是标志我们身份的标记。最早的着装原因不是遮羞，而是进一步提升人的形象——也让我们多了一种凸显身份的方式。

那些一开始只是偶尔标明身份的东西会逐渐发展扩大成一整套标记体系，帮助人们时刻观察他人。借助标记的可靠性，人们没有必要时刻关注“谁是谁”之类的问题。这种持续的身份标记将成为社会的强制性要求。随着社会人口发展到足够的数量和规模，人类需要设法让每个成员对群体的联系不断加强。对于社会特有规范准则的贯彻执行，不再是根据个人意志，而是必须辅以强制手段：一个人如果行为不端，甚至也会让他的朋友感到羞愧惊讶。人们历来就喜欢与异族成员进行比较，虽然并非所有异族事物都会遭到诽谤非议，比如，一个社会可能觊觎另一个社会的物品，但如果归顺异族，则可能导致个体成员被整个社会扫地出门。

一旦拥有了对所属社会的成员抽象认知的能力，人们就可以在人群中完全放松，因为每个人都符合大家对社会成员的预期，都不会被看成异类。如果你必须对经过身边的每一张陌生面孔都仔细审视，那就很难让自己的伴侣或者挚友过得开心。[49]

文化棘轮

这套标记的核心部分就是由我们社会生活中的繁文缛节组成的。[50] 人类开始有了文化：一些我们可以互相教导的、丰富而复杂的系统，但不同社会拥有不同的文化内容。文化远远不只是用来确定人们来自哪个社会的。文化保证其社会成员吃饱穿暖、安全无忧，并以一种黑猩猩无法理解的方式对这些成员产生重要影响。[51]

追根究底，各种社会特征都是我们祖先创造、改进文化的行为，并让文化多姿多彩不断发展的结果。通过这种方式，人们得以逐步创新和改进他们所做的一切，这种特征为人类所独有，被称为“文化棘轮”（cultural ratcheting）。[52] 文化棘轮现象在过去 5 万年，尤其是在过去 1 万年中加速发展，现在它在每个世纪，甚至每年都有新的发展。一些改良的文化产品被许多社会所共享，比如当今流行的手机模型就属于这种情况。人们以这种方式把任何自己喜欢的东西都变成身份标志，从而创造出一系列象征性的事物，它们显得十分复杂，几乎不可能被外人模仿复制。

如果我们的世界没有这种随处可见的新鲜事物，简直令人无法想象，但大部分这样的新鲜事物只是现代消费资本主义的产物。不断进行文化创新对人类来说并无必要。早期社会留下来的个别考古足迹表明，在人类生存的大部分时间里，文化创新极其罕见，虽然其中也有一些小的变化，但在这方面几乎没有取得任何进步。至今为止在 99% 的历史阶段中，人类社会成员与自己的父母以及更远的祖先们的经历几乎完全相同，他们的社会由于变化太小而不能在历史长河中留下蛛丝马迹。在这方面有一个典型例子：在尖峰地区出现的文化棘轮现象只比敲坚果的黑猩猩多出那么一丁点变化，但几千年来黑猩猩可一直只会把类似的岩石作为锤子使用。

早期人类可能表现不佳，因为他们人数实在太少了。文化精细化发展需要有大量人口参与其中。尽管我在前文中曾断言狩猎 – 采集者会自力更生，但关于如何做事的记忆并没有完全储存在每个成员的头脑之中。我们不断地提醒对方所有可以回忆的事情。于是，记忆的责任就分担到每个成员身上，这被称为集体记忆。我们的祖先既没有书本可以阅读，也没有互联网可以冲浪，他们只能相互依赖。他们沟通得越多，就忘记得越少，这样一来，每个人不必都得记住完成某个任务的所有细节。人类的学习能力并不完美，掌握的技能也会随着时间的推移而逐渐退化。[53] 但只要成员相互接触得足够多，集体记忆就可以广泛而有效地传播，不仅可以从一个团队传播到另一个团队，而且可以在善于相互学习的社会之间实现跨越式传播。

人类形成集体记忆的时间不会比 5 万年前早出太多，因为当时人烟稀少。正如社会分工会危及小社会的生存一样，如果人数很少，过度依赖他人的知识也有风险。人类掌握的基本生存技能完全可能由于运气不好而突然消失。这就是所谓的“塔斯马尼亚效应”（Tasmanian effect）。许多人类学家认为，塔斯马尼亚的原住民在 8000 年前被不断上升的海水隔绝以后，慢慢忘记了诸如生火和捕鱼之类的生存技能，结果那里就变成了一座孤岛。[54]

尼安德特人也曾因人口密度低而受到不利影响。他们的脑容量比我们的更大，但他们的社会更简单。这种简单性常被认为是智力低下的表现，但由于他们能在严酷的北方依靠狩猎技术维持非常小的人口规模，因此尼安德特人可能只是落入了与早期智人相同的陷阱里面。[55]

当人口稀少时，另一个阻碍进步的障碍可能就是“回声原理”（the echo principle），顾名思义，该原理反映的是过去的历史如何穿越时空在人类社会中回荡。[56] 这就像耐用品可以被丢弃，但永远不会被人完全忘记一样。人类祖先的遗迹无处不在，从而把我们的集体记忆延伸到过去。无论埋在土里的雕像或斧头是几千年前的作品或就是昨天的作品，其中的差异对我们几乎没有任何影响。但是，既然能看见以前作品的踪影，那早期人类原本可以和他们的前辈们继续保持一致。

由于现代文明人口众多，从而能创造出比远古时代更多更好的物品，于是这种习俗在我们身上几乎消失殆尽。在我的孩提时代，科罗拉多州的地面上到处都是箭头，即使我们把它们捡起来作为纪念品收藏，也对其中的制作工艺没有兴趣了。但对于早期的非洲人，甚至后来的第一批欧洲殖民者（他们的人口密度同样很低）来说，回声原理可能就变成了一根救命稻草。通过研究过去时代的物品，能够制作工具和雕塑之类的能工巧匠就不会从人类生活中永远消失。这可以解释为何有那么多的手工艺品能够流传，并且在经历了漫长的时间洗礼之后几乎没有发生任何变化。

4 万至 5 万年前物质产品突然增多，对此更合理的解释是当时人口激增，而不是当时人类大脑的基本结构发生了升级变化。人口的爆炸性增长是由于非洲各地气候适宜，以及当时或稍早以前人类在整个欧洲大陆的四处扩散造成的。[57] 由此对集体记忆带来的促进作用，导致了实用技术的兴起以及身份标记在其他方面的发展。[58] 人类比以往任何时候都更可能会与陌生人接触。由于人们要努力保持自己与陌生人之间的区别，于是那些可能表达成员身份的物品，比如项链和艺术品，在这个时候开始发生变化，这种标记可以快速传播。人类学家马丁 · 沃布斯特（Martin Wobst）认为：人类通过改造标记来传递信息，从而开始在世界上引起连锁反应。比如，一旦一个社会在其陶器上添加了一幅自己的主题图案，那就立即表明在其他地方未经改造的陶器和自己的不同。这样一来，其他地方的人们只能通过创新别的装饰风格来应对这种新出现的情况，希望通过这些风格上的变化将人们的注意力聚焦于自己的身份。瞧啊，升级版的商品在一片又一片领土上涌现，而这些标记物让社会文化发展得更加丰富，正如它们最初促进了人口的增长一样。[59]

人类形成身份的部分原因是回应与外来群体的接触以及对他们的产品或所做之事进行回应，所以我提出了一个规则：社会成员与不同的竞争者接触越多，他们展示的标记就越多越复杂，并且越具有自己的特色。[60] 因此，当不同社会聚集在一起时，为了避免混乱以及保护自己，他们的成员可能会变得更有区别性。这就是太平洋西北部众多部落之间会用不同的唇饰加以区别的原因。这还让我们想起为何新几内亚的不同部落的装饰和仪式具有高度区别性，因为这个岛上密密麻麻地居住着 1000 多个部落，这些部落都以明艳精致的服饰著称，而隔壁的澳大利亚原住民则人数较少，所以他们的服饰相对单一。

艺术和装饰、语言和活动的丰富多彩，使全世界的社会群体各具特色，并且这种特色今后将会变得越来越精细复杂。所有这些多样性的根源，可以追溯到人类朝着匿名社会发展之初或更早之时的那场根本转变。概括地说，我们社会使用的标记物会逐渐从一些行为演变而来，而这些行为也许正如我在这里想象的那样，最初应当与人们今天在黑猩猩和倭黑猩猩身上仍然可以看到的行为相似。人类社会中的标记首先应当是作为一种身份密码使用，随后的标志可能涉及用整个身体来表达社会成员的身份，但是这些标记几乎不会在考古记录中留下什么痕迹。几万年前，更复杂的社会出现了，其产生的背景是当时的人口已经膨胀并能够充分互动，从而让人们可以集体记忆、生产和即兴创造更复杂的社会特征，当然其中的部分原因是与邻近部落拉开距离。

从依靠个体识别的灵长类动物社会发展到文化极其丰富且完全匿名的人类社会，这在依靠简单标记且生活一成不变的蚂蚁世界中根本无法想象，但它是一个漫长的历史过程。匿名社会的出现大大早于人类文明的出现。它的演变是一个巨大的从大脑皮层延伸到下脑干的重新布线工程的部分内容。许多必要的神经回路最初只是产生于一种原始的相互作用，即大脑感受到标记以及该标记的分享群体所发出的刺激，并对此产生反应。从那时起，我们经过改造的大脑开始将我们对个人和社会的标记符号与一些难以控制的情感和意义联系起来，这种情感和意义又给我们年年岁岁甚至时时刻刻的行为赋予了活力。这些行为之间的相互作用，虽然在心理学科中已得以披露，但在很大程度上仍未在进化论中得到解决。

第五部分

社会功能的正常运转（或异常表现）

第十二章

–

感知他人

如果你在狩猎－采集者组成的群体中待上一段时间，就会意识到晚上睡个囫囵觉只有在现代社会中才能实现。我在去纳米比亚的旅途中，听到布希曼人在皎洁的月光下交谈，他们叽叽喳喳的声音听起来像鸟儿一样细腻婉转、节奏轻快、富有弹性，洋溢着一股兴奋之情。虽然屋内摇曳的火光几乎照不亮他们的茅屋，他们仍激情四溢，有时甚至手舞足蹈地在一起回味古老的传说，讲述一天里发生的事情。当太阳升起时，他们就集中精力，开始讨论对日常事务的部署安排。夜晚则是他们讲故事的时间，故事的内容反映了他们日常生活的总体情况，并加强了成员与社会之间的联系，是成员与社会联系的纽带。[1]

几年之后，当站在普林斯顿大学心理学和神经科学教授乌里·哈森（Uri Hasson）的身后，看他弯腰操作一台电脑，显示屏上显示出一系列脑部扫描图像时，我不禁又回想起当初布希曼人讲故事的生动场景。哈森一直在观察人们看电影时的大脑活动。他播放的一些片段可以从多个角度进行解释：一些观众可能怀疑影片中的丈夫不忠，而其他人则可能认为男主角的妻子在撒谎。哈森对这些观众的大脑扫描图像进行观察，发现持不同意见的观众其大脑图像也有所不同。但是，如果观众们一边看影片一边交流意见，那他们大脑皮层的表现就会趋于同步。也就是说，当他们对电影中的故事情节开始形成一致意见时，他们大脑中的相同区域就会被激活发光。哈森把观众之间的这种大脑同步反应称为“创建和分享社交世界的一种机制”。[2] 这样看来，布希曼人在那个月朗星稀的夜晚分享彼此的喜悦之情，一定也是来自这种大脑的同步效应。

我一直相信，每个社会都必须是社会成员发挥想象而构建起来的，这也适用于社会运作的各个细节。人类把自己所做的一切都变成了一种故事，并根据故事的内容来解释他们的生活。这些故事通过人们之间的不断互动扩展成为全社会的叙事内容，每个成员都会在这方面发挥自己的独特作用。这就是说，从出生的那一刻起，我们就进入了由社会大故事所编织出的一个对未来充满希望的网络，其中包括关于工作、金钱、婚姻以及诸如此类的种种规则和期待。这种全面的叙事为社会最钟爱的标记系统注入活力，并通过创建一个可供人们在内活动的发展框架，给世界套上了一层结构和意义。这种叙事通过历史得以传承，并且每一代人都会对其略加修改，从而使得它不但会影响我们对社会的总体看法，同时也影响我们划分那条把自己与外界隔开的界线。[3] 因此，与其说是社会如何管理成员的细节，不如说是隐藏在这种社会叙事背后的心理，以及在这种心理影响下我们与他人产生认同的具体方式，决定了这条分界线。总之，人类身份的形成以及我们对这些身份产生的反应，引导着我们如何生活，而科学家正试图研究并弄懂其中的作用机制。

到目前为止，本书已经分阶段探讨了我们对社群起源和社群演变所进行过的一些调查研究。我们从动物王国开始，考虑各个物种如何创造社会，以及它们从成员身份中如何获益。接下来，我们调查了人类原始社会的多样性表现，发现狩猎-采集者建立了清晰的社会结构。他们的社会结构通过身份标记得以区分，而这样的身份标记自人类起源以来一直作为社会的组织原则而持续存在。为了找出这些身份标记最初来自何处，我们接着探索了遥远的过去，在那里我们看到标记可能始于一些简单的身份密码。但这个故事已经变得比简单地认可他人的身份要复杂得多。正如我在本节自始至终所描述的那样，人类与标记以及他们建立的群体之间的关系，在发展过程中一直具有丰富的心理学依据。[4]

为国旗而死

“人类举着一面旗帜前行，就像实验室中一只打上印记的小鸭，跑着去追一个皮球一样”，伊伦霍斯·艾布莱–艾布斯菲尔德（Irenäus Eibl-Eibesfeldt）曾如此评论。他是通过动物活动来研究人类行为的先驱之一。[5] 有证据表明，学习标记并据其对人物、地点和事件进行分类是一种本能，即这种能力在产生后天经验之前就已形成。

尽管像在硫磺岛升起美国国旗这样鼓舞人心的故事加强了社会标记的象征意义并起到重要作用，但知晓这些意义并非一个必要前提，因为任何一种强势标记，即使我们对它所代表的意义不甚了解，照样可以激发我们身上的情感反应。这种标记也不需要和一个人产生具体联系才能引起激烈的情绪反应：因为标记（比如一首激动人心的国歌）是否存在（想象美国人在某个城镇里甚至可以射杀秃鹰）都与大脑的边缘系统（the limbic system）有关，它是大脑的情感中心。当一个强大的标记在人们的脑海中被唤醒时，大脑的神经回路会像火山喷发一样剧烈地释放脑电波。由此可见，当暴力行为也涉及破坏国家的历史文物时，就会变得更加可怕。[6]

只要特定的人物处于特定的环境，即使是最简单的物品或字眼也足以引起强烈的情绪反应。举个例子，画一个等边十字架，再画一个双臂分别呈九十度拴在上面的人。如果某人曾在一场大屠杀中幸免于难，那他即使看到这种明显平庸的艺术设计，也可能激动得一下子晕厥过去。然而，我们也可以停下来想想，其实纳粹党徽的象征意义不一定让人们深感恐惧。只不过一旦某种痛苦反应变成了一种巴甫洛夫式的条件反射，要消除这种反应就如同让我们看见国外的恶心食物而不呕吐一样困难。例如，你可以想象一下曾经在科西嘉很流行的那种“移动奶酪”，其实是蛆虫抬着食物在慢慢蠕动。即便如此，在纳粹党徽四处泛滥的时候，它也使得纳粹分子心潮澎湃，就像我们站在国旗前观看球赛的反应一样。

人们的确热爱自己的国旗。今天，历史学家阿纳尔多·特斯蒂（Arnaldo Testi）说，即使是“温文尔雅的丹麦人见到国旗也会疯狂”。事实上，他还继续指出：“在民主的、世俗的共和国里，如果没有其他具有公共约束力的标志，如国王或上帝，那国旗就对公民具有更大的、近乎神圣的重要意义。”[7] 于是，这种狂热情感与我们最重要的集体组织联系在一起，从而让人们觉得为国旗而战或为国旗而死是一种个人的快乐和荣誉。

这些标志仅仅是一种颜色、形状或声音而已，它们是如何在人类大脑中激发出爱国热情或恐惧感觉的？我们目前对此还知之甚少。[8] 这种反应最早出现在儿童时期，不过这不足为奇。因为在美国，教室里就挂着国旗，而向祖国效忠的誓言孩子经常在幼儿园就开始背诵（尽管现在孩子们可以选择退出）。所以到了 6 岁，孩子就觉得焚烧国旗不对，并且不久之后就会为自己的国家感到骄傲。[9]

民族身份的标志无处不在，并赋予每个人相似的经历，因此即使我们身在别处，这些标志也能激发我们的爱国热忱。[10] 于是在面对逆境之时，国家标志变成了激励我们采取共同行动的指路明灯。比如美国国歌的唱片在 1990 年美国投入海湾战争之后成为热门单曲，而美国国旗在 2001 年发生 9·11 袭击之后的第二天销量激增。[11]

婴儿如何区分种族

研究人类群体相互作用的许多心理学，都涉及人们如何对与自身直接相关的标记做出反应。哈森和其他心理学家的研究表明，我们的大脑是为适应社会而构建出来的，而识别他人的身份就是适应过程中的一个环节。其中极为重要的第一个步骤是要注意到他人的存在。假设你在电脑上玩跳棋，并以为对手只是一台机器，但在游戏进行到一半时，你发现你的对手其实不是电脑程序，而是有人躲在背后操作。一旦得知这个秘密，你的心理活动就会发生转移，并激活大脑负责与别人互动的那些区域，包括你的内侧前额皮质（大脑的前部）和你的颞上沟（颞叶的沟状区域）。即使你得到的是一条错误的信息，也就是说没有人躲在后面操作电脑和你下棋，你大脑的这种反应也照样会发生。也就是说，虽然玩的是同样的游戏，而且是在同一台电脑上，你却进入了另一种精神状态。而当我们关注他人时，这种状态是一种正常反应，能让我们推断出他们心里在想什么。[12]

身为社会成员，我们必须保持对别人的觉察。我们与黑猩猩和倭黑猩猩一样拥有一种敏锐的智力——并且三者的这种智力都在裂变－融合社会中因你来我往的个体交际而得以磨砺，从而导致我们善于觉察人与人之间极为细微的差异和共性。[13] 关于人们作为自然个体以及作为群体成员是如何相互关注的，心理学家已经得出一些很有意思的结论。但几乎所有研究都不是直接针对某个社会，而是重点关注生活在城市里面的各个种族。因此，我给出的例子也反映了这种偏见。[14] 然而，这种智力特征，应当在狩猎－采集者还生活在比当今社会更简单的团队里时，就随着他们对自己以及他人的社会标记不断做出回应演变而来了。这样看来，我们有理由假定社会标记将产生类似效果。（至于人类对种族和社会的心理反应为什么几乎完全一样，将是后文讨论的一个主题。）

人类在很小的时候就开始产生群体意识，并且这种意识的萌芽根本无法抑制。[15] 通过羊水传播的分子以及后来融在母乳中的分子，婴儿可以尝到母亲所吃食物的味道，包括她所在种族喜欢的任何浓烈口味，如大蒜或茴香的气味等。[16] 一岁的孩子就会观察说母语的人们，希望自己会喜欢上与他们类似的食物，并以为其他种族的人们会有不同的饮食习惯。到两岁的时候，这种期望就固化成一种偏好，因为对于任何自己种族成员喜爱的食物，两岁及以上年龄的孩子都偏爱，不管它是炸蝎子还是金枪鱼三明治。[17] 这是对熟悉也是安全的食物的一种偏爱，因为我们每个人都曾见到一个婴儿因为吃了一口和平时不一样的食物而号啕大哭。

甚至一个三个月大的孩子也会偏爱看到自己种族的面孔。[18] 五个月后，这种偏爱就延伸到那些同他们父母说相同语言及操着相同口音的人们身上。[19] 婴儿长到六到九个月大的时候，就能够根据面部特征对其他种族的人进行区分，但年龄更大之后他们在这方面的能力反而会有所下降。[20] 由于孩子在五岁以后学习外语的能力会减弱，所以在这之前我们就应当对他们进行训练。据我估计，孩子对其他同样显著的身份标志（如发型或服装）的反应能力也会出现类似的下降趋势。

艾伯 – 埃贝斯费尔特（Eibl-Eibesfeldt）言之有理，他认为婴儿对身份标记的反应就像小鸡对母鸡的反应一样（此外，如果小鸡出生时不幸把一个皮球误认为是自己的母亲，那它也会对这个皮球产生依恋之情）。每个物种出现这种“铭记（imprinting）效应”都有自己的时间窗口。你也许以为，既然人类那么聪明，那这种本能在婴儿身上的表现肯定没有它在小鸡身上的表现强烈，但二者的差别其实并不明显。灵活性是所有生物保证生存所必需的技能，因此它不仅仅是人类的天赋。小鸡出壳之后必须首先认识鸡妈妈，因为是母鸡通过孵化给它带来了鲜活的生命。[21] 如果鸡妈妈被宰来吃了，小鸡会把“铭记效应”转移到另一只母鸡身上，并跟在它后面不离不弃。由此可见，脊椎动物处理这类偶发事件，不需要以聪明智慧为前提。此外在某些时候，如果蚁群中的工蚁在长大之前就被引入一个新的蚁群，那它们也会被这个新蚁群所接受，并成为其中的一员。[22]

在识别社会成员以及组成社会的种族和族群方面，我们可能显得比大多数动物更灵活，但这只是一个程度差异而已。一些脊椎动物甚至能在其他物种社会中磨炼自己的技能。比如，六个月大的婴儿在接触了猴子之后，就善于把猴子作为个体来加以区分，而人类饲养的猴子在区分人类方面也显示出类似的才能，并能保持终身。[23] 此外我想知道，幼年时期就有和其他物种接触的经历，这是否可以解释 20 世纪 60 年代观察到的一只疣猴，它居然能与狒狒在一起生活并交配；同时，这是否也可以解释其他一些像熊和老虎在一起玩耍之类的奇怪现象？[24]

简而言之，婴儿在学会阅读、说话或理解语言之前，不需要来自长辈的任何教导，就能毫不费力地区分诸如种族和族群之类的身份标记。此外，虽然我们天生就能区分像社会和种族这样基本的社会身份标记，但我们如何看待它们，却远比蚂蚁在识别成员身份时仅仅通过检测群体气味要丰富得多，也复杂得多。正如我们现在要讨论的那样，人们之所以能够辨别包括人类自己在内的所有生物种类，是因为其中还涉及他们之间的核心差别。

人的本质与“异己分子”

从大约三个月大的时候，婴儿就开始给每种生命形式赋予一种本质——一种构成生命核心的基本要素。正是它的存在，才使生命成为现在的样子，而不是变成别的某种东西。[25] 这种心理状态也反映在狩猎－采集者的宇宙观中。他们认为万物皆有灵性，相信世界是由神灵统治。他们无论看到动植物，还是每个人类个体，其生命都体现出这种本质。例如，生活在巴拉圭的阿尅族人认为，一个孩子具有的本质是在他还没有出生时，就被那个为他母亲提供食物的男人所赋予。[26]

人们通过各种生物的外表和行为为其总结本质。他们还认为：正是生物所具有的这种本质，而不是它们的外表和行为本身，才具有重要意义。这就是大脑处理差异的方式。一把椅子，如果把它的靠背砍掉就变成了一张桌子，这是小孩子都懂的道理。但对生命的了解却是另一回事，比如：一只蝴蝶，即使翅膀被扯掉，也是一只蝴蝶；而一只天鹅，即使由鸭子养大，仍然是一只天鹅。

我们仿佛认为天鹅的属性已经被嵌进构成它们身体的细胞里面了。遗传学家基于对天鹅 DNA 成分的研究而选择支持这种观点。然而，基因会出现变异，变异还可以传递。比如说，一种天鹅可能进化为另一种天鹅。但人们宁愿相信本质具有稳定性，因此不能接受它还有过渡变化的说法。在实验中，虽然每个孩子做出判断的具体时间并不相同，但他们能察觉出是狮子变成了老虎还是老虎变成了狮子，图像每次只能变成其中的一种动物（要么是狮子，要么是老虎），而不是同时变成两种动物（即一种动物既是狮子又是老虎）。[27] 这就是说，我们通过本质，可以将生物完全纳入我们为其定义的范畴之内。

这就是为什么我认为人类社会（显然也包括早期人类社会）不同于现代生活中的大多数群体。加入读书俱乐部或保龄球队只是个人选择，不会有人认为如果你加入之后，就只能从这些群体中选择自己的配偶。人类学家弗朗西斯科·吉尔·怀特（Francisco Gil-White）指出，我们也不会认为建筑师和律师会发动暴乱或彼此宣战。[28] 但这并非否认：有些人对某种信仰或者对纽约洋基队的感情，要比对自己国家的感情还要深厚。[29] 然而，即使不穿洋基队的球衣、哥特服装或工作服，也不会影响我们对一个人的认识：这些沉迷于体育或反传统文化的年轻人正在经历他们的青春叛逆期。相反，从三岁开始，人们就把他们的社会、种族或族群看成身份标记中无法改变的基本特征，并且这些特征因其本质而被固定下来，永远不会发生改变，就像动物表现出本质的情况一样。[30] 一个国家或族群的身份比许多订婚誓言更加真实，因为它将与我们同在，死亡才能将我们与其分开。总之，我们觉得自己与国家或族群的关系天生就该如此。

基于自己的国家或族群关系，原本单一的人类就分化出了许多不同的社会。异族人士，即来自其他社会的人，现在还包括来自其他种族和族群的人，就像和我们不同的物种一样被区别对待。在我们看来，自己和这些异族人士不同，这种区别简直就像白天鹅和丑小鸭的区别一样大，并且他们身上的这种异族特征会遗传给他们的后代，从而使他们的异族身份代代相传。即便如此，由于社会和族群特征隐藏很深，甚至深入骨髓，所以我们可能会遇到这样的情形：一个看似属于某个群体的成员实则来自另一个群体。同理，我们可以接受鲸鱼是哺乳动物而不是鱼的结论，虽然这和我们通过表面印象得出的结论恰好相反。除非我们确信一个特立独行之人出生于我们社会中的某个群体，并且他的孩子也会成为该群体的未来成员，否则我们不会认可并接受这个人。我们可以试着融入另一个群体的生活，从而隐藏自己的社会背景，但是无论怎样精心掩饰，那些更了解我们的人都会感觉我们身上的本质依然存在。我们要把自己的本质清除干净几乎是不可能的，这个想法就像要把白天鹅通过训练变成丑小鸭一样荒唐可笑。

那些通过婚姻或者收养关系而加入另一个群体的个人，就像混入鸭群的天鹅一样，那他们的情况又将如何呢？虽然作为家庭成员，他们可以得到家人的亲切对待，但他们要被新的群体完全接受，其过程可能会漫长而艰难。我们通过自己的锐利眼光，仍然能够发现他们内在本质所流露出的一些差异，就像我们能在移民的后代身上发现不同特征一样。甚至那些祖辈属于异族通婚、已历经几代发展的移民后人，也可能无法完全融入当地社会。[31] 这也解释了为什么美国人创造出“双种族”（biracial）的说法，用来指代那些父母属于不同种族的孩子。一个白人母亲和一个非洲裔父亲的孩子，无论皮肤颜色有多浅，都会在处于美国白人统治的社会中被认为是非洲裔美国人，这种观点曾经有一个正式名称——“一滴血法则”（one-drop rule），即哪怕沾上一滴黑人的血液，也会使后代永无洗白之日。

从混沌到秩序

不管现代人如何热衷于种族身份，身体的实际差异也并非衡量身份的唯一标准。身上混杂着一滴“黑人血液”的男人可以和任何白人一样肤色白皙。局外人对于以色列人和巴勒斯坦人无休止的冲突深感困惑，因为在他们看来，二者的外表非常相像：犹太教的拉比（rabbi）和伊斯兰教的伊玛目（imam）甚至蓄着相同的胡须。遗传学也证明以色列人和巴勒斯坦人其实源于同一种族，但他们自己很难认可彼此之间居然还存在这样的种族相似性。[32]

虽然身体差异难以忽视，但事实上，我们往往在头脑中夸大了这种差异性。在过去的1.2万年里，我们的社交规则首先是针对一些狭义的群体，比如在邻近社会生活的狩猎-采集者等，后来又扩大到包括我们今天所理解的种族概念，该概念现在广泛地用于描述那些符合我们用宽泛的身体特征加以概括的人们，而这些身体特征十分明显，我们可以按人们的肤色将其分为：白色、黑色、棕色、黄色和红色。但这些分类都是基于人为概念的，因此易于发生变化。在20世纪早期，很少有美国人认为意大利人是白人，更不用说犹太人、希腊人或波兰人了，这说明当时美国做出的人种分类标准可能高估了人类检测彼此细微差异的能力。此外，当时英国人所说的黑人不仅指非洲人，而且包括印度人和巴基斯坦人。[33]

把那些对种族进行大致区分的颜色类别与我所说的“谱系种族”（genealogical races）加以比较，比如布希曼族人或阿兹族人，他们的每个种族虽然可以分成多个社会，但在历史上都曾经是一个相当紧密的人口整体。尽管我们辨别不同人类形态的能力可能很古老，但对人类变异的敏感性最初不太可能进化成专门针对种族特征做出反应。此外，虽然种族特征在不同的人类群体中有不同表现，就像人们的肤色各有差异一样，大部分种族特征需要跨越遥远的空间距离，甚至在不同的大洲才逐渐出现细微的变化。

当然，种族或族群很少仅根据一组人类特征来进行分类。正如孩子把变化的图像要么看成一只狮子，要么看成一只老虎，但绝不会把图像既看成狮子又看成老虎一样，我们的大脑也只能把介于两个群体之间（在大多数研究中指的是种族）的面孔看作属于其中非此即彼的一个类型。不过，我们也对涉及身份的其他细微差别很敏感，正是这些细微差别使得人群分类显得不那么模糊，同时也使这种分类要比实际区别更加明确。如果研究人员虚构出一张介于两个种族之间的面孔，但给他配上其中一个种族典型的发型，那这张面孔就会被人们识别为与该发型相关的那个种族。因此，如果你给这张图配上一个标志性的爆炸头或玉米辫子发型，那参加实验的人们就会满怀信心地宣布自己看到的是一个黑人。[34]

这方面的例子就是瑞秋·多莱扎尔（Rachel Dolezal）。她虽然自小就皮肤白皙，留着一头金色直发，是一个身上流淌着欧洲血脉的美国女人，但却四处宣扬自己祖籍非洲，结果被选为斯波坎全美有色人种协进会的分会主席。她的秘诀是在保持皮肤黝黑的同时，特别考虑搭配头巾的风格和质地，使自己看起来好像已经拥有了一滴必需的“黑人之血”。她的欺诈手段直到2015年才被曝光，而在此之前，很少有人对她自我宣称的非洲裔身份表示怀疑。[35] 然而，一旦被揭露血管中流淌的没有一滴黑人之血，她的黑人本质一下子就消失不见，并使她身上精心设计的那些明显的黑人标记显得肤浅幼稚且荒谬可笑。

发型会给我们贴上显著的标签，原本种族特征不明显的人们，如果弄了一头与深肤色种族相关的发型，我们就会因此觉得他们的皮肤比实际看起来更黑。[36] 皮肤色调的变化情况就和我们让同一条线段显得更长或更短的方式大致相同——只要我们在这条线的端点画上一个向内或向外的箭头就可以了。[37]

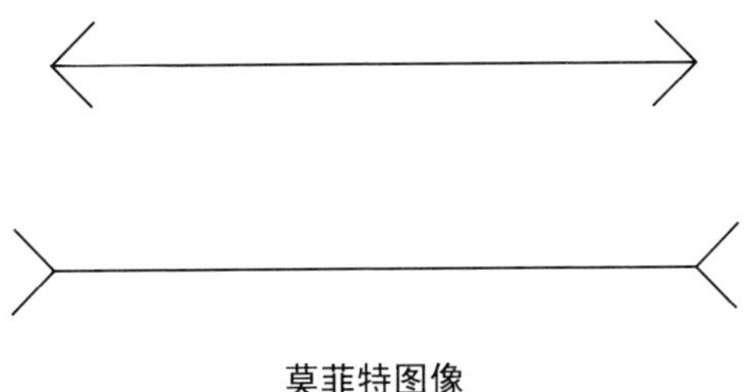

莫菲特图像

我们的眼睛之所以会产生这种错觉，是因为大脑不喜欢出现混淆现象，包括发生在社会范畴内的混淆。如果我们对某人的身份感到困惑，大脑就会立即把我们认为有用的其他信息拼凑起来，形成一种合适的解决方案。除了发型之外，犹太人的帽子、锡克教头巾都是这方面的明显例子。但狩猎 - 采集者喜欢使用更低调的符号，因为他们的外表差异原本就不明显，所以即使存在这种差异也不会引起别人的注意。于是通过这种心理过程，人们把人为（构造的）范畴变成了社会现实。

我在早些时候，曾提到标记如何加速群体识别。值得我们研究的是：这些信息是如何迅速且不假思索地被人们接受的？其中的原因是我们在不经意间收集了关于某个人的一系列标记信息。亚历克斯·托多罗夫（Alex Todorov），一个精力充沛的保加利亚人，头发蓬乱，在普林斯顿大学心理学系的哈森学院附近有一间办公室。他已经证明，我们瞥见一张面孔的时间只有十分之一秒，虽然这个时间跨度太短，无法进入我们的意识，但我们仍然下意识地对所见之人的情绪状态、性别、种族，以及（托多罗夫向我保证）族群和社会等信息进行了综合评估。[38] 我们对标记的灵敏性必定减少我们的认知负荷，即我们有意识付出的认知努力。正如 20 世纪 40 年代社会心理学的先驱所罗门·阿什（Solomon Asch）所认识到的那样，就像我们忍不住会聆听音乐旋律一样，我们无法阻止自己下意识地产生这些印象。[39]

一些标记，即使加在一起出现的时间非常短暂，有时也会让人们不自觉地记住这些身份信息。中世纪的时候，在法国，犹太人被迫佩戴黄色徽章，而在纳粹控制的欧洲，他们则被迫佩戴大卫之星①。统治者的原意是用这种徽章来羞辱犹太人，但显然，他们强迫犹太人佩戴明显标记的另一个原因在于：一个种族，一旦打上身份标记之后就不可能认不出来。历史表明，语言带来的伤害不亚于任何武器，甚至人们说的话也能起到标记身份的作用，比如关于家庭背景的谣言造成许多人在反犹太政权下被殃及。

---

① 大卫之星即六角星（the Star of David），是犹太教和以色列的标志。——译者注

当情况危急时，人们往往急于把陌生人排斥在自己的社会之外，认为如果自己遇到一个举止怪异的家伙，那他肯定和自己不是一类人，虽然事实上对方可能确实是自己社会中的一名成员。这种心理倾向表现得非常普遍，心理学家将其（相当生硬地）命名为“群内过度排斥效应”（the ingroup-overexclusion effect）。[40] 有时，一个人被自己群体排斥在外会带来灾难性的后果，二战时期的一则新闻报道是这样的：

> 《曼彻斯特晚间纪事》今日报道，一列来自汉堡的德国难民被纳粹官员误认为是被驱逐出来的犹太人，于是盖世太保们在利沃夫附近的一个犹太人集中营的“行刑室”内将其消灭……当火车到达时，又饿又累的德国难民看起来与又饿又累的犹太人没有两样，而以前犹太人总是被带到这个集中营来，关进毒气室中处死。于是，盖世太保卫队立即将这些新来的难民衣服扒光，然后把他们送进了毒气室。[41]

潜意识警报

我们遇到别人的时候，大脑如何分析他们的身份特征？一旦我们把人与动物、计算机或其他物体区分开来，大脑就会转而获取关于此人的信息，评估他是否可能对我们构成威胁。在一个充满危险的世界里，做出这样的判断必不可少。比如对于狩猎－采集者或者处于战斗状态的军人来说，突然遭遇陌生人可是一个生死攸关的问题。即使在不那么紧急的情况下，这些评估行为作为神经系统的后台活动之一，也会必然发生。

后续的精神反应则取决于我们遇到的人是谁，以及我们与他所在的群体有多熟悉。如果遇到的是一个陌生人，但他来自我们自己的群体或某个可以信任的其他群体，那我们对其身份标记的熟悉性会使他显得不那么陌生。[42] 无论我们是否努力将他个体化，即把他作为一个个体来对待，我们都对此人的信仰和行为多少有所了解。只不过，如果他看起来令人生疑或面目可憎，或者仅仅是表现得心情阴郁，就可能让我们仍然对他保持警惕。

外国人以及那些来自不受欢迎或不熟悉社会的人员，不管他们表现如何，都会引起我们下意识的警觉。至少，我们会在他们面前感觉不舒服。布希曼人即使发现别人身上有一丁点奇怪现象也会深感不安，就像他们看到一个造型奇特的箭头埋在地下，会因为不知道它是谁制造出来的而备感焦虑。[43]一位研究 G/wi 布希曼人的研究者指出："当他们把一个陌生人认作是 G/wi 同伴时，这种紧张感就会得到缓解并感到安心。"[44]

陌生人（即我们不认识的一个人，不知道他是否属于我们的社会）和外国人或"外来者"（一个来自不同社会的个体，而不管我们是否认识他）之间的区别很大。我们人类对两者的表现明显不同，比如：我们可以和班上的留学生成为朋友，但我们可能从来没有见过一个住在隔壁的神秘邻居。然而，心理学家经常把陌生人和外国人混为一谈。令人遗憾的是，英语未能区分出二者之间的区别。例如，"仇外心理"（xenophobia）这种说法经常被不加区别地用于形容我们对陌生人和外国人的消极反应。事实上，人类的大脑可能已经进化成对陌生人和外国人的反应有所不同，大脑对外国人的反应最为强烈。[45]

我们能即时且不假思索地对人分类，这体现出一些明显的适应优势。正如我们所看到的那样，这会提醒我们注意那些行为无法预测的人，并减少我们在那些与我们行为相似的人面前的紧张感。我们对他人的评估虽然是下意识的活动，但对我们产生了深刻影响。例如，在一项研究中，大多数参与者观看了人们在进行皮下注射时针头被卡住的视频，但看到被注射的人和自己不属于同一个种族时，他们身上出的汗就较少，而且大脑的双侧前岛区活动也较少，这种神经生物学方面的反应表明他们的同情心减弱了。[46]甚至一只黑猩猩也会表现出与其他黑猩猩之间的这种选择性联系，只有看到属于自己群体的另一个成员打哈欠时，它才会跟着打哈欠。[47]这种反应暴露了人类互动中的一个基本要素：我们表现得仿佛只有自己人的本质才优越，好像我们比其他群体更人性化。因此，如果别人和我们不是一类人，我们就对他们没有同情心。在极端情况下，一个人观看一个（自认为是）陌生人时的大脑活动与他观看一只动物时的大脑活动完全相同。一旦把别人归类为外来者，大脑就会对他们身上的细微差别视而不见，并将他们完全从人类范畴驱逐出去。总而言之，正是这些反应才支撑起人类刻板印象所形成的这幢摇摇欲坠的大厦。

第十三章

刻板印象与社会叙事

刻板印象（Stereotype）是一种心理快捷方式，它是我们为了便于认识世界而把经验分门别类所带来的一个必然结果。如果没有取得对世界的一些规律性认识，我们将总是对周围的事物感到惊讶，既不知道百合会散发幽香，也不知道被蜜蜂蜇了会疼痛不已。[1] 记者沃尔特·利普曼（Walter Lippmann）下面的描述揭示了“刻板印象”给现代生活带来的意义：“我们观察到某个物体的特征之一，于是利用我们头脑中已有的刻板印象来自动补充出该物体的其余特征。”[2]

比如，我们注意到某个物体具有四条腿和一个坐垫的特征，于是将其归类为椅子，因此不假思索就认为椅子具有供我们就座的功能直到有一天我们一屁股坐到一张纸糊的椅子上面，结果连人带椅摔倒在地，才发现自己关于椅子的刻板印象出了问题。

当然，我们一般不会对家具产生刻板印象。当刻板印象在通常情况下应用于人类身上时，它是指超载的大脑在评估别人时所发生的一些虽然简化但为社会成员所共享的预测情况。其中一些预测不会产生负面效果。比如我们在咖啡馆，想都不想就会把钱递给服务生。事实上，我们对待服务生的态度，与其说是把他当成一个活生生的人，不如说是把他视为一台销售咖啡的机器，这在我们心不在焉或行色匆匆的时候表现得尤为明显。服务生对此习以为常，而反过来，他也认为我们和排在长队中的其他顾客没有两样。此外，我们也会对社会成员以及他们所在的种族群体产生刻板印象，例如预测他们的行动，包括他们如何对我们做出反应，或者预测他们将如何看待我们这个群体中的成员。[3] 我们想象别人身上具有的这些本质，不仅与已知的人类标记相对应，而且与我们的信仰，以及我们对拥有这些标记的人所产生的偏见相对应。这些简化的印象，可能由于给那些来自特定社会或具有特定背景的人套上了一连串不受欢迎且基本上完全错误的假设结论，而给他们带来伤害。[4]

我们持有的个人偏见比我们自己想象的更加普遍。内隐联想测验（the Implicit Association Test）是揭示我们刻板印象的有力工具之一。测验由一系列随机选择的两张图片组成，这些图片在屏幕上一闪而过，其中一张图片上写着一个词语，另一张图片上画着一张人脸，其常见的肤色要么很深，要么很浅（尽管两种肤色的人脸混合使用也可以达到效果）。实验要求受试者遵循一条规则，就是要把一种类型的人脸与某种单词联系起来。例如，某个受试者可能被告知，只有看到黑脸旁边显示的单词具有积极的含义，如平和或喜悦时，才按下按钮；如果单词是消极的，如暴力或疾病，则不按按钮。而看到浅色人脸则做相反处理。

结果证明，几乎每个人在进行判断时都带有种族偏见。几乎所有美国人在把深色人脸和消极词汇以及浅色人脸与积极词汇进行匹配时，不但完成的速度更快，而且也显得更轻松（出错的概率更小）。即使把实验对象换成那些反感刻板印象并以没有偏见为荣的人也是如此。这个结果让大多数受试者大为震惊，因为他们平时很少意识到自己存在种族偏见。更令人震惊的是，据发明这项测验的社会心理学家说："即使意识到自己身上隐藏着一些偏见，似乎也不能帮助我们完全克服它们。"[5] 这就是说，实践并不能改善结果。

在音乐剧《南太平洋》中，作曲家理查德·罗杰斯（Richard Rodgers）和剧本作者奥斯卡·汉默斯坦（Oscar Hammerstein）一起合作，以歌剧的形式演唱出人们对这些偏见最初是如何进入我们脑海所持的传统看法：

你必须学会害怕，
那些眼睛奇特的人，
以及肤色不同的人，
你必须对此认真学习。
你必须趁早学习，现在还为时未晚，
于是在你长到六岁、七岁或八岁之前，
就会仇恨你亲戚所仇恨的所有人！
你必须对此认真学习！

歌剧的荒谬之处在于：没有哪个男孩或女孩需要系统地学习此类事情。相反，形成刻板印象只是孩子们学会检测模式之后的一种自然延伸现象，而学会检测模式可是任何生物在成熟之前为了争取独立而必须会做的首要事项。

对于孩子来说，区分人的类别只是一个开始。一个孩子不仅把那些类别与自己所看到的人的行为模式联系起来，还会把这些类别和自己所听说的那些人在做什么联系起来，甚至进一步将其与社会对那些行为的是非评价联系起来。这种区分不需要以产生任何动机为前提。人们不必觉得其他人就是自己的对手，或者自己会以某种方式与他们展开竞争。人们即使针对任何人群也很容易形成这样的一些偏见。例如，如果让一个孩子随机加入两组人群中的任何一组，他都认为另一组人会干更多坏事。[6] 实际上，对于人类群体，尤其是像国家和族群这样重要而持久的团体，我们在孩提时代就开始对它们形成心理印象，其中既包括一些相当天真的想法，比如意大利人喜欢吃通心粉，也有一些有失偏颇的结论，比如墨西哥人只适合做卑微的工作等。

心理学家劳伦斯·赫什菲尔德（Lawrence Hirschfeld）认为："种族主义不是某些碰巧发生在孩子身上的事情，而是他身体力行在做的事情。"[7] 孩子长到三岁的时候，就不只是能辨认种族；相反，他们已经认识到种族差异不仅意味着肤色有深浅之别，而且还开始对各个种族形成一些刻板印象。[8] 这种趋势不可避免，因为孩子会在他人——而不仅仅是自己父母——的态度影响下，形成自己的观点。事实上，让人意想不到的是，孩子父母在这方面产生的影响作用往往很小。[9] 甚至连思想开明的父母养育出的后代，也会吸收他们社会的偏见。所以，就连小家伙也带有偏见，其严重程度有时和成年人不相上下，只是他们往往在掩饰偏见方面做得有些差劲儿。[10]

弄清楚他们自身所处的位置对孩子也很重要。为了做到这一点，孩子们通过观察别人来学会统筹安排自己的时间。与其反省自己的行为，孩子们更愿意关注与自己父母或看护者属于同一个种族和族群的人们。[11] 然而，当被其他种族收养或被外国保姆抚养长大时，孩子们似乎会根据别人如何对待自己而弄清楚自己的身份背景，以及别人期待自己应该如何行动。[12] 孩子能够接受别人强加给自己的身份，这反映出人类寻找自己社会位置的强烈愿望。毫无疑问，如果你在襁褓之中就被带到塞内加尔丛林或亚洲某个城市的一栋公寓里面，你在那种社会环境中完全可以像在自己家里一样长大成人，就像你成长到今天并拥有自己的身份一样。孩子甚至可以吸收两种文化，只不过当他们成熟之后，可能主要把自己看作其中一种文化的成员而已。[13]

虽然没有哪种偏见是天生就有的，但我们天生就容易形成偏见的事实所产生的后果却令人不安，因为刻板印象一旦形成，就不容易发生改变。根据一群顶级心理学家得出的结论，这个不幸的事实“可以部分地解释为什么不同语言和社会群体之间的冲突普遍存在且难以根除”。[14]

仓促判断

在上述所有情形中，人们在仓促之间做出判断是常有的事情。普林斯顿大学的心理学家亚历克斯·托多罗夫发现，在十分之一秒左右的时间里，我们就对一个人完成了分类，就已经对他的可信程度以及其他刻板印象形成了自己的看法。我们对外来者的评估进行得最迅速，同时也最肤浅。外来者会刺激我们大脑里引起焦虑的杏仁核，比如我们气喘吁吁地挥手赶走一只骚扰自己的蜜蜂之时，激活的就是大脑中的这片区域。一位神经科学家写道，我们对任何自认为的潜在威胁会做出激动、迅速且直接的反应，此外还“拒绝改变并易于泛化”。[15] 令我感到惊讶的是：我们在清醒觉察到一个人之前就做出了这样的判断。即使我们后来继续盯着一张面孔多看一会，所产生的唯一作用不过是验证自己先前在无意识中形成的结论的准确性而已。事实上，在刚开始感知的关键时刻，我们并没有看到这个人的具体形象。相反，我们只是激活了一些刻板印象，在头脑中涌现出一种幻象，并且它压倒了我们对真实个体的大部分看法。

人们表现出的任何一点与刻板印象之间的偏差，都体现了我们对他们个性的具体衡量。它才是真正具有价值的信息，难道你不这样认为吗？然而，我们仅会对来自我们自己社会或民族的人们才认真考虑。我们对这些人形成细节的认知信息，但这种认知是从纺锤状脑回开始的，而纺锤状脑回是颞叶和枕叶用于人脸识别的那部分区域。例如，如果我们将一个人打上非洲黑人的标记之后，即使没有看清他的面孔也会认为他长着一张黑脸。如果碰巧自己也是黑人，那我们更有可能对他形成一个更加完整的印象。如果我们感觉自己和他特别志同道合，比如都有共同的政治倾向，那这种反应就会加剧。作为回应，神经放电会转移到前额叶内侧皮层的下部，也就是当我们反思自己时才激活的那片大脑区域。[16]

但这种自动过滤系统在我们试图理解外来者时形成了一种瓶颈效应。这并不是说我们不能决定为此而付出额外的努力，比方说，我们可以像记住外来者的名字一样，去学习他所属群体的社交礼仪。然而，鉴于我们在对异族人进行个体化认知方面显得如此笨拙，所以要实现马丁·路德·金的梦想仍然是一场艰难的战争，因为人们即使拥有善意，也往往不能仅仅根据异族人的性格表现来对他们做出正确判断。

在某种意义上，在看到书本的一瞬间，我们就自动根据封面来判断此书的内容，并且只有我们审视过封面之后，才会稍稍认真地瞥一眼书里的内容。此外，如果遇到的人属于我们自己的群体，那我们会在以后的几分钟、几天和几周之内更加准确地回忆起他们当时的一举一动。若这些人不属于我们的群体，那我们先前已经辨识出来的细节就会从记忆中消失。于是这就导致了一个悲哀的事实：许多错误的监禁就是基于原告的目击证人所提供的证词而做出的，而这些证人却与被告属于不同的种族。[17]

对于社会内部和社会之间的群体关系来说，一个令人振奋的积极现象是：足够强大的标记信息可以让人抛弃自己持有的恶意偏见。例如，如果一个不同种族或族群的人穿着我们运动队的球衣，那这件球衣就会对我们如何评价他产生至关重要的影响：考虑到他和我们是同一个球队的粉丝，我们可能会忘记他是外来者的身份。[18]不幸的是，这种改变只是一种暂时现象，并且只针对穿那件球衣的外来者才会发生。假如看到他或者与他同一种族的另一个人穿上了另一件球衣，那我们根深蒂固的偏见又会产生。试图克制自己产生负面观点的努力可能通过一种称为“不去想大象”的效应而发挥相反作用。也就是说，当我们试图强迫自己不要将注意力集中于某件事物——比如大象，结果反而会更容易想到它。这样，我们最终会更加强烈地激活自己身上的偏见。[19]具有讽刺意味的是，这种情况之所以发生，是因为我们由于试图克服刻板印象而消耗了太多能量，结果弄得自己疲惫不堪，从而可能更疏于克制自己，于是表现出更强的偏见。[20]

人们可能会认为，如果不同的民族或社会能够更好地相互了解，那这个问题就能得到缓解。然而，纵观美国历史，我们发现对非洲裔美国人的种族偏见一直存在，这说明：即使在黑人聚居的地方，种族之间的频繁接触也不足以消除刻板印象给人们带来的影响。心理学家金伯利（Kimberly）和奥托·麦克林（Otto MacLin）把这个问题与曼哈顿的交通情况相类比：在曼哈顿，行人能看到成千上万辆汽车川流不息，但从来没找到理由让自己也买一辆，并且也无法对这些汽车进行区分。他们最多能识别哪种是出租车，哪种是私家车。[21] 要将外国人作为个体而不是凭着自己的刻板印象加以区分，我们就不能仅仅像纽约的曼哈顿人识别汽车那样去和他们接触。我们可以从一个新的角度来理解“苹果和橘子”的含义：要公平对待外人，就意味着不要只是把他们视为苹果，而把我们自己看成各种有趣的橘类水果。但要如此详细地关注那些外来者并非易事，并且这种情况也不会经常发生。

只有偏执狂和幼儿才会以自己持有偏见为荣。大多数成年人要么为自己身上存在的任何偏见及其引发的焦虑找一些合理的借口进行开脱，要么就将其深深地隐藏在潜意识里，平时根本就注意不到它们的存在。然而，内隐联想测验告诉我们：人们不需要具有极端的仇外心理，也会对外来者存有偏见。甚至在心存善意的人群中，那些无法自觉的感知仍然会影响人们的反应，其表现形式用两位社会心理学家的话说：“从贬损对方到视其低人一等，直至最后不与他们进行任何接触。”[22] 每个店主、雇主、交警和路人都会把别人区分为来自内部群体或是外部群体。他们对某些外部群体的成员保持高度警惕，并且不太可能对其施以援手。由于人们更可能关注自己认识的人，这种心理倾向被称为“可辨识受害者效应”（the identifiable victim effect），因此，这也可能导致他们很难做到公平对待外来者，因为识别外来者需要消耗更多的精力。然而，大多数人对自己的行为偏差浑然不觉。这方面的影响力在社会及族群之间的每一次互动中都表现出来，对人际关系造成了无法估量的重大影响。[23] 所有这些偏见都存在自相矛盾之处。我们把自己的朋友排除在偏见之外，虽然他可能来自一个令我们深恶痛绝的国家，并且我们对那个国家民众的评价也不会因为这个朋友的关系而改善，当然，我们对这个朋友的评价是其中的一个例外。[24]

尽管存在负面影响，但人类与陌生人打交道的天赋有助于简化社会内部及社会之间的积极互动，而这在那些必须基于个体成员相互了解的动物社会中就无法实现。人们即使将某人识别为外国人，也仍然可以与他（或她）建立起有效的联系。适度的排斥反应具有良性作用，能使个体在交往过程中保持一段恰当距离。[25] 然而这样的好处只反映了其中的部分情况。除了我们在日常生活中对自己人要比对别人稍微好些之外，偏见还会带来一种危害，因为任何对外来者个体所产生的厌恶或嫉妒，都可能作为针对外来者的整体而采取行动的正当理由。[26]

与社会保持一致的压力会把刻板印象变成一种帮助人们实现自我价值的预言。个人倾向于根据内在的刻板印象挑出自己可能擅长的技能并尽力将其发扬光大，比如在美国流行的陈词滥调是黑人擅长体育运动、亚洲人擅长数学计算，而这削弱了他们所具有的任何其他潜能，当然这反过来又会进一步强化这种刻板印象。[27] 是天赋差异会产生刻板印象还是刻板印象会促进天赋差异是悬而未决的问题，但是个人如果打破对群体行为的期望，可能会面临来自他们群体以及同龄人的抵制。[28] 这表明我们的偏见并不局限于外部群体：我们希望自己群体的成员也能以符合社会期望的方式行动。

这就是说，归根结底，即使我们以为自己没有偏见，也会以带有偏见的方式行事。这种本能的偏见一定会促使人们努力维护自己群体的最大利益，即使他们与某个外部群体的关系很好也会如此。当然，如果他们和外部群体的关系闹僵，那就和现在的情况一样，赤裸裸的歧视现象将随处可见。

记忆、遗忘、意义和叙事

研究表明，当涉及外来者时，我们会自动做出反应，我们的正面或负面的感觉和偏见会在与他们相遇的几毫秒内就被触发。我认为我们对标记的反应都是自动的，只有当事后被要求进行解释时，我们才能通过阐明标记对我们的象征意义来对自己的反应做出合理解释。但这并不是说标记的意义就无关紧要。我们成长过程中形成的概念和故事触及我们身份的许多方面，指导我们如何对自己在社会和世界中的地位进行解释。在前一章中，我指出人类把一切活动都变成了一种叙事行为。人们选择讲述的重要文化细节，例如，贝特西·罗斯（Betsy Ross）在第一面美国国旗上缝制星星和条纹的故事，赋予这些细节在情感方面的感染力，对后来的回忆和故事连续性都起到了改善作用。这类故事之所以类似于刻板印象，是因为它们对一大堆信息进行提炼，提醒我们掌握与外来者交往的精华知识，从而节省了我们的认知努力。

一个社会故事可以讲述其成员的抱负以及他们过去的经历。一个故事可能是最近才发生的，也许就是描述当年奥运会运动员的成功案例，但是最重要的故事则会历代流传，比如意大利人至今对罗马帝国念念不忘，而印度公民肯定对像孔雀王朝这样的早期王朝所做的贡献如数家珍。无论一个人的祖先是否签署了《独立宣言》，还是他刚刚入籍成为另外一个国家的公民，重温一个社会的诞生历史尤其可以成为一种鼓舞人心的快乐源泉。

没有哪个关于社会起源的故事会采取平铺直叙的方式。创造相当于集体历史意识的东西是一件极为微妙的事情。其中重要的不是真相，而是故事本身，它讲述了一段让人引以为豪的历史，以及人们在危机中为了自己的群体及价值观而表现出来的英勇无畏，因为当时所有男人和女人都面临着一个永恒问题，这个问题已经从“我是谁?”变成了“我们是谁?”[29]

在越南独立几个世纪之后，他们的历史中出现了一个被称为鸿庆（the Hung Kings）的王朝，据说它是越南历史的组成部分。但考古记录显示这纯属子虚乌有，完全是越南人民在中世纪时捏造出来的一个王朝。[30]

没有历史的国家才是幸福的。[31] 17世纪的思想家塞萨尔·贝卡利亚（Cesare Beccaria）就是这么说的。但我把他的说法解释为，对过去进行的完整而准确的描绘会破坏集体记忆形成的纽带作用。

我们可以把历史想象成放在阁楼上的一盒纪念品里的内容，从中我们可以取出我们想要的东西，并把那些最应该忘记的东西埋在最底层。不管把纪念品串在一起的叙述是否精确，能否算一个完整的寓言，还是介于二者之间的什么东西，人们对该故事发出的任何质疑都是不受欢迎或明令禁止的。精心设计的历史有助于展示人们的最佳形象并塑造他们的未来，尽管一个狡猾的领导人可以通过改变阁楼礼品盒中的内容来吸引一群头脑发热的追随者。[32] 与此同时，人们把他们分享的故事的每一个细节都铭记于心；正如历史学家欧内斯特·雷纳（Ernest Renan）总结的那样："遗忘，甚至我会说包括历史错误在内，对一个国家的创建至关重要。"[33] 因此，我们看到土耳其顽固地拒绝承认在亚美尼亚发生的种族灭绝事件以及美国对其独立战争的描述方式，而后者在英国人看来，还存在许多不实之处，比如严重低估了法国在支持这场"叛乱"战争中所起的作用。[34]

狩猎–采集者由于缺乏书面记录，又不能阻止动摇人心的消息散布出去，于是擅长选择性回忆。他们喜欢讲述故事，但是更致力于解释自然，而不是花费精力去回顾祖先所取得的成就。当然，并非所有社会都重视历史，尤其是生活在团队社会中的成员更是这样。虽然日常生活的必需技能，例如生火的方法，都是尽可能努力地世代传递，但是当谈到过去的日子时，绝对会出现遗忘的内容。对于尚未使用文字的社会来说，过去很少是一个可以展开并值得记忆的传奇故事。相反，他们认为时间是无穷无尽的，并且会形成类似于月亮那样阴晴圆缺、循环往复的周期，但这正如哲学家乔治·桑塔亚那（George Santayana）所预言的那样，实际上确保了历史可以一再重演。[35]

这与我们目前对历史的迷恋形成了鲜明对比。根据所有记载，当初的团队社会每时每刻都是活在当下。我读到少数几个狩猎–采集者讲述很久以前所发生故事的例子，其中一个是原住民讲述三个世纪前印尼渔民到来时的情况。[36] 当我提及人们对过去缺乏兴趣这个话题时，人类学家波利·维斯纳（Polly Wiessner）指出：只有人们在创造了必须被证明符合正义并希望能代代相传的政治制度（比如美国宪法所规定的那种三权分立制度）之后，过去（我猜想它也应当体现为一套年代史）才会变得有意义。

"这片土地就是为你我而创造出来的。"伍迪·古斯里（Woody Guthrie）在歌词中这样唱道。这种生活在一个共同空间并且共同享用其中万物的感觉，似乎对一个人维持自己与社会的联系起到了至关重要的影响作用。我在前文已经指出：狩猎－采集者就像人们通常所做的那样，几乎总是具有自己的领地意识。除了那些能凸显民族精神核心特征的关于开国元勋的故事，最能引起狩猎－采集者共鸣的就是人们对这片土壤及其圣地的依恋之情，比如夏延人对南达科他州的熊布特山的虔诚膜拜。这种亲密联系表达出人们愿意为保卫家园而不惜牺牲生命，其实也是一个涉及文化生存的问题。[37] 但正是在这些方面，他们的世界观开始发挥作用，并让那些神圣不可侵犯的风俗习惯渗透到每一寸土壤里面。事实上，故事和空间可以产生联系。那些记忆力惊人的成员，把自己群体的集体记忆和一些根据想象而创造出来的场所或场景联系起来。记忆内容和事实真相都储存在大脑的海马体中。[38] 澳大利亚的"梦想时间"（dreamtime）就属于这种记忆传统，它那生动的故事情节与发生地点之间的匹配信息非常详细、具体，使原住民不用参考地图就可以直接画出他们的领土范围。[39]

今天，公民们仍然保留着共同生活在同一片国土之上的信念，尽管其中的很多人作为个体成员，实际上只能拥有其中的一小块土地。

即使像詹姆斯·乔伊斯（James Joyce）的小说人物利奥波德·布鲁姆（Leopold Bloom）所说的那样，"一个国家是生活在同一个地方的同一批人"，人们也不必亲自走遍自己社会的每一寸领土才能感受到这样一种精神联系。[40] 即使在我们的脑海中，一个国家的边界也是固定的，就像现实生活中的国界线一样，把"我们"和住在另一边的"他们"区分开来。事实上，虽然这片土地广袤无垠，一眼望不到边际，但在人们的想象之中，其具体程度丝毫不亚于他们对广大同胞的感觉，尽管他们与大多数同胞永远也不会有一面之缘。于是，关于祖国领土的宣言让我们的国歌变得如此动人：比如日本富士山就像"金色沙滩和阳光海岸"，赞叹保加利亚的美丽和可爱——"啊，它们广阔无垠"，而智利的乡村则被誉为"伊甸园的精彩副本"。此外，圭亚那"像镶嵌在山海之间的宝石一样美丽"，而"在陆地上"，莱索托"最美丽迷人，其魅力无可匹敌”。人们可以崇拜异国他乡，但很少有人将这种感觉与归属感所产生的温暖光辉以及那些让自己与祖国产生紧密联系的故事混在一起。[41]

但这并不是说人们一定需要拥有一片领土，才能与自己的群体产生坚定的联系。比如起源于印度北部的罗姆人（Romani），他们通常被称作吉卜赛人，是一群长期的流浪者，尽管自从一千年前分散到欧洲以来一直没有土地，但他们始终作为一个民族而存在，至今仍然保持着自己的文化。尽管如此，由于没有可以固定的家园，或者至少没有对祖国、族群或其他方面的权利要求，吉卜赛人似乎在世界上没有形成什么影响力。[42] 因此，那些被驱逐的犹太人或巴勒斯坦人寻找自己一方安身之地的史诗故事，很容易激起他们的情感共鸣。

于是，这些故事以及故事情节的通常发生之地变成了强大的社会黏合剂。在他们的帐篷中，布希曼人的思想一定可以达成一致，因为他们互相讲述具有共同意义的故事，从而形成了一种专家所谓的“群体思想”（the group mind）。[43] 无论是在学校还是就在篝火旁讲述那些世代相传的故事，以及故事中所描述的土地和人们，都为我们的共同成长以及未来命运提供了一个框架：它们提醒我们，要么是我们团结在一起，要么是外来者，即他们，团结在一起，但出现后面的情况可能不符合我们自身的利益。传统故事中违反常识的内容，无论是荷马的独眼巨人还是摩西的红海之行，都令人终生难忘，并且也不可能与他人的信仰发生混淆。在外来者觉得一个故事的主题荒谬无比的情况下，本族人仍不假思索地接受其中的不可思议之处，这样的情况一般不会发生。[44] 因此，这些神话的作用不是传达逻辑，而是激发情感，把我们和我们生活的地方以及成员联系起来。故事的讲述方式也很重要。用肃穆的语调高声宣讲，或像宗教信徒一样虔诚吟诵，不仅可以让听众记住故事，还能避免他们对模棱两可的内容产生误解，或者对离经叛道的情节反感或抵制。恰当地讲述故事成为伴随我们成长的一种普遍做法，也构成了我们精神生活的必需内容。

一个民族与自己土地之间的联系，增加了他们身为共同成员的情感凝聚力，这就像他们对自己和他人的叙述以及刻板印象，创造出一种赋予生活意义的身份特征一样。正如我们将在后文了解到的那样，其中每一个要素都令人敬畏的原因在于：它们都可以用来维护我们优越的自我形象。不过，它们也可以转化为一种武器，用于与我们对抗竞争，或者冒犯我们。唉，而这就是它们令人如此恐惧的原因。

第十四章

生存巨链

在狩猎－采集者当中，马来西亚的贾海人（the Jahai）称自己为“门拉”（menra），即“真正的人”。这也是“丹娜－扎亚”（Dana-zaa）的意思，它是加拿大海狸印第安人（Beaver Indians）给自己取的名字。此外还有“米哈奇”（mihhaq），它是尼泊尔库森达人（the Kusunda）自创的称呼。“即使是住在卡拉哈里较为温和的闪族（布希曼人），”生物学家 E. O·威尔森告诉我们，“也称自己为！孔（the！Kung），意思是人类。”这倒是真的。然而，根据他们的原意，“人类”这个名称也不适用于每个布希曼成员，而是用来描述！孔布希曼人的专属名称。[1]

毫不奇怪，人们会对自己的社会成员产生一种优越感，尽管我们很少停下来思考这种感觉是多么极端，有时甚至令人发指。而评论家恩斯特·贡布里希（Ernst Gombrich）曾对此发表过精彩的看法。

> 我认识一位很有智慧的佛教僧人，他在向同胞们讲话时说，他很想知道为什么有人自诩是世界上最聪明、最强壮、最勇敢或最有天赋的人时，会被认为非常荒谬并令人尴尬。相反，如果不用“我”这个字眼，他告诉大家，这句话应当说成“我们是世界上最聪明、最强壮、最勇敢、最有天赋的人”。这时下面的听众开始热情鼓掌，称他为爱国者。[2]

我们培养并保持着一种认为自己至高无上的信心，并在此基础上赋予其他社会成员相应的地位，这些做法都体现出一些人类的共性。当然，美国人并非首先认为自己的国家最伟大。社会心理学家罗杰·吉纳–索罗拉（Roger Giner-Sorolla）说："或许在世界上的某个地方，可能真有一个崇尚理性的国家，它要求孩子们在把祖国的发明创造、英雄人物和令人惊叹的自然奇观与其他国家进行对比之前，不要对自己的国家进行情感评价。""只是那样的国家可能不是你我成长的地方。"[3] 这种观点再次体现在国歌之中，因为所有国歌的主题几乎完全相同。这些国歌既对国家历史和英雄人物充满崇敬，也对社会公民的职业道德、奉献精神和胆魄勇气引以为傲，还包括对一个国家提供的和平、安全以及被用滥了的"自由"这个字眼所流露出的自豪之情。在许多人看来，仅仅是出现把自己的社会与其他社会进行比较的想法就已经显得荒谬，即使二者之间存在明显的相似之处。社交细节也足以让我们对外来者态度傲慢，因为我们觉得他们在细微方面几乎无法区分，而这种现象被弗洛伊德称为"对微小差异的自恋心理"（the narcissism of small differences）。[4] 一个社会的成员很少对自己的生活方式就是最好的这个结论进行反思，因为他们以为自己绝对知道生活应该如何开展，并且对他们来说，只有以这种方式安排的生活才有意义。

自我优越感只是其中一部分原因。更糟糕的原因是，人们可以轻易贬低陌生人并表现得心安理得。如果某天有外星人登陆地球并目睹了人类的行为，他们可能会认为人类的社会能力相当差劲。如果不是这样，那为什么我们的思维会如此跳跃地发展：一会儿把动物当作人来看待，一会儿又把人当成自己的同类对待，还可能把他视为一台咖啡贩卖机或者一只劣等动物。既然我们对动物进行拟人化思维都能带来实际回报（例如，猎人就经常通过猜测小鹿的心理活动来预测它的下一步行动），那当你发现人们竟然可以如此轻易地不把别人当成同类对待，肯定会感觉震惊不已。[5] 许多狩猎–采集者对自己的命名就反映了人类对待外来者与对待自己人（或他们认识和信任的其他群体）有所不同，通常他们对前者的态度要比他们对后者的态度更差。甚至许多现代国家的名字也是只针对本国公民而取的，比如德语对德国人的表达以及荷兰语对荷兰人的表达，都来源于他们语言中表示“人类”意思的词汇。

虽然我们拥有可以感知人类本质的心智能力，但这并不能保证全体成员都平等。我们认为自己以及别人的社会，都和其他动物社会一样，处于同一等级体系里面。这一概念在中世纪被称为“生存巨链”（the Great Chain of Being）。一般而言，只有高贵的“我们”处于巨链顶端（并且只有上帝和天使们才能超越这一巨链）。其他的人类则按照降序排列，比如亚里士多德就曾宣称，有些人“比同伴低一等……就像野兽低人一等一样”。[6] 这种等级制度在自然界中仍然存在，正如奥威尔在《动物庄园》（*Animal Farm*）以讽刺的口吻写道：“有些动物比其他动物更加平等”。[7]

这种等级制度不是在古希腊的象牙塔里制作出来的，人们在把文字刻在羊皮纸上之前，就已经用这种方式对宇宙进行了直觉性的描述。[8] 这很可能是人类心理的一个基本特征。研究表明，孩子们认为人比动物优越，自己社会的成员比外来者优越，不过外来者又比动物优越。[9] 此外，狩猎－采集者和部落民族都倾向于把自己描述为人类，这表明该思维即使在那些与邻居具有很多共同特征的小规模社会中也普遍存在（远比你和养牛的牧民之间可能存在的共同点更多，尽管你的知识比对方更丰富）。[10] 他们对别人使用非人类或表示动物的称谓还表明，这些人认为自己至少有权把一些外来者像另类生物一样对待，而这种观点自然会影响他们之间的关系。

评价他人

在人们如何评价外来者这个问题上，心理学家可以长篇大论、滔滔不绝。其实，我们对不同群体的评价，与在我们心目中，他们如何表达自己的情绪，以及他们能在多大程度上管理好自己的情绪表达有关。[11] 首先，我简单介绍一下产生这种理论的背景。人们通常认为人类具有六种基本情绪——开心、恐惧、愤怒、悲伤、厌恶和惊讶。这些情绪表达的是一些相互分离、根深蒂固，并且在生理上截然不同的精神状态。它们在人类的婴儿时期就表现出来，并且只要在文化上略微调整，就能适用于整个世界。[12]

我们把这些情感结合起来形成次级情绪，并在文化层面影响我们与他人之间的互动关系。我们利用次级情绪来解释对方的意图，并回应别人把我们看作个体或群体代表所产生的想法。许多这样的复杂情绪都能起到积极作用，比如希望和荣誉，但也有一些消极情绪，比如尴尬和怜悯。这些共同的次级情绪对于团结社会成员很重要，因为他们的动机是满足自豪感或爱国情绪，避免羞耻感或内疚感，从而可以在一些紧要关头促成大家采取共同行动。[13] 次级情绪需要学习，会比基本情绪花费更多的脑力，并且出现得较晚，其出现的时间点是孩子正在形成自己身份认知的时候。[14]

人们普遍的直觉是，所有的人类都能表达这些基本情绪，并且一些动物也像人类一样具有这些情绪（比如你可以想象出一只快乐的狗摇尾巴的样子）。[15]

但我们对次级情绪持有不同看法。我们认为这些次级情绪，以及诸如优雅、自制、礼貌等品质，不仅仅为人类所独有，而且在除我们自己社会之外的其他人身上表现得有所欠缺或让人生疑。对于那些生活在生存巨链底部的人们，我们尤其怀疑他们是否具有复杂的情绪，因为我们认为他们像动物一样，行为举止几乎完全受基本情绪的操控。[16] 我们认为这样的群体缺乏自我控制能力，也没有细微的情绪感受能力，并且不值得我们理性对待。我们不相信有这方面的证据可以表明他们对自己犯下的过失有悔恨之情，因为这也是一种次级情绪，并且即使他们真的这样做了，我们也怀疑他们此举的诚意。[17] 由于我们把自己高贵的地位和道德约束力联系在一起，所以我们可能会把这种“贱民”与鲜廉寡耻联系起来，认为他们不会（并且我们常常以为他们不能）遵守适当的道德准则。由于我们假定他们会犯这样的道德过失，从而剥夺了他们在司法范畴内得到公平待遇的权利。[18] 最后反过来，被剥夺权利的人们很少能从别人那里得到次级情感作为回报，而这种冷漠似乎又证实了对方本身具有情感障碍的评价，从而使事情变得更加糟糕。

我们对外部群体成员的不平等待遇因沟通不畅而变得愈加严峻。在翻译中会损失很多信息，这不仅是因为可能出现的语言差异，也是因为我们很难读懂出现在外国人面部的一些微表情。[19] 我们会观察与自己相似的人的行为举止的各种细节，但在与那些让自己感觉不适的外来者打交道的过程当中，只能发现他们身上所表现出的一些最极端表情（尤其是愤怒和厌恶）。因此，研究表明，美国白人在黑人脸上发现愤怒表情的速度要比他们在白人脸上发现愤怒表情的速度更快。并且，当面对一个种族特征不明显的面孔时，他们更有可能把出现愤怒表情的面孔断定为属于黑人。[20] 最容易将某个种族与危险联系起来的个体，即种族主义者，做出的评价最迅速，也最肤浅。他们认为，皮肤越黑，这个人就越危险。[21] 1994 年 6 月 27 日，《时代》杂志刊登了一张辛普森被控谋杀的照片，但这张照片经过处理，让他的面部看起来更黑，当《新闻周刊》刊登同样的照片时，这一点就变得很明显了。后来，来自公众的抗议迫使《时代》杂志把有这一期报道的报纸全部从报摊上召回了。

要弄清楚一个外国人什么时候表现诚实也很难。在对土耳其人和美国人进行的一项研究当中，受试者就未能发现到底谁在说谎。[22] 同样，我们总是认为中国人难以捉摸——因为欧洲人无法看懂他们的情绪——于是认定他们的情感表达不够丰富。这些中国公民在按照自己的一套规则行事时，发现欧洲人对他们反应过激，而这带来的社会影响真实存在。我曾看到有游客大喊大叫，当时却没有看到任何一个“难以捉摸的”中国人或印尼人脸上露出愤怒的表情。因为在通常情况下，他们善于克制自己，不喜欢把情绪直接表达出来。[23] 一些亚洲人通过手术切除了眼睑褶皱，其中的部分原因就是为了不让欧洲人和美国人觉得他们看起来很消极。[24]

在我们的感知中，有两方面的因素构成了我们对外来者产生情绪反应的基础。一个被称为热情（warmth），这是衡量他人可信程度的标准，在我们对他们形成第一印象的那一刹那间就已经完成。另一个是能力(competence)，但这一能力评估起来速度缓慢，由我们根据其他群体所处的层级地位来加以认定。能力是衡量他们作为一个民族所产生的力量，因此可以衡量这一民族根据对我们的看法而采取行动的能力，也就是说，他们是能够帮助我们，还是给我们造成伤害。[25] 根据这些本能的评估，我们会做出不同的反应，同情那些我们认为热情但没有能力的群体成员（例如，参与调查的意大利人对古巴人有这种感觉），羡慕那些对我们冷淡但有能力的人（意大利人在同一项研究中，表示对日本人和德国人有这种感觉），并渴望与态度热情且有能力的群体打交道。最后，带有愤怒的厌恶，即蔑视，有时会发展成对那些被认为不怀好意且没有能力的民族的一种不加掩饰的反应（比如许多欧洲人对罗姆人的印象就是这样）。[26]

罗姆人（the Romani）和其他被诋毁的人群所招致的厌恶情绪，将他们牢牢地钉在等级最低的"害虫"之列。我们还可以举出数以千计类似的例子。阿尅族狩猎－采集者的农场邻居给他们取的名字叫"瓜亚基"（Guayaki），意思是"凶猛的老鼠"。[27] 正如第三帝国①的一位政治理论家宣称的那样"并非每个长着人脸的家伙都可以被称为人"，纳粹分子就把犹太人比作水蛭和蛇蝎。[28] 在1994年卢旺达种族灭绝期间，胡图族人将竞争对手图西族人比作蟑螂，而图西族人和胡图族人其实差别很小，只是前者比后者稍高一点而已。将黑人等同于猿类的说法始于欧洲与西非的首次接触。我们可能以为这种让人惊愕的观点早已属于历史，然而内隐联结测验表明，这种刻板印象在美国人心中仍然根深蒂固。[29] 这些观点并不等同于贬低某人表现得像猪，或者称赞某人聪明得像猫头鹰之类的做法，只是一时兴起，过后即忘。[30] 把一个人

① 第三帝国，1933—1945年由纳粹党所统治的德国。——编者注

视为令人作呕且低人一等的人，就意味着我们同样可以用这种方式对待他们。这就是那些在阿布格莱布（Abu Ghraib）的战俘所遭遇的命运。2003 年和 2004 年，美国监狱工作人员用不人道的方式拍摄了这些照片。不过这充其量只能说他们的不幸被人忽视，或者说有人以幸灾乐祸的方式对待他们，即有人把自己的快乐建立在别人的痛苦之上。

厌恶是一种复杂的情绪。它不仅可以针对人和动物，而且还可以针对任何肮脏或不卫生的东西。其中包括像“移动奶酪”这种稀奇古怪的民族食品，以及任何让我们想起那些隐藏在自己身上的丑陋的动物本性。[31] 对人的厌恶以及对不卫生事物的厌恶似乎本质上是相通的，其实这是大脑两个区域活动的产物：一个是脑岛，它是大脑皮层的一个深度折叠部分；另一个是杏仁核，一对埋在颞叶里的杏仁大小的神经组织簇群，它是大脑快速反应系统的一个组成部分。但是，前额叶内侧皮层，即参与人类互动的脑组织块，不能被激活，就好像我们只是面对一个没有生命的物体一样。[32] 我怀疑当初盖世太保之所以误把一整车意外被送进毒气室的德国人当成需要采取“消毒灭虱”措施的犹太人，其中的部分原因在于那些旅客在拥挤、肮脏的条件下长途旅行后面容憔悴、令人作呕。如果你认为在重要性上清洁仅次于神圣，并且相信肮脏不堪的人们会亵渎神灵，那生活在美国社会底层的人们被要求使用单独的饮水机和厕所就应当很有道理。

移民，通常被污蔑为肮脏的人类或社会败类，尤其容易沦为极端排外心理的受害者。事实上，厌恶可能已经在人类社会演变成一种阻止疾病进入社会的方式，这种方式是通过限制与外界的接触来实现的。像禽流感和埃博拉这样的病毒在今天也会引发同样的恐慌。[33] 但一个与外界隔绝的领土就像一个岛屿，让一些寄生虫很难找到渠道进入。[34] 于是，疾病变成了征服战争中意想不到的武器。殖民主义社会经常传播让原住民没有免疫力的疾病。比如，曾与哥伦布接触的美国部落阿拉瓦克就有许多人死于天花。[35]

在底层生存

不管处于社会边缘的人能否成功地与更有势力的邻居建立关系，他们的低贱地位都使自己处于心理上和经济上的劣势地位。他们不仅会感到自卑，还会对自己彻底绝望，就像一个！Xõ 布希曼人在关于自己族人对现代生活的信仰进行解释时所揭示的那样：

> 神（Gu/e）一开始让天下民众平等无差别，后来又把他们分成不同的民族，让其中一些人为别人而工作。然而，当神最初造人时，他首先造的是白人，然后造的是黑人。神用剩下的一些罐子碎屑，创造了布希曼人，这就是布希曼人身材这么矮小的原因，也是为什么布希曼人和其他种族相比显得这么卑微。神在创造动物时也是这样。他首先创造大型动物，然后是小型动物，最后才用剩下的罐子碎屑创造出最小的生物。

然而，即使是受到外来者打击并失去自尊心的人们，也努力通过发现自己群体特有的事物来珍惜生活、赋予生活意义，并以此欣赏自己群体的独特性。[37] 例如，以我对！Xõ 布希曼人的了解，如果他们今天能从自己对大自然的了解中产生任何自豪的感觉，我也不会感到惊讶。

面对外来者拥有的明显优势，一个社会的价值观和身份特征仍然能够得以保存，这足以说明，对于人类的意义，我们可以进行多样化的解释。每个社会或民族都对其标准和重要特征进行有利于自己的调整。因此，在不完全剥夺其他社会和族群的人性的情况下，我们可以根据不同的性质，认可他们的解释，或采用我们自己的解释。[38] 比如，中国人认为他们的国家具有令人羡慕的集体性，而美国人则以个人主义为荣。我们可以承认外国人比我们更聪明，更有野心，或者更善于表现自己，但即使在这种情况下，我们仍然可能认为我们的坦诚直率、与世无争或矜持本性也是可以接受的恰当选择。通过把自己的缺点誉为“独特的人性表现”，我们尽可能地让自己接近社会的最高层级。我们理智地认为，别人固然有很多长处，但我们也在许多地方具有优势，并且让他们望尘莫及。也许他们终其一生，也只会过着一种机械的生活，无法理解我们群体认为重要的事情，或者说他们的社会原本就欠缺某些道德原则。[39]

动物中的偏见与进化中的偏见

将不喜欢的外来者视为令人厌恶的害虫的心理倾向表明，我们对别人的偏见以及对动物的恐惧可能有着共同的潜在心理。有一次，我花了一天时间观看斯坦福大学精神病学教授巴尔·泰勒（Barr Taylor）治疗一位患有蜘蛛恐惧症的病人。泰勒博士让她逐步画出蜘蛛的图案，一次只画一个身体部位：先画头，接着加上腹部，然后添上每条腿。当这位女士全神贯注地描画蜘蛛的细节时，原本可怕的事情也就变成例行公事了。[40] 在阅读关于这个问题的讨论时，我们发现熟悉会更容易产生理解，或者至少是产生宽容。如果不能对作为个体的外来者的情况进行适当了解，可能会暴露我们在与人相处的过程中，产生的另一个类似的、让人无法理解的不适现象：直视对方的眼睛会让人局促不安。[41]

在其他灵长类动物中可能有将外来群体视为害虫的先例。在对猿类进行的内隐联想测验中，雄性猕猴很容易将自己猴群的成员与水果联系起来，而将其他猴群的成员与蜘蛛联系起来。[42] 那么，可以想象，去人性化现象（dehumanization）应当先于语言出现。一个合理的解释是，我们在生存巨链中对社会和族群的排序，是从管理许多动物社会内个体关系的统治等级中产生的。

猕猴或狒狒每时每刻都受支配地位差异的影响，处于较高支配地位的成员可以骚扰下级成员。因此，将其他猴群及其成员置于自己猴群的等级之下，属于一种简化认知的操作，也可能是后来发展出群体去人性化现象（the dehumanization of groups）的一个前兆。[43]

然而，在除了人类之外的物种当中，很难想象能再找出像我们所表现出的那种复杂偏见。其中的一个原因是生物学家不知道其他动物是否具有次级情绪，而次级情绪似乎是人类评价外来者的必备基础。但抛开这个问题不谈，人们如果以热情、能力、情感深度或地位的标准来评价外国人由此得出的结论可能很肤浅，而且只有在有机会建立联系时才有意义。然而这种情况就不可能出现在黑猩猩当中，因为黑猩猩遇到陌生同类的唯一选择就是逃跑或者用棍子把它打死（除非对方是失群流浪的雌性猩猩）。

匿名社会的出现无疑大大改变了我们对国外社会的看法。事实上，标记就是我们为了证明自己是真正的人类而四处传播的特征。[44] 以这种方式展示我们的身体，可能最初是我们祖先对尼安德特人以及我们家谱中其他现已灭绝的人类分支的一种反应，当时这些祖先脆弱的下巴、突出的脸庞、倾斜的前额以及独特的行为都标志着他们的身体与众不同。如果真是这样，那标记就是从我们对外来者，即那些曾经和我们真正不同的物种的反应，最终转移到对人类自己建立的不同社会所做出的不同反应。[45]

我们如此评价外来者，并从他们身上看到我们害怕的东西，这在遥远的过去可能是一个明智的反应，特别是在 4 万或 5 万年前，因为那时人类与外来者接触不多，对他们了解甚少，并且当时人类寿命太短，不能对所有人进行个体识别。产生刻板印象（即使只是为了避开大量不确定信息而产生的一种预感）给我们的祖先提供了一个快捷但粗糙的行为指南，用来预估外来者是会给自己带来好处还是伤害。依赖偏见的风险要小于找出那些与我们的联系不牢固或根本不存在的外来者的个性，而这些外来者无论是在伦理道德、行为动机还是表达方式上都与我们大不相同。

哲学家伊曼纽尔·康德（Immanuel Kant）曾断言，道德关怀应当把人类包括进去。[46] 我们现在应该清楚人类的头脑并不容易适应这样的观点。把我们自己置身于生存巨链的顶端，或许可以解释为何我们每天在听到海外战争中人类的死亡消息之后，仍然可以享受自己的晚餐。[47] 如果我们判断别人的精神和情感能力贫乏，并且认为他们缺乏道德观念，那我们可能会决定不用普通的方式与他们打交道。我们可能在把外来者视为劣等生物的心理作用驱使下犯下暴行，虽然从纯粹进化的角度来看，这可能产生巨大的回报。并且一旦行动完成，将被我们冤枉的人视为没有人性，就会变成我们的一种自我保护机制，从而减轻我们的内疚感，让我们得以继续生活。[48] 由于选择性记忆的存在，在我们认识到自己的行为令人发指之前，可能已经经历了好几代人。事实上，正如我们怀疑别人表达后悔的诚意一样，在现代社会承认我们（作为一个社会）深感抱歉是一个令人惊讶的想法，而且实行起来并不容易。[49] 2009 年《国防拨款法案》（the 2009 Defense Appropriations Act）中包含了一则“针对美国公民对原住民的暴力、虐待和疏忽的许多事例”的道歉，但并没有引起社会轰动。

到目前为止，我已经将社会刻板印象描述为生活在一个社会或族群中的个体成员所具有的特征。但我们还不清楚：这种偏见是如何引导我们将其扩展为针对整个群体的看法的。因此在下一章中，我将探讨一个社会如何能够成为一个单一整体，它如何做到以一种声音说话，以及社会成员如何能够团结起来形成统一战线并采取集体行动。

第十五章

社会大联盟

纳粹德国战前在纽伦堡举行的那些集会最能展示他们的权力。每年都有成千上万名狂热的德国人——这个数字最终攀升到接近 100 万——聚集到一个竞技场里，该场馆周围有 130 盏探照灯，即使在 100 公里之外也能看到这些明晃晃的灯光。在慷慨激昂的演讲间隙，伴随着雷鸣般的瓦格纳进行曲，一波又一波的军队举着巨大的旗帜和横幅，迈着正步，潮水般地往前行进。

这种壮观的情景清楚地表明，纳粹将德国人置于生存巨链的顶端。对于从世界其他地方观看新闻影片的人们来说，出于人之天性，很容易就此得出结论，认为外来者群体中的所有成员——在本例中则为德国人——都属于同一类型。这场盛大的集会表现得空前团结，其中的无数参与者无论外表还是行为都看起来完全一样，并集结在同一旗帜之下，于是在那些畏惧纳粹的人看来，这些德国人根本就没有什么个体区别，他们似乎全都变成了一个反乌托邦的统一集体，而这种万众一心的情况通常只在昆虫社会中才会出现。事实上，乔治 · 奥威尔（George Orwell）曾把民族主义称为"一种认为人类可以像昆虫一样分类的习惯，并且认为我们可以自信地给拥有数百万或数千万人的整个街区贴上'好'或'坏'的标签来对其进行区别"[1]。

即使人群不像聚集在纽伦堡的纳粹分子那样队伍庞大、阵势吓人，我们也觉得其成员就像蚂蚁一样混成一片，因为他们的外表以及行为方式都让我们感觉陌生，所以很难把他们区分开来。这与我们自己群体中的成员形成了鲜明的对比。今天，无论在同一社会内部还是在各个社会都存在同样的问题。问题一：他们看起来都一样。高加索人这样评价亚洲人，而亚洲人对高加索人也是如此印象。这种观点只见森林不见树木，两个种族其实都具有各自不同的个性特征。[2] 问题二：不能信任外来者。今天出现的这种偏见，曾同样在狩猎－采集者社会中广泛存在。

一旦我们把其他人群进行归类，敌对国家中的助威民众或友好国家中的欢呼人群就会在我们的头脑中融为一体，仿佛生活在那些国家的个体成员是弗兰肯斯坦①式身体里的许多细胞，是具有个性和野心的有血有肉的实体，并可以长生不死。用心理学家的语言来表达，就是这个群体具有高度的实体性（entitativity），即被感知为一个实体的性质。[3] 纽伦堡集会所展示的那些巨大的国旗以及音乐等象征符号，无疑增强了这方面的效果。它们使德国人看起来不仅更加团结，而且更有能力（因而可能构成更大的威胁）并冷酷吓人，因此不值得信任。[4] 我们对一个群体的实力强弱以及它是否可能与我们展开破坏性竞争的评估，会影响我们是将其视为敌人、盟友还是患难之交等。[5]

虽然纽伦堡奢华集会的筹划者们无疑很乐意给外界留下深刻印象，但他们如此大费周章的核心意图是借此加强德国人民对自己国家的认同。当然，对于参与集会的德国人来说，整个过程的确令人陶醉。你可以想象，德国人的形象在外国人心目中经历了与纽伦堡集会大致相同的重塑过程，只是结果不同而已。虽然大多数时候，人们通过个人贡献来表达他们与社会的联系，从而得到他们所渴望的社会认可，但是当他们感觉自己是一个团结紧密的集

① 弗兰肯斯坦是英国作家玛丽·雪莱在1818年创作的长篇小说《弗兰肯斯坦》(又名《科学怪人》)的主角。他是个热衷于生命起源的生物学家，怀着犯罪心理频繁出没于藏尸间，尝试用不同尸体的各个部分拼凑成一个巨大人体。——编者注

体中的成员时，就拥有了与集体融为一体的那种喜悦感。此时，参与者表达个性的冲动被撇到一边，他们的差异也被遗忘，全身血液中都流淌着一种自己和一个群体合为一体的陶醉感。

任何国家庆典——包括游行活动、焰火表演以及挥舞旗帜——都能让我们把自己的社会想象成一个实体。[6] 人们在婴儿时期就拥有这种感觉，因为此时人们已经拥有了一种寻找归属的冲动，让自己与他人保持一致能给人们带来舒适感，并且随着年龄的增长，这种舒适感转而变成我们与社会之间强有力的联系纽带。[7] 这种要加入更宏大的事物，成为其中一部分的感觉，导致我们尽力凸显自己与其他成员之间的共同点，无论我们是否将他们个性化。这也彰显了我们自己的社会与那些更加同质化的外来者之间的区别。当这些外来者恐吓或激怒我们时，他们看起来更趋于一致——而我们对细节的忽视则让我们进一步认为他们所有群体都没有区别。

那些手握大权的人物在这一过程中发挥了重大作用。在极端情况下，正如希特勒在第三帝国时期的表现一样，领袖会成为其他人身份的象征和体现，就像图腾一样令人望而生畏。人们同样可以将外国领导人视为其社会的代表。这种观点强化了我们对外来者的刻板印象，让我们将其视为从一个模子里刻出来的，领袖则成为铸造其他社会成员的原型。

我们带着这种观点，因此不需要任何证据就已经相信外来者真的几乎没有什么差别。我们如果认为一个国家或民族的所有成员都毫无差别，那么当遇到一个充满敌意的群体时，就倾向于认为他们所有人都心怀歹意。在这种情况下，个体成员被视为其社会的代表，就像在国际舞台上，他们的领导人能代表他们国家的形象一样。对于我们不喜欢的性格特征来说尤其如此。[8] 这和我们遇到其他威胁时的反应几乎如出一辙。如果一只蜜蜂蜇人，那么所有蜜蜂都会蜇人，这似乎是一种合情合理的推测。虽然驱赶蜜蜂只是我们举的一个简单例子，但我们对社会中其他事物的反应可能同样简单。有时在外来者眼中，我们对他们也构成同样的威胁。总之，人们认为，进行安全防范总好过被蜜蜂蜇伤。

社会的自我意识

在考虑社会的实体意义时，不妨退后一步，回顾一下人类关系从最个人到最抽象的发展范畴，这样做或许对我们的理解有帮助。不同规模的人群具有不同的交往风格，交往风格和人群规模从人类早期就已经显得非常重要了。[9] 人类交往中最亲密的是组对关系，比如夫妻关系、亲子关系以及雇员和老板之间的关系。接下来是在一起执行任务的一小群人之间的关系。对于狩猎－采集者来说，这意味着采集植物或狩猎野味的聚会，而如今这是人们在工作场所进行协作的基础，这样才能保证我们稳步地做出决策并实现工作目标。“我们在哪里才能挖出这些块茎”变成了“我们如何推销这辆车”。

最初的狩猎－采集者团队，由 20~30 名成员组成，其规模相当于今天的许多课堂、商业部门和某项目的业余爱好者俱乐部。虽然在这些更大的群体中，可能更难处理矛盾冲突，但是人们由于离不开彼此的专业知识而继续保持联系。起初，一个团队社会几百人到几千人不等，然而今天，我们看到教堂、会议室和学校、机构等有差不多的规模，这些团体为人们在更广泛的社会中交流信息和分享资源奠定了基础。发展到如此规模，人们组成的团体已经远远超出了能够相互交流甚至相互了解的个体范畴。于是，大多数匿名人群都以某种象征性的方式相互识别。

如果说课堂等同于狩猎－采集团队，或者说像参会者这样暂时形成的团体肯定相当于团队社会，有点牵强。然而，无论是同学之间的亲密感，还是与几十名热心人士一起开会所获得的更抽象的快乐，都能给我们带来一种满足感，这两种情况可能都反映了人们在早期团队和社会中与他人互动的心理特征。无论怎样，对于大多数个体来说，社会规模不论发展得多么庞大，都保留着它的基本功能，因为其中相互交织的标记体系为人们与自己社会的成员以及其他社会的成员打交道创建了条件，并为他们形成一个永久性的统一整体打下基础。

因此，人们在自己的同伴和社会中都找到了生存意义，并把社会视为一个整体结构，而不仅仅将其作为全体社会成员构成的总和。[10] 我们认为自己在社会的延续中扮演着一个角色，传承着这个社会的重要历史、传统习惯、法律制度以及可以流传后世的社会风俗——所有将我们联系在一起的标记体系。[11] 我们完全有理由认为，人们不仅通过自己的后代，而且通过这种个人与社会的结合方式，感到自己还活在世上，即对国家的热爱让人们觉得自己的生命得到了延续。[12] 早期的人种志学家埃尔斯登·贝斯特（Elsdon Best）报道了这种现象在新西兰原住民中的一种表现：

> 在研究毛利人的习俗时，最好永远记住，毛利原住民如此彻底地认同自己的部落，以至于他们总是使用第一人称代词。在提到一场可能发生在十代以前的战斗时，他们会说："我在那里打败了敌人。"即用第一人称"我"替代部落的名字。[13]

因此，如果我们国家的士兵在战争中丧生，我们的反应是痛苦、愤怒或恐惧；如果我们的国家队在奥运会上获胜，我们会激动万分，会为我们的队伍感到喜悦，仿佛是自己赢得了比赛；[14] 我们在和周围其他公民携手团结之时，会备感光荣、无比自豪，并感到自己空前强大。一些人声称这种以族群为中心的爱国之情其实起到了催产素的作用（催产素是一种抑制杏仁核焦虑反应的生理激素），同时增加了我们对其他同类成员的同理心，这种积极的感觉也与人们看到国旗时的情况相似。[15] 此外，这种团结一致、万众一心的时刻，可以成为一个人生活中的难忘记忆。美国人在他们的宇航员登上月球的那一刻就感受到了这种万众一心的凝聚力。对英国人而言，国王或王后的加冕仪式也会带来这种举国一体的感觉。当被共同的身份感所鼓舞时，我们不仅忘记了彼此间的差异，还在一种叫作“群体情绪”（group emotion）的效应中，拉近了彼此的距离。[16] 比如，如果你问一位被鼓舞的女士感觉如何，她可能会说很开心；然而，如果她接下来听到的是针对自己国家的恐怖主义行为，她可能会说自己感到悲伤或愤怒。群体情绪是人类自尊的内在组成部分，它在国家层面上主要表现为自豪、关怀和力量，因此对于人类个体而言，社会天生就是构成自我的一部分。

物种的反应在扩散时有时就表现得像传染病一样，无论是兴奋的猴子聚集在一棵果实累累的大树上，还是激动的球迷在运动场上奔走欢呼，其反应都会变得越来越强烈。[17] 然而，现代人群并不是必须要培养群体情感和纽带。可如果是规模更小的集体，就需要采取这方面的措施了。对于过着游牧生活的狩猎－采集者来说，当聚集在一起时，他们与社会的联系一定达到了前所未有的高度。因为团队成员不仅可以通过交换商品以及与他人建立友谊来确认彼此之间的团结，更重要的是，他们可以通过与聚在一起的社会保持一致来确认这种团结关系。这就是说，聚会（get-togethers）能以集体自豪感和爱国主义的形式给人一种神圣的感觉，而盛宴、故事、歌曲和舞蹈加强了他们之间的团结。[18]

从事上述活动以及为了团体而牺牲个性都能给我们带来乐趣，这可能源于我们认为自己必须朝着能被别人认可的方向努力。这从我们如何模仿自己敬重的人物的情感、声调和手势中就可以看出，并且我们以及我们种族或族群中的其他成员，在这方面可谓不遗余力。[19] 但这些行为都是在无意识的情况下发生的，其中有一部分是由运动前区皮质中的镜像神经元引起的，无论我们自己做出动作还是观看别人执行该动作，镜像神经元都会被激活。[20] 此外，这种行为具有遗传基础：比如新生儿就会模仿别人的悲伤、恐惧或惊讶。[21] 对其他个体的模仿以及在群体层面发生的情感反应，也会在其他动物——比如兴奋的猴群——身上出现。例如，我们曾在一段视频中，看到一群黑猩猩模仿其他同类嬉闹或愤怒的表现。[22]

集体行动

我曾在东京的一座神社享受着1月的清新空气，该神社有着百年历史的鸟居[①]和拱形屋顶。当时，100多个日本人来到一个中间带有结冰水池的内院里，脱下白色的腰布和头巾，然后开始念诵。接着，大约有30人爬进水池，冰冷的池水先是淹到膝盖，后来则上升到齐腰的高度。他们一边模仿划船的动作，一边不停地念诵，声音从悠扬的祈祷变成包含两个音符的合唱，最后变成低沉的吼叫。经过几分钟的寒冷考验之后，这批日本人爬出水池，换上另一批人重复这样的仪式。

该仪式被称为"寒中禊"（Kanchu Misogi），即人们在冬季为消除不详而在水边举行的一种祭祀活动，又叫冬季净化节。和我一起观看这场仪式表演的是帕诺斯·米特柯蒂斯（Panos Mitkidis），他来自杜克大学先见中心（the Center for Advanced Hindsight at Duke University）。心理学家在那里研究人类的思维过程，米特柯蒂斯就是其中之一，他在研究人们在艰难条件下如何能够齐心协力。米特柯蒂斯带领自己的团队收集当天的活动数据，尽管天气寒冷刺骨，他却忙得汗流浃背。

仪式由一些重复的活动程序组成，这些程序本身没有且不会给人们带来任何明显的实际作用。一些哺乳动物中出现的集结现象，最接近于我们在自然界中所看到的仪式行为。比如灰狼在彼此身边蹦跳吠叫，斑点鬣狗则竖起尾巴，彼此不断地摩擦身体。这种集结行为使动物们学会避免它们落单时可能会出现的一些风险行为——比如对其他群体发动攻击。[23]这种行为可能会大致反映出物种中所谓的"不连续效应"（the discontinuity effect）：群体与群体之间，一般比组成群体的内部成员之间更具竞争性，更少出现合作现

① 鸟居是类似牌坊的日本神社附属建筑，代表神域的入口，用于区分神栖息的神域和人类居住的世俗界。——编者注

象。[24] 当然，人类和这些动物之间存在差异，因为人类集会时通常会通过一些象征标记——比如一面旗帜——进行召集。蓄奴蚁可能是这条规则的一个例外：在一面用信息素做成的“旗帜”的召集下，工蚁先是在自己的巢穴中忙忙碌碌，然后就结队出去抓回一批新的奴隶。[25]

人类生活中出现的仪式化程度超出了我们的想象，远远不止简单地模仿彼此的言语和情感。当还是孩子时，我们通过模仿他人的复杂行为而变得聪明。除了表明我们对一个群体规则的遵守之外，这种模仿行为一般没有明确的目的。想想一个孩子怎样通过遵守同学制定的所有游戏规则来获准加入他们形成的小圈子吧。我们就是这么“着装”的——好，没问题，通过！[26] 正确完成一些不太重要的活动（比如参加仪式）是人类确认身份（包括社会身份在内）的独特方式。[27]

米特柯蒂斯发现激烈的仪式确实能创造凝聚力，使参与者之间的联系更加密切，从而达到一种高度团结，这种高度团结超越了一般社会缔造者的身份认同能力，这种行为甚至会发展成群体中赤裸裸的欺凌现象，即通过拳脚来形成集体统一。当正式的身份通过定期举行仪式而不断被强化之后，人们会感到自己必须与其他成员同呼吸共命运，因此可能会参加一些危险的集体行动。邪教和帮派就以这种方式给成员灌输了一种团结感，对于像黑手党这样的犯罪组织来说则更是如此，后者甚至要求自己的成员的几代人都得履行当初做出的身份承诺。

更为极端的一些仪式会导致群体情感爆发并演变成一种更激进的形式，即身份融合（identity fusion）。参与者将自己和自己的群体视为一个真正的整体，在确保严格遵守群体规则的同时，还不断地相互鼓励，从而强化彼此对群体的认同。[28] 但这种“威慑仪式”很少举行，即使举行也通常只针对少数几个精选成员。在当今世界，只有在最激烈的军事计划中或执行实际战斗任务时才会采取这种形式。[29] 狩猎－采集者和部落组织经常举行一些代价高昂且难以模仿的仪式，如果他们的成员此时正好与充满敌意的外来者卷入冲突，这些仪式甚至会进一步留下令人痛苦且无法消除的标记，比如在身体上刺下疤痕等。因此，我们可以把他们的行为理解成：他们在模拟体验在未来的严酷考验中可能经受的那种极度的痛苦，从而让自己做好准备并采取一致行动。

作为一名研究蚂蚁的生物学家，我对亚马孙北部的瑟德利马威人（Sateré-Mawé）今天仍在进行的战事启动仪式特别感兴趣。该仪式要求年轻男孩被一种长达 1 英寸（约 2.5 厘米）、呈锭子形状的恐怖昆虫——有人称其为子弹蚁——叮咬，不过他们这样做还是有充分理由的。[30] 我曾亲自尝试了一下，尽管我已经在子弹蚁蜇完我之前就把它拉了下来，但它留下的刺痛仍差点儿让我晕过去。但与瑟德利马威青少年的经历相比，这点疼痛几乎不值一提，因为他们要被许多子弹蚁包围着叮咬 5 分钟之久，这种折磨在一定程度上确实可以与战场上产生的许多伤痛相提并论。[31] 因此，瑟德利马威人平时喜欢打架也就不难理解了。

当然，人们不需要仪式也能互相支持。在危急时刻，他们可能会像面临狼群攻击的马匹一样坚定地团结在一起。为共同利益而奋斗的承诺可以成为快乐和灵感的源泉，但也会带来危险。即使有人对该群体的行动方式持有反对意见，但作为同胞，他们也会采取一致行动。例如，他们可能会因为害怕遭到拒绝而被视为懦夫，或仅仅是为了配合当下的激情，而保留自己的意见。由于人们作为个体思想独立，所以可以把差异暂时搁置一边，而支持群体决策。[32] 发展心理学家布鲁斯·胡德（Bruce Hood）评论过这样的情况：“我们相信任何自我感觉都会被淹没在人海之中。”[33]

但并不是每个人都会表现得那么团结。虽然合作和信任的作用可能会被放大，但有些观点并不总是能被所有成员接受。如果有一些人公开表示反对，那大多数人，即使已经把自己包裹在同一面旗帜里面，也会发觉这一问题值得考虑。可是，捍卫个人观点可能非常不受欢迎甚至会被视为叛徒，背叛行为是令人难以容忍的，在中世纪的欧洲，这构成了足以被人剥皮或掏肠的罪行。[34] 我们团结在一起时将其看得更加严重：你只有两种选择，要么支持我们，要么变成我们的敌人。[35] 因此，如果后来要求你为自己的行为辩护，你最好做出让步，或者至少申明自己没有意见。纳粹罪犯曾恳求纽伦堡审判团，声称他们只是奉命行事。照此逻辑，我们不仅可以因为自己对社会的盲目信仰而放弃理智判断，而且还可以为自己因这种盲目信仰而犯下的过错脱罪。

如果说一个人按照上级的命令而对他人施以电击，他的大脑活动就处于抑制状态，那这表明那些按照命令行事的人不会对后果产生情感体验。[36] 当我们不仅仅是听从一个指挥官发号施令，而是同时在遵循集体意志，并且陶醉于群体情绪之中时，我们的负罪感可能会完全消失。我们如果独自采取行动，会选择一种不让自己担责的方式。[37] 此外更重要的是，彼此相似的感觉和可互换性使我们在匿名社会中感觉更加安全。所以，无论是在纽伦堡的军事编队还是在战场的喧嚣混乱当中，普通士兵都被训练成简单可靠的“克隆人”，相互之间难以区分。

如果一群人在没有计划或明确领袖的情况下聚集在一起，那么他们的行动就像行军蚁的集结行为一样，只表现为一个集体的自然特征。虽然每个成员作为个体的贡献很少，但社群的起源作为一个集体，可以通过自己的意志来实现目标。他们的行为可能虽然经过了精心安排但还是属于愚蠢之举，或者虽然给自己带来了好处，但却不符合伦理道德。一个无人领导的团体很可能只有在精心安排的条件下才能做出正确的决定，因为在这种条件下，每个人都有权在不受他人影响的情况下表达自己的个人意见，然后在此基础上形成民主决策。否则，通常所谓的群体“智慧”可能用“暴民统治”来加以描述才更准确，其中的参与者放弃他们的个人意志并屈服于群体的极端表现。[38] 加入群体使得通常情况下软弱无力的个体有机会可以分享令人敬畏的权力，甚至可以引发暴力行为和种族灭绝。

作为一个非常成功且令人羡慕的族群（即使在充满敌意的外人眼中，他们也显得冷酷而颇有能力），犹太人经历了纳粹的极端统治。虽然在大屠杀之前，德国人对犹太人还勉强表现出一点尊重，也光顾他们的企业，但随着矛盾升级，他们对犹太人的攻击就开始了——对受害者横加指责，把对方的罪责极度夸大。[39] 这种模式在历史上一再上演。1998 年，爪哇动荡期间，当地华人因类似的原因遭到攻击。1992 年，洛杉矶骚乱中的韩裔美国人成为那场群体性骚乱的发泄目标，并且这种骚乱有时甚至会升级为大规模屠杀。[40] 当局势高度紧张时，理性对正在发生的事情几乎没有作用。[41] 此时，一些令人意想不到的理由，也能轻易使普通人受到伤害，这种情况实在令人感到沮丧。在卢旺达种族大屠杀之后，大多数胡图人承认图西人其实算得上自己的好邻居。而令他们改变这种印象的除了把图西人比作虫子并将其大肆宣扬，还包括将杀人行为视为正常现象，鼓动人们心中隐藏的那些偏见……对此，借用其中一名参与者的话来说就是，“暴力一旦开始，就像突如其来的雨点一样落在我们身上”。[42]

一小群有独立思想的人可能情况会好一点。集体思维表现为渴望博爱，并以实现团结为主要目标，从而找出一些较为完善的问题解决方案。[43] 人们甚至不惜曲解事实来迎合自己群体的期望。[44]

人类的悲剧在于，我们的群体行为有时会让其他群体成员对我们感到恐惧并存有偏见。事实证明，我们确实彼此行为相似，并且表现为一个整体。当局势高度紧张时，人们观念中存在的互换性最能与现实情况相匹配，而且我们可能会像游行队伍中的士兵一样肩并肩并步调一致。在我们自己以及他人的社会当中，这种紧张感都会促进社会合作，或者至少意味着我们对社会行动方案采取了默许态度。接下来，它又能强化我们在一起同呼吸共命运的感觉，而我们与其他群体存在利益冲突。

这种与群体内其他成员相似的感觉在人类的日常行为中很常见。厄瓜多尔的希瓦罗人（Jívaro）主要从事种植和狩猎活动。对于希瓦罗人来说，杀死那些“和自己说话不一样”的人（指其他部落的人），然后使用特殊工具将死者的头颅制成干缩人头是天经地义的事情。[45] 他们对外来者所做的这种恶毒行径，与近代布希曼人社会相对柔和的方式形成鲜明对比。希瓦罗人的野蛮和布希曼人的友善当然都是应该抛弃的刻板印象，将其用于个人身上时尤其如此。然而，刻板印象可以在人口层面反映出个人之间的实际群体差异，即个人具有一种所谓的集体人格（collective personality）。[46] 甚至在动物身上也是如此，例如，不同蜂群中的蜜蜂表现出的侵略性明显不同。[47] 对于人类而言，集体人格的出现方式与社会中更明显的标记一样，都是社会不断互动的产物，会导致个体的外表和行为都出现相似的发展趋势。众所周知，英国人比美国人更保守，而美国人则比法国人更不能忍受对方发脾气。[48] 这种群体性格的差异可以回溯到很早以前，比如：!孔布希曼人会比 G/wi 布希曼人更公开地表达自己的愤怒心情，但布希曼人总体上比其他南部非洲人显得更怯懦。[49] 这些“大写的个性”更进一步印证了社会就是实体的说法。

在从不同角度审视社会时，我没有讨论一个无可争议的心理学事实：大多数人的幸福在很大程度上依赖于他们的家庭关系。我们已经清楚了人类社会最初是如何运行的，以及人类思维如何对同一社会和不同社会的人们做出反应，我们现在将进一步对家庭与社会之间的关系进行横向考察。

第十六章

亲属的地位

我们有理由认为构成社会的单位不仅仅是一个个简单的核心家庭，也就是说：社会不仅仅是由一对父母以及相依为命的下一代子女组成。但这并不排除一种可能性：家庭和社会可能具有相似的心理和生理基础。一个社会是否可以表示为一种扩展的亲属群体，无论是基于成员的实际血统，还是仅仅作为心理表征而存在于成员的头脑里？果真如此的话，那就一个广义的大家庭而言，我们应该怎样定义这种亲属关系？家庭成员的身份是否与我们对社会的期望相同？我们对生物意义上亲属关系的认识是如何完整、广泛、普遍或准确地适用于我们与社会联系的方式的？此外，我们与家庭联系的逻辑和情感是否也适用于我们与社会联系的方式？

当然，家庭是人类日常生活的核心，其作用方式也是其他物种社会不存在的。以人们一般期望爸爸会抽出时间陪伴子女为例。没有哪只海豚、大象、黑猩猩或倭黑猩猩长大之后还知道自己的父亲是谁。两代同堂、父母双全在其他物种社会是不存在的。与其他动物的亲属关系相比，人类的家庭关系简直像迷宫一样复杂。在人类社会中，只要还活着，父母不仅要参与子女的生活，还要参与孙子孙女的生活。此外，我们会对来自父母双方的很多家庭关系保持关注。我们认识我们的兄弟姐妹和父母的兄弟姐妹，以及他们各自的配偶和后代。人类不仅仅（试图）为延续后代而进行交配，还因亲情关系建立起复杂的亲属网络。[1]

一直以来，生物学家和人类学家对这些关系网络的调查研究构成了探索社会行为的重要基础，这些研究主要是针对合作和利他主义。20 世纪 60 年代，生物学家围绕亲属选择理论（the theory of kin selection）开展了大量工作。该理论认为，物种的进化行为有利于把亲属的基因传播给下一代。从那以后，科学家们将亲属关系解释为一种在家庭生活以及社会联系中所产生的核心驱动力。一种观点认为，如果社会是一种在想象中构建出来的共同体，那么人们就会把社会理解成家庭的一种延伸，而这反过来又会让我们把自己的社会伙伴视为亲属。

事实上，人们在表达自己与亲属的联系方式以及自己与社会的联系方式上存在一些重叠现象。然而，来自动物王国和人类世界的证据都表明，理解并关注亲属和理解并关注社会成员是两种不同的任务，它们通常是被设置出来解决不同问题或提供不同行动方案的，尽管有时二者之间也会存在重叠。

自然界的亲属关系和社会

为了使亲属选择发挥作用，个人必须能够从群体中识别自己的亲属，或者至少在出现突发事件时选择支持自己的亲属。对于蚂蚁和其他社会昆虫来说，这根本不是一个问题：因为它们的社会通常就是由亲属成员组成。在这些物种当中，群体就是由许许多多的核心家庭组成，其成员包括作为母亲的蚁后以及她繁衍的多代成员。

然而，除了蚁群之外，只允许亲属加入某个群体的做法简直令人不可想象。比如生活在热带稀树草原上的核心象群，通常被误认为属于一个家庭，但它们却允许完全陌生的大象加入自己的队伍，并且能很容易看出来，那些新成员后来也受到了平等对待。[2] 核心象群成员通常都是亲属关系，这只是随着象群进化而出现的结果之一。因为这些大象与自己的兄弟姐妹一起长大，所以它们更容易待在一起。灰狼群体可以只由亲属成员组成，但事实证明它们也允许外来者加入并使其成为永久性成员。[3]

群体中的成员都有亲属关系可能只是暂时现象，像狼或狐獴这样的物种也是如此，尽管它们的社会看起来像一个群居昆虫群体，有时由一个包括多代年轻成员的简单家族组成。这样构成的群体似乎可以不中断亲属关系并世代延续下去。但我们仔细观察就会发现：在这类群体中处于发情期的雄性和雌性个体总是有来有去，而在这期间就有外来者加入，只是这种替代过程有时是和平进行的，有时得通过打斗才能完成。于是，在 10 年、20 年或 50 年之后，即使生活在同一个星球上的同一个社会中，其血统也可能被一代接一代的外来者杂糅，直到最后该社会完全由与其创始者没有任何血缘关系的动物组成。

通常在灰狼和非洲的稀树草原大象以及许多其他哺乳动物（从宽吻海豚到高地大猩猩）的群体中会出现这样的现象，它们的社会由多种血缘关系组成。[4] 事实上，在一些社会当中，成员之间完全没有任何亲属关系。比如在马群当中，就没有任何成年马匹之间存在亲属关系。这是马群形成方式带来的必然结果。成年的公马或母马并不像大象那样与童年时代的朋友保持联系，而是选择离开自己出生的社会，然后与自己遇到的其他马匹一起生活。因此成年马匹就与自己成长过程中的亲属失去了所有联系。根据亲属选择理论，动物会为捍卫亲属关系而甘愿冒险。然而，马群中没有亲属关系的成员却可以长相厮守，甚至团结一心，共同防止狼群攻击小马驹。[5]

在所有哺乳动物社会中，关系最稳定的是矛吻蝠（spear-nosed bat）组成的栖息群落，尽管其中的成员根本就没有亲属关系。栖息地中的每个洞穴都容纳了多个群落，它们分布在不同的栖息地点，由 8~40 只在刚刚成年时就相互结识的雌性，及一只可供这些雌性进行交配的雄性蝙蝠组成一个群体。这些雌性蝙蝠尽管没有任何血缘关系，但却能善待彼此。雌性蝙蝠在共享领域一起觅食，并且在 16 年多的生命之旅中，与自己的群落建立起非常密切的关系，甚至当某只幼小的蝙蝠从栖息地掉下去时，其他成员会保护它免受外来蝙蝠的伤害，直到其母亲赶来救援。[6]

显然，社会具备可以保护年轻成员的优势，因为社会可以将个体成员集中在一起，无论它们之间是否具有亲属关系。虽然亲属关系可以增加个体留在某些社会的动机，但亲属的存在并不是一个让社会高效运作的必要前提。存在共同利益才是保证社会成功的关键。

那么，猿类的情况又如何呢？当处于青春期的雌性倭黑猩猩和黑猩猩加入另一个群落时，它们周围没有任何一个亲属，但是它们很容易融入新的社会，倭黑猩猩尤其如此。虽然雄性继续留在它们的亲属身边，但它们最亲密的盟友往往不是自己的兄弟姐妹。[7] 相反，它们喜欢与自己性格兼容的其他成员交往。比如，善于交际的黑猩猩和狂妄自大的黑猩猩组合在一起，这是在裂变－融合社会中因四处游荡、自由搭配而产生的一种优势。[8]

此外，在具有多样化遗传基因的社会当中，无论其成员是否是人类，区分其血缘关系都不太容易。以婴儿与母亲的关系为例。孩子最容易辨认的家庭成员非自己的母亲莫属。即使这样婴儿在辨认自己的母亲时也会面临一定的困难，因为它必须学会将母亲与保姆、婆婆以及经常帮忙照看自己的其他人员区别开来，而这些看护者在许多合作繁殖的物种社会中都存在。人类对此的解决方案是：婴儿在子宫内就熟悉了母亲的声音，因此在出生后的三天之内就能识别出与母亲声音相关联的那张面孔。[9] 但类似的快捷方式不太可能适用于识别其他任何亲属，包括爸爸在内。

但由于家庭成员之间存在相似性因此一些物种还是能通过一些线索来识别自己的亲属。例如，仓鼠不仅可以区分其他成员，还可以通过比较气味认出自己从未见过的亲属。[10] 在一项研究当中，黑猩猩能够将自己不熟悉的幼猿的照片与其母亲的照片相匹配，而这不会只是运气使然。[11] 尽管如此，即使在直系亲属当中，它们的相似之处也并不稳定。众所周知，在人类中，父亲往往高估自己与子女在相貌上的相似性。研究人员已经证明，虽然外人可以凭自己的判断——而非单凭运气——辨别出婴儿的父母，但出错的概率很大。[12] 在成长过程中，人们识别家庭成员不是基于任何具有遗传相关性的证据，而是基于信任别人所说的自己的身份信息，以及自出生起就存在的事实。

撇开辨别亲属的困难不谈，我们先讨论这样一个问题：血缘关系对人类和其他动物到底有什么作用？人们将亲属关系的类别概念化，划分出了诸如母亲或兄弟等亲属，其他脊椎动物可能也是这样做的，就像研究人员对狒狒进行观察时所记录的那样。[13] 但狒狒在与姊妹互动时，头脑中想的事情与人类对姊妹的期待也许并不相符。它们通过结成联盟来获得支持，而不仅仅依靠亲属关系或外表上的相似性。猴子之间的关系源于彼此的熟悉程度，而不是自己无法把握的实际亲缘关系。[14] 每只母猴都关注自己的母系关系——一个属于雌性的个体关系网络，这一关系网中通常包括它的后代、姐妹或母亲等相关成员。然而，在现实中，母猴列在母系网络中的成员取决于自己的选择，因此可能会遗漏一些亲属同时列入一些相处愉悦的非亲属成员。[15]

那么，是谁在定义亲属关系的分类标准？莎士比亚曾说“大自然教会野兽去认识它们的朋友”，这句话可谓精辟之极。动物经常与那些在自己幼时就经常出现在母亲身边的成员建立起互助关系。童年的朋友不一定是自己的亲戚，但肯定有些亲戚可以成为自己的好朋友。这样的朋友可能是一个仍然依附在母亲身边的年长的兄弟姐妹，也可能是一个与自己没有血缘关系的玩伴。亲属关系也可能以某种偶然的方式出现在生活当中，就像一只雄性狒狒舍不得离开以前的生活伴侣而选择继续和它待在一起。如果这只母狒狒产下幼崽，雄性狒狒也会善待它们母子，因为它自己很可能就是孩子的父亲。[16]

在大多数情况下，动物追求的只是社会关系，而不是要组建自己的生物学意义上的家庭。关系心理学的相关研究表明，人们对朋友和亲人的反应大致相同，并且对他们同样重视。[17] 俗话说：朋友就是你选择的家人。对于那些家庭很小或已经破裂的人们以及失去了所有同辈家庭成员的老年人来说，朋友和亲戚之间的互换性显得至关重要。[18]

一个团队社会包含许多家庭的血统，友谊在驱动社会发展方面所起的作用即使不大于亲情，也至少和亲情一样大。一对夫妇习惯于在同一个团队中抚养自己的孩子，团队成员包括丈夫或妻子一方的父母，也可能包括一两个兄弟姐妹。而他们的亲戚——兄弟姐妹、堂兄弟姐妹、姑姑和叔叔的家庭等——则会分散到社会的其他团队之中。[19] 团队得以存在的前提是成员之间彼此相容。就像其他裂变－融合物种一样，人类要寻找志同道合的同伴一起生活。[20] 一位人类学家曾报道，直至今天，布希曼人的狩猎－采集活动仍在继续，“他们的团队表现出鲜明的个性：一支团队可能由生性安静且不苟言笑的成员组成，另一支团队可能是乐观的人，或者其中的成员可能喜欢以幽默的口吻来讽刺别人”。[21] 但这并不意味着一个团队中所有成员的性格都相同。此外，就像任何社会群体一样，团队成员可能会被一个讨厌鬼拖累——这个让人不胜其烦的家伙，也许就是同一营地中某些人的亲戚，他的表现足以让那些与他沾亲带故的成员都羞愧得抬不起头来。

即便如此，在我们判断自己与他人的亲密程度时，血缘关系仍是一个起决定作用的因素。随着年龄的增长，人们倾向于避免与自己经常接触的人发生性关系。这似乎是避免乱伦的一种早期表现。[22] 流浪的狩猎－采集者也倾向于在他们童年的社交圈子之外寻找伴侣，选择与自己有一定距离的团队居民结婚，因为这样一来，他们之间具有任何亲戚关系的概率就小多了。[23]

人际关系智商

人与其他动物之间的明显区别在于：一旦幼儿能够听懂语言，人们不仅要教他认识自己的家庭成员，还要教他知道这些家庭成员之间的亲属关系（甚至包括很少露面的亲属）。[24] 最古老也最常用的词语可能就是“妈妈”和“爸爸”了——婴儿在六个月大的时候就可以用它们正确地称呼自己的父母了。[25] 但是，这些词语背后的含义是后来才逐渐被赋予的，因为婴儿开始发现别的孩子也有爸爸妈妈，但他们和自己的爸爸妈妈不一样。

令人惊讶的是，婴儿很难理解这种关系。孩子要在心智足够成熟，能够用语言理解复杂关系时才能弄清这些称呼是在表示谁与谁之间的联系，而像“叔叔”这样的亲属概念则要在多年以后才能被理解。对孩子来说，理解亲属关系可能和记乘法表一样困难，但要注意的是，无论在什么地方学数学，乘法都是一样的，而孩子对亲属的了解则取决于所在社会对他们的要求。我们对亲属关系认知的复杂程度可以随着历史发展以及文化不同而发生改变。在现代英语中，“a first cousin”（第一代堂、表兄弟姐妹关系）可以是父亲的兄弟的儿子，也可以是母亲的姐妹的女儿，但在中古英语中曾经有专门的词语对此进行区别。即使在同一个社会当中，对亲属关系的理解也可能因人而异，这取决于家庭的规模大小和紧密程度。那些来自小家庭或关系疏远家庭的人，可能难以理解别人认为的理所当然的亲属关系。（二表哥？他和我是什么关系？）生物学家戴维·黑格（David Haig），一位研究家庭关系的专家，曾经跟我开玩笑说：“聪明的孩子知道自己的父亲是谁，更聪明的孩子知道自己父亲的大表兄是谁。”[26]

鉴于科学家们对亲属关系如此重视，人们想知道到底有多少人能够弄清自己的家谱关系。有多少人能通过测量亲属知识的智商测试呢？20 世纪 40 年代，一首晦涩拗口的歌曲《我是我自己的爷爷》（*I'm My Own Grandpa*）曾风靡一时，其创作素材取自歌手的父亲再婚时选择了歌手妻子的女儿为人生伴侣，于是通过一连串错综复杂的关系转换，歌手就具有了歌名中所表达的那种奇葩身份。它的歌词让我头疼，如果把这首歌纳入人际关系的智商测试中，我怀疑很多人会过不了关。

但能否熟练掌握亲属关系似乎对人类生活并不重要。就像某些部落中除了一和二之外没有其他表示数字的词语一样，有些社会并不像其他社会那样痴迷于理清这些让人纠结的亲属关系，至少它们的词语反映出的亲属关系是这样的。生活在波利尼西亚东部部分地区的居民只有几个表达亲属关系的词语。亚马孙一个名叫皮拉雅（Pirahã）的部落的语言甚至更加贫瘠，仅一个词语就涵盖了父母、四位祖父母以及八位曾祖父母。他们的“子女”一词也适用于孙辈和曾孙辈，而“兄弟姊妹”一词也同时适用于父母的兄弟姐妹，以及兄弟姐妹的孩子。皮拉雅语显然缺乏递归性，比如它不能表达“母亲的父亲的母亲”这样一种表示远亲所需的循环关系。[27]

尽管皮拉雅语言简单，缺乏表示亲属类别的专门词语，但这并不影响他们掌握家庭成员之间的差异。根据现有的证据，我们只能猜测他们虽然没有特定的术语来区分同胞姐妹和堂表姐妹等亲属，但仍能根据其父母和年龄对这些亲属进行区别。另一种可能性是，像“堂表关系”这样的概念对于皮拉雅人来说是不存在的，就像在牛顿提出地心引力这一概念之前，大多数人根本就没有注意到引力的存在一样。考虑到皮拉雅语对包括数字在内的其他一些范畴也没有专门的表达，这似乎可以被解释为复杂的表达会让他们在思考以及交流这类概念时备感烦恼。[28]

但这里的关键是：在一个特定的社会当中，得到认可的家庭关系需要经过多年才能被理解，而一个只有三个月大、还不会说话的孩子，却能灵活地分辨出属于自己社会或族群的成员。亲属关系让我们头疼的真正原因在于：亲属不是一个界限分明的人群——如果我们追溯到上一代，总是可以发现更多的亲属。相对来说，儿童反而更容易辨认种族和族群成员，这证明了比亲属更广泛的人群在我们进化中的重要性。因此，社会及其代表性差异，而非家庭成员之外的各类亲属，才是人类精神世界中不可或缺的组成部分。

从虚拟亲属关系到扩大的家庭

即使那些拥有高智商的个人，对于自己亲属关系的了解程度也是有限的。人们对亲属的记忆一般只限于那些健在的个体，比如他们在孩提时就已经熟悉的曾祖父母。很少有人能回忆起年代更遥远的祖先（除了那些在历史上有所建树的名人之外）。即使崇拜祖先的社会也很少要求每个成员都必须掌握自己的家谱情况，仅要求他们能对广泛意义上的祖先表达尊重而已。

在大多数狩猎-采集者团队当中，人们甚至对自己确切的血缘关系也不太重视。他们与历史以及过去的人们没有什么联系，这使得这些信息不太可能被保留。[29] 布希曼人认为提到祖先不吉利，所以祖先或多或少变成了交流中的禁忌话题，而这使得他们遥远的血缘关系不太可能被理清。澳大利亚原住民从来就不谈论逝者的情况，因此逝者在一代人之内就被遗忘。事实上，引起一些原住民语言变化的一个原因令人惊讶：在一个成员去世之后，人们必须避免使用任何听起来像死者姓名的词语。这就意味着他们必须发明一个新的词语。[30]

对狩猎-采集者而言，文化和其他社会标志比遗传关系更重要。美洲印第安部落的一些家庭会收养战俘儿童，这种做法加强了部落的战斗后备力量。把被收养者与部落联系在一起的不是血缘，而是他们在与其他孩子一起学习的过程中对部落形成的依恋。这种共同的教养经历，意味着家庭和社会虽然在形成方式上表现各异，但在文化上具有统一性。[31] 即使血统很重要，它也可能是主观臆测的产物，就像部落的历史一样。比如，中亚部落的一些成员声称自己具有纯正血统，结果却证明他们与自己部落的血缘关系并不比他们与整个种族的血缘关系更密切。[32]

在狩猎-采集者中，大家经常使用的是那些从亲属关系中衍生出来的术语。在团队社会中，虚拟亲属关系，有时也称为亲属文化关系是非常常见的，这是一种让每个人与他人形成象征性关系的方法。因此，人们用诸如“父亲”或“叔叔”之类的词语来称呼其他社会同胞，而事实上，所有的父亲和叔叔都代表一样的意思。[33] 这也许可以解释为何布希曼人重视亲属，包括他们的亲生父母、祖父母和兄弟姐妹，但他们的语言中却没有表示家庭的词汇。[34] 当布希曼人谈到亲属时，并不一定意味着他们真的有血缘关系。他们常常联想起任何一个有着特定名字的成员，这表明亲属只是一种虚拟关系。无论血缘关系有多疏远，一个男人都不能娶一个和自己的姐妹同名的女人。虚拟亲属关系的首要作用是维持基于各种规则而产生的社交网络，这些规则既涉及男婚女嫁等重大问题，也包括诸如“谁应该与谁交换礼物”之类的细节规定。我们有时会感觉一个陌生人和自己“好像一家人”，这说明我们对亲属关系的思考仍然保留着一丝狩猎－采集者的特征。

我们不愿在远亲这个问题上劳神费力，其中的一个原因是：从基因的角度衡量，只有直系亲属才对我们有重要影响。[35] 所以，亲属关系只是一个相对概念。我们所有人都在某种程度上存在亲属关系。除了最亲密的家庭关系之外，我们和其他亲属的 DNA 相似度在代际迅速下降。用数学方法算一算，我们就会发现第一代堂表兄弟姐妹的遗传基因只有 12.5% 相同，而第二代堂表兄弟姐妹的相同遗传基因就下降到微不足道的 3%。即使随机从某个群体中抽选两个人，他们身上的相同基因数量也可能达到这个水平。因此，无论人类在亲属关系方面拥有多高的智商，他们都只可能关注几个和自己最亲近的亲属。

然而，在实践中，我们认为人们把谁视为家庭成员则深受文化影响。举个例子，许多拉美人对大家庭特别依赖。[36] 即便如此，除了直系亲属以外，他们也很少制定关于家庭成员的绝对规则。在列举家庭成员时，我们并不认为自己开出的名单和某个表兄弟开出的名单完全一致，尽管我们可以预料其中一些名字会出现重叠。尽管如此，当这些亲属不得不相互扶持时，具有更广泛的血缘关系对于保证生存和繁衍后代都会很有价值。当然，非亲属之间也会互相帮助，并且这样的帮助同样值得期盼。“像对待家人一样对待对方”描述的就是此类合作在像军事单位和宗教集会等关系紧密的组织内部是多么普遍。[37] 但这并不意味着来自血缘关系密切的家庭成员的帮助就更直接、简单或稳定可靠。回想一下你曾如何与兄弟姐妹发生冲突，所以请不要对兄弟姐妹为了争夺父母的注意力而相互竞争感到惊讶。[38] 狄更斯在《荒凉山庄》中提到：“一个令人沮丧的事实，即使是伟人也有穷亲戚。”然而，家庭成员可以联合起来惩罚某个不肯慷慨帮忙的家伙，这使家庭责任难以回避。对大多数人来说，不管有什么不愉快的经历，亲戚终归是亲戚。[39]

如果狩猎－采集者团队很少考虑实际的血缘关系，那么我们目前对于大家庭关系的重视和依赖是从何而来的？狩猎－采集者是在开始追求更多的财富之后，才开始关心血缘关系的。那些立志要继承社会地位和物质财富的定居民族，有充分的理由去了解自己的家谱。[40] 同样，在工业社会中，一大笔财富往往能支撑一个大家族。[41] 这些社会规模之大，也使人们更加重视建立广泛的亲属关系。于是，建立亲属关系网络成了人们普遍的做法。在人类进化的近期历史中，人们才逐渐形成关于大家庭的概念，也学会了如何关注和珍视这些亲属关系。但这种能力需要复杂的交流和学习，并且在很大程度上取决于每个社会的具体期望。

那人与社会的关系会不会只存在于人们的想象中，是人们对亲属关系的错误理解和不当延伸？人们误把社会当成一个庞大的家庭，就像一首爱国歌曲所唱的那样，“从海边一直延伸到波光粼粼的大海中央”。[42] 一些狩猎－采集者似乎真的认为社会成员都是自己的亲属。对他们来说，整个社会就是由亲属组成。每个成员都可以用一个表述亲属的词语来表示其他任何成员。[43] 这种普遍的亲属关系在诸如“哥们儿姐们儿”之类的词语中仍然依稀可辨，这是把每个社会成员当成自己血亲的集中反映。[44] 然而，正如前文所讨论的那样，亲属关系在狩猎－采集者群体中确实是一种隐性的存在，与血缘关系不大，至于对社会的影响就更小了。

对于人类来说，社会成员之间很少有或没有血缘关系是一种正常现象。没有任何一个社会，包括规模很小的“部落民族”，会像昆虫王国一样，是由同一个母亲生育的后代所组成的。群居昆虫社会的繁荣常常归功于亲属选择理论以及王后母亲与工人儿女之间的紧密遗传关系——王后只与几只雄性交配，从而产下大量后代。更令人印象深刻的是，阿根廷蚂蚁社会根本就不可能是一个关系紧密的家庭组织。一个超级巨型蚁群同时拥有好几个蚁后。

然而，没有哪只蚂蚁关心自己的直系亲属，也没有哪只蚂蚁知道哪只蚁后才是自己的母亲，或者哪些成员才是自己的兄弟姐妹。像其他蚂蚁物种一样，每只工蚁只认可自己与蚁群之间的关系，而不认可自己与亲属之间的关系。[45]

我对人类社会只是家庭关系的扩展这一观点持保留态度。然而，这并不能排除家庭纽带在人类和其他物种初期的社会形式中曾发挥作用的可能性。在黑猩猩、倭黑猩猩和原始人类在进化道路上分道扬镳之前，我们祖先生活的环境中就曾出现社会的迹象，也许当一种类人猿把对婴儿的依恋之情扩展到对自己友好的其他成员身上时，社会就开始形成了。[46] 也许是因为不能像蚁后那样大量繁衍后代，所以灵长类动物如果不在家庭之外扩展群体，就不可能获得群体生活的全部优势，例如避开好战的外来者等。一些人类学家甚至认为，能够对社会或种族起区分作用的标记物（服饰、发型等）已经取代了家庭成员之间的相似性。[47] 不过，鉴于亲属之间很少长期存在相似之处，我觉得这种结论难以令人信服。如果对人类历史进行深入考察，我们会发现社会在其成员心目中具有像国家一样的地位。

综上所述，亲属关系是一种不容置疑的强大力量。我们对直系亲属承担的义务，正如我们对社会的承诺一样，已经深深地刻入了我们大脑的神经网络，虽然社会和家庭分别涉及生活的不同方面。科学家如果在研究过程中少关注一些亲属关系，多关注一下构成社会的心理和生理基础，也许会有更大的收获。

目前，人们已经清楚地认识到，围绕社会而产生的人类心理是一个广泛的研究课题。在前面几章中，我们梳理了一个社会的成员所具有的本质属性，这些在其他生物物种中同样有所体现。此外，我们讨论了人们如何基于这方面的理解而时刻对他人进行带有偏见的快速评估。我们的偏见一直延伸到人类（或者说具有动物本性的我们）是如何理解自己“同类”的情感能力，以及作为整体所表现出的热情和能力。我们也讨论了这些评估如何在人口水平上发挥作用。我们倾向于忽视个体之间的差异，并且认为其他社会的成员

（甚至在某些时候包括我们自己的社会成员）不但形成了一个统一的整体，而且彼此具有相似之处。最后，我们探讨了家庭如何影响我们对社会的感知，以及二者在人类活动中产生的影响。我们得出的结论是：虽然生物意义上的亲属关系必须以拥有共有的基因为基础，但由于社会纯粹是我们通过想象力而创造出来的生活社区，所以社会在人类的心理和思想中不可或缺，并发挥着重要作用。

人类这么做的原因在于：选择把谁当作社会成员对于生存至关重要，不论这些社会成员之间是否恰好存在血缘关系。一旦某人被当成异己分子，那他将难以在社会中立足。社会之间进行竞争与合作的可能性，将是我们在第十七章中讨论的主题。

第六部分

和平与冲突

第十七章

冲突是不可避免的吗？

在乌干达的基巴莱国家公园（Kibale National Park），我在和灵长类动物学家理查德·兰厄姆（Richard Wrangham）的研究团队一起徒步旅行时，第一次遇见野生黑猩猩。当我听到十几只黑猩猩在一棵无花果树上上蹿下跳地搜寻果实而发出的叫喊声时，我的心都快跳出来了，而那棵无花果树像一个大拳头一样，把我头顶的几棵小树笼罩起来。这些黑猩猩厚实的身体，比我想象的更吓人。尽管如此，它们仍然很可爱。它们手拉着手，捉迷藏，彼此拥抱，看起来既像兄弟联谊，又像信徒聚会。我很惊讶地发现自己在这种情况下居然显得很平静，就仿佛是在和朋友相聚一样。

但我带来的阅读材料，包括兰厄姆的《雄性暴力：猿和人类暴力的起源》（*Demonic Males: Apes and the Origins of Human Violence*）以及珍妮·古道尔（Jane Goodall）的作品，都破坏了我的愉悦感觉。我只能想象1974年，古道尔在坦桑尼亚贡贝国家公园经历了多年的相对平静生活之后，看到黑猩猩们开始大屠杀时的震惊。一群黑猩猩在一场实力悬殊且长达四年的战争中逐渐摧毁了另一群黑猩猩。黑猩猩的暴力行为让人联想起人类行为的最阴暗的一面，即社会成员决定对外来者——很多时候，甚至是在对其一无所知的情况下——采取集体行动。他们抛开自己平时对暴力的顾忌，开始对外来者发动攻击。

这种发动暴力的能力是把人类和黑猩猩以及其他物种联系起来的一条线索。伏尔泰曾写道："令人惋惜的是，一个人要想成为一个杰出的爱国者，就必须与其他人类为敌。"黑猩猩虽然被归入黑猩猩属，但似乎总是喜欢与其他黑猩猩种群大动干戈。[1] 尽管伏尔泰的结论颇有见地且一针见血，但至少对于人类而言，它显得过于偏激。人类在获取资源和推翻施暴者两方面可以采取灵活手段，有多种方法，包括侵略、容忍以及群体之间的合作。人类社会如何在这些选项之间进行抉择是本章讨论的主题。本章首先着眼于谋杀和伤害，并且比最后几章更加关注人类的本性，以期得出一些关于人类行为的深刻见解。在我们对过去历史阴暗面的病态迷恋中，我们真正想知道的是人类社会是否注定要遭受暴力。

在古道尔目睹贡贝的杀戮狂潮之前，资料只记录了黑猩猩群体内部成员之间发生冲突的情况。人们先前就知道雄性黑猩猩为了社会地位会打架斗殴，有时甚至会被伤害致死；但直到后来人们才发现，雌性黑猩猩能够杀死对手的幼儿。这不仅仅是因为没有人注意到黑猩猩社会之间所发生的暴力。大多数人认为，黑猩猩没有形成社会。他们不知道黑猩猩生活在严格的领土边界内，更不知道黑猩猩会不择手段地保护自己的领土空间。[2] 看到这里，你也许觉得似曾相识：灵长类动物学家最初对黑猩猩的社会一无所知，这让人想起了昆虫学家在发现蚂蚁会沿着领地边界互相残杀之前，还以为阿根廷蚂蚁会和平相处。因为社会成员身份在日常生活中不总是显而易见的，所以，尽管社会存在的意义极其重大，但却容易被人忽视。

极端残暴的行为

社会之间的攻击不同于我们通常所看到的社会内部成员之间的任何行为。在一个黑猩猩群体内部，攻击主要涉及成员个体之间的打斗，有时也包括几只黑猩猩联合起来对付另一只黑猩猩。在一个拥有多个群体的黑猩猩社会内部，许多来自不同群体的成员会拳脚相向、大打出手，而以前还没有这方面的相关报道。例如，一群黑猩猩在接近自己社会的另一群同类时可能会很小心翼翼，但从来不会完全敌对。只有陌生社会才是它们实施群体暴力的目标。

在黑猩猩中，这种暴力在袭击邻近社会时才会发生。黑猩猩过着裂变－融合的生活，这使得它们容易受到攻击。黑猩猩会通过听到的叫声做出判断，如果感觉对方的成员数量足够发起有效的抵抗，它们会放弃攻击；否则，它们会挑选自己碰巧发现的形单影只的任何目标作为袭击对象，无论对方是雄性还是雌性。它们这么做似乎是为了袭击而发动袭击。它们似乎并不饥饿，因此也不会停下来进食。为了不让敌人发动这种攻击并毫发无损地撤离，它们有巡逻队沿着边界保持警戒，这些巡逻队有时悄悄移动，有时虚张声势。巡逻队和突袭队几乎全部由雄性队员组成，这些好勇斗狠的家伙主要致力于保卫自己的领土权。[3]

黑猩猩的袭击事先毫无征兆。通过杀死对方成员，袭击者可能让对方社会的力量逐渐削弱，有时甚至最终将其消灭，如在贡贝发生的情况就是如此。长此以往的结果是：侵略者将自己的社会领域扩展到邻近社会的领土之内，从而改善自己社会获取食物的途径，养育年轻成员并吸引更多的雌性成员，甚至从落败的社会中吸收一两名幸存的雌性。[4]

对于某些动物来说，社会之间的冲突是对力量的一种考验，而这种考验在通常情况下不具有暴力特征。比如两群环尾狐猴对抗时，雌性又打又戳，发出一阵嚎叫，而雄性则挥动尾巴助威；狐獴在战斗中则竖起尾巴、面对面地不停跳跃。即便是这些物种，如果双方势均力敌、互不让步，情势也会发展升级。输家会受伤或被杀，有时会丧失它们的财产。还有其他像黑猩猩一样的物种，肆无忌惮地使用暴力。斑点鬣狗社会之间和裸鼹鼠社会之间的战斗可谓血腥。在攻击策略上最接近黑猩猩的是新大陆的蜘蛛猴，它们是另一种裂变－融合类物种。它们中的雄性会联合起来突袭邻居，会采取一种对于树栖动物来说不同寻常的措施，即排成一行在地面上蹑手蹑脚地行军。[5]仅就狠毒程度而言，灰狼与黑猩猩最为接近。灰狼通常在觅食过程中肆无忌惮地入侵其他狼群的领地，并经常杀死对方成员。[6]

狼不会用捕杀麋鹿时快速咬住对方脖子的方式来对付其他狼群的成员。在拜访黄石公园的狼群研究人员时，我了解到一群狼刚刚在与另一群狼的冲突中杀死了一只老母狼和它的同伴。两只狼都死于腹部和胸部的咬伤，并且这显然是好几个小时以前就造成的伤害。对于发生在贡贝的暴力事件，古道尔回忆道："黑猩猩之间曾发生过极为残暴的团伙袭击事件。""这些黑猩猩对自己的同类做了它们对群体内部成员永远不会做的事情，而它们平时只有在捕杀猎物时才采取这种方式。"[7]其实，古道尔说黑猩猩和狼对待外来同类的恶毒程度可能超过它们捕杀猎物或杀死自己社会内部对手的程度，还是有意淡化了事态的严重性。

暴力现象在人类社会中远不如在黑猩猩中常见，黑猩猩每天都会遭到攻击。[8]话虽如此，但人类社会之间的冲突也极端恶劣，而且可能一直存在。有关狩猎－采集者早期大规模屠杀的证据来自苏丹北部杰贝尔·萨哈巴的古墓地，13000~14000年前，共计58名男子、妇女和儿童被埋葬，他们每人被15~30支矛或箭刺穿。他们的受伤害程度超过了杀死一个人所必需的伤害程度，这表明某个社会曾被野蛮地铲除了。[9]也有关于土著在激烈战斗中互相残杀的报道，其中一次参与者竟多达300人。一个早期的欧洲人曾描述男男女女"不分青红皂白地激烈战斗，浑身是血……一直不间断地打了两个小时"。最后，获胜者追踪失败者到一个营地，在那里将他们全部打死。报道还说："死者的尸体被获胜者以令人震惊的方式肢解，获胜者用燧石、贝壳和战斧砍掉了死者的胳膊和大腿。"[10]纵观历史上的获胜者们，他们喜欢用受害者的身体部位——从萎缩的头颅到头皮再到生殖器——作为战利品，常常以为这样可以震慑对手，增强自己社会的力量。[11]大量射出的箭支以及奇形怪状的残肢断体使人们想起了在黄石公园被杀死的狼群，以及对同类的伤害比对猎物更可怕的黑猩猩。当通过诋毁把对方妖魔化后，暴力活动就可以大行其道了。于是，任何平时应当作为罪恶来加以谴责的行为现在都成了值得庆祝的理由。

就像在其他动物中出现的情况一样，群体身份是理解何时攻击以及攻击为何演变成过度杀戮的关键所在。一群在附近流浪的狩猎–采集者很可能属于同一个社会，因此他们之间不会表现出敌意。[12] 虽然不是每个成员都能融洽相处，有时个人之间也会有冲突，但是他们不会对整个团队怀恨在心，也不认为社会中的其他团队对自己怀有敌意。群体攻击通常针对的是其他社会。群体攻击的暴力程度和具体形式长期以来一直是人类学中一个颇有争议的话题。然而可以确定的是，过着游牧生活的狩猎–采集者会避开与高风险对手的正面接触。[13] 他们的情况与生活在规模较小的蚁群中的蚂蚁的情况类似，这些蚂蚁同样既没有永久性的社会结构，也没有多少财产值得保护，因此当面临外来者的威胁时，简单地一走了之不失为可选之策。[14] 游牧民族只有在面临残酷的竞争和冲突时才会采取更危险的行动，正如我们所知的，在 19 世纪，与布希曼人开始迎战前来挑衅的邻居时所发生的情况相同。但是，像在杰贝尔·萨哈巴墓地所发现的这种大屠杀对于群居者来说是极为罕见的——可能当时在那个地方已经出现了一个人类定居点。人类游牧民族与同样过着裂变–融合生活的黑猩猩以及蜘蛛猴一样，更喜欢通过偷袭取胜。

他们认为自己理所应当对察觉出来的不当行为发动袭击、进行报复——而这些不当行为可能是对方施展的巫术或对方侵入了自己的领土。[15] 即使能够识别出制造争端的具体人员，他们通常也会挑选对方群体中容易下手的人员作为攻击对象。他们对具体选谁作为攻击对象并不在乎，只要方便，对方的任何成员都可以作为攻击对象，这也可以证明他们把外来者（对游牧民族而言，可能只有发动袭击的团队成员才能分清这些外来者）看作一个整体。他们的这种做法可能使真正的肇事者能够在双方营地上快速穿梭、出入自如，甚至可以安然无恙、全身而退。一旦人们被归属到同一类别中，那他们之间就不再存在差异，都是平等的攻击目标。《圣经》中“以眼还眼”的说法并不区分它是谁的眼睛，即使只是少数外来者所实施的不公道行为，我们也有权对和他们一样的任何“同类”进行报复。当受害者被其同胞视为一个无可指责的独立个体时，这种替代性报复手段就会引发难以预料的大麻烦。这些受害者遭受的苦难被认为是对全体成员的伤害，因此进行报复势在必行。[16]就我们所知，没有哪种动物会以这种方式直接对外来者群体采取激进的报复手段。

考虑到狩猎－采集者团队几乎没有什么物质财富，那除了立即满足自己的嗜血欲望之外，交战产生的回报是什么？人类社会就像黑猩猩社会一样，发动攻击的主要是雄性，他们控制着某个私有领域，而（从生物学家的角度来看）该领域能提供养育后代所必需的资源。有价值的资源之一就是能生儿育女的妇女，他们可以通过发动袭击抓获这些妇女。此外，领土本身也是一笔值得拥有的资产。然而，关于狩猎－采集者兼并领地的描述却很少见到。[17]我们在人类学家欧内斯特·伯奇（Ernest Burch）提供的关于伊努皮克因纽特人（the Iñupiaq Eskimo）的详细资料中，发现了一条能够解释这一现象的线索：“大多数人认为自己的领土是最适合居住的地方，他们能滔滔不绝地阐述这些地方的独特之处。”[18]在传统社会中，人们长大后会理智地对待家乡的一草一木，而那种“月是故乡明”的言论其实没有什么意义。觊觎其他群体的土地不合逻辑，除非它和一个自己已经非常熟悉的地区相比，有了巨大的改善。尽管如此，袭击仍会继续，直到一个敌对群体被完全消灭。此外，任何一片土地都不会长久处于无人认领的状态。尽管现在以我们的眼光来看，那时的团队社会的规模都很小，但它们当初的相对规模对保证其成功一定起到了至关重要的作用。

即使不喜欢炫耀自己的实力，规模较大的团体也可能会取代规模较小的团体——这体现了“通过力量实现和平”的座右铭从史前时代开始就一直盛行于人类社会中。

暴力和身份

发动攻击的另一个好处是可以加强自己社会内部的团结。“战争……难道不是一个国家获得营养从而得以加强和巩固自身的手段吗?”法国作家萨德侯爵(the Marquis de Sade)在法国大革命后如此写道，这让人想起在纽伦堡举行的纳粹集会。[19] 当成员把仇恨指向外国人时，他们对自己社会的认同感就会增强；而当他们认为自己是作为一个整体而崛起的民族时，则会进一步增强他们之间这种同呼吸共命运的感觉。[20] 美国内战就促使美国北部人民产生了大家身为一体的团结感。美国思想家、文学家拉尔夫·沃尔多·爱默生(Ralph Waldo Emerson)在《沉思》中写道:“在战争之前，我们的爱国主义表现为放烟火，敬礼，在节日和夏日夜晚唱小夜曲。”“现在，成千上万人的死亡以及数百万男男女女的决心，才表现出什么是真正的爱国主义。”[21]

一个世纪前，社会学家威廉·格雷厄姆·萨姆纳(William Graham Sumner)写了一段备受争议的文字:“与外界打仗的紧迫性可以促进内部和平，避免内部矛盾削弱我们作战的团结性。”[22] 对萨姆纳来说，发动外部战争以保持内部和平是在上演一场具有相互依存关系的恐怖游戏。任何与外来者的竞争和冲突，都会把人们的注意力从彼此之间的竞争和冲突转向他们作为一个群体的共同身份。[23]

不管对外人的暴力是否具有维护社会完整的强制作用，我们都清楚，将自己与外人(主要是那些被我们视为敌人的人)对比，有助于将我们的社会置于日常生活的前沿和中心。自我保护的冲动让我们团结在一起。以色列心理学家丹尼尔·巴尔·塔尔(Daniel Bar-Tal)告诉读者，每个社会都会挑选出一些群体“作为歹毒、丑陋或邪恶的象征”，也许这些群体的威胁是真的存在的，但往往会被夸大其词。[24] 如果缺少这样一个对手，人们可能会不知所措，直到自己能发现或发明一个新的对手。我们齐心协力站出来反对恐怖分子、避难人士、非法就业的外国人，或者我们自己社会中被认为有错误信仰的成员，从而轻松地将自己的愤怒从一个群体转移到另一个群体。当这种不良血液深深地渗入一个群体的自我身份里时，这个群体的人们会对它太过依恋而无法自拔。许多以色列人和巴勒斯坦人就持有这种坚定的立场，他们每一方都异常团结，并誓死捍卫自己的民族。

更糟糕的是，我们评估风险的能力尚存缺陷，这意味着我们对外部群体常常反应过度。产生这个问题的部分原因在于：人们总是倾向于选择对自己最有利的信息，但这种倾向对于处理民族或种族关系来说并非一件好事。我们更可能记得某个外国人对我们社会造成的伤害，而忘记他曾经对我们社会做出同等程度的贡献。[25] 关于恐怖分子的消息会引发人们的偏见，即使人们死于恐怖行为的概率远比在浴缸里滑倒溺亡的概率要小得多。在人类历史的早期，人们聚集成一个个的小群体，他们的大脑进化出了能够侦测任何企图伤害自己的不良居心的能力。如果考虑到这一点，那我们这样敏感还是有一定道理的。我们对这种恶意危害的过敏反应——这种从远古延续下来的本能，会使我们过于草率、过于仓促地踏上战争之路。[26]

和前文所说的一样，也许对身体有害的焦虑不是造成我们恐惧的唯一原因。在理解我们的恐惧时，我们不应该低估身份所起到的作用。这包括我们对自己讨厌或害怕的外来者身份的认识。即使在缺乏现实根据的情况下，人类仍然容易受到消极刻板印象的影响（这也许可以解释曾经在部落中普遍存在的一种思想，即下一个部落中就生活着恐怖的食人族）。[27] 显著的人类身份可以激发出强烈的情感，特别是那些极具象征力的物体，以及人们对它们做出的反应，更是会起到这样的效果。[28] 因此，如果外国人对我们的国旗表示尊重，我们就会认为他们值得信赖，并对其热情款待。相反，任何一种轻视我们的象征符号的想法都会把我们激怒：想想我们在别人侮辱我们的领袖肖像时是如何暴跳如雷的吧。我们对身份标志的重视表明，人类之所以惧怕恐怖主义，而不会对浴缸产生恐慌，不是因为恐怖分子可能危及我们的人身安全，而是因为他们可能伤害对我们的社会具有重要象征意义的物品。比如双子塔和五角大楼对美国人民的象征意义。而对“9·11”事件重演的担心，则使美国人群情激愤，并且保持高度警惕。

远离暴力：大自然的教训

所有问题的核心在于：英国诗人阿尔弗雷德·丁尼生勋爵（Alfred Lord Tennyson）对自然的描述“红牙血爪”（red in tooth and claw）是否适用于人类社会。将我们的世界分成不同群体是否必然会导致人与人之间的关系疏远？对于蚂蚁来说，情况确实如此。它们除了和其他蚁群之间发动冲突之外别无选择，它们总是赶在周边蚁群夺走资源之前互相争夺拼抢。人们可能也以为这条规律同样适用于人类，原因很简单：在这个世界上，所有社会及其成员能够拥有的空间有限，只有那么大一块地方。如果社会能够从其成员对抗外来者的竞争优势中茁壮成长，那么社会成员就会对外来者进行抵抗。除非能带来一些明显的互惠利益，否则社会成员不会自愿向外来者放弃任何东西。因此，有一句拉丁谚语说得好：人对人是狼（Homo homini lupus）。

在某些情况下，动物在外来者面前也会放松警惕。人们在好勇斗狠的灰狼身上观察到了一些类似于和睦相处的迹象。灰狼，像斑点鬣狗一样，可以穿过其他同类的领地追逐迁徙的牛群。诚然，我们很难判断这种借道行为是出自灰狼主人的礼貌大度还是灰狼客人偷偷摸摸的入侵行径。更令人信服的证据来自生活在加拿大阿尔冈金省立公园的狼群的行为。40年前，这些狼群在这里形成了一个在其他地方看不到的传统。这里的狼群不会全年都在自己的领地内活动，而是每年冬天跟着鹿群迁徙到公园附近一小块叫作鹿场的土地上。这里聚集了很多野鹿，足以喂饱所有的狼。虽然这些野鹿与狼群并不是特别合拍，它们在这里的密度超过一般狼群的10倍，却仍然可以相安无事地生活下去。在一个案例中，两群狼在一起能和平相处；还有一次，三群狼在整整一天内挤在一起吃同一只猎物的尸体，它们之间也没有出现争执现象。动物们采取这种谨慎的对其他同类不加干涉的态度，可以被认为一种最低限度的伙伴关系。这证明即使一个通常排外的物种也具有一定的灵活性，我们认为动物天生就具有这种灵活性。

非洲稀树草原大象和宽吻海豚显然是对其他同类群体友好的典范。在联系密切的象群中，成员之间的感情表现得最为强烈，比如：两个核心象群，曾经在一起友好相处，后来又彼此分开；再度相聚时，大象们会为此而举行问候仪式，它们发出低沉的叫声，同时拍打耳朵并在原地旋转。两个象群的成员彼此了解，而且其中肯定有一些大象私交甚笃。佛罗里达州的宽吻海豚会进入其他同类的群体，并以友好的方式相互交流。但即使是这些物种，它们之间的交往场面也并非总如此温馨甜蜜。雄性宽吻海豚身上的伤疤有可能就是在领地冲突中留下的纪念。非洲稀树草原大象通过聆听其他同类发出的次声波信号，避开它们不熟悉或不喜欢的核心象群。通常情况下，一个规模很大或者在强大母象领导下的核心象群，会把一个相对弱小的核心象群从一棵大树下面或者一个水坑旁边赶跑。这些权力游戏对社会成员的健康和繁衍，以及社会自身的生存都会产生影响。[29]

倭黑猩猩以群体之间的和平相处而闻名，并且它们的整个群体都可以公然厮混在一起。虽然每个群体都有自己的活动范围，但倭黑猩猩不像黑猩猩那样严格地守卫自己的空间，而是经常在各个群体之间走动串门，并且还把孩子们带在身边。倭黑猩猩甚至更喜欢把食物馈赠给其他群体的同类，而不是仅仅提供给自己群体的成员，这明显表现出它们是多么热衷于与外来者建立联系。[30] 也就是说，倭黑猩猩在社交活动方面很少出现傲慢无礼的情况。倭黑猩猩作为客人去其他群体的领地时，也不会像要发动进攻的黑猩猩一样偷偷地溜进去，但是各群体的领土边界仍然存在，所以它们在穿越边界时也需要保持适当的谨慎。当一只不属于某个群体的倭黑猩猩来到这个群体的领地拜访时，会引起这个群体的成员的疯狂追逐、尖叫、撕咬和抓挠。但过一会儿，每只倭黑猩猩通常都会平静下来，但如果要拜访的那只倭黑猩猩正好不在，客人就会径直回家。此外，某些倭黑猩猩群体的活动空间永远不会连在一起。正如成员个体之间会出现关系不佳的情况一样，一些群体之间也显然存在不可调和的分歧。如果出现这种情况，倭黑猩猩会坚守在自己群体领土的边界之内。[31]

撇开这些特殊情况不谈，为什么倭黑猩猩群体通常会表现得如此宽容？倭黑猩猩群体之间很少发生暴力事件，得归因于它们的栖息地食物资源普遍丰富。[32] 如果是这种情况，那说明倭黑猩猩群体之间只是一种可共享乐而不可共患难的酒肉朋友关系，它们之间的融洽关系可能会在食物匮乏时消失，就像阿尔冈金狼群之间的休战协议会因冬季鹿群没有填满所有狼群的肚子而被打破一样。但是在没有发生冲突的时候，生活在一个强大的倭黑猩猩社会里的好处是显而易见的。幸运的是，在刚果这个被称为所有倭黑猩猩“家园”的地区，艰难时期似乎少之又少。但这并不是说倭黑猩猩之间就不发生战斗，倭黑猩猩之间的战斗也一直都存在。人类学家莎拉·赫迪（Sarah Hrdy）曾报道了在沦为俘虏的倭黑猩猩身上所发生的情况：“有时兽医会在发生争执之后被叫去缝合它们的阴囊或阴茎。”[33] 除了偶尔的攻击之外，它们还可能在野外厮杀。在一个案例中，几只倭黑猩猩联合起来对付它们自己群体里的一个雄性成员。研究人员怀疑这是一起谋杀，但没有找到受害者的尸体。[34]

即使是在一些最没有暴力倾向的物种当中，动物在处理对外关系方面也最多是忽视或避开外来者，就像生活在鹿场的那些狼一样。抹香鲸与其他群体同类生活在一起，但不会妨碍对方做事——因为它们体型非常庞大，任何冲突都可能危及生命。狮尾狒狒更是无视外来者的典范：它们的群体混杂在一起，彼此不加干涉，雄性首领们还会为避免周围的单身成员惹麻烦表现出应有的谨慎。这些告诉我们：这些食草的灵长类动物，很少或几乎不会因食物进行竞争。[35]

而平时喜欢与外来者争斗的物种也有它们的宽容时刻。当狮群发生分裂时，新产生的每个狮群都会分得部分原始领地，并且似乎都给了其他狮群一些缓冲时间，以便它们能安顿下来。即便如此，在一两年内，这些曾经属于同一个狮群的伙伴还是会像对待陌生人一样彼此怀有戒心。[36] 狒狒和山地大猩猩的队伍会混在一起生活，当雄性没有为争夺处于发情期的雌性而大打出手的时候，它们的幼崽甚至可以在一起玩耍。草原犬鼠允许其他同类在自己领地之外的公共场所觅食，因为这些地方太过贫瘠且不能挖洞，显然不值得它们费力保卫。

那黑猩猩呢？具有领地意识的雄性黑猩猩能克服自己的本性与邻居和平共处吗？在与外部群体相处方面，这个物种可能表现得最为差劲。它们最好的表现仅仅是有些黑猩猩不那么经常性地袭击并杀害外部群体中的同类而已。它们表现得相对克制更多地是因为缺乏机会，而不是因为它们主张和平，因为这些地区的黑猩猩都组成了规模很大的群体，从而不容易受到攻击。[37]

考虑到黑猩猩和倭黑猩猩与人类在基因上相似，我们有理由得出这样的结论：我们对外部群体成员不信任并有想伤害他们的想法，这一点我们与黑猩猩是相似的；而抛开疑虑与外部群体联系，则是我们与倭黑猩猩的共同点。于是，这两个和我们具有亲缘关系的物种，就像站在我们肩上的一对黑白天使，分别在耳边给我们提供两种截然不同的建议。幸运的是，人类这个物种已经减少了在黑猩猩中常见的冲动性暴力行为。我们更能控制情绪，并且对彼此更为宽容，这是我们与倭黑猩猩共有的特点。[38] 然而，来自大自然的反馈情况并不乐观。我们一次又一次地发现，一些动物社会可以保持良好的状态，或者至少不会彼此伤害，是有前提条件的，比如：它们在财产或配偶方面几乎不存在竞争，或者没有必要为争夺它们而大动干戈。但这种理想状况很少能够持久。例如，当鹿群为迎接夏天的到来而再次分散时，阿尔冈金狼群会因难以捕猎而恢复其暴力行径。[39] 狼群一旦被迫再次争夺食物，就会重拾以前的恶习。

考虑到我们所看到的各个物种在竞争激烈时所发生的情况，加上人类对竞争的反应以及与外来群体的身份冲突，我们有理由认为：实现与其他群体成员的和平相处将是一场旷日持久的奋斗。柏拉图曾声称：只有死者才能看到战争的结束。毫无疑问这句话很恰当。正如美国社会学家威廉·萨姆纳所描述的那样：战争可以使人们团结起来。这一描述虽然令人不安，但是一个社会如果不能在危急时刻将人们的注意力集中，就无法保护自己。

但我们可以肯定的一点是：社会不必对外来者步步紧逼，就像社会没必要要求其成员之间必须合作那样。即使在和平遭遇威胁的情况下，彼此怀有敌意的社会在大部分时间里也不会发生争斗。它们可能对别人以及别人的生活方式，或者别人的价值观没有很高的评价，但是也不会永远彼此对立。有时，所有敌对的社会双方都能像生活在鹿场的狼群一样，克制忍耐并搁置分歧，继续去忙自己的事业。这种情况在激烈冲突时期也曾经出现，尽管只是昙花一现。例如在 1914 年的圣诞节期间，德国士兵和盟军士兵可以自由地进入沿西线设置的无人区，聚在一起，一边唱着圣诞颂歌，一边喝酒庆祝。即使我们认为其他群体成员不如自己，也不必将其上升为一种敌意，正如猕猴的案例所证明的那样。我曾提到，这些猴子会立即把一个外来者和害虫联系起来（太恐怖了，这是一只蜘蛛！），但产生这种偏见之后，猴群通常是给对方腾出空间而不是对其发动进攻。[40] 人类自然形成的社会之间的负面成见和物种差异，并不能促使我们做出暴力反应，或许这种像猕猴一样的宽容态度是帮助人类形成最早联盟的基石。

一个共同的对手无疑可以激励人们在社会中团结一致，战争是解决冲突的选择之一，但我们也完全可以在面对敌人时不产生杀人的冲动。事实上，各种国际联盟的出现就向我们传递了一个积极的信号：支持并忠于自己的社会是一种独立的心理行为，这种心理行为并不会一定促使我们对外来者产生负面看法。二者之间不存在非此即彼的关系。[41] 只要他们的相互厌恶之情没有达到极其严重的地步，人类社会之间的合作就可以超越任何分歧而存在。接下来，我们将讨论让这种温暖关系蓬勃发展的前提条件，以及其中蕴含的人性光辉。

第十八章

–

和他人友好相处

像许多探险家一样，我也有过以物易物的经历——在哥伦比亚太平洋海岸附近的热带雨林里，我用鱼钩换得一个部落制造的独木舟。这次交易似乎没什么特别之处，不过为了完成交易，我喝了一种不太符合自己口味的发酵饮料。尽管这次交易看起来很普通，但鉴于我们对自然界中社会冲突的了解，我觉得我们双方不仅愿意放弃敌对情绪，而且彼此不把对方（外来群体成员）视为危险生物，真可谓难能可贵！

正如大家根据第十七章的结论所能推测的那样，动物社会之间进行任何积极接触都很成问题，它们之间的实际合作很少或者根本就不存在。它们之间的积极互动看起来往往只是一种单向表现。比如，倭黑猩猩慷慨地把食物馈赠给陌生同类，与其说这种行为代表着进行交易或签署协议，倒不如将其理解为是在递出一枝象征和平的橄榄枝。除了对方的宽容之外，倭黑猩猩似乎并不期待以此换来外部同类的任何回报，更不用说和对方一起合作完成任何任务了。对于非洲稀树草原大象和宽吻海豚社会，同样没有证据表明它们可以超越友谊而发展出联盟关系。最接近结盟关系的活动存在于抹香鲸团队，它们与其他同类进行团队合作，从而可以比任何一方单独行动都能更有效地捕捉乌贼。[1]

人类社会可以通过共同努力而不是相互对抗来获取更高的回报，并减少对资源的竞争，这是其他动物很少实现的一项壮举。例如，对于我们人类而言，一个社会可以在其他社会的帮助下从环境中提取更多的东西（就像两个抹香鲸团队在捕杀乌贼时所做的那样），从而将物品稀缺转化为供应充足。面对外部社会成员带来的实际风险，我们有必要先问一问：人类为什么会竞争，以及竞争是怎样进化出来的？这个问题的实质就是：我们如何在加入联盟的需求以及让自己的社会保持个性和独立的压力之间寻求平衡。来自狩猎－采集者的证据可以帮助我们解决这些问题。

联盟的多样性

澳大利亚埃克尔斯山地区以捕捞鳗鱼为生的原住民之间的合作，是狩猎－采集社会中一种典型的合作方式。至少有五个讲贡第杰马若（Gunditjmara）不同方言的群体，并且很可能还包括该地区的其他人群，一起共同建造了广阔的河道体系，从而方便了所有人出去捕鱼。但他们之间并非没有流血冲突，他们有时也会发动战争。与太平洋西北部那些喜欢发动战争的印第安人相比，澳大利亚的这些部落虽然同样以捕鱼为生，但他们几乎总是以平等合作的方式对待彼此，并且具有明确的共同利益：每个人的生存都依赖于自己对河道进行的维护劳动。于是，捕捞鳗鱼变成了一项“国际合作”。[2]

为了实现共同目标，一些狩猎－采集者之间的联盟会涉及人员流动，通常是为了组织防御。虽然这种行为是否出现在其他动物身上尚未可知，但联合起来对付共同的敌人是约束人类社会的正当理由，就像当面临外来者的威胁时可以约束社会成员的个体行为一样。美洲印第安人又被称为易洛魁人（Iroquois），他们其实是掌握了基本农业技术的猎人，居住在位于现在的纽约州西部的地区。1450—1600 年，他们在欧洲人到来之前就结成了一个联盟。[3] 联盟由自给自足的独立部落组成。联盟中有一个类似议会的组织，其成员在必要时碰头讨论，共同指导部落之间的关系发展，并协调组织对外人的防御活动，最终连欧洲人也加入其中。[4] 除此之外，部落以不断变化的方式开展合作，以满足他们的利益，就像在北美和世界其他地方的部落和狩猎－采集民族所进行的合作那样。[5]

对人类来说，通过群体之间的合作而创造出的大量财富，通常是通过进行贸易的方式来实现的。[6] 贸易在整个世界都是通行的。比如，虽然哥伦布来自一个远非阿拉瓦克人所能够理解的社会，但他们仍然愿意与他交换货物。不幸的是，在寻求共同利益的过程之中，阿拉瓦克人发现自己最终走向了灭亡，在强迫劳动、火枪子弹以及各种疾病的威胁下不断死亡，直到他们作为一个独立实体的身份最终消失。当初，刘易斯和克拉克曾从美洲原住民的领地上安全通过，但这些原住民通常对外来者怀有敌意，甚至可能杀死他们而不感到任何内疚，除非这两个美国人能把自己描绘成他们潜在的贸易伙伴。而要长期维持这种贸易联系，就需要参与各方进行微妙的互动。在理想情况下，双方必须彼此独立，还要在力量和地位上保持均衡。否则，其中更强大的一方就可以支配交易过程，从而达到损人利己的目的。

阿拉瓦克人的命运提醒我们，与外人接触是一件令人担忧的事情。人类总是首先考虑自己社会里的成员，因为他们的共同身份使得社会和经济交流更容易得到控制；而在与那些行为方式、价值观念（当然还包括语言）都和自己不一样的外来者谈判时，存在更大的口是心非或被人误解的风险。从我们对现代社会种族间相互作用的研究来看，对于一个社会的成员来说，克服这些差异可能会消耗过多的心智精力，从而可能产生错误。[7] 更令人焦虑的是，如果事情发展出了差错，还可能遭到对方的拒绝或报复。[8] 总之，自给自足才是上策。因此，从寻找伴侣到采购食物再到阻挡敌人，一个社会都尽可能在内部处理所有的事情。[9]

一个社会也不一定非要进行贸易和文化交流。比如有些布希曼人很乐意与邻居合作，有些人则不愿意。[10] 我们可以把社会之间的分界线看作人员调节、信息、原材料和产品流动的瓶颈。所有这些资产在一个社会内可以相当畅通地流动，但是要在不同社会之间流动，就会受到限制，而且其流动量也会急剧缩减。一旦产生流动，其瓶颈就可能会扩大或缩小，具体情况取决于这种接触所带来的回报的大小或损失的多少。当一个外部社会不受欢迎时，那它带来的影响会被认为是对当地文化的一种破坏，于是瓶颈会收紧。但无论如何，人们对中意商品和创新技术的需求都是不可阻挡的，这可以解释为什么新发明的石器在早期考古记录中能够广泛存在。

保持商品流通

人类社会之间的第一次合作是在什么时候出现的已经很难考证了。众所周知，狩猎－采集部落不仅与农耕部落进行了数百年的贸易，而且长期以来，他们还从彼此的社会中寻找自己想要的商品。令人遗憾的是，他们当初进行的合作，包括贸易在内，都没有留下可以考证的记录。如果能找到一个用岩石制作的工具，并且这个工具只可能来自几公里以外的一个地方，那就可以把它当成社会之间进行贸易的证据。[11] 但是，该工具也可能是通过其他方式出现在那里的。它可能不是通过与外来者进行交易而出现在那里的，而是一个不怕麻烦的家伙一路带着它走了过来，或者它是同一社会成员之间用于交换的产品，只是他们的领土延伸到了该地区而已。

此外还有这样的可能，它的迁移可能经过了从一个社会到下一个社会的一系列步骤才得以完成，这就是所谓的“转移链”（a transfer chain）。这方面的典型例子是一些中国古代陶器的碎片，它们之前曾几经易手，才最终到达了那些位于婆罗洲腹地的遥远村庄。[12] 然而，这些转移并不都是由贸易产生的。比如有一种寄居蟹（*coenobita compressus*），每当原来选择的“房屋”容不下自己的身体之后，就会换上一个更大的贝壳。通常它选择的贝壳是被另一只螃蟹抛弃的，就像一个人捡着别人扔下的小玩意儿用一样。这样贝壳就从一只寄居蟹传给另一只寄居蟹，并不断接力传递下去，平均每年移动 2410 米。以人类做类比的话，相当于每天行走 1 公里。[13]

被啮齿类动物掩埋的坚果就是一个关于转移链的例子，只是在这种情况下坚果是通过盗窃行为而被转移出去的。松鼠会偷同类埋的坚果以备日后食用。这样，一颗坚果的旅行可以长达数公里，从一个地方被转移到另一个地方，直到它发芽或被“小偷”吃掉。[14] 一些蚂蚁和蜜蜂会对其他群体实施抢劫，从别的工蚁或工蜂那里抢走食物，然后快速离去。[15] 这些例子提醒我们，掠夺是一种历史悠久的贸易替代方案，可以让物体在地面发生转移，而这种方式比人类出现的时间更早。

虽然我们不知道早期人类社会是更依赖商业还是更依赖掠夺，但我们知道暴力很少能让人类得到他们所渴望的物品。这也反映出人类的生活必需品比松鼠或蜜蜂需要的东西更复杂多样。一旦人们开始关心诸如箭头和人体彩绘之类的物质产品，找到足够的食物和饮水就不再是他们唯一关心的问题了。此外，一个社会喜欢的所有商品并非都可以在自己控制的领地上买到。就算人们可以在自己的领地上满足自己的所有物质需求，在许多情况下也需要与外人建立长期的商业贸易关系。这并不只是一种奢侈做法，或者像倭黑猩猩送给外来者的小礼物一样只是一种象征友谊的姿态，而是反映了社会发展的一种要求。[16]

商业贸易可能以某种类似于倭黑猩猩与外来者之间进行的轻松友好的接触方式开始。甚至在那之前，仅仅是相互容忍就足以使货物在两个社会之间进行交易。团队社会经常默许进入他们领地的外来者自己获取所需的资源。这并不是说他们以前就可以完全阻止入侵者的活动。一只乌鸦能够在栖息地中心观察自己小小领地的每个角落，从而发现并尽量阻止其他动物的任何入侵行为，但是人类和许多其他动物的社会领域过于广阔，因此不能以这种方法加以守卫防御。一个狐獴群体会趁另一个群体的主人不在的时候，无耻地霸占对方的洞穴作为自己的居住地。而这些洞穴原来的主人可以直接面对这些非法闯入者，然后齐心协力地将对方从自己的领地内驱逐出去。对于许多其他物种而言，这种被同类觊觎的居住地往往是它们安营扎寨的大本营。

但是狩猎-采集者善于识别周边的环境。美洲的印第安人和布希曼人不仅能够发现外来者几天以前的脚印，还能从中辨认出外来者的性别和年龄。[17]入侵者通常都会被发现。因此为了避免遭到报复，在进入其他群体的领地之前获得对方的许可便成了一种明智之举。在任何情况下，外来者通常都不能简单地溜进去寻找自己想要的东西，他们必须及时向当地人发出请求获得允许后才可能知道自己可以在什么时候到什么地方去。因此，保护土地往往没有必要，也不切实际。[18]但他们可以申请获得资源使用许可，以解决自己面临的紧急状况。有关狩猎-采集者迁徙的记载大多是关于他们由于缺乏饮水和猎物而从一个地区迁移到另一个地区的。这表明，他们允许别人来访都是有条件的。双方都期望能从中获益，而人们对这种互惠行为的依赖，使他们能够保持最大的善意。

通过对保护或授予资源使用权的成本和利益的权衡，狩猎-采集者对自己领地的占有方式也会有所不同。[19]有些人像黑猩猩一样采取“赶尽杀绝”的方式，另一些人则像狒狒一样选择性地保护资源。此外，还有一些人可能采取介于两种方式中间的其他方案。在这些社会中，谁对什么拥有所有权都是很明晰的。而一些珍贵的资源，其中包括因其象征意义而备受推崇的资源（也许是用于仪式的颜料），可能会加剧竞争。不过，总的来说，由于避免冲突的成本低廉，人们更不愿意去夺取别人的领土，而这有利于人类社会之间产生接触并彼此熟悉。

那些拥有大量宝贵资源的一方会表现得慷慨大方。例如，每年都有大量的波冈山飞蛾飞往澳大利亚雪山，所以只要时间合适，这个季节来此旅游的外国人就能在山坡上找到一些地方，在那里他们每人每天可以捕获并吃掉大约 1 公斤重的昆虫。这个传统延续了 1000 年之久。1 公斤飞蛾的脂肪含量相当于 30 个巨无霸汉堡。所以等到这个季节结束以后，一些以前骨瘦如柴的人会变得丰满很多。[20]

最初的市场

不管人们容忍外来者进入自己领土获取物品的行为是否算贸易的雏形，通常意义上的贸易都始于双方面对面交换货物的行为。最早的以物易物行为可能发生在双方领地的边界，以尊重双方社会的隐私，同时允许现场抽查货物，以确保交易公平。

但什么是公平呢？通常来说，同一社会内部的人们进行交易没那么正式。[21] 交易双方几乎就像基督徒交换节日礼物一样互相信任，如果一方出现货物短缺，可以下次弥补。社会之间的贸易则有所不同，因为存在一些不确定性，其中涉及更多的讨价还价、监督行为以及关系恶化的风险。

随着定居点的增多，社会内部的交易活动也变得正式起来，这使通常提供不同商品和服务的交易者可能彼此之间完全陌生或素未谋面。这样一来，他们必须用特定方式计算自己产品的价值，从而使社会内部的交易活动与社会之间的商业活动更加对等。在加利福尼亚丘马什狩猎－采集者的定居点，人们使用珠子作为货币来衡量商品的价值，这种交易形式已经和现代社会一致。

对于近代的狩猎－采集者来说，他们货物的转移链主要受贸易活动的影响，并在团队社会之间有着广泛的联系。[22] 诸如药用植物、磨石和赭石等物品会从澳大利亚的一个部落转移到另一个部落，有时甚至横跨整个澳大利亚大陆。它们的价值随着距离的延长而逐渐增加，而美洲印第安人转移商品的情况也是如此。[23] 当珍珠贝到达遥远的内陆并用于装饰时，在当地人看来，它简直就是神奇之物。但有些物品的使用则背离了其设计初衷。比如几百年前，澳大利亚北部就不再制造回旋镖了。但继续雕刻回旋镖的南方人还用它们来换取其他物品，因为当时北方虽然不再使用回旋镖作为武器，但流行将其作为音乐活动中的打击乐器。[24]

除了交换原材料和加工成品外，团队社会还交换智力成果。从一个时髦的用语到制造工具的改进技术，任何思想产品都可以传播到很远的地方。

土著男孩在出征仪式上接受的包皮环切术，可能就是在18世纪从印尼商人那里学来的。这项手术在澳大利亚广袤的土地上极为盛行，一些人甚至将手术推向了极端——他们将整根阴茎切开。[25] 他们也学习对方的歌舞。1897年，有证据证明了这一点。沃卡亚人（the Workaia）在举办莫隆加仪式（the Molonga ritual）的时候，参加仪式的人会穿着精致的服装，连续好几个长夜都要进行精彩的歌舞表演。在接下来的25年里，莫隆加仪式在澳大利亚中部1500公里的广袤土地上广为传播，尽管只有沃卡亚人才真正明白其中的意义。[26]

如果人们对社会之间的联系有所认识，会对社会之间互动起到促进作用。狩猎－采集部落经常为了形成联盟关系而在部落之间安排通婚。婚后，夫妻通常有机会回家探望，于是他们相当于享有了双重社会身份，而这种现象在其他物种中闻所未闻。[27] 在这种联盟关系中，相互理解才是关键。由于部落之间有交往，所以许多狩猎－采集者都会说相邻部落的语言。大多数澳大利亚原住民和居住在大平原的印第安人都掌握了一套手语，以在外交场合使用。其中一些手势在很远的地方就可以被看到。因此，谈判者可以站在长矛掷杀的距离之外，安全地相互交流。[28] 此外，手势还有第二个功能：在战斗中可以用手势发出信号，无声无息地协调彼此的行动。

贸易交换和文化差异

正如个体之间的共同点越多，互动就越流畅一样，社会也是如此：如果社会之间存在相似性，就更容易建立友好关系。[29] 例如，相似的语言和兼容的文化使易洛魁人之间的合作更容易。考古学家称社会之间的相互作用是一个“互动领域”，在该领域中，相似的价值观以及身份的其他方面会促进交易活动的顺利开展。[30] 而贸易行为本身又进一步增强了社会之间的相似性。如果交易的不仅仅是货物，而是新的制造技术、办事方式或制成品本身时，就更能印证该结论的正确性。

然而，心理学家的研究表明：社会必须保持足够的独特性，才能让社会成员保持自己的价值感和生活意义。这就是影响历史进程的平衡理论。在某种程度上，有共性者优先，然而人们又可能觉得太多的交流会威胁自己的独特身份。于是，下面这个因素会让问题变得更加复杂：如果社会发现自己渴望甚至不惜争夺一些同样的稀缺物品，那具有相似性产生的效果就会适得其反。

在前文，我曾介绍过“最佳区别”理论。根据这一理论，个人会努力让自己与社会中的其他成员尽量相似，以赢得他们的尊重；同时又力求表现得与众不同，从而感受自我存在的独特价值。因此，一个合理的假设是：在与其他社会建立关系的过程中，社会同样会倾向于这种中间地带——由于具有相似性而带来的慰藉感会让社会之间加强联系，而各个社会也会对自己所具有的独特性感到自豪。要成为一个强大的社会或一个具有很强适应力的成员，就必须做到与其他社会或成员同中有异、异中有同。即使是一些看起来没有区别的社会，也必须将其标志性差异保留在人们的心底。

减少社会之间的相似性会相应地减少竞争。因此，有人提出了一种理论，用来解释生活在亚马孙附近的部落之间所出现的饮食差异。[31] 不同社会可以发展不同的经济结构，从而有效地满足人们对差异的渴望。毕竟，提供相同商品的各方几乎没有理由进行交易。一个社会可以用其成员制造的过剩工具，来换取他们认为自己难以生产的物品。考虑到狩猎－采集团队的成员都掌握多种技能，他们磨炼的只是随性别和年龄而有差别的一般技能，所以个人的专业化可能起源于社会层面，然后才逐步发展到社会内部的个体成员身上。

虽然狩猎－采集社会之间的这种能力差异并非普遍存在，但证据表明，在生活中还是会经常发生这种情况。澳大利亚历史学家杰弗里·布莱内（Geoffrey Blainey）在有关原住民的内容中写道：“每个地方的人们都倾向于用自己的技术或才能，制造一些在其他地方很受欢迎的物品。”不同的人群分别制作长矛、盾牌、饭碗、磨石、珠宝等物品。事实上，布莱内补充道，“大多数专业化生产已经存在了好几代人，其起源甚至成为部落创作神话的素材”。[32] 在太平洋西北部，奇尔卡特·特林吉特人（the Chilkat Tlingit）编织的毯子以及其他某些部落制造的锯齿形刀片在沿海地区用于交易（或被人盗走）。文献显示，依赖养殖的小部落社会之间有许多体现互惠关系的其他例子。例如，苏丹的农场主向各个放牧部落提供小米，以换取对方的牛奶和牛肉。[33]

通过交易达到最佳水平，社会将在随后较长的时期内相互依赖，而社会成员则更有理由避免矛盾，并致力于寻求彼此的共同利益。不过在我看来，每个社会都会保持自己的边界，不管其成员与外人有多少接触、多少交流，或在多大程度上以其他方式依赖于外人。这些社会可能是由在西部沙漠中勉强度日的牧民组成的社会，也可能是由在埃克尔斯山附近通过管理河道养殖鳗鱼而衣食无忧的渔民组成的社会，这两个来自澳大利亚的例子都可以证明我此言不虚。本杰明·富兰克林指出，没有一个国家曾因贸易而遭到破坏，这不仅体现在经济领域，即使在社会领域也是如此。[34] 比如北美大平原的曼丹人（Mandan）和希达萨人（Hidatsa）一直保持着自己清晰的身份，他们的文化中心后来变成了贸易集散地，这一发展反而迫使其他部落开始学习他们的语言。[35] 至于易洛魁人，他们结成的联盟必须足够松散，这样才能使成员部落不至于失去自治权或领土权。事实上，不同易洛魁部落的一般成员之间几乎没有任何联系。所以，尽管这些部落相互依赖，但它们的独立身份仍然存在，甚至可以说得到了加强。

存在差异的民族也会找到互惠的方法。事实上，它们之间的差别越大，在这条路上就走得越快。澳大利亚原住民在18世纪欢迎访问北部海岸线的印度尼西亚渔民，而布希曼人则与生活在他们中间长达2000年之久的班图牧民交换货物。[36] 俾格米人和他们的农民邻居则更进一步，他们之间形成了一种共生关系，对还得为填饱肚子而苦苦挣扎于森林之中的人们来说，无论是耕作贫瘠的土地，还是猎取稀缺的丛林动物，这种关系都有助于双方的生存。俾格米人虽然大多数时候都过着狩猎－采集者的生活，但每个俾格米人群体都与一个村庄联系在一起。在那里，每一个俾格米人都和一个农民保持着终生的关系，每年会抽出一部分时间帮对方耕种田地，并为他提供动物肉类和蜂蜜，以换取庄稼和其他商品。俾格米人和农民之间的联系是如此根深蒂固且古老久远，一些农民认为最初是俾格米人把他们带入了森林。[37]

有人认为身份标记的作用之一是：当外来方式可能对自己的社会带来伤害时，它能阻止人们对外来者进行模仿。[38] 但我对此深表怀疑。虽然来自外部的影响可能有害，就像毒品会跨过边界传播一样，但在和外部社会存在很大差异的情况下，我们也都倾向于吸收适合自己的方式，并不会因为交换而受损。事实上，人们可以转化这种差异并从中受益。当然，两个存在差别的社会刚开始交流可能会遇到很大的障碍。但也许正因为如此，它们的成员可能具有完全不同的物质需求；如果一方认为另一方低人一等，可能也不会争抢同样的事物。事实上，他们的生活方式和知识技能，就像俾格米人和农民之间的情况一样，可以形成互补关系。

无论社会之间有多少相同或差异之处，都必须考虑其成员对外来者的看法，例如，考虑对方的热情和能力。反过来，这将影响外来者被视为强大的潜在敌人的程度，或可以与之真诚谈判的贸易对象的程度。一旦早期人类提高了与他人融洽相处的能力，那么在这些评估的影响下，社会之间的互动可能会像今天一样，随着时间的推移而呈多样化发展，当然其间要经历不断细化和调整完善。比如，易洛魁人的各个部落在组建联盟之前曾彼此暴力相向。事实上，他们之间的和平完全是通过战争手段来实现的。这种残酷的事实被一位专家一语道破："有时，让某人停止战斗的最好方法就是和他战斗，直到他愿意停止战斗为止。"[39] 当易洛魁人通过谈判达成停战协议以后，就轮到更远的部落感到紧张了。所以，具有讽刺意味的是，社会之间的和谐反而会给一个地区带来暴力，因为这样会为那些被排除在友好关系之外的人群树立一个更危险的对手。[40]

杏仁核的神经线路仍然存在，以激发人们古老的战逃反应，决定自己是战还是逃。要克服这些本能冲动，在互持偏见的社会之间建立相互信任是一项棘手的工作，也是外交斡旋的核心问题。即使对条件很好的团体来说，他们的偏见也能使游戏环境永远不会达到完美状态，因为每一方都在力争让自己获得更好的交易效果。由于我们的集体身份会使我们变得自私自利、残酷无情，良好的社会关系也会因此遭到破坏——在时局艰难时，这会为我们树立更多的敌人。[41] 这就是说，群体间的竞争不会催生民族中心主义，但会引发一些更令人反感的东西。[42]

当资源和机会枯竭时，我们如何避免冲突？最近几个世纪以来，虽然有可能爆发大规模的冲突，但由于社会间爆发冲突而死亡的可能性，实际上在全球范围内是下降的。因此我们有理由认为，这种和平是由国家之间的联系不断加强而带来的。此外，各国也越来越多地从其外部吸引人才和资源。[43] 在理想情况下，这种相互联系和相互依赖应能使各国度过困难时期，但与之相反的是，动物社会之间不会出现持久的和平。在战争带来的社会和物质等潜在利益很高的时候，避免暴力需要的就不仅仅是具有善意。它需要人们认识到，从长期来看，和平带来的回报比冲突带来的回报更多、更大。每当我们不能满足保证和平的最低要求时，每个国家都必须承诺对那些拒绝遵守国际秩序的国家采取行动，这是一个崇高的目标。鉴于现代战争的危险，我们希望这是一个可以实现的目标。不过，除了我们人类之外，其他任何物种的社会都不会为了维护和平而进行合作。

社会之间关系的波动性在社会内部有相似表现，因为在任何一个社会里面，人与人之间的联系从来都不会一成不变。社会成员的身份会经历长期的变化，其运动轨迹虽可进行大致预测，但其具体变化无常，还会对社会的兴衰造成影响。

第七部分

社会的诞生与消亡

第十九章

社会的生命周期

“我们甚至不知道该如何确定一个社会诞生和消亡的大致时刻。”一个多世纪前法国著名学者埃米尔·迪尔凯姆（Émile Durkheim）哀叹道。[1] 尽管关于社会如何建立、如何发展以及其他社会如何将其取代等重要问题具有明显的现实意义和学术价值，但自迪尔凯姆在1895年做出这一断言以来，我们至今对此都没有明确的答案。迪尔凯姆指出，即使是他那个时代的生物学家也很少考虑社会的生死问题。尽管目前生物学家已经对某些生物群体的生命周期进行了充分研究，但直到今天，这个话题在自然科学中仍然未能引起足够重视，而只是被作为一个普通课题加以研究。至于社会学家和历史学家，他们的反应则往往是将任何社会——不管是古埃及还是捷克斯洛伐克——的诞生或解体，都视为一种独立的事件。

当然，这里的难点就在于细节。尽管如此，整个自然界社会发展的兴衰历史表明，我们的社会群体就像生物有机体一样，是逐步进化而来的。社会的兴衰及流动与成员如何感知他人的身份有关。动物的行为以及人类在不断变化的社会环境中形成身份的方式，都与社会的消亡和重建密切相关。与这一深刻的身份问题相关的是关于创伤（trauma）的重要讨论，以及它在社会的生命周期中是否是一种必然发生的可悲现象。

每个社会诞生以及变革的动力都是以构成该社会的物种特有的方式表现

出来的，这一过程也是该物种的发展历史。得出这一结论的根据是物种成员相互作用和相互识别的规则，以及它们在特定时间内可获得的各种资源。于是另一个结论出现了：生活需要不断满足各种需求，包括食物、避难所和性伴侣。当这些需求得不到满足时，不断加剧的生理和社会压力会引起社会的衰退。当一个社会过度发展，超过其环境所能供应的资源时，往往会引发更严重的后果。即使一个规模较大的社会可以超越周边的小社会，它不断增长的成员数量也加剧了内部成员之间的竞争，给每个成员都带来额外负担——当然，前提是这个社会能够发展到产生该问题的规模。在此情形下，社会成员管理关系以及协调活动的能力也会随之下降。[2] 这会导致社会成员对社会内部组织的忠诚度发生转变，从而使社会存在分裂为各自为政的群体的风险。

在脊椎动物中，将一个社会分裂成一个个独立的小群体是保证生存的必要方式。例如，一些母狮会离开先前的狮群，因为这个狮群发展得太庞大，已经无法养活所有的成员。此时，如果一头好斗的雄狮加入了狮群，那这个狮群中曾与其他雄狮生儿育女的雌狮则可能选择离开，以免自己的幼崽被新来的暴君杀害。在一个规模发展得过于庞大的狮群当中，成员被迫与自己认识并相处得最好的同伴一起出走，组成一个新的狮群。这种情形在依赖个体识别的物种之中相当普遍。[3] 但这种断绝关系的现象与我一直所称的裂变现象有很大不同，因为裂变是一个社会中成员暂时而偶然的分离，而这种分离经常发生在过着裂变－融合生活的动物当中，比如狮子、黑猩猩和人类。这些动物个体可以自由地彼此分离或重新聚集。但是，当一个社会分裂时，将它重新拼凑在一起的机会很渺茫。[4]

黑猩猩和倭黑猩猩的新开端

我们在对黑猩猩和倭黑猩猩的研究中，并未发现它们的新社会是如何出现的，因为它们中间很少出现这种开创性事件。事实上，在脊椎动物中，新社会的形成即使不是几个世纪才发生一次的话，通常也要几十年才发生一次。然而，如此低的频率就带来了一个问题：相关数据缺少。更糟糕的是，这使人们很容易忽略那些对社会的诞生或消亡有至关重要影响的事件。也就是说，仅仅因为它们太不常见，就未能被视为引起巨变的异常因素。实际上，引起这种变化的可能只是一个社会外部的新成员的到来，或者是原来社会中一个重要个体的死亡。而这两种情况中的任何一种都可能威胁到整个群体的稳定。

珍妮·古道尔在 20 世纪 70 年代早期记录的贡贝黑猩猩之间的残酷冲突就是一个很好的例子，它虽然看起来令人困惑，但却揭示了黑猩猩社会是如何分裂的。只不过灵长类动物学家现在才意识到是什么原因让贡贝黑猩猩表现出一系列如此残忍的行径。当初，就在古道尔和她助手的眼皮底下，一个完整的黑猩猩社会发生分裂并最终一分为二。但解体只是一个漫长过程的终点。其实在 1970 年这个黑猩猩社会就出现了分裂的迹象。当时，某些黑猩猩明显更加频繁地相互联系，而不是与社会中的其他成员联系，于是这就在该黑猩猩社会中创建出两个小群体，我将其称为派别（factions）。有证据表明，在古道尔第一次来到贡贝时，派别就已经以某种松散的形式存在了。无论怎样，到了 1971 年，两个派别已经羽翼丰满，其中一个总是占据它们领地的北部，而另一个则总是待在领地的南部。[5]

最初，两个派别的成员在相遇时还算友好，但它们各自的首领在见面时会发生激烈冲突，这并不罕见，因为在一个社会中，处于首领地位的竞争者总会进行争斗。然而，到了 1972 年，两个派别已经分道扬镳，各自建立了独立社会，它们的成员也不再聚集在一起。此时，古道尔认识到黑猩猩已经分裂成两个有着各自身份标记的社会，于是将其分别命名为卡萨凯拉（Kasakela）和卡哈马（Kahama）。在那次分裂之后，暴力活动就开始上演了，而卡萨凯拉袭击了南部较弱的卡哈马，最终摧毁了对方的社会，夺取了对方的大部分领土。[6]

贡贝地区黑猩猩社会分裂有两个步骤——先是内部派系的产生，然后发展出分裂团队——这似乎在灵长类动物社会中非常常见。据现有的记载，至少在几十种猴类社会中都出现过类似的案例。[7]对于发生这种事情的原因，我只能进行猜测。就像人类一样，其他脊椎动物也会寻找盟友和配偶，躲避或对抗敌人，并忽视其他同类的存在。在过着裂变－融合生活的黑猩猩或倭黑猩猩当中，每一个成员都可以选择加入当前最能满足自己利益的一个派别。在正常情况下，这些猿类广泛地培养社交关系，在其经过的任何地方都能创造社交机会。这种行为有助于保持整个社会的内部联系。但是，由于黑猩猩数量过多，整个社会的压力也越来越大，于是派别的形成水到渠成，因为成员越来越希望和那些与自己相处融洽的其他成员一起组建一个更易于管理的群体。起初，这些猿类不会脱离先前的社会，而是各个派别的成员混在一起，也不会发生什么冲突，因为它们之间还存在许多社会联系。然而，随着成员分离的时间变长，每只动物和身在"另一方"的同类之间的所有朋友关系最终都将逐渐消失，因为任何一个派别都会期待其成员坚定地斩断它与属于另一个敌对派别的成员之间的友谊。这样一来，在派别形成的几个月或几年之后，它们就断绝了彼此之间的关系——黑猩猩之间所有剩余的联系都被斩断了（除了第四章中提到的少数例子外，即身属不同派别的雌性黑猩猩之间尚存友谊，不过它们对此都严守秘密）。[8]于是，一个原本单一的社会内部就产生了独立的社会实体，而两个黑猩猩社会就像任何两个蚁群一样势如水火。

灵长类动物学家显然对黑猩猩派别产生的秘密知之甚少。贡贝地区发生的黑猩猩社会分裂现象是目前人类目睹的唯一案例。同样，我们还找到了另一个案例，但这是关于倭黑猩猩社会分裂现象的。事情的发展过程与贡贝的情况差不多。正如贡贝地区的情况一样，当人们开始对倭黑猩猩进行研究时，发现它们中间的派别已经形成，所以我们不知道这些派别形成的具体过程以及形成派别的具体原因。研究人员发现这两个派别在分裂前的整整 9 年时间里，都处于稳定状态，其间只有两只雌性成员互换了派别，还有一只雄性成员差点儿也去了另一个派别。但随着时间的推移，两个派别之间出现了明显的矛盾冲突。在正式分裂之后，这两个派别分开了一年，这时双方的成员变得友好起来，当然这在不同的倭黑猩猩社会之间是司空见惯的事情。[9]

分裂在限制动物的社会规模方面发挥了关键作用。一个黑猩猩社会的成员数量很少超过 120 个，而倭黑猩猩的社会规模则稍小一些。达到这种规模的动物社会可以被认为是处于成熟状态，因为此等规模足以抗衡周围其他社会，但这样的规模也会带来生存困难。此时，社会内部的关系必然变得紧张，就像生活在规模过度庞大的狮群中的狮子一样，各个成员已经不能像先前那样对彼此有足够的了解。这可能会使人觉得社会达到成熟状态就是达到了社会分化点，这种理解通常是正确的。但发生在贡贝的情况却不是这样的：那里的社会在只有 30 只成年黑猩猩的时候就发生了分裂。这告诉我们，切断一个社会的压力可以在任何时候产生。在贡贝，可能是研究人员提供香蕉以吸引黑猩猩进行研究引发了它们之间的分裂——这真是一个好心办坏事的例子。黑猩猩大多分散生活以避免与社会中的其他同类发生竞争。这种策略之所以奏效，是因为它们的大部分食物来源分布得不均匀。当所有的贡贝黑猩猩都在争夺相同的集中食物来源时，冲突升级，从而导致卡萨凯拉的黑猩猩消灭了卡哈马的那些黑猩猩成员，霸占了研究人员投来的香蕉。到后来研究人员不再供应香蕉，从而使所有黑猩猩都面临食物短缺威胁时，这两个派系之间的敌对情绪就愈演愈烈。

争夺统治地位的斗争也可能对这一分裂现象起到了推动作用。贡贝的派系之争在雄性首领“利基”（Leakey）去世后的几个月里变得清晰起来，因为留下了一个有待填补的权力真空。最有希望的继任者“汉弗莱”（Humphrey）拒绝承认“查理”（Charlie）和查理的兄弟“休”（Hugh）继承首领位置的优势。我们可以想象，它们对于首领位置的争夺迫使其他成员必须选择支持一方，当然对其他成员而言，最好的选择是加入能够在社会稳定性、防御能力、食物和配偶等方面提供优越条件的派别。每只黑猩猩可能只是选择了汉弗莱或查理兄弟喜欢的地盘而已。其中，汉弗莱更喜欢北部的一半领地，并最终在这里建立了卡萨凯拉。关于首领地位的争斗使得动物社会支离破碎，这类例子还包括山地大猩猩以及马和狼等物种。对于狒狒而言，如果雌性狒狒选择青睐其他雄性狒狒或反抗专横的雌性首领，那狒狒队伍就会陷入分裂。[10]

社会分裂并不总是由社会对抗造成的。在包括大多数蚂蚁在内的群居昆虫中，王后会离开它们出生的巢穴，独自创建新的家园，这一过程中就不会发生矛盾冲突。蜜蜂和行军蚁的社会在没有大量成员的情况下无法运作，虽然它们也是通过分裂来形成自己的社会，但这种机制不同于其他动物建立社会的程序，不需要采取攻击行为。工蚁或工蜂分成两组，一半留在原来的王后身边，另一半则跟随新王后——也就是原王后的女儿——出走，形成一个新的社会。一切都进展得很顺利，只是昆虫成员的效忠对象发生了变化而已。[11] 在脊椎动物中也存在着激烈的分裂现象。规模过大的核心大象群通常会随着母系首领的死亡而变得难以协调，这种不稳定会导致大象成员分别聚集在资历最接近死亡首领的其他母象周围。而这些派别会越来越分裂，直到最终完全独立，但彼此之间有时（但不总是）还保留着友好关系。抹香鲸也会在没有太多压力的情况下形成新的社会，比如超过 15 头成年抹香鲸的超大群体在开展活动时就会遇到困难，于是这个超大鲸群会分成几个团体，游到更远的地方去，直到与其他成员完全分开，以消除先前的紧张关系。但是在脊椎动物组成的社会当中，矛盾冲突总是存在的。

我们对这些社会的许多方面都一无所知，当黑猩猩社会再次出现分裂时，希望我们能对其进行更加详细的研究和记录。乌干达的一个黑猩猩社会，其成员达到了 200 个，这是有史以来我们发现的最大的一个黑猩猩社会。至少在 18 年前，这个社会内部就形成了派别。但这个社会一直没有解体，这证明猿类成员需要用很长的时间来形成自己的派别，然后才能分裂成两个独立社会。[12] 在每个派别形成一个可以独立存在的功能性社会之前，其成员都要适应整个社会。

建立社会的其他方法

分裂并不是产生社会的唯一方式，对于我们人类而言也是如此。在其他一些哺乳动物当中，一个单独的个体或一对配偶就可以建立一个社会，这些社会类似于大多数蚂蚁和白蚁的社会，这些蚂蚁和白蚁社会是由蚁后和雄蚁从原来巢穴中分散出去而形成的。但和分裂相比，这种方式会给个体成员带来风险。紧密依附于一个能保证个体的自身安全的社会，这种好处是社会成员很少会放弃的，除非面临巨大的诱惑（有足以支持一只动物生活下去的自由空间）或危险（如一只或一组动物遭到竞争对手的激烈驱逐）。在哺乳动物中，只有裸鼹鼠会自行离开原来的社会，而这是它们形成社会的正常周期中的必经步骤。它们可能一无所有并且没有防御能力，但无论雌性还是雄性裸鼹鼠，都已准备好迎接前面的考验。它们离开自己的出生地，冒着风险在地面上四处转悠，直到为建立新的巢穴挖出第一个房间。接下来，孤独的裸鼹鼠待在洞穴里，等待一个或几个配偶发现它。[13] 偶尔会有一对草原犬鼠，也可能是两只斑点鬣狗，在一块未被其他同类占据的土地上安家，这两种动物通常都是通过分裂的方式建立自己的社会的。最后一个例子是，一只怀孕的灰狼可能会选择独自离开，但却很难在没有其他同类帮助的情况下觅食以及躲避敌人。虽然这样一只母狼不会孤独太长时间，但即使后来有一只公狼加入其行列，它的生活也危机重重，因为两只狼的生存能力不可能和一整群狼相提并论。

在紧要关头，黑猩猩也能独立生活。在几内亚的一个地方，雄性黑猩猩有时会放弃它们出生的社会，虽然这种行为是雌性黑猩猩的典型行为。和雌性黑猩猩不同，雄性流亡者不可以加入另一个社会，这大概是因为其他社会的雄性黑猩猩会将它杀死。然而，在几内亚，这些猿类的生存空间不受限制。

如果这只逃亡的雄性黑猩猩能够在几个社会的领土之间找到一个安全的避风港，那它将待在那里，并试图与任何具有移民企图的雌性黑猩猩交配。这样的雌性黑猩猩是否会和它一起从头开始建立一个社会还不得而知，但它们能够成功的机会肯定非常渺茫。[14]

抛开在社会中长期生活对人类的重要性这个话题暂且不谈，我觉得某些人的人类具有"强制性相互依赖"（obligatory interdependence）的说法未免言过其实。[15] 我们暂且不谈我们小时候对长辈的依赖，独自一人、一对夫妇或一家人出去生活只是偶尔出现的权宜之计。我在前文中提到西部的肖肖尼人会季节性地分裂成各个家庭而生活，但他们每年都会回归团队，和先前的成员重新聚在一起。很少有人能像 24 岁的徒步旅行者克里斯 · 麦坎德莱斯（Chris McCandless）1992 年在阿拉斯加州出现的情况那样，在与世隔绝的荒野之地幸存下来，其悲惨的结局在乔恩 · 克拉考尔（Jon Krakauer）1996 年出版的《荒野生存》（*Into the Wild*）一书中曾进行叙述。此外，独自生活的危险使得一对过着隐居生活的夫妇从零开始孕育出整个社会的可能性接近于零。[16] 威廉 · 皮尔斯利（William Peasley）在 1983 年的著作《最后的游牧民族》（*The Last of the Nomads*）中讲述了一个扣人心弦的故事：亚通卡（Yatungka）和瓦里（Warri）原本是生活在曼迪尔贾拉（Mandildjara）的狩猎 – 采集者，因为他俩的关系在部落中没有得到承认而决定在澳大利亚独自闯荡生活。几年后，他们在一场干旱中濒临死亡，但被人救起，幸免于难。[17] 如果当初一切顺利，他俩现在可能已经抱上孙子了。即便如此，要想繁衍出一个社会，他们的后代也只能选择危险的近亲结婚。因此，总体而言，单飞是最不理想的选择。这一选择成功与否取决于成员数量的多少：如果蚁群抛弃了未来的蚁后，而雄蚁则成百上千地与之交配，即使所有的蚁后都死了，蚁群也会照样繁殖下去。但没有哪种脊椎动物具有如此强大的繁衍能力。

在人类和其他物种当中，如果一对夫妇去世，那剩下的一小群成员尚有生存机会。如果一些个体从一个社会中出走并成功地形成了一个独立的群体，那么它们当初的出走行为就被称为“（社会的）萌芽”。[18] 在理想情况下，它们不需要走太远。几只狼或狮子可能会在以前领地的某个角落立足，从而可以利用自己在熟悉之地可以随意进出的好机会。或者一小群成员虽然走得更远，但是运气非常好，居然在无意之间找到了一片未被其他同类占据的富饶之地，可以向它们提供生存所需要的宝贵资源。这方面最典型的例子是阿根廷蚂蚁的入侵活动，最初的少数几个蚁群后来在那里迅速扩展成拥有数十亿只蚂蚁的超级社会。一些史前人类的迁徙情况可能与之类似。与所有入侵物种一样，当找到一个几乎没有竞争对手的地方时，早期人类就算取得了最大的成功。一些北美部落就是这样开始的，就像 500 多年前，亚北极地区的阿萨巴斯卡人（Athabaskans）移居到现在的墨西哥和美国西南部，成为阿帕奇人（Apache）和纳瓦霍人（Navajo）的祖先一样。当初，那些迁徙到真正遥远的地方的勇士则更让人钦佩，比如，那些最初乘木筏从亚洲驶往澳大利亚的人。对于这些人来说，由于生活在一个与自己以前的社会完全隔绝的环境中，所以所有的土地都属于他们。对于每一船在惊涛骇浪中生存下来的幸运儿来说，那些可以让他们心生恐惧的对手肯定已经不复存在。

自然界中还有其他一些形成社会的模式，但它们基本不适合我们人类社会。比如狐獴或非洲野狗的族群，这些族群最初通常是由来自一个群体的几只雄性和来自另一个群体的几只雌性组合在一起的。这种群体聚集的方式，从一开始就让一个处于萌芽阶段的社会可以像一个成员众多的社会一样，具有相对安全性。[19] 此外，来自不同群体的马匹在四处游荡之时聚在一起，会形成一个迷你版的社会，而在这种情况下马群通常也就产生了。在人类中，人们从被毁灭的群体中聚集起来，重新形成一个社会的情况和马群最接近，正如一些美洲印第安人和逃亡的非洲奴隶合在一起［被称为马龙（Maroons）］，而他们建立的社会曾经遍布整个美洲。[20]

人类社会的解体

在人类和其他大多数脊椎动物中，分裂似乎是产生社会的常见途径。这种产生社会的途径在许多物种中都具有明显优势——毕竟，人类和脊椎动物通常都从成员众多的社会中开始发生分裂现象。[21] 然而，人类社会的分裂不太可能像蜂群中出现的那种情况，只表现为一种没有压力的自动化过程而已。昆虫社会中不会形成并崛起一群心怀不满的反叛者，而人类是典型的容易发生争吵的脊椎动物。我们找到了足够充分的信息，可以确定导致狩猎－采集者社会发生崩溃的因素，并评估这些因素如何对定居者社会（包括当今的国家）的解体产生影响。

游牧的狩猎－采集者不会因为当地的社会问题——比如家庭纠纷或社会对几乎没有隐私保护的成员产生过度刺激——而出现分裂现象。[22] 考虑到人们可以自由地转移到生活在该地区的其他社会中去，所以这些冲突可以在不引起社会分裂的情况下得到解决。[23] 很明显，一个功能失调的社会即使分裂，也不会让每个成员的身份感都受到影响。在人们理清自己在社会中和谁待在一起更舒服之后，生活还会继续下去。一种更典型的情况是，社会分裂是许多团队中更广泛人群之间发生矛盾的结果。我们人类社会可能已经结束了在灵长类和其他哺乳动物身上所观察到的那种“两步行动方案”：首先是派别的出现，成员对其越来越依附；接着，往往是几年之后，派别之间就断绝了关系。

导致这些派别产生的原因值得研究，但在其他脊椎动物中出现派别的许多因素，在人类社会当中似乎无关紧要。不过，这些因素也值得考虑。因为团队社会中没有首领，所以其命运不太可能取决于特定成员的行为。联系贡贝黑猩猩的案例来说，生活在贡贝地区的黑猩猩喜欢看到不同的首脑相互竞争。无论如何，社会都不可能被强迫分裂，因为团队成员会站起来反对这种想法。[24] 进行协调活动所产生的困难可能偶尔会带来一些问题，但通常情况下，那些虽然生活在一个团队社会中但相距很远的成员之间几乎不需要产生任何合作。此外，由于生活在团队中的人们很少重视除直系亲属以外的血缘关系，因此在不断扩大的人口当中，即使削弱生物意义上的血缘关系也没有关系。毕竟，一般的亲属关系，即人们可以称之为叔父、姑妈之类的成员，在社会上无处不在。虽然随着社会扩大到成员超过 1000 人，人们与朋友保持联系可能变得更加困难，但也不会构成太大的障碍。因为借助于各种各样的共享标记（大到仪式、语言，小到举止、手势），即使遇到陌生人甚至是最不熟悉的成员，交流也不会像黑猩猩或倭黑猩猩在一个日益增长的社会里所面临的情况一样，成为一个无法解决的难题。

食物、水源、配偶短缺或缺乏安全性是造成其他物种社会分裂的重要原因，也导致了许多人类社会的衰落。但即便如此，资源短缺也不一定会引起分裂。

事实上，通过在整个社会中分享标记，人们改变了哺乳动物在社会分裂之前形成不同派别的模式——这种从个人认可到匿名社会的转变将会改变造成社会解体的直接方式。社会标记在社会崩溃中所起的关键作用可能不会立即显现出来。毕竟，共享标记具有缓解个体间紧张关系的作用，而这些紧张关系会驱使其他灵长类动物切断它们之间的联系。历史上一个反复出现的现象是，当人类彼此产生强烈认同感时，他们不仅能相互忍受，而且能团结在一起，即使在最残酷的条件下也能共同发展。[25] 无论是面对饥饿还是迫害，无论是在一起还是处于分离状态，对人类而言，除了和自己的直系亲属联系之外，能将他们最牢固地绑在一起的纽带是他们对社会的认同感。虽然在猴群或草原犬鼠的社会当中，成员之间的关系可能会遭到永久性的破坏，但标记物的存在使人类能坚定地保持对其他成员的忠诚。事实上，鉴于拥有更多成员在与其他社会竞争时会产生优势，我们可以预测，一旦我们的祖先通过使用标记来区分内部成员和外来者，人类社会就可能无限膨胀。毕竟，当一种群居昆虫有了可靠标记，它们就能与一个超级庞大的社会建立联系，这并不比它们与一个规模很小的社会建立联系花费更多的精力。就像阿根廷蚂蚁在它们的超级社会中继续与其他蚂蚁分享同一身份一样，尽管它们已经遍布各大洲，并从自己的领土上消灭了所有的竞争者。

然而，在定义蚂蚁社会的身份信息和确定人类社会难以描述的多样化标记之间还是存在区别的。尽管人类创造出了能让社会保持稳定的标记系统，但随着时间的推移，这些标记所具有的稳定性却值得考验。我们的标记不是刻在石头上的，而是会发生变化，会产生社会阶层区别、地区差异以及其他一些变化。尽管人口规模并不会像在黑猩猩社会中的情况那样成为困扰智人的一个问题，但当个体很少互动时，标记的干扰性差别肯定会在我们的物种中显现出来，这也是早期人类以团队形式分散生活所面临的困境。一个社会的标记在成员尚未适应的情况下积累的变化越多，这个社会就越可能出现分裂的迹象，最终达到一个临界点。鉴于这方面的原因，在团队成员中，这种情况出现得越早越好，正如我接下来将要说明的那样。

第二十章

动态的“我们”

瓦尔比利人（the Walbiri）生活在澳大利亚爱丽丝泉北部以及西部的沙漠中，以其部落舞蹈和艺术而闻名，人类学家在20世纪50年代对其进行了观察和记录，认为他们一直存在，并且与这片土地有着同样的宗教联系。[1]然而，无论是对他们还是对我们所有人来说，社会稳定只是一种幻觉而已。我们患有文化失忆症（cultural amnesia），这是一种选择性的记忆，它让我们把自己人民的底蕴或本质想象成一块坚实的基石，上面铭刻着我们的身份标记。事实上，身份标记是不断变化的。虽然美国国旗上的星星已经从13颗增加到50颗，但这并没有破坏公民与国家之间的联系。事实上，星星的增加一直让美国人引以为豪。但即使是那些对社会生活起着至关重要影响的行为方式，比如蓄养奴隶，也会发生变化或最终消亡。从长远来看，重要的不是我们目前所珍视的具体标记，而是能区分一个社会与外界不同的任何流行标记，而这就意味着社会可以接受变革。[2]自从人类的文化棘轮在史前加速发展以来，社会一直在不断地加强，进行重新解释并经历彻底重建。我们对事情的正确处理方式随着时间的推移而发生变化，但这不会破坏一个社会的稳定性，或逐渐改变该社会与其他社会之间的不连续性。然而，当社会失去这种弹性时，我们就会发现自己处于一种不稳定的环境之中。

改进和创新

因此，从长远来看，划定社会之间的界限比定义社会的标记更重要。尽管如此，社会成员还是要尽量减少变化，以免影响他们所认为的那些卓越的社会品质。当时的人们虽然尚未使用文字，但构成身份的许多要素，从精神信仰到民间舞蹈，都被极其完好地保存下来。康涅狄格大学的人类学家们认为，重复和仪式化“包含了对外行人来说几乎牢不可破的‘密码’”，从而可以保证其中的细节几乎不会发生变化。[3] 你不必通过狩猎-采集者举行的仪式以及他们所讲述的故事来对这一点加以确认，因为早期的希腊人在发明字母表之前就已经把《伊利亚特》和《奥德赛》口口相传了。对于那些需要以这种毅力来进行学习的文化知识，人类通常不会畏惧和逃避，而是努力学习——这可视为社会成熟的标志，因为在大多数社会中，只有掌握这些重要的文化知识，才意味着社会成员可以承担起成年人的行为和责任。然而，尽管他们的传统可以延续，但狩猎-采集者对于如何行动却没有固定不变的标准，当然他们也没有办法在数个世纪的漫长时间内强制使用自己的标记。其实，早期人类并非生活在真空当中静止不动，尽管考古证据表明他们的生活几乎没有发生任何可以察觉到的变化。

他们牢牢掌握着保证生存的必需技能，而这方面最确凿的证据源于长期以来石器类型的一致性。然而这并不能阻止人们在情非得已的时候去改变他们的生活方式，尽管事实上，也有人不顾后果、一意孤行，始终坚持自己原来的生活方式。例如，生活在格陵兰岛的维京人显然由于贸易活动稀少而大受限制，但这应当也和教会逼迫他们保持农业习俗有关。此外，一些维京人社会的成员可能得忍饥挨饿，因为他们犯了一个可悲的错误，试图饲养从其他地方引进的牲畜，而不是像当地因纽特人一样去捕杀鲸鱼和海豹。[4]

然而，人类的明显特征之一就是有追求机会的意愿。普姆人（Pumé）是最能反映这种适应性的典型案例。在委内瑞拉的热带大草原上，由于耕种困难，普姆人的狩猎－采集者团队以蜥蜴、犰狳和野生植物为食。此外，他们还沿着河流开辟菜园，种植木薯和芭蕉。但对于普姆人而言，这些差异无关紧要。他们还会聚在一起，通宵举行相同的图雅仪式，说着相同的语言，把彼此视为同伴。[5]

人类身份的灵活性意味着，生存差异并不会像动物世界那样成为区分我们社会的主要动因，因为生态因素在人类社会所起的作用与它在动物世界所起的作用不同。社会的确可以选择用不同的方式来养活自己的成员，这可以减少竞争。例如，生活在沿海社会的人们自然可以以捕鱼为生，而他们的邻居则会以狩猎为生，人们可以将这些不同选择视为定义社会的部分因素。然而，拥有相同栖息地的社会可以吃同样的食物并制造相同的工具，它们之间唯一的可见区别就是彼此在神话传说或服饰打扮方面不同。

并非所有的身份变化都源于人们的特意选择。虽然人们会尽可能地采用传统方式，但一代又一代人的错误回忆会在不经意间改变他们的行为，有时也会带来不利的影响。例如，正如我之前所提到的，曾经通晓海洋情况的塔斯马尼亚人（Tasmanians）居然忘记了如何捕鱼。因此，如果有书面记录，就可以减缓这种技能丢失的速度，虽然这并不能完全阻止这种情况发生，此外，即使人们最珍惜的东西，也会出现这种情况。当我们以对待寓言的方式设想过去之时，糟糕的回忆和新出现的思维框架会影响我们对记录良好事件的感知。在没有文字的社会中，社会成员只能依靠彼此的记忆，以口口相传的方式获悉过去的历史，但人多嘴杂的转述会逐渐变得杂乱无章，以至于最终无法辨认哪些是真，哪些是假。所以，除非某些传闻和他们所做的每件事情都产生联系，否则就不能代代相传。

语言本身的变化最为生动地证明了这一点。即使在我们这个实现了全球化交流的时代，语言及方言依然是丰富多样的。接近美国中西部各州的发音通常被认为是标准的美式英语。然而，几代人在电视和广播上听到这种发音，在借鉴了其中的一些内容之后，全世界讲英语的人群都形成了自己独特的发音模式和语言发展历史。甚至连中西部人也继续背离自己的标准，比如在美国五大湖周围，元音发音从 20 世纪 60 年代开始发生变化，其典型特征是某些单词的发音变长，以至于“trap”的发音听起来像“Tryep”。[6] 语言学家喜欢研究这些发音差异，并记录了包括从！孔布希曼人团队到英国皇室成员在内的所有社会中出现的发音变化情况。

可以作为身份标记的任何东西，无论是语言、烹饪手段还是手势，都以这种方式不断地被人们重塑。其中的某些转变可以说是由于人们总是以同样的方式行事，从而产生厌倦心理的结果。[7] 创新可以自下而上地进入一个社会，比如通过贸易或盗窃的方式流入商品和思想领域，或者是发展趋势在大众中进行传播的结果。散文家路易斯·梅纳德（Louis Menand）对这方面的证据进行了总结：“能吸引别人的事物同样可以吸引我们，并且迷恋这些事物的时间越长，就越是喜欢它们。”[8] 从改变裙摆到手机 App 程序大行其道，狩猎 – 采集者并没有按照我们认为理所当然的规律来接受时尚，而他们的文化也没有像现代生活这样以不断变化的各种亚文化为荣。然而，他们也给自己的皮肤涂染颜色，以各种不同的方式演奏音乐，尽管中间只有微妙的变化而已。毫无疑问，其他团队成员先前只是勉强表示支持，但随着时间的推移，他们会越来越喜欢这些新奇的社会选择。

完全新奇怪异的事物也能在社会中流行。我们可以假设某个狩猎 – 采集者想出了一个激进的点子。如果这项创新具有宝贵的应用前途，那无论其来源如何，它都将得以传播。否则，其他成员对它的反应将取决于创新者是谁。人们更喜欢追随那些符合自己价值观的人，但可能会对一个行为古怪的好朋友降低要求。虽然狩猎 – 采集者团队中没有明确的领袖人物，但任何有影响力的成员都可以自上而下地推销自己的创新点子。这些榜样人物可以影响每个成员选择朝着新的方向前进，当然，社会成员下意识地模仿自己敬佩人物的冲动，很可能也在其中发挥了作用。[9] 例如，人们可能会听从某个通灵人士的建议，正如一位观察安达曼岛居民的人类学家所讲的故事那样。

> 由于某些预言家带来的“神谕”，长期存在的社会习俗可能会在一夜之间被完全改变，而新建立的习俗则会在未来的“神谕”中被推翻。我在翁格斯部落有过这样的经历：有一天，著名的预言家依那加吉（Enagaghe）宣布，他收到了神灵的命令，告诉人们该如何展示狩猎成果。不需要再将猪的颚骨一根一根地刺穿并挂在木杆上，这些木杆其实就横在茅舍倾斜的屋顶上，位于猎人卧榻的上方。[10]

如今，许多文化差异来自青少年，他们在挑战“正确”行为方面具有带头作用。尽管青少年的选择不能在一个社会允许的摇摆空间之外毫无阻力地四处传播，但随着时间的推移，从嬉皮士到光头党，每个成员都会对主流文化造成冲击，而抵消这种转变作用的是老年人，他们会阻止时代的变化，直到自己的影响减弱为止。年轻人和老年人之间的这种斗争似乎永不止歇，但这种情况是否在狩猎–采集者社会中存在尚不清楚，因为大多数关于团队生活的人物传记都集中在孩子们如何学习传统，而不是讲述他们如何推翻或改造传统。然而，孩子毕竟是孩子，而挑战传统似乎是人类孩子成长为独立个体之前的必然表现。狩猎–采集者的孩子们，无论男女，一般都乐于接受新的体验，比如搞乱发型或探索未知的地域。[11] 当别致的想法、方法或产品在遥远的过去出现时，很可能其中就有年轻人发挥的作用。

外部群体的诞生

有关狩猎–采集者团队如何分裂的细节的记录并不完整，但这是意料之中的事情，因为要在他们分裂之时抓住其中某个成员进行询问几乎没有可能，事实上也从来没有人这样做过。语言诞生的频率可以被视为社会持续时间的粗略准则。因为随着时间的推移，语言会逐渐发生变化，就像物种之间的基因序列会发生变化并形成所谓的分子钟一样，而对这种语言差异的监测表明，狩猎－采集者的团队社会平均每500年就会发生一次分裂。[12] 但并非所有社会都能发展出一套自己的语言体系并得到语言学家的认可，因为有些社会只表现出方言上的差异。因此，500年可能高估了团队社会的年限。然而，一些研究表明团队社会的年限和这个数字出入不大。[13] 并且，这样的社会年限也并非狩猎－采集者独有，比如：黑猩猩的社会就可以达到差不多的年限。[14]

然而，虽然最后的分裂可能在大约五个世纪才发生一次，但发展到那一刻需要足够长的准备时间，从而留下了足够的证据证明社会在分裂之前到底发生了什么。通过将这些零碎的信息与我们对人类群体如何分裂的粗略理解相结合，我可以大致了解整个人类社会的生命周期可能的样子。

团队社会依赖口口相传的特征，在人们对其他地方所发生的事情了解得不准确的情况下，显得更加突出。在社会成员很少相互接触的时候，社会变化最为频繁。在一个匿名的社会里，生活在遥远地方的成员可能不需要互相了解，但是如果要保持他们的社会标记不变，就有必要知道距离遥远的其他成员的生活情况。在一个团队社会之中，相隔甚远的成员之间的空间差异，可能会在某些因素的作用下被放大。显然，在领土边界上生活的人们，更有机会接触外来者的思想和货物。因此那些与外国社会接触最多、与本国社会其他部分接触最少的边远地区的成员，其生活方式将与其他地方的同胞出现差异。[15] 而让事情变得更加复杂的是，不同的边界会毗邻不同的邻居。因此，团队在不同的地方面临着截然不同的问题和机遇，而这些问题和机遇则加剧了他们与自己社会其他成员之间的身份差异。[16] 结果，生活在领土边界的人们就被边缘化了。[17] 于是，派别开始在这些被边缘化的人群中产生。

面对各种潜在的破坏性变化，人类具有的一种特性有助于让他们保持社会团结：人们即使面对这些差异，也可能选择对其视而不见。哲学家罗斯·普尔（Ross Poole）将这一点进行了完美的阐述："重点在于，与其说每个人想象着同一个国家，不如说每个人想象的同一个国家只存在于大家的想象中。"[18] 即使狩猎－采集者在一次聚会的宴席上发现了彼此身上存在的差异，但如果可能引起冲突的话，他们也会像我们今天所做的那样尽量避免公开表达自己对身份问题的争议。[19] 然而，在某些情形下，即使一些曾经看似偶然出现且无关紧要的差异，也会被视为非常重要，并令人不安、不容忽视。团聚时人们兴致勃勃地拉家常、说闲话，此时可能出现各种信息。他们肯定会谈到一些稀奇古怪的行为。当人们看到自己不甚了解或根本就不认识的某个成员做出一些意想不到的事情时，对此的印象一定极为深刻。人类倾向于把陌生人往坏处想，当然，一个社会越大，互相不认识的陌生人也就越多，即使在狩猎 – 采集者社会中也是如此。[20] 由于人们的思想摇摆不定，加上没有领袖人物强迫任何人必须顺从，这种情况为派别的出现奠定了基础，从而让它们发展得越来越明显、越来越独立。我们不妨将其称为正在形成中的外部群体。

就像黑猩猩的命运由它所加入的新生派别以及该派别最终定居的地方来决定一样，人类的命运可能更多地取决于他们所选择的派系，这种选择的影响程度甚至超过了人们对配偶的选择。然而，在做出决定的过程中，狩猎 – 采集者往往不知道下一步该采取什么措施，这在很大程度上是因为他们不太可能知道接下来会发生什么事情。早期人类，就像会经历社会分裂的动物一样，不太可能率先就具有这方面的经验。他们不能完全理解周围不断变化的环境，也不能准确地预见一种理想的结果。更糟的是，对决策的研究告诉我们，当很多事情悬而未决时，人们可能对什么才符合自己的最佳利益没有多少概念，例如，他们通常会赞同一个他们认为很受欢迎的想法，但事实上该想法根本就没有市场。[21] 至于身份问题，我们可以先看结果再研究原因。因为一个选择究竟是好是坏，只有在人们被迫做出选择之后才会清晰起来。[22]

尽管如此，大多数狩猎 – 采集者的派系选择还是可以预测的。与熟悉的人在一起，人类会感到满足，而在一个团队社会当中，熟悉的人就是其他团队成员，或许还包括附近的其他团队的成员。人们与自己社会领域内某个共同地区，即所谓“家乡”的联系，本身可能就是一种黏合剂。即使是在贡贝地区形成的黑猩猩派别，也是由喜欢同一块土地的猿类成员构成。不过，人类派系之所以有可能在人们长时间居住的地方产生，其原因在于：新的标记物将从其起源地被传播出去。由于这种传播关系，狩猎－采集者之间的派系就像今天的许多文化差异一样，将具有自己的区域性。

不同的派系不一定就是敌对关系，当然它们之间也不一定就能够马上缓和关系。像刚开始还互相交往的贡贝黑猩猩一样，人们仍然和自己先前的社会保持认同关系。比如在近代的瓦尔比利人中就出现了四个关系融洽的子群，每一个子群都有自己的神话故事和宗教仪式。科曼奇人则分成三个派别，每个派别都有自己的方言、舞蹈和军事组织。[23] 鉴于人类容易在心中认为社会具有生命力，我猜想我们对待社会中出现的多样性的态度就像对待动物中出现的物种差异一样。例如，我们（事实证明，犬自己也会）把不同种类的犬视为同一犬类发生的变异而已；同样，我们也把社会中其他派系的成员视为自己“同类”出现的一种变异情况。[24]

当派系之争成为是非之源时，社会上就会麻烦不断。心理学家约翰·多拉德（John Dollard）曾断言：“无论在哪个社会，那些主要反对对社会进行准确认知以及改良或变革的人都表现为一种对现存任何行为的正当性具有不容置疑的坚定信念。”[25] 再次重申，我们需要重点认识到：是社会成员自己决定了哪些行为恰当、哪些行为不妥。并且，几乎任何差异都会引发对这种“正当性”的反应，并使派系斗争开始并加强。

有人认为，这种分裂可能是由许多特性的积累或特别令人忧虑的差异引起的。比如，苏斯博士（Dr. Seuss）在给孩子们写的故事《史尼奇及其他故事》（*The Sneetches*）中，描述了一个神奇的世界：在这个世界里，那些星肚史尼奇拒绝与光肚史尼奇交往。虽然那些可以将自己变为星肚史尼奇的任何微小的改变都十分重要，但语言绝对会成为最有力的竞争元素。巴别塔的故事就清楚地表明了这一点。[26] 狩猎－采集者社会曾发展出几种地区方言。[27] 20 世纪 70 年代，一位语言学家报告说，生活在澳大利亚北部的迪尔巴南人

（Dyirbalnan）不仅有自己的方言，而且还用另一个名字称呼自己，这表明他们的社会很快就要发生分裂了。[28]

毫无疑问，“害群之马效应”可能是其中一个因素，人们会对任何表现出对自己所处社会的概念有一点冒犯的成员都越来越敌视。心理学家认为“害群之马”只有寥寥数人：他们也许就是叛逆的青少年，后来变成了罪犯。但如果情况正如美国社会学家查尔斯·库利（Charles Cooley）所说的那样：“一个似乎跟不上游行队伍步伐的人，难道真的是在为播放另一首音乐争取时间吗？”[29] 这样一些特立独行的人，在他们自己的团队之中不应被视为害群之马。人们剔除了一些社会变异因素，并将其他变异因素吸纳进他们可以容忍的社会多样性之中。不过他们所允许保留的社会变异因素，也许并不能蔓延到整个社会层面。然而在一个志同道合的群体当中，某个被别人视为异类的成员却可以茁壮成长，并且他的行为还引起那些赞同他的同伴竞相模仿。比如叶培提阿兑族吃尸体的行为，就是一种浸透了精神含义并引起其他阿兑族人误解和恐惧的行为，但如果回到这些团体当初分道扬镳之时，叶培提阿兑族的这种行为就已经足以令其他阿兑族人耻于与他们为伍了。[30]

地理障碍可能会带来足够多的差异变化，在一个社会中，可能对异常行为并未做出任何反应但分裂已经发生。而那些完全与世隔绝的人类，例如第一批到达澳大利亚的原住民，只能分散生活在这块大陆的任何一个合适的角落。[31] 在世界上的某些地方，地形特征也会导致人们分裂，尽管他们与以前的社会伙伴还保持着一些接触。比如另一组阿兑族人在 20 世纪 30 年代发生分裂，因为当时修建的一条公路在他们的领土中间横贯而过。由于害怕与走这条公路的外来者接触，狩猎 – 采集者们对这条公路避而远之。久而久之，由于公路的阻隔作用，公路两边的阿兑族人之间的社会关系几乎完全消失，于是伊维蒂鲁祖阿兑族就从北方的阿兑族中分裂出去，最终两个群体都认为自己是一个独立的民族。[32]

关系的最终决裂

19世纪的美国参议员爱德华·埃弗雷特（Edward Everett）在描述罗马帝国的衰落时写道，这个社会已经“分裂成敌对的因子，其唯一的运动就是相互排斥”。[33] 我们也可以假设，对于狩猎–采集者来说，当每个派系都将对方视为怀有敌意的因子，对其身份不能容忍，认为其行为超出了社会容许的范围时，那他们之间的分裂也会加速，当然，前提是如果他们只是对社会容忍程度存在分歧。如果一个社会通过讲述一个关于生命应该如何运作的故事来赋予世界意义，那么过去的一个故事就会这样被一分为二，发展成两个版本。

没有人曾将一个社会可能如何分裂详细地模拟出来，但社会心理学家法比奥·萨尼（Fabio Sani）与自己的同事史蒂夫·雷彻（Steve Reicher）对不同群体内部发生的分裂情况进行的研究表明：某些因素可能会对整个社会产生作用。[34] 比如，英国教会在1994年之后分裂，因为当时有的成员认为让妇女担任神职的做法违背了教会的真正本质，于是他们选择出走并创建了其他教派。在同一时期的另一个例子中，意大利共产党进入了主流，并取了一个新的名字，从而导致少数党员分裂出去，成立新的政党，因为他们坚持以前的原则和原始标志。在这两种情况下，认为这些改进提高了自己身份认同感的成员，都坚持这些改变必须得到强制执行。对他们来说，这些变化加强了自己群体的凝聚力。然而，其他成员则认为这些改进偏离了原来的精神本质。由于这种精神本质体现的是他们群体的基本特征，所以这些改进会威胁到成员彼此之间的团结。由于反对派人士认为这会颠覆自己的身份，于是和支持变革的成员之间形成了矛盾。

我们可以认为，无论是现在还是过去，大多数分歧都是由双方身份的改变引起的。然而，萨尼（Sani）的研究表明，其中也可能出现失衡现象。更保守的派系，即主张变革最少的派系，在狩猎–采集者时代，也许是一些处于领土核心的人民。他们从外部影响中得到缓冲，保留了社会最古老的特征以及最初的名称。在他们中间，可能产生了那些我们今天称为民族主义者的人们，因为他们仇视社会变革。在这些成员看来，危险行为，虽然可能只是个别人的行为，也会在社会上蔓延开来。于是，曾经只是一个被人疏远的成员，应该受到惩罚，或者接受更严厉的处罚，后来却形成一个整体，并发展为一个行为不当甚至满怀恶意的派系。一个派系可以激发其成员产生强烈的奉献精神，因为他们志同道合、齐心协力。各个派系会表现出一些比整个社会现有矛盾更激进、更狭隘的行为，从而使他们更容易实现内部团结。然而，占据领土边缘的更激进的一方，也会以同样的方式看待事物，并认为自己的观点也是得到一致认可的。他们认为他们推动的变革对于加强社会的统一至关重要，所以对他们来说，那些拒绝改进的保守派才是真正的背叛者。

当矛盾分歧使各派系纷纷产生时，我们可以预料其中任何一方都不会从另一方的角度来看待问题。心理学研究表明，即使是刚刚诞生的派别，这种不站在对方的立场上考虑问题的情况也存在，虽然此时它的差异特征尚在雏形。[35] 这样发展下去的结果就是：沟通中断，分裂加强。如此一来，要对他人形成个体化认识不仅变得困难，而且会带来负面效应。如果我们确信自己的动机纯洁，而对方的出发点不但错误甚至邪恶，那么这样做可能会使我们有理由怀疑自己先前的信仰是否值得继续坚持。因此，无论从哪方的角度来看，分裂社会的威胁都不会来源于食物匮乏或空间狭隘，虽然这些不幸遭遇带来的可怕困境可能已经开始导致他们所在的社会走向灭亡。相反，真正造成威胁的是：曾经把他们联系在一起的集体身份出现了缺陷。[36]

我们已经说过，人们会把社会想象成一个独立的存在。事实上，社会分裂时所发生的变形可以被称为“伪物种化”（pseudospeciation），其实际效果相当于把以前的一个人类物种变成了两个。[37] 在这种分裂当中，身份标记起着类似于基因的作用。[38] 对于记录物种起源的生物学家来说，变化无处不在，这让他们要弄清史前生物到底是“谁从谁那儿分裂出去的”成为挑战。

人类学家的审判会因社会易于出现各种交换、借贷以及偷窃行为而变得更加庞大且复杂。[39] 因此，达尔文在《物种起源》中关于生物的最后一句话同样适用于社会："无尽的形式——包括最美丽和最奇妙的——已经发生并正在进行着进化。"[40] 但如果我们对隐藏在人类社会分裂背后的心理学进行更详细的研究，会证实社会进化的这种美丽来之不易。

第二十一章

外来者的出现与社会的消亡

一个社会的解体就意味着另一个时代的诞生。任何对历史的解读都表明：社会的破裂和婚姻的破裂非常相似。当一个人坚决要走上离婚道路时，多年来被压抑的观点就会喷涌而出、被肆意发泄，这些观点可能与他一个月以前——或者更久之前——所说的话完全相反。随着遵守社会规范的压力转移、减少或完全消失，持不同意见的双方都有机会探索那些不受欢迎甚至被视为异端的互动方式。以前不可接受的行为变得可以接受，以帮助每个群体与其对立群体保持距离，他们把对方想象为外来者，觉得这些外来者的表现越来越陌生。

有证据表明，新的社会①中所发生的许多改变，都发生在这些社会从原来社会分裂之后的最初几年。也许言论更自由是造成这种现象的原因之一。这就是为什么语言——毫无疑问还包括许多其他研究得较少的身份标记体系——的发展会先经历一个快速发展的阶段，然后其发展速度又降下来，进入一个停滞阶段。[1]事实上，社会之间的差异，往往不是由于地理分隔导致互不了解而形成的，而是由于它们对彼此的认识以及互动发生了变化。

① 作者在原文中用了 daughter societies 的说法，这是借用了生物学中的一个术语，表示新产生的社会只是对以前社会的某些特征进行替换而已。——译者注

在社会分裂之后，这一点就变得显而易见了。一个新兴社会提供了大量可以独立思考以及进行发明创造的机会，让其成员在他们自认为专属于本社会的议题上观点一致，从而让新社会得以在形成的最初几年成为一个黄金时代。例如，《独立宣言》和《美国宪法》仍然是美国人在治理国家出现问题时寻求指导的参考对象。此外，基于人们对身份变化的了解，我相信即使在今天正在发生的进化过程当中，也会出现同样的情况。

然而，在社会分裂之后，会有更深层的心理动力促使我们重塑自我身份。漂泊的感觉，即觉得自己的命运与所处的大社会曾经提供的意义和目的相分离，将让人们更为紧迫地寻求一种强大的独立身份和社会本质。[2] 此外，在现实生活当中，成员之间的身份认同感也会发挥重要作用。某些群体，如无家可归的人或肥胖的人，可能被边缘化，但他们不会创造出具有自己身份特征的社会。同样，生病或残疾的黑猩猩或大象，即使被别的成员抛弃，也不会创造出属于自己的社会。这些被边缘化的成员不会团结起来，因为它们对和自己有同样遭遇的同类没有好感。它们缺乏心理学家所说的“积极区分”（positive distinctiveness）。[3]

因此，根据心理学家的观点，一个新生社会的成员将努力突出自己的身份。为了达到这种目的，他们会对自己珍视的身份属性进行重塑，或是以一种特殊方式表达以前的身份属性。这一过程所具有的特征，类似于研究物种分化的生物学家所说的“隔离机制”（isolating mechanisms）。新生社会与其他社会的任何共性都会遭到否认或忽视。就像夫妻离婚后不再交流一样，新近分裂的社会之间会中断联系，这意味着任何共同的历史都将被刻意回避或遗忘。[4] 总之，不管在外界看来，才分裂的社会之间多么相似，事实很快就会表明它们之间不可能再融合了。

社会分裂以及对社会成员的区分

社会分裂带来的一个显著变化就是，以前的同伴关系必须在个体层面进行重建——并且每个成员都得如此。

社会一旦分裂，其成员就必须明确自己的身份，只有这样，社会的每个分支才能从一开始就保持自己的秩序和独立。重塑身份的残酷性，表现在黑猩猩身上，就是卡萨凯拉的黑猩猩对卡哈马的黑猩猩的袭击变得更加恐怖。它们不仅认识被杀的同类，而且很多受害者还是它们以前的朋友。在这次黑猩猩的社会分裂中，一对最好的朋友——雨果和歌利亚发现自己分别处于两个敌对阵营，在两个派别疏远之后（歌利亚处于失败的阵营），它们继续互相梳理毛发。珍妮·古道尔回忆说，雨果没有参与谋杀歌利亚的行动，但是另一只雄性黑猩猩菲根却参与了此次暴行，尽管歌利亚是“它童年时代的好友之一”。[5]

造成歌利亚悲惨命运的原因是黑猩猩改变了它们对以前同胞的认可方式，即它们对同类的分类方式发生了变化。正如一位灵长类动物学家所说的那样，黑猩猩对同类的分类方式提醒我们：“它们和人类一样，把世界分为‘我们’和‘他们’。”[6] 以下是古道尔对这件事的进一步看法：

> （黑猩猩）群体的认同感很强，它们清楚地知道谁“属于”自己的群体、谁“不属于”自己的群体……这并不是简单的“对陌生人的恐惧”——卡哈马的成员对卡萨凯拉的施暴者很熟悉，但仍然遭到了对方的野蛮攻击。由于社会分裂，卡哈马的成员似乎丧失了被视为群体成员的“权利”。此外，在同一群体的成员之间的争斗中，从未出现过那些只针对非本群体个体才采用的攻击模式，比如扭弯对方的四肢，撕扯对方并喝对方的血。

古道尔总结道："因此，无论从哪个方面来看，受害者都受到了'非黑猩猩'式的待遇。"[7] 与人类中的"去人性化"一样，我们拒绝承认别人是"我们同类"的意识会变成一种作用机制，让新社会的成员义无反顾地永远与他们以前的社会伙伴决裂。[8] 这种认知改变可能是一种渐进的过程，并且先于分裂而发生。例如，在猕猴社会的分裂过程中，早期只是不同派系成员之间发生个体冲突，但随着分裂的临近，这种冲突就演变成各个派系之间的集体决战，就好像这些猕猴不再把其他同类当作单独的个体来对待，而是将其直接视为一个集体。[9]

在贡贝发生了什么事情，最终导致一个群体从另一个群体中分裂出去？这是一个转折点，虽然两个黑猩猩派别这么多年来都能互相容忍，但最终还是切断了它们之间的所有联系。不知何故，它们都把以前的同伴重新定义为"非黑猩猩"式的外来者。我不禁想问：科学家们是否错过了一场导致每只猿类改变对另一派成员看法的争吵？

对于猴子而言，某种具有决定性的事件可能在分裂中起到一定作用的说法似乎站得住脚，因为猴群中的各个成员之间经常保持接触，因此任何行为都会对它们产生影响。但对于黑猩猩来说，它们生活得太分散，因此不可能对社会中所发生的每件事情都了解得如此清楚。也就是说，并非所有猿类都能见证每场重要事件，黑猩猩就几乎不能从其他成员那儿获悉任何相关的内幕消息。这让我们注意到，黑猩猩和倭黑猩猩的分裂与人类的分裂相比存在一个关键区别：在面对"我和谁在一起？"以及"其他同类现在是外来者吗？"等问题时，这些类人猿只能在临近变化之前，根据自己从社会成员那里收集到的少量信息做出决策，虽然分歧可能在它们得到消息之前就已经动态发展了。但是人类不仅可以确定在其他地方发生了什么，而且还能表达并支持必须把谁驱逐出社会以及应当追随哪个领袖之类的观点。

无论是什么导致了贡贝黑猩猩社会的最终分裂，有一件事似乎确定无疑："非黑猩猩化"的产生，不可能是由每一只动物单独出面，去协商改变自己与其他每个成员之间的关系。也许在分裂之前，这些黑猩猩已经做好准备，只要时机一到就可以立即改变自己对待其他派系成员的态度和方式。瞧！过去的同伴在一次身份转换中就变成了外来者，于是一个社会得以诞生。对于黑猩猩和灰狼这样好斗的动物来说，区分内部成员和外来者的标准一旦发生改变，甚至会对它们过去的日常关系也产生影响。于是刹那之间，这位曾经深受同伴喜爱的歌利亚，就变成了一个不但陌生而且危险的异类。

当然，黑猩猩、狼和其他大多数哺乳动物都没有自己的身份标记。我们人类进化后要做的事情（如果我们相信这一并不太确定的假设的话）是将这种身份的大规模转移现象和那些把社会派系与其成员凝聚在一起的独特属性联系起来。这种视角的转变会创造出一些压力线，让尚属于同一社会的成员沿着它们发生矛盾冲突。我们可以预料，一旦人们觉得自己的一些同胞的行为真的不可原谅，甚至令人震惊，那这些人就会变成不可救药的异类。那些人所持有的偏见，曾给他们带来不利影响，但现在这种情况得到了明显的缓和，并变成了他们群体的主要标记。

其他生活在匿名社会的物种，其社会分裂方式也大致相同，只是有些物种的方式比人类更正式、产生的负面效果更少。如果一个蜂群一分为二，则两个分裂出来的蜂群最初会使用相同的身份标记，即相同的气味。我们现在所知的这两个蜂群不会重组的唯一原因是其中一个蜂群的成员会飞到远离原始蜂巢的地方。虽然我们还没有研究过这个问题，但一种合理的猜测是：一旦两个蜂群在各自的地点定居下来，那它们在饮食上的差异或者更可能是每一只蜂后的后代在基因上的差异会导致两个蜂群产生不同的气味。因此，每一个蜂群最后都会慢慢具有自己独特的身份标记。

对发生在一些国家内部的冲突的总结表明，人类对自己社会中其他成员的反应方式，可以在极短时间之内发生令人不安的转变，甚至发展成为骇人听闻的、彻彻底底的残暴行为。虽然这方面最好的例子是关于现代民族而非新兴派系的，但已经暴露出问题的严重性。波兰裔美国历史学家简·格罗斯

（Jan Gross）的调查证实，日常生活中的公民可以像任何黑猩猩一样彻底而可怕地断绝彼此之间的关系。格罗斯梳理了当初发生在耶德瓦布内（Jedwabne）的故事：1941 年，这座波兰城镇在一天的时间里就屠杀了 1500 多名犹太居民。[10] 虽然我认为这种激烈的暴力事件在狩猎 – 采集者社会中不会普遍存在，但是分裂出来的派别也很可能会遭到歧视，被视为低人一等。

虽然这取决于人们对该派别成员新采取方式的反应情况，但人们可能从一开始就对他们表现出厌恶。这种观点是在社会瓦解的激烈过程中产生的，因此可能难以改变。因此，这些群体很快就会和先前的社会彻底决裂。

被抛弃的感觉可能给人们带来心理上的打击。事实上，即使被我们自己拒绝的人拒绝，也会让我们觉得痛苦或沮丧。人们被一个自己不喜欢的群体排斥仍然会感到难过。有一个项目叫作“三 K 党不让我加入”，专门针对这种心理展开了研究。[11] 可以料想，那些强烈认同某个派系的人们，受到的对待越严厉，就会团结得越紧密。[12] 那些加入魁北克、威尔士、苏格兰和加泰罗尼亚分离主义运动的人员团结一致，对他们认为任何不公平的事情——如过度征税、对公民权利的镇压等——都深表愤慨，这加剧了他们社会的分裂。[13]

在很大程度上，紧密的联系往往会经受得住社会分裂的考验。比如家庭成员由于从小在一起长大，通常想法相似，因此可能会选择加入同一个派别。这可能解释了为什么在社会分裂之后，狩猎 – 采集者与先前的其他社会成员之间的关系一般会显得稍微密切一点，而其他灵长类动物社会在分裂之后也会出现这种情况。[14] 在部落聚居区，这种趋势就表现得更为明显。由于部落成员依靠大家庭来分享物品和遗赠财产，这导致大多数社会都是根据家庭而进行整齐的划分。[15] 当然，那些确实采取对立立场的亲属和盟友，会发现他们的关系在社会分裂中将遭受严峻的考验。任何投靠其他派别的成员，都有可能和先前的朋友断绝关系，并和同一派系的成员结为朋友。[16] 历史上不乏兄弟反目的故事。没有比在美国内战时期更令人痛心的记录了。那场战争被称为兄弟之战，因为家庭和城镇之间的忠诚感被破坏了，而这影响了以后几代人的关系。[17]

我不知道导致早期狩猎－采集者社会最终分裂的临界点是什么，但有记录的人类历史和来自其他灵长类动物的证据都表明，在一个社会中成员之间完全没有敌意是极为罕见的现象。即使在语言出现之后，这种情况仍然存在——尽管我们的祖先在理论上可以通过冷静的谈判来消除这种敌对关系。贡贝黑猩猩社会分裂的过程中就爆发了争斗，这些争斗对于黑猩猩来说是极为正常的事情。争斗并不是最可怕的，社会解体才意味着杀戮的正式开始。

对于人类来说，与一般不可调和的矛盾相比，离婚可能不是想象分裂后果的最佳类比。就像在其他哺乳动物中出现的情况一样，赤裸裸的暴力不一定会造成社会分裂，也不一定在事件平息之后继续破坏社会之间的关系。随着分歧的扩大，非洲稀树草原大象（似乎还包括倭黑猩猩）可能会面临混乱和动荡，并且全体成员的身份会经历类似的重新调整。然而，它们经常（尽管不总是）会在以后重建彼此之间的关系。对于这些物种，就像我们人类一样，把它们之间的分裂比作孩子与父母之间的冲突可能更形象：这是一个令人担忧的成长阶段，双方都必须经历这个阶段才能实现独立。除了最动荡的时候之外，在其他所有情况下，即使双方现在已经完全分裂，以后也有可能修复彼此的关系。

神奇的数字

千百年来，人类身份的不稳定是导致社会解体的一个原因。事实上，发生分裂的社会在发展规模上是可预测的，以至于一些人类学家宣称 500 是一个“神奇数字”。作为适合全球各地的平均水平，这一数字代表了生活在团队社会的人口数量。[18] 正如 120 代表了黑猩猩群体可能变得不稳定的成员规模一样，我们有理由认为对于大多数生活在史前时期的智人来说，500 代表了能让社会保持稳定的人口规模的大致上限。[19]

人们可以推测出一个社会至少包含 500 人的实际原因是：根据一些计算，如此规模的人口给人类提供了选择非近亲配偶的机会。[20] 这也许可以解释为什么人类和几十种生活在社会中的哺乳动物不一样，我们很少不安分守己，表现出想加入外来社会的危险冲动。由于不用担心找不到配偶，历史上大多数人都可以选择在他们的出生社会中生活。但是，是什么原因导致了这种人口规模的社会出现分裂，而不是让具有更大人口规模的社会分裂，从而让我们的祖先不但可以更广泛地选择自己的配偶，而且享有依附一个更强大群体所带来的防御优势？此外，这个数字似乎没有反映生活在大自然中的社会所存在的制衡规律，因为猎食者和食物供应等生态因素在狩猎 – 采集者居住的丛林和苔原之间具有显著差异。在这些不同的生态系统中，狩猎 – 采集者所占据的领土面积并不相同，其中北极地区的人口分布得更为稀疏，但各个地区的社会人口数量基本相同。

团队社会达到了一个很低的人口发展上限，这可能是控制人类个性表达的心理因素在起作用。因为保持平衡至关重要：社会成员之间必须有足够的相似感，以分享一种社会感，但也要有足够的差异性，从而将自己视为独一无二的个体。

我在第十章中曾指出，当每个社会成员都生活在几个团队中时，人们缺乏动力来让自己表现得与众不同，因此那些狩猎 – 采集者中明显缺乏小团体。但是一旦他们的人口膨胀，这些社会成员就渴望与人数更少的群体产生联系，从而享受他们给自己带来的身份差异。这种推动身份向着多样化发展的动力将促成派系的出现，导致团队之间不和谐，并最终切断他们之间的关系。对于定居下来并最终发展出庞大人口规模的社会来说，情况则有所不同。与生活在团队中的人们不同，大多数定居成员有机会与社会群体产生联系，比如在工作场所、职业协会、社会俱乐部以及社会等级制度或扩展的亲属关系中找到适合自己的位置。这些群体虽然不是派系，但却被广泛接受，而且往往是保证社会正常运行的必要条件。

但是，我还没有回答人类学家提出的神奇数字 500 有何特别之处。我认为，可能正是在这一人口规模，即使要对社会上的每个成员进行最粗略的了解，也让人类的认知资源捉襟见肘，以至于个体成员在互动过程中对各种标记产生了严重的依赖性。在超过 500 人的群体中，人类开始真实地感到自己处于匿名状态，虽然这对蚂蚁没有任何影响，但会削弱人们作为个体去关注事物的欲望。这种自我价值的丧失，会使人们渴望通过接受新奇的事物来增强自己的独特性。如果缺乏一个主要的定居社区的严密组织和监督，这些新奇事物将刺激社会出现分裂。但我不能肯定的是：这种社会身份认同的属性是否是从旧石器时代演化而来的，从而让团队社会的规模（原因尚未完全理解）在当时保持最佳状态。或者，这可能是社会为了增强成员之间的个体交往而出现的一种适应性变化，数字 500 可能是在这种心理特征下产生的一个偶然结果。当然，更有可能的情况是：二者都在其中扮演了重要角色。

社会如何消亡

社会诞生又消亡了，周而复始，循环往复。蚂蚁和白蚁组成的群体通常随着蚁后的死亡而自然消失。但是，随着新蚁后的出现，新一代蚁群又得以诞生。一些哺乳动物社会的结局几乎不可改变。如果在灰狼、非洲野犬的团队或侏獴家族中，负责繁殖的一对动物在没有找到可靠继承人的情况下死去，那它们的社会就注定要灭亡了。然而，与昆虫社会不同的是，它们的其他成员会继续生活下去。并且，如果运气好的话，它们会四散离开，到其他地方加入别的群体。

但社会分裂可以确保大多数脊椎动物社会不至于走进这样一条死胡同。在理想的条件下，一个社会可以进行繁殖，而其中的成员作为一个个体，仿佛是一只不断分裂的变形虫。生物学家克雷格·帕克（Craig Packer）就观察了几个狮群十几代以来所发生的分裂情况。

阿根廷蚂蚁和其他一些蚂蚁物种的超级社会几乎达到了永生状态，因为它们的成员在全球传播时仍保持着群体身份。但即使对它们来说，新的超级社会也可能在某个时刻诞生。为了实现这一目的，来自同一个超级社会的蚂蚁必须改变身份，使其与原来的社会不相容。因为蚂蚁从来没有足以造成分裂的行为举止，所以它们的身份差异可能是由基因决定的。也许，一个基因变异的蚁后会影响它的“民族”气味，于是为了避免被自己出生地的蚁群杀害，它决定凭运气出去闯一闯，说不定就可以发现一个先前蚁群找不到的地方呢。在那里，蚁后用它独特的身份气味建立了一个巢穴——不管这个巢穴发展成一个超级社会的可能性是多么渺茫。

在脊椎动物中，佛罗里达海岸的宽吻海豚社会可能在其社会的永生程度上可与昆虫的超级社会相媲美，但鉴于它们依赖个体识别，其社会在成员规模上肯定不能与昆虫社会相匹敌。在过去 40 多年的研究中，在萨拉索塔湾（Sarasota Bay）同一角落生活的一个宽吻海豚社会，其成员数量已经稳定在 120 只左右。这些海豚的领土可以代代相传——能够继承领地，已经成为许多物种的社会成员所享有的一个主要优势。此外，有遗传证据表明，这个社会已经存在了好几个世纪之久。[21]

然而，尽管动物社会具有不断分裂的可能性，但它们在某些情况下也必然走向灭亡，虽然这种情况在宽吻海豚中不存在，但对其他物种来说，则不可避免。即使一只变形虫可以无穷无尽地分裂下去，但如果找不到充足的食物来源，它一样会面临艰难的处境。由于食物匮乏，在每次分裂后，两只变形虫中都有一只会死去，留下另一只再次分裂。这种可预测的分裂模式，使变形虫的总体数量可以逼近环境的承载能力，即环境所能维持的生物的最大数量。[22]

如此高的死亡率，难免让人想起在贡贝地区，那两个黑猩猩社会自相残杀的悲剧。这两个物种中都出现了马尔萨斯陷阱[①]的现实情况，因为即使是生长最慢的物种，其数量也会在经过几代发展之后达到环境所能承载的极限。因此，除非环境发生变化，否则几千年后，在任何一块合适的栖息地上都会出现成员数量大致相同的黑猩猩社会。在黑猩猩（或狮子、人类）社会达到这一成员数量高峰之前，每一次分裂之后产生的社会都能在不怎么争斗的情况下找到定居的空间。然而，一旦社会之间距离太近，冲突不仅会在相邻社会之间出现，而且会在同一社会内部蔓延，因为成员们争先恐后地争夺资源，使它们的关系紧张到崩溃。如果一个大规模的社会在这种过度拥挤的条件下出现裂痕，其成员的生活也不会好过。动物们在成为某个社会的成员后，仍会为供全部动物分享的资源而你争我抢。所以，分裂并不能缓解人口压力。

尽管如此，社会分裂仍然不失为解决矛盾的一种野蛮而实用的方法。当一个黑猩猩社会由于彼此竞争而一分为二，获胜的那个分裂出去的社会，正如卡萨凯拉社会击败卡哈马社会那样，不但可以独霸一切资源，同时也顺带降低了自己成员之间的冲突水平。这原本是挨饿的变形虫所玩的一种淘汰游戏，结果被黑猩猩用蛮力来加以执行。随着社会达到或逼近环境的承载能力——这是经常遇到的情况——前进的道路可能确实会变得非常残酷。如果你以前的社会伙伴建立了自己的群体，虽然他们没有袭击你，但保不定其他社会可能加害于你。你不需要成为一个数学家就能理解：这样发展下去，随着时间的推移，大多数社会都会走向灭亡。

无情的生存演算法则告诉我们，从终极意义上的进化原因来看，竞争是导致社会分裂的根源。然而，鉴于他们的身份标记在不断进行的迁徙过程中多少会发生改变，所以不管人口压力如何，团队社会都会不可避免地在某个时刻发生分裂。于是，这个问题就变成了：当人类规模达到了环境的最大承

① 马尔萨斯陷阱由托马斯·马尔萨斯提出，主要指不断增长的人口早晚会导致粮食供不应求。——编者注

受能力，以至于分裂出去的社会必须与周围邻居进行激烈竞争，没有别的地方可去，也没有自己的发展空间，那此时会发生什么情况？当与外界的竞争变成他们生活中的头等大事时，人们往往会团结起来应对威胁。深受遏制的社会所形成的统一战线，会阻碍成员发表冲突观点，也不利于派别的产生，而出现派别是导致社会分裂的先决条件。一个处于这种束缚之中的社会，即使受到外界影响，也可能会保持一个虽然会发生缓慢变化但是仍具有连贯性的单一身份。[23] 虽然如此，我仍然相信这种情况即使不能阻止，也会延迟社会的分裂。事实上，如果分裂出的社会在拥挤不堪的情况下，会出现社会摩擦并导致分裂，那其中脆弱的那些社会几乎肯定会被淘汰出局。我们可以认为，在贡贝森林中发生的情况就是这样，当时卡哈马社会的黑猩猩几乎没有退路。还有当火地岛的奥纳族狩猎－采集者被消灭时也处于这样的情况下，因为他们对财产没有什么概念，却因偷羊而遭人射杀——到 1974 年，最后一个奥纳人也死了。许多史前社会也一定会出现这样的结局，这种情况通常是由于遭遇袭击出现死亡而造成的，即使其中留下了少数幸存者——通常是妇女，也会加入邻近的群体。

作家哈特利（L. P. Hartley）声称："过去的历史就是一个外国。"[24] 人类改变自身身份的原始规则让社会具有了这种内在的过时性。随着时间的推移，即使是主流社会也要发生变化，这足以令当初的创始者们深感陌生甚至引以为耻。只要假以时日，一个社会就不可避免地会发生变化，就像一个生物物种会不可避免地发生进化一样。等到它的后代即使遇到自己的祖先也认不出来，这时古生物学家就认为应当给它们取一个新的名字了。

因此，在人类历史开始之前，史前人类会无数次地重复这种发展模式。社会彼此分裂，其中一些被消灭，甚至连占优势的社会也会先被改变得面目全非，然后再次分裂。每一次分裂都将是让人心碎并深感痛苦的根源，虽然当初进行社会分裂的原因似乎都意义重大，但最终仍免不了被人遗忘。这些分裂已经成为人类生活节奏的一部分，如同爱情或个体死亡一样原始，但却需要几代人的时间才能完成，并且这一过程漫长得让我们无法理解。但无论输赢如何，一个社会，就像它的个体成员一样，在历史长河中都不过是昙花一现、转瞬即逝。

有谁知道：世界上已经诞生了多少曾经历过这种循环的社会？如果我们能统计出人类历史上出现的语言数量，并凭此对人类社会进行一种大致的估计，那曾经出现的人类社会已经超过数十万之多。[25]但并非每个社会都有自己独特的语言，所以保守的估计是，曾经出现的人类社会已经超过 100 万个了。每个社会都由男女成员组成，他们都充满信心，认为自己的社会意义非凡，能够永久存在，并会取得比以前社会更大的成功，而你所生活的社会就是其中之一。

因此，社会的分裂和消亡都是必然现象。现在回顾一下，在大多数脊椎动物当中，这个过程都与能让人们放松生活的标记系统无关。虽然黑猩猩拥有社会学习的传统，但它们不会歧视举止异常的成员。此外，我们没有理由认为它们创造了一些社会习俗，而对于这些习俗，有的成员接受，有的成员摒弃，这会引发社会分裂。对于人类来说，既然成了某一社会的成员，就有义务正确行事并遵守这个社会的规则和期望。然而，这些社会规则和期望是一个不断变化的目标。自从人类第一次使用社会标记以来，那些对自己身份持不同看法的成员就形成了不同的派别，而社会因派系之争而陷入分裂。但人类的心理特征是把曾经熟悉的事物变得陌生，从而导致社会出现这种变化。

在绘制我们的狩猎－采集者祖先们的社会的诞生图表时，我很少专门讨论关于国家兴衰的事情，而这将成为下一章的主题之一。但在讨论这个主题之前，我必须先说明存在哪些社会途径，让如此规模巨大的社会的诞生成为可能。事实证明，推动文明成功的绝不会是脉脉温情。于是，社会开始相互征服——随着时间的推移，种族和族群也出现融合——的画面，现在就进入了我们的视野。今天，这些社会斗争的残余效应，一些已非常古老，一些则保留至今，但都在地球上的每一个角落徘徊。

第八部分

从部落到国家

第二十二章

从村庄到征服者社会

在过去的一万年里（这在我们人类漫长的史前时期不过相当于一次心跳的时间），最后一个冰河时代开始接近尾声。随着气候变暖，一些狩猎－采集者开始进行农业生产，这种转变被考古学家称为新石器革命（the Neolithic Revolution）。新石器革命在全球的6个地方独立发生：其中以11000年前在中东地区的美索不达米亚（Mesopotamia）的新石器革命最为突出；9000年前在中国的新石器革命紧随其后；7000年前，或者更早，在新几内亚高地出现的新石器革命排在第三位；5000到4000年前在墨西哥中部发生的新石器革命位于第四位；大致同时发生在以秘鲁为中心的安第斯山脉地区的新石器革命位于第五位；最后就是4000到3000年前在美国东部发生的新石器革命了。[1]

基于这些起源，人类先后在四个地区发展出了灿烂的文明，分别是：中国、中东（我在这里把印度也包括进去，因为该地区的生活主要依靠种植从印度引进的农作物）、墨西哥（从玛雅文明开始，后来是阿兹台克人）以及安第斯山脉附近（在印加达到顶峰）。没有什么比创造一种文明更宏伟壮丽、更值得我们加以仔细研究的了——因为文明不但拥有各种大大小小的城市，而且还有精致的建筑设施以及复杂的文化内容。然而，在社会的发展超过了生活在团队中的狩猎－采集者的规模之后，并且自从人们以部落为单位开始定居生活以来，人类的故事就加速发展了，其实原因也很简单，因为将这些部落转变为国家的先决条件并没有看起来的那么复杂。

我们在其他哺乳动物的社会中找不到任何可以在规模或复杂程度上与人类国家相提并论的东西。在自然界中，只有某些社会昆虫发展出属于它们自己的“文明”。显然，匿名社会的演变，对于文明的存在和传播至关重要。但匿名性本身不足以解释为何我们人类能够发展出大型社会，也不能解释我们如何维护这些大型社会。显而易见，一些额外的因素必须参与其中并发挥作用，比如要有充足的食物供应。其他因素，比如找到办法解决社会问题，给成员提供充分的途径来展现自我价值等，则远远没有这么重要。要想创造出和我们所定义的文明具有任何相似性的事物，都需要进一步考虑两大因素，即暴力手段和玩弄权术。

历史书中关于国家辉煌的内容比比皆是，大量的篇幅被用来描绘国家之间的矛盾冲突和结盟联合、众多风云人物的拼搏奋斗以及各国政府的兴衰沉浮。我们之所以要对这些主题逐一研究，通常是因为这些都是我们自己民族的故事，这些故事具有重要参考价值。尽管如此，各个国家与以前大多数社会之间并没有本质差异，它们之间的区别只体现为程度上的深浅不同罢了。

我之所以把国家与“以前大多数社会”进行比较，是因为一个国家就相当于一个社会，只是前者是在后者的基础上在规模和复杂程度都进一步发展和提升了而已。各社会之间开始互相兼并，从当初的社会兼并到形成今天意义上的国家，是一条由新石器革命开辟的发展道路，但这一过程确实很短。这些征服者社会想要生根发芽，必须把几个要素落实到位，其中最基本的环节就是处理社会资源。

食物与空间

有更多的人口就需要更多的食物。这一事实不言而喻，但也容易误导人们，让人们以为只要粮食供应充足，就足以刺激社会发展，但情况并非如此。我们可以想想在新德里的集市上，猕猴们如何生活。城里的猕猴靠偷窃为生，它们主要吃从街头小贩那里偷来的水果、肉类和蔬菜。虽然相对充裕的食物供应确实可以养活更多的猕猴，但是城里的猴群规模仍然与它们生活在乡下或者森林深处的同类的数量差不多。[2] 只不过是出现了更多的猴群，彼此挤得很紧，中间没有空位而已。这和生活在阿根廷的蚂蚁身上所发生的情况差不多。在阿根廷，一些蚁群被周边许多敌对的蚂蚁群体所分割包围，因此无论它们的食物来源如何充足，蚁群规模都不可能发展得很大。当然，生活在加利福尼亚州的蚂蚁已经摆脱了这种限制。

很明显，人类逃脱了城市猕猴的那种命运。尼罗河流域没有变为成千上万个微型的埃及家园，而是诞生了一个规模巨大的埃及，并孕育出了拉美西斯二世（Ramses II，古埃及第十九王朝法老，杰出的政治家、军事家、文学家、诗人）这样的风云人物。话虽如此，在全球广袤的土地上，人类还是通过诞生许多小型社会而不是创造出一个大型社会的方式来应对食物（不管它是来自农业生产还是野生资源）的供应情况。例如，在 20 世纪 30 年代，外来者在第一次步入新几内亚高地时，发现那里已经生活着几十万人。只要走几公里就可以到达另一个定居部落的领地。每个部落的规模与自己所在地区的食物供应情况相适应，其中通常包括在该岛上种植的作物驯养的动物。探险家们在亚马孙河流域和其他地方也发现了同样的生活模式。尽管大多数这样的园艺部落没有生活在太平洋西北部的狩猎－采集部落那么精致华丽，但他们也住在村庄，或者至少有一个中央小屋作为庇护所（尽管少数部落，特别是在非洲和亚洲的部分地区的部落，是放养驯化动物的游牧民族）。其中有少数几个部落被证明正处于向今天的大社会过渡的阶段。我们接下来将了解部落是如何组织起来的，以及使少数部落提升规模和复杂程度的特殊特征。

村落社会

部落的生活就像上演的一出大型肥皂剧。就像那些定居下来的狩猎－采集者一样，这里也不乏小吵小闹以及血腥暴力。冲突包括一些针对可能破坏家庭团结的问题而展开的争论，比如晚餐吃什么，此外还会出现对巫术的质疑、配偶之间的拌嘴以及关于责任分配的分歧。[3] 这些矛盾可能会导致一个村庄的分裂，人们有时会变得非常不满，为了尽量避免彼此见面，他们会选择搬到很远的地方去生活。许多村民在一生中都会经历一两次这样的社会灾难。例如，在美国西南部出现的史前村庄，通常只能持续 15 年到 70 年。[4] 哈特莱特人（Hutterites）虽然至今都还存在，但他们以前就经历了一场村庄分裂。不过，以我们常说的部落标准来判断，哈特莱特人起源得相对较晚，他们是于 16 世纪才在位于今天的德国地区形成的。经过几个世纪的迁徙，哈特莱特人于 1874 年从俄罗斯移民到美国西部，在那里他们拥有多达 175 个村庄，每个村庄都有一个农场。社会压力随着村庄规模的增长而上升，最后村民只能把村庄分裂，而这样的分裂平均每 14 年就要发生一次。尽管这些转变方式比史前村庄的分裂更为有序，但背后的作用机制却大同小异。[5]

对于部落来说，寻找解决办法很有必要，可以缓解冲突，或者至少可以有效处理冲突。在这方面，大多数依赖种植的部落都制定了类似于定居生活的狩猎－采集者曾使用的一些策略。这些策略中有一种反复出现的方法，就是增加部落可接受的社会差异类型，从而降低成员之间的竞争性。[6] 其中包括在社会工作和社会地位两方面出现的差异。因此，即使一些部落开始时像狩猎－采集者那样倾向于平均主义，这种做法也很少能够持续下去。此外，是否具有加入社会团体的机会，也会导致成员之间出现差异。在世界各地的部落中，这种社会分化可以说在新几内亚达到了巅峰。其中最复杂的是（并且现在仍然是）恩加人（Enga）的部落。他们虽然生活在一个地区，但管理方式错综复杂，就像鲁布·戈德堡（Rube Goldberg）创造的作品一样。每个恩加部落中有1000多人，他们都认为自己是一个独特的民族，并为自己部落的历史深感自豪。每一个部落成员都出生在一个拥有自己菜园的家族和次级家族中，但家族之间有时也会发生口角，甚至直接大打出手。然而，每个部落还是可以长期保持自己的独立完整性的。[7]

在人类聚居区，几乎肯定会出现某种处理社会问题的集中管理机制，尽管其中的一些最简单的方式也许才初具雏形。正如我之前对采取定居生活的狩猎–采集者所描述的那样，对于权力，在一个地方聚居的人们会比在团队中生活的狩猎–采集者表现出更多的耐心，但往往也只是多一点耐心而已。每个村庄通常有一个首领，但他的重要性只有在发生冲突的时候才体现出来，甚至在发生冲突的情况下，他也只能花大部分时间来说服人们，而不是领导他们。

尽管如此，人类学家詹姆斯·斯科特（James Scott）在其著作《逃避统治的艺术》（*The Art of Not Being Governed*）中描述的东南亚高地人的部落也不缺乏统治。这个标题暗指高地部落努力避免被那些来自低地、像变形虫一样传播的强大文明所吞噬。但这些山区居民的首领有时可能变成暴君。[8]谁该拥有权力这个话题本身就容易引起争论，因为管理社会事务并不总是需要某个人出来掌舵。生活在苏丹南部和埃塞俄比亚的乃加汤族（Nyangatom）是分布在许多村庄的牧民，而他们的每个村庄每年都会迁移几次，选择到合适的地方放牧（他们几乎可以被描绘成狩猎–采集者，因为他们放牧驯化的牛群而不是猎杀野牛，所以他们不会打猎）。乃加汤族中有一些专业人士，比如有人擅长阉割公牛或在战士胸口留下象征性的疤痕。他们在没有长期统治者的情况下能够维持和平，每个男性都有机会与自己的同龄人一起承担部落的领导职责。[9]

至于居住在定居点的部落人民，不管是通过狩猎、采集、种植还是农业生产得以生存，社会摩擦已经将他们在一个地方的人口限制在100或几百人的数量级别。其中，新几内亚高地人的数量最多，达到了好几千人，但新几内亚高地人的家庭是分散居住的，我认为这是一种减少冲突的方式。相比之下，在南美洲雨林中的亚诺玛米人（Yanomami）村庄，几乎每个人都居住在一个椭圆形且通常空间较小的庇护所里，像叠罗汉一样睡在吊床上，其中的成员从 30 人到 300 人不等。[10]

在某些情况下，一个社会就只由这样一个村庄组成。然而，通常在村庄之上还有一个组织。哈特莱特人、亚诺玛米人和新几内亚的科罗威人（the Korowai），都以居住树屋而闻名，但他们的部落都是由多个村庄组成。这样定居在一个区域的人群，在结构以及功能上相当于一个以游牧为生的狩猎－采集社会，因此被称为部落或村庄社会（village society）。[11]

人类学家普遍不重视团队社会，而青睐于对其中的团队展开个案研究，他们同样倾向于只对个别村庄进行探讨，而不是对所有村庄组成的集体加以考察。这种在注意力上的分配差异很有道理，因为它首先是由村庄的自治引起的。一个外来者，哪怕是来自部落中另一个村庄的成员，都没有资格吩咐村民该如何去做。这种情形就像狩猎－采集者社会中的任何一个团队对另一个团队都没有发言权一样。但另一个造成研究人员如此关注村庄的原因在于：村庄之间的关系可能发生剧烈变化，因为它们经常发生矛盾冲突，比如在亚诺玛米人中，会出现报复性的谋杀事件。

此外，部落对生活在其中的人民来说具有重要意义。亚诺玛米人的村庄之间曾发生致命的冲突——类似于哈特菲尔德人（Hatfields）和麦科伊人（McCoys）之间的战斗，只是前者之间的冲突会卷入多个家庭。即便如此，这些村庄仍在不断地调整它们之间的关系。战斗与和解交替进行，和解表现为通婚、设宴或进行贸易往来。由于每个亚诺玛米人都有朋友在其他村庄，因此他们和狩猎－采集者团队的成员一样，可以迁移到另一个村庄。但是，亚诺玛米村民们要致力于照料自己的菜园（在新几内亚，则是驯养的家猪），所以和那些可以毫无牵挂地寻觅野生食物的游牧民族相比，他们要完成这样的迁移并不容易。事实上，正如一个村民可以改变一个村庄一样，整个村庄也可以相互融合。其融合方式类似于在狩猎–采集者团队中出现的情况：村庄在社会关系的驱动下，不断地出现分裂和融合。[12] 但乡村社会和团队社会最大的区别在于：村庄可以改变居民的居住位置（通常是新清理出来的种植地点），并且分裂和融合的频率更低。[13]

从这个角度看，一个村庄和一个团队没有多大差别。并且就像团队里的成员一样，村民很少考虑除自己村庄以外的更大社会，因为他们的生活很少需要社会发挥作用。只有在社会范围内出现困难或机遇时，他们之间的认同感才凸显出来。黑瓦洛人（Jivaro）村庄位于今天的厄瓜多尔，他们因“缩头术”而闻名于世，不过他们在袭击其他部落时会联合起来。在 1599 年，他们组织了一次最大规模的袭击，来自许多村庄的 20000 名黑瓦洛人协同作战，屠杀了 30000 名西班牙人，从而将自己的领土从外国殖民统治中解放出来。[14] 像狩猎–采集者一样，这些乡村社会也有指代整个社会的表达。例如，“亚诺玛米”（Yanomami）就是他们给自己取的名字，而“亚诺玛米塔帕”（Yanomami Tapa）则是他们指代所有村庄的说法。正如我们看到许多团队社会为自己所取的名字一样，“亚诺玛米”和“黑瓦洛”都有“人类”的意思。

集体身份标记将这些村庄部落群定义为一个社会，就像它们在全球各地将其他社会联系起来的情况一样。在这方面，亚诺玛米人就是一个很好的例子。成员们在着装、住房、仪式和其他方面的共同特征是人们相互认同的标记，同时也会使得村庄出现裂变和融合现象。当一个村庄的人们陷入僵局而分道扬镳时，他们的离别就像一群狩猎–采集者之间的离别那样。即使这些人彼此怀有怨恨，但他们仍然有着相同的语言和生活方式，并且仍然是同一社会的组成部分。[15] 然而，组成一个部落的各个村庄之间确实会积累出一些差异。遇到这种情况，定居生活的部落就和狩猎–采集者团队差不多了，这意味着从此各个村庄已经踏上了一条不归路。由于身份改变，今天的亚诺玛米部落似乎正分化成几个部落，而每个部落都有好几千人。事实上，一些语言学家区分出了 5 种仍然非常相似的亚诺玛米语。而亚诺玛米人自己也意识到了他们之间的分歧，甚至会嘲笑那些来自遥远村庄、表现奇怪的其他亚诺玛米人。[16]

这些部落，包括以游牧为生的乃加汤人以及采取定居生活的恩加人和亚诺玛米人，能够一直把总人口保持在几千人——这比团队社会的一般人口规模更大。同时，我们观察到亚诺玛米人对自己成员之间出现的差异也不能容忍，这可以解释为什么很少有部落能走上建立帝国的道路。但被邻近部落包围并不是通向帝国道路上的唯一障碍。因为此时部落遇到了狩猎 - 采集者曾经面临的问题，即：部落人民的身份开始发生冲突。

然而，即使一个部落能够长期保持自己的身份不变，仍然不能仅仅依靠人口的增长而产生一个庞大的文明。这个结论不会改变，即使给一个部落提供最理想的条件，比如，由充足的食物和发展空间所带来的出生率上升、有能力的领导人物以及大量的社会分工。事实证明，光有这些条件还不足以产生帝国。我们如果仔细考察，就会发现：所有大型人类社会都不会是由同一民族的后代所组成的，而是包含具有不同文化遗产和不同身份特征的许多人口。狩猎 - 采集者和部落社会未能适应人类在身份方面所发生的变化，这与世界各国在这方面取得的巨大成就形成了鲜明对比。事实上，要了解文明的诞生，我们必须了解文明是如何由不同的公民融合一起而开始形成，并最终构成了今天的各个种族和族群的。

社会不会自由融合

对于文明异质性（the heterogeneity of civilizations）的一种可能解释是，发展一个社会需要以其他社会自愿融合为前提。但相关证据表明情况并非如此。在动物王国，社会之间出现合并的情况十分罕见，即使在几乎没有社会竞争的物种当中，也找不出社会合并的例子。[17] 在倭黑猩猩和黑猩猩当中发生的情况表明：仅仅是它们群体的“合并”现象就足以让人捉摸不透。灵长类动物学家弗朗斯·德瓦尔（Frans de Waal）告诉我，即使素不相识的倭黑猩猩，也可以毫不费力地从头创建一个新的社区。虽然倭黑猩猩与陌生同类交朋友的能力肯定缩短了它们对彼此的适应过程，但它们是被关在动物园中才以这种方式建立社会的。在自然界中生存的倭黑猩猩社会，即使彼此关系良好，也各自保持独立身份。相比之下，把捕捉到的黑猩猩整合到一个社会简直就是一场噩梦，需要长达数月的精心安排，并且过程中还会发生很多血腥冲突。原本排外的黑猩猩能够相互适应的唯一原因在于：随着原来社会的消失，它们就像被俘虏的倭黑猩猩一样，成为难民，因此别无选择。同样，少数有记录可查的野生猴子组成稳定社会的案例都是发生在它们原先的猴群遭到毁灭之后，这样只剩下少数成员。幸存下来的猴子就像动物园里的黑猩猩一样，变成难民，为了生存，它们只能放弃自己以前的猴群而加入一个新的社会。这再次证明，动物之间的联系并非类似于我们所看到的整个人类群体之间出现的那种社会联盟。[18]

在一般情况下，社会昆虫也是如此，因为把两个成熟的群体合并起来，并不符合这些头脑简单的家伙的行事风格。[19] 据我所知，健康社会之间的永久性合并只曾经发生在非洲稀树草原大象身上，以后就很难再见到了，而且这也只是发生在以前由同一核心象群分裂出去的两个象群之间。这样最初的大象成员又重组在一起，有时这发生在分裂多年之后，显然这些厚皮动物从未彼此忘记。[20] 否则，一旦一个社会团结起来，使其成员彼此认同，并长期保持足够的人口规模，那么这个社会就会保持着不同于其他所有社会的鲜明特色。

人类也是如此：一旦社会成员确定了自己的身份，那该社会可以与另一个社会自由合并的机会就非常渺茫了。例如，我就没有看到有任何证据可以表明：狩猎－采集者团队曾吸收相当数量的外来者加入自己的社会。即使外来者和他们可能加入的社会之间有着密切的文化相似性，这种情况也不会出现。因此，尽管同一个狩猎 – 采集者社会内部的团队可以彼此融合，就像部落下面的各个村庄也可以融合一样，但社会整体却始终保持着分离状态。社会合并带来的冲击后果在人类身上表现得尤为复杂，因为双方成员都无法适应对方的奇特身份。人类唯一存在的关于社会合并的例子，再一次让人想起了一种逃亡情景：因为只有当人们由于数量太少而不能独立生存时，联合社会（coalescent societies）才会出现。从 15 世纪 40 年代到 18 世纪，尤其是在美洲大陆的东南部，被连根拔起的美洲印第安人的唯一选择就是进行社会联合。他们多年来人数不断减少，要么是死于与欧洲人的战斗，要么是被这些欧洲人带来的疾病所击倒，其中，塞米诺尔人（Seminoles）和克里克人（Creeks）就是典型的例子。一旦这些难民联合起来，他们就常常沿用其中占主导地位的部落的名字以及该部落的大部分生活方式，并适当兼顾一下其他部落的特点。[21]

即使照搬其他社会的生活方式，也不会必然导致社会合并。例如，达尔富尔（Darfur）的苏丹人生活在干旱的土地上，通常很少饲养牲畜。一个家庭如果幸运，拥有多余的耕牛，则只能采取巴加拉（Baggara）生活方式才能养活他们的牲畜。但这不是身份的改变，因为巴加拉不是一个部落。相反，这个词来自阿拉伯语，用于描述牧民的生活方式。而在达尔富尔地区，许多部落就是以游牧为生。因此，尽管一个苏丹家庭可能成为其他部落的牧民，甚至受到其他牧民的足够尊重并获得作为盟友的资格，但他们仍然保持着自己的独特身份。即使一个苏丹人通婚到了另一个过着巴加拉生活的部落，也由于从小缺乏相应的教养而不会被误认为是该部落的原有成员。[22]

尽管人类有能力与外来者建立伙伴关系，但完全的社会合并也从来不是进行联盟的结果。事实上，心理学家发现，即使相互依赖性很强的社会也倾向于将自己与其他社会区分开来。[23] 易洛魁人联盟在与共同敌人——起初是印第安人，后来则是欧洲人——的战斗中起着至关重要的作用，而各个部落则肩负着保卫他们联合王国不同边界的重任。然而，组成联盟的六个部落都具有独立性，这点从未受到怀疑。[24] 像他们这样的联盟可能让成员深感骄傲，但这并没有削弱各部落对自己原有社会的重视。

因此，我们可以得出一个合理的结论：社会——从狩猎-采集者联合而成的团队到宏伟的帝国——从来不会自愿放弃自己的主权来组建一个规模更大的社会。[25] 不同的社会积极发展成员并扩展领地，但彼此又不愿意合并，于是就陷入了相同的困境。希腊哲学家赫拉克利特（Heraclitus）曾宣称战争是万物之父，看来他是对的。一个社会创造一种文明的唯一途径就是将人口爆炸与通过武力或统治而得以扩张的领土结合起来。[26]

接收外来者

人类社会接收外来者应当不是始于侵略，而是始于偶尔接受外来者作为成员，这在许多物种中是有效寻找伴侣的必要方式，因为这样能使双方受益。虽然团队社会的人数往往足够让人们从自己的成员中选择配偶，但团队之间仍然会有一些人员转移的情况发生，以此加强团队之间的伙伴关系，并尽量减少因时间久远而可能带来的近亲繁殖的危害。[27]

即使对早期人类来说，这样引进一个外来者也并不容易。配偶（通常是妇女）、被收养的难民或者被遗弃者，将努力使自己适应一个新的社会。外来者的一些奇异行为可能会受到其他成员的鼓励，比如当他所带来的技能能使新社会获益时——因为这是一个比通过交易去换取一个你无法制造的工具更好的选择，并且很容易获得工具制造者的青睐。然而，由于人们在与外界接触时会留意培养和保护自己的身份，因此外来者不会对社会行为带来多大的影响。[28] 任何一个不能或不愿改变自己生活方式的新移民，都会面临艰难的生活以及可能被其他社会成员嫌弃的危险。不过，到目前为止，这些外来者仍然可以通过改变自己的身份来适应新社会。但身份的转换永远不可能是绝对的，即使人们愿意去努力适应，他们的内在本质也不可改变，他们依旧具有外来者的特征。[29] 人类学家拿破仑·查冈（Napoleon Chagnon）在亚诺玛米人中生活了多年之后写道：

> 他们中越来越多的人开始把我看成一个不那么像外国人或次人类的家伙，我对他们来说变得越来越像一个真正的人，并且成了他们社会的一分子。最后，他们开始以一种几乎相当于承诺的口吻告诉我："你现在几乎可以算是一个人了，几乎可以算是一个真正的亚诺玛米人了。"[30]

让亚诺玛米人接受查冈的事实是，任何人类社会的外来者都无法完全适应一个陌生人群的所有特征或习性。即使一个人能够很好地隐藏自己身上那些最令社会成员反感的异常表现并成功地得到新社会的认可，但仍然会有一些迹象可能泄露他的出身信息。

即便如此，以这种方式增加一两个外来者，也不足以让整个族群接受任何与他们社会不能兼容的事物。一个令人不悦的事实是：一些族群一开始是靠蓄养奴隶而出现在历史舞台上的，但蓄奴除了在那些定居生活的社会之外，并没有取得广泛认同及发展。

蓄养奴隶

蓄养奴隶几乎是人类独有的现象。当然，本书前面的章节已经对蓄奴蚁进行了简要介绍。在其他脊椎动物当中，唯一类似奴役的行为发生在叶猴身上。一只从未生育的母猴可能从另一个猴群中偷一只猴宝宝来抚养（尽管这只供它实习使用的幼猴不会有多高的存活率）。[31] 在西非，雄性黑猩猩有时会怂恿其他社会的一只雌性到自己的地盘进行交配，而不是将其杀死，但这只雌性黑猩猩只要一有机会，甚至就在刚刚交配之后，就会溜回它自己所在的社会。[32]

抓住一个外来者，并让他永远留在身边，这对于生活在团队的狩猎–采集者来说，并不是一个最佳选择。因为对方要逃跑真是太容易了。即便如此，突击队也可以掳走任何幸存的女性，她们除了嫁给获胜者之外别无选择。奴隶制经常由少数团队和小型的部落社会实行，例如大平原的印第安人，他们不仅俘虏奴隶，而且把他们当作商品交易。[33] 虽然这些俘虏可能会逃走，但他们可能发现由于以前的身份已被玷污，自己永远也回不到原来的家园了。我们在一个 11 岁的西班牙女孩身上证实了这个假设，她在 1937 年被亚诺玛米人抓获。24 年后，这个名叫海伦娜·瓦莱罗（Helena Valero）的女孩逃回祖国，却发现自己那些具有一半亚诺玛米人血统的孩子遭到西班牙社会的排斥，因此她曾痛苦地向人类学家埃托·比科卡（Ettore Bioca）倾诉："一个女人只要曾经与印第安人染上关系，那她生养的孩子也就永远被视为印第安人。"[34] 一名在 1785 年被科曼奇人抓获的妇女拒绝人们的营救，尽管她曾是奇瓦瓦州（Chihuahua）州长的女儿。她让人带话回去说，自己脸上印着部落的文身图案，回去会让她很痛苦，因为这是一种不可磨灭的标记，其作用是确保她一生只能属于科曼奇人的社会，这种标记让一个墨西哥女人在她出生的人群中变成一个外来者。[35] 虽然在上述两种情况下俘虏都不是部落里的人，但是被另一个部落抓获的部落成员也会面临同样的问题。

随着定居点组织起来保留俘虏，奴役变得越来越重要，虽然并非所有定居生活的人都蓄养奴隶，但西北部的印第安人在定居点生活了好几个世纪之后，也开始报复性地蓄养奴隶。这些部落经常远征到极为偏远的村庄去绑架人口使之成为奴隶，让他们以后回家的可能性几乎为零，从而确保奴隶没有机会逃跑。[36]

奴隶制使外来者与接收他们的社会之间达到了极端不平等的状态，从而使后者完全像对待囚犯一样控制前者。俘虏保留了他们作为外来者的身份，并被阻挠或禁止对接收他们的社会产生认同感。那么，以下行为就不让人感到奇怪了：考虑到标记在人类生活中的重要性，一些标记符号可能会强加于那些被扣押的男女身上，以确认他们作为奴隶的身份。比如在美洲和中世纪的欧洲，文身以及用烧红的烙铁在身上留下疤痕都曾是标明奴隶身份的流行方式。剃光头也是普遍做法：由于发型是一个让人引以为傲的身份标志，因此剃光头是针对奴隶进行的心理摧残。许多社会对奴隶的伤害更是雪上加霜，他们通过邪恶的启动仪式，禁止奴隶使用他们自己出生时的名字，这种做法断绝了奴隶企图恢复自己与以前社会进行联系的任何希望，并向每个人宣布他地位卑贱并丧失了任何体面的身份。[37] 一旦奴隶被残损身体留下印记，从而永远不能回家之后，奴隶主就可以利用奴隶对自己出生社会的理解能力，带他们一起去捕获更多的奴隶。[38] 奴隶所掌握的语言能力，在谈判休战或贸易协议时也很有价值。历史上最著名的俘虏之一是萨卡加维亚（Sacagawea），他在 19 世纪初被希达察人从肖肖尼族中绑架，后来成为刘易斯和克拉克的向导。[39]

奴隶能带来巨大的回报。在一次短暂的袭击中被劫持的奴隶，可能会给抓捕者提供一辈子的无偿劳动，如果没有从出生起抚养奴隶所花费的时间和费用，那就与奴隶主在负重动物身上所花费的成本几乎没有两样，不过是给他们提供食物和住处而已。事实上，北美印第安人缺乏劳作动物，所以从经济角度来看，太平洋西北部落的奴隶与许多旧社会里的马或牛一样重要。事实上，历史上不乏对奴隶和野兽进行的细致比较。最重要的是，这样的比较清楚地反映出人类的一种古老倾向，即只把自己社会的成员完全当人看待，并认为外来者只具有程度不等的人性而已。即使是主张平等主义的狩猎–采集者也会认为外来者低人一等，只不过奴隶制将这一概念应用到了日常实践当中，同时赋予那些“非人类”的奴隶以商品的价值。一位学者在写太平洋西北部印第安人对其他部落的看法时告诉我们：“沿海的自由人口可以被视为类似于未受保护的鲑鱼和未遭砍伐的树木。就像渔夫把鲑鱼变成食物，木匠把树木变成住所一样，掠夺成性的战士把自由人变成了自己的财富。”[40]

尽管把奴隶当成动物是一种极端的表现，但这是人们之间名誉声望失衡的直接延伸，而定居社会的成员之间也经常出现这种失衡。由于身份遭到修改，成为低等人中的最低者，于是奴隶便全部落在人类思想所产生的社会等级制度的底层。从亚里士多德时代之前开始，经过了几千年，这种似乎是先天注定的等级制度，让人们把奴隶的悲惨地位视为一种理所当然的现象。事实上，从远处捕获奴隶的一个原因是：俘虏们在出身背景和外表长相上的独特性使他们更容易与接受者社会中的成员相区别，从而可以遭遇低人一等的待遇。虽然精英阶层拥有大多数奴隶，但奴隶的存在对地位低下的社会成员来说也是一种恩惠，因为他们可以不再认为自己身居社会最底层，同时也免于从事与之相应的卑微劳动。这也说明了狩猎–采集者团队很少俘虏外来者的另一个原因：当每个人都有时间来完成相同的任务时，奴役别人就失去了社会意义，并且监管奴隶只会增加他们的工作量。然而，并不是每个奴隶都受到了不好的待遇，或做卑贱危险的劳动，如搬运垃圾或采石等工作。[41] 奴隶在社会发展的昌盛时期最为普遍，因为一个首领的奴隶数量必须配得上他自身的地位。所以，不管人们在社会中担任什么角色，他们所拥有的奴隶都是帮助别人确认他们身份的参照。例如，历史学家泰达·珀杜（Theda Perdue）解释说，在切罗基人（Cherokee）当中，奴隶“能够衡量人们身份地位超越常规的程度”，这其实起到一个非常有价值的定位作用，因为“通常情况下，社会成员们确认自己的身份不是通过宣称他们属于什么或是制定社会规范，而是通过仔细定义他们不属于什么，即对社会规范的偏离程度”。[42]

一旦一个社会依赖于奴隶，它通常得不停地去掠夺更多的奴隶，因为单靠奴隶生育的数量满足不了社会的需求。男性经常被阉割以便于管理，而社会压力会抑制男女奴隶的繁殖意愿。正如蓄奴蚁必须在同一个巢穴中反复袭击，以补充蚁奴数量一样（因为蚁奴没有自己的蚁后不能繁殖后代），而蓄养奴隶的人类也必须进行更多掠夺（并且通常掠夺对象是针对同一个“低等”社会），这样才能保持奴隶数量。

征服者的社会

奴隶的存在需要接收他们的社会扩展其边界定义的条件，以容纳一定数量的奴隶以及他们的独特表现，而这意味着社会取得了激进的发展。然而，在狩猎－采集者和大多数部落社会最初蓄养奴隶时，奴役只是意味着偶尔增加一些外来者而已。尽管他们的人口数量大大超出了这些奴隶的人数，并且他们可以把奴隶当作动物对待，但这些社会已经出现了未来社会多样化发展的萌芽。事实上，仅仅由于奴隶的存在，就使得社会接受大量外来者成为一个可以理解的概念。然而，现在的问题仍然是：一个社会是如何吞噬其他社会的整个人口，并将其视为自己的社会成员的？

开启这一过程的是战争动机的改变。当人们扎根的地方可以提供丰富的食物来源时，无论这些食物是野生的还是驯养的，他们常常不得不保护自己免受来自贪婪邻居的伤害。比如，太平洋西北部的那些部落拥有大量的土地和可供利用的珍贵鱼类资源，并且他们还拥有人力，可以保护这些资源，或者从其他部落那里窃取战利品。[43] 防御工事的遗迹充分证明了世界各地的古代村落曾经需要抵御外来者的威胁。[44] 如果他们一直生活在一个聚居点，就可能会加剧对方的恐惧和不自信感，因为社会成员全部集中在一个地方会显得万众一心、极难撼动，这是外来者的逻辑反应，因为相邻较近的个体可以迅速采取一致的行动。[45]

商品丰富需要人们采取一种防御姿态，从而导致社会在空间和人口方面的扩张。虽然占领别人的土地，对过着游牧生活的狩猎－采集者来说很少发生，（更不用说奴役）生活在那片土地上的人们了。但部落社会发现，当一个好斗的群体吞并一块肥沃的土地并让自己的成员去居住时，这场战斗带来的效益可能会成倍增加。事实上，一旦人们开始生活在任何比团队社会更大的社会中时，由于不断发动袭击可能导致自己的社会崩溃，所以在过去，彻底摧毁其他社会很少是人们征战的目标或冲突的结果。[46] 从这个角度来看，

20 世纪发生的许多历史事件，如纳粹追求创建一个没有犹太人的世界，或 ISIS 致力于消灭什叶派穆斯林，看起来都显得更离经叛道。[47] 虽然《圣经》声称居住在索多玛和蛾摩拉的每个迦南人，无论男女老少，全都被杀死了，但基因研究显示，他们是现代黎巴嫩人的祖先。[48]

既然征服者要利用被征服的人口获利，那他们就完全没必要将其赶尽杀绝。从经济角度来讲，奴役别人比将其杀死更明智，征服者怀着同样的打算接纳被征服的整个社会，从而可以不断地压榨对方，让他们源源不断地提供贡品或劳力。但其他动物中没有显示出任何接近于这种殖民征服的迹象。比如蚂蚁社会就不存在这一现象，因为通过征服来奴役整个蚁群根本就不可能。在分配战利品的过程中，无论对于哪种蚂蚁而言，只有两种选择：要么带走奴隶，要么消灭失败者。在这种情况下，将失败者吃掉是一种常见的现象，就像在人类社会中有时也会出现类似的案例一样。[49]

虽然生活在团队中的狩猎－采集者不能完成征服活动，但生活在村庄中的部落成员可以。但并非所有的部落社会都开始占领领土。比如，太平洋西北部的印第安人为了抓获奴隶不惜劳师远征，却很少去控制外国人民及其土地。相比之下，一个在文化上倾向于扩张和统治的部落，经常与邻近领土的占有者开战，这既是因为一个不怀好意的邻居比一个远方的敌人更具威胁性，也是由于附近财产的所有者更容易控制。使用这种战略的胜利者被称为酋邦（chiefdom），他们的领袖就是酋长（chief）。

酋邦从来都只包括少数社会。尽管如此，欧洲探险家们还是碰到了数百个酋邦，其中一些酋邦拥有数千名成员。例如，北美洲东部的大部分地区被擅长种植玉米和修城筑堤的酋邦所占领。然而，并非每个酋邦都依赖农业。例如，佛罗里达州的卡卢萨就是由定居下来的狩猎－采集者所组成的酋邦。

就像身份标记一样，酋邦的出现是社会进步的关键转折点。如果没有新石器革命之后酋邦所设定的发展模式，任何文明都不会存在，因为他们选择征服外来社会，而不是将其击溃、毁灭、奴役或杀害。

为了征服他人，一个村庄需要一个有能力的管理者。正如前面提到的那样，虽然部落领导能力通常很弱，但偶尔也会有人脱颖而出。这样一个首领，人类学家称之为“大人物”（a Big Man，和首领一样，大多数是男性），“大人物”通常是在表现出自己是一个出色的战士之后获得了追随者。在新几内亚，部落之间经常发生矛盾，那里就涌现出很多“大人物”。但这些首领的影响力会随着他们部落所遭受威胁的程度而发生变化，直至最后消失，正如我在前面提到 =au//ei 布希曼人时所说的情况那样，他们几乎直接从团队过渡到“大人物”社会，然后又消失在历史长河之中。当存在邻近部落会首先发动攻击的危险时，“大人物”可能像许多雄性黑猩猩首领那样会决定使用武力手段，但他们产生的影响却更深远。[50] 在这种情况下，“大人物”的出现，对协调众多部落成员的行动就显得不可或缺，于是这些部落成员会像蜜蜂拥戴蜂王一样紧紧追随着他，以加强“我们群体”（we-group：由社会学家威廉 · 萨姆纳提出）在战争中的团结性。

一个“大人物”可以通过控制其他村庄而成为酋长。但这并不总是通过占领敌人的领地来实现的。有时，他从原本友好的自治村之间的公平联盟中，建立了一个强大的永久联盟，以满足当时与彼此的共同敌人作战的需要。并且，这样一个掠夺成性的首领可以征用整个地区作为基地，进一步扩大他的统治领域。[51] 一些精力充沛的酋邦接管了许多以前独立的村落，最后占领了其他的整个酋邦，从而让自己的部落成员达到数万人甚至更多。

很少有酋邦能持续很长时间。一个酋邦要想长久生存，其酋长就得保证长时间内不会出现叛乱。一个实力不行的首领必须像以前部落里的“大人物”一样，继续赢得自己部落成员的尊重，然而他们对他的信任很少能持续很久，也很少能将这种信任自动延伸到他的子女身上。因此，一位首领的最佳选择是让战争继续下去，这样他可以利用部落成员害怕遭到攻击的心理巩固自己的地位。然而，最终，一个酋长必须在和平时期进行统治，这就要求一个酋长和他所选继承人的地位必须在部落中稳固地确立起来。在某些动物中也存在这种继承地位的现象，比如雌性斑点鬣狗以及雌性狒狒都可以继承自己母亲的社会地位。此外，展示权力是首领工作中的基本内容之一，而皇室奢侈的服饰可以追溯到早期酋长的头饰。对于人类而言，首领要获得他的子民的长期支持可能需要借助一种心理倾向，即让人们认为现状是合理合法的。今天，受压迫最深的人们倾向于认为那些社会地位比自己高的阶层生来如此，并认为达官贵人们都精明能干。[52] 这种可能与生俱来的信念，或许是为了保护人们，不让他们产生企图推翻统治者的冲动，从而使自己处于危险之中。这就解释了为什么人们总是那么容易被独裁者、暴君统治以及接受君权神授等观念。因为首领们让其他成员相信只有神才有权统治自己，才能确保其地位优势。

维持对许多人的统治，特别是当他们属于不同群体时，一直是一项艰巨的工作。[53] 一个酋邦要继续保持扩张趋势，那就不能把被征服的人群贬为奴隶，尽管他们在某种程度上可能已经遭受了非人化的待遇。他们以前的身份并没有完全丧失，许多人仍留在自己的土地上，与家人和社会一起生活，这使得他们的人口不像大多数奴隶的人口那样出现减少，反而会有所增加。但是，他们在酋邦的统治下，生活得非常艰难。那些生活在独立村庄的居民，像团队成员一样，只要生活还过得去，工作起来就没有理由那么拼命。然而，一旦被征服，被征服者虽然地位比奴隶稍高一点，但人们仍然认为他们和其他可供剥削的资源差不多。但要把他们整合到一个更大的社会，就意味着市场关系已经蔓延到了当地村庄的范围之外，并且从理论上说，从被征服人群获得的商品支撑了经济的发展，这对所有人都有好处。然而，大部分战利品都被拿去供酋长自己的部落成员享用，或者用于支援开展其他征服战争。此外，从牧师到艺术家，社会内部某部分人群的规模在不断扩大，他们与食品生产完全脱节，而这些人群对资源的需求则加剧了酋邦的掠夺欲望。

在团队社会和乡村社会，作为社会成员的乡村和团队能够完全独立行动，而且它们在大部分时间里的情况也的确如此。到了酋邦，社会人口之间的这种松散联系就成了历史。因此，酋邦是将社会合并为一个整体的形成性步骤——也是成就一个像今天这样强大国家的试金石。为了一代又一代地延续下去，人类社会从酋邦开始，需要取得其他物种不可能达到的目标：对以前和自己不一样的群体，即使不能加以合并，也能一直容忍。也许这与我们的直觉相反，但最强大的社会整体，不是由一些最相似的成员组成，而是由那些有着不同背景的人群组成，他们共存一体并相互依赖。对于那些将从最成功的酋邦中崛起的国家社会来说，这一点表现得尤为明显。我们接下来将讨论国家社会的政治组织和社会稳定性，以及把有着不同背景的人群融合在一起所产生的影响。

第二十三章

国家的建设与破坏

5500万年前的乌鲁克（Uruk），位于幼发拉底河以东，也就是现在的伊拉克所在地区，是由几个相互关联的城镇组成的，它当时的人口规模和复杂程度都在膨胀。其中最大的城镇拥有数千居民，里面出现的一系列商品和服务都是以前从未见过的，包括街道、寺庙和作坊。在该地区发现的大量带有楔形文字的石碑表明，当时的人们已经对生活的许多方面进行了仔细观察。[1]乌鲁克是第一个例子，表明一个社会在酋邦的基础上采取一种新的组织方式并发生了翻天覆地的变化：这被学术界称为国家社会（a state society）[或国家（nation），就像我有时遵循日常生活中的非正式用法，用它指代现代国家]。尽管以现代标准来看，最早的一些国家并不比村庄更大，但它们仍然属于我们今天所宣誓效忠的那种社会。

国家从出现之日起，就具有许多重要的属性。至关重要的是，在一个国家社会中，领导人绕开了许多曾让酋长们难以承受的管理负担。一个酋长的权力基础有限，其统治相对容易被人推翻。酋邦的致命缺陷是酋长不能下放自己的权力。当酋邦规模变大时，被征服的村庄以前的酋长可以保留他们的位置，但整个酋邦的最高酋长必须亲自对下面的每一个酋长进行监督。一旦合并后的领土过大，超过了最高酋长一天可以巡视的范围，这种脆弱的控制方式就显得脱离实际了。[2]

但所有弊端都随着国家的出现而得以改变。因为国家元首不仅独揽大权，可以按自己的意志颁布命令，并且有一套基本的法令保证将这些命令付诸实行。在国家当中，社会管理机构也出现了人力分工。当时，正是随着官僚制度的诞生，社会才开始可以控制巨大的范围。当一个国家征服另一个国家时，每一个被征服国家的领土通常都会变成征服者国家中的一个省份，而被征服国家的首都则会变成征服者国家的一个行政中心。[3] 政府事务官以及每一项特定工作的公务人员，都实行按需分配。这一监督制度意味着，即使早期国家的首都和边境地区之间存在沟通滞后的障碍，社会的管理也可能比以前更加专治。事实上，只要有了足够强大的基础设施，一个国家即使在其领导人被推翻之后也能幸存下来。

国家在其他一些细节上也与酋邦不同。首先，国家会真正制定法律：在过去的社会里，如果首领懦弱，人们只能执行私刑；但在一个国家里，惩罚是由掌权者来实施的。在国家里，私人财产的概念——包括上流社会所追求的奢侈品——也得到了充分的体现。事实上，虽然生活在酋邦的人们可以获得声望，有时在社会阶层中也表现出差异，但只有在国家里，这些不平等现象才达到了极致。权力和资源既可以通过努力拼搏而获得，也可以通过血缘关系而继承，而有些人则只能为其他人打工。最后，国家以比酋邦更正式的方式从公民那里征收贡品、赋税或劳务；作为回报，它们给社会成员提供基础设施和服务，以确保成员比以往更依赖于自己所在的社会。

国家社会中的组织和身份

世界各国不仅在权力管理等本质特征上具有相似之处，而且在对基础设施和社会服务的组织方式上也有相似之处。像任何社会一样，一个国家就是一个解决问题的组织，它所面临的一些大问题往往需要复杂的解决方案。[4] 在这一点上，我们在国家里发现了许多我们已经在群居昆虫中发现的模式。当一个社会发展到相当的规模时，对其成员——无论是人类还是蚂蚁——提供食物和人身保护的要求就变得复杂多样了。同样，满足这些要求的社会实施方式也必须相应地变得复杂多样。无论何时何地，只要对物品和服务有需求，就必须找到方法运输物资、士兵和其他人员。如果社会不能满足这些基本需求，就会产生灾难性的后果。因此，尽管在理论上，有很多方法可以建设一个国家，让其配得上“文明”的评价，拥有令人印象深刻的城市中心，但在实践中，真正可行的方法还是相当有限。[5] 随着城市的发展，土地利用变得更有规划，从教育系统到警察部队等机构变得更加精细，可供就业的范围也在不断扩大。

规模经济的发展也得以改善。例如，社会给每一位成员提供衣食住行会变得更加轻松，而社会成本的降低又会出现资源过剩，导致蚂蚁进行战争、人类发展军事，尽管我们同样可以把过剩的资源转移到科学、艺术以及诸如泰姬陵、金字塔和哈勃望远镜等一些体现更高追求的项目当中，但要完成这些社会项目，需要我们像蚂蚁一样协调配合和勤奋努力。[6] 事实上，世界文明——甚至那些有着完全不同历史的文明——之间都存在着相似之处，即使人们不会感到十分诡异，也会觉得非常震撼。因此，历史学家和小说家罗纳德·赖特（Ronald Wright）曾这样描述：

> 在16世纪早期发生的这些事情极为特殊，它们在以前从未发生过，以后应当也不会再发生了。两处文化实验，在超过15000年或更长的时间里一直单独进行，不过它们终于有了面对面的机会。当科尔特斯（Cortés）登陆墨西哥时，他发现了道路、运河、城市、宫殿、学校、法院、市场、灌溉工程、国王、牧师、寺庙、农民、工匠、军队、天文学家、商人、体育、戏剧、艺术、音乐和书籍。高度的文明，虽然在细节上有所不同，但在本质上非常相似，分别在地球的两边独立发展。[7]

其中许多创新不仅使社会可以为大量人口提供衣食住行，而且通过影响人们对他人的看法，有助于保持社会的完整。原本在几个狩猎－采集者团队之间保持联系就已不太现实，现在要保持一个共同的身份则变得越来越让人望而生畏，因为社会有时扩展到可以横跨一个大陆的广度，而部落也就变成了拥有各式各样风格的国家。但无论过去还是现在，问题其实主要是围绕连通性（connectivity）而展开。为了减缓身份的颠覆性转变，人口之间必须相互联系：他们对彼此了解得越多，了解到的消息越新，效果就越好。于是，人们要么停止改变，要么适应改变，但前提是在社会内部能进行有效的信息交换。[8]

人类在私人空间方面进化出的灵活性，是造成人际关系高速发展的一个因素。如前所述，这种能力即使对第一批人类居住区来说也具有重要作用。然而，这种灵活性在今天才达到顶峰。比如，马尼拉和达卡的人口约为每 20 平方米一人，是一些狩猎－采集者社会密度的 100 万倍。我们与他人靠近而产生的舒适程度取决于自己的成长经历。然而，除了诸如广场恐惧症或孤独恐惧症（分别是对人群和孤独的恐惧）这样的心理障碍之外，人们即使一个挨一个地紧密生活在一起，也很少出现病态反应。[9]

相互靠近只是一种低级的方式，从而让人们能够彼此保持身份一致。即便如此，人们也并非必须如此。毕竟，在任何一个国家，都必须有一部分人口生活在农村地区种植庄稼。于是社会发展出了一些其他方法，可以在全社会范围内保持人们之间的联系。比如，欧亚大陆的人们驯养马匹，美索不达米亚人创造文字，腓尼基人制造远洋轮船，印加人和罗马人修建长途道路，欧洲人发明印刷机——所有这些创新活动都促进了社会的稳定和扩张。除了促进货物运输和扩大中央当局的控制之外，这些创新活动还有助于信息——特别是有关身份的信息——的传播。这种情况不仅仅出现在国家中，一旦人们有了马匹，像鞑靼人这样的游牧民族部落和像肖肖尼人那样的狩猎－采集者们，就可以在更大的范围内让自己的身份保持不变，这比他们的祖先仅仅靠步行时可能保持的范围可要大得多，尽管随着国家接纳更多各不相同的群体，关于身份的复杂性也要大得多。

让我们跳回到古罗马去看一看。在其鼎盛时期，除了罗马帝国最偏远的地区以外，其他所有地区都与一个可诉诸于表达的身份紧密相连，包括从服装、配饰到发型在内的时尚，陶器、地板马赛克和灰泥墙等工艺品，风俗、传统习俗和宗教习俗，烹饪厨艺，以及家居设计和改进措施，如铺设水管和中央供暖……甚至连城镇布局、道路和高架引水渠等公共工程都体现出罗马帝国的身份特征。这并不是说各省都遵循统一的罗马化标准。与所有社会一样，罗马也容许社会呈现多样性，全国人民都纷纷炫耀他们身上所具有的帝国身份特征。帝国境内各地的繁荣情况，不但反映了他们的家世背景，也反映出一种基于阶级差别的团结一致性，其中的富人更是愿意选择最多、最贵的罗马身份象征。[10] 社会成员对社会标记的广泛适应，需要在全社会范围内建立有效的沟通机制，而任何部落社会都不可能具有这种能力。

不管社会具体采取哪种管理形式，无论是轮流执政、由议会领导，还是个人统治，领导者的存在都有助于塑造社会结构，而他们要完成这一使命，至少得强化人们对身份的重视。有时，权贵阶层只是制定了被广泛认可的行为规范，有时他们自己的怪癖变成了社会潮流；有时执政者可以强迫人民的选择行为，从演讲到着装，他们为所有事情设定标准。考虑到自身地位尚不稳固，管理者扮演的最首要也是最无害的角色就是民众意愿的代言人，这也是部落社会和酋邦首脑给社会成员提供的“面包”和“黄油”。为了确保自己的地位，一个有能力的领导者会树立一个坚定的榜样，让公民形成共同的身份和命运认同感，即使在社会成员人数众多之时，也需要帮助他们保持强烈的联系纽带。一旦一个领导人可以把全国人民牢牢地置于自己的统治之下，他的权威往往就开始扩大。此时，国王们很少感到有必要像酋长们在“冬季赠礼节”上一样表现得慷慨大方。在许多历史案例中，领导者的权威就表现为他们对道路、出版业以及其他一些信息传播途径所进行的严格控制。

当一个社会出现一个国家的组织机构时，宗教的作用通常已经发生了改变，并被用来进一步强化人们的身份特征。狩猎–采集者仰慕那些身怀医术或通灵技能的人，但他们的有灵哲学却对追随者没有提出什么要求。[11] 大多数部落和酋邦在这方面没有太大的差别，但是在一个国家，由于大量人口产生的社会匿名性，就要求社会对成员进行更严格的监督。于是，“万能真主”的概念就提供了一种监督机制，通过人们害怕遭到神灵惩罚的心理来影响他们的行为，甚至在别人看不见的地方也能起到威慑效果。[12]

只要统治者的治理不过于专制，国家就能给社会成员提供诸多福利。国家内部密如蜂巢的相互作用，不仅可以增强人们的集体认同感，而且信息的快速交换也带来了与塔斯马尼亚岛效应①相反的结果，因为在塔斯马尼亚岛效应中，分布稀疏且较少联系的人们反而忘记了他们祖先的创新发明。相反，一旦密集人群产生互动，新的观点不仅会四处传播，而且还会被不断变化的社会所吸收。5万年前就热切开始的文化棘轮已经加速发展到了这一地步，人们如果生活在一个从自己出生以来就没有发生明显改变的社会里，会感觉周围的时光仿佛凝固了一般。如此一来，社会兼容并蓄的能力不断增强，使人们与社会之间的认同感，比起以前更像一个移动的标靶。[13] 此外，在一个国家里，人与人之间越来越紧密的相互联系与人们之间的互不相识是共同出现且互为因果的。与生活在团队中的狩猎–采集者所具有的近乎全面的文化智慧相比，即使是一个国家的领导人，也只是需要掌握维持社会运转所必需的一小部分知识而已。基于同样的道理，今天的人们常常发现有必要依靠迅速变化的社会趋势来决定自己应该做什么。

保卫和控制大量的人口需要产生一个更高层次的组织，而这种组织可以追溯到第一批国家社会。各国集结军队镇压叛乱，并利用随社会发展而变化

① 塔斯马尼亚岛效应，又称塔斯马尼亚岛逆向演化，是指在人类学研究中，因环境封闭，人口规模太小而无法传承现有技术与文明的现象。——编者注

的进攻战略，实施进一步的领土入侵行为。采取谨慎突袭的方式对狩猎–采集者和部落成员来说很有必要，因为他们的目的是给对方造成伤亡，而不是征服，同时尽量保证自己的战士不会出现伤亡。“大人物”和酋长为了激励部下并让他们继续追随自己，常常不得不亲自上阵。即便如此，每一个战斗人员也容易单打独斗，甚至有人计划在战斗进行得最激烈的时候当逃兵，当然他也不会因此受到什么惩罚。

相比之下，一个国家的统治者则安全地待在首都，在那里下令发动直接攻击。如果战争胜利，他可以进一步监督自己的军队如何占领敌方领土并俘虏其中的幸存者。当然，具体的战斗任务可以交给手下的军事专家来完成。一个国家为了维持大规模的人口数量并有充足的物资发动这些战争，通常必须大规模地种植富含能量的谷物，如小麦、大米和玉米。一个国家要超越其竞争对手，不仅要拥有更多的军队，而且还得掌握更先进、更有利的战略战术、武器装备和通信手段。此外值得注意的是，一个国家会严格控制自己的军队，而其中的战士则是从公民中招募而来的。军队具有强大的集体身份，通过对士兵进行严格的训练以及长年累月地灌输爱国主义教育，让他们下定决心去保家卫国，正如莎士比亚所说的那样，“增强体质，唤醒斗志”。严格的军事训练和军队纪律，大大提高了部队在作战上的可靠性以及他们在身份上的一致性。统一的身份以及强大的战争规模足以保证军队不带有任何感情色彩。在军队中，所有的个性痕迹都被扼杀了。在匿名社会时代，大国之间的战斗具有一些类似于蚂蚁的特征。社会替代性（social substitutability）——认为犯罪集团中的任何成员都可能因其他成员的不法行为而受到惩罚的心理，从发动袭击的狩猎–采集者杀死他们遇到的任何外来者（通常是他们所认识的人）之时起就被延伸放大了：因此，军队面对的敌方士兵也是一些可以互换且没有差别的陌生人。军队士兵对敌人产生的负面刻板印象，会掩盖将对方作为个人而产生的任何情感，就像他们遇到外国人时经常发生的情况那样。还有一个事实就是，敌方士兵数量庞大，并且穿着制服，因此几乎不可能，也完全没有必要对他们一一进行区分。

文明的进步

社会学家查尔斯·蒂利（Charles Tilly）的评论恰如其分："战争造就了国家，国家也制造了战争。"[14] 这就意味着世界上没有真正信奉和平的国家。不管我们说的是一个酋邦还是自己的国家，和平掩盖了一代又一代的权力游戏，以及几乎从未停歇的战争行为。任何一个社会，只要其规模不止几个村庄，就说明它是由一些曾经独立的群体合并组成的。比如，米诺亚（Minoa）文明属于克里特岛上的青铜时代文明，以商人和工匠所组成的宁静文化而闻名于世。[15] 然而，在出现历史记录之前，即使是米诺亚的人民，在其鼎盛时期也必须通过武力来保证团结。生活在像卢森堡和冰岛等享有长期和平的国家中的现代人也是如此，其实这些国家的历史可以追溯到久远的过去。正如酋邦先吞并其他部落，然后又互相兼并一样，后来出现的国家和帝国，在扩张模式上也是如此。在整个有记录的历史之中，征服之后就是巩固和统治，这样的过程周而复始、不断重复。

对于敌对国家的出现，以及它们执意要将不同民族纳入自己版图的做法，有一种简单的解释：到国家出现时，地球上基本已经没有一块闲置的宜居土地了。某个人群，不管它是一群流浪的狩猎－采集者、一个部落、一个酋邦，还是一个国家，总之已经占据了那里，并愿意尽一切努力保持自身的独立地位。因此，任何企图扩张的社会都必须进攻、征服或摧毁其他民族，从而让这些民族所占领的土地变为自己完整疆域的一个组成部分。但并非每场战争都是针对土地的控制，相反，人们发动的大多数战争都是为了带回战利品和奴隶。尽管如此，最贪婪、最成功的国家还是将领土边界向外一再推进。只有少数狩猎－采集者能够在被战争忽略的地方生存下去，因为那儿的土地实在太过贫瘠，根本无法进行农业耕种。

然而，一个社会单单在战争中的优势，还不足以助其完成从酋邦向大型国家的演进。不过，少数几个极其巨大的文明征服了一些挤在狭小空间里的社会，它们大致是以这种方式形成了大型国家。在这种被人类学家罗伯特·卡内罗描述为“受困”的情况下，征服活动会带来丰厚的回报。人类学家罗伯特·凯利（Robert Kelly）是这样对其进行描述的：“当社会不具有活动空间时，战争就会出现。”[16] 如果有一些部落，虽然其耕作的土地非常肥沃，但周围都是不适宜居住的区域，那它们就会经历这样的限制。于是在恶劣环境的包围下，它们不断进行战争，直至最终只有一个部落胜出。[17] 想想被沙漠包围的尼罗河流域吧，古埃及就在那里诞生。或者，想想夏威夷和波利尼西亚岛链，它们就像处于汹涌大海中的一些斑点，但这些地方却出现了一些巨型酋邦，其中一些甚至拥有 10 万人。[18]

虽然拥有一个封闭的环境远远未达到文明出现的条件，但文明在这些地方确实比在其他地方更有可能出现。[19] 在没有限制的情况下，一个酋邦或国家可以达到一个适度的规模，但后来就不能继续扩大了，因为周围的社会为了逃避侵略而选择转移位置，这就是在新几内亚发生的情况。在那里，整个部落，例如恩加人，可以作为一个群体四处迁徙，以免陷入被人围困的窘境，这让人想起一个小蚁群为了避免冲突而选择溜之大吉。为了在一个新的地方定居，逃跑的部落必须通过与新邻居结盟来完成每一次迁徙行动。[20] 因为人们会与自己居住的领土产生感情，所以这样的迁徙活动意味着他们受到了极端的胁迫。然而，很明显，受限于这种机动性，在 1975 年巴布亚新几内亚（Papua New Guinea）在该岛东端建立之前，新几内亚岛甚至从未出现过一个小型的国家社会。即便如此，巴布亚新几内亚的许多公民也花了数年时间才了解到这样一个“国家”的存在，并且对大多数人来说，他们的部落仍然在自己心目中占有最重要的地位。

一个积极扩张的社会往往可以在兵不血刃的情况下取得胜利。它的邻近社会可能会被由军装和旗帜所烘托出来的威武表象所吓倒，因为这些军装和旗帜让一群乌合之众看起来行动一致，并且正如一个战争记录所描述的那样，好像一个让人“毛骨悚然的怪物”。[21] 研究 17 世纪早期南美历史的编年史学家加西拉索·德·拉维加（Garcilaso de la Vega）解释说：“印加人在扩张帝国的过程中，在诉诸武力之前尝试劝降是他们的一项明确的政策。”[22] 这些“表演艺术”无疑为谈判定下了基调，而默许屈服可能比被一群武装精良的外来者不停地恐吓更为明智。

碎片、精简和循环

值得强调的是：没有预先规定的向国家过渡的任何事项。然而，一些复杂的大型国家——文明——的出现，即使只考虑其扩张削减了小社会的数量，也说明它们的出现可能具有某种必然性。难怪在这之前，国家一直是最稀有的社会形式，但现在却无处不在。

在农业出现之后，征服性的酋邦在世界各地兴起。虽然其中大多数都是昙花一现，但它们的这种短暂经历提醒我们，没有任何复杂程度能保证一个社会持续存在。柏拉图曾写道，一个国家只能扩张到与统一相匹配的规模。然而，即使在这样一个国家，其统治者博学多闻并听从柏拉图的建议，它的统一也仍然不会持久。国家的发展会经历一个周期，绝不会处于永远停滞或一直上升的状态。[23]

在《崩溃：社会如何选择成败兴亡》（*Collapse*）一书中，贾雷德·戴蒙德（Jared Diamond）探讨了诸如环境退化和竞争等因素如何加速一个社会的灭亡。[24] 但戴蒙德所说的崩溃，实际上是关于社会本质不断变化的几个极端例子。最重要的是，当用这个词来表示一个社会的突然终结，而不是一场惨淡的经济衰退时，这样的崩溃更准确地说是一种分裂。尽管团队社会和部落属于不同的社会类型，虽然让国家和酋邦分解的具体做法复杂，但往往导致我们可以预测的分裂后果。这些分裂最终必然发生，不管该社会的资源如何丰富。更确切地说，酋邦和国家吸收外来者的方式，使它们很可能沿着地图上大致符合其过去驻军情况的界线分裂，这反映出生活在该国领土上那些地区的成员属于不同的民族，即使政治和地形因素以及不时发生的战争可能影响这些界线的最终划分。[25] 例如，当一个玛雅文明崩溃时，当初组成社会的那些家庭不但会重新溜回丛林，而且肯定不会分散在广袤的区域各自生活，也不会在“崩溃”一词所暗示的漫长时间内逐渐消失。一般来说，这只相当于一个国王垮台而已。此时社会上层消失了，以前神圣并具有象征意义的物品以及公共工程会经常遭到人们的亵渎。[26] 而那些边远地区由于在遥远的年代就被征服了，现在终于重获自由，于是当初的社会首领们被晾在一边，成了名副其实的光杆司令。比如在西班牙人到来之前的几十年里，最后一个玛雅王国——玛雅邦（Mayapan）解体，留下了 16 个小型的国家社会。[27]

征服和分裂总是在历史上交替进行。如果西班牙人晚一个世纪到达墨西哥，那么在社会循环的另一个时间点上，他们很可能会遇到另一个像玛雅邦一样的玛雅帝国重生；或者，如果最近的社会崩溃特别严重的话，他们也可能遇到一些从事农业生产的孤立村庄。在前一种情况下，那里的宫殿、寺庙和艺术，会远远超过他们这辈子看到的其他任何东西，足以让他们目瞪口呆、惊愕不已。但是每当社会对劳动力丧失控制以及基本供给枯竭时，这些公共工程都会遭到人为破坏。因此，社会崩溃后留下的一些小社会，只保存了少量精简的文化遗产，虽然他们的宫殿通常仍然留在先前的土地上，但他们由于有更多的农村人口，因此将不再有资源和人力来维持这些宫殿以前的辉煌，在极端情况下，人们甚至可能轮换着从事农业生产和狩猎 – 采集活动。[28]

连罗马帝国最终也分裂为许多小国。这些小国得以保全，它们将权力下放给贵族，逐渐形成了一种封建制度，而这种社会组织形式在许多方面的功能就相当于一个酋邦。[29] 在这一点上，从人们对一个更大群体的认同感来看，社会似乎已经在欧洲大部分地区丧失了影响力。然而，人们经过仔细研究发现，当地贵族虽然削弱了农民对封地以外地区的归属感，但这种归属感并没有完全消失。这些国家在中世纪以及中世纪之后能够迅速崛起，反映了人们如何恢复一种久违的团结感觉。[30]

征服和解体的社会周期中表现得很明显。历史中充斥着这样的记录：一些酋邦和国家由于扩张得范围太广而无法控制自己的领土，结果出现社会成员以及社会财产先得后失的情况。耶鲁大学历史学家保罗·肯尼迪（Paul Kennedy）将这种现象称为“帝国主义的过度扩张”，尽管这一现象根本不是针对帝国，而是描述一些社会由于野心过度膨胀，结果导致自己反而被侵略和内战拖垮的。[31] 在发生这类事情时，经济因素至关重要。对遥远民族加以控制，相当于进行一场代价昂贵的后勤考验。边远地区的人口到底给国家带来的是利益还是麻烦，二者之间的差别很小，难以分辨。其中的原因在于：他们要么与征服者争夺资源，要么未能给社会做出相应的贡献，以回报征服者的付出。此外，这些地方很少获得足够的奖励来抵消征服者从中获取的资源，而这种不平衡现象会加剧当地人民对征服者的不满。那些负担过重的家庭可能会潜入穷乡僻壤，过上一种像难民一样的生活，让政府对他们的管辖鞭长莫及。然而，无数的历史案例证明，那些选择坚守自己土地的人群最终赢得了独立，只不过一些是通过征服者的自愿退出，另一些则是经过艰苦的斗争。

另一方面，最具异国情调、最令人向往的商品往往来自截然不同、相距遥远的社会。在某种程度上，现实的选择是从征服转向商业，这是一个导致出现丝绸之路和现代贸易网络的战略举措。[32]

此外，还有其他一些规模宏大的模式。美索不达米亚以及中美洲的情况和欧洲很相似：聚集在一个地理区域内的许多国家，由于彼此之间的贸易交往，加上它们过去因征服战争而形成的历史联系，具有了很多共同点。但无论是每个社会，还是这些地区共性，都有可能走向灭绝。苏美尔、阿卡迪亚、巴比伦、亚述，以及底格里斯－幼发拉底河流域周围的其他一些国家，在历史舞台上先后粉墨登场又相继谢幕。尽管如此，它们都展示出一些被我们称为美索不达米亚的共同线索，有着重叠的艺术风格并信奉多神宗教。然后，在公元 1 世纪，经过 3000 年的辉煌，美索不达米亚的文化传统、政治组织和民族语言几乎完全消失了。它们是由于遭受南部和西部游牧民族的入侵而陨落的，只对中东现代人口留下了一些细微影响。[33]

这一切都是一场以超慢动作进行的狂野之旅。每个社会的兴衰浮沉都会给当地人口留下印记，产生一种新的文化混合成分。被征服的人民重新获得自由后，可以回归他们祖先的生活方式，但这些生活方式已经稍有改变，不可能和以前完全一样了。他们参与其中的那个更大的社会也会留下自己的印记，因为他们已经学习了这个大社会的语言，或者接受了那些曾经掌权的阶层的一些信仰。在一片广阔的地理区域（例如，整个中美洲曾被许多连续的玛雅文明所占据），人们保留了他们过去曾结合在一起的证据，从而让他们的身份变得越来越相似。如此的文化重叠，将使下一轮对他们的征服和统治变得更加容易。

过去社会留下的印记也可以解释世界地理出现的某些奇怪表现。例如，生活在南美洲雨林中并且关系非常疏远的民族之间有着相似的手艺、传统和语言，这很难用贸易加以解释。他们的混合文化可能是某些强大酋邦留下的标志，这些酋邦虽然现在已经消失，但当初它们曾占据统治地位并重塑了许多民族的身份。考古学家安娜 · 罗斯福（Anna Roosevelt）是西奥多 · 罗斯福的曾孙女，她认为亚马孙河流域曾经出现过一些城市中心。这些城市存在的证据，比如我在苏里南看到的史前运河，就埋在一块绿色的地毯下面。[34]

国家的进步与倒退

至少在 20 世纪，大多数战争都是发生在社会内部，其目的经常是企图残酷地破坏当前社会，而不是扩大其影响范围。[35] 导致早期人类社会分裂的那些因素至今仍在发挥作用。因为在国家的建立和分裂当中，身份问题仍然是关键因素，但其中已经出现了一个重要区别。一个团队社会的分裂是从零开始并很快遍及整个社会，这是由社会成员之间沟通不畅造成的，尽管该社会在形成之初，其成员几乎完全相同。社会成员从无到有地形成一些派系，而这在部落产生不久时是很难预料的情况。然而，对于当今的国家来说，许多派系都是由一些群体形成的，而这些群体的特征可以追溯到遥远的过去，甚至早于这个国家的诞生。像苏格兰人或加泰罗尼亚人这样为独立而战的人们，不仅关心政治和经济利益，而且有一个重要的心理驱动力：他们认为如果回归原始状态，就能保持自己独特的身份特征。

如果从心理学的角度来研究这种说法，其实是很有意思的。对于自己群体中出现的分裂现象，早期人类反应非常迟钝，直到这种分裂给群体成员造成危机他们才注意到事态的严重性。但是在这个社会诞生之时，这些成员的祖先则认为他们之间原本彼此平等。相比之下，一个国家的公民可以对许多分离活动做出回应，并立即将自己的注意力集中在这些顽固的外来者那陈旧的社会差异上，而这种做法有时会使积累了长达几个世纪的矛盾冲突重新凸显出来。很可能，负面的刻板印象会浮出水面，这些观念至少可以粗略地追溯到那些人属于不同社会的时期。

今天的分离主义团体利用这些刻板印象确实煽动出强烈的情绪效应，因为这些符号与他们的过去有着意义深远的联系，能使他们的人民在困难面前保持团结，或者加速他们的分裂进程。[36] 比如，南斯拉夫解体为几个部分。这些部分恢复了自己人民以前重视的国歌、旗帜和节日，他们还当场决定给这些社会标记增添一些新的因素。这些革命性举措可以追溯到狩猎－采集者的历史：他们在经历分裂的创伤之后，曾经迅速分化以建立起彼此之间的差异。[37] 但是，恢复使用历史悠久的标记是一种简单粗暴但见效甚快的方式，可以激发人民对新铸造的独立燃起热情。

正如玛雅等早期国家社会解体所发生的情况那样，在分裂之后产生的部分里面生活，人们获得的社会资源往往比他们先前作为更大国家的成员时更少。除非分裂之前的政权对人们进行了极端的压迫，否则这种社会分裂会使成员们的生活在经济上发生倒退。今天，分裂出去的部分如果得不到外部援助，其恢复过程就会非常缓慢——比如在前南斯拉夫的例子中，分裂出来的波斯尼亚和科索沃，在经济上一直处于低迷状态。不过，我的感觉是，人们与新社会之间的强烈的认同感可以抵消他们在生活质量方面的任何损失。何况，被迫服从一个相距遥远的统治者往往也会导致本地资源的大量流失。幸运的是，社会存在的基本核心，如当地社区对个人和家庭所提供的社会支持，似乎对社会的兴衰具有很强的适应性。因此，虽然一个团队社会的分裂可能会对所有成员产生同样的影响，但是一个国家的分裂对强权者来说是一个打击，但对其他人来说，产生的影响就会小得多了。

在所有这些问题上，地理才是真正的决定性因素。要使分裂成功，冲突人群通常必须在该国领土的某一特定区域居住，他们通常将其称为自己的一个古老家园。这意味着这场分裂最终发生在两片人烟稠密的地区之间，那里居住的族群都曾建立自己的社会。然而，不同地方之间的身份转移仍然会产生影响，就像当初在狩猎－采集者团队中出现的情况一样。在每个国家，这些变化都产生了地域文化，对包括从烹饪到政治在内的各种事物都产生了影响。然而，即使有人故意夸大，这种地理差异本身将造成一个国家的分裂的可能性也相对较小。

例如，推动美国内战的决定性因素是奴隶制，而不是关于身份引发的问题。当时，大多数南方人认为自己才是正统的美国人。我们现在所认为的南方文化，其实只是在战争结束后才让人引以为豪的。在内战中，南方知识分子确实在宣扬南方生活方式的优越性，以此激发出一种地区内部的归属感，包括声称南方的白人是他们自己的族群，是拥有高贵血统的英国后裔，认为他们比美国的北方人能更坚定地坚持美国的建国原则。[38] 然而，他们对南方共性的呼吁没有产生多大影响，许多南方人对社会分裂的敏感程度不一样，其实他们受到的来自南部联邦的鼓舞并不比保卫自己家庭的义务更强烈。因此南方与北方分裂之后，缺乏一个获得高度认同的身份感，这是南部联邦为保持统一而战的关键因素，并且正是这一因素的缺失，最终导致其在内战中失败。[39]

虽然许多导致国家分裂的重点都是身份问题，其中包括重新主张自己以前的领土权利，这方面的一个很好的例子是在 1905 年，挪威最终有惊无险地从瑞典分离出去。当然也有例外，但政治问题可以发挥作用，创造出与以前任何自治团体没有任何联系的国家。[40] 当委内瑞拉和巴拿马分别于 1830 年和 1903 年从哥伦比亚（原来的大哥伦比亚共和国）撤军时，两国不相互开放加剧了它们在政治上的分歧。结果，它们各自成了独立的国家，而两国人民也未能以体面的方式来进行遗产分割。此外，外部力量也可以起到重要的作用。巴基斯坦和孟加拉国主要是在人为力量下与印度分裂，而这是由英国与在 1947 年之前英国控制该地区期间所建立的各个公国的统治者进行谈判而取得的结果。

在其他情况下，殖民主义引入的新奇事物也是一个作用因素。这可以说反映了厄立特里亚（Eritrea）与文化上更为传统的埃塞俄比亚（Ethiopia）分离的情况：在其他方面具有类似之处的厄立特里亚人在二战后被埃塞俄比亚吞并时，已经被多年的意大利文化和统治所塑造并影响。但他们在 1991 年才赢得了独立战争。

没有一个社会能够持续下去，除非其社会成员觉得自己生活在该社会中具有重要意义。即使暴君的独裁统治能使机能失调的国家在一段时间内保持完好，但那些对群体几乎没有依附感的成员则显然没有那么坚定和勤勉。[41] 苏联就是这样的一个例子，其立国还不到一个世纪，就开始走下坡路。同南斯拉夫一样，苏联也分裂成了一些国家，如拉脱维亚、爱沙尼亚、立陶宛、亚美尼亚和格鲁吉亚，它们都是历史延续性特别深厚的联盟共和国。[42]

考古学家乔伊斯·马库斯（Joyce Marcus）发现，古代国家社会的统治时期是有限的，通常在2到5个世纪之间。[43] 这个时间周期表明，国家不会比狩猎–采集者团队社会更持久，因为有证据显示，后者的生命周期也会长达几个世纪。那我们有必要问：既然国家实施了控制，提供了服务，并改善了信息交流，以便让公民相互了解什么才是正确的行为规范，那为什么国家的寿命不能变得更长呢？尽管生活在一个国家社会有好处，但其中有一个缺陷一再出现，而这正如一位考古学家所宣称的那样，国家是“一些摇摇欲坠的装置，连当初的制造者们也只是对其一知半解”。[44] 法庭、市场、水利工程等必须以某种形式存在，但这并不意味着人们总是能处理好它们之间的关系。关于人民对国家和彼此的热爱产生于何处以及应当如何对其进行管理，创建者们其实理解得很肤浅。但他们就基于自己的这些浅薄知识而拼凑出一个国家大厦的主体框架。只要社会成员觉得他们拥有共同身份和共同目标，国家就可以在不使用不当武力的情况下得以长治久安。然而，随着征服活动进入人类历史，在整个社会中形成令人满意的团结局面变得越来越困难。身份标记会发生剧烈变化，使得成员们为实现他们各自的社会目标而奋斗不已，而这些奋斗目标往往又相互冲突。[45]

我在前文已经提到，在其他动物当中，大规模地容纳外来者是从未出现过的一种现象。其他脊椎动物社会最多会偶尔接纳几只落单的交配对象或流浪的同类。在人类社会中，把外国人作为一个阶层纳入自己的社会始于蓄养俘虏和奴隶，但其加速发展则是通过全盘吸收整个外来人群，但这并非通过欣然的合并，而是诉诸武力。随着时间的推移，国家社会出现了，它能够更好地管理和控制社会内部的各种人口，包括我们现在所认为的种族和族群。我们将在下一章中讨论这些人口如何相处。我们已经知道，国家社会的寿命短暂，它们要想继续存在，就必须在摇摇欲坠的结构和迥然互异的民众面前发挥自己的作用。要想获得成功，国家社会需要保持自己作为集体的声望，因为在所有身份标记中，社会成员对其最为珍视。这意味着一个国家必须赋予公民一种自己与其他社会成员荣辱与共、休戚相关的意识，尽管在社会吸收外来者之后，社会成员之间往往呈现出明显的差异。在这一点上，接受统治和控制就起到了关键作用。

第九部分

从俘虏到邻居……再到全球公民？

第二十四章

—

族群的崛起

我从自己在布鲁克林的公寓楼走出来，在路上遇到很多青年男女。他们有的在遛狗，有的则赶地铁到曼哈顿。我在一个拐角转身踏上大西洋大道，这时就可以看到萨哈迪商场，它是一家百年老店，散发着新鲜香料和地中海美食的味道。此处到处都是中东的餐馆和市场，阿拉伯裔的美国公民可以轻松地在他们祖先的语言和美国英语之间自由转换。我在自己最喜欢的一家咖啡馆坐了下来，周围有两对非洲裔美国夫妇和一个阿拉伯裔美国家庭，此外在我身边的小圆桌旁，一个墨西哥裔美国男子正在与几个白人交谈。

对于一个纽约人来说，这种场景在日常生活中比比皆是。然而，从1万年前的一个狩猎－采集者的角度来看，像我这样在春天里惬意地享受生活，简直会让他觉得不可思议。因为大量不同的人群能够融合在一起，这是人类社会历史上出现的唯一一次最激进的创新。它给社会提供了一种选择，可以把以前彼此分离，并且常常处于敌对关系的群体吸收进来并创造族群（ethnicity），即那些以前曾建立过自己的社会，但现在已经聚在同一个新社会里共同生活的群体（而且，随着时间的推移，他们通常全心全意地把自己视为这个新社会的成员）。虽然并非每个人都生活在像我周围那些截然不同的族群里，但今天的所有社会，甚至那些人口明显相同的社会，从列支敦士登和摩纳哥这样的小国家到日本和中国这样的人口大国，它们的社会成员都是不同人群的混合体；只不过几个世纪以来，其公民之间的区别已经变得有些模糊了。几千年来发生的其他激进变化，从政治创新到新的宗教信仰，再到科学成就，与人类对不同群体的接纳和融合相比，都需要做出一些细微的调整。

在酋邦和最早出现的一批国家里面，混合人口不可能成为我们今天所认为的族群和种族。当时，征服者和被征服者在身份上的差异微乎其微。此外更可能的情况是，他们只是来自同一部落的相邻村庄，即曾经是自治的人群，但如今在政治上融于一体。不过，只要扩大到足够的范围，一个酋邦或国家社会不仅会接纳不同社会的人民，而且会接纳具有不同语言和文化传统的群体。社会成员显著的差异虽然给沟通和管理带来了挑战，但也带来了优势：被征服者具有明显的身份标记，不会和别人弄混，因此可以对他们区别对待。至于新成员的福利在道义上就没有那么必要了。事实上，根据某些定义，一个帝国就是足以对有着不同语言和文化背景的人民进行控制的国家，所以，一旦在国外的征服活动发展迅猛，这一战略将导致国家成为殖民主义。[1]

随着越来越多的成员加入社会，在社会生活中遇到自己不熟悉的成员已经成为一个不可避免的现象。社会里挤满了人，其中大多数是陌生人。更奇怪的是，这些陌生成员，无论表现得多么千差万别，都可以被别的社会成员视为自己的同胞。社会如何协调这些多样性，并把它们变成我们作为社会成员的特征？

控制

“人们被征服，融入各个行省，并在适当的时候，成为一个完整帝国的社会成员。”一个对罗马帝国中所出现的种族主义进行研究的文献告诉我们，“这先得有一个民族解体和分化的过程。”[2] 但在外国人大量涌入的过程中，社会人口可能会转变成彼此互动良好的族群。然而，这并不是所有社会都会发生的情况。从我们对印加帝国的研究中可以看出以下几点。

印加人成功的原因之一是他们利用被征服民族的现有政治和社会结构来统治他们。他们没有试图改变被征服人们的生活，而是试图保持他们社会的连续性，使他们的生活尽可能不受干扰……他们授予被征服人群的领导人在政府中的权威地位，让他们享有较高的社会地位，并尊重他们原来人群的宗教信仰和风俗习惯。作为回报，印加人期望被征服的人民努力为自己生产食物、布料、陶器、建筑和其他大大小小的各种物品，成为既忠心又顺服的臣民。[3]

被印加帝国征服的人民基本上保留了他们作为独立社会的身份。从这一点上，你也许以为印加人对战败者的态度不如罗马人那么专横霸道，但我相信这是误解了什么才是一种严厉的间接统治形式。虽然被征服的人民从印加帝国得到了一些食物和货物，但印加大部分省份的居民在帝国内部都没有真正的社会地位。他们几乎与普通的印加人没有接触，也被禁止模仿他们的领主。他们由于继续保留着外国身份而遭到社会的排斥，这些不幸的人群终其一生都被完全当成赤裸裸的异族分子。

如果印加人选择让被征服的人群融入更广泛的社会，就像罗马和古代中国最终对许多被征服省份的人民所做的那样，那么这些人可能不仅仅是把自己当成印加帝国的社会成员，而且还会视其他印加人为同胞，甚至为帝国的存在而感到骄傲——尽管他们在帝国中仍然没有享受到完全平等的待遇。事实上，边远省份的居民被武力征服，喜欢造反的村庄被军队击溃，不守规矩的村庄被迁移到家乡以外的边远土地，这么做是为了保证他们服从管理。这样做可能带来的唯一好处就是保护他们免受其他人群的欺凌，因为印加人会在他们的领土之外击退敢于入侵的外来部落。或许有人以为：生活在边境地区的人口可能更愿意向他们已经熟悉的敌人低头。没有什么比拥有一个共同的敌人更能让人们团结一致了，这种情况千真万确，无论这些人群是必须相互依赖以保证安全的独立社会，或者是被同一社会完全接受的群体，还是遍及帝国大部分地区、长期深受上层阶级欺压的印加居民。

毫无疑问，这个系统很奏效。当西班牙人在 16 世纪到达秘鲁时，他们居然遇见了一个拥有 1400 万人口的大帝国。这可是一项了不起的成就，因为印加在一个多世纪前只不过是一个牧民部落（尽管这个部落的优势在于它能够在本地一些早期王国的基础上建立自己的社会）。然而，对于一个国家来说，将其内部的小群体边缘化是一回事，就像美国后来对原住民部落所做的那样；要统治一个文明则是另一回事，因为来自该文明的大部分人口对国家统治者都心存抵触，不想认同他们的统治地位。如果印加帝国不能通过激励各省人民支持统治阶级来巩固他们在地方的统治，我真怀疑印加帝国的统治能够保持多长的时间。

通过对印加帝国和罗马帝国管理社会的方法进行比较，我们可以看到二者在控制臣民方面，排挤打击被征服者与将他们融入征服者社会这两种方法之间的区别。首先，在社会被征服之后，被驯服的地方领导人经常得以保留原位。他们因监督从自己的人民那里提取商品以及服务而得到丰厚的报酬，但他们自己的人民却几乎没有从中获得任何好处。另一种选择是，当地人口可以加入征服者的社会，期望即使自己最初处于劣势，也会慢慢成为该社会的一分子。在这种情况下，中央政府通常负责管理他们的需求，以此作为对他们提供商品和服务的回报。这样循环下去：人民融入得越彻底，他们的忠心和身份就越是得以重塑，以前的政府也越是遭到瓦解，而他们也就越难摆脱征服者的统治。

国家社会曾尝试多种方法，包括残酷的统治以及慷慨的合并，这取决于人民的温顺程度，还有可以用更少的约束赋予他们更高地位所产生的效益。罗马人忍受了帝国各地自由出生的社会成员在文化和宗教上呈现的多样性。[4] 然而，他们仍然对一些不服管教的边境地区，比如某些非洲地区，实行严格控制，同时吸纳像英国人这样能够勉强服从的民族。[5] 一个国家的战略也可能随着时间的推移而发生改变。几个世纪以来，日本人一直与北海道岛的阿伊努（Ainu）狩猎－采集者有矛盾，在某些方面试图胁迫他们放弃自己的生活方式，与普通民众保持一致，而在其他时候则把他们与别的社会成员严格隔离。[6]

中国次大陆让人很感兴趣，原因是在那里的征服活动开始得很早，并取得了巨大的成功，最终让现在的中国人，或者汉族人（他们占据目前中国总人口的 90%）的表现几乎完全一致。这样大规模的改变可归因于中国早期王朝的政策，即任何人都被允许使用他们的文化、文字，有时还包括他们的语言。这一传统可以追溯到孔子，他提倡：人们只要致力于学习汉族人的生活方式就可以成为汉族人。[7]

考古学家根据古代文献中提供的证据，以及从建筑到漆器等各个方面所表现出的身份变化情况，梳理出秦朝（公元前 221 年至公元前 206 年）和汉朝（公元前 206 年至公元 220 年）是如何将大部分现代中国结合在一起的。[8] 与罗马人不同，因为罗马人向他们的臣民提供了管道铺设、照明设备和其他基础设施等各种改进手段，中国的王朝几乎没有给边远地区的民众带来生活质量上的改善，而是更多地依赖他们的军事力量来镇压边境人民不断爆发的起义活动。

秦朝和汉朝使用的一些战术，在世界各地的许多领土扩张中都很常见。两个朝代都致力于统一离它们首都最近的地区，而两个都城据说都位于最初汉族在北方的诞生地附近。他们鼓励自己信任的臣民去这些地区进行管理，以此确保汉族文化处于优势地位。在当时的中国各地，最富有的社会成员会首先意识到教育子女学习汉族风俗的重要性。几个世纪以来，这种教育逐渐渗透到社会各个阶层，到了 14 世纪的明朝时期，这就使人们对汉族有了广泛的认同。各个王朝倾向于关注交通发达地区，这可以解释为什么它们一再失去对最偏远地区的控制，包括后来成为韩国和越南的那些地区。

在国家边界内有一些土生土长的小社会，而这些王朝未能将其纳入主流社会当中。通常，这些人群居住在不适合耕种的山区，因此征服他们几乎不会产生任何回报。但当权者仍将这些生活在边远地区的百姓视为蛮夷之族，这也反映了日本人普遍把阿伊努人看成低等民族的心态。[9] 当时有一项不成文的政策，就是要保持这些“野蛮人”的语言和习俗完好无损。到了 16 世纪，明王朝甚至把叛逆的苗族人关在他们的山寨里，像任何统治者一样对他们和其他民族进行镇压。[10] 通过保留他们的身份，这些被边缘化的民族对中央王朝所起的作用就相当于内地省份对印加帝国的作用，或者奴隶对切罗基人等社会的作用。因此，希腊诗坛的巨擘康斯坦丁·卡瓦菲（Constantine Cavafy）这样发问就很有道理:“如果没有‘野蛮人’,我们的生活会怎么样?他们，那些人，给我们提供了一种解决办法。”[11] 其实，仅“野蛮人”的存在价值，就可以帮助我们发现什么才是正确的答案。

同化

我们现在还不清楚的是，这些联合社会之间的互动关系是如何从奴役或征服重新调整为不再需要武力的互利关系的。在这种调整过程中，社会出现了，尽管存在种种社会鸿沟，它们仍能激发出像以前生活在小社会中的成员所表现出来的那种忠诚感。不知何故，人们不得不接受那些有着不相容身份的外来者，即使如我们所见，社会对这种结合表现出强烈的排斥，就像一个躯体会拒绝与自己免疫特性不匹配的皮肤移植一样。我把这些合并的成功看作人类社会发展的结果，是为实现一个新的目的而将其合并在一起的：虽然人们不能简单地将一种身份换成另一种身份，但他们的标记系统，以及这些标记的部署方式，总是必须具有可塑性，这样人类才能适应其社会中长期存在的变化情况。

在前面几章描述人类心理学时，我曾假设：对一个社会中不同族群和种族进行研究的结果，可以外推到他们对外来社会成员的态度上。但这一推理暗示可能也存在相反的情况：我们的祖先进化的与外部社会互动的心理工具已经进行了增添和重新配置，可以让一个社会的族群和种族共存。看一下这些可能是怎么发生的。人类对自己的社会引以为豪，这反映出他们对自己社会的特殊性以及他们与外国人之间所存在的身份差异的一种认知。当征服者部落开始把这些外来者带进自己的社会时，先前用来对外来群体进行区分和回应的那些同样的心理反应，将迫使人们采取行动，以弄清同一个社会中族群之间的关系。如果他们对此产生了积极正面的理解，那么一个社会、一个族群或一个种族的成员可以在许多方面享受同等待遇。然而，这里出现了一个重要的区别。此时，各个族群已经开始把自己的部分身份和社会义务投资到他们正置身其中的更大社会中。因此在某种程度上，这些群体表现得就像“社会的社会”。

在我们叙述的最后阶段，人类已经走上了一条在自然界中鲜有同例的道路。这种“社会中的社会”的复杂性最接近抹香鲸的跨洋种群，其中每一种群都包含数百个由少数成年雌鲸和幼鲸组成的单位社会。然而，这样比较得出的相似性还很肤浅。抹香鲸的单位社会之间，无论在行为举止还是权力关系上都没有区别，而人类社会中的族群却在这方面存在差别。生活在同一个种群给抹香鲸提供了一种机会，可以让它们的单位社会联合起来捕杀猎物，从而让它们都会的觅食方法更有效地发挥作用，单位社会实现的功能也只是如此而已。相比之下，族群差异则渗透到人类生活的各个方面。

如果在更大的社会里，族群之间要相互取悦，那么他们在前进的道路上就得把自己的身份很好地统一起来，这足以忽略彼此之间的任何差异所带来的困扰。由于不同族群之间的差异，就像不同社会之间的差异一样，以影响行为和外表的标记物的形式体现在人们的身体上，所以，如果要把外来者嫁接进一个社会，那接纳这些人的社会就要求他们适应当地成员身上的“书写”方式。也就是说，要对外来人群进行同化作用。[12]

当需要跨越巨大的文化距离，并且人民有足够的人数和资源进行反击时，同化就变得更具有挑战性，这一阻碍甚至可以阻止帝国扩张的步伐。正如我将要描述的那样，同化往往以一种特殊的方式发生，因为外来者进入一个社会的方式保证了每个社会在很大程度上都只能围绕着一个族群团结起来。此外，情况几乎总是以如下方式发展：这个占主导地位的群体建立了该社会，最初占据着它的中心地带，并攀登上了生存巨链的顶端，而相比之下，别的群体显然不具有这种优势，因此会遭受来自他们的偏见。[13]

大部分权力掌握在这一核心群体的手中，尤其是其中的领袖和贵族，他们大多是占主导地位的群体，倾向于支持其自身的利益。因此同化是呈不对称形式发展的。

其他人群有责任遵守主流文化。事实上，从此处开始，我将在行文中频繁使用“族群”（ethnicity）这一词，因为它也往往用于日常实践，但描述的不是占主导地位的人群，而是地位较低的那些群体。主导群体可以强迫这些族群融入其中，或者，如果一个族群发现这些变化有利于自己，他们也可以主动采取行动。通常，在现实生活中这两种形式都会存在。此外，社会也会对其他族群产生一些同化作用。无论这些变化是强制的还是自愿的，在新来者了解社会对他们寄予的期望的同时，占主导地位的人群一般有必要表现出比印加人还要宽容的态度。[14]

这一点也不奇怪。狩猎－采集者团队中已通过婚姻而进入另一个社会的个体成员也必须进行同样的调整：他也将在收留自己的社会所允许的范围内行动。在此之前，当地人不得不容忍新来者所表现出的某些奇特行为。同化整个群体成员很可能起源于这样一种选择性的迁移：孤独的个体寻求成为另一个社会的成员。这种迁移活动在动物中广泛存在，并且在我们人类的整个进化历史当中一定也会发生同样的情况。

一个族群要融入社会，就绝对要遏制任何可能导致其成员被打上“害群之马”烙印的东西，比如不得继续保留主流文化认为不道德或应受到谴责的传统。1884 年，加拿大政府禁止太平洋西北部的印第安人举办冬季赠礼节，并宣布这样做既浪费又不文明，而这只是其中无数例子之一。占统治地位的社会成员总是通过强制落实可接受的行为标准，并让那些“野蛮人”屈从于自己为他们安排的社会地位来“教化”那些“野蛮人”，而“野蛮人”其实在美国是用来描述美洲印第安人的，尽管这种歧视情绪早在出现历史记载之前就已经存在了。比如，哥伦布乘坐圣玛丽亚号到达新大陆，他在上岸的当天就发现了那里有奴隶存在，而美洲原住民则认为自己蓄养俘虏是为了“驯服”他们。[15]

虽然这种“教化”行为比起冬季赠礼节来说，没有那么引人注目，但是清除自己与其他族群之间的边界永远不会成为一个占统治地位的人群的努力目标。同化的最终结果是出现一种融合，但这种融合不会导致人们丧失自己的独立身份。相反，曾经代表一个独立社会的身份，会在某种程度上依照主导群体的形象进行重塑。

我之所以说“在某种程度上”，是因为如果下属群体的古怪行为让占统治地位的人群感到不舒服，那么他们也会过度要求对方和自己保持一致。事实上，族群之间太多的相似性会侵犯人们维护价值差异的愿望，最终使偏见愈演愈烈。同样，过多的同化活动也会破坏一个族群的自尊。[16] 因此，虽然占统治地位的群体主导着同化作用的发展方向，但其他族群的观点也会在其中起作用。满足当权者的期望可以提高一个族群的地位，或者至少提高其合法性，不过前提是该族群的人口能保持足够的独特性，但又不至于侵犯统治人群的特殊身份。因此，犹太人成为纳粹的迫害目标并不是因为他们无法融入德国文化，相反，其中至少部分原因是他们虽然被认为具有独特性，但在很多时候又不能与其他德国人区分开来。而他们的分枝烛台①以及犹太洁食②在关上门之后，别人就看不见了。这种不确定性加剧了人们对犹太人利用同化来隐藏财富、影响力以及恶毒意图的恐惧。[17] 这样看来，犹太人对主流文

① 分枝烛台（Menorahs）：尤指犹太教七分枝烛台或犹太圣节用九分枝烛台。——译者注

② 犹太洁食（kosher diets）：根据犹太教规而准备的清洁食物。——译者注

化的精通，就像他们身上所呈现出的独特性一样，反而使他们深受其害。

当然，每一个族群都对主导文化有一定的影响。当一个社会接受其美食、音乐和其他文化亮点时，该社会允许的界限就会被推开，就像同一个社会可以从其他社会引进这些元素一样。[18] 例如，在使边远地区罗马化的过程中，罗马也带走了当地人所能提供的最好的东西——香水、染料、香料和葡萄酒。[19] 但即使有了这些令人惊奇的族群特征，我们仍然可以提炼出一组共同的特征来描述生活在托托文化（toto）中的社会（例如加拿大的文化背景）。因为大多数社会已经不再由一种文化来定义，所以人们通常使用这一术语来描述那些多种文化并存的社会。相反，社会成员在比以往任何时候都更能容忍多样性的同时，又会再度重视他们之间的共同点。在美国和新加坡，丰富多样的族群本身就是产生民族性格的源泉。为了描述这种宽容或群体间的积极态度，心理学家们提到了一种通过全社会的共性来进行培养的超级身份。这种身份弱化了“我们与他们”（Us-versus-Them）之间的差异，从而使社会成员培养出具有包容性的“我们心态”（We mentality）。[20] 这是保障“社会的社会”发挥作用的必要前提。

可以肯定的是，即使丧失自尊不是一个问题，也不可能在族群之间出现完美的融合。与自己的族群背景刻意保持距离的人不但不会失去口音和其他族群特征，而且他们通常会下意识地坚持自己祖先的基本行为准则，并将其灌输给自己的子女。[21] 即使在漫长的历史长河中，人类群体几乎完全融合，不同世代之间的差异也会持续存在。对于中国的汉族而言，这个时间跨度长达 2000 年。正如在相距遥远的罗马各省人们被同化的程度各不相同一样，任何社会的当地人总是在有意无意之间给自己的身份烙上属于自己的独特印记，而其他成员也会注意到这一点。在中国最早出现的那些朝代里面，汉族人可能会把采用汉族方式的成员视为合法的汉族同胞，但他们肯定也会注意到这些同胞身上存在各种差异。从现有的证据来看，他们会觉得那些模仿汉人的成员低人一等，不过还是要比当时中国那些不是汉族的其他民族的成员地位稍高一点。[22]

在前文中，我曾就狩猎–采集者缺少与现代国家相关的社会管理基础设施，我们究竟该不该认为他们也建立了自己的国家而进行争论。事实上，根据许多学者的观点，国家是一个独立的群体，其成员具有相同的文化身份和历史。若果真如此，它就只能存在于狩猎–采集者生活的时代，因为当时的社会更加单一。[23] 而照此标准，如果我们审查得足够仔细，就会发现每一个国家社会都是一个族群混杂的地方。尽管如此，我仍将继续屈从于大家的共识，将今天的社会称为国家。

统治

主导群体对社会权力和身份的控制可以被合理地称为“创建者优势”（the founder advantage）。然而，对于占主导地位的群体成员来说，最重要的是分享这些作为创建者族群的身份特征，而不是把一个人的实际祖先追溯到这个国家诞生的时候。因此，尽管许多欧洲裔美国人的祖先在 1840 年后就来到美国，但高加索人仍然在美国占据主导地位。此外，几乎所有的非洲裔美国人都是在美国独立之前来到这里的奴隶们的后裔，也就是说，黑人家族的平均寿命比白人家族的平均寿命更长。[24] 据说，温斯顿 · 丘吉尔曾指出历史是由胜利者书写的。事实上，各国公布的经过精心编辑的历史使占统治地位的人民处于最优状态，并在很少考虑这些细节的情况下认同他们对权力和地位的主张。这也可以解释另一个现象：那些狩猎–采集者团队，由于信奉平等主义，所以对历史不感兴趣。

是什么让主导群体执掌大权？主导群体的成员通常在社会人口中占据多数。正如这个术语本身所暗示的那样，主导群体通常占据很大的比例，特别是在主导群体的原始领土上更是如此。然而，其他族群，或者说少数群体，有时也会构成主导群体，这是否表明处于上层阶级可能比单纯的人口数字更为重要？在曾经实行种族隔离的南非，情况就是如此。当时白人统治着非洲本土居民。而在“奴隶社会”中，这就表现为更直接的镇压。即使在早期希腊人社会中，受奴役的人数量也超过了自由民的数量。蒙古等游牧民族所创造的社会也是如此，他们利用自己游牧生活的技能来接管更大的农业社会。

一般来说，主导群体不太可能在当地人口超过自己数量的地方实施统治，因为他们自己的成员往往居住在其他省份。罗马帝国在首都就遇到这种情况：那里的奴隶比公民更多。罗马的奴隶来源广泛，无法与自由出生的人口区分开来，并且自由民也同样多种多样。政府在意识到给他们的仆人打上烙印会使他们的数字优势变得明显，从而助长了叛乱之后，就选择忽略这一做法。[25]人口较少但经济较为繁荣的少数群体也会被视为威胁。比如，生活在像马来西亚这些国家里的华人，以及生活在历史上不同时期的犹太人，都曾面临这种困境。

生活在边远地区的人民，可能与主导群体之间的差异最大，也最有可能摆脱中央政府的统治，但他们却很少能够翻身控制主导群体以及整个国家。于是，两位政治学家指出：“我们在这里面对的是一种几乎等同于牛顿定律的政治现象：除非受到外部力量的影响，否则掌权的机构往往会继续执掌大权。”[26] 这也表明统治阶级在保护自己的社会地位、控制警察和军队方面是多么有效。另一方面，这还证明了少数群体（即使人数众多，无论在地理还是文化上也通常都与主流社会差距甚大）要融入军队是多么困难。但也有他们成功推翻统治阶级的例子。其中一次发生在罗得西亚（Rhodesia），当时白人失去了统治地位，该国于 1980 年更名为津巴布韦，从而结束了多年的游击战争。这样的例外证明了一个规律：15 年前，白人从英国分离出来在这里实行殖民统治的时候还算是“多数群体”，但后来当地部落人口数量远远超过了这些白人，而人口数量上的差异使白人对权力的控制变得脆弱。

主导群体的控制范围从日常身份一直延伸到社会最为珍视的标记系统。这种对社会标记系统的全方位控制使得少数群体的地位变得岌岌可危。出生在美国的亚裔人可能会非常珍视美国国旗，但实验研究表明，人们更容易将美国国旗与白人联系起来，而不是将美国国旗与其他亚裔美国人联系起来。[27] 一项研究表明，即使一个少数群体成员的家族中有人在几代人以前是让人引以为傲的风云人物，他的后人在某种程度上仍会觉得自己“虽然身在祖国的土地上，却永远是一个外国人”。[28] 此外，“美国白人新教徒很少意识到他们自己也是一个族群。相反，他们认为自己是典型的美国人，而其他人才是少数群体。”社会学家米尔顿·戈登（Milton Gordon）如此写道。[29] 这就解释了主导人群最重要的特征是什么，以及为什么他们很少被称为族群。人数占优的人群比少数群体更能够把自己的独特个体充分表现出来，这就使属于少数群体的成员必须花更多的时间和精力，才能与自己的族群产生认同感。[30]

如果大多数人习惯将“他们的”国家与他们自己的人民联系在一起，而不是将这个国家与其他族群联系起来，那就会产生非常严重的后果。实验研究表明，主导群体成员往往认为少数群体对国家并不忠诚。[31] 由于人们可以逐渐接受别人一再重复的偏颇观点，而由此而生的不信任感，正好可以通过边缘化少数人群而引发令大众恐惧的行为。那些受到严重贬低丑化的群体成员可能会表现出他们被指控的那种样子，甚至在没有其他选择的时候，把犯罪视为自己的一个合理选择。[32] 少数群体对社会缺乏依赖，这除了他们不能与国家的标记和财富产生联系之外，上面所说的这种疏远行为也为他们的表现找到了另一种原因。[33]

我们甚至有理由得出结论，今天少数民族所扮演的角色是他们给主导人群提供了一个可供比较的基点，从而让主导人群觉得自己仍然是可以代表社会的“纯粹”成员。因此，当亚裔美国人被问到他们来自哪里时，他们会感到尴尬。与之相比，具有欧洲血统的美国人不会说自己来自像皮奥里亚（Peoria）这样的地方。（对这样一个回答的常见反应是：“不，你在跟我开玩笑呢，你到底来自哪里？”）[34] 社会成员会与最招非议的少数群体尽量保持距离。例如，亚洲人和高加索人结婚所生的混血儿，尽管仍会遭受歧视，但在社会上受到的待遇至少比那些有“黑人血统”的孩子要高一些。[35]

社会与主导人群之间的联系很深。我们可以请一个人来描述他（或她）自己国家的公民。这个人无论是男是女或属于什么种族，只要他（或她）来自美国，那么他（或她）的脑海中几乎总是浮现出一个白人男性的形象。[36] 英国政治思想家 T.H. 马歇尔在自己的著作中将公民身份表述成“被充分接受为社会成员的一份声明”。[37] 鉴于前文描述的多数人群所具有的优势，以及人类对族群和种族的心理反应，所以这个定义的关键在于我们对“充分”的理解。

地位

族群和种族之间的地位关系比仅仅接受多数人的统治更为复杂。从几十年到几百年的时间跨度来看，少数群体在生存巨链中的地位处于一种变动状态。[38] 地位的改变在社交网络中并不常见，并且在其他动物社会中也很少出现。一群狒狒中的雌性狒狒，偶尔会在与地位更高的雌性狒狒的争斗中胜出，这样它会得到更好的睡眠场所和更多的食物。[39] 但人类社会中的族群和种族很少通过这种简单粗暴的武力方式来改变彼此的等级地位。相反，他们的地位会随着社会对他们所持的看法的变化而变动。[40] 但并非同一族群的所有成员都是处于相同的社会地位。通常，由于一个社会地位已经有所提升的家庭更多地吸收了接纳他们的国家的身份特征，所以可能不会将之与其族群中最贫穷的成员或最近才迁来的新移民进行比较了。[41]

变化缓慢的一个原因与社会接受他们既定地位的方式有关，而不仅仅是由于来自当权者的影响。人们通常认为他们的族群和种族所处的地位是自然形成、不能改变且具有社会保障的，这与社会成员认为他们作为个体的社会地位是自己应得的一样。一个大家心照不宣的观点是：这个世界基本上还算公平公正，因此少数人群及其成员所遇到的麻烦也是他们咎由自取。[42] 正如一群顶尖的心理学家所说的那样："一般来说，人们并不怨恨特权者，也不同情弱者，而是认可明显的精英统治，并推断（群体享有的）较高的社会地位总是代表他们更有能力。"[43] 根据另一群研究者的说法："在特定的情况下，受苦最多的社会成员反而最不可能去质疑、挑战、拒绝或改变自己的处境。"[44]

这种信念所产生的力量不容否认。今天，对印度最低种姓的成员来说情况就是如此，对历史上任何屈从于自己命运的奴隶来说无疑也是如此。[45] 人们对社会地位的默认，肯定是历史上第一批酋邦和国家取得成功的关键。当初狩猎 – 采集者对外来者的那种谨慎、反感或厌恶，被重新定位到社会内部出现的阶级身上，其影响十分普遍，甚至连被压迫者也看不起和自己一样的成员。这样发展的结果，正如我们对心理学进行概述时所揭示的那样，就是出现族群共存的现象，尽管它们都在社会中会遭受歧视和侮辱。

事实上，社会之间也存在着类似于族群之间的那种权力差别，就像美国与包括印度和中国在内的一些新兴经济实体在世界舞台上争夺地位一样。当谈到作为一个族群或社会的低下地位时，俾格米人给我们提供了一个很好的例子。这些非洲人的地位曾经介于作为一个独立的狩猎 – 采集者社会和作为一个农业社会的少数群体的地位之间，而现在许多俾格米人仍然保留着这一身份。在他们进村帮人的季节里，他们完成了农民不愿做的苦活累活。这样长此以往，他们就变成了最初的流动工。他们与农民的关系证明，社会内部的族群互动还是保留了社会之间建立联盟的某些特色。尽管俾格米人彼此平等，就像狩猎 – 采集者们的习惯做法那样，此外，尽管农民们对俾格米人担任音乐家和萨满法师也持有很高的评价，但他们的社会地位到底如何，还是显而易见的。周围的农民有时说俾格米人"属于"他们自己的群体，因为俾格米人知道他们的去向并时刻留意他们的行踪。"在森林里，阿卡俾格米人唱歌、跳舞、做游戏，非常活跃和健谈。然而到了村子里，他们的举止发生了戏剧性的变化：他们走得很慢，很少说话，很少微笑，尽量避免与他人眼神接触。”人类学家巴里·休利特（Barry Hewlett）这样描述俾格米人所表现出的被驯服状态。这种描述会让灵长类动物学家立即联想到在有等级意识的狒狒中会出现类似行为，而我们其他人则将这种表现与人们对少数群体的威吓联系起来。[46]

俾格米人自愿扮演仆人的角色，以换取他们无法以其他方式获得的货物。一个社会中的少数群体似乎也有同样的动机来接受他们自己的立场。事实上，通过保持他们的独立性以及在他们愿意的时候返回森林的自由，俾格米人躲过了其他族群在被主导群体控制的社会里所一直面临的不平等待遇。众所周知，俾格米人的团队不会在一个熟悉的农村继续打工，而是选择与其他村庄建立新的联系。[47] 事实上，这些俾格米人只是把先前的主导群体换成另一个主导群体，因为后者可能与他们建立更好的关系。

一整群以前的外来者，或者说是一个族群，可以被一个社会所接受，并且其社会地位也可以有继续提升的机会，这或许可以追溯到人类为了在被奴役时能继续生存而进化出的一种反应能力。没有奴隶能像俾格米人那样通过改投社会来改善自己所遇到的糟糕情况，他们适应奴役的能力能帮助他们渡过难关，有时也可以让他们改善生活。在科曼奇部落中，奴隶在某种程度上可以被接纳为部落成员，因为他们由于接受了一些重要的社会标记而被认为获得了适当的人格，这意味着奴隶们要掌握科曼奇部落的风俗和语言。那些在儿童时期就被抓获并由科曼奇家庭抚养长大的外来者，在这方面表现得最突出。儿童之所以一直是理想的战利品，首先是因为他们很容易受控制，其次是由于他们的身份具有可塑性，他们能比成年人更完全地被同化（获得接受社会的成员资格）。[48] 事实上，根据一项研究，年轻人在 15 岁之前会经历一个关键时期，因为那时他们头脑最开放，最擅长吸收文化。[49] 然而，被一个家庭收养是一回事，被社会完全接纳则是另一回事，而后者仍是跨文化收养儿童必须面临的一个障碍。不过，一般来说，如果奴隶有机会被同化，那么他的下一代子女或再下一代子女就和当今国家的第二代或第三代公民一样会享受优待。[50] 科曼奇给奴隶们提供了一条捷径，但门槛很高。因为要成为一个真正的科曼奇人，并娶一个科曼奇女人，一个奴隶就必须在战场上表现得特别英勇。

一个奴隶是否能改变自身的社会地位，甚至成为一个真正的社会成员，这取决于他所在社会的行为规则。一些奴隶即使提升地位也只能成为更有身份、更有地位的奴隶，如奥斯曼帝国的奴隶；或者和在科曼奇部落中的情况一样，奴隶也有机会成为社会成员；甚至在某些时候，奴隶会演变成一个社会阶级。希腊人强调民主，但很少解放奴隶；与之相反，罗马人俘虏了许多奴隶，但很快就将他们解放。事实上，罗马奴隶比在罗马住了几代的外国人更容易获得公民身份。[51] 然而，以前的奴隶在提升地位的过程中可能会遭遇一些阻碍。过去的奴隶制在人们心里留下了挥之不去的惯性思维，比如今天的大多数人习惯把黑皮肤与奴隶联系在一起，可能就构成了这方面的一个障碍。如此一来，人们在社会地位上的形式改变，并不总是能给他们的社会生活带来实质改善。比如在美国内战之后，阻挠社会进步的因素出现了，因为很少有人雇用已经得以解放的奴隶，这最终造成许多奴隶的处境比他们被人奴役时更加悲惨。[52] 如今，社会接受少数人群并保障他们地位的障碍虽然不像以前那么困难，但并未完全消失。

整合

族群作为有价值的成员融入社会的过程，必须具有一个重要基础，即进行融合（integration）。我习惯用这个词语来描述一个原本分散居住的族群现在是如何与主导人群混合在一起的。即使是由几个村庄组成的简单酋邦，也不会总是允许人们之间轻易混合，相反，它会让人们分散居住在自己的村庄。让一个边远省份的成员离开他们自己的土地，而不是剥夺他们的身份让其变成奴隶，这意味着一种让步，因为统治阶级认为这种做法有潜在的风险，这种对社会内部人员的流动进行严格控制是不同寻常的举措。在动物王国，正常情况下，所有成员都可以在自己社会的领土范围内自由活动。然而在少数物种当中，社会成员们会将领地加以分割，比如一些草原犬鼠、雌性黑猩猩和宽吻海豚经常偏爱自己领土范围内的某些区域。团队社会往往比这些动物更喜欢把空间划分成一块块的小区域；其中每个团队坚守在领土上自己成员最熟悉的某个角落，将其作为团队的“家园”。但是，除了上述途径之外，个体成员还可以选择到领地的其他区域去生活。

随着社会规模扩大到可以接受外来群体并将他们转变为内部族群，人类的地域性就变得更加复杂。印加人强迫自己所征服的大多数人群彼此隔绝生活，并且他们还得居住在不同区域。通常情况下，只有因代表印加政府向自己族群成员收取贡品而具有很高地位的少数个体，才可以获准同印加帝国的社会名流打交道。即使是显得较为宽容的社会也不会总是允许少数群体自由出入其首都。大多数少数群体或所有的少数群体，尤其是出身卑微的成员，只能终生待在他们的出生地。为了获得在社会内部自由活动的权利，上述群体成员必须表现出一贯的忠诚和顺从，直到主导群体相信已经没有必要再对他们使用武力。少数群体会继续被强迫分开生活，直到他们被主导群体充分同化，并被认为已经完全值得信赖。但完成这些转变，需要主导群体仍然在和少数群体保持安全距离的前提下，允许他们学习并接受自己的社会文化。中国的古代王朝一直把省级臣民排除在皇城之外，直到他们已经被汉族文化充分同化。等到那时，那些边远的臣民可能已经对汉族人产生了一种“亲切感”。在这一过程中，他们为了被更广泛的社会成员所接受，会逐渐培养出一种对社会的忠诚感，从而让他们对社会事务的关心胜过对自己族群利益的关注。对于既宽容又自信的罗马人来说，社会融合往往先于族群同化，比如在他们的首都就生活着许多不同的族群。

然而，最终来说，允许一个族群从其起源地传播反而有助于巩固主导群体对社会的统治。分散的人群最终可能会比集中的人群更不容易对自己的群体产生认同感，在分散之后，他们表达自己意愿的声音也更微弱。同时，如果一个族群已经分散到自己的家园以外，那么主导人群就更容易控制该族群的发源地。当族群成员生活得非常分散或是与社会大众充分混合之后，社会中出现的不和谐程度将是最低的。[53] 在后一种情况下，由于社会鼓励族群整合，这种政策就为积极的互动和快速同化敞开了大门。主导群体的成员最好了解并适应生活在他们中间的外来者，这样这些外来者的存在就变得可以接受，并且不会带来威胁。而这些少数民族，如果坚持“就像生活在罗马时候”的准则，反过来改变自己去迎合社会对他们的期望，就可能因此而获得相应的社会地位。但如果二者之间没有进行这种直接接触，就不可能对彼此相互适应。然而，如果新来的社会成员不断涌来，而他们仍然坚持自己以前的生活习惯，那他们融入社会的速度就会被减慢。[54]

一个人如果长期居住在自己出生的省份，与让他作为一个自由个体而在主导群体中交际穿梭，这二者之间的差别是巨大的。我们很难界定这种融合现象出现的时间。虽然罗马帝国被视为对多元文化进行了早期实验，但在它之前的希腊文明仅对具有希腊血统的人群开放，而其他族群则被阻止在城市港口之外。[55] 至于像巴比伦这样的早期国家，根本没有证据表明来自边远省份的自由人是否能在主导人群中厮混而不受惩罚。

当然，整合并不意味着随机混合。比如特奥提瓦坎（Teotihuacan）古城，建于公元 100 年左右，靠近现在的墨西哥城，其中的一个人口聚居区被从更远的南方过来的萨巴特克人（Zapotec）所占领。[56] 在罗马，有证据表明犹太人和东方移民集中在某些外围地区，那当时该城一定是形形色色的族群聚集之地。[57] 几乎可以肯定的是，其他早期城市中也存在少数群体聚居区，尽管证据很少，很可能是因为不同群体居住的地区在城市生活中发生了变化，从而混淆了考古证据。[58] 事实上，有研究表明，随着时间的推移，现代族群人口会在本地以及更大区域范围内出现增长或收缩的趋势，从而动态表达国家身份在一个社会里的变化特征。[59]

然而，即使人们离开了他们原来的家园，空间隔离的痕迹依然存在。美国印第安人保留地是领土隔离的一种延续——因为一旦将被歧视的群体与普通民众隔离开来，部落成员也会因为占据有价值的土地而受到驱赶，除此之外，他们的行动也经常受到限制。[60] 实际上，一些城市中的中心社区也起到了隔离的作用。

并非所有的空间隔离都有负面效果，尤其是在繁荣程度和社会地位差别不大的群体之间，比如一个意大利工人阶级社区与一个西班牙工人阶级社区相邻时，情况就表现得十分明显：因为族群社区可以简单地反映出人们寻求相似人群的愿望。这种自我分类是个体选择所带来的一个让人意想不到的结果，而个体选择可以追溯到当初狩猎－采集者生活在社会团队时所进行的那种更隐晦的分类。[61] 虽然这种分类导致人与人之间的接触减少从而对其他社区不太了解，但是对现代社区进行研究的数据显示，只要社区之间保持积极的互动关系，就不会给人们的生活带来什么害处。[62] 然而，如果一个社区过于自给自足，导致居民只能和同类人群待在一起，那也会产生负面作用。在这种情况下，人群的封闭性会让别人觉得他们仍然是外国人，从而使其他社会成员产生怨恨的情绪。[63] 然而，即使在那时，族群社区也可以充当一块跳板，让新来的成员在避开文化冲击的同时，还能被主流社会同化，虽然这通常要经过几代人的努力才能实现。[64]

不同族群和种族的绝对融合使整合过程进一步发展，但其中也带来了一些危险。研究表明，减少种族隔离，无论是社会隔离还是地理隔离，都必须小心。主导群体的成员必须对非主流家庭敞开大门。他们必须对自己的身份和安全感有足够的自信，从而战胜自己对跨越城市边界、前来谋求发展的少数群体家庭所持有的提防心态。[65] 而对于少数群体家庭来说，勇敢地从自己的族群社区走出去，并投身于外面更大的社区，可以说既代表着一种社会推动力，同时也伴随着风险。不同人群之间的社会距离仍然值得尊重。社会学家罗伯特·帕克（Robert Park）敏锐地观察到，任何人如果过于急切地努力融入主导群体，反而有可能成为一个“边缘人”，并被别的社会成员抛弃，成为“一个生活在两个世界中的人，然而在这两个世界中，他或多或少都被视为一个陌生人”。[66]

无论族群和种族的空间分布和互动程度如何，它们都必须共同努力，使国家社会在人类的一生中都能发挥作用。在后面的几章中，我们将更详细地考虑这些相互作用，并密切关注在当今国家中，移民与群体之间的关系。

第二十五章

世界因差别而丰富

“把你疲惫的、可怜的、蜷缩在一起的、渴望自由呼吸的人群交给我吧!”在自由女神像底座的一块牌匾上，艾玛·拉扎勒斯（Emma Lazarus）用十四行诗如此写道。然而，考虑到他们身上的巨大差异，与其说来到陌生海岸寻求避难的人群最明显的特征是他们不再显得疲劳、贫困并摆脱了过去的压迫，不如说这些移民作为一群异族人而被完全接纳。毕竟，他们和我们大不一样。

我居住的布鲁克林社区的族群混合情况与当今世界许多社区的多样性现象并无不同。撇开大多数美国黑人不谈，他们来这里并不是因为他们，或者他们的父母，或者前几代的家庭成员曾遭到奴役或征服。移民，就其代表的从国外涌入的大量人口这层意义来说，已经成为外国人民进入一个社会并成为其成员的主要手段。它所代表的这种更仁慈的做法，以及它如何促进人们作为一个社会而共同生活，将是本章的主题。

移民不同于征服，因为双方都选择接受对方。接收社会有时甚至本着拉扎勒斯诗歌所宣传的精神鼓励移民入境，并期望他们能自愿留下。在人类早期的历史中，这种自愿接受所有人口的做法几乎不可能存在。当然，吸收移民很少是无条件进行的，相反，每个移民通常都要经历一个审查过程。有时，接收社会的人口与新移民的接触并不和谐，于是可能因此而产生一些副作用，这也反映了当今许多国家对移民问题的担忧。尽管如此，我觉得其中很特别的一点是，接收社会往往允许新来者从一开始就融入社会大众当中。因此，即使许多新来移民居住在一些族群社区，他们也有机会被社会迅速同化。

国家是如何开始敞开怀抱，让陌生人热情澎湃地涌入一个他们原本陌生的社会？狩猎–采集者团队可能偶尔会收留一个难民，因为他在自己出生的社会遭遇不幸而逃了出来。从根本上说，移民就是这样接纳那些遭受剥削的人民，只是在规模上扩大了许多倍而已。但我认为这种接受在历史上应当是分步骤进行的。在最早的移民形式中，这些被剥削者不是来自外国社会，就是来自国家内部。毕竟，当一群人被征服的时候，他们作为外来者或本地人的地位就会变得相当模糊。这就是早期国家经常对生活在边远地区人民的迁徙活动进行监视的原因。除非这些边远人口被同化到值得依赖的程度，否则，如果社会允许的话，他们从出生地迁移到社会其他地区，将被视为一种处于萌芽状态的移民。也许今天我们看到从国外涌入的移民潮就是从那里开始的。

虽然通过移民增加社会成员的过程并没有表现出明显的敌意，但移民并不意味着民族之间的平等融合，他们在一个新社会的地位基本上没有发生改变。我们在上一章所描述的支配和地位问题，同样适用于移民。征服他人所必需的内／外部群体划分心理仍然存在。这表明：历史上大多数拥挤出行的群众确实是拉扎勒斯诗歌所暗示的那些备受欺压的人民。一般新移民不但没有什么物质财富，社会地位也很低下。此外，他们的生活状况在可预见的未来不太可能发生太大改变。因此，在 19 世纪，到加利福尼亚的中国人以及去非洲的印度人，只能充当廉价劳动力，虽然能获得报酬但却遭人白眼。新移民所能期望的最好的结局就是在一个新的地方，大部分当地人口不会对他们持有偏见。

移民面临的障碍很多。他们对新社会及其重要标记所表现出的兴趣、对当地行为规范的掌握，以及他们与其他公民之间建立的人际关系等，都需要花费一定的时间，这也导致其他社会成员怀疑他们是否能对新社会保持忠心。[1] 然而，就像一个离了婚的人会被他过去经历的错误婚姻败坏名声一样，新移民可能会因未能被他们的出生社会相容而受到别人的进一步非难。因此，移民的困境让人在某种程度上会联想到其他动物在发生社会迁移时所面临的困难。在那些情况下，新的动物成员通常一次只来一个，但它们得经历种种磨难，直到随着时间的流逝再加上一些好运，才能最终被另一个社会接受。

然而，初来乍到者在一片新的土地上显得十分无助，不管他们的社会地位有多低，或者他们如何努力去适应周围的环境，当地成员都会怀疑他们身上的陌生性是否会给自己的社会造成破坏。正如人们不愿看到在贸易活动中有太多的外国商品涌进来，认为这会对他们的文化造成威胁一样，人们也认为移民会逐渐影响他们对自己社会的控制。这种心理是一种真实写照，并且具有讽刺意味的是，即使在号称“移民熔炉”的美国，情况也并没有好多少。托马斯·杰斐逊（Thomas Jefferson）担心他那个时代的移民潮会“让（美国的）发展方向发生扭曲或偏离，让其成为一个不能持之以恒且没有共同目标的异质社会”[2]。

人们经常把前来寻求庇护的移民和其他一些生病或有着恶心行为的外国游客联系在一起，而这种联想现在有了新的含义。移民不仅可能携带疾病，还可能携带文化痼疾，而这些都会对我们的身份产生破坏作用，其中最突出的表现是他们所带来的一些不道德行为。[3] 也许当地人真的存在这种恐惧，因为他们几乎没有什么方法可以限制移民的行为。相比之下，过去被征服的人们实际上可以被隔离在他们自己的土地上，直到主流社会通过同化作用消除了其中任何“害群之马”身上所具有的社会杂质。正如我们所看到的那样，尽管存在这些焦虑，社会似乎对移民的涌入以及他们的行为表现出惊人的适应能力，就像他们对通过与移民原籍国进行贸易所带来的任何商品具有免疫力一样。我们见证了中国、意大利和法国美食在世界范围内的流行，但这并没有将美国或其他任何社会，沦为杰斐逊所预测的那种不能持之以恒的社会。人类的语言体现了这种稳健性，虽然它们从其他语言中借鉴单词短语和表达方式，但即使经过长时间接触以后，语言也不会模糊彼此之间的界限。除了“洋泾浜”（pidgins）是被拼凑起来以促进不同群体之间的交流（如果他们变成了说话者的通用语言，就被正式转化为克里奥尔语①）以外，任何语言在传承过程中，其母语从来都不会超过一种。[4]

角色

杰斐逊曾如此关心的社会异质性（heterogeneity）其实有助于社会取得成功。对于通过征服而形成的国家来说，这肯定是不争的事实，但是这一作用却因移民活动而得以极度放大。社会异质性产生的优点可以通过前面描述的最佳区别模型来加以理解，即个人、族群和社会都表现出一种朝着相似和差异的中间地带靠近的趋势。通过这种模式，族群在寻找和增强它们之间共性的同时，甚至会努力克服可能造成的文化损失，最终只有在每个人都能感觉到相似性而非等价性时，社会成员才最容易融合在一起。人们在这种超级身份方面发生动态变化的结果是产生了一种平衡，从而让他们既表现出对自己族群的忠诚，又表现出对整个社会的忠诚。这样一来，大多数人对那些曾被视为异类的移民的消极反应得到了缓解，而社会在其公民的生活中则可以始终处于前沿和中心地位。[5]

对于那些被认为做出积极贡献的群体来说，社会优势就令他们印象深刻了。[6] 所以，能否为社会文化增添内容就显得很重要了。此外，一个人群可以通过进入社会分工系统来提高他们的族群自豪感。社会内部的各个族群一直拥有这方面的选择权。例如，大理石工人主要来自比提尼亚（Bithynia），这个古老的省份现在位于土耳其，曾在罗马帝国享有盛誉；而在印加帝国，

① 克里奥尔语（creoles）：一种由两种或多种语言混合而成的语言，但已经演变成某个群体的第一语言。——译者注

来自鲁卡纳（Rucana）的人们主要负责抬皇帝出行的辇架。[7] 当少数才华横溢的个体成员影响人们对他们所在族群的广泛认知时，这种差异可能会提供一种心理优势。但是，如果一个族群的许多成员从事很少有其他族群成员竞争的职业时，就会减少该族群与其他族群之间的矛盾与摩擦。相反，如果少数族群的成员选择去竞争一个受主导群体青睐的职业时，他们可能会遭到打击报复。因此，如果一个社会成员恰好来自一个少数族群，那么在和其他成员竞争一份体面工作的时候，他（或她）会受到更负面的评价。[8] 但在几乎不存在社会竞争的年代，或者当一个社会需要劳动力来注入活力时，这种对人们职业选择的敏感性就会下降。外来者积极涌入一个社会既可以带来经济繁荣，也会带来矛盾冲突。当战斗部队需要补给力量时，即使是科曼奇狩猎－采集者也会为可以参军的男性战俘提供社会地位。情况发展的另一个极端是：当竞争激烈时，社会可能会对少数族群不管不顾。例如，连通常态度宽容的罗马人在饥荒年份也变成了仇外主义者，当时他们就把一些族群赶出了罗马。[9]

对于没有一技之长的移民来说，移民之路仍很坎坷。人们最基本的期望是，希望这些族群像奴隶以及早期被征服的人群一样，承担一些当地人不感兴趣的社会责任。这些可能是不需要任何特殊技能的卑贱工作。或者，一个群体可能从事虽然需要培训，但社会地位较低的工作。在 19 世纪，美国黑人成为白人客户的理发师就是一个例子。然而，如果能给社会提供一个需要具有深厚根基的专业服务，那就足以给任何人带来发展动力。就理发师而言，在这一行业有家族历史的意大利人变得很受欢迎，到 1910 年已经取代了大多数黑人理发师。[10]

我们在本书第十八章描述联盟关系时，已经看到了这种类型的社会分工在社会之间作为商业模式的先例。其中包括那些具备独特作用的物件，比如狩猎－采集者使用的回旋镖或毯子，以及在今天，法国人为受青睐的贸易伙伴而制作的葡萄酒、奶酪和香水。[11] 此外，如果让有才华的外来者成为自己的社会成员，就可以避免去和别人进行不太确定的贸易谈判。如前文所述，在一个小社会里，通过婚姻而引进一个外来人员就可以达到这个目的。季节性雇用俾格米人的非洲社区，也依靠他们从森林中获取食物。一些农民和俾格米人通婚，因为这些婚嫁对象在获取肉类和蜂蜜方面的熟练程度对村民来说不啻于一种恩惠，也减少了他们对其他俾格米人的依赖程度。[12] 另一种选择是，使用武力来夺取技术熟练的劳动力资源，比如太平洋西北部部落最看重的俘虏是工匠，而奴隶们也为伊斯兰地区带来了金属加工、木工、绘画和其他实用的艺术技能。[13]

然而，只要有了适当的诱因，即使不使用强迫手段，也能让具有特殊技能的外部人员自愿加入。一小部分移民一直都是技能精湛的高人，他们的出走代表着他们的祖国的人才流失。[14] 当柏拉图在雅典建立的学院在公元 529 年关闭时，里面的学者去了位于现在伊朗境内的萨珊帝国，当然，他们同时也带去了先前学院的藏书。[15] 尤利乌斯·恺撒（Julius Caesar）授予医生和教师公民权，而这两个职业即使在当今世界的某些地区仍然供不应求。[16] 但纵观历史，最经常由有资格的外来者担任的角色可能还是商人。公元前 1780 年巴比伦第一王朝的汉谟拉比国王制定的法律允许外国商人拥有开设商店的权利，并且随着时间的推移，其中许多法律成了国际惯例。[17]

然而，即使对追求平等的人们来说，想争取到接近平等的权利都难上加难。两位研究移民事务的权威学者写道："我们嘴里说着欢迎和宽容，但脸上经常露出种族主义和本土主义的丑陋表情。" [18] 但这并非说移民和接纳他们的国家不能共同繁荣。事实上，尽管人们可能遭受虐待，但期望生活质量得以改善的愿望使他们能够容忍自己所遭受的不公平待遇。有技能的移民往往来自贫穷得无法养活他们的社会，他们会从事没人竞争的高级工作，就像没有技能的人可以去从事卑微的工作而不用担心这样会抢任何人的饭碗一样。无论在上述哪种情况下，初来乍到者都可能先得依靠其他族群居民，才能在新的社会里找到自己的立足之地。[19]

当然，社会也可以临时利用外国人来解决短期劳动力不足的问题，这样就不用把他们变成自己社会中的成员，这实际上就相当于让他们在完成任务之前一直留在自己的社会之中，就像墨西哥和美国之间的农场工人所进行的季节性流动一样。即使移民被允许留在接收国，他们也可能不会被授予合法权利，或者只有在很久之后才能获得合法权利，并且他们的外来者身份使他们很容易被社会抛弃。[20]

在所有这些问题上，关于移民优点或缺点的惯性思维似乎对族群的共存具有重要意义，这与社会阶层与最早定居下来的那批狩猎–采集者共存时所持的信念是相同的。

种族

融入社会的人们面临着一个困境：他们对自己的看法和其他人对自己的看法之间并不一致。移民往往会发现，他们珍视一生的身份在这个新国家毫无意义。因此，一个在莫桑比克的聪加（Tsonga）部落自豪成长的成员，长大之后成为移民，最多被重新定义为一个莫桑比克人，而且更多的时候，他仅仅被视为一个黑人，而这样的称呼在非洲大部分地区都代表着没有社会地位的人。[21]

通过这种融合过程，广义的种族从最初对人们影响巨大的群体中分离出来。移民身份的这种简化，反映了他们最初的效忠对象往往显得过于复杂，而接收他们的国家对此根本难以理解或表示赞赏。因此，移民发现他们必须经历前面所提到的那种族群解体和分化。[22] 因此，肖肖尼人、莫霍克人、霍皮人、克罗人和其他部落“都变成了印第安人，我们所有人在实际生活中或多或少都是相同的”，科曼奇人保罗·查特·史密斯（Paul Chaat Smith）哀叹道，“尽管在那一刻之前，在长达几千年的历史长河中，我们彼此之间大不相同，就像希腊人和瑞典人之间的迥异差别一样”。但要进行如此宏大的民族融合并非易事。“事实是，我们对印第安人可谓一无所知。关于我们的原始说明中就缺少此类信息。我们必须在实践中自己摸索才能把它弄清楚。”[23]

这种广泛的种族分类让人想起欧洲人是如何将布希曼人作为一个阶级来命名的，同时却没有意识到那些狩猎－采集者之间的差异是多种多样的，而这些被如此命名的狩猎－采集者也不认为自己就是布希曼人，相反，他们认为自己来源于许多不同的社会。与此类似，2000 年前，在一片以后将成为现代中国的领地上，占统治地位的汉人把南方人统称为“粤”，极其简要地提到他们喜欢文身并披头散发，而实际上那些南方人的生活方式肯定也丰富多样，只是现在基本上都已被人遗忘而已。[24]

简单粗暴地把其他群体归为一类并贴上“黑人”的标签，反映了以前的征服者们对外国社会的态度。据我们所知，黑猩猩用同样恶毒的方式来对待不属于自己群体的其他所有同类，而人类对自己的施暴对象则有选择性，但是那些首当其冲、深受其害的人群并不总是认可别人给自己所贴的标签。早期的中国人、希腊人和罗马人收集尽可能多的情报来了解对自己最具威胁性的敌人，但除此之外，他们对如何区分外来者并不感兴趣。当然，对外来者不加区分确实能节省力气。既然军事力量能确保自己打胜仗，那为何还要花费额外的精力呢？罗马历史学家卡修斯·迪奥（CassiusDio）在公元 2 世纪时写道：“我们以前不知道这些国家的名字，但现在我们统治着它们。”[25] 人类不需要准确地将自己与外来者进行比较，甚至不需要对自己有一丁点儿概念，就可以对自己在世界上的地位以及自己生活方式的正确性充满信心。即使到了现在，许多美国人和欧洲人还是习惯于把非洲这个地球上人种成分最复杂的地方，想象成一片黑暗的大陆，一个单独成块的社会区域。

至于社会内部发生的事情，人们身份的多样并不代表少数群体的完全损失，相反，他们可以在这一过程中起到部分推波助澜的作用。他们的身份转变类似于在形成联合社会的过程当中所发生的情况，因为在联合社会中，来自不同部落的难民只能联合起来共谋生存。通过放弃自己原来的身份并形成一个更广泛的群体，少数群体在大众中获得了必需的群众基础，从而保证自己在社会和政治上能够立足。无论他们是决定与主导群体合作还是唱对台戏，这样的情况都千真万确。例如，如果奴隶们坚定地支持他们原来的非洲部落（其中一些部落曾经是自己的敌人），18 世纪末的海地起义可能就永远不会成功。当然，扩大的群体也不会完全同质化：如果他们的社会有足够强大的存在能力，那么成员身份在很多方面都可以与一个族群保持联系，而这个族群本身就隶属于某个种族，比如亚裔美国人所形成的日本或韩国亚文化就属于这种情况。

此外，无论今天的族群和种族与一个民族的祖先之间的关系是多么牵强，每个群体都在所处的新环境中创造出属于自己的生活方式。先前移民的身份经历了巨大改变，将他们与其他移民联系在一起，同时将他们与自己祖先所繁衍出来的其他人口区别开来。几年前访问以色列时，我惊讶地发现那里的百吉饼（bagels）是多么特别。同样，许多犹太人对百吉饼的了解，意大利人对意大利细面和肉丸的了解，以及中国人对杂碎的了解，都是移民到了北美或欧洲之后才获得的。[26] 由于移民以及他们的后代被彻底改造，所以他们再走回头路已经绝无可能。作家谭恩美（Amy Tan）曾经对我说："我曾担心如果我去中国，相关部门的人在看到我之后不会批准我的申请，因为我看起来就是彻头彻尾的中国人。"但实际情况和她的想象完全相反。人们告诉她："你走路的方式、你的外表打扮，以及你的行为举止，已经完全不是中国人了。" 虽然中国人对自己国家的称呼源于他们对自己种族的称呼，并且谭恩美的祖先还具有中国血统，但要真正成为一个中国人却没有那样简单。

这让人想起了美国人经常表达的一种理想，即民族融合能培养出优秀的人才。[27] 法国出生的纽约农场主约翰·赫克托·圣约翰·德·克雷夫科尔（J. Hector St. John de Crevècoeur）在 1782 年的一篇文章中写道："在这里，所有国家的人都融入了一个新的人类种族。"[28] 但是，即使所有社会都是由不同的社群组成，"合众为一"（e pluribus unum）这句箴言所暗示的"融合"（purée）效果却从未实现。当然，"人人生而平等" 这句名言在主张平等、族群一致的狩猎－采集者团队当中的适用情况，比在以后任何社会中的适用情况都要普遍。即使族群关系是积极的，也没有一个国家可以充当理想主义者的大熔炉，就像它的成员从来都不会完全平等一样。这在一定程度上反映了人们如何牺牲一定程度的自由，甚至在某种程度上也牺牲他们的平等，以获得属于一个国家所带来的安全保障以及社会、经济方面的回报，只不过其中一些族群做出的牺牲要比其他族群更多。

许多社会学家的言辞让人觉得族群似乎可以完全融为一体，但即使这一点真的能够实现，也需要相当长的时间，这在中国古代几乎自成一体的汉族人中表现得最为明显。人们求同存异的渴望保证了整个社会不会彻底融合，就像黑白二色在熔炉中融化时只会发生扩散一样。

多数成员同样可以通过扩展自己的身份来容纳其他群体，尽管这样做的前提是要求新来移民摒弃他们过去的一些身份特征。一个世纪前，来到美国的意大利人在减少一些意大利血统，并相应增添一点美国血统之后，摇身一变就成了美国白人。在美国北部，这种转变似乎反映了白人希望把自己表现成一个强大群体的心理趋势。我之所以这么说，是因为在意大利人改变自身地位的同时，黑人社区也在迅速发展，因此在社会上，美国白人和意大利人之间的差异就不会表现得像以前那么明显了。[29] 事实上，面对越来越多的少数群体人口，主导群体可能不得不扩大其成员范围以保持自己对权力的控制，而在本例当中，他们是把先前的一个外部群体（意大利人）替换成了另一个外部群体（黑人）。例如，现在，只有大约四分之一的美国人能将自己的祖先追溯为英国新教徒，他们曾经是英国社会中的多数派和族群核心。然而，通过逐渐将其他人群（包括意大利人）接受为白人，就确保了白人在美国人口中继续占据最高的比例（约为三分之二）。[30]

但是，虽然一个社会可以通过扩大其成员的身份界限来接纳更多的外来者，但社会内部的族群和种族仍然处于分裂状态。各个族群在涉及人的因素方面也存在一些可以感知的差异。[31] 即使人们对跨种族通婚的现象越来越习以为常，族群之间的这种差异也不会发生变化。人们通过极其敏锐的观察可以辨别出不同的族群和种族。即使在未来的几个世纪里，如果一个群体的身份因偏见被蒙上了一层阴影，它在社会上也会具有更明显的视觉特征。因此，一个种族身份不明显的美国穷人，比如一个蓄着一头蓬松鬈发的家伙，尽管他的祖籍并非非洲，也很容易被当成一个黑人。[32]

公民身份

识别某个社会成员具体属于哪个群体，虽然对于狩猎－采集者而言一般只是一项简单的任务，但考虑到过去几个世纪的移民规模，这一任务在今天已经变成了一项挑战，这一困难在美国更加严重，因为美国人口几乎完全是由来自不同社会的移民组成的。就此而言，托马斯·杰斐逊的观点——移民会给接收他们的社会带来潜在的扭曲影响——还是有道理的：一个社会必须依靠共同的文化和集体归属感来形成一个牢固的网络结构，这样才能维持自身的生存。据此看来，杰斐逊在制定关于权利、宗教承诺和职业道德等美国理想时，心里肯定在思考这样一种核心身份。[33] 由于建国之初在公民中几乎没有什么可以分享的历史，因此人们对于必须成为一个国家的认识就很少依赖于族群起源和共同历史，更多地依赖于几乎完全靠自己重新创造的社会标记，于是旗帜和号角从此成为美国的一个重要标志。杰斐逊的美国信念以坚固的社会标记作为凝聚点，有助于产生一种具有共同目标并且能让大家团结奋进的精神。[34]

尽管如此，美国对移民的开放还是起步缓慢。《独立宣言》和《美国宪法》的起草者和签署者当然没有那么复杂的族群背景：除了其中两个祖籍是荷兰以外，只有少数人是来自大不列颠、英格兰、爱尔兰、苏格兰和威尔士，剩下的所有人都是英国公民在美国出生的后代。一开始，公民权也没有在社会上进行慷慨分配，那时的种族主义可以说是无处不在。正如美国的开国元勋们最初所宣扬的那样，国籍主要是向欧洲人提供的，其中来自欧洲大陆北部和西部的移民最受欢迎。但这种情况在当时也算得上思想开明之举了。

根据目前的理解，公民身份是一种超越归属感的成员形式，它包括基本权利和法律地位，以及人们在政治生活中可以发挥的作用。[35] 但拥有这样内涵的公民身份，在美国被广泛应用的过程非常缓慢。[36] 例如，直到 1920 年，妇女才被授予了公民权，而实际上，这种权利主要适用于白人妇女。美国原住民在 1924 年成为美国公民，但直到 1956 年，他们是否拥有投票权还取决于各州的具体规定。在 1943 年之前，中国后裔，包括在美国出生的，都被剥夺了公民身份。亚裔印第安人一直等到 1946 年才可以投票，而其他亚裔美国人则在 1952 年才获得了这一权利。非洲裔美国人在获得公民权的道路上行走得非常艰难。虽然在 1870 年通过的第十五条修正案赋予了黑人投票权，但在 1965 年投票权法案通过之前，各州对此的响应情况一直参差不齐。

现代关于公民身份的定义意味着，在世界各国，成为合法公民的先决条件在实践中已减少到几个，其中可在某种程度上加以衡量的最低要求是：移民认为自己等同于其所有社会成员并遵循其基本的社会习俗。尽管如此，移民仅仅是为了通过公民入籍考试，也要对接收社会有非常详细的了解。移民对接收国的原则和标记比其自己原本的公民更了解，因为这些原住民很可能从来没有对这些内容进行深刻的反省，尽管他们认可这些原则和标记，并期为此奉献。事实上，大多数美国人都通不过自己国家的入籍考试。[37]

效忠誓言和结婚誓言一样，都表示双方已经达成协议。尽管如此，人类身份的复杂性使接收社会适应（更不用说接受）移民的任务变得很艰巨，即使移民从一开始就对新的国家表现出强烈的认同感也是如此。[38] 了解事实并不能消灭事实。社会成员之间的关系，在最亲密的互动层面上，不是智力活动，而是一种存在方式。移民法中对于有关国家身份的深层问题不可能做出规定，因为涉及无数的细节知识，比如：如何才能像美国人（或法国人）一样走路或说话？人们不容易注意到这些细节，更不用说让他们通过练习逐步学会像美国人一样骑自行车了。新移民通常要经历一两代人之后，其后裔才能掌握这些细节。[39] 不过，此等社会标记并非强制性的，而这就构成了一个基础事实，说明社会融合需要考虑差异情况。[40]

不管社会成员通过步态、口音或微笑来判断出对方祖籍的合理性概率到底如何，少数群体成员被问及他们来自哪里的事实告诉我们，我们有把握将本国公民和外来移民进行区分的日子已经成为过去。现在，我们已经把这个任务交给了专门的国家机构。这意味着，即使我们对社会的承诺一如既往没有减少，即使政府的说辞没有对公众进行错误引导，移民拥有护照是一回事，我们在大脑中判断其祖籍为何方又是另一回事，二者之间在很大程度上是脱节的，这说明公民身份和我们对社会成员的心理评估并不总是一致。

这一点很清楚，并且表现得非常明显。如果我们回到罗马帝国，会发现在公元 212 年，几乎所有的外国居民都被罗马政府通过立法宣布为公民。然而，这主要是出于向他们征税的实际目的。正如心理学家可以预测并且历史证据也能揭示的那样，罗马多数派的偏见仍然根深蒂固。历史资料中关于人们对罗马帝国内的族群所发表的污蔑言论比比皆是，比如诗人卢坎（Lucan）就曾抱怨说罗马城里“充满了人类的渣滓”。[41]

人们能够判断一个人真正来源的直觉反应很快就消失了，尤其是当一个被边缘化的族群里有人犯罪时，情况就更是如此了。因此，当一名父母是阿富汗人的美国公民在 2016 年袭击佛罗里达州的一家夜总会并枪杀了 49 名受害者时，这起恐怖事件比某个多数派成员制造类似惨案可能引起更大的愤怒：这次美国公众把自己的愤怒转向了一群人，因为许多美国人认为他们应该对这起罪行承担责任。与此同时，如果一个白人犯下了这样的暴行，比如 1995 年俄克拉荷马城爆炸案中杀害 168 人的蒂莫西·麦克维（Timothy McVeigh），更经常地被社会公众视为一个行为越轨的个体成员，并认为他个人要对所发生的事情承担全部责任。[42]

在整个关于国家发展的历史上，总有令人讨厌的群体出现，它们一个接一个地不断出现并轮流登场。于是，这些群体的可信赖性，甚至是他们身上的优点以及所具有的公民身份，在社会成员变化激烈的认知过程中都会受到质疑。对替罪羊的渴求，会导致人们不怀好意地塑造这些族群的形象。[43] 人们对族群的宽容程度有很大差异，一般来说，这种宽容程度的高低和经济的兴衰情况相关。到 19 世纪末，在美国，人们认为意大利人和爱尔兰人不如挪威人、德国人和英国人受欢迎。这些移民被认为不可能被社会同化，同时会给社会文化带来毒害作用，他们被打上"爱尔兰主义"的烙印，这一概念被用来形容人们在从那儿来的移民身上所感受到的腐败堕落。[44]

在与外国势力发生冲突的时候，国内公民对少数族群成员的歧视往往会达到顶点，甚至那些与当前敌国有模糊联系的社会成员，即使不遭遇赤裸裸的非人化待遇，也可能面临其他成员的抵制行为。对美国而言，它在主权方面的对手换了一茬又一茬，包括美洲原住民，英国、法国、摩洛哥、的黎波里、阿尔及尔、墨西哥、西班牙、日本、德国、苏联、古巴、中国、朝鲜、伊朗和其他一些中东国家。每一次，祖先来自这些国家的美国公民都经常遭受折磨，比如，二战期间对日裔美国人的蔑视在今天尤其让人难以理解。

"9 · 11"袭击事件之后，那些在纽约的穆斯林或者那些容易与穆斯林混淆的人员，在自己商店的显眼位置插上了美国国旗，因为在那段时间里，他们发现其他美国人很难把自己当作同胞对待。在被误认的成本很高，即出现了所谓的"群内过度排斥效应"（ingroup-overexclusion effect）的时候，店主通过清楚地公开展示一种社会标记，从而确保没有人会再误认为他们是敌人。当群体感到遭遇来自社会的威胁时，他们通常就会表现出爱国行为，同时淡化自己的族群背景。

一些国家只支持对本国公民进行最少的控制。如果社会没有一个强大的核心身份值得其成员自豪，那这些社会成员就有分裂成"自然"单位的危险，而他们最初就是从这些"自然"单位中获得自己的主要身份并建立起原始联系的。比如，在我们的狩猎 – 采集者前辈们生活的团队中建立起来的更小的亚组（subgroups）就属于这种情况。世界上到处都是人为划分的国家，其成员之所以对自己的祖国几乎没有任何归属感，原因就在于这些国家的边界线是在第一次世界大战之后才划分出来的，并且这样做的目的不是反映本国人民具有同质性或彼此团结，而是区分英国、法国和美国的经济利益。[45] 这样划分国家的结果是，这些地区的人口往往更多地依附于他们原来的部落和族群，而不是效忠于他们自己的国家。当这些人群与某一地区保持着悠久的联系，并且可能对处于同一国家的其他部落怀有敌意时，这一点就表现得十分明显了。当人们的热情倾注于本地居民而非本国政府时，那他们的社会就很难形成一致行动，更不用说在一个相互联系的世界里成为一个有影响力的实体了。一个国家的组成人口，如果在地区内处于分裂状态、各自为政，那与其说这是一个国家，还不如说它是一个为经济利益服务的脆弱联盟。[46]

由于主导群体在竞争中脱颖而出，垄断着国家标记、权力和财富，因此所有族群之间的联盟关系在一定程度都显得有些脆弱。这种地位悬殊，会让主导群体的成员在社会面临压力时，表现得更团结一致，因为在这种情况下，他们可能遭受更大的损失，且在所有被视为二等公民的族群中，他们也是更不堪一击的。[47]

主导群体和少数群体在社会所有权上产生的认识偏差是所有国家的致命弱点。即使在号称“世界之都”的美国，所有人都在法律上具有生而平等的地位，尊重公民的身份是一回事，而尊重公民的多样性则是另一回事。尽管少数群体之间可能存在利益冲突和各种偏见，但他们中有更多人对包括“平权行动”（affirmative action）在内的支持群体多样性发展的政策表示欢迎，而这些政策又必然促进各个群体展现出更加鲜明的多样性特征，如此一来，这些少数群体就与铁板一块的主导群体之间出现了矛盾分歧。[48] 所以归根结底，少数群体和主导群体殊途同归，都是在设法为自己谋取福利。

民族主义者和爱国者

旧石器时代的社会不仅没有族群，而且它们的人民也无法忍受像“美国茶叶党”（the American Tea Party）和“占领华尔街运动”（Occupy Wall Street movements）等激进政治团体的出现。如果在狩猎–采集者中出现像过去十年那样激烈的党派纷争，那他们的社会就会被一分为二。然而，即使美国和其他国家的地区差异不断扩大，但由于社会和政治倾向各异的人们已经紧密融合在一起，所以他们的社会也很不容易发生崩溃。毕竟，我们只能彼此相依为命。

支配其他群体的倾向，无论这些群体是来自其他某个社会还是同一社会内部，都会影响人们对于社会所应扮演的主要角色的看法，即争论社会应该是优先保护其成员还是首先为其成员谋取福利。[49] 我们知道，大多数动物的社会都同时具有这两种功能。其保护的重点是针对一些不怀好意的外部因素，特别是针对一些其他社会，而谋取福利则是对所有社会成员提供照顾。人们对许多紧迫社会问题的看法反映出：个体成员是根据自己认同爱国主义还是民族主义而对这两种社会角色区别对待的。正如大多数心理学家今天使用这两个术语一样，这种思维习惯是关于人们如何认同社会的独特表达的。虽然爱国主义和民族主义有时会被混为一谈，成为人们在日常生活中的口语表达，但在困难时期它们又会相互冲突、彼此矛盾。在社会面临压力的时期，人们的观点因人而异，有人更强调民族主义，有人更青睐爱国主义。[50] 然而，每个人在一生中通常都会坚持一种狭隘的态度，并且在族群传统和家庭教育的双重影响下，这些情感在童年时期就开始萌芽。[51]

民族主义和爱国主义的根本区别在于：虽然无论坚持哪种观点的人都会致力于建设自己的社会，但他们看待自己与社会的关系却有所不同。[52] 爱国主义者对他们的人民表现出忠心和自豪，他们形成了一种身份认同感，尤其是具有一种归属感。这种感觉是出生在一个国家的人们自然就会产生的，移民可以通过后天的学习进行培养。由于爱国者的大部分精力都集中在他们自己的群体身上，所以他们优先考虑自己成员的需求，比如为他们提供食物、住房以及教育等。民族主义者也有类似的情绪，但他们会美化自己的身份，他们的自豪感与偏见有关。他们虽然也像爱国主义者一样极度关心自己的社会成员，但会为了保持一种优越的生活方式，全力以赴地维护社会的安全和健康，并把自己的人民放在世界舞台的中心。

有趣的是，爱国主义者和民族主义者对于谁才有资格成为“自己的人民”有不同的看法。事实上，民族主义者引以为豪的身份特征之一就是将一个值得信赖的主导群体与社会中的其他群体区分开来。这就是他们所持的立场。[53] 极端的民族主义者热切地维护着这种身份的每一个细节，使他们的国家与天使的形象紧紧地联系在一起。民族主义者最关心的是要求社会成员坚定地表现出对国家的忠心、接受政府制定的秩序规则、服从他们认为有责任感的领导人，以及维持已建立起来的社会关系，这一点在族群和种族之间表现得尤为明显。[54] 当人们安定下来，开始征服他人时，所有这些价值观都凸显出来。传统驱动的民族主义者不管怎样都对自己的国家满怀信任。他们致力于维持现状，即使现状有时与那些允许变革的民主理想相悖也在所不惜，因为他们的个性保守，不喜欢接受新的经验和社会变革。[55] 我们可以把这种“我的祖国非对即错”的立场与爱国主义者的观点进行比较：爱国主义者同样给予自己的国家一个很高的评价，但他们认为祖国还有改善的可能性，只是他们相信这种改善必须通过努力才能实现，而不是通过战争。

民族主义者在关注不同群体之间的差异时，把来自异族他乡的外国人和属于少数群体的公民都当作外来者，从而狭隘地看待谁才是构成社会的真正成员。[56] 他们更愿意接受主导群体的民主观，即认为主导群体应该在治理国家方面拥有主要的发言权。他们对道德和法律问题的看法就反映出这一点。我认为，在一个民族主义者看来，只要是来自另一个族群的成员，不管他是不是本国公民，都显得相对陌生。

早些时候，我称蚂蚁为极端民族主义者，因为它们紧紧抓住自己的殖民地标记（它们蚁群的气味）不放，将其作为自己的身份印记。事实上，尽管在我们这个民族当中，爱国者可以像任何一个民族主义者一样泪眼汪汪地表现出对国旗或国歌的忠诚，但民族主义者则对这些符号表现得过于敏感。[57]对他们来说，短暂地接触国旗或偶像化的领袖就会激起强烈的反应。此外在相反的情况下，当人们期望有这样一个标志出现时，这种标志的缺失也同样会引发强烈的反应。因此，当美国国歌在 2012 年奥运会赛场演奏时，人们看到体操运动员加比 · 道格拉斯（Gabby Douglas）并没有将一只手放在自己胸前，这件事情曾引起轩然大波。一个民族主义者会觉得她只是把这枚金牌视为自己个人努力的结果，没有表达出对美国大力栽培的感激之情。这种反应释放出一种情绪信号，即社会是一个实体：参加比赛的不是个人，而是个人所代表的国家。

民族主义者和爱国者的观点在逻辑上是一致的，但民族主义者更倾向于规避风险，并警惕任何可能污染他们文化的事情。他们更愿意站在分裂主义的立场上犯错，喜欢划清界限，并可能会因此而疏远那些与自己利益不同的人们；而爱国者则更珍惜与外来者进行贸易和合作的机会。[58]

简而言之，民族主义者对群体的多样性持怀疑态度，而爱国者则常常对群体的多样性持欢迎态度。[59] 或者，至少他们能对此持容忍态度，因为爱国者也会受偏见的影响。甚至有平等思想的爱国者对自己种族或族群的社会成员表现出的热情，也会导致某种微妙的歧视现象，因为他们在不经意间会以更公平的态度来对待属于自己群体的成员。[60]

人类为什么会演变出在爱国主义和民族主义这两种态度上的差异？事实上，社会内部观点的冲突尽管有时会发展到极端可能导致社会功能失调的程度，但它可能一直都是人类生活中的一种固有现象。正如一个研究小组所说的那样，我们对社会观点的不同表达可能与“永恒的社会关注”有关。[61] 鉴于每种观点在某些情况下都会产生有益作用，人类社会中这两种社会认同形式的存在，可能是社会在对其成员提供保护和满足需要这两种功能之间进行平衡而发生的一种适应性变化。尽管意见相左的人们可能针锋相对，但在一个社会里面，支持这两种观点中的任何一种观点的社会成员如果出现得太多或太少，都可能导致灾难性的后果。让人难以置信的是，这种对行为多样性进行鼓励的现象，在动物王国中也能找到类似的例子。比如在群居蜘蛛生活得最成功的时候，其社会中既有虽然逃避危险但却可以尽心尽责地照料巢穴的保姆，还有一些勇敢的战士，它们可以更加努力地防御偷走蛛群食物的社会寄生虫。而对某些蚂蚁物种而言，当它们的蚁群由不同性格的成员搭配组合而成时，能使工作效率最高。[62]

对于人类来说，过分主张民族主义或爱国主义所带来的危险显而易见。民族主义者认为爱国者对可渗透的边界过于开放，并认为跨族群的分享会促进社会的依赖性和欺骗现象，而这种恐惧则反映出跨种族群体之间所具有的竞争性。如果民族主义者在社会中占了优势，他们相信自己的方法正确，并准备为之而奋斗，这就意味着民族主义者的恐惧确实具有了现实的危险性。尽管如此，极端民族主义者乐于支持压迫和侵略行为，让人想起历史学家亨利·亚当斯（Henry Adams）曾把政治描述成一个有系统的仇恨组织。他的观点来源于心理学的某些方面。[63] 只要遇到一点麻烦就可以团结起来与敌人开战，这种想法容易让人陶醉其中。对于那些被卷入民族主义的成员来说，群体情绪的高涨和对共同目标的意识赋予了他们更大的生活意义。因此，当国家面临冲突时，社会成员不仅士气高昂，甚至包括心理健康也会得到改善。[64] 事实是，好战的社会长期以来一直具有优势，很多时候，战争的冲动以及对攻击的恐惧，这两种心理对推动社会发展、技术创新和国家扩张，都起到了至关重要的作用。[65] 此外，民族主义者坚持狭隘地解释哪些行为才恰当，这就使得他们具有比爱国者更紧密、更同质的优势。[66] 所有这些都说明：爱国主义者无论是在现在还是在将来，可以说永远都比民族主义者更难获得人们的支持。

由于爱国主义者和民族主义者以不同的方式表现出对自己群体的偏袒，所以我们的社会面临的困难将变得更加深重。一个少数族群成员的恶行，例如佛罗里达夜总会的枪击案，足以引起社会对整个族群的愤怒，这种情况已经很糟糕了。而且这种偏见甚至可以延续到与这场悲剧无关的其他族群身上。[67] 这就是刻板印象如何剥夺人们对细节的理解，使人们很容易将群体混为一谈，从而创造出诸如“棕色人”这样模糊而荒谬的类别。[68] 即使不存在混淆，偏见也可以相互影响，比如人们会把对一个人的贬低与对另一个人的贬低联系起来。[69] 对自己的安全、工作或生活方式甚为担心的人，会不分青红皂白地把他们归为一类，就像古代社会把“野蛮人”排除在他们的边界之外一样。这种冲动非常强烈，美国人在抽样调查时，当被问及他们对维斯人的看法时，近40%的人认为他们很糟糕，不希望他们成为自己的邻居，尽管在研究人员说出这个名字之前，他们对所谓的维斯人完全一无所知。[70]

社会包括族群和种族，尽管成员对彼此怀有偏见，但他们仍然能团结在一起。一个多世纪前，威廉·萨姆纳提出的一个流行观点是：与外来者的紧张关系有助于将一个社会团结起来。但显然，情况并非总是如此。那些被视为可以促进社会和平的外部力量，在主要刺激主导群体成员神经的同时，往往使他们与社会其他群体之间的关系紧张。成员之间的这种紧张关系会导致社会出现一种自身免疫疾病，从而使社会内部矛盾重重。对于所有这些苦难，我们可以合情合理地追问一句：社会是否还有必要存在下去？

第二十六章

社会出现的必然性

我们能抛弃自己的社会吗，或者至少让它们从属于一个更普遍的人类联盟吗？

这里有一段历史，读起来像一个寓言。太平洋的富图纳岛（Futuna）是一块面积46平方公里的低矮火山岩，几个世纪以来，它一直为锡加维（Sigave）和阿娄（Alo）两个酋邦提供生存的空间和资源。这两个社会，分别占据岛的两端，几乎冲突不断，只有在举办全岛仪式的时候才会暂时停战，而他们仪式的主要内容是饮用一种提取自灌木的饮料，该灌木原产于西太平洋地区。但人们怀疑这也只能让他们对自己的敌人多容忍一天而已。[1] 我在此只能想象，他们互掷长矛的冲突是他们生活的主要动力，就相当于阿以冲突的一个缩影。在这样一片封闭的领土上，并且已经历了这么长的时间，一个酋邦应当已经征服了另一个。但这种局面从未发生，这可能与人类渴望拥有一个外部群体（如果不是直接对手）的心理有关。如果锡加维人不复存在，那阿娄人还能继续生存下去吗？如果阿娄人独自留在世上，他们能否发展成我们现在所谓的这种社会呢？

“懒惰的人啊，你去察看蚂蚁的行为，要有智慧。”所罗门王对自然拥有敏锐的观察力，他曾如此给人类建议。事实上，阿根廷蚂蚁一直为争夺南加州的控制权而发生斗争，这让人想起了第二个假设，即一个社会要是消灭了其他所有社会，可能会发生什么情况？对于这些蚂蚁来说，最后一个蚁群的“气味”将不再代表一种标记；相反，阿根廷蚂蚁自己的气味将成为它们的身份证。通过这种方式，这些蚂蚁将实现“世界和平”。但专家们认为，果真如此的话，那在他们发现超级蚁群在边界爆发战争之前，这种和平就已经实现了。

于是，我们从中得到一个启发：虽然我们确实可以通过观察蚂蚁的生活方式来学习一些东西，例如大力修建道路和卫生设施，但对它们直接进行模仿却不合适。因为它们之间的和平取决于蚂蚁无与伦比的征战和屠杀本领，而单从数量上来说，蚂蚁因战争带来的伤亡超过人类历史上最可怕的事件。

如此一来，我们得到的第二个启发更是一针见血了：把一个群体称为一个社会，并认可其中任何用于识别社会成员的标记，只有在不止一个社会存在的情况下才有意义。这就意味着，人类之所以必须形成一个社会，是因为存在着要把自己与外部群体相区别的现实需求，比如把锡加维与阿娄相区别，或至少是与含义模糊的“其他人群”加以区分，正如在罗马帝国和中国王朝中存在所谓的“野蛮人”一样，即使当时提出这种说法只是作为一个比较的标准和八卦的来源，而不是对其进行诽谤抹黑。从这个意义上说，富图纳的两个酋邦，无论以我们的标准来看是多么简单、多么相似，但都体现了我们内心深处赤裸裸的人性。

但真的是这样吗？在一项名为“没有他们的我们”的研究中，心理学家洛厄尔·加特纳（Lowell Gaertner）和他的同事发现，当人们感觉彼此需要时，他们可以建立起一种共同的身份，而不用与外来者进行比较。[2] 这些相互依赖的人们可能会觉得他们是作为一个整体而存在。这些感觉有助于让人们兴奋并加强彼此之间的情感纽带，使我们像在暴风雨中共患难的船员一样产生共鸣。但是，如果将这样一个群体称为社会，无论其成员之间相互依赖的程度或彼此合作的水平如何，都会显得言过其实。因为首先，船员们无论来自哪个或哪些国家，都已经与自己的社会产生了认同感。

我们把这个例子进一步发挥：假设船员们遭遇海难，失去了与外部世界的所有联系。不用说，他们以前的身份也不会在一夜之间就完全消失。比如1789年英国皇家海军“邦蒂号”（HMS Bounty）上发生兵变，而在25年之后，人们才发现这些船员逃到了皮特凯恩岛（Pitcairn Island）。他们在事发18年之后就曾被一艘路过的美国船只发现，当时这些叛兵以及陪同他们的波利尼西亚人和塔希提人仍然具有英国人、波利尼西亚人和塔希提人的明显特征。假设当初他们都活着，还没有被发现，那随着时间的推移，他们或他们的后代，会把自己重新设计成一个让我们觉得定义明确并团结统一的社会吗？[3]

要找到几代人都完全与外界隔绝的单一人群集合其实并不容易。一些抵达冰岛和北美的维京人可能在与世隔绝的环境中幸存下来。然而，他们继续坚持着他们标志性的维京人生活方式，并足以让人一下子就联想起那些生活在欧洲的维京人；但他们的这种隔绝生活最多持续几十年，因为他们只是在有生之年还能回忆起自己的出生地。[4] 史前民族也到达过一些偏远的岛屿，但在大多数地方，他们要么与岛屿上的其他部落进行接触，要么岛屿上有足够的空间可以让他们分裂成多个社会。比如，富图纳岛有两个酋邦，复活节岛有17个生活在巨大的岩石上且彼此充满敌意的部落，而在澳大利亚，在前殖民时期有数百个原住民社会在繁荣生活，他们都是同一个通过亚洲登陆澳大利亚大陆的群体繁衍出来的后代。

在亨德森岛屿可以找到一个社会孤独存在的历史例证。这个波利尼西亚岛屿面积只有37平方公里，它提供的空间和资源太少了，它的几十名居民无法分为像阿娄和锡加维这样的两个社会。16世纪的亨德森人由于没有木材来制造船只，于是与分别生活在距此90公里和690公里远的皮特凯恩岛（Pitcairn）和曼加雷瓦岛（Mangareva）上的贸易伙伴断绝了联系。当西班牙探险家在1606年发现这个岛时，岛上的居民已经灭绝了。没有人知道：当初那数量稀少的亨德森人是如何思考自己的，例如，他们是否仍然认为自己属于一个部落，并给自己的部落取了名字。[5] 我的猜测是，那最后几个绝望的岛民，通过世代相传的知识分享尚存一丝对外界人群的模糊记忆，从而保留了一点社会身份，因此，关于“我们与他们”的概念在他们的脑海中也应当从未消失。

亨德森人认为自己与这个世界完全隔绝，这样经过几代人的发展，甚至在他们的传说和神话中也会逐渐淡化外国人的存在。既然亨德森人生存了那么长的时间，他们可曾渴望产生一种归属感，并形成一个团结一致而又不乏成员个性特征的集体组织？或者，他们曾经致力于维护一种共同身份，这种努力在与世隔绝的环境中会消失吗？也许在这种情况下，亨德森岛上的居民只在乎自己的朋友和家人，因为他们没有社会可言。这似乎是人类学家安雅·彼得森·罗伊斯（Anya Peterson Royce）的观点：“生活在一个岛屿上但对其他人没有任何了解的假想群体不是一个族群，因为他们没有族群身份，也没有基于族群的生存策略。”[6]

有人可能不同意罗伊斯的观点，并指出人类渴望寻找共性，而这一点从我们习惯于模仿自己所崇拜的人物的怪癖中可以得到证明。名流巨星让许多做法在大众中得以流行，相反，人们会刻意避免沾染上自己不喜欢的人物的习惯。[7] 模仿一个领导者或受人尊敬的人，可能会形成几乎相当于身份认同的一些习俗，甚至对于长期与世隔绝的亨德森人来说，情况也应如此。这些岛民的生活一定会因塔斯马尼亚岛效应的影响而被剥夺到最低限度，如前所述，塔斯马尼亚岛效应是指人数稀疏的群体会忘记他们文化的某些方面。尽管如此，他们在一起成长和相互学习的过程中，仍会形成许多共同之处。然而，由于没有其他人的存在，这些岛民之间的相似之处已经稀罕到如此程度，以至于罗伊斯的断言在这儿可以适用：我们很难将他们视为一个社会（当然更不是一个族群）。

他们之间的相似性，可能不再像作为社会标志的共同特征那样，会对彼此的生活产生深远影响。也许人们仅仅依靠相互认识就足以成立一个社会。

那些生活在没有标记、只能依靠个体识别的社会中的物种，难道不论外界存在与否，都认为自己是一个集体？或者，它们的社会也会在没有“其他同类”存在的情况下崩溃？野外生物学家克雷格·帕克（Craig Packer）告诉我，如果狮群处于隔绝生活状态，那就逃脱不了解散的宿命：狮群成员会分散成一些越来越小的群体。考虑到社会的一个主要功能是战胜竞争对手，所以出现这种结果并不令人惊讶。因为如果没有对手的存在，这种压力就会消失。然而，狮子的命运可能不会给人类提供可靠的参考。因为狮子可以独自狩猎，它们单独生活得比人类更好，人类的情况与之不同：人类不只为了确保安全和吃饱穿暖，除了自己的配偶之外，还渴望身边出现更多的东西，让自己不感到孤独，同时给生活赋予意义。这就是为什么没落的人类社会很少彻底崩溃的原因之一，相反，它们会分裂成更小的社会。在这些小规模的社会里，虽然环境更加简单，但人们先前的社交网络却得以保留。总之，逃离一个破碎的社会并不意味着完全放弃了所有社会。

在此基础上，我们可以预料，无论他们之间的关系是否配得上“社会”的称号，孤独的人类将比狮子更容易团结在一起，就像我们看到同舟共济的船员们在“只有我们、没有他们”的环境下所表现出的归属感一样。黑猩猩当然也是这样。即使一个黑猩猩群体处于隔绝状态，其成员仍然保持着内部联系，就像它们在其他时候的表现那样。此外，对一个与世隔绝地生活在乌干达科亚布拉（Kyabura）峡谷里的群体所进行的研究，也让我们得出了同样的结论。[8]

然而，这些群体即使处于隔绝状态，也能很快适应不断变化的环境。无论是对敌人格杀勿论的阿根廷蚂蚁超级社会，还是生活在孤岛上并对外界失去记忆的部落岛民，一旦再次遇到外来者，他们作为一个社会而存在的身份就会重新凸显出意义。不管自己的社会特征多么贫乏，这些岛民也会强调他们与外来者之间的区别，从而强化他们与对方之间所存在的界限（当然，这样做的前提是入侵者不会占领、杀戮或同化他们的小集体）。[9]

1954 年进行的一项实验大致模拟了这种情况，证明了当条件合适时，社会的某些特征能以多快的速度发挥作用。在俄克拉荷马州的罗伯斯洞穴国家公园（Robbers Cave State Park）里，22 名 12 岁的男孩被随机分为两组，而这两组人员从一开始就独自生活。后来这两组男孩发现了对方。起初他们只是从远处观望，后来则彼此接触，这样他们很快就形成了不同的身份特征，这些身份特征包括：最喜欢的歌曲，喜欢咒骂别人，等等。这些男孩给每个小组取了一个名字，在自己的衬衫上画上了图腾动物，并在参加体育比赛时挥舞着印有相同符号的旗帜。甚至在研究人员让“响尾蛇”和“老鹰”两个队一起工作之后，它们对对方所表现出的暴力行为也很快缓和，但彼此的差异仍然存在。[10]

即使没有外国人从外面来打扰一个与世隔绝的社会，比如，一个极具侵略性的社会征服了全世界，因此就不存在所谓的外来者，在这种情况下，他们的成就也只能维持短暂的时间。一旦隔绝生活的人类数量增长，发展到不止几个成员的规模，他们就会出现厚此薄彼的现象，而这就为诞生多个社会创造了条件。于是，催生社会的外来者将从人群内部产生。团结将会瓦解，就像以前所有国家和所有社会都经历过的那样。[11]

大同社会的梦想

因此，对那些认为人类有朝一日会遍布全球、没有国界、也就不存在任何外来者的人来说，我们目前对人类认知的了解情况不是一个好兆头。然而，尽管社会永远不会消失，也许还会有另外一种情况出现，这种情况也会有效地将社会从现实中抹去。随着社会的数量在每个世纪都呈下降趋势，我们可以想象，世界上所有剩余的国家总有一天会完全放弃自己的边界，建立一个对人类来说比社会本身更重要的世界性社区。

一些人认为，文化（比如麦当劳、梅赛德斯 - 奔驰、星球大战）以及人际关系（脸书将来自爱沙尼亚的Aa与来自阿富汗的Zu联系在一起）的国际化，预示着国家边界会像柏林墙一样倒塌。然而这是一种错误的认识。全世界的人在观看好莱坞大片的同时，可能会大口地吃着肯德基、喝着星巴克和可口可乐，此外他们还可以享用日本寿司、跳西班牙的弗拉门戈舞、穿法国时装、铺波斯地毯、开意大利汽车。他们可能会主动适应这些世界趋势，如果有时来不及适应，就会被汹涌的发展潮流淹没其中。但是，无论受到多少异国情调的影响，与国外建立了多少联系，这些国家都不会陷入混乱，他们的人民对自己的社会仍然保留着强烈的忠心。[12] 毕竟，远古时期的社会就从外部世界获取他们想要的东西并据为己有，这些社会也因此而变得更加强大。甚至美国最典型的象征——自由女神像，也是由埃菲尔先生设计并首先在法国领土上竖立起来的，因为他最初将自己的作品送给了巴黎。

尽管人们对自己国家的边界严加维护，但他们仍然可以建立由许多国家共同组成的保护组织。然而，人类学的记录显示，即使许多社会联合起来，组成一个最有影响的集体机构，其决定对所有成员社会都具有约束力，这样一个普遍性的组织仍然无法完全取代我们与社会之间的联系。在亚马孙西北部，大约有20个部落或语言群体，他们被统称为图卡诺人（Tukanoans），每个群体都有自己的语言或方言，有些彼此相似，有些则大相径庭。各部落之间的联系十分紧密，它们在经济上相互依赖，并且每一个部落都专门生产与其他部落进行交换的商品。最为奇特的是，部落之间甚至演变出一条相当于强制性交易原则的社会规定：部落内部禁止通婚。这些人说："和我们说同样语言的人就是我们的兄弟，而我们不会娶自己的姐妹为妻。"[13] 因此，新娘只能嫁入另一个部落，在那里她会学习当地的语言。如果你认为这样的安排不合常规，会发现在新几内亚地区也存在类似的婚姻习俗，即他们的婚嫁对象都必须是另一个社会的成员。

对这种安排的一个解释是，它在规模很小的社会中减少了近亲繁殖的概率。我们也在许多非人类的物种身上看到了这一点，比如在黑猩猩组成的社会，雌性通过在猿群之间进行类似的转移来避免与亲属交配。当人口稀少时，就像过去图卡努亚人偶尔会遇到的情况那样，唯一的婚姻选择实际上可能只是在兄弟姐妹之间通婚，而这是一种我们人类天生就厌恶的乱伦行为。[14]这个问题对图卡努亚人来说，比对现在的国家可能更严重。这种心理上的厌恶，似乎战胜了图卡努亚人对自己社会不能建立起牢固关系的任何恐惧。他们强制性的通婚制度创造了我认为有史以来最紧密的联盟关系，目前总共有约 3 万亚马孙人生活在一起。然而，尽管如此，图卡努亚人的各个部落仍然具有清晰的界线和独立的地位，并且每个部落都生活在一个特定的地区。[15]

撇开图卡努亚人的特殊情况不谈，联盟未能取代人们对社会的从属关系，这种情况在全世界都是如此，包括联合国和欧盟。这些政府间组织没有赢得人们的情感承诺，因为它们缺乏能带给成员真实感受的因素。欧盟可能是人类设想中最雄心勃勃的经济一体化尝试，但它永远不会取代欧盟内部的国家。成员们不认为欧盟是一个值得他们像对待自己国家那样效忠的实体，其中有如下几个原因。首先，它的边界并不固定。事实上，随着国家的加入或退出，它的边界就会相应修改。此外，其成员国的冲突历史可以追溯到中世纪，而且不同国家之间的文化已经在地球东西之间出现裂痕。最重要的是，欧盟不能提供宏大的叙事框架，没有令人尊敬的象征或传统，没有人愿意像为自己国家一样为欧洲而战，甚至为欧洲做出自我牺牲。[16] 这使得欧盟不过是一个政治联盟，就像易洛魁人的联盟一样，只是后者的权力较低而已。每个成员国都处理与其公民身份相关的问题，并且公民身份仍然是他们实现自我价值的焦点，这种观点使欧盟成员身份位于次要地位，并且可以任意处理。对 2016 年英国脱欧投票的分析表明，那些对自己的国家身份感受最强烈的英国人就反对留在欧盟。这些投票者将欧盟这种经济与维和工具视为对他们国家身份的一种威胁。[17]

欧盟的成立就是为了解决金融和安全问题。对瑞士来说也是如此，瑞士是一个长期受到审查的国家，因为正如瑞士人民的四种语言和复杂的领土状况所证明的那样，瑞士的国家地位取决于 26 个地方社区或州（cantons）之间精细复杂的社会以及政治联盟。这些自治的定居点就像一些位于山区的微型国家一样在许多方面发挥作用，从而增强了每个定居点的自治权。“每个州都有自己的历史、宪法和国旗，有些甚至还有国歌”，政治学家安托万·乔利特（Antoine Chollet）报告说，瑞士的“公民身份只是赋予一个人投票的权利，仅此而已”。[18] 瑞士联邦曾要求改写过去的历史，以保持各州之间的平等感。这一富有挑战性的提议对于保证各州在几个世纪中的生存来说是必要的，因为当时它们被迫与规模更大、势力更强的邻国进行利益谈判。

欧盟和瑞士均为区域性实体，它们因认识到需要对抗来自外部的危险而成立，这样二者都有合理的成功机会。一个全球性的人类联盟缺乏这样的成立动机，因此即使存在，也会更不稳定。实现全球统一的一个可能的方法是改变人们对谁是外来者的看法。罗纳德·里根经常提出这样一个观点，他在一次联合国演讲中曾说：“我偶尔会想，如果我们人类面对来自外星人的威胁时，世界各地的差异会以多快的速度消失。”[19] 像《地球争霸战》（*The War of the Worlds*）这样的通俗科幻小说描述了人类如何团结一致对抗共同的敌人。然而，外星人不会让国家的存在变得无关紧要，就像欧洲人来到澳大利亚也不会让原住民忘记他们的部落一样。不管外星人在多大程度上粉碎了人们对自己社会的信仰，情况都是如此，只是相比之下，人们曾经珍视的那些社会差异，在面临共同敌人威胁的情况下就显得微不足道了。此外，当人类社会为了商业利益或对抗敌人而相互依赖时，这种依赖感并不会减轻他们对自己所具有的差异性特征的重视。所以，世界主义（cosmopolitanism）这一概念，即世界人民将开始感受到自己与人类之间的主要联系，不过是一场白日梦而已。

社会与人类

让我提出最后一个问题。如果人们可以放弃他们的标记，或者以某种方式抛开用身份标记对彼此分类的动机，那会发生什么情况？在这样一个世界里，人们唯一能感知到的差异只是个体之间的差异，而不是群体之间的差异。有人认为，在这种情况下，我们的国家会完全解体，但很难预测什么会取代国家。也许我们的联系会在当地社区或我们最了解的同伴周围凝聚起来，这样全球人口就会分裂成数以百万计的微型国家。我们会预见自己回归于我们祖先的个体识别社会，在那里每个人都认识其他人。

此外，通过抛弃我们之间的差异，或者抛弃我们根据差异进行判断的嗜好，我们是否能够取得相反的结果，完全摆脱边界之争？通过国际旅行以及脸书友谊而建立的蜂窝状网络会不加区别地将我们联系在一起，以至于我们真的能够实现原本难以捉摸的全人类团结，成立一个囊括所有男人、女人和孩子的大同社会吗？

我们对身份标记的依赖可以追溯到人类的久远过去，但自然产生的东西并不总是值得保留。幸运的是，人类的智慧给了我们一些从生物学和历史中解脱出来的希望。然而，当变化涉及我们如何标记自己的身份时，任何改变都将变得极其困难，对此仅仅通过教育是不能达到效果的。虽然抛开族群和社会标记的想法一开始可能听起来不错，但此举无疑意味着失去了人类所珍视的许多东西。无论是民族主义者还是爱国主义者，人们都关心自己的成员身份，并且很少有人愿意放弃自己的成员身份。实际上他们也不可能这样做，因为人类对群体具有一种下意识的反应。身份标记虽然是一把双刃剑，使我们对那些与我们不一样的人的看法大打折扣，但同时也让我们将那些完全符合自己期望的陌生人视为同类并引以为豪。抛弃身份标记会对人类永恒的心理渴望造成冲击。毫无疑问，如果一个大众催眠师让我们忘记了我们之间的差异，那我们又会争相发现新的差异并以之为荣。所以，唯一能改变这种人类特性的方法，就是让一个对神经系统有惊人理解能力的外科医生来操刀切除大脑的相应部分。但用这种犹如科幻小说中才有的调整方式，将产生一种让我们不敢认为自己就是自己的生物。我不知道人们如何衡量这些人是否比我们今天更快乐，但可以肯定的是，他们将不再是我们自己。

社会是否真的需要存在这个话题，归根结底就是人们是否必须为了他们的情感健康和生存能力而组成一个集体。我认为答案是肯定的。“一个人必须得有国籍，就像他必须拥有一个鼻子和两只耳朵一样。”研究民族主义的著名思想家欧内斯特·盖尔纳（Ernest Gellner）如此写道。盖尔纳进一步指出：人类需要成为一个国家的公民，这不过是在现代才出现的一种发明而已。虽然这一观点有误，但他从来没有意识到他先前的说法是多么正确。[20]大脑在我们自己创造的“我们与他们”的宇宙中演变进化。以这种心理创造出来的社会，总能给人们提供一个参考点，让人们觉得自己的生活实实在在，具有目的，充满意义。

说一个人没有国家会让人联想起他遭受了机能失调、精神创伤或生活悲剧。如果失去了这样一种身份，人类会感到自己被边缘化，犹如浮萍一样四处漂游，总之，生活在一种危险的状态之中。一个恰当的例子来自移民所产生的那种无家可归的感觉，因为他们失去了与自己祖国的联系，同时又在接收国面临被人拒绝的痛苦。[21]社会边缘化是一种比宗教狂热更强大的动力，这解释了为什么许多恐怖分子最初只是在被主流文化排斥之后才采取极端行为。对于被社会剥夺了权利的人们来说，激进的观点可以填补生活中的一处空白。[22]有组织犯罪集团同样会征用一些财产，这些财产通过向社会底层人士提供共同目标并让他们产生一种自豪感和归属感，从而给一个社会注入了活力。这种情况，正如我们在罗伯斯洞穴国家公园的两组小男孩身上所看到的那些初步表现一样。

本书提供的证据表明社会是人类的普遍现象。人类祖先生活在裂变–融合群体当中，这些群体通过简单的步骤，从个体识别社会进化到依靠标记物来进行区分的社会。社会成员的内外群体界限会使社会在这一过程中保持不变。这意味着人类一直都会生活在社会里面。但并没有所谓原始的“真实的”人类社会存在，因为人类成员和家庭在决定将自己划分成明确的群体之前，生活在一个开放的社会网络之中，当时还没有这样的时间概念。生活在一个社会（事实上，是很多对比鲜明的不同社会）当中，比信仰或婚姻更不可或缺、更古老，因为这是在我们成为人类之前就已经出现的生活方式。

据我猜测，亨德森岛上的最后一批居民，应当对任何事物都失去了激情，变成了一群行尸走肉，整天无动于衷、浑浑噩噩，对自己的生活意义感到一片茫然。但请放心吧，只要还存在其他社会能与我们自己的社会进行比较，生活中几乎没有什么事物能与社会在人类内心引起的激情相提并论。如果我们不重新设计自己，而是选择保留人类的全部特征，那么社会以及将我们凝聚在一起并使我们与众不同的社会标记，将继续保留下来，这就意味着不但在我们头脑中存在人与人之间的虚拟界限，而且在世界范围内也会出现把人与人分隔开来的实际界限。

结论

身份转变和社会崩溃

谁希望自己的祖国永远不会变得更大或更小、更富有或更贫穷，谁就会成为世界公民。

——伏尔泰

在穿越非洲大草原、澳大利亚海岸线和美洲平原的旅途中，我们的祖先组成了一些附属于社会的小团队，可以和自己的同伙终身结伴同行。他们月复一月地安营扎寨，寻找食物和水源。他们很少遇到其他人类同伴。我发现很难想象自己每天看到的陌生人比他们在一生中所看到的陌生人都少。随着时光的流逝，社会已经膨胀到人类只能像蚂蚁一样通过匿名群体进行互动的地步。在这些匿名人群当中，许多人和我们相比差异巨大，而不是像当初狩猎–采集者所遇到的那些人，即使经过了数百代人的发展，彼此之间差异都还不大。

我们的祖先很少遇到外来人群，所以在他们看来，外来者似乎是处于现实和神话之间的人。比如，原住民还以为他们遇到的第一批欧洲人是鬼魂呢。[1]但随着时间的推移，我们对其他社会成员的看法已经发生了根本性的变化。今天，外国人似乎不像以前那样，总是显得古怪或陌生。多亏从15世纪开始的全球探险，加上今天由于旅游业和社交媒体的发展，来自地球偏远地区的人们之间的接触也已屡见不鲜了。对外来者一无所知不再是我们的借口，虽然在史前时代经常出现这样的情况。在那个时代，人们对外来人群的了解太少，所以野蛮部落可能被当作躲在儿童床下的怪物来对待。[2]

尽管如此，人类仍继续以成员之间较少熟悉或了解的方式来表达自己与社会之间的关系。然而，我们的大脑，由于其配置只适应与更少的个体和群体互动，处于超负荷工作的状态。因此，本书对许多研究领域进行参考借鉴，以期认识社会的本质，并了解我们如何应对这种负担，而在这一过程中我们也获得了诸多启示。在这里，我将其归纳为以下几个基本结论。

其中最基本的结论是：社会不仅仅是人类的发明。大多数有机体缺乏我们称之为社会的封闭群体，但在拥有社会的物种当中，社会以各种方式为其成员提供保护和供养。在所有这些动物当中，个体成员必须能够识别出彼此属于同一群体。无论这些成员是否合作，或具有任何其他的社会或生物关系，这种成员身份都能够给它们提供优势。

虽然社会不为人类所独有，但就人类的状况而言却很有必要，因为远古史前人类在进化树上选择了与其他猿类不一样的进化方向。根据我在第二十一章的粗略计算，人类历史上先后出现的社会有 100 万个左右。每个社会都是一个不对外来者开放的群体，一个成员愿意为之而奋斗的群体，有时他们甚至也愿意为之牺牲。每个社会都获得其成员的强烈认可，并且这种认可是从出生到死亡一直存在，并代代相传的。但直到近千年以前，所有这些社会都是狩猎 – 采集者组成的小型社会。

在我们人类祖先的社会当中，就像在大多数其他哺乳动物社会中的情况一样，成员们必须彼此认识，才能作为一个群体发挥作用。但是由于记忆方面的限制，大多数动物的社会规模在发展到大约 200 个成员时就达到了上限。在我们进化的某个阶段，可能在智人起源之前，人类通过形成匿名社会而打破了这种玻璃天花板，匿名社会存在于人类和其他一些动物当中。在这方面，蚂蚁和其他大多数社会昆虫表现尤其出色。由于这些昆虫个体之间不再需要彼此识别，因此它们的社会可能会达到巨大的规模。相反，它们依靠识别标记来接纳它们认识的个体以及符合它们期望的陌生成员。气味是昆虫的身份标记，但人类的身份标记范围更广，对于我们来说，身份标记的范围从口音、手势到服饰风格、仪式以及旗帜，可谓五花八门、种类丰富。

身份标记是所有超过几百个成员的社会的基本组成部分，无论是强大的人类还是简单的昆虫，在这方面概莫能外。然而，在发展到某个特定规模的时候，仅仅标记本身还不足以将人类社会团结在一起。社会要容纳大量的人口，依赖的是标记之间的相互作用，加上人们对社会控制和社会领导的接受，以及包括形成职业和社会群体在内的专业分工的日益增加。

在早期人类中，新社会的诞生过程由两个步骤组成，而这与其他脊椎动物相似。这一过程是从一个社会中因身份差异引起的亚群体的形成开始的，并且通常非常缓慢。几年之后，这些身份差异分化到了水火不容的程度。于是各派系随即分离，并永久地形成不同的社会。

仅仅考虑我们把同一社会中出生的陌生人接收为社会成员的能力，并不能解释人类社会如何能够发展到如此巨大的规模。使如此大规模的扩张成为可能的前提是从其他社会获得人才。外来者要融入一个新社会，就必须适应其预期的身份，尽管他们也保留着自己的区别特征。外国人数量的增加，在以前是通过奴役和征服，在最近则是通过移民，才产生了今天社会中族群和种族混合存在的局面。这些群体之间的关系尚保留着它们在权力和控制方面的差异，在某些情况下，这种差异甚至可以追溯到有历史记录之前。

社会成员之间的身份差异仍然是导致破坏的来源之一。然而，今天的社会不是以狩猎－采集者群体的方式分裂，而是更经常地沿着地理断层线分裂，这些断层线大致反映了居住在其中的那些族群的祖先们曾经的领土划分情况。

由于非常古老，对社会的需求已经塑造了人类各个方面的经验。其中最值得注意的是，社会之间的关系深刻地影响了人类思维的发展，这反过来又会影响人类历史上后来出现的社会中族群和种族之间的互动。虽然我们可能不像早期人类那样在对外界完全一无所知的情况下采取行动，但本能反应却表明我们容易对不同群体以及我们自己群体的优越性有刻板印象。我们对社会和族群认同的心理基础，在我们的每一次行动中都能体现出来。我们对每一个人的反应，我们如何投票，我们是否赞成自己国家战争的决定，都是由深深嵌入我们基因的那些生理过程所决定的。现代性的喧哗与骚动可能只会恶化我们在这方面的反应。

即使我们作为个体面临着社会互动的洪流，国家之间也越来越相互依存。然而，我们就是我们自己，因此蜂拥而至的人群仍然在为争夺领土、资源和权力而过度努力，就像动物社会一直在做的那样。我们进攻，我们哄骗，我们责备，我们虐待。通过与我们信任的外国势力合作，我们将自己与不信任的外国势力隔离开来，这种人类独有的联盟可能拯救我们。然而，这会给那些被排除在外的人们带来更多的茫然、破坏、愤怒或恐惧。

我们希望过去几十年已经带来了一些变化。由于意识到它们之间的相互依赖性，以及出于对现代冲突所产生的高昂代价的警惕，大多数国家已经不再试图彻底征服对方。我们对人类的全面了解已经创造出变非凡为平凡的奇迹，并创造出一种常态。但是，如果群体间的接触很少，那这一点就将无法实现。幸运的是，我们不仅可以平静地走进一家满是陌生人的咖啡馆，而且也不用担心其中的拿铁吸管是否与我们平时所用的不同，尽管这些陌生人可能是我们社会的少数族群成员，或者根本就是来自国外的异族人。如果有机会，我们可能会相当平静地同这些人握手。是的，在我们被迫共同生活的其他人当中，仍然有一些人的身份会使我们愤怒、内心排斥、感到被冒犯或被吓到，在社交过程中也让人忧虑，并且不得不相互磨合。然而，从进化甚至历史的角度来看，这种群体混合的随意性的确是一件了不起的大事情。

通过这种随意性混合，所有人对保护他们免受不可预测世界影响的社会所具有的身份认同感，仍然坚定不移地保留下来，归属感使我们免受外界的影响。人们认为我们的国家和部落是值得尊重的永恒存在，这种感觉让我们更坚定地相信社会的承诺。准确地解读历史和人类社会的状况，要求我们正视这样一个事实，即这种关于社会稳定性的信念其实是一种令人欣慰的错觉。新群体肯定会获得支持。但因民族或族群差异而引起的紧张关系也不会就此消失。人类标记的进化不仅加强了将社会成员联系在一起的力量，而且还增强了将它们分开的力量。前一作用是通过让陌生人视彼此为同伴而实现的，而后一作用，则体现在经过几代人的发展以及因距离太远而出现的隔绝效应，导致社会成员身份发生了变化，社会也逐渐崩溃。正如西雅图酋长所预言的那样，所有社会都是短暂的，转瞬即逝。包括意大利、马来西亚、亚马孙部落或布希曼人的团队社会在内，所有这些社会都是作为有机体而采取行动，它们的继续生存需要进行动态反应，并且其中从来没有摆脱过冲突和痛苦。即便如此，艰难的现实情况是，社交生活中的经线和纬线只能支持这么多的改动。在某种程度上可以说，社会结构不能再继续修补下去了，否则每个国家的领土完整都将受到挑战，并最终走向灭亡。

当我们展望未来时，围绕着世界各地的人们所珍视的理念（即他们的自由）重新组织讨论可能会很有启发，而我此时也只是顺便提及这个理念而已。自从赢得独立以来，美国人一直宣称自己对自由感到自豪，但在革命战争时期，英国人认为自己与当时更具压迫性的欧洲社会相比仍然享有自由。当我们追求一个社会向我们开放时，我们有选择的权利，事实上这也是人类活动被理解的依据，但这种通过个人表达的自由绝非易事，宽容永远不会没有限制。任何社会都以自己不能容忍的范畴以及对其成员所要求的行为来定义自己，因此，就其本质而言，成为社会成员会减少人们的选择范围并导致他们失去某些自由。对于大多数物种而言，这种限制仅仅表现为要求个体与其他成员互动，并尽量减少甚至根本就不与外来者交往。人类社会也给人们带来了更多的要求。我们必须举止恰当，坚持我们与外来者之间的区别。只要我们的行为符合其中最基本的规则，并且遵守我们对社会的承诺，在社会中有符合自己身份的表现，我们就是自由的。一般来说，一个社会经历的私有化越多，对其人民的期望就越高。[3] 抛开极端主义政权不谈，总的说来，世界各地的公民都乐于接受这种限制。他们相信自己的社会是正确的，并在社会对他们施加的限制范围内寻找安慰。作为回报，社会给成员带来了很多东西，包括一种轻松的感觉，甚至难分难舍的同胞情谊，以及伴随成员身份而产生的安全感和社会支持，获得资源的途径、就业机会、合适的婚姻伴侣、艺术创造，等等。

虽然人们重视自己所获得的自由，但事实上，社会对自由的限制与成员享有的自由本身一样，都是产生幸福不可或缺的因素。如果向社会成员和其他成员开放的选择以及周围人的行为淹没或困扰着人们，那他们就会感到混乱，而不是自由。这就是说，我们所认为的自由总是受到很大的限制。然而，只有外来者才会认为文化所施加的限制具有压迫性。因此，在那些培育集体主义认同的社会，人们只有更重视他们对集体的认同感以及这种认同感给他们带来的支持，才可以平等地庆祝他们的社会给成员们所提供的机会和幸福。[4] 不管一个社会的容忍度有多高，如果它的公民有自由（或觉得他们应该有自由）在他人的舒适区之外行动，通常，我们对这种行为的不适表现为厌恶或恐惧，并且我们（无论“我们”是谁）是用道德标准来表达感情的。而公民之间对此类行为不同的容忍程度可能会导致社会结构出现薄弱的环节。

但族群多样性在追求统一和自由的过程中则变得更复杂，其中的困难在于我们要在一个群体对自由的追求与另一个群体的舒适感之间寻找平衡。一种非常常见的情况是，群体之间在个体自由方面会出现不平等，因为少数群体必须在社会所能接受的——特别是主导群体所期望的——范畴内活动。然而，他们又不能过度效仿主导群体，这样才能让主导群体的成员处于一种独立且享有特权的地位。因此，少数群体不仅要识别他们自己所属的社会，还要识别他们自己所属的种族。例如，拉美裔美国人经常被他们的美国同胞认为是拉丁美洲人，而他们几乎也总是把自己看作拉丁美洲人。相比之下，主导群体的成员由于基本控制了国家的标记和资源，平时很少需要考虑自己的族群或种族，除非他们在经济困难时期需要团结一致。于是，这就给他们赋予了更大的自由，可以让大多数成员享受着把自己看成一个独一无二的特殊人群的权利。[5]

美国战胜了次大陆的原住民，并拼凑出一个社会，该社会的成员除了奴隶和他们的后代之外，都是自愿前来的人们，这可是一个伟大的实验，在人类历史上鲜有同例。由于美国的人口来源很多，所以没有哪个族群在数量上可以覆盖这个国家的几个独特地理区域，并声称自己曾在这片古老的土地上扎根生活。这样一来，美国社会就没有出现分裂点，而正是这些分裂点使许多旧世界陷入了困境，因为这些旧世界的社会是通过强力合并而形成的，所以随之而来的是一段没完没了的矛盾历史。尽管美国政局动荡，但缺少现成的断层线可能会给美国带来一定程度的持久性。然而，随着这个国家的历史已经接近两个半世纪，它在未来的发展前途如何我们现在还不能确定。但在所有问题之中，有一个问题显得最为重要：作为剩下的唯一超级大国，美国能否作为一个不可分割的国家而持续下去，并与世界其他国家保持一种富有成效的关系？随着多样性的自由将公民身份的要求降低为少数几个条件，社会理解和乐于接纳至关重要，而许多国家所发生的事例就是最好的说明。

对于我们社会的未来发展可能出现的最佳情况是什么？怎样才能创造出健康持久的社会？当前的发展趋势是，社会不再支持族群的多样性发展，而是将民族身份更狭隘地集中在主导群体身上。即便如此，少数群体也不会因此而消失。我们可能会放慢移民速度，但如果像罗马人在时局不好时所采取的做法那样，选择直接将少数群体驱逐出去，就站不住脚了。这些国家为自己所提供的丰富的就业机会、宗教选择、体育粉丝和其他兴趣群体而深感自豪。这种多样性可以增强一个社会的力量，因为它可以给公民提供许多选择，从而丰富他们的私人身份以及与他人之间的密切关系。如果有人能够超越自己的族群和种族，或者在和自己相似但观点不同的人身上找出共同点，那他就有机会通过其他共同的爱好而与别人建立联系。本书前文提到的一个研究曾表明：如果一个人穿着我们心爱球队的服装，我们就可能忽略他和自己的种族差异。[6] 这种交叉联系可能在个人层面显得有些脆弱，但在总体层面则很强大，能使整个社会在面临动荡时保持团结。[7] 但管理也很重要，由不同族群组成的国家在其制度支持多样性时运行良好。[8] 只要社会保持有效互动，偏见就会减少。无论人们在选择朋友时有多严格，也不管他们和其他族群相处的时间多么有限，这种现象都是一种真实存在。[9]

多样性在带来社会挑战的同时，也带来了创造性交流、发明创新以及解决问题的方法，而这是由不同的人才以及采取的不同视角所推动的。[10] 面对人民之间不断变化的关系，任何一个社会的强大能持续多久，仍然是一个令人不安的问题。为了不使用武力而让一个社会保持完整，所有社会必须同样热情地围绕一个核心身份而团结起来，但这一点说起来容易做起来难，因为主导群体拥有更大的自由和权力来操纵游戏规则，从而让其对自己有利，不过这往往是通过主要由社会上层控制的机构来完成的。一个支持本国人民之间牢固联系并同样精通与其他社会交往的国家，将为本国公民带来更大的福祉，延长其在地球上的生存时间，并使其遗产成为人类历史上的一个高点。

如果认为这样的结果可以通过令人愉悦的善意或精心设计的社会工程来实现，那将显得愚不可及。无论你对我们作为问题解决者的灵巧程度有多乐观，人类的思维以及我们通过这些思维互动所创造的社会，都只在某种程度上具有可塑性。我们希望自己享有一个有利的社会地位，甚至会为了维护我们的优势和优越感而互相伤害，这是一个永恒的人类特征。

人类的悲哀无论现在还是将来都表现为：社会不能消除成员的不满。社会只是把这种不满转向外来者而已。而自相矛盾的是，外来者可能包括我们社会内部的族群成员。我们对他人的了解程度的提高，并不总是可以改善我们对待他们的行为方式。如果我们的物种要从远古时代群体之间不和谐的历史中解脱出来，我们需要更好地理解自己身上存在着一种将其他人群视为缺乏人性，甚至像虫子一样的冲动。我们还必须了解更多关于人们如何重塑身份的信息，并以尽可能小的代价来应对每一种海量变化，智人是地球上唯一能做到这一点的生物。虽然我们对外来者的态度有所不同，比如我们中的一些人倾向于谨慎，另一些人倾向于信任，但我们也有一种天赋，那就是可以利用自己与看似不同的他人之间所建立的联系。我们的出路就在于加强这一天赋，当然只有在本书所涉及的这些学科越来越精细的发现成果的指导之下，我们才能做好这项工作。但好消息是，人类有能力通过审慎的自我纠正来对抗我们基因中的冲突倾向。总而言之，我们难免出现分裂，但尽管如此我们也必须团结。

致谢

在世界偏远地区撰写书稿有一个平时不易察觉的好处，那就是你得放慢写作进度。作为生物学家，我曾在防水布下躲避热带地区的倾盆大雨，或骑着骆驼踩在尸骨和沙子上跋涉，但就是在那些漫长的日子里，我开始了解到真正的创作灵感其实就迸发于做事的间隙之中，而这样的时间空隙很少能出现在一个安排得满满当当的日程表中。诗人玛丽·奥利弗（Mary Oliver）在《旅途》（*The Journey*）中写道："我们要追随个人的使命召唤。踏上一条'满是荆棘和石砾之路'，你会发现一个崭新的世界正一点一点地在自己面前展开。"对于这首诗我深有同感，因为我一生都在这样的道路上跋涉，从而获得充分的时间去思考自己的所见所闻，并激励我写出这本书来。

由于在表达词汇和研究方法不同的领域之间建立联系有时需要我简化论点，以便让普通读者能够理解，因此我在写作中加入了一个比通常非学术性著作更详尽的参考书目，以便让不同背景的读者能够选择自己感兴趣的特定主题。然而即便如此，我也只能在此选择其中一些罗列于后。本书及其学术前版（Moffett 2013）在写作时承蒙不同领域的许多专家提出宝贵意见，才能以完整的体系出版面世。这些专家从帮我审阅初稿到解答我提出的许多幼稚问题，表现得如此慷慨，令人动容。对此，我激动万分，因为"这完全出乎我的意料"。我坦率地承认，自己资质鲁钝，原不配写作此书，因此书中若有任何疏漏、错误，本人均一力承担，而他人概不必负责。

以下诸位都曾善意地提供帮助，帮我解决写作中遇到的一些难题，包括：仓鼠为什么对体味感到兴奋，广播节目如何加速种族灭绝，移民对他们国家做出何等贡献……在下面的名单中，斜体名字的人审阅了本书的部分手稿。

Dominic Abrams, Stephen Abrams, Eldridge Adams, Rachelle Adams, *Lynn Addison*, Willem Adelaar, Alexandra Aikhenvald, Richard Alba, Susan Alberts, *John Alcock*, Graham Allan, Francis Allard, Bryant Allen, Warren Allmon, Kenneth Ames, David Anderson, Valerie Andrushko, Gizelle Anzures, Coren Apicella, Peter Apps, Eduardo Araral Jr., *Elizabeth Archie*, Dan Ariely, Ken Armitage, Jeanne Arnold, *Alyssa Arre*, Frank Asbrock, Filippo Aureli, Robert Axelrod, Leticia Avilés, Serge Bahuchet, Russell Paul Balda, *Mahzarin Banaji*, Thomas Barfield, Fiona Barlow, Alan Barnard, *Deirdre Barrett*, Omer Bartov, Yaneer Bar-Yam, Brock Bastian, Andrew Bateman, *Roy Baumeister*, James Bayman, Isabel Behncke-Izquierdo, *Dan Bennett*, Elika Bergelson, Joel Berger, Luís Bettencourt, Rezarta Bilali, Michał Bilewicz, Andrew Billings, Brian Billman, Thomas Blackburn, Paul Bloom, Daniel Blumstein, Nick Blurton-Jones, Galen Bodenhausen, Barry Bogin, Milica Bookman, Raphaël Boulay, Sam Bowles, Reed Bowman, Robert L. Boyd, Liam Brady, Jack Bradbury, Benjamin Braude, Stan Braude, Anna Braun, Lauren Brent, *Marilynn Brewer*, Charles Brown, Rupert Brown, Allen Buchanan, Heather Builth, Gordon Burghardt, and David Butz.

Francesc Calafell, Catherine Cameron, Mauricio Cantor, Elizabeth Cashdan, *Kira Cassidy*, Deby Cassill, Emanuele Castano, Frank Castelli, Luigi Luca Cavalli-Sforza, Richard Chacon, Colin Chapman,

Napoleon Chagnon, Colin Chapman, Russ Charif, Ivan Chase, Andy Chebanne, Jae Choe, Patrick Chiyo, Zanna Clay, Eric Cline, Richmond Clow, Brian Codding, Emma Cohen, Lenard Cohen, Anthony Collins, Richard Connor, David Cooper, Richard Cosgrove, Jim Costa, Iain Couzin, Scott Creel, Lee Cronk, Adam Cronin, Christine Dahlin, Anne Dagg, Graeme Davis, Alain Dejean, Francesco d' Errico, Marianna Di Paolo, Christopher Dial, Shermin de Silva, Phil deVries, *Frans de Waal*, Oliver Dietrich, Leonard Dinnerstein, Arif Dirlik, Robert Dixon, Norman Doidge, Anna Dornhaus, Ann Downer-Hazell, Michael Dove, Don Doyle, Carsten De Dreu, Christine Drea, Daniel Druckman, Robert Dudley, *Lee Dugatkin*, *Yarrow Dunham*, Rob Dunn, *Emily Duval*, David Dye, *Timothy Earle*, *Adar Eisenbruch*, Geoff Emberling, Paul Escott, Patience Epps, Robbie Ethridge, Simon Evans, Peter Fashing, Joseph Feldblum, Stuart Firestein, *Vicki Fishlock*, Susan Fiske, Alan Fix, Kent Flannery, Joshua Foer, John Ford, Michael C. Frank, AnnCorinne Freter-Abrams, Doug Fry, and Takeshi Furuichi.

Lowell Gaertner, Helen Gallagher, Lynn Gamble, Jane Gardner, *Raven Garvey*, Peter Garnsy, Azar Gat, Sergey Gavrilets, Daniel Gelo, Shane Gero, Owen Gilbert, Ian Gilby, *Luke Glowacki*, Simon Goldhill, Nancy Golin, Gale Goodwin Gómez, Alison Gopnik, Lisa Gould, Mark Granovetter, Donald Green, Gillian Greville-Harris, Paul Griffiths, *Jon Grinnell*, Matt Grove, Markus Gusset, Mathias Guenther, Montserrat Guibernau, Micaela Gunther, Gunner Haaland, Judith Habicht-Mauche, Joseph Hackman, *David Haig*, Jonathan Hall, Raymond Hames, Christopher Hamner, Marcus Hamilton, Sue Hamilton, Band Hand, John Harles, Stevan Harrell, Fred Harrington, John Hartigan, Nicholas

Haslam, Ran Hassin, Uri Hasson, Mark Hauber, Kristen Hawkes, John Hawks, *Brian Hayden*, Mike Hearn, Larisa Heiphetz, Bernd Heinrich, Joe Henrich, Peter Henzi, Patricia Herrmann, Barry Hewlett, Libra Hilde, Jonathan Hill, Kim Hill, Lawrence Hirschfeld, Tony Hiss, Robert Hitchcock, Rob Hitlan, Michael Hogg, *Anne Horowitz*, Kay Holekamp, Leonie Huddy, Mark Hudson, Kurt Hugenberg, Stephen Hugh-Jones, Marco Iacoboni, Yasuo Ihara, Benjamin Isaac, Tiffany Ito, Matthew Frye Jacobson, Vincent Janik, *Ronnie Janoff-Bulman*, Julie Jarvey, Robert Jeanne, Jolanda Jetten, Allen Johnson, Kyle Joly, Adam Jones, *Douglas Jones*, and John Jost.

Armin Kaiser, Alan Kamil, *Ken Kamler*, Eric Kaufman, Robert Kelly, Eric Keverne, Katherine Kinzler, Simon Kirby, John Kloppenborg, Nick Knight, Ian Kuijt, Sören Krach, Karen Kramer, Jens Krause, Benedek Kurdi, Rob Kurzban, Mark Laidre, Kang Lee, *Robert Layton*, James Leibold, Julia Lehmann, Jacques-Philippe Leyens, Ivan Light, Wayne Linklater, Elizabeth Losin, Bradley Love, Audax Mabulla, Zarin Machanda, *Richard Machalek*, Cara MacInnis, Otto MacLin, Anne Magurran, Michael Malpass, Gary Marcus, *Joyce Marcus*, Frank Marlowe, *Andrew Marshall*, *Curtis Marean*, William Marquardt, José Marques, Anthony Marrian, Abigail Marsh, Ben Marwick, John Marzluff, Marilyn Masson, Roger Matthews, David Mattingly, John (Jack) Mayer, Sally McBrearty, Brian McCabe, John McCardell, Craig McGarty, William McGrew, Ian McNiven, David Mech, Doug Medin, Anne Mertl-Millhollen, Katy Meyers, Lev Michael, Lev Michael, Taciano Milfont, Bojka Milicic, Monica Minnegal, John Mitani, Peter Mitchell, Panos Mitkidis, Jim Moore, Corrie Moreau, Cynthia Moss, Ulrich Mueller, *Paul*

Nail, Michio Nakamura, Jacob Negrey, Douglas Nelson, Eduardo Góes Neves, David Noy, and Lynn Nygaard.

Michael O' Brien, Caitlin O' Connell-Rodwell, Molly Odell, Julian Oldmeadow, Susan Olzak, Jane Packard, Craig Packer, Elizabeth Paluck, Mathieu Paoletti, Stefania Paolini, David Pappano, Colin Pardoe, William Parkinson, Olivier Pascalis, Shanna Pearson-Merkowitz, Christian Peeters, Irene Pepperberg, Sergio Pellis, Peter Peregrine, *Dale Peterson*, Thomas Pettigrew, David Pietraszewski, Nicholas Postgate, Tom Postmes, Jonathan Potts, Adam Powell, Felicia Pratto, Luke Premo, Deborah Prentice, Anna Prentiss, Barry Pritzker, Jill Pruetz, *Jonathan Pruitt*, Sindhu Radhakrishna, Alissia Ranciaro, Francis Ratnieks, Linda Rayor, Dwight Read, Elsa Redmond, Diana Reiss, Gerhard Reese, Ger Reesink, Michael Reisch, Andres Resendez, *Peter Richerson*, Joaquín Rivaya-Martínez, Gareth Roberts, Gene Robinson, Scott Robinson, Gordon Rodda, David Romano, Alan Rogers, Paul Roscoe, Alexander Rosenberg, Michael Rosenberg, Stacy Rosenbaum, David Rowell, Paul Rozin, Daniel Rubenstein, Mark Rubin, Nicholas Rule, Richard Russell, Allen Rutberg, Tetsuya Sakamaki, Patrick Saltonstall, Bonny Sands, *Fabio Sani*, Stephen Sanderson, *Laurie Santos*, Fernando Santos-Granero, Robert Sapolsky, Kenneth Sassaman, Jr., Chris Scarre, Colleen Schaffner, *Mark Schaller*, Walter Scheidel, Orville Schell, Scania de Schonen, Carsten Schradin, Carmel Schrire, Jürgen Schweizer, James Scott, Lisa Scott, Tom Seeley, and Robert Seyfarth.

Timothy Shannon, Adrian Shrader, Christopher Sibley, James Sidanius, Nichole Simmons, Paul Sherman, Nicole Simmons, Peter Slater, Con Slobodchikoff, David Small, Anthony Smith, *David Livingstone*

Smith, Eliot Smith, Myron Smith, Michael Smith, Noah Snyder-Mackler, Magdalena Sorger, Lee Spector, Elizabeth Spelke, Paul Spickard, Göran Spong, *Daniel Stahler*, Charles Stanish, Ervin Staub, Lyle Steadman, *Amy Steffian*, Fiona Stewart, Mary Stiner, Ariana Strandburg-Peshkin, Thomas Struhsaker, *Andy Suarez*, Yukimaru Sugiyama, Frank Sulloway, Martin Surbeck, Peter Sutton, Maya Tamir, Jared Taglialatela, John Terborgh, Günes Tezür, John and Mary Theburges, Brian Thierry, Kevin Theis, Elizabeth Thomas, Barbara Thorne, Elizabeth Tibbetts, Ruth Tincoff, Alexander Todorov, Nahoko Tokuyama, Jill Trainer, *Neil Tsutsui*, Peter Turchin, Johannes Ullrich, Sean Ulm, Jay Van Bavel, Jojanneke van der Toorn, Jeroen Vaes, Rene van Dijk, Vivek Venkataraman, Jennifer Verdolin, Kathleen Vohs, Chris von Rueden, Marieke Voorpstel, Athena Vouloumanos, Lyn Wadley, Robert Walker, Peter Wallensteen, Fiona Walsh, David Lee Webster, *Randall Wells*, Tim White, Hal Whitehead, *Harvey Whitehouse*, Polly Wiessner, Gerald Wilkinson, Harold David Williams, Edward O. Wilson, John Paul Wilson, *Michael Wilson*, Mark Winston, George Wittemyer, Brian Wood, *Richard Wrangham*, *Patricia Wright*, Tim Wright, Frank Wu, *Karen Wynn*, John Yellen, Anne Yoder, Norman Yoffee, Anna Young, Andrew Young, Vincent Yzerbyt, and João Zilhão

我在对野外动物社会进行研究时得到很多人的热心帮助。比如：在研究狒狒时，我和梅丽莎（Melissa）受到伊丽莎白·阿奇（Elizabeth Archie）的慷慨接待；研究蜘蛛猴时，受到费利波·奥雷利（Filippo Aureli）的慷慨接待；研究黑猩猩时，受到安东尼·科林斯（Anthony Collins）的慷慨接待；研究鬣狗时，受到凯·霍利坎普（Kay Holekamp）的慷慨接待；研究稀树草原大象时，受到辛希亚·莫斯（Cynthia Moss）的慷慨接待；研究狼群时，受到丹尼尔·斯塔勒（Daniel Stahle）的慷慨接待；在研究海豚时，受到兰德尔·威尔斯（Randall Wells）的慷慨接待。特别感谢美国国家地理学会长期以来对我的研究进行的支持，格里·奥斯特罗姆（Gerry Ohrstrom）在我写这本书时曾提供经济援助，理查德·兰厄姆（Richard Wrangham）在我写这本书时，帮助我在哈佛大学人类进化生物学系谋得做访问学者的机会。感谢在美国前国家进化综合中心（可惜现在已经不复存在）的艾伦·罗德里戈（Allen Rodrigo）和一支休假团队，还要感谢泰德·舒尔茨（Ted Schultz）和昆虫学系，让我如今能在美国国家自然历史博物馆（史密森尼学会）做一名研究助理。

我还得感谢我的经纪人和顾问安德鲁·斯图尔特（Andrew Stuart），是他指导我完成现代图书出版的各种复杂程序，感谢我的编辑托马斯·凯莱赫（Thomas "T. J." Kelleher），还有罗杰·拉比（Roger Labrie）、比尔·沃霍普（Bill Warhop）以及Basic出版社的总编辑劳拉·海默特（Lara Heimert），是他认为可以把本书作为通俗读物出版的。

最后，我每天都应感谢梅丽莎，感谢她对我在写作本书时如痴如醉、百事不理的疯狂所表现出的极度宽容，否则我们就可以像往常一样，到一些奇妙的地方去探索一些令人惊讶的生物了。

注释

导言

1 Breidlid et al.（1996），14. 西雅图的话语至今存有不同版本的记载（Gifford 2015）。

2 Sen（2006），4.

3 对于“部落”概念的更宽泛理解，推荐读者去阅读 Greene（2013）的作品。

4 当然，人类也可以将这些冲动转移到其他群体（如邪教）之中，发展出强大的联系（见第 15 章的内容以及 Bar-Tal & Staub 1997）。

5 Dunham（2018）。举一个更极端的例子：即使通过掷硬币的方式给人们随机编组，他们也立刻就认为自己的组员比其他组的成员更有价值（Robinson & Tajfel 1996）。

6 引自 Dukore（1966），142。

7 关于人类持续进化的证据，参见 Cochran & Harpending（2009）。

第一章　何谓社会：来自正反角度的观察

1 人类的自我牺牲精神通常需要这方面的文化熏陶（Alexander 1985）。

2 Anderson（1982）.

3 我得感谢《热带生物学》的编辑 Emilio Bruna，是他允许我引用 Moffett（2000），570~ 571 作品中的这段话来阐述自己的观点。

4 感谢 David Romano 和 Günes Tezcür 就中东库尔德人的公民身份和个人权利所提供的咨询意见。

5 例如，Wilson（1975，595）将社会定义为“属于同一物种并以合作方式组织起来的一群个人”，并增加了“超出了单纯性活动且具有合作性质的相互交流”作为其判断标准。然而，人们可以想象世界上还存在这样的一些社会，其成员互惠互利，但却缺乏相互交流。

6 一个多世纪前创立这一学科的 Émile Durkheim（1895）认为合作是社会存在的一个关键要素。在他的观点中，当有着相似的情感和观点时，人们就会产生合作现象。当然，信仰和道德原则是我将要谈到的关于人类社会身份认同中的基本要素。另见 Turner & Machalek（2018）。

7 这方面有许多精彩的讨论，读者可以参阅其中的一些代表作品，如：Axelrod（2006），Haidt（2012），Tomasello et al.（2005），Wilson（2012）。

8 Dunbar et al.（2014）。然而有数据显示，对于大脑体积的变化，来自生态学方面的解释比从社会学方面进行解释的效果更好。这就使得社会大脑假说的前提被质疑（DeCasien et al. 2017）。

9 关于讨论将“友谊”一词用于动物是否准确，请参见 Seyfarth & Cheney（2012）。

10 Dunbar（1996），108。邓巴数（Dunbar's number）通常用于描述积极的人际关系，但我们似乎可以认为，人们应当把自己的敌人也算在其中（Ruiter et al. 2011）。

11 其他物种也是如此。正如生物学家 Schaller（1972，37）指出的那样，狮子个体之间的关系对狮群的构成不会产生任何影响。

12 Dunbar（1993），692。我们值得完整地重读这句话：“如果在群体规模上存在这些明显的认知限制，那么现代的人类社会如何能够形成（诸如民族国家之类的）超大群体？”邓巴展示了人类根据社会角色对社会成员进行分类的能力，然而，作为这个问题的解决方案，知道人们做什么事情并不能解释社会成员的身份问题，以及他们之间为何存在不同界限。

13 Turnbull（1972）。有人对他的观点提出质疑（例如，Knight 1994）。

14 至少截至以下研究日期之前的情况如此：European Values Study Group and World Values Survey Association（2005）。

15 Simmel（1950）.

16 有时，黑猩猩会对可能以别的方式回报自己的其他猩猩表现得慷慨大方（Silk et al. 2013）.

17 Jaeggi et al.（2010）。Tomasello（2011；see also 2014）发现狩猎－采集者在各个领域都比猿类更具有合作性：“合作只是人类社会才有的一个决定性特征，并不适用于其他大型猿类的社会”（第 36 页）。

18 Ratnieks & Wenseleers（2005）.

19 例如，Bekoff & Pierce（2009）；de Waal（2006）.

20 社会生活可以为一个群体提供优于另一个群体的好处，即使它们中的个体成员没有直接获利，也没有参与其中（这是群体选择），或者让个体成员和群体组织都获得优势（多重选择）（例如，Gintis 2000；Nowak 2006；Wilson & Wilson 2008；Wilson 2012）。在本书中，我不会详述这些替代方案，因为其中有许多争议，并且这些争议都有依据，也具有重要影响。群体选择似乎需要社会成员保持稳定的身份特征。尽管如此，我得出的结论却是，就大多数物种而言，社会身份已经可以为它们的个体成员提供足够的利益，因此它们不需要进行群体选择或亲属选择。

21 Allee（1931）; Clutton-Brock（2009）; Herbert-Read et al.（2016）.

22 雌猴有时会抱其他同伴的幼崽，或者和自己不喜欢的雌猴结伴（Nakamichi & Koyama 1997）。

23 Daniel Blumstein，pers. comm.; Kruuk（1989），109。一只雄性土拨鼠也会赶走其他竞争对手，但很难说这是否对除它以外的土拨鼠带来了任何好处。我没有足够的证据可以说明土拨鼠就是生活在不同的封闭群体里面（例如，Armitage 2014）。

24 Henrich et al.（2004）; Hogg（1993）.

25 引自哥伦布的日志，载于 Zinn（2005），1-2。

26 Erwin & Geraci（2009）。要了解关于树冠生物多样性的更多信息，参见 Moffett（1994）。

27 Wilson（2012）.

28 Caro（1994）.

29 在这种情况下，其他物种可能会加入这一聚会。例如，Sridhar et al. 2009。具有社会特征的动物聚集活动，将在第六章中讨论。

30 例如，Guttal & Couzin（2010）; Krause & Ruxton（2002）; Gill（2006）; Portugal et al.（2014）.

31 Anne Magurran，pers. comm.; Magurran & Higham（1988）.

32 Hamilton（1971）.

33 以前有一种昆虫也表现出这种行为（Ghent 1960）。

34 Costa（2006），35.

35 Rene van Dijk，pers. comm.; van Dijk et al.（2013 & 2014）.

36 关于社会如何处理公平和“搭便车”关系的讨论，可以参考 Boyd & Richerson（2005）。

第二章　脊椎动物从社会中得到了什么

1 在此，我要感谢斯蒂芬·艾布拉姆斯、伊凡·切斯以及卡斯坦·斯科拉登三位学者，他们提供了许多关于鱼类的一般知识。Bshary et al.（2002）; Schradin & Lamprecht（2000 & 2002）。

2 Barlow（2000），87.

3 我借此机会给大家推荐几本重要的书，其中任何一本都可以帮助大家了解下面的这些物种。对于狐獴，我得感谢 Andrew Bateman、Christine Drea、Göran Spong 以及 Andrew Young 撰写的作品；要了解马匹，可以参阅 Joel Berger、Wayne Linklater、Dan Rubenstein 和 Allen Rutberg 的观点（见 The Domestic Horse by Mills & McDonnell 2005）；关于灰狼，

参考 Dan Stahler、David Mech 和 Kira Cassidy 的观点（见 Wolves: Behavior，Ecology，and Conservation by Mech & Boitani 2003）；关于非洲野犬，参考 Scott Creel、Micaela Gunther、Markus Gusset 和 Peter Apps 的介绍（见 The African Wild Dog by Creel & Creel 2002）；关于狮子，参考 Jon Grinnell 和 Craig Packer 的描述（见 The Serengeti Lion by Schaller 1972）；关于鬣狗，参看 Christina Drea、Kay Holekamp 和 Kevin Theis 的观点（见 The Spotted Hyena by Kruuk 1972）；对于美国东部沿海的宽吻海豚，参看 Randall Wells 的介绍（他已经发表了许多关于它们的技术文章）；对于环尾狐猴，参阅 Lisa Gould、Anne Mertl-Millhollen、Anne Yoder，以及不幸去世的 Alison Jolly 的介绍（见 Ringtailed Lemur Biology，Jolly et al. 2006）；对于狒狒（在本书中我指的是热带稀树草原上的物种——黄色狒狒、灰色狒狒以及橄榄色狒狒），参看 Susan Alberts、Anthony Collins 和 Peter Henzi 的记载（见 Baboon Metaphysics by Cheney & Seyfarth 2007，以及 A Primate's Memoir by Sapolsky 2007）；对于山地大猩猩，参阅 Stacy Rosenbaum 的作品；对于黑猩猩，参阅 Michael Wilson 和 Richard Wrangham 的描述（见 The Chimpanzees of Gombe by Goodall 1986 以及 The Mind of the Chimpanzee by Lonsdorf et al. 2010）；至于倭黑猩猩，参阅 Isabel Behncke-Izquierdo、Takeski Furuichi、Martin Surbec、Nahoko Tokuyama 和 Frans de Waal 的记载（见 Behavioural Diversity in Chimpanzees and Bonobos by Boesch et al. 2002，以及 The Bonobos by Furuichi and Thompson 2007）。

4 感谢 Jennifer Verdolin、Linda Rayor 和 Con Slobodchikoff 对我写草原犬鼠的指点。Rayor（1988）; Slobodchikoff et al.（2009）; Verdolin et al.（2014）。

5 我得感谢 Elizabeth Archie、Patrick Chiyo、Vicki Fishlock、Diana Reiss 和 Shermin de Silva 为我提供关于大象的写作知识。莫斯等人总结了关于稀树草原物种需要了解的一切，参看 Moss et al.（2011）。

6 De Silva & Wittemyer（2012）; Fishlock & Lee（2013）.

7 Benson-Amram et al.（2016）.

8 Macdonald et al.（2004）; Russell et al.（2003）.

9 Silk（1999）.

10 Laland & Galef（2009）; Wells（2003）.

11 Mitani et al.（2010）; Williams et al.（2004）.

12 参阅 Cheney & Seyfarth（2007）, 45.

13 本书只讨论了兰德尔·威尔斯（Randall Wells）研究的佛罗里达海豚，其他地方的宽吻海豚的行为可能有所不同，有时也属于其他物种。

14 Linklater et al.（1999）.

15 Palagi & Cordoni（2009）.

16 参阅 Gesquiere et al.（2011）; Sapolsky（2007）。

17 Van Meter（2009）.

18 这并不是说实现梦想就不能催人奋进，但像詹姆斯·瑟伯在《沃尔特·米蒂》中所说的那种白日梦在现实中还是很少会实现，并且一个人除非身为王储，否则整日幻想要当国王就是一种病态表现。人们倾向于相信自己拥有潜力，可以实现远远超越现实的梦想，然而当梦想未能成真时，他们似乎也不会因此而表现得不快乐（Gilbert 2007; Sharot et al. 2011）。

19 Surbeck & Hohmann（2008）指出，倭黑猩猩有时也会合作捕捉大型猎物。

20 Hare & Kwetuenda（2010）.

21 Brewer（2007）, 735.

第三章 社会演变

1 不同于 Aureli et al.（2008），我对于哪些物种属于"裂变–融合社会"没有丝毫含糊。

2 无论是掠食者还是同类敌人，面对大规模的动物群体都备感困难。这方面的例外是豹子，它们可以无视黑猩猩的群体反击。（Boesch & Boesch-Achermann 2000; Chapman et al. 1994）。

3 Marais（1939）.

4 Strandburg-Peshkin，pers. comm.; Strandburg-Peshkin et al.（2015）.

5 Bates et al.（2008）; Langbauer et al.（1991）; Lee & Moss（1999）.

6 East & Hofer（1991）; Harrington & Mech（1979）; McComb et al.（1994）.

7 Fedurek et al.（2013）; Wrangham（1977）.

8 Wilson et al.（2001 & 2004）.

9 倭黑猩猩这种响亮的叫声能起到复杂的作用（Schamberg et al. 2017）。

10 Slobodchikoff et al.（2012）.

11 参阅 Thomas（1959），58。

12 Bramble & Lieberman（2004）.

13 Evans（2007）.

14 Stahler et al.（2002）.

第四章 个体识别

1 Leticia Avilés，pers. comm.; Avilés & Guevara（2017）.

2 King & Janik（2013）.

3 Boesch et al.（2008）.

4 Zayan & Vauclair（1998）.

5 Seyfarth & Cheney（2017）, 83.

6 Pokorny & de Waal（2009）.

7 de Waal & Pokorny（2008）.

8 Miller & Denniston（1979）.

9 Struhsaker（2010）.

10 Schaller（1972）, 37, 46.

11 这一事实被人忽略了，例如，Tibbetts & Dale（2007）对个体识别进行了回顾总结，但是忽略了（“忽略”已经被使用了两次）它是社会生活的前提以及生活工具的作用。

12 Breed（2014）.

13 Lai et al.（2005）.

14 Jouventin et al.（1999）.

15 de Waal & Tyack（2003）以及 Riveros et al.（2012）称这些为“个体化社会”。

16 Furuichi（2011）曾提及此事。Randall Wells 告诉我雌性宽吻海豚大部分时间都生活在自己社会的一个封闭区域之内，有时几乎和上面所说的雌性黑猩猩一样与其他成员处于隔离状态。

17 Rodseth et al.（1991）.

18 引自 Jenkins（2011）.

19 Berger & Cunningham（1987）.

20 例如，Beecher et al.（1986）.

21 虽然每只侏獴的排泄物的气味都与众不同，因此，侏獴也以此来识别个体身份。但是，一个有趣的可能是：这个群体还是存在某种共同的气味成分的。Rasa 1973；Christensen et al. 2016）。

22 Estes（2014）, 143.

23 Joel Berger, Jon Grinnell, and Kyle Joly, pers. comm.；Lott（2002）.

24 但是一般情况下，这些社会是否发展到了它们的最大规模，或者还处于规模极限之下，除受记忆影响之外，还受制于该物种的社会繁殖规则。这是第 19 章将要讨论的主题。

25 “团队”是一个很好的词汇，因为这就意味着这些狒狒似乎和其他猴子的团队有相似之处（Bergman 2010）。这些狒狒似乎还能认出那些最近才从它们团队中分离出去的成员（这种分离现象将在第 19 章中进行论述）。还可参阅 le Roux & Bergman（2012）。

26 Machalek（1992）.

第五章　蚂蚁和人类，苹果和橘子

1　有关切叶蚁的更多信息，请参见 Moffett（1995 & 2010）。关于蚂蚁的一般知识，可以参见 Hölldobler & Wilson（1990）。在此，我得感谢加州大学出版社允许我在写作中引用 Moffett（2010 年）作品中的一些段落。

2　de Waal（2014）。例如，在典型的把黑猩猩和人类进行对比的文章里面，Layton & Ohara（2010）花了更多的精力来讨论二者之间的差异表现，而不是关注它们具有什么实质性的相似之处。

3　猴子和 18 个月以下的人类婴儿没有通过这种自我意识测试。关于这些问题以及其他内容，请参见 Zentall（2015）。

4　Tebbich & Bshary（2004）.

5　de Waal（1982）.

6　Beck（1982）.

7　McIntyre & Smith（2000），26.

8　例如，Sayers & Lovejoy（2008）; Thompson（1975）.

9　Bădescu et al.（2016）.

10　比起令我倾心的蚂蚁来，本人对白蚁和蜜蜂不屑一顾，但是对于那些想对它们做更多了解的读者，我建议去读 Bignell et al.（2011）and Seeley（2010）。

11　缩放所起的重要作用不仅适用于社会，同样也适用于生物数量的多少。参看 Bonner（2006）的著作以及他的一些其他作品。

12　我对蚂蚁市场经济的描述，是在得到 Moffett（2010）的许可之后，稍作改编而成。参阅 Cassill（2003）; Sorensen et al.（1985）；此外，要进一步了解关于蜜蜂的知识，可以参阅 Seeley（1995）。

13　Wilson（1980）.

14　对于依赖农业和家养食物的一些其他昆虫社会，请参阅 Aanen et al.（2002）; and Dill et al.（2002）.

15　Bot et al.（2001）; Currie & Stuart（2001）.

16　Moffett（1989a）.

17　Branstetter et al.（2017）; Schultz et al.（2005）; Schultz & Brady（2008）.

18　Mueller（2002）.

第六章　终极民族主义者

1　Barron & Klein（2016）.

2　其他几种蚂蚁也能形成超级社会，包括马格达莱纳·索格（Magdalena Sorger）和我在埃塞俄比亚发现的一种蚂蚁，形成的群体竟然宽达数千米（Sorger et al. 2017）。要了解关于阿根廷蚂蚁的更多细节，以及对本章引用的参考文献所做的评论，请参阅 Moffett（2010 & 2012）。

3　超级社会在一种情形下会发生暴力冲突。不知何故，到了每年春天，蚂蚁们都会大规模处决蚁后，以保留足够的资源来维持社会的发展。这一例外证明蚂蚁社会遵守一种规则：其社会完整性反映在蚂蚁能在多大程度上处理好这种情况，如果牺牲蚁后就能保证社会的正常运行，那即使蚁后也不会反对（Markin 1970）。

4　Injaian & Tibbetts（2014）.

5　但是也有极个别的案例，其中蚁后作为蚁群的开创者，可以根据气味识别出每位成员（d' Ettorre & Heinze 2005）。

6　蚂蚁也可以通过对方正在做的工作来区分它是不是工蚁（Gordon 1999）。

7　Dangsheng Liang，pers. comm.；Liang & Silverman（2000）.

8　在首次使用“匿名社会”一词之后（Moffett 2012），我发现 Eibl-Eibesfeldt（1998 年）早就使用了这个短语来描述任意一个人口众多的社会。但在我的表达中，即使是一个规模很小的社会，如果成员之间是借助标签来进行区分的话，也可以说是匿名的，因为这就可能让一些成员不必互相认识彼此。

9　Brandt et al.（2009）。超级蚂蚁社会之间的争斗有增无减，即使在统一的实验室环境中给它们喂食相同的食物，经过一年情况也没有改观（Suarez et al. 2002）。

10　Haidt（2012）.

11　Czechowski & Godzińska（2015）.

12　在某些情况下，社会气味主要来自蚁后（Hefetz 2007）。

13　和自由生活的蚂蚁相比，蚁奴对外来者的进攻性不强；对此的一种解释是：它们群体中标记的多样性可能导致蚁奴识别敌人的标准不甚严格（Torres & Tsutsui 2016）。

14　Elgar & Allan（2006）.

15　感谢斯坦·布劳德（Stan Braude）和保罗·谢尔曼（Paul Sherman）在我写这一物种时所提出的建议。Braude（2000）；Bennett & Faulkes（2000）；Judd & Sherman（1996）；Sherman et al.（1991）。

16　Braude & Lacey（1992），24.

17　Burgener et al.（2008）.

18 我得感谢 Russell Paul Balda、John Marzluff、Christine Dahlin 以及 Alan Kamil，他们对这个物种的认识非常深刻。请参阅 Marzluff & Balda（1992）; Paz-y-Miño et al.（2004）。

19 我得感谢 Mauricio Cantor 和 Shane Gero 提出的一些关于抹香鲸的建议。Cantor & Whitehead（2015）; Cantor et al.（2015）; Christal et al.（1998）; Gero et al.（2015，2016a，2016b）。

20 与抹香鲸不同，佛罗里达州的宽吻海豚似乎不使用发声方式来识别它们的社会（这些社会包括好几百成员，似乎依赖个体识别）。尽管如此，文化差异——表现为捕鱼技术等可以通过学习掌握的行为活动——同样可能帮助我们区分某些物种成员所形成的社会。多年来，澳大利亚的一个海豚群落，属于不同于萨拉索塔海豚的物种，它们会跟随拖网渔船去捕鱼。在这些依赖船只捕鱼的海豚附近，生活着另一个海豚社会，其中的成员只会用常规方式捕鱼，所以它们会远离船只。拖网渔船被禁止之后，这两个海豚社会就合二为一了（Ansmann et al. 2012; Chilvers & Corkeron 2001）。

21 蚂蚁在入侵的前沿分布最为密集，但是这可能反映了那里拥有丰富的食物还未开发，而不是表明一个远离边界的超级社会发展减弱。在世界的其他地方，一些阿根廷蚂蚁数量有所下降，不过就此预测超级蚂蚁社会最终会崩溃（Queller & Strassmann 1998）似乎还为时过早（Lester & Gruber 2016）。

第七章　匿名人类

1 狮尾狒狒的社会之间不会出现这种矛盾纷争。它们即使游荡到其他同类的社会里面，一般也不会引起对方的关注（Chapter 17）。

2 例如，Cohen（2012）: McElreath et al.（2003）; Riolo et al.（2001）。

3 Womack（2005）.

4 de Waal & Tyack（2003）; Fiske & Neuberg（1990）; Machalek（1992）.

5 关于不同层次人类社会联系的详细信息，可以参看 Buys & Larson（1979）; Dunbar（1993）; Granovetter（1983）; Moffett（2013）; Roberts（2010）。

6 这是 Dawkins（1982）提出的延伸表现型中所涉及的文化因素。

7 Wobst（1977）.

8 Alessia Ranciaro，pers. comm.; Tishkoff et al.（2007）.

9 Simoons（1994）.

10 Wurgaft（2006）.

11 Baumard（2010）; Ensminger & Henrich（2014）.

12 Poggi（2002）.

13 Iverson & Goldin-Meadow（1998）.

14 Darwin（1872）.

15 Marsh et al.（2003）。长期进行社交接触的人们在面部外观上也呈现趋同发展的势头，也许是由于重复使用相同面部肌肉引起的（Zajonc et al. 1987）。

16 Marsh et al.（2007）.

17 Sperber（1974）.

18 Eagleman（2011）.

19 Bates et al.（2007）.

20 Allport（1954），21.

21 Watanabe et al.（1995）.

22 Nettle（1999）.

23 Pagel（2009），406.

24 Larson（1996）.

25 Tajfel et al.（1970）.

26 Dixon（2010），79.

27 有时俾格米人说的语言与他们当前有联系的农业邻居不一样，这表明俾格米人有时会进行迁移（Bahuchet 2012 & 2014）。同样神秘的还有布希曼人（Bushmen），他们放弃自己的母语，学讲科伊科伊族的语言，而后者曾被称为霍屯督人（Barnard 2007）。

28 Giles et al.（1977）; van den Berghe（1981）.

29 Fitch（2000）; Cohen（2012）.

30 Flege（1984）; Labov（1989）.

31 JK Chambers（2008）.

32 引用于 Edwards（2009），5。

33 Dixon（1976）.

34 Barth（1969）; McConvell（2001）.

35 Heinz（1975），38。事实上，狩猎 – 采集者的社会被认为呈“松散的”结构，因为它给成员个体行为赋予了很大的自由度（Lomax & Berkowitz 1972）。

36 Guibernau（2013）。当然，正如本书的结论所表明的那样，任何形式的身份资格都会对成员的行为产生一些期望。

37 Kurzban & Leary（2001）; Marques et al.（1988）.

38 Vicki Fishlock and Richard Wrangham，pers. Comm.

39 尽管蚂蚁个体之间一般没有差异，但实验表明，即使不蓄养奴隶的蚂蚁也可以在受控环境下接受外来个体加入它们的社会——包括不同种类的蚂蚁（Carlin & Hölldobler 1983）。

40 我对超级有机体的观点是：它将社会与所有有机体的关键特征联系在一起，体现了组成部分之间的统一性。这种想法是受了 Moffett（2012）的启发。

41 Berger & Luckmann（1966），149.

42 关于使用标记的研究，见 Addessi et al.（2007）。

43 Darwin（1871），145.

44 Tsutsui（2004）.

45 Gordon（1989）。黑猩猩，可能还有许多其他动物，也能做同样的事情（Herbinger et al. 2009）。不过，在蚂蚁的例子中，它们是通过识别其他蚂蚁所属的群体，而不是像黑猩猩那样将其识别为一个异类个体。

46 Spicer（1971），795-796.

47 例如，读者可以参阅 discussions in Henshilwood & d'Errico（2011）。然而，大多数人显然不知道自己珍视的那些符号所代表的具体含义 [Geertz（1973）]。

48 Geertz（1973）.

49 Womack（2005），51.

50 不过切叶蚁在这方面是一个例外，它们拥有超乎寻常的大脑袋（Riveros et al. 2012）。

51 Geary（2005）；Liu et al.（2014）。例如，相对于身体比例，布希曼人的脑壳显得特别大（Beals et al. 1984）。

52 这一观点出自 Gamble（1998），431。

53 在心理学家提出的社会团体理论中，Postmes et al.（2005）的归纳和演绎团体，可能与我对个体识别和匿名社会的分类最为接近。共同纽带和共同身份群体之间的区别也很有趣（Prentice et al. 1994）。

54 Berreby（2005）.

第八章　团队社会

1 和人类学中的许多术语一样，“团队”有一系列令人困惑的定义以及同义表达，比如部落、过夜营地或地方团体。

2 这些四处流动的狩猎－采集者社会还有许多其他名称，其中大部分显得莫名其妙，但是“团队社会”有着良好的传承关系（例如 Leuck & Lee 1982），更强调其中的裂变－融合条件，而不是只注意他们的平均主义、狩猎活动、采集行为，或是对火以及其他工具的熟练使用。在某些场合，它也被称为“多元团队社会”（Moffett 2013），所以我其实是把这个术语给简化了。

3 Binford（1980），4.

4 例如，读者可以参看 Headland et al.（1989）；Henn et al.（2011）。

5 Roe（1974）; Weddle（1985）.

6 Behar et al.（2008）.

7 Ganter（2006）.

8 Meggitt（1962）, 47.

9 Curr（1886）, 83-84.

10 感谢托马斯·巴尔菲尔德（Thomas Barfield）的建议。虽然亚洲的“马背牧民”有自己的领袖，但他们在分散的营地里像狩猎–采集者一样，表现得更加平等（Barfield 2002）。

11 Hill et al.（2011）.

12 Wilson（2012）.

13 Pruetz（2007）.

14 我感谢菲奥娜·斯图尔特（Fiona Stewart）和吉尔·普鲁茨（Jill Pruetz）对我写热带草原黑猩猩所提出的建议。Hernandez-Aguilar et al.（2007）; Pruetz et al.（2015）。

15 关于火与食物共享的重要性的描述，参见 Wrangham（2009）。

16 比如，读者可以参看 Ingold（1999）以及 Gamble（1998）提出的“unbounded social landscape”（无界的社会景观）。

17 Wilson（1975）, 10.

18 Birdsell（1970）.

19 Wiessner（1977, xix）指出“即使闪族人（布希曼人）说不同的语言……都是外国人，应该受到怀疑”。

20 Arnold（1996）; Birdsell（1968）; Marlowe（2010）。感谢布莱恩·海登（Brian Hayden）对生活在西部沙漠地区的团队社会的人口规模提出建议。

21 例如，读者可以参看 Tonkinson（2011）。请注意，由于条件艰苦，该地区的原住民在很久以前就放弃了他们原来依靠的狩猎和采集的生活方式。

22 Meggitt（1962）, 34.

23 Tonkinson（1987）, 206. 我们将在第 17 章和第 18 章中讨论其中的一些问题。

24 这些社会的特点在于重视语言、神话故事（或梦想）以及其他一些事物（Brian Hayden and Brian Codding, pers. comm）。不过，他们的联盟关系看起来有些脆弱，因为不管怎样，有人还是会大动干戈（Meggitt 1962）。

25 Renan（1990）.

26 Johnson（1997）.

27 Dixon（1976）, 231.

28 例如，读者可以参考 Hewlett et al.（1986）; Mulvaney（1976）; Verdu et al.（2010）。

29 Murphy & Murphy（1960）.

30 例如，读者可以参看 Heinz（1994）；Mulvaney & White（1987）。

31 Stanner（1979），230.

32 Stanner（1965）最初借用了“地产”一词来描述每个团队拥有主要权利的区域。人们对本地家园的感觉确实各不相同。哈扎人更容易从一个团队转入另一个团队，并且这些团队在广袤的哈扎族领土上更容易迁徙；但对他们来说，个人仍然会居住在自己最熟悉的那片共同区域（Blurton-Jones 2016）。

33 就像 Heinz（1972）对!凯布希曼人所做的描述那样。另见第 17 章。

34 例如，关于蚂蚁的情况，可以参看 Tschinkel（2006）。今天我们会看到，交战的双方军队也会通过挖壕沟修工事等方式保持距离（Hamilton 2003）.

35 例如，读者可以参看 Smedley & Smedley（2005）。

36 Malaspinas et al.（2016）.

37 Bowles & Gintis（2011），99；see also Bowles（2006）.

38 Guenther（1976）.

39 Lee & DeVore（1976）。“闪（族）”一词至今在卡拉哈里语言中仍带有贬义。但我更喜欢用布希曼人这种称呼，这个词最初由荷兰探险家提出时几乎没有任何负面联想。此外还有另一种我们不太熟悉的班图语称呼——“巴萨瓦”。

40 Schapera（1930），77.

41 Coren Apicella，pers. comm.；Hill et al.（2014）.

42 Silberbauer（1965），62.

43 Schladt（1998）估计一个世纪前，科伊桑人（由布希曼人和相关的科伊科伊族牧民组成）说的语言有 200 种。

44 这些物品很有特色，其风格具有象征意义（Wiessner 1983）。Wiessner（1984）发现，在某些布希曼人的串珠头饰中，那些珠子其实没有什么来历；其风格也与他们没有什么必然的联系，相反，它们是布希曼人通过与欧洲人的贸易而获得的。

45 Weissner（1983），267.

46 Sampson（1988）.

47 Gelo（2012）.

48 Broome（2010），17.

49 Spencer & Gillen（1899），205.

50 Cipriani（1966）.

51 Fürniss（2014）.

52 Clastres & Auster（1998），36.

第九章　游牧生活

1 Tonkinson（2002），48；Hayden（1979）.

2 因此，当其他团队的狩猎－采集者前来讨要某种物品时，狩猎－采集者会将这种请求视为一种形成共享关系的机会，可以展现自己的慷慨大方，而这就可以确保团队社会中的每个人都得到照顾（Earle & Ericson 2014；Peterson 1993）。

3 Endicott（1988）.

4 请参阅 Wiessner（2002）的论点。

5 Sahlins（1968）第一次用“富足”来描绘狩猎－采集者的生活，但人们对他的这种说法一直存在争议（Kaplan 2000），其中的部分原因在于团队成员在执行许多任务时都会进行社交活动，从而让人难以区分他们是处于工作状态还是在享受休闲娱乐活动。

6 Morgan & Bettinger（2012）.

7 Elkin（1977）.

8 Bleek（1928），37.

9 Chapman（1863），79.

10 Keil（2012）.

11 它们也喜欢向占统治地位的个体学习（Kendal et al. 2015）。

12 Wiessner（2002）.

13 Blurton-Jones（2016）；Hayden（1995）.

14 Baumeister（1986）.

15 Pelto（1968）：Witkin & Berry（1975）.

16 在阿尅族当中，不同团队的成员虽然有时会并肩作战，但也不是作为一个集体行动；此外，这些战士往往最终会与自己团队中的其他成员发生争斗（Hill & Hurtado 1996）。

17 Ellemers（2012）.

18 Finkel et al.（2010）.

19 Lee（2013），124.

20 Lee & Daly（1999），4.

21 例如，Marshall（1976）。一个实际原因是，一个团队中同龄孩子的人数太少，所以不能玩具有竞争性的游戏（Draper 1976）。

22 Boehm（1999）.

23 de Waal（1982）。与此类似，一些级别较低的狒狒已经合力将一只喜欢发号施令的雌性狒狒首领完全赶出了它们的队伍（Anthony Collins，pers. comm.）。

24 Ratnieks et al.（2006）.

25 许多物种中都存在着性别之间的支配关系，比如雌性在斑点鬣狗、环尾狐猴和倭黑猩猩团队中扮演主导角色，而在黑猩猩和狒狒团队中是雄性占统治地位。

26 Tuzin（2001），127.

27 Schmitt et al.（2008）.

28 Thomas-Symonds（2010）.

29 Bousquet et al.（2011）.

30 Hölldobler & Wilson（2009）; Seeley（2010）; Visscher（2007）。不过，占主导地位的非洲野犬比其他群体成员有更大的影响力（Walker et al. 2017）。

31 Rheingold（2002）; Shirky（2008）.

第十章　定居生活

1 Ian McNiven and Heather Builth，pers. comm.; Broome（2010）; Builth（2014）; Head（1989）; McNiven et al.（2015）.

2 Cipriani（1966）.

3 Brink（2008）.

4 大象的集会是由许多核心象群或社会组成，但在狩猎－采集者当中，多个团队社会也可以类似地聚在一起建立联盟关系并进行贸易活动（Hayden 2014）。

5 Guenther（1996）.

6 不可避免的事情可以延迟发生。夏延人组建了警察队伍进行监督，以保证他们在联合猎杀水牛时的公平性，但这支队伍在猎杀结束后就宣告解散（MacLeod 1937）。

7 Rushdie（2002），233.

8 Denham et al.（2007）.

9 Mitchell（1839），290–291.

10 Clastres（1972）。这篇文章使用了阿兹族的另一个名字——瓜亚基（the Guayaki）。

11 Lee（1979），361.

12 Hawkes（2000）.

13 Morgan & Bettinger（2012）.

14 Roscoe（2006）.

15 我对西北沿海印第安人的描述在很大程度上归功于我与肯尼思·艾姆斯（Kenneth Ames）以及布莱恩·弗格森（Brian Ferguson）两人之间的通信。Ames（1995）; Ames & Maschner（1999）; Sassaman（2004）。

16 一些部落也改造环境，例如在人工池塘里放养鲑鱼，或者在岩石梯田里养殖奶油蛤，这些岩石梯田在枯水期时仍然可以看见（Williams 2006）。

17 Patrick Saltonstall and Amy Steffian，pers. comm.；Steffian & Saltonstall（2001）。美国博物学家爱德华·纳尔逊（Edward Nelson）在19世纪70年代和阿拉斯加西南部说尤皮克语的人群生活在一起。他记载，这种由石头制成因此很难固定的唇饰，“被取下来，装在一个小袋子里，直到晚上我们走近一个村庄时，它们又被拿出来重新戴上，从而让唇饰佩戴者在人们面前展现出一副得体的样子”。（Nelson 1899，50）因此佩戴唇饰就相当于一个人在国际活动中举着国旗。

18 Townsend（1983）.

19 Johnson（1982）.

20 Silberbauer（1965）.

21 Van Vugt & Ahuja（2011）.

22 Bourjade et al.（2009）.

23 Peterson et al.（2002）.

24 Fishlock et al.（2016）.

25 Watts et al.（2000）.

26 Baumeister et al.（1989）.

27 例如，Hold（1980）。

28 Dawson（1881）；Fison & Howitt（1880），277.

29 Hann（1991），xv.

30 William Marquardt，pers. comm.；Gamble（2012）；Librado（1981）.

31 Hayden（2014）.

32 Van Vugt et al.（2008）.

33 Hogg（2001）；Van Knippenberg（2011）.

34 例如，帕萨热（1907年）写道，布希曼人告诉他，他们曾经有世袭酋长，但殖民者没有注意到这些首领的存在，因为他们很少像欧洲国家的领导人那样前呼后拥、讲究排场。另一位人类学家写道：“在这些老人还很年轻的时候，无论纳伦部落还是奥恩部落（均为布希曼人社会）都有自己的酋长。酋长安排自己的手下从一个地方迁徙到另一个地方，下令焚烧草原，尤其是在爆发战争时，要对整个部落的行动进行协调指挥。当时，纳伦和奥恩这两个敌对的布希曼人部落之间经常爆发战争。此外，为了反击从四面八方逐渐入侵的其他原住民，布希曼人也需要经常打仗。”（Bleek 1928，36-37）。

35 Andersson（1856），281.

36 对于＝奥布希曼人以及//呃布希曼人的酋长，我觉得更好的称呼可能是“头人”（第26章），至少在某些情况下，他们的职位其实是继承而来的（Mathias Guenther，pers. comm.；Guenther

1997 & 2014）。

37 Ames（1991）.

38 Testart（1982）.

39 Durkheim（1893）比较了不同社会类型中人们做相同工作的情况，他把人们在技术简单的社会中出现的“机械团结”与他们在社会分工中出现的“有机团结”区分开来。

40 这是所谓“自我驯化”所带来的一种副产品：诸如人类和倭黑猩猩等物种，已经进化成能容忍自己的同类成员，因为没有这些同类的存在，自己就不能单独生活（Hare et al. 2012）。自我驯化能减少暴力冲动（Wrangham 2019）。Baumeister et al.（2016）认为，专业化发展已经使人类个体变得越来越不可替代。然而，由于在一大群人中，除了最专业的任务之外，许多人可能会做其他工作，所以今天只有极少数人才在真正意义上具有不可替代的作用。

41 最初由 Brewer（1991）提出。

42 在今天，社会以一种最舒适，或者说是最理想的方式呈现出人们所追求的那种差异化。在个人主义和资本主义占统治地位的西方文化中，人们最关注社会差异。但即使在这些社会当中，营销人员也会告诉你人们分属不同的类别，并且彼此的差异也没有他们想象的那么明显（JR Chambers 2008）。

43 Hayden（2011）.

44 Fried（1967），118. 冬季赠礼节在欧洲人到来之前就已存在，在欧洲人后来制止了他们在太平洋西北部的长期战争之后，该节日变得越发精致奢侈，这表明它已经取代战争，成为炫耀酋长地位的重要工具。

45 Tyler（2006）.

46 这一观点的早期表述见 Hayden et al.（1981）。

47 据我所知，这一点首先由 Testart et al.（1982）等人提出。

48 关于南美洲的例子，读者可以参阅 Bocquet-Appel & Bar-Yosef（2008）；Goldberg et al.（2016）。

49 Berndt & Berndt（1988），108.

50 Cipriani（1966），36.

51 Mummert et al.（2011）.

52 O' Connell（1995）.

53 Roosevelt（1999）.

54 具有讽刺意味的是，工业化国家对狩猎－采集者民族所表现出的蔑视反而说明，我们对外来者的本能反应在作为狩猎－采集者所度过的数千年时间之后仍然保持不变。所谓的原始文化与动物和儿童有关，仿佛依赖狩猎和采集是过去那个时代的一种明显的精神特征（Jahoda 1999；Saminaden et al. 2010）。

第十一章　喘啸与口令

1 Marean（2010）.

2 Behar et al.（2008）.

3 Mercader et al.（2007）.

4 Villa（1983）.

5 Curry（2008）.

6 Harlan（1967）自己用石器收集了足够多的野生小麦，从而说明生活在土耳其的史前家庭同样能够收集足够维持一年的口粮，因此可以选择在此扎根并安心生活。

7 Price & Bar-Yosef（2010）; Trinkaus et al.（2014）.

8 Jerardino & Marean（2010）.

9 d'Errico et al.（2012）.

10 Henshilwood et al.（2011）.

11 McBrearty & Brooks（2000）已经有力地驳斥了这种观点。

12 Kuhn & Stiner（2007），40-41 .

13 Wadley（2001）.

14 在区分社会的标志物中，最有说服力的证据出现得较晚——在欧洲各地出土了各种各样的象牙、鹿角、木材、牙齿和贝壳首饰，它们应当制作于 3.7 万年至 2.8 万年前（Vanhaeren & d'Errico 2006）。

15 Brooks et al.（2018）.

16 Rendell & Whitehead（2001）; Thornton et al.（2010）.

17 Coolen et al.（2005）.

18 van de Waal et al.（2013）.

19 Bonnie et al.（2007）; Whiten（2011）. 黑猩猩母亲可以教会子女如何梳理毛发（Wrangham et al. 2016）。

20 McGrew et al.（2001）.

21 自从 20 年前加入这支黑猩猩群体以来，有一只雌性黑猩猩一直未能学会"正确"地握住其他黑猩猩的手掌，但她的同伴仍旧给她梳理毛发（Michio Nakamura，pers. comm.）。

22 Brown & Farabaugh（1997）; Nowicki（1983）.

23 Paukner et al.（2009）.

24 黑猩猩是否能对不同群体发出的喘啸加以区分，是否能从成员个体发出的带有轻微差异的喘啸声中识别身份，它们是有能力完成其中之一还是二者都能完成，我觉得这还有待进一步证实（Marshall et al. 1999; Mitani & Gros-Louis 1998）。

25 Crockford et al.（2004）。蓝头鸦，聚集生活在一个稳定的社会（第六章），可能也以这种方式学会了如何发出警报声和飞行声。

26 Boughman & Wilkinson（1998）; Wilkinson & Boughman（1998）。不同狐獴群体用于联系的叫声各不相同，但它们自己似乎并不了解这种差异（Townsend et al. 2010）。

27 Herbinger et al.（2009）.

28 Taglialatela et al.（2009）。一项重要的实验尚未完成，即比较黑猩猩听到群体成员发出的喘啸和它们听到其他黑猩猩群体发出的喘啸，会产生何种不同的反应。

29 Fitch（2000）。人们假设鸟类也有社会暗语（Feekes 1982）。

30 Zanna Clay，pers. comm.; Hohmann & Fruth（1995）。事实上，蜘蛛猴会发出一种轻声嘶鸣，这种声音同样专属于其所在的群体（Santorelli et al. 2013）。

31 原始母语应当“只是一份清单，罗列了一系列不可分析的呼叫声而已”（Kirby 2000，14）。

32 Steele & Gamble（1999）.

33 Aiello & Dunbar（1993）.

34 Grove（2010）.

35 比如，考虑到非洲稀树草原上黑猩猩群体的低密度已经表明距离本身并不是问题，因此我更喜欢选择这个表达，而不是用“从接近中解脱”（release from proximity）（参见第 4 章以及 Gamble 1998）。

36 或者至少可以考虑以下正常的情况：像能够打入蚁群的蜘蛛这样的行骗高手却很难混进阿根廷蚂蚁的巢穴里面，这也表明超级种群的身份标记很难破解，也许由于它们的成员彼此非常相似，即使稍微偏离“规范”也会引起它们的警觉。

37 Fiske（2010）; Boyd & Richerson（2005）.

38 Johnson et al.（2011）.

39 人类身体近乎无毛，对此还有一些其他解释，例如这样可使游泳更加容易、减少寄生虫或保持身体凉爽（Rantala 2007）。

40 Lewis（2006），89.

41 Turner（2012），488. 也请参阅 Thierry（2005）。

42 Gelo（2012）.

43 Kan（1989），60.

44 文身减少了绑架妇女的行为（White 2011）；关于在皮肤上做标记的其他例子，可以参看 Jablonski（2006）。

45 Pabst et al.（2009）认为这些文身可能具有药用价值，即使如此，它们也是属于男人的部落文化。

46 Alan Rogers，pers. comm.; Rogers et al.（2004）.

47 Berman（1999）.

48 Jolly（2005）.

49 Chance & Larsen（1976）.

50 Boyd & Richerson（2005）.

51 Foley & Lahr（2011）.

52 Tennie et al.（2009）。黑猩猩也创造了基本的象征文化，即一种行为在不同的群体中可能产生不同的含义。例如，用牙齿响亮地撕裂树叶在一个群体是表示希望交配，而在另一个群体中则只是代表着玩耍（Boesch 2012）。

53 Tindale & Sheffey（2002）。举例而言，在过去的 10 年中，我们对 GPS 的依赖使我们在空间导航方面，没有久经锻炼的狩猎 – 采集者那么熟练（Huth 2013）。

54 Henrich（2004b）; Shennan（2001）。关于如何解释塔斯马尼亚文化的简单性，包括他们无法生火的原因，现在还存在一些争议（Taylor 2008）。

55 Finlayson（2009）; Mellars & French（2011）.

56 Hiscock（2007）.

57 Aimé et al.（2013）.

58 Powell et al.（2009）。一些人否认社会复杂性和人口密度之间的关系以及二者相互作用的强弱程度，当然其中可能还有其他因素在起作用（Vaesen et al. 2016）。

59 Wobst（1977）.

60 Moffett（2013）, 251.

第十二章　感知他人

1 Wiessner（2014）.

2 Hasson et al.（2012）。这种同步现象也发生在猴子的大脑之间（Mantini et al. 2012）。

3 Harari（2015）.

4 要获得对许多一般性问题的精彩回顾，请参见 Banaji & Gelman（2013）。

5 Eibl-Eibesfeldt（1998）, 38.

6 Callahan & Ledgerwood（2013）.

7 Testi（2005）; see also Testi（2010）.

8 Bar-Tal & Staub（1997）; Butz（2009）; Geisler（2005）。事实上，人们仅仅看到一面国旗就能感到自己更具有爱国热情（Hassin et al. 2007），尽管不同社会的成员对此的反应会有所不同（Becker et al. 2017）。

9 Helwig & Prencipe（1999）; Weinstein（1957）; Barrett（2007）.

10 Billig（1995），Ferguson & Hassin（2007），Kemmelmeier & Winter（2008）.

11 Barnes（2001）.

12 感谢 Sören Krach 和 Helen Gallagher，他们确认了人类在玩电脑游戏时所产生的一种期待反应。随着机器人变得越来越逼真，我们越来越习惯于把它们当作人类看待（Chaminade et al. 2012；Takahashi et al. 2014；Wang & Quadflieg 2015）。

13 Parr（2011）.

14 Henrich et al.（2010b）.

15 例如，读者可以参阅 Ratner et al.（2013）。

16 Schaal et al.（2000）.

17 Cashdan（1998）；Liberman et al.（2016）.

18 或者至少是他（或她）父母的种族（Kelly et al. 2005）。

19 Kinzler et al.（2007）；Nazzi et al.（2000）.

20 Kelly et al.（2009）；Pascalis & Kelly（2009）。不过，如果大龄儿童以后的生活环境发生巨大变化，那他们的这种能力又会得以恢复，虽然这一过程很难并且需要相当长的时间（Anzures et al. 2012；Sangrigoli et al. 2005）。我们可以利用适龄儿童的这种天赋来增强其识别其他种族或族群的能力，比如，让他们一次从人群中识别出三个异族人就可以起到训练效果（Sangrigoli & de Schonen 2004）。

21 奇怪的是，虽然小鸡如此不离不弃地追随鸡妈妈，但母鸡是否能认出自己的后代还不清楚（Bolhuis 1991）。

22 当然，小鸡只会铭记它的妈妈而不是一个社会群体；而蚂蚁也不会以铭记为出发点来识别自己群体的个体成员。不过，尽管人们区分社会群体所涉及的内容更复杂，但我们产生区分能力的遗传基础可能不会与它们有太大的不同（例如，读者可以参看 Sturgis & Gordon 2012）。

23 Pascalis et al.（2005）；Scott & Monesson（2009）；Sugita（2008）.

24 Rowell（1975）.

25 Atran（1990）.

26 Hill & Hurtado（1996）.

27 Keil（1989）.

28 Gil-White（2001）.

29 这在身份融合（identity fusion）的情况下会发展为一些极端表现（第 15 章；Swann et al. 2012）。

30 Martin & Parker（1995）.

31 不同的文化和族群对异族通婚的后代有不同的分类方法（例如，读者可以参看 Henrich & Henrich 2007）。

32 Hammer et al.（2000）.

33 Madon et al.（2001）观察了在过去的几十年中，人类的刻板印象在如何发生改变。

34 MacLin & Malpass（2001）.

35 Appelbaum（2015）.

36 Levin & Banaji（2006）.

37 MacLin & MacLin（2011）.

38 Ito & Urland（2003），Todorov（2017）.

39 Asch（1946），48.

40 Castano et al.（2002）.

41 Jewish Telegraphic Agency（1943）.

42 Greene（2013）.

43 Wiessner（1983），269.

44 Silberbauer（1981），2.

45 德国社会学家格奥尔格·西梅尔（Georg Simmel）当初打破传统，将“陌生人”定义为不合群的成员，也就是行为怪异的人，从而造成了这种混乱（读者可参阅 McLemore 1970）。大多数词典都优先使用“仇外心理”来形容对外国人的负面反应，而不管这个人我们是否曾经遇到过，这也是我喜欢用这个词的原因。

46 Azevedo et al.（2013）。并且被注射的人越是表现出和自己不一样的种族特征，他们的同情心就表现得越弱（Struch & Schwartz 1989）。相反，我们认为自己看到的动物越像人类，对疼痛的反应也就越强烈（Plous 2003）。

47 Campbell & de Waal（2011）.

第十三章　刻板印象与社会叙事

1 Macrae & Bodenhausen（2000），94.

2 Lippmann（1922），89.

3 Devine（1989）.

4 Bonilla-Silva（2014）对此提供了一场引人入胜的讨论。

5 Banaji & Greenwald（2013），149。不过，这项测验也招致了一些人的批评（例如，Oswald et al. 2015）。

6 Baron & Dunham（2015）.

7 Hirschfeld（2012），25.

8 Aboud（2003）；Dunham et al.（2013）.

9 Harris（2009）.

10 Bigler & Liben（2006）; Dunham et al.（2008）.

11 Hirschfeld（1998）.

12 Karen Wynn，pers. comm.; Katz & Kofkin（1997）.

13 Edwards（2009）.

14 Kinzler et al.（2007），12580.

15 Amodio et al.（2011），104；另请参见 Phelps（2000）。

16 迄今为止，这项工作的研究对象包括的是持有不同政治观点的人们，而不是直接针对民族身份本身而展开（Nosek et al. 2009）。

17 Beety（2012）; Rutledge（2000）.

18 Cosmides et al.（2003）; Kurzban et al.（2001）; Pietraszewski et al.（2014）。这些作者提出，我们之所以进化出这种认知机制，是为了检测社会内部的联盟关系。但在近代的狩猎－采集者以及早期人类当中，这种联盟关系很可能处于流动状态，根本不与任何识别特征（即标记，包括种族差异）相关。

19 Wegner（1994）.

20 Monteith & Voils（2001）.

21 MacLin & MacLin（2011）.

22 Haslam & Loughnan（2014）, 418.

23 Greenwald et al.（2015）。这在许多情况下都会发生，我们只列举其中一例：即使同一位医生，给少数民族患者进行医疗护理时执行的标准往往要比对白人患者执行的标准低（Chapman et al. 2013）。

24 将来自某个族群的朋友视为例外的情况被称为次级类型（subtyping）（Wright et al. 1997）。

25 轻度厌恶可以成为一种区别（而非歧视）的手段（Brewer 1999; Douglas 1966; Kelly 2011）。

26 见第十七章。Bandura（1999）; Jackson & Gaertner（2010）; Vaes et al.（2012）; Viki et al.（2013）。

27 Steele et al.（2002）.

28 Fiske & Taylor（2013），Phelan & Rudman（2010）.

29 Gilderhus（2010）.

30 Kelley（2012）；例如，许多挪威传说中都能找到类似的编造历史（Eriksen 1993）。

31 Beccaria（1764）.

32 Haslam et al.（2011b）.

33 Renan（1990），11. 另请参看 Hosking & Schöpflin（1997）; Orgad（2015）。

34 有关记忆的更多信息，请参见 Bartlett & Burt（1933）; Harris et al.（2008）; Zerubavel

（2003）。

35 Gilderhus（2010）; Lévi-Strauss（1972）.

36 Berndt & Berndt（1988）.

37 Billig（1995）; Toft（2003）.

38 Maguire et al.（2003）; Yates（1966）.

39 Lewis（1976）.

40 Joyce（1922），317。我们将在第九部分看到，鉴于人类具有不断征服以及进行移民的历史，什么才算“同样”的一批人已经成为一个复杂的问题。

41 Bar-Tal（2000）.

42 参见第九部分，了解这对于种族和族群带来的影响。

43 McDougall（1920）.

44 Bigelow（1969）.

第十四章　生存巨链

1 Wilson（1978），70. 另请参看（2011）。正如 Claude Lévi-Strauss（1952，21）所写的那样：“人类一词，遇到部落边界就无法适用了。”

2 Gombrich（2005），278.

3 Giner-Sorolla（2012），60.

4 Freud（1930）.

5 Smith（2011）.

6 亚里士多德认为让战俘做奴隶是正当之举（Walford & Gillies 1853，12）。

7 Orwell（1946），112。人类形态学与去人性化（dehumanization）相互关联（Waytz et al. 2010）。

8 David Livingstone Smith，pers. comm.; Haidt & Algoe（2004）; Lovejoy（1936）; Smith（2011）.

9 Costello & Hodson（2012）研究了 6 到 10 岁的加拿大白人如何看待黑人儿童。那些认为人与动物差别更大的人，往往持有更深的偏见。

10 这印证了我的观点，即这些人确立其主要身份的是社会，而不是营地或团队。一般来说，当外部群体（outgroup）的名字是一种简化的描述，比如描述的是他们的“人性”时，那我们与他们之间的关系，往往比这个名字带有更细微的含义时更加尖锐（Mullen et al. 2007）。

11 Haslam & Loughnan（2014）.

12 Ekman（1992）。有些人划分基本情绪的类别不同，例如 Jack et al.（2014）认为惊讶与恐惧以及厌恶与愤怒无法区分。然而，正如心理学家保罗·布鲁姆（Paul Bloom）为我指出的那样，厌恶和愤怒都是令人厌恶的负面情绪，但是它们是由不同的刺激引起的，并能激发不同的人体动作和大脑反应。此外，它们还有不同的进化历史和发展轨迹。

13 Haidt（2012）.

14 Bosacki & Moore（2004）.

15 黑猩猩能互相看懂对方的表情（Buttelmann et al. 2009; Parr 2001; Parr & Waller 2006）。

16 Haslam（2006）提出，我们在不同程度上剥夺了我们遇到的每个人的本性。他认为，那种认为外来者缺乏基本人类特征的想法，是兽性的非人性化，或者说是把人类降低到动物层次。于是，对于那些在人类先前机械式的去人性化过程中没有出现的人群，我们就相当于在他们之间创造出了某些类似于区分物种的界限，比如把医生或律师视为善于算计的人群，并将他们身上的人性降到无生命物体的水平，或者更准确地说，把他们直接视为某种机器。Martínez et al.（2012）表明机械式的去人性化甚至可以出现在社会层面。

17 Wohl et al.（2012）.

18 Haidt（2003）; Opotow（1990）.

19 Jack et al.（2009）; Marsh et al.（2003）.

20 但如果一个物体握在黑人手中而不是白人手中，那这两个种族的人都容易将其误认为是一种武器。Ackerman et al.（2006）; Correll et al.（2007）; Eberhardt et al.（2004）; Payne（2001）。

21 Hugenberg & Bodenhausen（2003）.

22 确有其事，至少在说谎者表现得镇定自若的情况下会出现这种情况，因为旁观者显然忽略了不同文化中微妙的情感暗示；然而在说话时，如果有人结结巴巴、语无伦次则可能说明他在说谎（Bond et al. 1990）。另请参看 Al-Simadi（2000）。

23 Ekman（1972）.

24 Kaw（1993）.

25 此处关于去人性化的“刻板印象内容”（Fiske et al. 2007）是从“次人性化模型”（the infrahumanization model）中提取出来的，其重点是次级情绪。

26 Vaes & Paladino（2010）.

27 Clastres（1972）.

28 Koonz（2003）.

29 Goff et al.（2008）; Smith & Panaitiu（2015）.

30 Haslam et al.（2011a）.

31 Haidt et al.（1997）.

32 Amodio（2008）; Kelly（2011）; Harris & Fiske（2006）.

33 人们对污染的恐惧，在生活中表现为一种厌恶之情，并相信所有群体成员“具有某些共同的生理本质”（Fiske 2004），这可能是一种古老的“行为免疫系统”（Schaller & Park 2011，30；O’Brien 2003）。人们在看到病人照片后对移民表现出更大的恐惧（Faulkner et al. 2004）。

34 Freeland（1979）。这种想法并不适用于所有寄生虫，因为通过粪便而非直接接触传播的疾病可能很容易在领土之间扩散；而且，一旦疾病侵入领土，集中在该空间内的人口反而能够促进其传播。

35 McNeill（1976）。梅毒可能已从美国又传回了欧洲，但其破坏性远不及美洲的天花严重。

36 Heinz（1975），21.

37 Tajfel & Turner（1979）.

38 Bain et al.（2009）.

39 Koval et al.（2012）.

40 Reese et al.（2010）; Taylor et al.（1977）.

41 据我所知，关于这个问题几乎没有什么研究，不过有一项研究表明婴儿与同种族个体会保持更多的眼神接触（Wheeler et al. 2011），而另一项经典研究显示，白人与黑人求职者的眼神接触较少（Word et al. 1974）。

42 Mahajan et al.（2011）; 但也可参看 Mahajan（2014）。

43 另一种解释是将外来者与人类产生的厌恶感联系起来（D Kelly 2013）。

44 Henrich（2004a）; Henrich & Boyd（1998）; Lamont & Molnar（2002）; Wobst（1977）.

45 Gil-White（2001）.

46 Kleingeld（2012）对此进行了文献综述。

47 Leyens et al.（2003），712.

48 Castano & Giner-Sorolla（2006）.

49 Wohl et al.（2011）.

第十五章　社会大联盟

1 Orwell（1971），362.

2 Goldstein（1979）.

3 Bloom & Veres（1999）; Campbell（1958）.

4 最后一章对如何评估社会群体的温暖以及能力进行了介绍 Callahan & Ledgerwood（2016）。

5 我们做出的具体选择取决于这些群体的相对实力以及它们与我们进行竞争的程度（Alexander et al.，2005）。

6 McNeill（1995）; Seger et al.（2009）; Tarr et al.（2016）; Valdesolo et al.（2010）.

7 Barrett（2007）; Baumeister & Leary（1995）; Guibernau（2013）.

8 Atran et al.（1997）; Gil-White（2001）.

9 Brewer & Caporael（2006）; Caporael & Baron（1997）.

10 这一观点认为一个社会不仅仅是其成员的总和，虽然这一观点现在已经被广泛接受，但它最初被奥尔波特（Allport）称为“民族主义谬误”（1927）。

11 Sani et al.（2007）.

12 Castano & Dechesne（2005）.

13 Best（1924），397.

14 Wilson（2002）.

15 de Dreu et al.（2011）; Ma et al.（2014）.

16 具有强烈群体身份认同感的成员表达出的群体情感也最强烈（Smith et al. 2007）。

17 Adamatzky（2005）.

18 Hayden（1987）。来自不同社会的团队聚在一起进行交易和结盟时会更加谨慎（第十八章）。

19 Marco Iacoboni pers. comm. and Iacoboni（2008）。然而，在有意识模仿他人的过程中，我们对社会地位的感觉可能会超过自己对种族的感觉（Elizabeth Losin，pers. comm. and Losin et al. 2012）。

20 Rizzolatti & Craighero（2004）.

21 Field et al.（1982）。舞蹈原本可能也是通过这种模仿方式才得以产生的（Laland et al. 2016）。

22 Parr & Hopkins（2000）.

23 动物集结现象会演变成对外来刺激做出更直接的反应，例如迅速蔓延至整个黑猩猩群体的那种尖叫，就是通知所有成员齐声呐喊从而吓跑敌人或捕食者。Preston & de Waal（2002）; Spoor & Kelly（2004）。

24 Wildschut et al.（2003）.

25 对于蚂蚁行为，除了“集结”以外的其他解释，请参阅 Moffett（2010）。

26 Watson-Jones et al.（2014）.

27 当发现对方有一些管用的方法时，黑猩猩和倭黑猩猩会互相模仿，例如，用棍子捕捉白蚁作为食物，但它们很少模仿完全没有实际用途的行为。有些行为接近娱乐——就像圣迭哥动物园的倭黑猩猩在互相梳理毛发时会间隔性地拍手一样（de Waal 2001）。

28 感谢哈维·怀特豪斯（Harvey Whitehouse）对身份融合所提的建议。Whitehouse et al.（2014a）; Whitehouse & McCauley（2005）。

29 一些记录利比亚平民生活情况的作者变成了反对卡扎菲的革命者（Whitehouse et al. 2014b）.

30 这种被叮咬的感觉“就像在脚跟嵌入 3 英寸长的钉子后，在燃烧着的木炭上面行走一样”（Schmidt，2016，225）。

31 Bosmia et al.（2015）.

32 Fritz & Mathewson（1957）; Reicher（2001）; Willer et al.（2009）.

33 Hood（2002），186.

34 Barron（1981）.

35 Hogg（2007）.

36 Caspar et al.（2016）; Milgram（1974）.

37 Mackie et al.（2008）.

38 Kameda & Hastie（2015）.

39 Fiske et al.（2007）.

40 Staub（1989）.

41 那些希望相信某些事物——包括偏见——的人，只要能够抓住任何证实自己观点的事物，就会忽视相反的证据（Gilovich 1991）。

42 特别让人担忧的是那些将暴力描述为日常行为的广播节目（Elizabeth Paluck，pers. comm.; Paluck 2009）。

43 Janis（1982）.

44 这被称为“阿什一致性”，用于纪念心理学家所罗门·阿什（例如，Bond 2005）。

45 Redmond（1994），3.

46 Hofstede & McCrae（2004）.

47 Wray et al.（2011）.

48 Masters & Sullivan（1989）; Warnecke et al.（1992）.

49 Silberbauer（1996）.

第十六章　亲属的地位

1 Marlowe（2000）.

2 所有核心象群中都存在非亲属成员，在发生偷猎活动的地方，这种现象最常见（Wittemyer et al. 2009）。

3 有时一个或者多个这样的外来者，就在高级成员的眼皮底下繁殖后代（Dan Stahler，pers. comm.; Lehman et al.，1992; Vonholdt et al.，2008）。

4 这个结论是否适用于甘尼森草原犬鼠还存在争议。Hoogland et al.（2012）发现在科罗拉多州，成年雌性的小圈子往往是由母亲这边的近亲组成，但是 Verdolin et al.（2014）发现在亚利桑那州的成年土拨鼠中很少包括亲戚成员，这可能是由于地区差异造成的。

5 如果出现了严重问题，马匹可以选择离开群体——这也许是因为一匹霸道的种马让其他母马忍无可忍，只能一走了之（Cameron et al.，2009）。

6 Bohn et al.（2009）; McCracken & Bradbury（1981）; Gerald Wilkinson（pers. comm.）.

7 许多雄性黑猩猩的盟友并非它们的同胞兄弟姐妹，而可能是它们的童年好友，但这还有待研究（Ian Gilby，pers. comm.; Langergraber et al.，2007 & 2009）。

8 Massen & Koski（2014）.

9 Sai（2005）.

10 Heth et al.（1998）。请注意，仓鼠虽然是社交动物，但它们没有形成社会。

11 当幼猿是雄性时才是这样（Parr & de Waal，1999）。

12 Alvergne et al.（2009）; Bressan & Grassi（2004）.

13 Cheney & Seyfarth（2007）.

14 Chapais（2008）; Cosmides &Tooby（2013）; Silk（2002）.

15 感谢 Elizabeth Archie 对狒狒母系网络的深刻见解。由于所谓的母系"群体"（"网络"是一个更好的措辞）取决于每只母狒狒的视角，因此每只狒狒唯一共享的就是群体本身——也就是它所在的社会。

16 有人提出，雄性狒狒可能会识别出自己与后代存在生理相似性（Buchan et al.，2003）。

17 对于女性尤其如此，但男性只有在团结起来对抗外敌时，才会这样（Ackerman et al.，2007）。

18 Weston（1991）; Voorpostel（2013）.

19 Apicella et al.（2012）; Hill et al.（2011）.

20 Schelling（1978）。人们经常与遗传上相似的同类——不管其是不是自己的亲属——建立亲密关系，也许是因为二者在态度上具有微妙的相似性，所以为他们建立友谊铺平了道路（Bailey，1988; Christakis & Fowler，2014）。

21 Silberbauer（1965），69.

22 Lieberman et al.（2007）。因此，在基布兹（集体农场）一起长大的孩子不会结婚，尽管没有禁止他们通婚的规定（Shepher，1971）。

23 Hill et al.（2011）.

24 Hirschfeld（1989）.

25 Tincoff & Jusczyk（1999）。这些词语可能源于模仿大多数婴儿最初的牙牙学语（Matthey de l' Etang et al.，2011）。

26 事实证明，戴维·黑格是在说自己的情况（Haig，2000）。另见 Haig（2011）。

27 Everett et al.（2005）; Frank et al.（2008）.

28 Frank et al.（2008）。Chagnon（1981）描述了人们如何识别他们缺少对应表达的亲属类别。

29 Woodburn（1982）.

30 Gould（1969）.

31 Cameron（2016）。例如，科曼奇人在任何时候都只有一小部分人沦为俘虏，对新战士的需求导致这个部落中的许多人具有外国血统（Murphy 1991）。

32 当谈到 Ferguson（2011，262）时，指的是 Chaix et al.（2004）这部作品。

33 Barnard（2011）。并不是用亲属称谓进行描绘就总是带有积极意义。一些非洲人使用亲属称谓不是为了暗示关系亲密，而是为了表达一种对奴隶的支配权（Kopytoff，1982）。

34 Tanaka（1980），116.

35 正如 Chapais et al.（1997）对猴子的研究所显示的那样。

36 那些相信家庭实体性的学者（例如 Lickel et al. 2000）常常让人们自己对家庭进行定义。但我觉得这种做法存在问题。将那些碰巧和自己关系亲近的家庭成员视为一个紧密群体好像没那么重要，这似乎与你将自己的亲密伙伴视为一个紧密群体没有两样。

37 Hackman et al.（2015）通过研究发现人们会不惜为了配偶和亲属而牺牲自己的生命。我认为人们这样做是出于一种责任感，而不只是因为血统亲近性。

38 West et al.（2002）.

39 这使人们想和部分家庭成员脱离关系变得困难重重（Jones et al. 2000；Uehara 1990）。

40 在许多社会中，人们只要能证明自己和特定的祖先一脉相承，就可以简化继承问题（Cronk & Gerkey，2007）。

41 Johnson（2000）。此外，人们寿命的延长也让亲属网络变得比以前更加复杂（Milicic，2013）。

42 例如，可以参阅 Eibl-Eibesfeldt（1998）。

43 Barnard（2011）.

44 Johnson（1987）；Salmon（1998）。与 van der Dennen（1999）不同，我认为这样的比喻触及了我们对本质的信仰（第十三章），而不单单是血缘关系本身。

45 Breed（2014）。Hannonen & Sundström（2003）描述了在蚂蚁中存在裙带关系（偏爱亲属）的一个例子，可惜他们的证据并不充分。

46 Eibl-Eibesfeldt（1998）；Johnson（1986）。在我看来，类人猿不可能把处于萌芽状态的社会与自己的亲属和盟友混为一谈，相反，它从一开始就会把社会与二者之间的关系单独对待。

47 Barnard（2010）.

第十七章　冲突是不可避免的吗？

1 Voltaire（1901），11。感谢 Michael Wilson 解释关于“黑猩猩种群”的概念。

2 Toshisada Nishida（1968），一位在乌干达工作的杰出的日本研究人员首先发现了这些群体。

3 Wrangham & Peterson（1996）.

4 Mitani et al.（2010）; Wilson & Wrangham（2003）; Williams et al.（2004）.

5 Aureli et al.（2006）.

6 Douglas Smith，Kira Cassidy（pers. comm.）; Mech & Boitani（2010）; Smith et al.（2015）.

7 引自 McKie（2010）.

8 Wrangham et al.（2006）.

9 Wendorf（1968）.

10 Morgan & Buckley（1852），42-44.

11 欧洲人曾付钱购买头皮，而这违背了获取战利品的初衷（Chacon & Dye，2007）.12 Boehm（2013）.

13 例如，Allen & Jones（2014）; Gat（2015）; Keeley（1997）; LeBlanc & Register（2004）; Otterbein（2004）; DL Smith（2009）.

14 Moffett（2011）.

15 Gat（1999）; Wrangham & Glowacki（2012）.

16 这种循环报复行为通常是在一种直觉反应的即时驱使下产生的，但有一些社会，例如贝都因（Bedouin）部落，却有对其的明文规定（Cole，1975）。

17 遗传分析表明，尽管自那时以来环境发生了变化，澳大利亚原住民仍然坚守他们在澳大利亚定居时首先占领的一般地区（Tobler et al.，2017），不过这并不能表明各个社团不会在一个区域内活动。尽管如此，许多相关记录仍然表明，团队社会的土地所有权拥有悠久历史，人们也一直在遵守相关规定（LeBlanc，2014）。

18 Burch（2005），59.

19 de Sade（1990），332.

20 Guibernau（2007）; van der Dennen（1999）.

21 Bender（2006），171.

22 Sumner（1906），12.

23 Johnson（1997）.

24 Bar-Tal（2000），123.

25 这种偏见甚至在一小群儿童的行为当中也有所体现（Dunham et al.，2011）。

26 关于我们缺乏正确评价风险能力的一般描述，见 Gigerenzer（2010）; Slovic（2000）。

27 Fabio Sani，pers. comm.; Hogg & Abrams（1988）.

28 例如，“战争受人类符号系统的制约”，Huxley（1959），59。

29 例如，Wittemyer et al.（2007）。

30 至少对被囚禁的其他同类会有这种表现（Tan & Hare，2013）。

31 Furuichi（2011）.

32 Wrangham（2014 & 2019）.

33 Hrdy（2009），3.

34 Hare et al.（2012）; Hohmann & Fruth（2011）.

35 一个群体分裂为两个群体以后，这两个群体之间会表现出一种最接近于友谊的关系。这种一分为二的群体被称为“队伍”。起初，它们相距甚近，各自的成员还会朝着对方的领地愉快地喊几句，但这些表明二者之间存在共同纽带的微弱迹象，会在几个月之后逐渐消失（Bergman 2010）。

36 Pusey & Packer（1987）.

37 Boesch（1996）; Wrangham（1999）。在黑猩猩数量较多的乌干达基巴莱地区，它们之间的杀戮最为常见，因为在那里的黑猩猩没有组成这种规模很大的群体（Watts et al. 2006）。对黑猩猩暴力行为的一个可能的解释是，目前正在研究的大多数黑猩猩都生活在资源和空间有限的森林地带，但最近的一项分析否定了这一假设（Wilson et al.，2014）。

38 Wrangham（2019）描述了这种“反应性攻击”（reactive aggression）减少的表现及其相应特征。

39 Pimlott et al.（1969）; Theberge & Theberge（1998）.

40 Mahajan et al.（2011 & 2014）.

41 Brewer（2007）; Cashdan（2001）; Hewstone et al.（2002）.

第十八章　和他人友好相处

1 动物社会难以合作，但抹香鲸是这方面的一个反例。然而，在这种情况下，参与合作的社会（团队）是更大的社会实体（有着相同狩猎传统的鲸鱼家族）的一个组成部分（第七章）。

2 鳗鱼捕捉者之间的合作催生了大量的群体间聚会，其中鳗鱼也被广泛地用于交易。Gunditjmara（贡第杰马若）的其他名称是 Gournditch-mara 或更具包容性的术语 Manmeet（Howitt，1904; Lourandos，1977）。

3 Timothy Shannon，pers. comm.; Shannon（2008）.

4 Dennis（1993）; Kupchan（2010）.

5 例如，Brooks（2002）。

6 Rogers（2003）.

7 例如，Murphy et al.（2011）。

8 Gudykunst（2004）.

9 Barth（1969）; Bowles（2012）.

10 Yellen & Harpending（1972）.

11 Marwick（2003）; Feblot-Augustins & Perlès（1992）; Stiner & Kuhn（2006）.

12 Dove（2011）.

13 Laidre（2012）.

14 Moffett（1989b）.

15 Breed et al.（2012）.

16 Whallon（2006）.

17 据说布希曼人很少偷窃，因为他们认识彼此拥有的少量财产，并能从留下的痕迹中辨认出谁是窃贼，但我怀疑这只适用于一个社会内部（或“民族语言群体”: Marshall，1961; Tanaka，1980）所发生的偷窃情况。

18 Cashdan et al.（1983）.

19 Dyson-Hudson & Smith（1978）.

20 Bruneteau（1996）; Flood（1980）; Helms（1885）.

21 布希曼人培养出了在穿越社会领土时可以依靠的特殊伙伴来进行货物交换（Wiessner 1982）。

22 Binford（2001）; Gamble（1998）; Hamilton et al.（2007）.

23 Cane（2013）.

24 Jones（1996）.

25 Pounder（1983）.

26 Mulvaney（1976）; Roth & Etheridge（1897）。语言也会传播：在欧洲人探索澳大利亚内陆之前，许多说不同语言的原住民都已听说了家畜，并且已经学会了用“yarraman”表示马匹、用“jumbuk”表示绵羊（Reynolds，1981）。

27 Fair（2001）; Lourandos（1997）; Walker et al.（2011）.

28 Kendon（1988）; Silver & Miller（1997）.

29 Newell et al.（1990）.

30 互动领域可以跨越漫长的距离，并一步一步地继续下去（Caldwell，1964）。

31 也许这些饮食差异改善了人们在资源短缺时期的竞争行为（Milton，1991）。

32 Blainey（1976），207.

33 Haaland（1969）.

34 Franklin（1779），53.

35 Gelo（2012）.

36 Orton et al.（2013）.

37 Bahuchet（2014），12.

38 Boyd & Richerson（2005）; Richerson & Boyd（1998）; Henrich & Boyd（1998）.

39 Leechman（1956），83。见 van der Dennen（2014）。

40 Vasquez（2012）.

41 Turner（1981）; Wildschut et al.（2003）.

42 Homer-Dixon（1994）; LeVine & Campbell（1972）.

43 Pinker（2011）; Fry（2013）.

第十九章　社会的生命周期

1 Durkheim（1982 [1895]），90.

2 最著名的例子是灵长类动物，例如，Malik et al.（1985）; Prud' Homme（1991）; Van Horn et al.（2007）。

3 对于这个问题，研究塞伦盖蒂平原的权威人士克雷格·帕克（Craig Packer）向我解释："狮子肯定只会和它们认识并了解的同类合作。当狮群的规模发展得太大时，它们似乎不再像先前那样彼此了解了，因此只能分裂。"

4 然而，社会中出现的分裂现象也被称为"裂变"（fissions），这会让人产生困惑，因为"裂变"指的是在裂变－融合社会中出现的日常裂变事件，它们的功能与社会分裂大不相同。这些社会群体经常分开，但随后又会自由地重新组合在一起。而另一个术语"分裂"（division）则显得十分合适，这就是我选择它的原因所在，尽管 Sueur et al.（2011）提供了另一种术语，即"不可逆裂变"（irreversible fission）。

5 Joseph Feldblum，pers. comm.; Feldblum et al.（2018）.

6 Williams et al.（2008）; Wrangham & Peterson（1996）.

7 这方面的例子可以参见 Van Horn et al.（2007）的参考文献。

8 参看 Sueur et al.（2011）。

9 Takeshi Furuichi，pers. comm.; Furuichi（1987）; Kano（1992）.

10 例如，Henzi et al.（2000）; Ron（1996）; Van Horn et al.（2007）。

11 在蜜蜂中，年轻的工蜂跟随着原来的蜂后一起去开创新的巢穴，留下年老的工蜂来等待继承者诞生并接管原来的蜂巢；它们对于谁走谁留没有争议。有时，蜜蜂中出现的蜂后不止一个，于是蜂巢就会相应地分成几个部分。我对 Raphaël Boulay、Adam Cronin、Christian Peeters 以及 Mark Winston 等人提出的建议表示感谢。Cronin et al.（2013）; Winston & Otis（1978）。

12 Jacob Negrey，pers. comm.; Mitani & Amsler（2003）.

13 Stan Braude，pers. comm.; O' Riain et al.（1996）.

14 Sugiyama（1999）。人们不但知道雄性倭黑猩猩会离开自己的社会，而且认为它会加入邻近的同类社会，同时认为这样的行为对于具有攻击性的黑猩猩来说是不可能出现的（Furuichi，

2011）。

15 Brewer & Caporael（2006）.

16 Dunbar（2011）声称早期社会往往只包含 150 个成员，这类社会代表了一对夫妇繁衍出的五代人的数量。他的观点暗示这是人类社会的建立形式，但没有证据表明，这种类似于蚂蚁（或白蚁）的社会建立方式在生活中很常见。

17 Peasley（2010）.

18 令人困惑的是，当一个社会的成员进入没被人占领的区域，而不是形成一个独立的社会时（如阿根廷蚂蚁，见第五章），也会使用“萌芽”这种说法。

19 McCreery（2000）；Sharpe（2005）.

20 一般称为“拼合社会”（coalescent societies），见第二十二章（Kowalewski，2006；Price，1996）。

21 例如，对于人类，可以参看 Cohen（1978）。

22 Fletcher（1995）；Johnson（1982）；Lee（1979）；Woodburn（1982）。部落村庄和定居的狩猎－采集者也是如此（Abruzzi，1980；Carneiro，1987）。

23 Marlowe（2005）.

24 这种叛逆的迹象在当今的公司分裂中可以看到，当员工被上级强迫建立新的关系时，他们会继续重视并努力保持他们以前的身份（Terry et al.，2001）。

25 例如，Hayden（1987）。

第二十章　动态的“我们”

1 原住民至少在 20 世纪 50 年代就保留着这样的观点（Meggitt 1962，33）。

2 Barth（1969）.

3 Alcorta & Sosis（2005），328.

4 Diamond（2005）。一些专家认为，他们可能只是搬到了别处，而不是待在原地忍饥挨饿（Kintisch 2016；McAnany & Yoffee 2010）。

5 Karen Kramer，pers. comm.；Kramer & Greaves（2016）。另一个例子见第 6 章 Barth（1969）关于帕坦人（Pathans）的描写。

6 事实证明，“标准美式英语”没有一个特定的来源，因此，与其认为它缺乏某些特定的口音，不如将其解释为没有极端的语言模式（Gordon 2001）。

7 关于语言变化的这种观点由 Deutscher（2010）提出。

8 Menand（2006），76.

9 Thaler & Sunstein（2009）。换言之，领袖人物往往具有“榜样”作用（Hais et al. 1997）。

10 Cipriani（1966），76.

11 Bird & Bird（2000）.

12 Pagel（2000）; Pagel & Mace（2004）.

13 例如，Newell（1990）。

14 Langergraber et al.（2014）.

15 Boyd & Richerson（2005）。边境地区的居民也必须把他们的身份标记置于显眼位置，以突出他们与外界的不同之处（Bettinger et al. 2015; Conkey 1982，116; Giles et al. 1977，Chapter 1）。虽然与外界的接触会使人们炫耀自己的身份，有时会与其他社会结盟以保护自己，但怀特海德（1992）提出的“部落成为国家以及国家成为部落”的情况并不存在。根据怀特海德的观点，只有在殖民主义迫使当地人建立部落实现自我保护之后，才真正出现了不同的部落。

16 这种边界规则让人想起了黑猩猩的情况。这些类人猿用自己的喘啸来回应周围的邻居。这种叫声和作为近邻的其他黑猩猩社会的叫声区别最大，因为它们必须尽最大的努力避免自己对“谁是谁”产生混淆。即便如此，也没有证据表明生活在某个区域的黑猩猩所发出的喘啸，会根据面对的邻居而产生差异——这不太可能，因为雄性黑猩猩尤其喜欢在社会领地上四处活动，而不是像人类团队那样大部分时间都待在社会内部的某个区域（Crockford et al. 2004）。

17 cf. Read（2011）.

18 Poole（1999），16.

19 Packer（2008）.

20 这是因为在一个规模较小的群体中，人们之间的信任程度更高，对熟悉成员的异常表现可能拥有更大的容忍程度（Jolanda Jetten，pers. comm.; La Macchia et al. 2016），然而，他们可能不会信任自己不太熟悉的成员（Hornsey et al. 2007）。

21 心理学家称之为“人众无知”（pluralistic ignorance）（Miller & McFarland 1987）。这方面的一个例子是 20 世纪 60 年代在美国白人中出现的一种假设，即他们以为其他白人都支持种族隔离政策，结果导致产生了一些明显错误的偏执做法（O’Gorman 1975）。

22 Forsyth（2009）.

23 科曼奇人的三个派别可以被描述为正处于形成独立社会的过程之中（Daniel Gelo，pers. comm.; Gelo 2012，87）。

24 在没有经过训练的情况下，甚至吉娃娃犬也会从一堆照片中挑选出一条 100 公斤重的獒类作为自己同类的一员（Autier-Dérian et al. 2013）。

25 Dollard（1937），366.

26 然而，请注意：如果我们的祖先在文字出现之前只能通过发声来区分他们的社会，这是在第 11 章中提出的一种设想，那么历史上可能从来没有出现过所有的人类都会说同一种语言的时期。

27 例如，Birdsell（1973）。

28 Dixon（1972）.

29 Cooley（1902），270.

30 假设在阿尅族分裂之前，叶培提阿尅族就已经开始吃尸体了。

31 Birdsell（1957）.

32 Kim Hill，pers. comm.; Hill & Hurtado（1996）.

33 引自 Lind（2006），53。

34 Sani（2009）.

35 关于这方面的实验情况，另请参看 Bernstein et al.（2007）。

36 例如，Hornsey & Hogg（2000）。

37 Erikson（1985）.

38 Pagel（2009）; Marks & Staski（1988）.

39 Abruzzi（1982）; Boyd & Richerson（2005）.

40 Darwin（1859），490.

第二十一章　外来者的出现与社会的消亡

1 Atkinson et al.（2008）; Dixon（1997）.

2 Billig（1995）; Butz（2009）.

3 这个想法起源于 Tajfel & Turner（1979）；例如，读者可以参看 Van Vugt & Hart（2004）。

4 Connerton（2010）; van der Dennen（1987）.

5 Goodall（2010），128-129.

6 Russell（1993），111.

7 Goodall（2010），210.

8 另请参看 Roscoe（2007）.

9 Prud'Homme（1991）.

10 Gross（2000）.

11 Gonsalkorale & Williams（2007）; Spoor & Williams（2007）.

12 在现代国家中饱受压迫的种族就是如此（e.g.，Crocker et al. 1994; Jetten et al. 2001）。

13 Boyd & Richerson（2005）; Hart & van Vugt（2006）对小群体进行了研究。

14 For primates，see Dittus（1988）; Widdig et al.（2006）。关于狩猎－采集者在这方面的资料，参见 Walker（2014）; Walker & Hill（2014）。

15 例如，Chagnon（1979）。

16 即使这个团体远比一个社会微不足道，但这种情况也真实存在。例如，加入一个新的玩伴团体的孩子，绝大多数会在这个团体中找到新朋友，即使这个团体的成员是由研究人员随机挑选出来的（Sherif et al. 1961）也是如此。正如研究这种微不足道的竞争群体的先驱 Muzafer Sherif（1966，75）所说，“根据个人喜好选择朋友的自由，事实上是一种在根据该组织的身份标记而确定的成员中间进行挑选的自由”——只是本书感兴趣的身份标记就是社会本身。

17 Taylor（2005）.

18 Binford（2001）; RL Kelly（2013a）; Lee & Devore（1968）.

19 Birdsell（1968）给出了一个典型的分裂临界数字：1000，他认为人口发展超出了这个规模，往往会导致一个团队社会崩溃。

20 Wobst（1974）; Denham（2013）.

21 但这些海豚社会最初是如何形成的，我们仍不得而知（Randall Wells，pers. comm.; Sellas et al. 2005）。

22 最终变形虫完全失去了分裂的能力，蜷在培养器皿中一直萎靡不振（Bell 1988; Danielli & Muggleton 1959）。

23 Birdsell（1958）.

24 Hartley（1953），1.

25 有关过去语言数量的估计，请参阅 pagel（2000）。

第二十二章　从村庄到征服者社会

1 Kennett &Winterhalder（2006）; Zeder et al.（2006）.

2 某些物种的成员规模略有增加，但很难说这就得归功于城市提供的丰富资源（Colin Chapman，Jim Moore，and Sindhu Radhakrishna，pers. comm.; Kumar et al. 2013; Seth & Seth 1983）。

3 Bandy & Fox（2010）.

4 Wilshusen & Potter（2010）。例如，大多数亚诺玛米人（Yanomami）一生中都会经历社会分裂，这可以从 Hunley et al.（2008）和 Ward（1972）等人绘制的图表中推断出来。

5 Olsen（1987）.

6 Flannery & Marcus（2012）.

7 现在，恩加部落被正式称为弗瑞翠人（Phratries）。部落会在家族之间通婚，并且家族成员一般关系很好，除非一个家族规模扩展得太快，让他们的菜园供不应求。如果发展到这一步，家族成员之间的战斗可能会变得非常激烈：因为恩加人从来在外交上都不会表现得很大度

（Meggitt 1977；Wiessner & Tumu 1998）。

8 Scott（2009）.

9 我感谢 Luke Glowacki 提供关于乃加汤族的信息。他们用一种奇怪的方式来确定男性所属的世代（Glowacki & von Rueden 2015）。

10 Chagnon（2013）.

11 “部落”（Tribe）是一个来历不明的词汇。我之所以在这里使用这个词，一是因为有些人用这个词来描述一个有着共同语言和文化的许多村庄；二是因为除此之外，没有其他任何一个词被普遍用来描述这样的一个社会（Stephen Sanderson，pers. comm.；Sanderson 1999）。哈特莱特人的行为很像北美洲的乡村社会，他们属于三个仍然认为自己是“一类”的社会之一，他们都觉得其他社会已经走入歧途（Simon Evans，pers. comm.）。

12 Smouse et al.（1981）；Hames（1983）.

13 许多部落都以火耕，即刀耕火种的方式从事农业生产。一个村庄将一块地清理成菜园，然后在收成减少时，再转移出去清理另一片森林。

14 Harner（1972）。黑瓦洛人还试图哄骗其他部落参与对西班牙人的袭击，但其他部落在这场战争中的作用不大（Redmond 1994；Stirling 1938）。

15 由于他们之间经常发生口角争吵，村民们很少能长时间地待在一起并创造出不同的风俗习惯。在生活方式上，因分裂而形成的两个村庄几乎难以区分，正如人们从狩猎－采集者团队中分裂出去的情况一样。所以，分裂更像是人们改变邻里位置，而不是在社会根源上发生改变（尽管在分裂后，不同村庄的说话方式可能会产生细微差别：Aikhenvald，pers. comm.；Aikhenvald et al. 2008）。

16 Kopenawa & Albert（2013）.

17 例如，Southwick et al.（1974）。

18 例如，Jaffe & Isbell（2010）。

19 例外情况包括：一群行军蚁失去蚁后之后，它们会和另一个蚁群合并起来（Kronauer et al. 2010）。此外，金合欢蚂蚁在战后损兵折将，它们的蚁群也会出现这种合并情况（Rudolph & McEntee 2016）。在白蚁中，一些“原始”（基本）蚁群被证明会出现合并现象，因为先前的蚁后和蚁王已经死亡，而工蚁只能转变身份承担起繁殖后代的重任（例如，Howard et al. 2013）。对于更“高级”的白蚁蚁群之间的合并现象就很难证实了。此外据我们所知，在自然界中成熟蚁群之间很少发生此类合并现象（Barbara Thorne，pers. comm.）。

20 Moss et al.（2011）.

21 Ethridge & Hudson（2008）.

22 Gunnar Haaland，pers. comm.；Haaland（1969）.

23 Brewer（1999 and 2000）.

24 其他这样的联盟也是如此，包括北美的一些酋长国和6世纪中国成立的国家联盟（Schwartz 1985）。

25 罗伯特·卡内罗（Robert Carneiro）最初也持此观点，但后来又改变了想法，认为一些人类群体会通过融合形成更高级的酋邦（chiefdoms）（Carneiro 1998）。我认为，这种“合并”应该用以前的主权群体（例如独立的村庄）来解释，因为它们通常来自同一社会，是在同一政治体制下联合起来完成一项任务；但是，要将这些村庄完全合并并变成一个实体，就需要产生一个相当于征服者的大首领，通过他来集中行使权力。

26 Bowles（2012）.

27 Bintliff（1999）.

28 Barth（1969）.

29 有人争论这种程度会有多严重。例如，一些人声称易洛魁人的俘虏会随着时间的推移被完全同化，而另一些人则认为这根本就不可能（Donald 1997）。我认为完全接受比完全同化更准确，因为这种差异仍然是显而易见的。

30 Chagnon（1977），155.

31 Jones（2007）声称，这种婴儿盗窃案具有人类奴隶制的雏形，对此我持怀疑态度，因为这只小猴子肯定不会被强迫劳动。

32 Boesch et al.（2008）.

33 Anderson（1999）.

34 Biocca（1996），xxiv.

35 Brooks（2002）.

36 逃亡者通常还没逃远，就会被邻近的部落抓住（Donald 1997）。

37 Patterson（1982）.

38 Cameron（2008）.

39 Clark & Edmonds（1979）.

40 Mitchell（1984），46.

41 一些平民在艰难时期会出卖自己去当奴隶，特别是当精英阶层的奴隶比最贫穷的自由人民过的生活更好时（Garnsey 1996）。

42 Perdue（1979），17.

43 Marean（2016）.

44 例如，Ferguson（1984）。

45 见第十五章和 Abelson et al.（1998）。

46 Adam Jones，pers. comm.；Jones（2012）.

47 Confino（2014）.

48 Haber et al.（2017）.

49 Stoneking（2003）.

50 Grabo & van Vugt（2016）; Turchin et al.（2013）.

51 Carneiro（1998 & 2000）. See Chapter 二十二，第 26 条注释。

52 Oldmeadow & Fiske（2007）。正如后面将要提到的，这种被认为是合法的地位差异也适用于民族和种族之间的关系。

53 例如，Anderson（1994）。

第二十三章　国家的建设与破坏

1 Liverani（2006）。在美索不达米亚有欧贝德时期（Ubaid period：公元前 5500—公元前 4000 年）留下的一些遗址，这些遗址向我们显示出一个更为基本的国家组织。关于早期国家的出现的一般性讨论，见 Scarre（2013）和 Scott（2017）。

2 Spencer（2010）.

3 例如，Alcock et al.（2001）; Parker（2003）。

4 Tainter（1988）.

5 Bettencourt & West（2010）; Ortman et al.（2014）.

6 Richerson & Boyd（1998）; Turchin（2015）.

7 Wright（2004），50-51.

8 Birdsell（1968）称之为"沟通密度"。

9 Freedman（1975）.

10 Hingley（2005）。一些外围地区可能很少倾向于罗马化。

11 有灵哲学提供了一份"道德真君"计划，其中根本就不需要产生领导者（Hiatt 2015，62）。

12 Atran & Henrich（2010）; Henrich et al.（2010a）.

13 DeFries（2014）.

14 Tilly（1975），42.

15 感谢 Eric Cline 建议我将米诺亚作为一个具有相对和平主义的古代社会进行考察研究。

16 RL Kelly（2013b），156.

17 Mann（1986）.

18 规模如此大的酋邦可以接近一个国家的组织水平。事实上，一些专家声称其中某些酋邦就是国家（例如，Hommon 2013）。

19 Carneiro（1970 & 2012）擅长传播关于文明崛起的其他理论。我承认在自认为合适的情况下简化并调整了他的观点。例如，我同意关于社会地位的问题也可以影响国家的形成（Chacon

et al. 2015；Fukuyama 2011）。

20 Brookfield & Brown（1963）.

21 Lowen（1919），175.

22 de la Vega（1966，written 1609），108.

23 Faulseit（2016）.

24 Diamond（2005）.

25 Currie et al.（2010）；Tainter（1988）.

26 例如，Joyce et al.（2001）。

27 Marcus（1989）.

28 Chase-Dunn et al.（2010）；Gavrilets et al.（2014）；Walter et al.（2006）.

29 Johnson & Earle（2000）.

30 Beaune（1991）；Gat & Yakobson（2013）；Hale（2004）；Reynolds（1997）；Weber（1976）.

31 Kennedy（1987）.

32 Frankopan（2015）.

33 Yoffee（1995）.

34 每年都有更多可以支持她这一假设的证据被发掘出来（Roosevelt 2013）。

35 有些战争是为了夺取整个社会的控制权，而不是分裂社会。Holsti（1991）；Wallensteen（2012）；Wimmer & Min（2006）。

36 Kaufman（2001）.

37 Bookman（1994）.

38 南方人通常比北方人更多地来自大不列颠的不同地区，从而给南北之间的实际区别奠定了一个粗糙的基础（Fischer 1989；Watson 2008）。

39 Allen Buchanan，Paul Escott，and Libra Hilde，pers. comm.；Escott（2010）；McCurry（2010）；Weitz（2008）.

40 Carter & Goemans（2011）.

41 这种缺乏承诺的情况对许多群体都适用（Karau & Williams 1993）。

42 Kaiser（1994）；Sekulic et al.（1994）.

43 Joyce Marcus，pers. comm.；Feinman & Marcus（1998）。在某种程度上，酋邦和早期国家更为短暂，其中酋邦最长持续 75 至 100 年（Hally 1996）。

44 Cowgill（1988），253-254.

45 Claessen & Skalník（1978）.

第二十四章 族群的崛起

1 Alcock et al.（2001）.

2 Isaac（2004），8. 对于社会中民族变化的许多见解，我推荐大家阅读 Van den Berghe（1981）的经典作品。

3 Malpass（2009），27-28. 感谢 Michael Malpass 提出关于印加帝国的建议。

4 Noy（2000）.

5 我的论点类似于 Cowgill（1988），但我更喜欢用“支配”来代替他所使用的“征服”，因为无论是被支配还是被合并的群体，首先都得被征服。

6 Yonezawa（2005）.

7 Brindley（2015）.

8 Francis Allard，pers. comm.；Allard（2006）；Brindley（2015）.

9 Hudson（1999）.

10 他们修建的长城同样将中国人与周边的“原始”草原游牧民族隔离（并区分开来）（Fiskesjö 1999）。

11 Cavafy（1976）.

12 Spickard（2005），2。同化，以及相关的“文化适应”一词，已经被人类学家和社会学家以各种带有细微差别的方式大量使用，但我将只使用前一个术语。

13 Smith（1986）。这种“群体优势观点”得到了很好的支持（Sidanius et al. 1997）。

14 被征服者一般得采取适应性变化的主要例外见于游牧民族，因为他们的数量远远不及他们所接管的在文化上更精细复杂的社会。成吉思汗及其继承者从他们所征服的文明中学到了大量东西。他们允许自己的人民和他们所控制的人民相当自由地活动，而他们在很大程度上仍然坚持自己的游牧传统。（Chua 2007）对此做了精彩的描述。

15 例如，参阅第八章中的 Santos-Granero（2009）。

16 Hornsey & Hogg（2000）；Hewstone & Brown（1986）。

17 Aly（2014）. 我们在第十二章讨论了使用黄色徽章而使犹太人易于辨认。

18 Mummendey & Wenzel（1999）.

19 迄今为止，首都产生的影响最大（Mattingly 2014）。

20 在明显的多民族社会中，可能会掀起一场关于哪些因素构成超级身份的斗争（Packer 2008；Schaller&Neuberg 2012）。

21 例如，Vecoli（1978）。

22 Joniak-Lüthi（2015）.

23 根据这一标准，像美国这样明显是由更多族群构成的国家，就不应被视为国家。因此我更喜欢本书中关于“国家”的口头表述（Connor 1978）。

24 Sidanius et al.（1997）.

25 Seneca（1970），写于公元 1 世纪。

26 Klinkner & Smith（1999），7.

27 Devos & Ma（2008）.

28 Huynh et al.（2011），133.

29 Gordon（1964），5.

30 Deschamps（1982）.

31 Yogeeswaran & Dasgupta（2010）.

32 Jost & Banaji（1994）; Kamans et al.（2009）.

33 Sidanius & Petrocik（2001）.

34 Cheryan & Monin（2005）; Wu（2002）.

35 Ho et al.（2011）.

36 Devos & Banaji（2005）.

37 Marshall（1950），8.

38 Deschamps & Brown（1983）.

39 Ehardt & Bernstein（1986）; Samuels et al.（1987）.

40 Lee & Fiske（2006）; Portes & Rumbaut（2014）.

41 Bodnar（1985）.

42 Jost & Banaji（1994）; Lerner & Miller（1978）.

43 Fiske et al.（2007），82. 另见 Major & Schmader（2001）; Oldmeadow & Fiske（2007）.

44 Jost et al.（2003），13.

45 Paranjpe（1998）.

46 Hewlett（1991），29.

47 Moïse（2014）.

48 被科曼奇部落抓获的婴儿可立即被视为科曼奇人（Rivaya-Martínez，pers. comm.; Rivaya-Martínez 2012）。

49 Cheung et al.（2011）.

50 Cameron（2008）; Raijman et al.（2008）.

51 这种情况属实，甚至在公元 212 年之前也是如此（Garnsey 1996）。

52 Engerman（2007）; Fogel & Engerman（1974）.

53 Lim et al.（2007）.

54 同时，群体之间的互动也可以激励人们找到新的方法来识别自我（Hogg 2006; Salamone &

Swanson 1979)。

55 对于罗马人的情况，参见 Insoll(2007)，11. 希腊人本身就有几个族群(Jonathan Hall，pers. comm.; Hall 1997)。

56 Smith(2010).

57 Noy(2000).

58 Greenshields(1980).

59 Portes & Rumbaut(2014).

60 起初，印第安人通常需要得到官方的许可才能外出旅行，美国政府甚至禁止他们在保护区外做礼拜(Richmond Clow，pers. comm.)。

61 Schelling(1978).

62 Christ et al.(2014); Pettigrew(2009).

63 Paxton & Mughan(2006).

64 Thompson(1983).

65 Hawley(1944)，Berry(2001).

66 Park(1928)，893.

第二十五章　世界因差别而丰富

1 第一代美国移民不一定在爱国主义方面得分很高，但这种情况通常在他们的后代中会发生改变(Citrin et al. 2001)。

2 引自 Beard(2009)，11。

3 可以说，这已经不仅仅是一个类比，因为今天我们有许多规范对健康领域进行管理，例如什么东西可以吃以及该如何准备这些食物，而外来者如果不遵守当地的饮食习惯，就可能传播疾病(Fabrega 1997; Schaller&Neuberg 2012)。

4 Dixon(1997).

5 Gaertner & Dovidio(2000).

6 这使我们回想起在第十章(包括尾注 9)中由 Durkheim(1893)提出的社会分工和社会凝聚力之间的联系。

7 这也是一种积极区别性(第二十一章)。关于这种角色的证据很少，因为早期国家很少记录这些信息，例如罗马帝国时期的墓碑会提供死者的族群信息，但没有记录他生前的工作，或者情况正好相反，记录了一个人生前的工作，却没有提供他的族群信息(David Noy，pers. comm.)。

8 Esses et al.(2001)。虽然与主导群体竞争注定是一条失败之路，但少数群体之间的冲突也同样代价高昂（Banton 1983;Olzak 1992）。主导群体为了自身利益，往往通过挑拨离间等手段，使少数群体之间处于敌对状态而不是让他们对当权者表示不满。当然，这一招在社会之间也适用。罗马人就极其擅长分而治之，从而让自己坐收渔翁之利。比如他们当初把原本就纠纷不断的马其顿分裂成四个省份，并在中间挑拨离间，让他们鹬蚌相争。

9 Noy（2000）.

10 Boyd（2002）.

11 Abruzzi（1982）.

12 Turnbull（1965）; Zvelebil & Lillie（2000）.

13 参阅 Cameron（2016）了解此例和其他一些相关例子。

14 Appave（2009）.

15 Sorabji（2005）.

16 Suetonius（1979，written AD 121），21.

17 McNeill（1986）.

18 Dinnerstein & Reimers（2009），2.

19 Light & Gold（2000）.

20 Bauder（2008）; Potts（1990）.

21 与此同时，殖民主义以及随之而来的国家的建立，导致许多人失去了他们原来的部落身份，转而支持他们所在地区的更广泛的种族类别［例如，埃维人（Ewe）、修纳人（Shona）、伊博人（Igbo）和非洲的其他一些族群: Iliffe 2007］。

22 例如，Gossett（1963，Chapter 1）。

23 PC Smith（2009），4，5.

24 Brindley（2010）.

25 Dio（2008，written second century AD），281.

26 Sarna（1978）.

27 Curti（1946）.

28 Crevècoeur（1782），93.

29 Matthew Frye Jacobson，pers. comm.; Alba（1985）; Painter（2010）.

30 Alba & Nee（2003）; Saperstein & Penner（2012）.

31 Leyens et al.（2007）.

32 Freeman et al.（2011）.

33 Smith（1997）.

34 Smith（1986）.

35 Bloemraad et al.（2008）.

36 Ellis（1997）.

37 Levinson（1988）; Orgad（2011）; Poole（1999）.

38 Harles（1993）.

39 Gans（2007）;Huddy & Khatib（2007）。除此之外，考虑到现在旅行、交流和贸易的便利性，移民很少与他们祖先的家园及其风俗传统完全隔绝，尽管这些联系所产生的影响可能会在他们的后代子女中逐渐减弱（Levitt&Waters，2002 年）。

40 Bloemraad（2000）; Kymlicka（1995）。

41 具有讽刺意味的是，卢坎的出生地位于现代的西班牙境内。这句话被 Noy（2000，34）引用，当时他讨论了整个罗马帝国历史上存在的种族主义。

42 Michener（2012）; Volpp（2001）.

43 van der Dennen（1991）.

44 Jacobson（1999）.

45 Alesina & La Ferrara（2005），31-32。

46 May（2001，235）对生活在巴布亚新几内亚的部落做出如下评价：“今天的乡村人民的福利部分取决于他们从国家获得商品和服务的能力；重要首领或大人物的领导权力只有在确保人们能获得这些利益的前提下才会有效，因为这代表了他们对国家所具有的影响力。”

47 Harlow & Dundes（2004）; Sidanius et al.（1997）.

48 Bar-Tal & Staub（1997）; Wolsko et al.（2006）.

49 Marilynn Brewer 向我指出了我和 Shah et al.（2004）的观点之间存在一些重叠。

50 例如，Van der Toorn et al.（2014）。

51 Barrett（2007）; Feshbach（1991）; Lewis et al.（2014）; Piaget & Weil（1951）.

52 爱国主义和民族主义分别与自由主义和保守主义这两种观点大致类似，但它们的极端表达方式却大不相同。例如，极端自由主义者可以强烈反对任何违背其意识形态的言论自由，而财政保守主义者可以支持自由贸易和积极的团体关系。因为民族主义者可以抱有爱国情怀，所以我对爱国主义的讨论适用于那些爱国主义程度高但民族主义程度低的人员。

53 Bar Tal & Staub（1997）.

54 Feinstein（2016）; Staub（1997）.

55 参阅 Schatz et al.（1999），他把民族主义称为“盲目的爱国主义”。

56 Blank & Schmidt（2003）; Devos & Banaji（2005）; Leyens et al.（2003）.

57 Andrew Billings，pers. comm.; Billings et al.（2015）; Rothì et al.（2005）.

58 De Figueiredo & Elkins（2003）; Viki & Calitri（2008）。

59 例如，读者可以参看 Raijman et al.（2008）。

60 Greenwald et al.（2015）.

61 Smith et al.（2011），371.

62 Jandt et al.（2014）; Modlmeier et al.（2012）.

63 Feshbach（1994）.

64 Hedges（2002）; Junger（2016）.

65 Turchin（2015）.

66 相比之下，爱国主义者试图通过激发人们共同的使命感来团结不同的群体（Li&Brewer，2004 年）。

67 例如，读者看以参看 Banks（2016）; Echebarria-Echabe & Fernandez-Guede（2006）。

68 群体之间的竞争只会使问题恶化（Esses et al. 2001; King et al. 2010）。

69 Bergh et al.（2016）; Zick et al.（2008）.

70 由 Sidanius et al.（1999）等人描述。

第二十六章　社会出现的必然性

1 Hayden & Villeneuve（2012），130.

2 Gaertner et al.（2006）.

3 叛兵的后代虽然看似形成了某种联合社会，但现在已经属于英国海外领土的一部分。

4 对于蚂蚁和人类，这种隔绝生活可能会持续几代之久，因为他们可以依靠自己的身份标记（第五到七章）。人们对维京人可以隔绝生活的时间长度有争议（Graeme Davis，pers. comm.; Davis 2009）。

5 Weisler（1995）。据称，新几内亚大陆上有一个部落与世隔绝，完全不了解外来者的情况（Tuzin 2001）。

6 Royce（1982），12.

7 Cialdini & Goldstein（2004）.

8 Nichole Simmons，pers. Comm.

9 Jones et al.（1984）.

10 在鼓励他们竞争之前，两组男孩之间的差异已经开始显现（Sherif et al. 1961）。但研究人员在多大程度上操纵了儿童的行为，人们对此还存在疑问（Perry 2018）。

11 Carneiro（2004）; Turchin & Gavrilets（2009）.

12 例如，读者可以了解一下关于中国的情况（Knight 2008）。

13 Aikhenvald（2008），47.

14 Seto（2008）.

15 Jackson（1983）.

16 McCormick（2017）; Reese & Lauenstein（2014）.

17 Goodwin（2016）.

18 Chollet（2011），746，751。另见 Linder（2010）; Rutherford et al.（2014）.

19 Leuchtenburg（2015），634.

20 Gellner（1983），6。盖尔纳接着说“拥有一个国家不是人类天生的特征，但是……现在看来是这样的了”（ibid.）。另见 Miller（1995）。

21 许多新移民在适应自己的处境时面临着巨大的压力（Berry & Annis 1974）。

22 Lyons-Padilla & Gelfand（2015）.

结论　身份转变和社会崩溃

1 Reynolds（1981）.

2 Druckman（2001）.

3 Gelfand et al.（2011）.

4 Blanton & Christie（2003）; Jetten et al.（2002）; Maghaddam（1998）。不同国家的人们的总体幸福感（康乐感）差异不大（Burns 2018）。

5 Deschamps（1982）; Lorenzi-Cioldi（2006）.

6 Cosmides et al.（2003）.

7 Brewer（2009）.

8 Easterly（2001）.

9 Christ et al.（2014）.

10 Alesina & Ferrara（2005）; Hong & Page（2004）。接受那些貌似奇特的成员将是社会主导群体面临的最大挑战（Asbrock et al. 2012）。

参考文献

Aanen DK, et al. 2002. The evolution of fungus-growing termites and their mutualistic fungal symbionts. *Proc Nat Acad Sci* 99:14887-14892.

Abelson RP, et al. 1998. Perceptions of the collective other. *Pers Soc Psychol Rev* 2:243-250.

Aboud FE. 2003. The formation of in-group favoritism and out-group prejudice in young children: Are they distinct attitudes? *Dev Psychol* 39:48-60.

Abruzzi WS. 1980. Flux among the Mbuti Pygmies of the Ituri forest. In EB Ross, ed. *Beyond the Myths of Vulture.* New York: Academic. pp. 3-31.

——. 1982. Ecological theory and ethnic differentiation among human populations. *Curr Anthropol* 23:13-35.

Ackerman JM, et al. 2006. They all look the same to me (unless they' re angry): From out-group homogeneity to out-group heterogeneity. *Psychol Sci* 17:836-840.

Ackerman JM, D Kenrick, M Schaller. 2007. Is friendship akin to kinship? *Evol Hum Behav* 28:365-374.

Adamatzky A. 2005. *A Dynamics of Crowd Minds.* Singapore: World Scientific.

Addessi E, L Crescimbene, E Visalberghi. 2007. Do capuchin monkeys use tokens as symbols? *Proc Roy Soc Lond B* 274:2579-2585.

Aiello LC, RIM Dunbar. 1993. Neocortex size, group size, and the evolution of language. *Curr Anthropol* 34:184-193.

Aikhenvald AY. 2008. Language contact along the Sepik River, Papua New Guinea. *Anthropol Linguist* 50:1-66.

Aikhenvald AY, et al. 2008. *The Manambu Language of East Sepik, Papua New Guinea.*

Oxford: Oxford University Press.

Aimé C, et al. 2013. Human genetic data reveal contrasting demographic patterns between sedentary and nomadic populations that predate the emergence of farming. *Mol Biol Evol* 30:2629-2644.

Alba R. 1985. *Italian Americans: Into the Twilight of Ethnicity*. Englewood Cliffs, NJ: Prentice Hall.

Alba R, V Nee. 2003. *Remaking the American Mainstream: Assimilation and Contemporary Immigration*. Cambridge, MA: Harvard University Press.

Alcock SE, et al., eds. 2001. *Empires: Perspectives from Archaeology and History*. Cambridge: Cambridge University Press.

Alcorta CS, R Sosis. 2005. Ritual, emotion, and sacred symbols: The evolution of religion as an adaptive complex. *Hum Nature* 16:323-359.

Alesina A, E La Ferrara. 2005. Ethnic diversity and economic performance. *J Econ Lit* 43:762-800.

Alexander MG, MB Brewer, RW Livingston. 2005. Putting stereotype content in context: Image theory and interethnic stereotypes. *Pers Soc Psychol Bull* 31:781-794.

Alexander RD. 1985. A biological interpretation of moral systems. *J Relig Sci* 20:3-20.

Allard F. 2006. Frontiers and boundaries: The Han empire from its southern periphery. In MT Stark, ed. *Archaeology of Asia*. Malden, MA: Blackwell. pp. 233-254.

Allee WC. 1931. *Animal Aggregations.* Chicago: University of Chicago Press.

Allen MW, TL Jones, eds. 2014. *Violence and Warfare among Hunter-Gatherers*. Walnut Creek, CA: Left Coast Press.

Allport FH. 1927. The nationalistic fallacy as a cause of war. *Harpers*. August. pp. 291-301.

Allport GW. 1954. *The Nature of Prejudice*. Reading: Addison-Wesley.

Al-Simadi FA. 2000. Jordanian students' beliefs about nonverbal behaviors associated with deception in Jordan. *Soc Behav Pers* 28:437-442.

Alvergne A, C Faurie, M Raymond. 2009. Father-offspring resemblance predicts paternal investment in humans. *Anim Behav* 78:61-69.

Aly G. 2014. *Why the Germans? Why the Jews?: Envy, Race Hatred, and the Prehistory of the Holocaust*. New York: Macmillan.

Ames KM. 1991. Sedentism: A temporal shift or a transitional change in hunter-gatherer mobility patterns? In S Gregg, ed. *Between Bands and States. Center for Archaeological*

Investigations Occasional Paper No. 9. Carbondale: Southern Illinois University Press. pp. 103-133.

——. 1995. Chiefly power and household production on the Northwest Coast. In TD Price, GM Feinman, eds. *Foundations of Social Inequality*. New York: Springer. pp. 155-187.

Ames K, HDG Maschner. 1999. *Peoples of the Northwest Coast: Their Archaeology and Prehistory*. New York: Thames & Hudson.

Amodio DM. 2008. The social neuroscience of intergroup relations. *Eur Review Soc Psychol* 19:1-54.

——. 2011. Self-regulation in intergroup relations: A social neuroscience framework. In A Todorov, ST Fiske, DA Prentice, eds. *Social Neuroscience: Toward Understanding the Underpinnings of the Social Mind*. New York: Oxford University Press. pp. 101-122.

Anderson B. 1982. *Imagined Communities: Reflections on the Origin and Spread of Nationalism*. New York: Verso.

Anderson DG. 1994. *The Savannah River Chiefdoms: Political Change in the Late Prehistoric Southeast*. Tuscaloosa: University of Alabama Press.

Anderson GC. 1999. *The Indian Southwest, 1580-1830: Ethnogenesis and Reinvention*. Norman: University of Oklahoma Press.

Andersson CJ. 1856. *Lake Ngami: Or, Explorations and Discoveries, during Four Year's Wandering in the Wilds of South Western Africa*. London: Hurst & Blackett.

Ansmann IC, et al. 2012. Dolphins restructure social system after reduction of commercial fisheries. *Anim Behav* 575-581.

Anzures G, et al. 2012. Brief daily exposures to Asian females reverses perceptual narrowing for Asian faces in Caucasian infants. *J Exp Child Psychol* 112:485-495.

Apicella CL, et al. 2012. Social networks and cooperation in hunter-gatherers. *Nature* 481:497-501.

Appave G. 2009. *World Migration 2008: Managing Labour Mobility in the Evolving Global Economy*. Sro-Kundig, Switzerland: International Organization for Migration.

Appelbaum Y. 2015. Rachel Dolezal and the history of passing for Black. *The Atlantic*. June 15.

Armitage KB. 2014. *Marmot Biology*. Cambridge: Cambridge University Press.

Arnold JE. 1996. The archaeology of complex hunter-gatherers. *J Archaeol Meth Th* 3:77-126.

Asch SE. 1946. Forming impressions of personality. *J Abnorm Soc Psychol* 41:258-290.

Asbrock F, et al. 2012. Differential effects of intergroup contact for authoritarians and social dominators. *Pers Soc Psychol B* 38:477-490.

Atkinson QD, et al. 2008. Languages evolve in punctuational bursts. *Science* 319:588.

Atran S. 1990. *Cognitive Foundations of Natural History*. Cambridge: Cambridge University Press.

Atran S, et al. 1997. Generic species and basic levels: Essence and appearance in folk biology. *J Ethnobiol* 17:17-43.

Atran S, J Henrich. 2010. The evolution of religion: How cognitive by-products, adaptive learning heuristics, ritual displays, and group competition generate deep commitments to prosocial religions. *Biol Theory* 5:1-13.

Aureli F, et al. 2006. Raiding parties of male spider monkeys: Insights into human warfare? *Am J Phys Anthropol* 131:486-497.

Aureli F, et al. 2008. Fission-fusion dynamics: New research frameworks. *Curr Anthropol* 49:627-654.

Autier-Dérian D, et al. 2013. Visual discrimination of species in dogs. *Anim Cogn* 16:637-651.

Avilés L, J Guevara. 2017. Sociality in spiders. In DR Rubenstein, R Abbot, eds. *Comparative Social Evolution*. Cambridge: Cambridge University Press. pp. 188-223.

Axelrod R. 2006. *The Evolution of Cooperation*. New York: Basic Books.

Azevedo RT, et al. 2013. Their pain is not our pain: Brain and autonomic correlates of empathic resonance with the pain of same and different race individuals. *Hum Brain Mapp* 34:3168-3181.

Bădescu I, et al. 2016. Alloparenting is associated with reduced maternal lactation effort and faster weaning in wild chimpanzees. *Roy Soc Open Sci* 3:160577.

Bahuchet S. 2012. Changing language, remaining Pygmy. *Hum Biol* 84:11-43.

——. 2014. Cultural diversity of African Pygmies. In BS Hewlett, ed. *Hunter-Gatherers of the Congo Basin*. New Brunswick, NJ: Transaction. pp. 1-30.

Bailey KG. 1988. Psychological kinship: Implications for the helping professions. *Psychother Theor Res Pract Train* 25:132-141.

Bain P, et al. 2009. Attributing human uniqueness and human nature to cultural groups: Distinct forms of subtle dehumanization. *Group Proc Intergr Rel* 12:789-805.

Banaji MR, SA Gelman. 2013. *Navigating the Social World: What Infants, Children, and Other Species Can Teach Us*. Oxford: Oxford University Press.

Banaji MR, AG Greenwald. 2013. *Blindspot: Hidden Biases of Good People*. New York: Delacorte Press.

Bandura A. 1999. Moral disengagement in the perpetration of inhumanities. *Pers Soc Psychol Rev* 3:193-209.

Bandy MS, JR Fox, eds. 2010. *Becoming Villagers: Comparing Early Village Societies*. Tucson: University of Arizona Press.

Banks AJ. 2016. Are group cues necessary? How anger makes ethnocentrism among whites a stronger predictor of racial and immigration policy opinions. *Polit Behav* 38:635-657.

Banton M. 1983. *Racial and Ethnic Competition*. Cambridge: Cambridge University Press.

Barfield T. 2002. Turk, Persian and Arab: Changing relationships between tribes and state in Iran and along its frontiers. In N Keddie, ed. *Iran and the Surrounding World*. Seattle: University of Washington Press. pp. 61-88.

Barlow G. 2000. *The Cichlid Fishes*. New York: Basic Books.

Barnard A. 2007. *Anthropology and the Bushman*. New York: Berg.

——. 2010. When individuals do not stop at the skin. In RIM Dunbar, C Gamble, J Gowlett, eds. *Social Brain, Distributed Mind*. Oxford: Oxford University Press. pp. 249-267.

——. 2011. *Social Anthropology and Human Origins*. New York: Cambridge University Press.

Barnes JE. 2001. As demand soars, flag makers help bolster nation' s morale. *New York Times*. September 23.

Baron AS, Y Dunham. 2015. Representing "us" and "them": Building blocks of intergroup cognition. *J Cogn Dev* 16:780-801.

Barrett M. 2007. *Children' s Knowledge, Beliefs, and Feelings about Nations and National Groups*. New York: Psychology Press.

Barron AB, C Klein. 2016. What insects can tell us about the origins of consciousness. *Proc Nat Acad Sci* 113:4900-4908.

Barron WRJ. 1981. The penalties for treason in medieval life and literature. *J Medieval Hist* 7:187-202.

Bar-Tal D. 2000. *Shared Beliefs in a Society*. Thousand Oaks, CA: Sage Publishing.

Bar-Tal D, E Staub. 1997. Patriotism: Its scope and meaning. In D Bar Tal, E Staub, eds. *Patriotism in the Lives of Individuals and Nations*. Chicago: Nelson-Hall. pp. 1-19.

Barth F, ed. 1969. *Ethnic Groups and Boundaries: The Social Organization of Culture*

Difference. Boston: Little, Brown. pp. 9-38.

Bartlett FC, C Burt. 1933. Remembering: A study in experimental and social psychology. *Brit J Educ Psychol* 3:187-192.

Bates LA, et al. 2007. Elephants classify human ethnic groups by odor and garment color. *Curr Biology* 17:1938-1942.

Bates LA, et al. 2008. African elephants have expectations about the locations of out-of-sight family members. *Biol Lett* 4:34-36.

Bauder H. 2008. Citizenship as capital: The distinction of migrant labor. *Alternatives* 33:315-333.

Baumard N. 2010. Has punishment played a role in the evolution of cooperation? A critical review. *Mind Soc* 9:171-192.

Baumeister RF. 1986. *Identity: Cultural Change and the Struggle for Self*. New York: Oxford University Press.

Baumeister RF, SE Ainsworth, KD Vohs. 2016. Are groups more or less than the sum of their members? The moderating role of individual identification. *Behav Brain Sci* 39:1-56.

Baumeister RF, et al. 1989. Who' s in charge here? *Pers Soc Psychol B* 14:17-22.

Baumeister RF, Leary MR. 1995. The need to belong: Desire for interpersonal attachments as a fundamental human motivation. *Psychol Bull* 117:497-529.

Beals KL, et al. 1984. Brain size, cranial morphology, climate, and time machines. *Curr Anthropol* 25:301-330.

Beard CA. 2009. *The Republic: Conversations on Fundamentals*. New Brunswick, NJ: Transaction Publishers.

Beaune C. 1991. *Birth of an Ideology: Myths and Symbols of a Nation*. Berkeley, CA: University of California Press.

Beccaria C. 2009 (1764). *On Crimes and Punishments and Other Writings*. A Thomas, ed. Toronto: University of Toronto Press.

Beck BB. 1982. Chimpocentrism: Bias in cognitive ethology. *J Hum Evol* 11:3-17.

Becker JC, et al. 2017 What do national flags stand for? An exploration of associations across 11 countries. *J Cross Cult Psychol* 48:335-352.

Beecher MD, et al. 1986. Acoustic adaptations for parent-offspring recognition in swallows. *Exp Biol* 45:179-193.

Beety VE. 2012. What the brain saw: The case of Trayvon Martin and the need for eyewitness identification reform. *Denver Univ Law Rev* 90:331-346.

Behar DM, et al. 2008. The dawn of human matrilineal diversity. *Am J Hum Genet* 82:1130-1140.

Bekoff M, J Pierce. 2009. *Wild Justice: The Moral Lives of Animals*. Chicago: University of Chicago Press.

Bell G. 1988. *Sex and Death in Protozoa*. New York: Cambridge University Press.

Bender T. 2006. *A Nation among Nations: America' s Place in World History*. New York: Hill & Wang.

Bennett NC, CG Faulkes. 2000. *African Mole-rats: Ecology and Eusociality*. Cambridge: Cambridge University Press.

Benson-Amram S, et al. 2016. Brain size predicts problem-solving ability in mammalian carnivores. *Proc Nat Acad Sci* 113:2532-2537.

Berger J, C Cunningham. 1987. Influence of familiarity on frequency of inbreeding in wild horses. *Evolution* 41:229-231.

Berger PL, T Luckmann. 1966. *The Social Structure of Reality: A Treatise in the Sociology of Knowledge*. New York: Doubleday.

Bergh R, et al. 2016. Is group membership necessary for understanding generalized prejudice? A re-evaluation of why prejudices are interrelated. *J Pers Soc Psychol* 111:367-395.

Bergman TJ. 2010. Experimental evidence for limited vocal recognition in a wild primate: Implications for the social complexity hypothesis. *Proc Roy Soc Lond B* 277:3045-3053.

Berman JC. 1999. Bad hair days in the Paleolithic: Modern (re)constructions of the cave man. *Am Anthropol* 101:288-304.

Berndt RM, CH Berndt. 1988. *The World of the First Australians.* Canberra: Aboriginal Studies Press.

Bernstein MJ, SG Young, K Hugenberg. 2007. The cross-category effect: Mere social categorization is sufficient to elicit an own-group bias in face recognition. *Psychol Sci* 18:706-712.

Berreby D. 2005. *Us and Them: Understanding Your Tribal Mind*. New York: Little, Brown.

Berry JW 2001. A psychology of immigration. *J Soc Issues* 57:615-631.

Berry JW, RC Annis. 1974. Acculturation stress: The role of ecology, culture, and differentiation. *J Cross Cult Psychol* 5:382-406.

Best E. 1924. *The Maori*, vol. 1. Wellington, NZ: HH Tombs.

Bettencourt L, G West. 2010. A unified theory of urban living. *Nature* 467:912-913.

Bettinger RL, R Garvey, S Tushingham. 2015. *Hunter-Gatherers: Archaeological and Evolutionary Theory*. 2nd ed. New York: Springer.

Bigelow R. 1969. *The Dawn Warriors: Man's Evolution Toward Peace.* Boston: Little, Brown.

Bigler RS, LS Liben. 2006. A developmental intergroup theory of social stereotypes and prejudice. *Adv Child Dev Behav* 34:39-89.

Bignell DE, Y Roisin, N Lo, eds. 2011. *Biology of Termites*. New York: Springer.

Billig M. 1995. *Banal Nationalism.* London: Sage Publications.

Billings A, K Brown, N Brown-Devlin. 2015. Sports draped in the American flag: Impact of the 2014 winter Olympic telecast on nationalized attitudes. *Mass Commun Soc* 18:377-398.

Binford LR. 1980. Willow smoke and dog's tails: Hunter-gatherer settlement systems and archaeological site formation. *Am Antiquity* 45:4-20.

——. 2001. *Constructing Frames of Reference*. Berkeley: University of California Press.

Bintliff J. 1999. Settlement and territory. In G Barker, ed. *Companion Encyclopedia of Archaeology 1*. London: Routledge. pp. 505-545.

Biocca E. 1996. *Yanoáma: The Story of Helena Valero*. New York: Kodansha America.

Bird DW, RB Bird. 2000. The ethnoarchaeology of juvenile foragers: Shellfishing strategies among Meriam children. *J Anthropol Archaeol* 19:461-476.

Birdsell JB. 1957. Some population problems involving Pleistocene man. *Cold Spring Harbor Symposia on Quantitative Biology* 22:47-69.

——. 1958. On population structure in generalized hunting and collecting populations. *Evolution* 12:189-205.

——. 1968. Some predictions for the Pleistocene based on equilibrium systems among recent foragers. In R Lee, I DeVore, eds. *Man the Hunter.* Chicago: Aldine. pp. 229-249.

——. 1970. Local group composition among the Australian Aborigines: A critique of the evidence from fieldwork conducted since 1930. *Curr Anthropol* 11:115-142.

——. 1973. The basic demographic unit. *Curr Anthropol* 14:337-356.

Blainey G. 1976. *Triumph of the Nomads: A History of Aboriginal Australia*. Woodstock, NY: Overlook Press.

Blank T, P Schmidt. 2003. National identity in a united Germany: Nationalism or patriotism? An empirical test with representative data. *Polit Psychol* 24:289-312.

Blanton H, C Christie. 2003. Deviance regulation: A theory of action and identity. *Rev Gen Psychol* 7:115-149.

Bleek DF. 1928. *The Naron: A Bushman Tribe of the Central Kalahari*. Cambridge: Cambridge University Press.

Bloemraad I. 2000. Citizenship and immigration. *J Int Migrat Integration* 1:9-37.

Bloemraad I, A Korteweg, G Yurdakul. 2008. Citizenship and immigration: Multiculturalism, assimilation, and challenges to the nation-state. *Annu Rev Sociol* 34:153-179.

Bloom P, C Veres. 1999. Perceived intentionality of groups. *Cognition* 71:B1-B9.

Blurton-Jones N. 2016. *Demography and Evolutionary Ecology of Hadza Hunter-Gatherers*. Cambridge: Cambridge University Press.

Bocquet-Appel J-P, O Bar-Yosef, eds. 2008. *The Neolithic Demographic Transition and its Consequences*. New York: Springer.

Bodnar JE. 1985. *The Transplanted: A History of Immigrants in Urban America*. Bloomington: Indiana University Press.

Boehm C. 1999. *Hierarchy in the Forest: The Evolution of Egalitarian Behavior*. Cambridge, MA: Harvard University Press.

——. 2013. The biocultural evolution of conflict resolution between groups. In D Fry, ed. *War, Peace, and Human Nature*. Oxford: Oxford University Press. pp. 315-340.

Boesch C. 1996. Social grouping in Tai chimpanzees. In WC McGrew, LF Marchant, T Nishida, eds. *Great Ape Societies*. Cambridge: Cambridge University Press. pp. 101-113.

——. 2012. From material to symbolic cultures: Culture in primates. In J Valsiner, ed. *The Oxford Handbook of Culture and Psychology*. Oxford: Oxford University Press. pp. 677-694.

Boesch C, H Boesch-Achermann. 2000. *The Chimpanzees of the Taï Forest*. New York: Oxford University Press.

Boesch C, et al. 2008. Intergroup conflicts among chimpanzees in Taï National Park: Lethal violence and the female perspective. *Am J Primatol* 70:519-532.

Boesch C, G Hohmann, L Marchant, eds. 2002. *Behavioural Diversity in Chimpanzees and Bonobos*. Oxford: Cambridge University Press.

Bohn KM, CF Moss, GS Wilkinson. 2009. Pup guarding by greater spear-nosed bats. *Behav Ecol Sociobiol* 63:1693-1703.

Bolhuis JJ. 1991. Mechanisms of avian imprinting: A review. *Biol Rev* 66:303-345.

Bond CF, et al. 1990. Lie detection across cultures. *J Nonverbal Behav* 14:189-204.

Bond R. 2005. Group size and conformity. *Intergroup Relations* 8:331-354.

Bonilla-Silva E. 2014. *Racism without Racists: Color-Blind Racism and the Persistence of*

Racial Inequality in America. New York: Rowman & Littlefield.

Bonner J. 2006. *Why Size Matters: From Bacteria to Blue Whales*. Princeton, NJ: Princeton University Press.

Bonnie KE, et al. 2007. Spread of arbitrary customs among chimpanzees: A controlled experiment. *Proc Roy Soc B* 274:367-372.

Bookman MZ. 1994. War and peace: The divergent breakups of Yugoslavia and Czechoslovakia. *J Peace Res* 31:175-187.

Bosacki SL, C Moore. 2004. Preschoolers' understanding of simple and complex emotions: Links with gender and language. *Sex Roles* 50:659-675.

Bosmia AN, et al. 2015. Ritualistic envenomation by bullet ants among the Sateré-Mawé Indians in the Brazilian Amazon. *Wild Environ Med* 26:271-273.

Bot ANM, et al. 2001. Waste management in leaf-cutting ants. *Ethol Ecol Evol* 13:225-237.

Boughman JW, GS Wilkinson. 1998. Greater spear-nosed bats discriminate group mates by vocalizations. *Anim Behav* 55:1717-1732.

Bourjade M, et al. 2009. Decision-making in Przewalski horses (*Equus ferus przewalskii*) is driven by the ecological contexts of collective movements. *Ethology* 115:321-330.

Bousquet CA, DJ Sumpter, MB Manser. 2011. Moving calls: A vocal mechanism underlying quorum decisions in cohesive groups. *Proc Biol Sci* 278:1482-1488.

Bowles S. 2006. Group competition, reproductive leveling, and the evolution of human altruism. *Science* 314:1569-1572.

——. 2012. Warriors, levelers, and the role of conflict in human social evolution. *Science* 336:876-879.

Bowles S, H Gintis. 2011. *A Cooperative Species: Human Reciprocity and its Evolution.* Princeton, NJ: Princeton University Press.

Boyd RL. 2002. Ethnic competition for an occupational niche: The case of Black and Italian barbers in northern US cities during the late nineteenth century. *Sociol Focus* 35:247-265.

Boyd R, PJ Richerson. 2005. *The Origin and Evolution of Cultures.* Oxford: Oxford University Press.

Bramble DM, DE Lieberman. 2004. Endurance running and the evolution of *Homo. Nature* 432:345-352.

Brandt M, et al. 2009. The scent of supercolonies: The discovery, synthesis and behavioural verification of ant colony recognition cues. *BMC Biology* 7:71-79.

Branstetter MG, et al. 2017. Dry habitats were crucibles of domestication in the evolution of agriculture in ants. *Proc Roy Soc B* 284:20170095.

Braude S. 2000. Dispersal and new colony formation in wild naked mole-rats: Evidence against inbreeding as the system of mating. *Behav Ecol* 11:7-12.

Braude S, E Lacey. 1992. The underground society. *The Sciences* 32:23-28.

Breed MD. 2014. Kin and nestmate recognition: The influence of WD Hamilton on 50 years of research. *Anim Behav* 92:271-279.

Breed, MD, C Cook, MO Krasnec. 2012. Cleptobiosis in social insects. *Psyche* 2012:1-7.

Breidlid A, et al., eds. 1996. *American Culture: An Anthology*. 2nd ed. New York: Routledge.

Bressan P, M Grassi. 2004. Parental resemblance in 1-year-olds and the Gaussian curve. *Evol Hum Behav* 25:133-141.

Brewer MB. 1991. The social self: On being the same and different at the same time. *Pers Soc Psychol B* 5:475-482.

——. 1999. The psychology of prejudice: Ingroup love or outgroup hate? *J Soc Issues* 55:429-444.

——. 2000. Superordinate goals versus superordinate identity as bases of intergroup cooperation. In R Brown, D Capozza, eds. *Social Identity Processes*. London: Sage. pp. 117-132.

——. 2007. The importance of being we: Human nature and intergroup relations. *Am Psychol* 62:728-738.

——. 2009. Social identity and citizenship in a pluralistic society. In E Borgida, J Sullivan, E Riedel, eds. *The Political Psychology of Democratic Citizenship.* Oxford: Oxford University Press. pp. 153-175.

Brewer MB, LR Caporael. 2006. An evolutionary perspective on social identity: Revisiting groups. In M Schaller et al., eds. *Evolution and Social Psychology*. New York: Psychology Press. pp. 143-161.

Brindley EF. 2010. Representations and uses of Yue identity along the southern frontier of the Han, ca. 200-111 BCE. *Early China* 33:2010-2011.

——. 2015. *Ancient China and the Yue: Perceptions and Identities on the Southern Frontier, c. 400 BCE-50 CE.* Cambridge: Cambridge University Press.

Brink JW. 2008. *Imagining Heads-Smashed-In: Aboriginal Buffalo Hunting on the Northern Plains.* Edmonton: Athabasca University Press.

Brookfield HC, P Brown. 1963. *Struggle for Land: Agriculture and Group Territories among the Chimbu of the New Guinea Highlands*. Melbourne: Oxford University Press.

Brooks AS, et al. 2018. Long-distance stone transport and pigment use in the earliest Middle Stone Age. *Science* 360; 90-94.

Brooks JF. 2002. *Captives and Cousins: Slavery, Kinship, and Community in the Southwest Borderlands*. Chapel Hill: University of North Carolina Press.

Broome R. 2010. *Aboriginal Australians: A History since 1788.* Sydney: Allen & Unwin.

Brown ED, SM Farabaugh. 1997. What birds with complex social relationships can tell us about vocal learning. In CT Snowdon, M Hausberger, eds. *Social Influences on Vocal Development*. Cambridge: Cambridge University Press. pp. 98-127.

Bruneteau J-P. 1996. *Tukka: Real Australian Food*. Sydney: HarperCollins Australia.

Bshary R, W Wickler, H Fricke. 2002. Fish cognition: A primate' s eye view. *Anim* Cogn 5:1-13.

Buchan JC, et al. 2003. True paternal care in a multi-male primate society. *Nature* 425:179-181.

Builth H. 2014. *Ancient Aboriginal Aquaculture Rediscovered*. Saarbrucken: Omniscriptum.

Burch, ES Jr. 2005. *Alliance and Conflict: The World System of the Iñupiaq Eskimos*. Lincoln: University of Nebraska Press.

Burgener N, et al. 2008. Do spotted hyena scent marks code for clan membership? In JL Hurst, RJ Beynon, SC Roberts, TD Wyatt, eds. *Chemical Signals in Vertebrates 11*. New York: Springer. pp. 169-177.

Burns RA. 2018. The utility of between-nation subjective wellbeing comparisons amongst nations within the European Social Survey. *J Happiness Stud* 18:1-23.

Buttelmann D, J Call, M Tomasello. 2009. Do great apes use emotional expressions to infer desires? *Devel Sci* 12:688-698.

Butz DA. 2009. National symbols as agents of psychological and social change. *Polit Psychol* 30:779-804.

Buys CJ, KL Larson. 1979. Human sympathy groups. *Psychol Reports* 45:547-553.

Caldwell J. 1964. Interaction spheres in prehistory. In J Caldwell, R Hall, eds. *Hopewellian Studies, Scientific Paper 12.* Springfield: Illinois State Museum. pp. 134-143.

Callahan SP, A Ledgerwood. 2013. The symbolic importance of group property: Implications for intergroup conflict and terrorism. In TK Walters et al., eds. *Radicalization,*

Terrorism, and Conflict. Newcastle: Cambridge Scholars. pp. 232-267.

——. 2016. On the psychological function of flags and logos: Group identity symbols increase perceived entitativity. *J Pers Soc Psychol* 110:528-550.

Cameron CM. 2008. Captives in prehistory as agents of social change. In CM Cameron, ed. *Invisible Citizens: Captives and Their Consequences*. Salt Lake City: University of Utah Press. pp. 1-24.

——. 2016. *Captives: How Stolen People Changed the World*. Lincoln: University of Nebraska Press.

Cameron EZ, TH Setsaas, WL Linklater. 2009. Social bonds between unrelated females increase reproductive success in feral horses. *Proc Nat Acad Sci* 106:13850-13853.

Campbell DT. 1958. Common fate, similarity, and other indices of the status of aggregates of persons as social entities. *Syst Res Behav Sci* 3:14-25.

Campbell MW, FBM de Waal. 2011. Ingroup-outgroup bias in contagious yawning by chimpanzees supports link to empathy. *PloS ONE* 6:e18283.

Cane S. 2013. *First Footprints: The Epic Story of the First Australians*. Sydney: Allen & Unwin.

Cantor M, et al. 2015. Multilevel animal societies can emerge from cultural transmission. *Nat Comm* 6:8091.

Cantor M, H Whitehead. 2015. How does social behavior differ among sperm whale clans? *Mar Mammal Sci* 31:1275-1290.

Caporael LR, RM Baron. 1997. Groups as the mind's natural environment. In J Simpson, D Kenrick, eds. *Evolutionary Social Psychology*. Mahwah: Lawrence Erlbaum. pp. 317-343.

Carlin NF, B Hölldobler. 1983. Nestmate and kin recognition in interspecific mixed colonies of ants. *Science* 222:1027-1029.

Carneiro RL. 1970. A theory of the origin of the state. *Science* 169:733-738.

——. 1987. Village-splitting as a function of population size. In L Donald, ed. *Themes in Ethnology and Culture History*. Meerut: Archana. pp. 94-124.

——. 1998. What happened at the flashpoint? Conjectures on chiefdom formation at the very moment of conception. In EM Redmond, ed. *Chiefdoms and Chieftaincy in the Americas*. pp. 18-42. Gainesville: University Press of Florida.

——. 2000. *The Muse of History and the Science of Culture*. New York: Springer.

——. 2004. The political unification of the world: When, and how—some speculations. *Cross-Cult Res* 38:162-77.

——. 2012. The circumscription theory: A clarification, amplification, and reformulation. *Soc Evol Hist* 11:5-30.

Caro T. 1994. *Cheetahs of the Serengeti Plains*. Chicago: University of Chicago Press.

Carter DB, HE Goemans. 2011. The making of the territorial order: New borders and the emergence of interstate conflict. *Int Organ* 65:275-309.

Cashdan E. 1998. Adaptiveness of food learning and food aversions in children. *Soc Sci Inform* 37:613-632.

——. 2001. Ethnocentrism and xenophobia: A cross-cultural study. *Curr Anthropol* 42:760-765.

Cashdan E, et al. 1983. Territoriality among human foragers: Ecological models and an application to four Bushman groups. *Curr Anthropol* 24:47-66.

Caspar EA, et al. 2016. Coercion changes the sense of agency in the human brain. *Curr Biol* 26:585-592.

Cassill D. 2003. Rules of supply and demand regulate recruitment to food in an ant society. *Behav Ecol Sociobiol* 54:441-450.

Castano E, et al. 2002. Who may enter? The impact of in-group identification on ingroup-outgroup categorization. *J Exp Soc Psychol* 38:315-322.

Castano E, M Dechesne. 2005. On defeating death: Group reification and social identification as immortality strategies. *Eur Rev Soc Psychol* 16:221-255.

Castano E, R Giner-Sorolla. 2006. Not quite human: Infrahumanization in response to collective responsibility for intergroup killing. *J Pers Soc Psychol* 90:804-818.

Cavafy CP. 1976. *The Complete Poems of Cavafy: Expanded Edition*. New York: Harcourt Brace.

Chacon RJ, DH Dye. 2007. *The Taking and Displaying of Human Body Parts As Trophies by Amerindians*. New York: Springer.

Chacon Y, et al. 2015. From chiefdom to state: The contribution of social structural dynamics. *Soc Evol Hist* 14:27-45.

Chagnon NA. 1977. *Yanomamo: The Fierce People*. New York: Holt, Rinehart & Winston.

——. 1979. Mate competition, favoring close kin, and village fissioning among the Yanomamo Indians. In NA Chagnon, W Irons, eds. *Evolutionary Biology and Human Social Behavior*. North Scituate: Duxbury Press. pp. 86-132.

——. 1981. Terminological kinship, genealogical relatedness, and village fissioning among the Yanomamo Indians. In RD Alexander, DW Tinkle, eds. *Natural Selection and*

Social Behavior. New York: Chiron Press. pp. 490-508.

——. 2013. *Yanomamo*. 6th ed. Belmont, CA: Wadsworth.

Chaix R, et al. 2004. The genetic or mythical ancestry of descent groups: Lessons from the Y chromosome. *Am J Hum Genet* 75:1113-1116.

Chambers JK. 2008. *Sociolinguistic Theory: Linguistic Variation and its Social Significance*. 3rd ed. Chichester: Wiley-Blackwell.

Chambers JR. 2008. Explaining false uniqueness: Why we are both better and worse than others. *Soc Pers Psychol Compass* 2:878-894.

Chaminade T, et al. 2012. How do we think machines think? An fMRI study of alleged competition with an artificial intelligence. *Front Hum Neurosci* 6:103.

Chance MRA, RR Larsen, eds. 1976. *The Social Structure of Attention.* New York: John Wiley.

Chapais B. 2008. *Primeval Kinship: How Pair-Bonding Gave Birth to Human Society*. Cambridge, MA: Harvard University Press.

Chapais B, et al. 1997. Relatedness threshold for nepotism in Japanese macaques. *Anim Behav* 53:1089-1101.

Chapman CA, FJ White, RW Wrangham. 1994. Party size in chimpanzees and bonobos. In RW Wrangham, WC McGrew, F de Waal, eds. *Chimpanzee Cultures*. Cambridge, MA: Harvard University Press. pp. 41-58.

Chapman EN, A Kaatz, M Carnes. 2013. Physicians and implicit bias: How doctors may unwittingly perpetuate health care disparities. *J Gen Intern Med* 28:1504-1510.

Chapman J. 1863. *Travels in the Interior of South Africe*, vol. 2. London: Bell & Daldy.

Chase-Dunn C, et al. 2010. Cycles of rise and fall, upsweeps and collapses. In LE Grinin et al., eds. *History and Mathematics: Processes and Models of Global Dynamics*. Volgograd: Uchitel. pp. 64-91.

Cheney DL, RM Seyfarth. 2007. *Baboon Metaphysics: The Evolution of a Social Mind*. Chicago: University of Chicago Press.

Cheryan S, B Monin. 2005. Where are you really from?: Asian Americans and identity denial. *J Pers Soc Psychol* 89:717-730.

Cheung BY, M Chudek, SJ Heine. 2011. Evidence for a sensitive period for acculturation. *Psychol Sci* 22:147-152.

Chilvers BL, PJ Corkeron. 2001. Trawling and bottlenose dolphins' social structure. *P Roy Soc Lond B* 268:1901-1905.

Chollet A. 2011. Switzerland as a "fractured nation." *Nations & Nationalism* 17:738-755.

Christ O, et al. 2014. Contextual effect of positive intergroup contact on outgroup prejudice. *Proc Nat Acad Sci* 111:3996-4000.

Christakis NA, JH Fowler. 2014. Friendship and natural selection. *Proc Nat Acad Sci* 111:10796-10801.

Christal J, H Whitehead, E Lettevall. 1998. Sperm whale social units: Variation and change. *Can J Zool* 76:1431-1440.

Christensen C, et al. 2016. Rival group scent induces changes in dwarf mongoose immediate behavior and subsequent movement. *Behav Ecol* 27:1627-1634.

Chua A. 2007. *Day of Empire: How Hyperpowers Rise to Global Dominance—and Why They Fall*. New York: Doubleday.

Cialdini RB, NJ Goldstein. 2004. Social influence: Compliance and conformity. *Annu Rev Psychol* 55:591-621.

Cipriani L. 1966. *The Andaman Islanders.* London: Weidenfeld and Nicolson.

Citrin J, C Wong, B Duff. 2001. The meaning of American national identity. In RD Ashmore, L Jussim, D Wilder, eds. *Social Identity, Intergroup Conflict, and Conflict Reduction*, vol. 3. New York: Oxford University Press. pp. 71-100.

Claessen HJM, P Skalník, eds. 1978. *The Early State*. The Hague: Mouton.

Clark EE, M Edmonds. 1979. *Sacagawea of the Lewis and Clark Expedition*. Berkeley: University of California Press.

Clastres P 1972. The Guayaki. In M Bicchieri, ed. *Hunters and Gatherers Today*. New York: Holt, Rinehart & Winston. pp. 138-174.

Clastres P, P Auster. 1998. Cannibals. *The Sciences* 38:32-37.

Clutton-Brock T. 2009. Cooperation between nonkin in animal societies. *Nature* 462:51-57.

Cochran G, HC Harpending. 2009. *The 10, 000 Year Explosion: How Civilization Accelerated Human Evolution*. New York: Basic Books.

Cohen E. 2012. The evolution of tag-based cooperation in humans: The case for accent. *Curr Anthropol* 53:588-616.

Cohen R. 1978. State origins: A reappraisal. In HJM Claessen, P Skalnik, eds. *The Early State*. The Hague: Mouton. pp. 31-75.

Cole DP. 1975. *Nomads of the nomads: The Āl Murrah Bedouin of the Empty Quarter*. New York: Aldine.

Confino A. 2014. *A World Without Jews: The Nazi Imagination from Persecution to*

Genocide. New Haven, CT: Yale University Press.

Conkey MW. 1982. Boundedness in art and society. In I Hodder, ed. *Symbolic and Structural Archaeology*. Cambridge: Cambridge University Press. pp. 115-128.

Connor W. 1978. A nation is a nation, is a state, is an ethnic group is a… *Ethnic Racial Stud* 1:377-400.

Connerton P. 2010. Some functions of collective forgetting. In RIM Dunbar, C Gamble, J Gowlett, eds. *Social Brain, Distributed Mind.* Oxford: Oxford University Press. pp. 283-308.

Coolen I, O Dangles, J Casas. 2005. Social learning in noncolonial insects? *Curr Biol* 15:1931-1935.

Cooley CH. 1902. *Human Nature and the Social Order.* New York: C Scribner' s Sons.

Correll J, et al. 2007. Across the thin blue line: Police officers and racial bias in the decision to shoot. *J Pers Soc Psychol* 92:1006-1023.

Cosmides L, J Tooby. 2013. Evolutionary psychology: New perspectives on cognition and motivation. *Annu Rev Psychol* 64:201-229.

Cosmides L, J Tooby, R Kurzban. 2003. Perceptions of race. *Trends Cogn Sci* 7:173-179.

Costa, JT. 2006. *The Other Insect Societies*. Cambridge, MA: Harvard University Press.

Costello K, G Hodson. 2012. Explaining dehumanization among children: The interspecies model of prejudice. *Brit J Soc Psychol* 53:175-197.

Cowgill GL. 1988. Onward and upward with collapse. In N Yoffee, GL Cowgill, eds. *The Collapse of Ancient States and Civilizations*. Tucson: University of Arizona Press. pp. 244-276.

Creel S, NM Creel. 2002. *The African Wild Dog.* Princeton, NJ: Princeton University Press.

Crevècoeur JH. 1782. *Letters from an American Farmer*. Philadelphia: Mathew Carey.

Crocker J, et al. 1994. Collective self-esteem and psychological well-being among White, Black, and Asian college students. *Pers Soc Psychol Bull* 20:503-513.

Crockford C, et al. 2004. Wild chimpanzees produce group specific calls: A case for vocal learning? *Ethology* 110:221-243.

Cronin AL, et al. 2013. Recurrent evolution of dependent colony foundation across eusocial insects. *Annu Rev Entomol* 58:37-55.

Cronk L, D Gerkey. 2007. Kinship and descent. In RIM Dunbar, L Barrett, eds. *The Oxford Handbook of Evolutionary Psychology*. Oxford: Oxford University Press. pp. 463-478.

Curr EM. 1886. *The Australian Race: Its Origin, Languages, Customs, Place of Landing in Australia*, vol. 1. Melbourne: J Farnes. pp. 83-84.

Currie CR, AE Stuart. 2001. Weeding and grooming of pathogens in agriculture by ants. *Proc Royal Soc* 268:1033-1039.

Currie TE, et al. 2010. Rise and fall of political complexity in island South-East Asia and the Pacific. *Nature* 467:801-804.

Curry A. 2008. Seeking the roots of ritual. *Science* 319:278-280.

Curti ME. 1946. *The Roots of American Loyalty*. New York: Columbia University Press.

Czechowski W, EJ Godzińska. 2015. Enslaved ants: Not as helpless as they were thought to be. *Insectes Soc* 62:9-22.

Danielli JF, A Muggleton. 1959. Some alternative states of amoeba, with special reference to life-span. *Gerontol* 3:76-90.

Darwin C. 1859. *On the Origin of Species by Means of Natural Selection, or the Preservation of Favoured Races in the Struggle for Life.* London: John Murray.

——. 1871. *The Descent of Man.* London: John Murray.

——. 1872. *The Expression of the Emotions in Man and Animals.* London: John Murray.

Davis G. 2009. *Vikings in America.* Edinburgh: Berlinn Ltd.

Dawkins, R. 1982. *The Extended Phenotype*. San Francisco: WH Freeman.

Dawson J. 1881. *Australian Aborigines: The Languages and Customs of Several Tribes of Aborigines in the Western District of Victoria.* Melbourne: George Robertson.

DeCasien AR, et al. 2017. Primate brain size is predicted by diet but not sociality. *Nature Ecol Evol* 1:112.

De Dreu CKW, et al. 2011. Oxytocin promotes human ethnocentrism. *Proc Nat Acad Sci* 108:1262-1266.

De Figueiredo RJ, Z Elkins. 2003. Are patriots bigots? An inquiry into the vices of in-group pride. *Am J Polit Sci* 47:171-188.

DeFries R. 2014. *The Big Ratchet: How Humanity Thrives in the Face of Natural Crisis*. New York: Basic Books.

de la Vega G. 1966. *Royal Commentaries of the Incas and General History of Peru*, Part I. HV Livermore, trans. Austin: University of Texas Press.

Denham, TP, J Iriarte, L Vrydaghs, eds. 2007. *Rethinking Agriculture: Archaeological and Ethnoarchaeological Perspectives*. Walnut Creek, CA: Left Coast Press.

Denham WW. 2013. Beyond fictions of closure in Australian Aboriginal kinship. *Math Anthro Cult Theory* 5:1-90.

Dennis M. 1993. *Cultivating a Landscape of Peace: Iroquois-European Encounters in*

Seventeenth Century America. New York: Cornell University Press.

d'Errico F, et al. 2012. Early evidence of San material culture represented by organic artifacts from Border Cave, South Africa. *Proc Nat Acad Sci* 109:13214-13219.

de Sade, M. 1990. Philosophy in the bedroom. In R Seaver, ed., A Wainhouse, trans. *Justine, Philosophy in the Bedroom, and Other Writings*. New York: Grove Press. pp. 177-367.

Deschamps J-C. 1982. Social identity and relations of power between groups. In H Tajfel, ed. *Social Identity and Intergroup Relations*, Cambridge: Cambridge University Press. pp. 85-98.

Deschamps J-C, R Brown. 1983. Superordinate goals and intergroup conflict. *Brit J Soc Psychol* 22:189-195.

De Silva S, G Wittemyer. 2012. A comparison of social organization in Asian elephants and African savannah elephants. *Int J Primatol* 33:1125-1141.

d'Ettorre P, J Heinze. 2005. Individual recognition in ant queens. *Curr Biol* 15:2170-2174.

Deutscher G. 2010. *The Unfolding of Language*. New York: Henry Holt & Co.

Devine PG. 1989. Stereotypes and prejudice: Their automatic and controlled components. *J Pers Soc Psychol* 56:5-18.

Devos T, MR Banaji. 2005. American = white? *J Pers Soc Psychol* 88:447-466.

Devos T, DS Ma. 2008. Is Kate Winslet more American than Lucy Liu? The impact of construal processes on the implicit ascription of a national identity. *Brit J Soc Psychol* 47:191-215.

de Waal F. 1982. *Chimpanzee Politics: Power and Sex Among Apes*. New York: Harper & Row.

——. 2001. *The Ape and the Sushi Master: Cultural Reflections by a Primatologist*. New York: Basic Books.

——. 2006. *Primates and Philosophers: How Morality Evolved*. Princeton, NJ: Princeton University Press.

——. 2014. The *Bonobo and The Atheist: In Search of Humanism Among the Primates*. New York: W.W. Norton.

de Waal FBM, JJ Pokorny. 2008. Faces and behinds: Chimpanzee sex perception. *Adv Sci Lett* 1:99-103.

de Waal FBM, PL Tyack. 2003. Preface. In FBM de Waal, PL Tyack, eds. *Animal Social Complexity: Intelligence, Culture, and Individualized Societies*. Cambridge, MA: Harvard University Press. pp. ix-xiv.

Diamond J. 2005. *Collapse: How Societies Choose to Fail or Succeed.* New York: Penguin.

Dill M, DJ Williams, U Maschwitz. 2002. Herdsmen ants and their mealy-bug partners. *Abh Senckenbert Naturforsch Ges* 557:1-373.

Dinnerstein L, DM Reimers. 2009. *Ethnic Americans: A History of Immigration*. New York: Columbia University Press.

Dio C. 2008. *Dio's Rome*, vol. 3. E Cary, trans. New York: MacMillan.

Dittus WPJ. 1988. Group fission among wild toque macaques as a consequence of female resource competition and environmental stress. *Anim Behav* 36:1626-1645.

Dixon RMW. 1972. *The Dyirbal Language of North Queensland.* Cambridge: Cambridge University Press.

——. 1976. Tribes, languages and other boundaries in northeast Queensland. In N Peterson, ed. *Tribes & Boundaries in Australia*. Atlantic Highlands: Humanities Press. pp. 207-238.

——. 1997. *The Rise and Fall of Languages.* Cambridge: Cambridge University Press.

——. 2010. *The Languages of Australia*. New York: Cambridge University Press.

Dollard J. 1937. *Caste and Class in a Southern Town*. New Haven, CT: Yale University Press.

Donald L. 1997. *Aboriginal Slavery on the Northwest Coast of North America.* Berkeley: University of California Press.

Douglas M. 1966. *Purity and Danger: An Analysis of Concepts of Pollution and Taboo.* London: Routledge.

Dove M. 2011. The *Banana Tree at the Gate: A History of Marginal Peoples and Global Markets in Borneo*. New Haven, CT: Yale University Press.

Draper P. 1976. Social and economic constraints on child life among the !Kung. In RB Lee, I DeVore, eds. *Kalahari Hunter-Gatherers: Studies of the !Kung San and their Neighbors.* Cambridge: Cambridge University Press.

Druckman D. 2001. Nationalism and war: A social-psychological perspective. In DJ Christie et al., eds. *Peace, Conflict, and Violence.* Englewood Cliffs, NJ: Prentice-Hall.

Dukore BF. 1996. *Not Bloody Likely! And Other Quotations from Bernard Shaw*. New York: Columbia University Press.

Dunbar RIM. 1993. Coevolution of neocortical size, group size and language in humans. *Behav Brain Sci* 16:681-735.

——. 1996. *Grooming, Gossip, and the Evolution of Language.* Cambridge, MA: Harvard

University Press.

——. 2011. Kinship in biological perspective. In NJ Allen et al., eds. *Early Human Kinship: From Sex to Social Reproduction*. Chichester, W Sussex: Blackwell. pp. 131-150.

Dunbar RIM, C Gamble, J Gowlett. 2014. *Thinking Big: How the Evolution of Social Life Shaped the Human Mind.* London: Thames Hudson.

Dunham Y. 2018. Mere membership. *Trends Cogn Sci*, in press.

Dunham Y, AS Baron, MR Banaji. 2008. The development of implicit intergroup cognition. *Trends Cogn Sci* 12:248-253.

Dunham Y, AS Baron, S Carey. 2011. Consequences of "minimal" group affiliations in children. *Child Dev* 82:793-811.

Dunham Y, EE Chen, MR Banaji. 2013. Two signatures of implicit intergroup attitudes: Developmental invariance and early enculturation. *Psychol Sci* 24:860-868.

Durkheim E. 1982 (1895). *The Rules of Sociological Method and Selected Texts in Sociology and its Methods*. New York: Free Press.

——. 1984 (1893). *The Division of Labor in Society*. New York: Free Press.

Dyson-Hudson R, EA Smith. 1978. Human territoriality: An ecological reassessment. *Am Anthropol* 80:21-41.

Eagleman D. 2011. *Incognito: The Secret Lives of the Brain.* New York: Random House.

Earle TK, JE Ericson. 2014. *Exchange Systems in Prehistory*. New York: Academic Press.

East ML, H Hofer. 1991. Loud calling in a female dominated mammalian society, II: Behavioural contexts and functions of whooping of spotted hyenas.*Anim Behav* 42:651-669.

Easterly W. 2001. Can instititions resolve ethnic conflict? *Econ Dev Cult Change* 49:687-706.

Eberhardt JL, et al. 2004. Seeing black: Race, crime, and visual processing. *J Pers Soc Psychol* 87:876-893.

Echebarria-Echabe A, E Fernandez-Guede. 2006. Effect of terrorism on attitudes and ideological orientation. *Eur J Soc Psychol* 36:259-269.

Edwards J. 2009. *Language and Identity*. Cambridge: Cambridge University Press.

Ehardt CL, IS Bernstein. 1986. Matrilineal overthrows in rhesus monkey groups. *Int J Primatol* 7:157-181.

Eibl-Eibesfeldt I. 1998. Us and the others: The familial roots of ethnonationalism. In I Eibl-Eibesfeldt, FK Salter, eds. *Indoctrinability, Ideology, and Warfare.* New York: Berghahn. pp. 21-54.

Ekman P. 1972. Universals and cultural differences in facial expressions of emotion. In J Cole, ed. *Nebraska Symposium on Motivation*. Lincoln: University of Nebraska Press. pp. 207-282.

——. 1992. An argument for basic emotions. *Cognition Emotion* 6:169-200.

Nebraska Press.

Elgar MA, RA Allan. 2006. Chemical mimicry of the ant *Oecophylla smaragdina* by the myrmecophilous spider *Cosmophasis bitaeniata*: Is it colony-specific? *J Ethol* 24:239-246.

Elkin AP. 1977. *Aboriginal Men of High Degree: Initiation and Sorcery in the World's Oldest Tradition*. St Lucia: University of Queensland Press.

Ellemers N. 2012. The group self. *Science* 336:848-852.

Ellis JJ. 1997. *American Sphinx: The Character of Thomas Jefferson*. New York: Knopf.

Endicott K. 1988. Property, power and conflict among the Batek of Malaysia. In T Ingold, D Riches, J Woodburn, eds. *Hunters and Gatherers 2: Property, Power and Ideology*. New York: Berg. pp. 110-127.

Engerman SL. 2007. *Slavery, Emancipation, and Freedom*. Baton Rouge: Louisiana State University Press.

Ensminger J, J Henrich, eds. 2014. *Experimenting with Social Norms: Fairness and Punishment in Cross-cultural Perspective*. New York: Russell Sage Foundation.

Erikson EH. 1985. Pseudospeciation in the nuclear age. *Polit Psychol* 6:213-217.

Eriksen TH. 1993. *Ethnicity and Nationalism: Anthropological Perspectives*. London: Pluto.

Erwin TL, CJ Geraci. 2009. Amazonian rainforests and their richness of Coleoptera. In RG Foottit, PH Adler, eds. *Insect Biodiversity: Science and Society*. Hoboken, NJ: Blackwell. pp. 49-67.

Escott PD. 2010. *The Confederacy: The Slaveholders' Failed Venture*. Santa Barbara, CA: ABC-CLIO.

Esses VM, LM Jackson, TL Armstrong. 2001. The immigration dilemma: The role of perceived group competition, ethnic prejudice, and national identity. *J Soc Issues* 57:389-412.

Estes R. 2014. *The Gnu's World*. Berkeley: University of California Press.

Ethridge R, C Hudson, eds. 2008. *The Transformation of the Southeastern Indians, 1540-1760*. Jackson: University Press of Mississippi.

European Values Study Group and World Values Survey Association 2005. *European and world values surveys integrated data file, 1999-2002*, Release I. 2nd ICPSR version. Ann Arbor, MI: Inter-University Consortium for Political and Social Research.

Evans R. 2007. *A History of Queensland*. Cambridge: Cambridge University Press.

Everett, DL, et al. 2005. Cultural constraints on grammar and cognition in Pirahã: Another look at the design features of human language. *Curr Anthropol* 46:621-646.

Fabrega H. 1997. Earliest phases in the evolution of sickness and healing. *Med Anthropol Quart* 11:26-55.

Fair SW. 2001. The Inupiaq Eskimo messenger feast. *J Am Folklore* 113:464-494.

Faulkner J, et al. 2004. Evolved disease-avoidance mechanisms and contemporary xenophobic attitudes. *Group Proc Intergr Rel* 7:333-353.

Faulseit RK, ed. 2016. *Beyond Collapse: Archaeological Perspectives on Resilience, Revitalization, and Transformation in Complex Societies*. Carbondale: Southern Illinois University Press.

Feblot-Augustins J, C Perlès. 1992. Perspectives ethnoarchéologiques sur les échanges à longue distance. In A Gallay et al., eds. *Ethnoarchéologie: Justification, problémes, limites*. Juan-les-Pins: Èditions APDCA. pp. 195-209.

Fedurek P, et al. 2013. Pant hoot chorusing and social bonds in male chimpanzees. *Anim Behavi* 86:189-196.

Feekes F. 1982. Song mimesis within colonies of *Cacicus c. cela*. A colonial password? *Ethology* 58:119-152.

Feinman GM, J Marcus, eds. 1998. *Archaic States*. Santa Fe, NM: SAR Press.

Feinstein Y. 2016. Rallying around the president. *Soc Sci Hist* 40:305-338.

Feldblum JT, et al. 2018. The timing and causes of a unique chimpanzee community fission preceding Gombe' s Four Year' s War. *J Phys Anthropol* 166:730-744.

Ferguson MJ, RR Hassin. 2007. On the automatic association between America and aggression for news watchers. *Pers Soc Psychol B* 33:1632-1647.

Ferguson RB. 1984. A reexamination of the causes of Northwest Coast warfare. In RB Ferguson, ed. *Warfare, Culture, and Environment*. New York: Academic Press. pp. 267-328.

——. 2011. Born to live: Challenging killer myths. In RW Sussman, CR Cloninger, eds. *Origins of Altruism and Cooperation*. New York: Springer. pp. 249-270.

Feshbach S. 1991. Attachment processes in adult political ideology: Patriotism and Nationalism. In JL Gewirtz, WM Kurtines, eds. *Intersections with Attachment*. Hillsdale, NJ: Erlbaum. pp. 207-226.

——. 1994. Nationalism, patriotism, and aggression: A clarification of functional differences. In LR Huesmann, ed. *Aggressive Behavior*. New York: Plenum Press. pp. 275-291.

Field TM, et al. 1982. Discrimination and imitation of facial expression by neonates. *Science* 218:179-181.

Finkel DN, P Swartwout, R Sosis. 2010. The socio-religious brain. In RIM Dunbar et al., eds. *Social Brain, Distributed Mind*. Oxford: Oxford University Press. pp. 283-308.

Finlayson C. 2009. *The Humans Who Went Extinct: Why Neanderthals Died Out and We Survived*. Oxford: Oxford University Press.

Fischer DH. 1989. *Albion's Seed: Four British Folkways in America*. Oxford: Oxford University Press.

Fishlock V, C Caldwell, PC Lee. 2016. Elephant resource-use traditions. *Anim Cogn* 19:429-433.

Fishlock V, PC Lee. 2013. Forest elephants: Fission-fusion and social arenas. *Anim Behav* 85:357-363.

Fiske AP. 2004. Four modes of constituting relationships. In N Haslam, ed. *Relational Models Theory*. New York: Routledge. pp. 61-146.

Fiske ST. 2010. *Social Beings: Core Motives in Social Psychology*. 2nd ed. New York: John Wiley.

Fiske ST, AJC Cuddy, P Glick. 2007. Universal dimensions of social cognition: Warmth and competence. *Trends Cogn Sci* 11:77-83.

Fiske ST, SL Neuberg. 1990. A continuum of impression formation, from category-based to individuating processes. *Adv Exp Soc Psychol* 23:1-74.

Fiske ST, SE Taylor. 2013. *Social Cognition: From Brains to Culture*. Thousand Oaks, CA: Sage.

Fiskesjö M. 1999. On the "raw" and the "cooked" barbarians of imperial China. *Inner Asia* 1:139-168.

Fison L, AW Howitt. 1880. *Kamilaroi and Kurnai*. Melbourne: George Robertson.

Fitch WT. 2000. The evolution of speech: A comparative review. *Trends Cogn Sci* 4:258-267.

Flannery K, J Marcus. 2012. *The Creation of Inequality*. Cambridge, MA: Harvard University Press.

Flege JE. 1984. The detection of French accent by American listeners. *J Acoust Soc Am* 76:692-707.

Fletcher R. 1995. *The Limits of Settlement Growth*. Cambridge: Cambridge University Press.

Flood J. 1980. *The Moth Hunters: Aboriginal Prehistory of the Australian Alps*. Canberra: AIAS.

Fogel RW, SL Engerman. 1974. *Time on the Cross: The Economics of American Negro Slavery*. vol. 1. New York: Little, Brown & Co.

Foley RA, MM Lahr. 2011. The evolution of the diversity of cultures. *Phil T Roy Soc B* 366:1080-1089.

Forsyth DR. 2009. *Group Dynamics*, 5th ed. Belmont, MA: Wadsworth.

Frank MC, et al. 2008. Number as a cognitive technology: Evidence from Pirahã language and cognition. *Cognition* 108:819-824.

Franklin B. 1779. *Political, Miscellaneous, and Philosophical Pieces*. London: J Johnson.

Frankopan P. 2015. *The Silk Roads: A New History of the World*. London: Bloomsbury.

Freedman JL. 1975. *Crowding and Behavior*. Oxford: WH Freedman.

Freeland WJ. 1979. Primate social groups as biological islands. *Ecology* 60:719-728.

Freeman JB, et al. 2011. Looking the part: Social status cues shape race perception. *PloS ONE* 6:e25107.

Freud S. 1930. *Civilization and its Discontents*. London: Hogarth.

Fried MH. 1967. *The Evolution of Political Society*. New York: Random House.

Fritz CE, JH Mathewson. 1957. *Convergence Behavior in Disasters: A Problem in Social Control*. Washington: National Academy of Sciences.

Fry D, ed. 2013. *War, Peace, and Human Nature*. Oxford: Oxford University Press.

Fukuyama F. 2011. *The Origins of Political Order*. New York: Farrar, Strauss and Giroux.

Fürniss S. 2014. Diversity in Pygmy music: A family portrait. In BS Hewlett, ed. *Hunter-Gatherers of the Congo Basin*. New Brunswick, NJ: Transaction.

Furuichi T. 1987. Sexual swelling, receptivity, and grouping of wild pygmy chimpanzee females at Wamba, Zaire. *Primates* 28:309-318.

——. 2011. Female contributions to the peaceful nature of bonobo society. *Evol Anthropol: Issues, News, and Reviews* 20:131-142.

Furuichi T, J Thompson, eds. 2007. *The Bonobos: Behavior, Ecology, and Conservation*. New York: Springer.

Gaertner L, et al. 2006. Us without them: Evidence for an intragroup origin of positive in-group regard. *J Pers Soc Psychol* 90:426-439.

Gaertner SL, JF Dovidio. 2000. *Reducing Intergroup Bias: The Common Ingroup Identity Model*. Philadelphia: Psychology Press.

Gamble C. 1998. Paleolithic society and the release from proximity: A network approach to intimate relations. *World Archaeol* 29:426-449.

Gamble LH. 2012. A land of power. In TL Jones, JE Perry, eds. *Contemporary Issues in California Archaeology*. Walnut Creek, CA: Left Coast Press. pp. 175-196.

Gans HJ. 2007. Acculturation, assimilation and mobility. *Ethnic and Racial Stud* 30:152-164.

Ganter R. 2006. *Mixed Relations: Asian-Aboriginal Contact in North Australia.* Crawley: University of Western Australia Publishing.

Garnsey P. 1996. *Ideas of Slavery from Aristotle to Augustine*. Cambridge: Cambridge University Press.

Gat A. 1999. The pattern of fighting in simple, small-scale, prestate societies. *J Anthropol Res* 55:563-583.

——. 2015. Proving communal warfare among hunter-gatherers: The quasi-Rousseauan error. *Evol Anthropol: Issues News Reviews* 24:111-126.

Gat A, A Yakobson. 2013. *Nations: The Long History and Deep Roots of Political Ethnicity and Nationalism*. Cambridge: Cambridge University Press.

Gavrilets S, DG Anderson, P Turchin. 2014. Cycling in the complexity of early societies. In LE Grinin, AV Korotayev, eds. *History and Mathematics*. Volgograd: Uchitel. pp. 136-158.

Geary DC 2005. *The Origin of Mind*. Washington, DC: American Psychological Association.

Geertz C, ed. 1973. *The Interpretation of Cultures.* New York: Basic Books.

Geisler ME. 2005. What are national symbols—and what do they do to us? In *National Symbols, Fractured Identities.* Middlebury, CT: Middlebury College Press. pp. xiii-xlii.

Gelfand MJ, et al. 2011. Differences between tight and loose cultures: A 33-nation study. *Science* 332:1100-1104.

Gellner E. 1983. *Nations and Nationalism*. Oxford: Blackwell.

Gelo DJ. 2012. *Indians of the Great Plains*. New York: Taylor & Francis.

Gero S, et al. 2016a. Socially segregated, sympatric sperm whale clans in the Atlantic Ocean. *R Soc Open Sci* 3:160061.

Gero S, J Gordon, H Whitehead. 2015. Individualized social preferences and long-term social fidelity between social units of sperm whales. *Animal Behav*102:15-23.

Gero S, H Whitehead, L Rendell. 2016b. Individual, unit and vocal clan level identity cues in sperm whale codas. *R Soc Open Sci* 3:150372.

Gesquiere LR, et al. 2011. Life at the top: Rank and stress in wild male baboons. *Science* 333:357-360.

Ghent AW. 1960. A study of the group-feeding behavior of larvae of the jack pine sawfly, *Neodiprion pratti banksianae*. *Behav* 16:110-148.

Gifford E. 2015. *The Many Speeches of Chief Seattle (Seathl)*. Charleston, SC: CreateSpace Independent Publishing Platform.

Gigerenzer G. 2010. *Rationality for Mortals: How People Cope with Uncertainty.* New York: Oxford University Press.

Gilbert D. 2007. *Stumbling on Happiness*. New York: Vintage.

Gilderhus MT. 2010. *History and Historians: A Historiographical Introduction*. New York: Pearson.

Giles H, et al. 1977. Towards a theory of language in ethnic group relations. In H Giles, ed. *Language, Ethnicity and Intergroup Relations.* pp. 307-348. London: Academic.

Gill FB. 2006. *Ornithology*. 3rd ed. New York: WH Freeman.

Gilovich T. 1991. *How We Know What Isn't So: The Fallibility of Human Reason In Everyday Life*. New York: Free Press.

Gil-White FJ. 2001. Are ethnic groups biological "species" to the human brain? *Curr Anthropol* 42:515-536.

Giner-Sorolla R. 2012. *Judging Passions: Moral Emotions in Persons and Groups*. New York: Psychology Press.

Gintis H. 2000. Strong reciprocity and human sociality. *J Theoret Biol* 206:169-179.

Glowacki L, C von Rueden. 2015. Leadership solves collective action problems in small-scale societies. *Phil T Roy Soc B* 370:20150010.

Goff PA, et al. 2008. Not yet human: Implicit knowledge, historical dehumanization, and contemporary consequences. *J Pers Soc Psychol* 94:292-306.

Goldberg A, AM Mychajliw, EA Hadly. 2016. Post-invasion demography of prehistoric humans in South America. *Nature* 532:232-235.

Goldstein AG. 1979. Race-related variation of facial features: Anthropometric data I. *Bull Psychon Soc* 13:187-190.

Gombrich EH. 2005. *A Little History of the World*. C. Mustill, trans. New Haven, CT: Yale University Press.

Gonsalkorale K, KD Williams. 2007. The KKK won't let me play: Ostracism even by a despised outgroup hurts. *Eur J Soc Psychol* 37:1176-1186.

Goodall J. 1986. *The Chimpanzees of Gombe*. Cambridge, MA: Harvard University Press.

——. 2010. *Through A Window: My Thirty Years with the Chimpanzees of Gombe*. Boston: Houghton Mifflin Harcourt.

Goodwin M. 2016. Brexit: Identity trumps economics in revolt against elites. *Financial Times*, June 24.

Gordon DM. 1989. Ants distinguish neighbors from strangers. *Oecologia* 81:198-200.

——. 1999. *Ants at Work: How An Insect Society Is Organized*. New York: Simon & Schuster.

Gordon M. 2001. *Small-Town Values and Big-City Vowels*. Durham, NC: Duke University Press.

Gordon MM. 1964. *Assimilation in American Life*. New York: Oxford University Press.

Gossett TF. 1963. *Race: The History of an Idea in America*. New York: Oxford University Press.

Gould RA. 1969. *Yiwara: Foragers of the Australian Desert*. New York: Scribner.

Grabo A, M van Vugt. 2016. Charismatic leadership and the evolution of cooperation. *Evol Hum Behav* 37:399-406.

Granovetter M. 1983. The strength of weak ties: A network theory revisited. *Soc Theory* 1:201-233.

Greene J. 2013. *Moral Tribes.* New York: Penguin Books.

Greenshields TH. 1980. "Quarters" and ethnicity. In GH Blake, RI Lawless, eds. *The Changing Middle Eastern City.* London: Croom Helm. pp. 120-140.

Greenwald AG, MR Banaji, BA Nosek. 2015. Statistically small effects of the Implicit Association Test can have societally large effects. *J Pers Soc Psychol* 108:553-561.

Gross JT. 2000. *Neighbors: The Destruction of the Jewish Community in Jedwabne, Poland.* Princeton, NJ: Princeton University Press.

Grove M. 2010. The archaeology of group size. In RIM Dunbar, C Gamble, J Gowlett, eds. *Social Brain, Distributed Mind.* Oxford: Oxford University Press. pp. 391-413.

Gudykunst WB. 2004. *Bridging Differences: Effective Intergroup Communication*. Thousand Oaks, CA: Sage.

Guenther MG. 1976. From hunters to squatters. In R Lee, I DeVore, eds. *Kalaharie Hunter-Gatherers: Studies of the !Kung San and Their Neighbors.* Cambridge, MA: Harvard University Press. pp. 120-134.

——. 1996. Diversity and flexibility: The case of the Bushmen of southern Africa. In S Kent, ed. *Cultural Diversity and Twentieth-Century Foragers: An African Perspective.* Cambridge: Cambridge University Press. pp. 65-86.

——. 1997. Lords of the desert land: Politics and resistance of the Ghanzi Basarwa of the nineteenth century. *Botsw Notes Rec* 29:121-141.

——. 2014. War and peace among Kalahari San. *J Aggress Confl Peace Res* 6:229-239.

Guibernau M. 2007. *The Identity of Nations*. Cambridge: Polity Press.

——. 2013. *Belonging: Solidarity and Division in Modern Societies*. Malden, MA: Polity.

Guttal V, ID Couzin. 2010. Social interactions, information use, and the evolution of collective migration. *Proc Nat Acad Sci* 107:16172-16177.

Haaland G. 1969. Economic determinants in ethnic processes. In F Barth, ed. *Ethnic Groups and Boundaries: The Social Organization of Culture Difference.* pp. 58-73. Boston: Little, Brown.

Haber M, et al. 2017. Continuity and admixture in the last five millennia of Levantine history from ancient Canaanite and present-day Lebanese genome sequences. *Am J Hu Genetics* 101:1-9.

Hackman J, A Danvers, DJ Hruschka. 2015. Closeness is enough for friends, but not mates or kin. *Evol Hum Behav* 36:137-145.

Haidt J. 2003. The moral emotions. In RJ Davidson, KR Scherer, HH Goldsmith, eds. *Handbook of Affective Sciences.* pp. 852-870. Oxford: Oxford University Press.

——. 2012. *The Righteous Mind: Why Good People Are Divided by Politics and Religion.* New York: Random House.

Haidt J, S Algoe. 2004. Moral amplification and the emotions that attach us to saints and demons. In J Greenberg, SL Koole, T Pyszczynski, eds. *Handbook of Experimental Existential Psychology*. New York: Guilford Press. pp. 322-335.

Haidt J, P Rozin, C McCauley, S Imada. 1997. Body, psyche, and culture: The relationship between disgust and morality. *Psychol Dev Soc J* 9:107-131.

Haig D. 2000. Genomic imprinting, sex-biased dispersal, and social behavior. *Ann NY Acad Sci* 907:149-163.

——. 2011. Genomic imprinting and the evolutionary psychology of human kinship. *Proc Nat Acad Sci* 108:10878-85.

Hais SC, MA Hogg, JM Duck. 1997. Self-categorization and leadership: Effects of group prototypicality and leader stereotypicality. *Pers Soc Psychol Bull* 23:1087-1099.

Hale HE. 2004. Explaining ethnicity. *Comp Polit Stud* 37:458-485.

Hall JM. 1997. Ethnic identity in Greek antiquity. *Cambr Archaeol J* 8:265-283.

Hally DJ. 1996. Platform-mound construction and the instability of Mississippian chiefdoms. In JF Scarry, ed. *Political Structure and Change in the Prehistoric Southeastern United States.* Gainesville: University Press of Florida. pp. 92-127.

Hames R. 1983. The settlement pattern of a Yanomamo population bloc. In R Hames, W Vickers, eds. *Adaptive Responses of Native Amazonians*, New York: Academic Press. pp. 393-427.

Hamilton J. 2003. *Trench Fighting of World War I.* Minneapolis: ABDO & Daughters.

Hamilton MJ, et al. 2007. The complex structure of hunter-gatherer social networks. *Proc Roy Soc B* 274:2195-2202.

Hamilton WD. 1971. Geometry for the selfish herd. *J Theoret Biol* 31:295-311.

Hammer MF, et al. 2000. Jewish and Middle Eastern non-Jewish populations share a common pool of Y-chomosome biallelic haplotypes. *Proc Nat Acad Sci* 97:6769-6774.

Hann JH. 1991. *Missions to the Calusa*. Gainesville: University Press of Florida.

Hannonen M, L Sundström. 2003. Sociobiology: Worker nepotism among polygynous ants. *Nature* 421:910.

Harari YN. 2015. *Sapiens: A Brief History of Humankind.* New York: HarperCollins.

Hare B, V Wobber, R Wrangham. 2012. The self-domestication hypothesis: Evolution of bonobo psychology is due to selection against aggression. *Anim Behav* 83:573-585.

Hare, B. S Kwetuenda. 2010. Bonobos voluntarily share their own food with others. *Cur Biol* 20:230-231.

Harlan JR. 1967. A wild wheat harvest in Turkey. *Archaeol* 20:197-201.

Harles JC. 1993. *Politics in the Lifeboat*. San Francisco: Westview Press.

Harlow R, L Dundes. 2004. "United" we stand: Responses to the September 11 attacks in black and white. *Sociol Persp* 47:439-464.

Harner MJ. 1972. *The Jívaro: People of the Sacred Waterfalls*. Garden City, NJ: Doubleday.

Harrington FH, DL Mech. 1979. Wolf howling and its role in territory maintenance. *Behav* 68:207-249.

Harris CB, HM Paterson, RI Kemp. 2008. Collaborative recall and collective memory: What happens when we remember together? *Memory* 16:213-230.

Harris JR. 2009. *The Nurture Assumption: Why Children Turn Out the Way They Do*. 2nd ed. New York: Simon and Schuster.

Harris LT, ST Fiske. 2006. Dehumanizing the lowest of the low: Neuro-imaging responses to extreme outgroups. *Psychol Sci* 17:847-853.

Hart CM, M van Vugt. 2006. From fault line to group fission: Understanding membership changes in small groups. *Pers Soc Psychol Bull* 32:392-404.

Hartley LP. 1953. *The Go-Between.* New York:New York Review.

Haslam N. 2006. Dehumanization: An integrative review. *Pers Soc Psychol Rev* 10:252-264.

Haslam N, S Loughnan. 2014. Dehumanization and infrahumanization. *Annu Rev Psychol* 65:399-423.

Haslam N, S Loughnan, P Sun. 2011a. Beastly: What makes animal metaphors offensive? *J Lang Soc Psychol* 30:311-325.

Haslam SA, SD Reicher, MJ Platow. 2011b. *The New Psychology of Leadership.* East Sussox: Psychology Press.

Hassin RR, et al. 2007. Subliminal exposure to national flags affects political thought and behavior. *Proc Nat Acad Sci* 104:19757-19761.

Hasson U, et al. 2012. Brain-to-brain coupling: A mechanism for creating and sharing a social world. *Trends Cogn Sci* 16:114-121.

Hawkes K. 2000. Hunting and the evolution of egalitarian societies: Lessons from the Hadza. In MW Diehl, ed. *Hierarchies in Action: Cui Bono?* Carbondale, IL: Southern Illinois University Press. pp. 59-83.

Hawley AH. 1944. Dispersion versus segregation: Apropos of a solution of race problems. *Mich Acad Sci Arts Lett* 30:667-674.

Hayden B. 1979. *Palaeolithic Reflections: Lithic Technology and Ethnographic Excavation among Australian Aborigines.* London: Humanities Press.

——. 1987. Alliances and ritual ecstasy: Human responses to resource stress. *J Sci Stud Relig* 26:81-91.

——. 1995. Pathways to power: Principles for creating socioeconomic inequalities. In T Price, GM Feinman, eds. *Foundations of Social Inequality*, New York: Springer. pp. 15-86.

——. 2011. Big man, big heart? The political role of aggrandizers in egalitarian and transegalitarian societies. In D Forsyth, C Hoyt, eds. *For the Greater Good of All*. pp. 101-118. New York: Palgrave Macmillan.

——. 2014. *The Power of Feasts: From Prehistory to the Present.* New York: Cambridge

University Press.

Hayden B, et al. 1981. Research and development in the Stone Age: Technological transitions among hunter-gatherers. *Curr Anthropol* 22:519-548.

Hayden B, S Villeneuve. 2012. Who benefits from complexity? A view from Futuna. In TD Price, G Feinman, eds. *Pathways to Power*. New York: Springer. pp. 95-146.

Head L. 1989. Using palaeoecology to date Aboriginal fishtraps at Lake Condah, Victoria. *Archaeol Oceania* 24:110-115.

Headland TN, et al. 1989. Hunter-gatherers and their neighbors from prehistory to the present. *Curr Anthropol* 30:43-66.

Hedges C. 2002. *War is a Force that Gives Us Meaning*. New York: Anchor Books.

Hefetz A. 2007. The evolution of hydrocarbon pheromone parsimony in ants—interplay of colony odor uniformity and odor idiosyncrasy. *Myrmecol News* 10:59-68.

Heinz H-J. 1972. Territoriality among the Bushmen in general and the !Kõ in particular. *Anthropos* 67:405-416.

——. 1975. Elements of !Kõ Bushmen religious beliefs. *Anthropos* 70:17-41.

——. 1994. *Social Organization of the ! Kõ Bushmen*. Cologne: Rüdiger Köppe.

Helms R. 1885. Anthropological notes. *Proc Linn Soc New South Wales* 10:387-408.

Helwig CC, A Prencipe. 1999. Children' s judgments of flags and flag-burning. *Child Dev* 70:132-143.

Henn BM, et al. 2011. Hunter-gatherer genomic diversity suggests a southern African origin for modern humans. *Proc Nat Acad Sci* 108:5154-5162.

Henrich J. 2004a. Cultural group selection, coevolutionary processes and large-scale cooperation. *J Econ Behav Organ* 53:3-35.

Henrich J. 2004b. Demography and cultural evolution: How adaptive cultural processes can produce maladaptive losses—the Tasmanian case. *Am Antiquity* 69:197-214.

Henrich J, R Boyd. 1998. The evolution of conformist transmission and the emergence of between-group differences. *Evol Hum Behav* 19:215-241.

Henrich J, et al., eds. 2004. *Foundations of Human Sociality: Economic Experiments and Ethnographic Evidence from Fifteen Small-Scale Societies.* Oxford: Oxford University Press.

Henrich J, et al. 2010a. Markets, religion, community size and the evolution of fairness and punishment. *Science* 327:1480-1484.

Henrich J, SJ Heine, A Norenzayan, 2010b. The weirdest people in the world. *Behav Brain Sci* 33:61-135.

Henrich N, J Henrich. 2007. *Why Humans Cooperate: A Cultural and Evolutionary Explanation.* New York: Oxford University Press.

Henshilwood CS, F d' Errico, eds. 2011. *Homo symbolicus: The Dawn of Language, Imagination and Spirituality.* Amsterdam: John Benjamins. pp. 75-96.

Henshilwood CS, et al. 2011. A 100, 000-year-old ochre-processing workshop at Blombos Cave, South Africa. *Science* 334:219-222.

Henzi SP, et al. 2000. Ruths amid the alien corn: Males and the translocation of female chacma baboons. *S African J Sci* 96:61-62.

Herbert-Read JE, et al. 2016. Proto-cooperation: Group hunting sailfish improve hunting success by alternating attacks on grouping prey. *Proc Roy Soc B* 283:20161671.

Herbinger I, et al. 2009. Vocal, gestural and locomotor responses of wild chimpanzees to familiar and unfamiliar intruders: A playback study. *Anim Behav* 78:1389-1396.

Hernandez-Aguilar RA, J Moore, TR Pickering. 2007. Savanna chimpanzees use tools to harvest the underground storage organs of plants. *Proc Nat Acad Sci* 104:19210-19213.

Heth G, J Todrank, RE Johnston. 1998. Kin recognition in golden hamsters: Evidence for phenotype matching. *Anim Behav* 56:409-417.

Hewlett BS. 1991. *Intimate Fathers: The Nature and Context of Aka Pygmy Paterna Infant Care*. Ann Arbor: University of Michigan Press.

Hewlett B S, JMH van de Koppel, LL Cavalli-Sforza. 1986. Exploration and mating range of Aka Pygmies of the Central African Republic. In LL Cavalli-Sforza, ed. *African Pygmies.* New York: Academic Press. pp. 65-79.

Hewstone M, R Brown, eds. 1986. *Contact and Conflict in Intergroup Encounters.* Oxford: Blackwell.

Hewstone M, M Rubin, H Willis. 2002. Intergroup bias. *Annu Rev Psychol* 53:575-604.

Hiatt L. 2015. Aboriginal political life. In R Tonkinson, ed. *Wentworth Lectures.* Canberra: Aboriginal Studies Press. pp. 59-74.

Hill KR, AM Hurtado. 1996. *Ache Life History: The Ecology and Demography of a Foraging People*. Piscataway, NJ: Transaction.

Hill KR, et al. 2011. Co-residence patterns in hunter-gatherer societies show unique human social structure. *Science* 331:1286-1289.

Hill KR, et al. 2014. Hunter-gatherer inter-band interaction rates: Implications for cumulative culture. *PLoS ONE* 9:e102806.

Hingley R. 2005. *Globalizing Roman Culture: Unity, Diversity and Empire.* New York:

Psychology Press.

Hirschfeld LA. 1989. Rethinking the acquisition of kinship terms. *Int J Behav Dev* 12:541-568.

——. 1998. *Race in the Making: Cognition, Culture, and the Child's Construction of Human Kinds*. Cambridge, MA: MIT Press.

——. 2012. Seven myths of race and the young child. *Du Bois Rev Soc Sci Res* 9:17-39.

Hiscock P. 2007. *Archaeology of Ancient Australia*. New York: Routledge.

Ho AK, et al. 2011. Evidence for hypodescent and racial hierarchy in the categorization and perception of biracial individuals. *J Pers Soc Psychol* 100:492-506.

Hofstede G, RR McCrae. 2004. Personality and culture revisited: Linking traits and dimensions of culture. *Cross-Cult Res* 38:52-88.

Hogg MA. 1993. Group cohesiveness: A critical review and some new directions. *Eur Rev Soc Psychol* 4:85-111.

——. 2001. A social identity theory of leadership. *Pers Soc Psychol Rev* 5:184-200.

——. 2006. Social identity theory. In PJ Burke, ed. *Contemporary Social Psychological Theories.* Stanford, CA: Stanford University Press. pp. 111-136.

——. 2007. Social identity and the group context of trust. In M Siegrist et al., eds. *Trust in Cooperative Risk Management.* London: Earthscan. pp. 51-72.

Hogg MA, D Abrams. 1988. *Social Identifications: A Social Psychology of Intergroup Relations and Group Processes.* London: Routledge.

Hohmann G, B Fruth. 1995. Structure and use of distance calls in wild bonobos. *Int J Primatol* 15:767-782.

——. 2011. Is blood thicker than water? In MM Robbins, C Boesch, eds. *Among African Apes.* Berkeley: University of California Press. pp. 61-76.

Hold BC. 1980. Attention-structure and behavior in G/wi San children. *Ethol Sociobiol* 1:275-290.

Hölldobler B, EO Wilson. 1990. *The Ants*. Cambridge, MA: Harvard University Press.

——. 2009. *The Superorganism: The Beauty, Elegance, and Strangeness of Insect Societies.* New York: W.W. Norton.

Holsti KJ. 1991. *Peace and War: Armed Conflicts and International Order, 1648-1989.* Cambridge: Cambridge University Press.

Homer-Dixon TF. 1994. Environmental scarcities and violent conflict: Evidence from cases. *Int Security* 19:5-40.

Hommon RJ. 2013. *The Ancient Hawaiian State: Origins of a Political Society*. Oxford: Oxford University Press.

Hong L, SE Page. 2004. Groups of diverse problem solvers can outperform groups of high-ability problem solvers. *Proc Nat Acad Sci* 101:16385-16389.

Hood B. 2002. *The Self Illusion: How the Social Brain Creates Identity*. New York: New York University Press.

Hoogland JL, et al. 2012. Conflicting research on the demography, ecology, and social behavior of Gunnison's prairie dogs. *J Mammal* 93:1075-1085.

Hornsey MJ, et al. 2007. Group-directed criticisms and recommendations for change: Why newcomers arouse more resistance than old-timers. *Pers Soc Psychol Bull* 33:1036-1048.

Hornsey MJ, M Hogg. 2000. Assimilation and diversity: An integrative model of subgroup relations. *Pers Soc Psychol Rev* 4:143-156.

Hosking, GA, G Schöpflin, eds. 1997. *Myths and Nationhood*. New York: Routledge.

Howard KJ, et al. 2013. Frequent colony fusions provide opportunities for helpers to become reproductives in the termite *Zootermopsis nevadensis*. *Behav Ecol Sociobiol* 67:1575-1585.

Howitt A. 1904. *The Native Tribes of South-East Australia.* London: Macmillan and Co.

Hrdy SB. 2009. *Mothers and Others. The Evolutionary Origins of Mutual Understanding.* Cambridge, MA: Harvard University Press.

Huddy L, N Khatib. 2007. American patriotism, national identity, and political involvement. *Am J Polit Sci* 51:63-77.

Hudson M. 1999. *Ruins of Identity: Ethnogenesis in the Japanese Islands*. Honolulu: University of Hawaii Press.

Hugenberg K, GV Bodenhausen. 2003. Facing prejudice: Implicit prejudice and the perception of facial threat. *Psychol Sci* 14:640-643.

Hunley KL, JE Spence, DA Merriwether. 2008. The impact of group fissions on genetic structure in Native South America and implications for human evolution. *Am J Phys Anthropol* 135:195-205.

Huth JE. 2013. *The Lost Art of Finding Our Way.* Cambridge, MA: Harvard University Press.

Huxley A. 1959. *The Human Situation.* New York: Triad Panther.

Huynh Q-L, T Devos, L Smalarz. 2011. Perpetual foreigner in one' s own land: Potential implications for identity and psychological adjustment. *J Soc Clin Psychol* 30:133-162.

Iacoboni M. 2008. *Mirroring People: The New Science of How We Connect with Others*. New York: Farrar, Straus and Giroux.

Iliffe J. 2007. *Africans: The History of a Continent*. Cambridge: Cambridge University Press.

Ingold T. 1999. On the social relations of the hunter-gatherer band. In RB Lee, R Daly, eds. *The Cambridge Encyclopedia of Hunters and Gatherers*. Cambridge: Cambridge University Press. pp. 399-410.

Injaian A, EA Tibbetts. 2014. Cognition across castes: Individual recognition in worker *Polistes fuscatus* wasps. *Anim Behav* 87:91-96.

Insoll T. 2007. Configuring identities in archaeology. In T Insoll, ed. *The Archaeology of Identities. A Reader.* London: Routledge. pp. 1-18.

Isaac B. 2004. *The Invention of Racism in Classical Antiquity.* Princeton, NJ: Princeton University Press.

Ito TA, GR Urland. 2003. Race and gender on the brain: Electrocortical measures of attention to the race and gender of multiply categorizable individuals. *J Pers Soc Psychol* 85:616-626.

Iverson, JM, S Goldin-Meadow. 1998. Why people gesture when they speak. *Nature* 396:228.

Jablonski NG. 2006. *Skin: A Natural History*. Berkeley: University of California Press.

Jack RE, et al. 2009. Cultural confusions show that facial expressions are not universal. *Curr Biol* 19:1543-1548.

Jack RE, OGB Garrod, PG Schyns. 2014. Dynamic facial expressions of emotion transmit an evolving hierarchy of signals over time. *Curr Biol* 24:187-192.

Jackson JE. 1983. *The Fish People: Linguistic Exogamy and Tukanoan Identity in Northwest Amazonia*. Cambridge: Cambridge University Press.

Jackson LE, L Gaertner. 2010. Mechanisms of moral disengagement and their differential use by right-wing authoritarianism and social dominance orientation in support of war. *Aggressive Behav* 36:238-250.

Jacobson MF. 1999. *Whiteness of a Different Color: European Immigrants and the Alchemy of Race.* Cambridge, MA: Harvard University Press.

Jaeggi AV, JM Stevens, CP Van Schaik. 2010. Tolerant food sharing and reciprocity is precluded by despotism among bonobos but not chimpanzees. *Am J Phys Anthropol* 143:41-51.

Jaffe KE, LA Isbell. 2010. Changes in ranging and agonistic behavior of vervet monkeys after predator-induced group fusion. *Am I Primatol* 72:634-644.

Jahoda G. 1999. *Images of Savages: Ancient Roots of Modern Prejudice in Western Culture*. New York: Routledge.

Jandt JM, et al. 2014. Behavioural syndromes and social insects: Personality at multiple levels. *Biol Rev* 89:48-67.

Janis IL. 1982. *Groupthink*. 2nd ed. Boston: Houghton Mifflin.

Jenkins, M. 2011. A man well acquainted with monkey business. *Washington Post*. Style Section: July 21.

Jerardino A, CW Marean. 2010. Shellfish gathering, marine paleoecology and modern human behavior: Perspectives from cave PP13B, Pinnacle Point, South Africa. *J Hum Evol* 59:412-424.

Jetten J, et al. 2001. Rebels with a cause: Group identification as a response to perceived discrimination from the mainstream. *Pers Soc Psychol Bull* 27:1204-1213.

Jetten J, T Postmes, B McAuliffe. 2002. We' re *all* individuals: Group norms of individualism and collectivism, levels of identification and identity threat. *Eur J Soc Psychol* 32:189-207.

Jewish Telegraphic Agency, August 18, 1943. Archived at http://www.jta.org/1943/08/18/archive/german-refugees-from-hamburg-mistaken-for-jews-executed-in-nazi-death-chambers.

Johnson AW, TK Earle. 2000. *The Evolution of Human Societies: From Foraging Group to Agrarian State*. Stanford, CA: Stanford University Press.

Johnson BR, E van Wilgenburg, ND Tsutsui. 2011. Nestmate recognition in social insects: Overcoming physiological constraints with collective decision making. *Behav Ecol Sociobiol* 65:935-944.

Johnson CL. 2000. Perspectives on American kinship in the later 1990s. *J Marriage Fam* 62:623-639.

Johnson GA. 1982. Organizational structure and scalar stress. In C Renfrew et al., eds. *Theory and Explanation in Archaeology.* New York: Academic. pp. 389-421.

Johnson GR. 1986. Kin selection, socialization, and patriotism. *Polit Life Sci* 4:127-140.

——. 1987. In the name of the fatherland: An analysis of kin term usage in patriotic speech and literature. *Int Polit Sci Rev* 8:165-174.

——. 1997. The evolutionary roots of patriotism. In D. Bar-Tal, E. Staub, eds. *Patriotism in the Lives of Individuals and Nations.* Chicago: Nelson-Hall. pp. 45-90.

Jolly A. 2005. Hair signals. *Evol Anthropol: Issues, News, and Reviews* 14:5.

Jolly A, RW Sussman, N Koyama, eds. 2006. *Ringtailed Lemur Biology*. New York: Springer.

Jones A. 2012. *Crimes Against Humanity: A Beginner's Guide.* Oxford: Oneworld Publishers.

Jones CB. 2007. The Evolution of Exploitation in Humans: "Surrounded by Strangers I Thought Were My Friends." *Ethology* 113:499-510.

Jones D, et al. 2000. Group nepotism and human kinship. *Curr Anthropol* 41:779-809.

Jones EE, et al. 1984. *Social Stigma: Psychology of Marked Relationships.* New York: WH Freeman.

Jones P. 1996. *Boomerang: Behind an Australian Icon.* Kent Town, S Aust.: Wakefield Press.

Joniak-Lüthi A. 2015. *The Han: China's Diverse Majority*. Seattle: University of Washington Press.

Jost JT, MR Banaji. 1994. The role of stereotyping in system-justification and the production of false consciousness. *Brit J Soc Psychol* 33:1-27.

Jost JT, et al. 2003. Social inequality and the reduction of ideological dissonance on behalf of the system. *Eur J Soc Psychol* 33:13-36.

Jouventin P, T Aubin, T Lengagne. 1999. Finding a parent in a king penguin colony: The acoustic system of individual recognition. *Anim Behav* 57:1175-1183.

Joyce AA, LA Bustamante, MN Levine. 2001. Commoner power: A case study from the Classic period collapse on the Oaxaca coast. *J Archaeol Meth Th* 8:343-385.

Joyce J. 1922. *Ulysses.* London: John Rodker.

Judd TM, PW Sherman. 1996. Naked mole-rats recruit colony mates to food sources. *Anim Behav* 52:957-969.

Junger S. 2016. *Tribe: On Homecoming and Belonging*. New York: HarperCollins.

Kaiser RJ. 1994. *The Geography of Nationalism in Russia and the USSR*. Princeton, NJ: Princeton University Press, 1994.

Kamans E, et al. 2009. What I think you see is what you get: Influence of prejudice on assimilation to negative meta-stereotypes among Dutch Moroccan teenagers. *Eur J Soc Psychol* 39:842-851.

Kameda T, R Hastie. 2015. Herd behavior. In R Scott, S Kosslyn, eds. *Emerging Trends in the Social and Behavioral Sciences.* Hoboken, NJ: John Wiley and Sons.

Kan S. 1989. *Symbolic Immortality: The Tlingit Potlatch of the Nineteenth Century*.

Washington, DC: Smithsonian Institution Press.

Kano T. 1992. *The Last Ape: Pygmy Chimpanzee Behavior and Ecology.* Palo Alto: Stanford University Press.

Kaplan D. 2000. The darker side of the "original affluent society." *J Anthropol Res* 56:301-324.

Karau SJ, KD Williams. 1993. Social loafing: A meta-analytic review and theoretical integration. *J Pers Soc Psychol* 65:681-706.

Katz PA, JA Kofkin. 1997. Race, gender, and young children. In SS Luthar et al., eds. *Developmental Psychopathology.* New York: Cambridge University Press.

Kaufman, SJ. 2001 *Modern Hatreds: The Symbolic Politics of Ethnic War.* Ithaca, NY: Cornell University Press.

Kaw E. 1993. Medicalization of racial features: Asian American women and cosmetic surgery. *Med Anthropol Q* 7:74-89.

Keeley LH. 1997. *War Before Civilization: The Myth of the Peaceful Savage.* New York: Oxford University Press.

Keil FC. 1989. *Concepts, Kinds, and Cognitive Development.* Cambridge, MA: MIT Press.

——. 2012. Running on empty? How folk science gets by with less. *Curr Dir Psychol Sci* 21:329-334.

Kelley LC. 2012. The biography of the Hộng Bàng clan as a medieval Vietnamese invented tradition. *J Vietnamese Stud* 7:87-130.

Kelly D. 2011. *Yuck! The Nature and Moral Significance of Disgust.* Cambridge, MA: MIT Press.

——. 2013. Moral disgust and the tribal instincts hypothesis. In K Sterelny et al., eds. *Signaling, Commitment, and Emotion.* Cambridge, MA: MIT Press. pp. 503-524.

Kelly D, et al. 2005. Three-month-olds but not newborns prefer own-race faces. *Dev Sci* 8:F31-36.

Kelly DJ, et al. 2009. Development of the other-race effect during infancy: Evidence toward universality? *J Exp Child Psychol* 104:105-114.

Kelly RL. 2013a. *The Lifeways of Hunter-gatherers: The Foraging Spectrum.* Cambridge: Cambridge University Press.

——. 2013b. From the peaceful to the warlike: Ethnographic and archaeological Insights into hunter-gatherer warfare and homicide. In DP Fry, ed. *War, Peace, and Human Nature.*

Oxford: Oxford University Press. pp. 151-167.

Kemmelmeier M, DG Winter. 2008. Sowing patriotism, but reaping nationalism? Consequences of exposure to the American flag. *Polit Psychol* 29:859-879.

Kendal R, et al. 2015. Chimpanzees copy dominant and knowledgeable individuals: implications for cultural diversity. *Evol Hum Behav* 36:65-72.

Kendon A. 1988. *Sign Languages of Aboriginal Australia*. Cambridge: Cambridge University Press.

Kennedy P. 1987. *The Rise and Fall of the Great Powers: Economic Change and Military Conflict from 1500 to 2000*. New York: Random House.

Kennett DJ, B Winterhalder. 2006. *Behavioral Ecology and the Transition to Agriculture.* Berkeley: University of California Press.

King EB, JL Knight, MR Hebl. 2010. The influence of economic conditions on aspects of stigmatization. *J Soc Issues* 66:446-460.

King SL, VM Janik. 2013. Bottlenose dolphins can use learned vocal labels to address each other. *Proc Nat Acad Sci* 110:13216-13221.

Kintisch E. 2016. The lost Norse. *Science* 354:696-701.

Kinzler KD, et al. 2007. The native language of social cognition. *Proc Nat Acad Sci* 104:12577-12580.

Kirby S. 2000. Syntax without natural selection. In C Knight et al., eds. *The Evolutionary Emergence of Language.* Cambridge: Cambridge University Press. pp. 303-323.

Kleingeld P. 2012 *Kant and Cosmopolitanism*. Cambridge: Cambridge University Press.

Klinkner PA, RM Smith. 1999. *The Unsteady March: The Rise and Decline of Racial Equality in America.* Chicago: University of Chicago Press.

Knight J. 1994. "The Mountain People" as tribal mirror. *Anthropol Today* 10:1-3.

Knight N. 2008. *Imagining Globalisation in China.* Northampton, MA: Edward Elgar.

Koonz C. 2003. *The Nazi Conscience.* Cambridge, MA: Harvard University Press.

Kopenawa D, B Albert. 2013. *The Falling Sky: Words of a Yanomami Shaman.* Cambridge, MA: Harvard University Press.

Kopytoff I. 1982. Slavery. *Annu Rev Anthropol* 11:207-230.

Koval P, et al. 2012. Our flaws are more human than yours: Ingroup bias in humanizing negative characteristics. *Pers Soc Psychol Bull* 38:283-295.

Kowalewski SA. 2006. Coalescent societies. In TJ Pluckhahn et al., eds. *Light the Path: The Anthropology and History of the Southeastern Indians.* Tuscaloosa: University of Alabama

Press. pp. 94-122.

Krakauer, J. 1996. *Into the Wild*. New York: Anchor Books.

Kramer KL, RD Greaves. 2016. Diversify or replace: What happens to wild foods when cultigens are introduced into hunter-gatherer diets? In BF Codding, KL Kramer, eds. *Why Forage?: Hunters and Gatherers in the Twenty-First Century.* Santa Fe, NM: SAR/University of New Mexico Press. pp. 15-42.

Krause J, GD Ruxton. 2002. *Living in Groups*. Oxford: Oxford University Press.

Kronauer DJC, C Schöning, P d'Ettorre, JJ Boomsma. 2010. Colony fusion and worker reproduction after queen loss in army ants. *Proc Roy Soc Lond B* 277:755-763.

Kruuk H. 1972. *The Spotted Hyena.* Chicago: University of Chicago Press.

——. 1989. *The Social Badger*. Oxford: Oxford University Press.

Kuhn SL, MC Stiner. 2007. Paleolithic ornaments: Implications for cognition, demography and identity. *Diogenes* 54:40-48.

Kumar R, A Sinha, S Radhakrishna. 2013. Comparative demography of two commensal macaques in India. *Folia Primatol* 84:384-393.

Kupchan CA. 2010. *How Enemies Become Friends: The Sources of Stable Peace*. Princeton, NJ: Princeton University Press.

Kurzban R, MR Leary. 2001. Evolutionary origins of stigmatization: The functions of social exclusion. *Psychol Bull* 127:187-208.

Kurzban R, J Tooby, L Cosmides. 2001. Can race be erased? Coalitional, computation and categorization. *Proc Nat Acad Sci* 98:15387-15392.

Kymlicka W. 1995. *Multicultural Citizenship*. Oxford: Clarendon Press.

Labov W. 1989. The child as linguistic historian. *Lang Var Change* 1:85-97.

Lai WS, et al. 2005. Recognition of familiar individuals in golden hamsters. *J Neurosci* 25:11239-11247.

Laidre ME. 2012. Homes for hermits: Temporal, spatial and structural dynamics as transportable homes are incorporated into a population. *J Zool* 288:33-40.

Laland KN, BG Galef, eds. 2009. *The Question of Animal Culture*. Cambridge, MA: Harvard University Press.

Laland KN, C Wilkins, N Clayton. 2016. The evolution of dance. *Curr Biol* 26:R5-R9.

La Macchia ST, et al. 2016. In small we trust: Lay theories about small and large groups. *Pers Soc Psychol Bull* 42:1321-1334.

Lamont M, V Molnar. 2002. The study of boundaries in the social sciences. *Annu Rev*

Sociol 28:167-195.

Langbauer WR, et al. 1991. African elephants respond to distant playbacks of low-frequency conspecific calls. *J Exp Biol* 157:35-46.

Langergraber KE, JC Mitani, L Vigilant. 2007. The limited impact of kinship on cooperation in wild chimpanzees. *Proc Nat Acad Sci* 104:7786-7790.

——. 2009. Kinship and social bonds in female chimpanzees. *Am J Primatol* 71:840-851.

Langergraber KE, et al. 2014. How old are chimpanzee communities? Time to the most recent common ancestor of the Y-chromosome in highly patrilocal societies. *J Hum Evol* 69:1-7.

Larson PM. 1996. Desperately seeking "the Merina" (Central Madagascar): Reading ethnonyms and their semantic fields in African identity histories. *J South Afr Stud* 22:541-560.

Layton R, S O' Hara. 2010. Human social evolution: A comparison of hunter-gatherer and chimpanzee social organization, in RIM Dunbar, C Gamble, J Gowlett, eds. *Social Brain, Distributed Mind*. Oxford: Oxford University Press. pp. 83-114.

Leacock E, R Lee, eds. 1982. *Politics and History in Band Societies.* New York: Cambridge University Press.

LeBlanc SA. 2014. Forager warfare and our evolutionary past. In M Allen, T Jones, eds. *Violence and Warfare Among Hunter-Gatherers.* Walnut Creek, CA: Left Coast Press. pp. 26-46.

LeBlanc SA, KE Register. 2004. *Constant Battles: Why We Fight*. New York: Macmillan.

Lee PC, CJ Moss. 1999. The social context for learning and behavioural development among wild African elephants. In HO Box, ed. *Mammalian Social Learning: Comparative and Ecological Perspectives.* Cambridge: Cambridge University Press. pp. 102-125.

Lee RB. 1979. *The !Kung San: Men, Women, and Work in a Foraging Society.* Cambridge: Cambridge University Press.

——. 2013. *The Dobe Ju/ ' hoansi*. 4th ed. Belmont, CA: Wadsworth.

Lee RB, R Daly. 1999. Foragers and others. In RB Lee, R Daly, eds. *The Cambridge Encyclopedia of Hunters and Gatherers*. Cambridge: Cambridge University Press. pp. 1-19.

Lee RB, I DeVore, eds. 1968. *Man the Hunter.* Chicago: Aldine.

——, eds. 1976. *Kalaharie Hunter-Gatherers: Studies of the !Kung San and Their Neighbors* Cambridge, MA: Harvard University Press.

Lee TL, ST Fiske. 2006. Not an outgroup, not yet an ingroup: Immigrants in the stereotype content model. *Int J Intercult Rel* 30:751-768.

Leechman D. 1956. *Native Tribes of Canada*. Toronto: WJ Gage.

Lehman N, et al. 1992. A study of the genetic relationships within and among wolf packs using DNA fingerprinting and mitochondrial DNA. *Behav Ecol Sociobiol* 30:83-94.

Leibold J. 2006. Competing narratives of racial unity in Republican China: From the Yellow Emperor to Peking Man. *Mod China* 32:181-220.

Lerner MJ, DT Miller. 1978. Just world research and the attribution process: Looking back and ahead. *Psychol Bull* 85:1030-1051.

le Roux A, TJ Bergman. 2012. Indirect rival assessment in a social primate, *Theropithecus gelada. Anim Behav* 83:249-255.

Lester PJ, MAM Gruber. 2016. Booms, busts and population collapses in invasive ants. *Biological Invasions* 18:3091-3101.

Leuchtenburg WE. 2015. *The American President: From Teddy Roosevelt to Bill Clinton*. Oxford: Oxford University Press.

Levin DT, MR Banaji. 2006. Distortions in the perceived lightness of faces: The role of race categories. *J Exp Psychol* 135:501-512.

LeVine RA, DT Campbell. 1972. *Ethnocentrism: Theories of Conflict, Ethnic Attitudes, and Group Behavior.* New York: John Wiley and Sons.

Levinson, S. 1988. *Constitutional Faith*. Princeton, NJ: Princeton University Press.

Lévi-Strauss C. 1952. *Race and History*. Paris: Unesco.

——. 1972. *The Savage Mind.* London: Weidenfeld and Nicolson.

Levitt P, MC Waters, eds. 2002. *The Changing Face of Home: The Transnational Lives of the Second Generation.* New York: Russell Sage Foundation.

Lewis D. 1976. Observations on route finding and spatial orientation among the Aboriginal peoples of the Western Desert Region of Central Australia. *Oceania* 46:249-282.

Lewis GJ, C Kandler, R Riemann. 2014. Distinct heritable influences underpin in-group love and out-group derogation. *Soc Psychol Pers Sci* 5:407-413.

Lewis ME. 2006. *The Flood Myths of Early China*. Albany: State University of New York Press.

Leyens J-P, et al. 2003. Emotional prejudice, essentialism, and nationalism. *Eur J Soc Psychol* 33:703-717.

Leyens J-P, et al. 2007. Infra-humanization: The wall of group differences. *Soc Issues Policy Rev* 1:139-172.

Li Q, MB Brewer. 2004. What does it mean to be an American? Patriotism, nationalism, and American identity after 9/11. *Polit Psychol* 25:727-739.

Liang D, J Silverman. 2000. You are what you eat: Diet modifies cuticular hydrocarbons and nestmate recognition in the Argentine ant. *Naturwissenschaften* 87:412-416.

Liberman Z, et al. 2016. Early emerging system for reasoning about the social nature of food. *Proc Nat Acad Sci* 113:9480-9485.

Librado F. 1981. *The Eye of the Flute: Chumash Traditional History and Ritual.* Santa Barbara, CA: Santa Barbara Museum of Natural History.

Lickel B, et al. 2000. Varieties of groups and the perception of group entitativity. *J Pers Social Psychol* 78:223-246.

Lieberman D, et al. 2007. The architecture of human kin detection. *Nature* 445:727-731.

Light I, SJ Gold. 2000. *Ethnic Economies*. New York: Academic Press.

Lim M, et al. 2007. Global pattern formation and ethnic/cultural violence. *Science* 317:1540-1544.

Lind M. 2006. *The American Way of Strategy*. New York: Oxford University Press.

Linder W. 2010. *Swiss Democracy*. 3rd ed. New York: Palgrave MacMillan.

Linklater WL, et al. 1999. Stallion harassment and the mating system of horses. *Anim Behav* 58:295-306.

Lippmann W. 1922. *Public Opinion.* New York: Harcourt Brace.

Liu C, et al. 2014. Increasing breadth of the frontal lobe but decreasing height of the human brain between two Chinese samples from a Neolithic site and from living humans. *Am J Phys Anthropol* 154:94-103.

Liverani M. 2006. *Uruk: The First City*. Sheffield: Equinox Publishing.

Lomax A, N Berkowitz. 1972. The evolutionary taxonomy of culture. *Science* 177:228-239.

Lonsdorf E, S Ross, T Matsuzawa, eds. 2010. *The Mind of the Chimpanzee*. Chicago: Chicago University Press.

Lorenzi-Cioldi, F. 2006. Group status and individual differentiation. In T Postmes, J Jetten, eds, *Individuality and the group: Advances in Social Identity.* London: SAGE. pp. 93-115.

Losin EAR, et al. 2012. Race modulates neural activity during imitation. *Neuroimage* 59:3594-3603.

Lott DF. 2002. *American Bison: A Natural History*. Berkeley: University of California Press.

Lourandos H. 1977. Aboriginal spatial organization and population: South Western Victoria reconsidered. *Archaeol Oceania* 12:202-225.

——. 1997. *Continent of Hunter-Gatherers: New Perspectives in Australian Prehistory.* Cambridge: Cambridge University Press.

Lovejoy AP. 1936. *The Great Chain of Being.* Cambridge, MA: Harvard University Press.

Lowen, GE. 1919. *History of the 71st Regiment, N.G., N.Y.* New York: Veterans Association.

Lyons-Padilla S, MJ Gelfand. 2015. Belonging nowhere: Marginalization and radicalization among Muslim immigrants. *Behav Sci Policy* 1:1-12.

Ma X, et al. 2014. Oxytocin increases liking for a country' s people and national flag but not for other cultural symbols or consumer products. *Front Behav Neurosci* 8:266.

Macdonald DW, S Creel, M Mills. 2004. Canid society. In DW Macdonald, C Sillero-Zubiri, eds. *Biology and Conservation of Wild Canids.* Oxford: Oxford University Press. pp. 85-106.

Machalek R. 1992. The evolution of macrosociety: Why are large societies rare? *Adv Hum Ecol* 1:33-64.

Mackie DM, ER Smith, DG Ray. 2008. Intergroup emotions and intergroup relations. *Soc Pers Psychol Compass* 2:1866-1880.

MacLeod WC. 1937. Police and punishment among Native Americans of the Plains. *J Crim Law Crim* 28:181-201.

MacLin OH, RS Malpass. 2001. Racial categorization of faces: The ambiguous race face effect. *Psychol Public Pol Law* 7:98-118.

MacLin OH, MK MacLin. 2011. The role of racial markers in race perception and racial categorization. In R Adams et al., eds. *The Science of Social Vision*. New York: Oxford University Press. pp. 321-346.

Macrae CN, GV Bodenhausen. 2000. Social cognition: Thinking categorically about others. *Annu Rev Psychol 51:*93-120.

Madon S, et al. 2001. Ethnic and national stereotypes: The Princeton trilogy revisited and revised. *Pers Soc Psychol B* 27:996-1010.

Maghaddam FM. 1998. *Social Psychology: Exploring the Universals Across Cultures.* New York: WH Freeman.

Maguire EA, et al. 2003. Routes to remembering: The brains behind superior memory. *Nature Neurosci* 6:90-95.

Magurran AE, A Higham. 1988. Information transfer across fish shoals under predator threat. *Ethol* 78:153-158.

Mahajan N, et al. 2011. The evolution of intergroup bias: Perceptions and attitudes in rhesus macaques. *J Pers Soc Psychol* 100:387-405.

——. 2014. Retraction. *J Pers Soc Psychol* 106:182.

Major B, T Schmader. 2001. Legitimacy and the construal of social disadvantage. In JT

Jost, B Major, eds. *The Psychology of Legitimacy.* Cambridge: Cambridge University Press. pp. 176-204.

Malaspinas A-S, et al. 2016. A genomic history of Aboriginal Australia. *Nature* 538:207-213.

Malik I, PK Seth, CH Southwick 1985. Group fission in free-ranging rhesus monkeys of Tughlaqabad, northern India. *Int J Primatol* 6:411-22.

Malpass MA 2009. *Daily Life in the Incan Empire*. 2nd ed. Westport, CT: Greenwood.

Mann M 1986. *The Sources of Social Power: A History of Power from the Beginning to 1760 AD*, vol. 1. Cambridge: Cambridge University Press.

Mantini D, et al. 2012. Interspecies activity correlations reveal functional correspondence between monkey and human brain areas. *Nature Methods* 9:277-282.

Marais E. 1939. *My Friends the Baboons*. New York: Robert M McBride.

Marcus J. 1989. From centralized systems to city-states: Possible models for the Epiclassic. In RA Diehl, JC Berlo, eds. *Mesoamerica after the Decline of Teotihuacan A.D. 700-900*. Washington DC: Dumbarton Oaks. pp. 201-208.

Marean CW. 2010. When the sea saved humanity. *Sci Am* 303:54-61.

——. 2016. The transition to foraging for dense and predictable resources and its impact on the evolution of modern humans. *Philos T Roy Soc B* 371:160-169.

Markin GP. 1970. The seasonal life cycle of the Argentine ant in southern California. *Ann Entomol Soc Am* 63:1238-1242.

Marks J, E Staski. 1988. Individuals and the evolution of biological and cultural systems. *Hum Evol* 3:147-161.

Marlowe FW. 2000. Paternal investment and the human mating system. *Behav Proc* 51:45-61.

——. 2005. Hunter-gatherers and human evolution. *Evol Anthropol* 14:54-67.

——. 2010. *The Hadza: Hunter-Gatherers of Tanzania.* Berkeley: University of California Press.

Marques JM, VY Yzerbyt, J-P Lyons. 1988. The "black sheep effect": Extremity of judgments towards ingroup members as a function of group identification. *Eur J Soc Psychol* 18:1-16.

Marsh AA, HA Elfenbein, N Ambady. 2003. Nonverbal "accents": Cultural differences in facial expressions of emotion. *Psychol Sci* 14:373-376.

——. 2007. Separated by a common language: Nonverbal accents and cultural stereotypes about Americans and Australians. *J Cross Cult Psychol* 38:284-301.

Marshall AJ, RW Wrangham, AC Arcadi. 1999. Does learning affect the structure of vocalizations in chimpanzees? *Anim Behav* 58:825-830.

Marshall L. 1961. Sharing, talking and giving: Relief of social tensions among !Kung Bushmen. *Africa* 31:231-249.

——. 1976. *The !Kung of Nyae Nyae.* Cambridge, MA: Harvard University Press.

Marshall TH. 1950. *Citizenship and Social Class*. Cambridge: Cambridge University Press.

Martin CL, Parker S. 1995. Folk theories about sex and race differences. *Pers Soc Psychol B* 21:45-57.

Martínez R, R Rodríguez-Bailón, M Moya. 2012. Are they animals or machines? Measuring dehumanization. *Span J Psychol* 15:1110-1122.

Marwick B. 2003. Pleistocene exchange networks as evidence for the evolution of language. *Cambr Archaeol J* 13:67-81.

Marzluff JM, RP Balda. 1992. *The Pinyon Jay*. London: T & AD Poyser.

Massen JJM, SE Koski. 2014. Chimps of a feather sit together: Chimpanzee friendships are based on homophily in personality. *Evol Hum Behav* 35:1-8.

Masters RD, DG Sullivan. 1989. Nonverbal displays and political leadership in France and the United States. *Polit Behav* 11:123-156.

Matthey de l' Etang A, P Bancel, M Ruhlen. 2011. Back to Proto-Sapiens. In D Jones, B Milicic, eds. *Kinship, Language & Prehistory*, Salt Lake City: University of Utah Press. pp. 29-37.

Mattingly DJ. 2014. Identities in the Roman World. In L Brody, GL Hoffman, eds. *Roman in the Provinces: Art in the Periphery of Empire*. Chestnut Hill, MA: McMullen Museum of Art Press. pp. 35-59.

May RJ. 2001. *State and Society in Papua New Guinea*. Hindmarsh, SA: Crawford House.

McAnany PA, N Yoffee, eds. 2010. *Questioning Collapse: Human Resilience, Ecological Vulnerability, and the Aftermath of Empire.* Cambridge: Cambridge University Press.

McBrearty S, AS Brooks. 2000. The revolution that wasn' t: A new interpretation of the origin of modern human behavior. *J Hum Evol* 39:453-563.

McComb K, C Packer, A Pusey. 1994. Roaring and numerical assessment in contests between groups of female lions. *Anim Behav* 47:379-387.

McConvell P. 2001. Language shift and language spread among hunter-gatherers. In C Panter-Brick, P Rowley-Conwy, R Layton, eds. *Hunter-Gatherers: Cultural and Biological Perspectives.* Cambridge: Cambridge University Press. pp. 143-169.

McCormick J. 2017. *Understanding the European Union*. London: Palgrave.

McCracken GF, JW Bradbury. 1981. Social organization and kinship in the polygynous bat *Phyllostomus hastatus. Behav Ecol Sociobiol* 8:11-34.

McCreery EK. 2000. Spatial relationships as an indicator of successful pack formation in free-ranging African wild dogs. *Behav* 137:579-590.

McCurry S. 2010. *Confederate Reckoning: Power and Politics in the Civil War South*. Cambridge, MA: Harvard University Press.

McDougall W. 1920. *The Group Mind*. New York: G.P. Putnam' s Sons.

McElreath R, R Boyd, PJ Richerson. 2003. Shared norms and the evolution of ethnic markers. *Curr Anthropol* 44:122-130.

McGrew WC, et al. 2001. Intergroup differences in a social custom of wild chimpanzees: The grooming hand-clasp of the Mahale Mountains 1. *Curr Anthropol* 42:148-153.

McIntyre RT, DW Smith. 2000. The death of a queen: Yellowstone mutiny ends tyrannical rule of Druid pack. *International Wolf* 10:8-11, 26.

McKie, R. 2010. Chimps with everything: Jane Goodall' s 50 years in the jungle. *The Observer*, 31 July.

McLemore SD. 1970. Simmel' s 'stranger': A critique of the concept. *Pacific Sociol Rev* 13:86-94

McNeill WH. 1976. *Plagues and Peoples.* Garden City, NY: Anchor.

——. 1986. *Polyethnicity and National Unity in World History*. Toronto: University of Toronto Press.

——. 1995. *Keeping Together in Time: Dance and Drill in Human History.* Cambridge, MA: Harvard University Press.

McNiven I, et al. 2015. Phased redevelopment of an ancient Gunditjmara fish trap over the past 800 years. *Aust Archaeol* 81:44-58.

Mech LD, L Boitani, eds. 2003. *Wolves: Behavior, Ecology, and Conservation.* Chicago: University of Chicago Press.

Meggitt MJ. 1962. *The Desert People: A Study of the Walbiri Aborigines of Central Australia.* Sydney: Angus, Robertson.

——. 1977. *Blood Is Their Argument: Warfare Among the Mae Enga Tribesmen of the New Guinea Highlands.* Houston: Mayfield Publishing Co.

Mellars P, JC French. 2011. Tenfold population increase in Western Europe at the Neandertal-to-modern human transition. *Science* 333:623-627.

Menand L. 2006. What it is like to like. *New Yorker*. June 20. 73-76.

Mercader J, et al. 2007. 4, 300-year-old chimpanzee sites and the origins of percussive stone technology. *Proc Nat Acad Sci* 104:3043-3048.

Michener W. 2012. The individual psychology of group hate. *J Hate Stud* 10:15-48.

Milgram S, E Van den Haag. 1974. *Obedience to Authority.* New York: Harper Collins.

Milicic B. 2013. Talk is not cheap: Kinship terminologies and the origins of language. *Structure and Dynamics* 6: http://escholarship.org/uc/item/6zw317jh.

Miller D. 1995. *On Nationality*. Oxford: Oxford University Press.

Miller DT, C McFarland. 1987. Pluralistic ignorance: When similarity is interpreted as dissimilarity. *J Pers Soc Psychol* 53:298-305.

Miller R, RH Denniston. 1979. Interband dominance in feral horses. *Zeitschrift für Tierpsychologie* 51:41-47.

Mills DS, SM McDonnell. 2005. *The Domestic Horse*. Cambridge: Cambridge University Press.

Milton K. 1991. Comparative aspects of diet in Amazonian forest-dwellers. *Philos T Roy Soc B:* 334:253-263.

Mitani JC, SJ Amsler. 2003. Social and spatial aspects of male subgrouping in a community of wild chimpanzees. *Behav* 140:869-884.

Mitani JC, J Gros-Louis. 1998. Chorusing and call convergence in chimpanzees: Tests of three hypotheses. *Behav* 135:1041-1064.

Mitani JC, DP Watts, SJ Amsler. 2010. Lethal intergroup aggression leads to territorial expansion in wild chimpanzees. *Curr Biol* 20:R507-R508.

Mitchell D. 1984. Predatory warfare, social status, and the North Pacific slave trade. *Ethnology* 23:39-48.

Mitchell TL. 1839. *Three Expeditions into the Interior of Eastern Australia.* London: T.W. Boone.

Modlmeier AP, JE Liebmann, S Foitzik. 2012. Diverse societies are more productive: a lesson from ants. *Proc Roy Soc B* 279: 2142-2150.

Moffett MW. 1989a. Trap-jaw ants. *Natl Geogr* 175:394-400.

——. 1989b. Life in a nutshell. *Natl Geogr* 6:783-796.

——. 1994. *The High Frontier: Exploring the Tropical Rainforest Canopy.* Cambridge, MA: Harvard University Press.

——. 1995. Leafcutters: Gardeners of the ant world. *Natl Geogr* 188:98-111.

——. 2000. What's "up"? A critical look at the basic terms of canopy biology. *Biotropica* 32:569-596.

——. 2010. *Adventures Among Ants.* Berkeley: University of California Press.

——. 2011. Ants and the art of war. *Sci Am* 305:84-89.

——. 2012. Supercolonies of billions in an invasive ant: What is a society? *Behav* Ecol 23:925-933.

——. 2013. Human identity and the evolution of societies. *Hum Nature* 24:219-267.

Moïse RE. 2014. Do Pygmies have a history? revisited: The autochthonous tradition in the history of Equatorial Africa. In BS Hewlett, ed. *Hunter-Gatherers of the Congo Basin*. New Brunswick NJ: Transaction Publishers. pp. 85-116.

Monteith MJ, CI Voils. 2001. Exerting control over prejudiced responses. In GB Moskowitz, ed. *Cognitive Social Psychology*. Mahwah, NJ: Lawrence Erlbaum. pp. 375-388.

Morgan C, RL Bettinger. 2012. Great Basin foraging strategies. In TR Pauketat, ed. *The Oxford Handbook of North American Archaeology.* New York: Oxford University Press.

Morgan J, W Buckley. 1852. *The Life and Adventures of William Buckley.* Hobart, Tasmania: A MacDougall.

Moss CJ, et al., eds. 2011. *The Amboseli Elephants*. Chicago: University of Chicago Press.

Mueller UG. 2002. Ant versus fungus versus mutualism. *Am Nat* 160:S67-S98.

Mullen B, RM Calogero, TI Leader. 2007. A social psychological study of ethnonyms: Cognitive representation of the in-group and intergroup hostility. *J Pers Soc Psychol* 92:612-630.

Mulvaney DJ. 1976. The chain of connection: The material evidence. In N Peterson, ed. *Tribes and Boundaries in Australia.* Atlantic Highlands: Humanities Press. pp. 72-94.

Mulvaney DJ, JP White. 1987. *Australians to 1788*. Broadway, NSW: Fairfax, Syme & Weldon.

Mummendey A, M Wenzel. 1999. Social discrimination and tolerance in intergroup relations: Reactions to intergroup difference. *Pers Soc Psychol Rev* 3:158-174.

Mummert A, et al. 2011. Stature and robusticity during the agricultural transition: Evidence from the bioarchaeological record. *Econ Hum Biol* 9:284-301.

Murphy MC, JA Richeson, DC Molden. 2011. Leveraging motivational mindsets to foster positive interracial interactions. *Soc Pers Psychol Compass* 5:118-131.

Murphy PL. 1991. *Anadarko Agency Genealogy Record Book of the Kiowa, Comanche-Apache & some 25 Sioux Families, 1902*. Lawton, OK: Privately published.

Murphy RF, Y Murphy. 1960. Shoshone-Bannock subsistence and society. *Anthropol Records* 16:293-338.

Nakamichi M, N Koyama. 1997. Social relationships among ring-tailed lemurs in two free-ranging troops at Berenty Reserve, Madagascar. *Int J Primatol* 18:73-93.

Nazzi T, PW Jusczyk, EK Johnson. 2000. Language discrimination by English-learning 5-month-olds: Effects of rhythm and familiarity. *J Mem Lang* 43:1-19.

Nelson E. 1899. The Eskimo about Bering Strait. Washington, DC: Government Printing Office.

Nettle D. 1999. Language variation and the evolution of societies. In RIM Dunbar, C Knight, C Power, eds. *The Evolution of Culture*. Piscataway: Rutgers University Press. pp. 214-227.

Newell RR, et al. 1990. *An Inquiry into the Ethnic Resolution of Mesolithic Regional Groups: The Study of their Decorative Ornaments in Time and Space.* Leiden, Netherlands: Brill.

Nishida T. 1968. The social group of wild chimpanzees in the Mahali mountains. *Primates* 9:167-224.

Nosek BA, MR Banaji, JT Jost. 2009. The politics of intergroup attitudes. In JT Jost, AC Kay, H Thorisdottir, eds. *Social and Psychological Bases of Ideology and System Justification.* New York: Oxford University Press. pp. 480-506.

Nowak MA. 2006. Five rules for the evolution of cooperation. *Science* 314:1560-1563.

Nowicki S. 1983. Flock-specific recognition of chickadee calls. *Behav Ecol Sociobiol* 12:317-320.

Noy D. 2000. *Foreigners at Rome: Citizens and Strangers.* London: Duckworth.

O' Brien GV. 2003. Indigestible food, conquering hordes, and waste materials: Metaphors of immigrants and the early immigration restriction debate in the United States. *Metaphor Symb* 18:33-47.

O' Connell RL. 1995. *The Ride of the Second Horseman: The Birth and Death of War.* Oxford: Oxford University Press.

O' Gorman HJ. 1975. Pluralistic ignorance and white estimates of white support for racial segregation. *Public Opin Quart* 39:313-330.

Oldmeadow J, ST Fiske. 2007. System-justifying ideologies moderate status = competence stereotypes: Roles for belief in a just world and social dominance orientation. *Eur J Soc Psychol* 37:1135-1148.

Olsen CL. 1987. The demography of colony fission from 1878-1970 among the Hutterites of North America. *Am Anthropol* 89:823-837.

Olzak S. 1992. *The Dynamics of Ethnic Competition and Conflict*. Stanford, CA: Stanford

University Press.

Opotow S. 1990. Moral exclusion and injustice: An introduction. *J Soc Issues* 46:1-20.

Orgad L. 2011. Creating new Americans: The essence of Americanism under the citizenship test. *Houston Law Rev* 47:1-46.

——. 2015. *The Cultural Defense of Nations.* Oxford: Oxford University Press.

O' Riain MJ, JUM Jarvis, CG Faulkes. 1996. A dispersive morph in the naked mole-rat. *Nature* 380:619-621.

Ortman SG, et al. 2014. The pre-history of urban scaling. *PloS ONE* 9:e87902.

Orton J, et al. 2013. An early date for cattle from Namaqualand, South Africa: Implications for the origins of hearding in southern Africa. *Antiquity* 87:108-120.

Orwell G. 1946. *Animal Farm: A Fairy Story.* London: Harcourt Brace.

——. 1971. Notes on nationalism. In S Orwell, I Angus, eds. *Collected Essays*, vol. 3. New York: Harcourt, Brace, Jovanovich. pp. 361-380.

Oswald FL, et al. 2015. Using the IAT to predict ethnic and racial discrimination: Small effect sizes of unknown societal significance. *J Pers Soc Psychol* 108:562-571.

Otterbein KF. 2004. *How War Began*. College Station: Texas A&M University Press.

Pabst MA, et al. 2009. The tattoos of the Tyrolean Iceman: A light microscopical, ultrastructural and element analytical study. *J Archaeol Sci* 36:2335-2341.

Packer DJ. 2008. On being both with us and against us: A normative conflict model of dissent in social groups. *Pers Soc Psychol Rev* 12:50-72.

Pagel M. 2000. The history, rate and pattern of world linguistic evolution. In C Knight et al., eds. *Evolutionary Emergence of Language*. Cambridge: Cambridge University Press. pp. 391-416.

——. 2009. Human language as culturally transmitted replicator. *Nature Rev Genet* 10:405-415.

Pagel M, R Mace. 2004. The cultural wealth of nations. *Nature* 428:275-278.

Painter NI. 2010. *The History of White People*. New York: W.W. Norton.

Palagi E, G Cordoni. 2009. Postconflict third-party affiliation in *Canis lupus*: Do wolves share similarities with the great apes? *Anim Behav* 78:979-986.

Paluck EL. 2009. Reducing intergroup prejudice and conflict using the media: A field experiment in Rwanda. *J Pers Soc Psychol* 96:574-587.

Paranjpe AC. 1998. *Self and Identity in Modern Psychology and Indian Thought*. New York: Plenum Press.

Park RE. 1928. Human migration and the marginal man. *Am J Sociol* 33:881-893.

Parker BJ. 2003. Archaeological manifestations of empire: Assyria' s imprint on southeastern Anatolia. *Am J Archaeol* 107:525-557.

Parr LA. 2001. Cognitive and physiological markers of emotional awareness in chimpanzees. *Anim Cogn* 4:223-229.

——. 2011. The evolution of face processing in primates. *Philos T Roy Soc B* 366:1764-1777.

Parr LA, FBM de Waal. 1999. Visual kin recognition in chimpanzees. *Nature* 399:647-648.

Parr LA, WD Hopkins. 2000. Brain temperature asymmetries and emotional perception in chimpanzees. *Physiol Behav* 71:363-371.

Parr LA, BM Waller. 2006. Understanding chimpanzee facial expression: Insights into the evolution of communication. *Soc Cogn Affect Neurosci* 1:221-228.

Pascalis O, et al. 2005. Plasticity of face processing in infancy. *Proc Nat Acad Sci* 102:5297-5300.

Pascalis O, DJ Kelly. 2009. The origins of face processing in humans: Phylogeny and ontogeny. *Persp Psychol Sci* 4:200-209.

Passarge S. 1907. *Die Buschmänner der Kalahari*. Berlin: D Reimer (E Vohsen).

Patterson O. 1982. *Slavery and Social Death*. Cambridge, MA: Harvard University Press.

Paukner, A, SJ Suomi, E Visalberghi, PF Ferrari. 2009. Capuchin monkeys display affiliation toward humans who imitate them. *Science* 325:880-883.

Paxton P, A Mughan. 2006. What' s to fear from immigrants? Creating an assimilationist threat scale. *Polit Psychol* 27:549-568.

Payne BK. 2001. Prejudice and perception: The role of automatic and controlled processes in misperceiving a weapon. *J Pers Soc Psychol* 81:181-192.

Paz-y-Miño G, et al. 2004. Pinyon jays use transitive inference to predict social dominance. *Nature* 430:778-781.

Peasley WJ. 2010. *The Last of the Nomads*. Fremantle: Fremantle Art Centre Press.

Pelto PJ. 1968. The difference between "tight" and "loose" societies. *Transaction* 5:37-40.

Perdue T. 1979. *Slavery and the Evolution of Cherokee Society, 1540-1866*. Knoxville: University of Tennessee Press.

Perry G. 2018. *The Lost Boys: Inside Muzafer Sherif' s Robbers Cave Experiments*. Brunswick, Australia: Scribe Publications.

Peterson N. 1993. Demand sharing: Reciprocity and the pressure for generosity among foragers. *Am Anthropol* 95:860-874.

Peterson RO, et al. 2002. Leadership behavior in relation to dominance and reproductive status in gray wolves. *Canadian J Zool* 80:1405-1412.

Pettigrew TF. 2009. Secondary transfer effect of contact: Do intergroup contact effects spread to noncontacted outgroups? *Soc Psychol* 40:55-65.

Phelan JE, LA Rudman. 2010. Reactions to ethnic deviance: The role of backlash in racial stereotype maintenance. *J Pers Soc Psychol* 99:265-281.

Phelps EA, et al. 2000. Performance on indirect measures of race evaluation predicts amygdala activation. *J Cogn Neurosci* 12:729-738.

Piaget J, AM Weil. 1951. The development in children of the idea of the homeland and of relations to other countries. *Int Soc Sci J* 3:561-578.

Pietraszewski D, L Cosmides, J Tooby. 2014. The content of our cooperation, not the color of our skin: An alliance detection system regulates categorization by coalition and race, but not sex. *PloS ONE* 9:e88534.

Pimlott DH, JA Shannon, GB Kolenosky. 1969. *The Ecology of the Timber Wolf in Algonquin Provincial Park.* Ontario: Department of Lands and Forests.

Pinker S. 2011. *Better Angels of Our Nature: Why Violence Has Declined.* New York: Penguin.

Plous S. 2003. Is there such a thing as prejudice toward animals. In S Plous, ed. *Understanding Prejudice and Discrimination*. New York: McGraw Hill. pp. 509-528.

Poggi I. 2002. Symbolic gestures: The case of the Italian gestionary. *Gesture* 2:71-98.

Pokorny JJ, FBM de Waal. 2009. Monkeys recognize the faces of group mates in photographs. *Proc Nat Acad Sci* 106:21539-21543.

Poole R. 1999. *Nation and Identity*. London: Routledge.

Portes A, RG Rumbaut. 2014. *Immigrant America: A Portrait.* 4th ed. Berkeley: University of California Press.

Portugal SJ, et al. 2014. Upwash exploitation and downwash avoidance by flap phasing in ibis formation flight. *Nature* 505:399-402.

Postmes T, et al. 2005. Individuality and social influence in groups: Inductive and deductive routes to group identity. *J Pers Soc Psychol* 89:747-763.

Potts L. 1990. *The World Labour Market: A History of Migration.* London: Zed Books.

Pounder DJ. 1983. Ritual mutilation: Subincision of the penis among Australian Aborigines. *Am J Forensic Med Pathol* 4:227-229.

Powell A, S Shennan, MG Thomas. 2009. Late Pleistocene demography and the appearance of modern human behavior. *Science* 324:1298-1301.

Prentice DA, et al.1994. Asymmetries in attachments to groups and to their members:

Distinguishing between common-identity and common-bond groups. *Pers Soc Psychol Bull* 20:484-493.

Preston SD, FBM de Waal. 2002. The communication of emotions and the possibility of empathy in animals. In SG Post et al., eds. *Altruism and Altruistic Love.* New York: Oxford University Press. pp. 284-308.

Price R. 1996. *Maroon Societies*. Baltimore: Johns Hopkins University Press.

Price TD, O Bar-Yosef. 2010. Traces of inequality at the origins of agriculture in the ancient Near East. In TD Price, G Feinman, eds. *Pathways to Power.* New York: Springer. pp. 147-168.

Prud' Homme J. 1991. Group fission in a semifree-ranging population of Barbary macaques. *Primates* 32:9-22.

Pruetz JD. 2007. Evidence of cave use by savanna chimpanzees at Fongoli, Senegal. *Primates* 48:316-319.

Pruetz JD, et al. 2015. New evidence on the tool-assisted hunting exhibited by chimpanzees in a savannah habitat at Fongoli, Sénégal. *Roy Soc Open Sci* 2:e140507.

Pusey AE, C Packer. 1987. The evolution of sex-biased dispersal in lions. *Behav* 101:275-310.

Queller DC, JE Strassmann. 1998. Kin selection and social insects. *Bio Science* 48:165-175.

Raijman R, et al. 2008. What does a nation owe non-citizens? *Int J Comp Sociol* 49:195-220.

Rantala MJ. 2007. Evolution of nakedness in *Homo sapiens. J Zool* 273:1-7.

Rasa OAE. 1973. Marking behavior and its social significance in the African dwarf mongoose. *Z Tierpsychol* 32:293-318.

Ratner KG, et al. 2013. Is race erased? Decoding race from patterns of neural activity when skin color is not diagnostic of group boundaries. *Soc Cogn Affect Neurosci* 8:750-755.

Ratnieks FLW, KR Foster, T Wenseleers. 2006. Conflict resolution in social insect societies. *Annu Rev Etomol* 51:581-608.

Ratnieks FLW, T Wenseleers. 2005. Policing insect societies. *Science* 307:54-56.

Rayor, LS. 1988. Social organization and space-use in Gunnison' s prairie dog. *Behav Ecol Sociobiol* 22:69-78.

Read DW. 2011. *How Culture Makes Us Human*. Walnut Creek, CA: Left Coast Press.

Redmond EM. 1994. *Tribal and Chiefly Warfare in South America.* Ann Arbor, MI: University of Michigan Press.

Reese G, O Lauenstein. 2014. The eurozone crisis: Psychological mechanisms undermining and supporting European solidarity. *Soc Sci* 3:160-171.

Reese HE, et al. 2010. Attention training for reducing spider fear in spider-fearful individuals. *J Anxiety Disord* 24:657-662.

Reicher SD. 2001. The psychology of crowd dynamics. In MA Hogg, RS Tindale, eds. *Blackwell Handbook of Social Psychology: Group Processes.* Oxford, England: Blackwell. pp. 182-207.

Rendell LE, H Whitehead. 2001. Culture in whales and dolphins. *Behav Brain Sci* 24:309-324.

Renan E. 1990 (1882). What is a nation? In HK Bhabah, ed. *Nation and Narration*. London: Routledge. pp. 8-22.

Reynolds, H. 1981. *The Other Side of the Frontier: Aboriginal Resistance to the European Invasion of Australia*. Townsville, Australia: James Cook University Press.

Reynolds S. 1997. *Kingdoms and Communities in Western Europe, 900-1300*. Oxford: Oxford University Press.

Rheingold H. 2002. *Smart Mobs: The Next Social Revolution.* New York: Basic Books.

Richerson PJ, R Boyd. 1998. The evolution of human ultra-sociality. In I Eibl-Eibesfeldt, FK Salter, eds. *Indoctrinability, Ideology, and Warfare.* Oxford: Berghahn. pp. 71-95.

Riolo RL, et al. 2001. Evolution of cooperation without reciprocity. *Nature* 414:441-443.

Rivaya-Martínez J. 2012. Becoming Comanches. In DW Adams, C DeLuzio, eds. *On the Borders of Love and Power: Families and Kinship in the Intercultural American Southwest.* Berkeley: University of California Press. pp. 47-70.

Riveros AJ, MA Seid, WT Wcislo. 2012. Evolution of brain size in class-based societies of fungus-growing ants. *Anim Behav* 83:1043-1049.

Rizzolatti G, L Craighero. 2004. The mirror-neuron system. *Annu Rev Neurosci* 27:169-192.

Roberts SGB. 2010. Constraints on social networks. In RIM Dunbar, C Gamble, J Gowlett, eds. *Social Brain, Distributed Mind.* Oxford: Oxford University Press. pp. 115-134.

Robinson WP, H Tajfel. 1996. *Social Groups and Identities: Developing the Legacy of Henri Tajfel.* Oxford: Routledge.

Rodseth L, et al. 1991. The human community as a primate society. *Curr Anthropol* 32:221-241.

Roe FG. 1974. *The Indian and the Horse.* Norman: University of Oklahoma Press.

Rogers AR, D Iltis, S Wooding. 2004. Genetic variation at the MC1R locus and the time since loss of human body hair. *Curr Anthropol* 45:105-108.

Rogers EM. 2003. *Diffusion of Innovations*. 5th ed. New York: Free Press.

Ron T. 1996. Who is responsible for fission in a free-ranging troop of baboons? *Ethology*

102:128-133.

Roosevelt AC. 1999. Archaeology of South American hunters and gatherers. In RB Lee, R Daly, eds. *The Cambridge Encyclopedia of Hunters and Gatherers*. New York: Cambridge University Press. pp. 86-91.

——. 2013. The Amazon and the Anthropocene: 13, 000 years of human influence in a tropical rainforest. *Anthropocene* 4:69-87.

Roscoe P. 2006. Fish, game, and the foundations of complexity in forager society. *Cross Cult Res* 40:29-46.

——. 2007. Intelligence, coalitional killing, and the antecedents of war. *Am Anthropol* 109:485-495.

Roth WE, R Etheridge. 1897. *Ethnological Studies Among the North-West-Central Queensland Aborigines*. Brisbane: Edmund Gregory.

Rothì DM, E Lyons, X Chryssochoou. 2005. National attachment and patriotism in a European nation: A British study. *Polit Psychol* 26:135-155.

Rowell TE. 1975. Growing up in a monkey group. *Ethos* 3:113-128.

Royce AP. 1982. *Ethnic Identity: Strategies of Diversity*. Bloomington: Indiana University Press.

Rudolph KP, JP McEntee. 2016. Spoils of war and peace: Enemy adoption and queen-right colony fusion follow costly intraspecific conflict in acacia ants. *Behav Ecol* 27:793-802.

De Ruiter J, G Weston, SM Lyon. 2011. Dunbar' s number: Group size and brain physiology in humans reexamined. *Am Anthropol* 113:557-568.

Rushdie S. 2002. *Step Across This Line: Collected Nonfiction 1992-2002*. London: Vintage.

Russell AF, et al. 2003. Breeding success in cooperative meerkats: Effects of helper number and maternal state. *Behav Ecol* 14:486-492.

Russell RJ. 1993. *The Lemurs' Legacy*. New York: Tarcher/Putnam.

Rutledge JP. 2000. They all look alike: The inaccuracy of cross-racial identifications. *Am J Crim L* 28:207-228.

Rutherford A, et al. 2014. Good fences: The importance of setting boundaries for peaceful coexistence. *PloS ONE* 9: e95660.

Sahlins M. 1968. Notes on the original affluent society. In RB Lee, I DeVore, eds. *Man the Hunter*. Chicago: Aldine. pp. 85-89.

Sai FZ. 2005. The role of the mother' s voice in developing mother' s face preference. *Infant Child Dev* 14:29-50.

Salamone FA, CH Swanson. 1979. Identity and ethnicity: Ethnic groups and interactions in a multi-ethnic society. *Ethnic Groups* 2:167-183.

Salmon CA. 1998. The evocative nature of kin terminology in political rhetoric. *Polit Life Sci* 17:51-57.

Saminaden A, S Loughnan, N Haslam. 2010. Afterimages of savages: Implicit associations between primitives, animals and children. *Brit J Soc Psychol* 49:91-105.

Sampson CG. 1988. *Stylistic Boundaries Among Mobile Hunter-Gatherers*. Washington, DC: Smithsonian Institution.

Samuels A, JB Silk, J Altmann. 1987. Continuity and change in dominance relations among female baboons. *Anim Behav* 35:785-793.

Sanderson SK. 1999. *Social Transformations.* New York: Rowman & Littlefield.

Sangrigoli S, S De Schonen. 2004. Recognition of own-race and other-race faces by three-month-old infants. *J Child Psychol Psych* 45:1219-1227.

Sangrigoli S, et al. 2005. Reversibility of the other-race effect in face recognition during childhood. *Psychol Sci* 16:440-444.

Sani, F. 2009. Why groups fall apart: A social psychological model of the schismatic process. In F Butera, JM Levine, eds. *Coping with Minority Status.* New York: Cambridge University Press. pp. 243-266.

Sani F, et al. 2007. Perceived collective continuity: Seeing groups as entities that move through time. *Eur J Soc Psychol* 37:1118-1134.

Santorelli CJ, et al. 2013. Individual variation of whinnies reflects differences in membership between spider monkey communities. *Int J Primatol* 34:1172-1189.

Santos-Granero F. 2009. *Vital Enemies: Slavery, Predation, and the Amerindian Political Economy of Life*. Austin: University of Texas Press.

Saperstein A, AM Penner. 2012. Racial fluidity and inequality in the United States. *Am J Sociol* 118:676-727.

Sapolsky RM. 2007. *A Primate's Memoir: A Neuroscientist's Unconventional Life Among the Baboons*. New York: Simon & Schuster.

Sarna JD. 1978. From immigrants to ethnics: Toward a new theory of "ethnicization." *Ethnicity* 5:370-378.

Sassaman KE. 2004. Complex hunter-gatherers in evolution and history: A North American perspective. *J Archaeol Res* 12:227-280.

Sayers K, CO Lovejoy. 2008. The chimpanzee has no clothes: A critical examination of

Pan troglodytes in models of human evolution. *Curr Anthropol* 49:87-117.

Scarre C, ed. 2013. *Human Past*. 3rd ed. London: Thames & Hudson.

Schaal B, L Marlier, R Soussignan. 2000. Human foetuses learn odours from their pregnant mother' s diet. *Chem Senses* 25:729-737.

Schaller GB. 1972. *The Serengeti Lion*. Chicago: University of Chicago Press.

Schaller M, SL Neuberg. 2012. Danger, disease, and the nature of prejudice. *Adv Exp Soc Psychol* 46:1-54.

Schaller M, JH Park. 2011. The behavioral immune system (and why it matters). *Curr Dir Psychol Sci* 20:99-103.

Schamberg I, et al. 2017. Bonobos use call combinations to facilitate inter-party travel recruitment. *Behav Ecol Sociobiol* 71:75.

Schapera I. 1930. *The Khoisan Peoples of South Africa*. London: Routledge.

Schatz RT, E Staub, H Lavine. 1999. On the varieties of national attachment: Blind versus constructive patriotism. *Polit Psychol* 20:151-174.

Schelling TC. 1978. *Micromotives and Macrobehavior*. New York: W.W. Norton.

Schladt M, ed. 1998. *Language, Identity, and Conceptualization Among the Khoisan*. Cologne: Rüdiger Köppe.

Schmidt JO. 2016. *The Sting of the Wild*. Baltimore: John Hopkins University Press.

Schmitt DP, et al. 2008. Why can' t a man be more like a woman? Sex differences in big five personality traits across 55 cultures. *J Pers Soc Psychol* 94:168-182.

Schradin C, J Lamprecht. 2000. Female-biased immigration and male peace-keeping in groups of the shell-dwelling cichlid fish. *Behav Ecol Sociobiol* 48:236-242.

——. 2002. Causes of female emigration in the group-living cichlid fish. *Ethology* 108:237-248.

Schultz TR, et al. 2005. Reciprocal illumination: A comparison of agriculture in humans and in fungus-growing ants. In F Vega, M Blackwell, eds. *Insect-Fungal Associations*. pp. 149-190. Oxford: Oxford University Press.

Schultz TR, SG Brady. 2008. Major evolutionary transitions in ant agriculture. *Proc Nat Acad Sci* 105:5435-5440.

Schwartz B. 1985. *The World of Thought in Ancient China*. Cambridge, MA: Harvard University Press.

Scott JC. 2009. *The Art of Not Being Governed: An Anarchist History of Upland Southeast Asia*. New Haven, CT; Yale University Press.

——. 2017. *Against the Grain: A Deep History of the Earliest States*. New Haven, CT: Yale University Press.

Scott LS, A Monesson. 2009. The origin of biases in face perception. *Psychol Sci* 20:676-680.

Seeley TD. 1995. *The Wisdom of the Hive*. Cambridge, MA: Harvard University Press.

——. 2010. *Honeybee Democracy.* Princeton, NJ: Princeton University Press.

Seger CR, ER Smith, DM Mackie. 2009. Subtle activation of a social categorization triggers group-level emotions. *J Exp Soc Psychol* 45:460-467.

Sekulic D, G Massey, R Hodson. 1994. Who were the Yugoslavs? Failed sources of a common identity in the former Yugoslavia. *Am Sociol Rev* 59:83-97.

Sellas AB, RS Wells, PE Rosel. 2005. Mitochondrial and nuclear DNA analyses reveal fine scale geographic structure in bottlenose dolphins in the Gulf of Mexico. *Conserv Genet* 6:715-728.

Sen A. 2006. *Identity and Violence: The Illusion of Destiny*. New York: W.W. Norton.

Seneca, LA. 1970. *Moral and Political Essays.* JM Cooper, JF Procopé, eds. Cambridge: Cambridge University Press.

Seth PK, S Seth. 1983. Population dynamics of free-ranging rhesus monkeys in different ecological conditions in India. *Am J Primatol* 5:61-67.

Seto MC. 2008. *Pedophilia and Sexual Offending Against Children.* Washington, DC: American Psychological Association.

Seyfarth RM, DL Cheney. 2017. Precursors to language: Social cognition and pragmatic inference in primates. *Psychon Bull Rev* 24:79-84.

——. 2012. The evolutionary origins of friendship. *Annu Rev Psychol* 63:153-177.

Shah JY, PC Brazy, ET Higgins. 2004. Promoting us or preventing them: Regulatory focus and manifestations of intergroup bias. *Pers Soc Psychol Bull* 30:433-446.

Shannon TJ. 2008. *Iroquois Diplomacy on the Early American Frontier*. New York: Penguin.

Sharot T, CW Korn, RJ Dolan. 2011. How unrealistic optimism is maintained in the face of reality. *Nature Neurosci* 14:1475-1479.

Sharpe LL. 2005. Frequency of social play does not affect dispersal partnerships in wild meerkats. *Anim Behav* 70:559-569.

Shennan S. 2001. Demography and cultural innovation: A model and its implications for the emergence of modern human culture. *Cambr Archaeol J* 11:5-16.

Shepher J. 1971. Mate selection among second-generation kibbutz adolescents and adults: Incest avoidance and negative imprinting. *Arch Sexual Behav* 1:293-307.

Sherif M. 1966. *In Common Predicament: Social Psychology of Intergroup Conflict and Cooperation*. Boston: Houghton Mifflin.

Sherif M, et al. 1961. *Intergroup Conflict and Cooperation: The Robbers Cave Experiment.* Norman: University of Oklahoma Book Exchange.

Sherman PW, JUM Jarvis, RD Alexander, eds. 1991. *The Biology of the Naked Mole-rat.* Princeton, NJ: Princeton University Press.

Shirky C. 2008. *Here Comes Everybody! The Power of Organizing Without Organizations.* New York: Penguin.

Sidanius J, et al. 1997. The interface between ethnic and national attachment: Ethnic pluralism or ethnic dominance? *Public Opin Quart* 61:102-133.

Sidanius J, et al.1999. Peering into the jaws of the beast: The integrative dynamics of social identity, symbolic racism, and social dominance. In DA Prentice, DT Miller, eds. *Cultural Divides: Understanding and Overcoming Group Conflicts*. New York: Russell Sage Foundation. pp. 80-132.

Sidanius J, JR Petrocik. 2001. Communal and national identity in a multiethnic state. In RD Ashmore, L Jussim, D Wilder, eds. *Social Identity, Intergroup Conflict, and Conflict Resolution*. Oxford: Oxford University Press. pp. 101-129.

Silberbauer GB. 1965. *Report to the Government of Bechuanaland on the Bushman Survey*. Gaberones: Bechuanaland Government.

——. 1981. *Hunter and Habitat in the Central Kalahari Desert.* Cambridge: Cambridge University Press.

——. 1996. Neither are your ways my ways. In S Kent, ed. *Cultural Diversity Among Twentieth-Century Foragers*. New York: Cambridge University Press. pp. 21-64.

Silk JB. 1999. Why are infants so attractive to others? The form and function of infant handling in bonnet macaques. *Anim Behav* 57:1021-1032.

——. 2002. Kin selection in primate groups. *Int J Primatol* 23:849-875.

Silk JB, et al. 2013. Chimpanzees share food for many reasons: The role of kinship, reciprocity, social bonds and harassment on food transfers. *Science Direct* 85:941-947.

Silver S, WR Miller. 1997. *American Indian Languages*. Tucson: University of Arizona Press.

Simmel G. 1950. *The Sociology of Georg Simmel*. KH Wolff, ed. Glencoe. IL: Free Press.

Simoons FJ. 1994. *Eat Not This Flesh: Food Avoidances from Prehistory to the Present.*

Madison: University of Wisconsin Press.

Slobodchikoff CN, et al. 2012. Size and shape information serve as labels in the alarm calls of Gunnison' s prairie dogs. *Curr Zool* 58:741-748.

Slobodchikoff CN, BS Perla, JL Verdolin. 2009. *Prairie Dogs: Communication and Community in an Animal Society*. Cambridge, MA: Harvard University Press.

Slovic P. 2000. *The Perception of Risk.* New York: Earthscan.

Smedley A, BD Smedley. 2005. Race as biology is fiction, racism as a social problem is real. *Am Psychol* 60:16-26.

Smith AD. 1986. *The Ethnic Origins of Nations.* Oxford: Blackwell.

Smith DL. 2009. *The Most Dangerous Animal: Human Nature and the Origins of War.* New York: Macmillan.

——. 2011. *Less Than Human: Why we Demean, Enslave, and Exterminate Others.* New York: St. Martin' s Press.

Smith DL, I Panaitiu. 2015. Aping the human essence. In WD Hund, CW Mills, S Sebastiani, eds. *Simianization: Apes, Gender, Class, and Race.* Zurich: Verlag & Wein. pp. 77-104.

Smith DW, et al. 2015. Infanticide in wolves: Seasonality of mortalities and attacks at dens support evolution of territoriality. *J Mammal* 96:1174-1183.

Smith ER, CR Seger, DM Mackie. 2007. Can emotions be truly group-level? Evidence regarding four conceptual criteria. *J Pers Soc Psychol* 93:431-446.

Smith KB, et al. 2011. Linking genetics and political attitudes: Reconceptualizing political ideology. *Polit Psychol* 32:369-397.

Smith ME. 2010. The archaeological study of neighborhoods and districts in ancient cities. *J Anthropol Archaeol* 29:137-154.

Smith PC. 2009. *Everything you know about Indians is Wrong*. Minneonapolis, MN: University of Minnesota.

Smith, RM. 1997. *Civic Ideals: Conflicting Visions of Citizenship in U.S. History*. New Haven, CT: Yale University Press.

Smouse PE, et al. 1981. The impact of random and lineal fission on the genetic divergence of small human groups: A case study among the Yanomama. *Genetics* 98:179-197.

Sorabji R. 2005. *The Philosophy of the Commentators, 200-600 AD: A Sourcebook, Volume 1: Psychology (with Ethics and Religion).* Ithaca, NY: Cornell University Press.

Sorensen AA, TM Busch, SB Vinson. 1985. Control of food influx by temporal subcastes in the fire ant. *Behav Ecol Sociobiol* 17:191-198.

Sorger DM, W Booth, A Wassie Eshete, M Lowman, MW Moffett. 2017. Outnumbered: A new dominant ant species with genetically diverse supercolonies. *Insectes Sociaux* 64:141-147.

Southwick CH, et al. 1974. Xenophobia among free-ranging rhesus groups in India. In RL Holloway, ed. *Primate Aggression, Territoriality, and Xenophobia.* New York: Academic. pp. 185-209.

Spencer C. 2010. Territorial expansion and primary state formation. *Proc Nat Acad Sci* 107:7119-7126.

Spencer WB, FJ Gillen. 1899. *The Native Tribes of Central Australia.* London: MacMillan & Co.

Sperber D. 1974. *Rethinking Symbolism.* Cambridge: Cambridge University Press.

Spicer EH. 1971. Persistent cultural systems. *Science* 174:795-800.

Spickard P. 2005. Race and nation, identity and power: Thinking comparatively about ethnic systems. In P Spickard, ed. *Race and Nation: Ethnic Systems in the Modern World.* New York: Taylor & Francis. pp. 1-29.

Spoor JR, JR Kelly. 2004. The evolutionary significance of affect in groups. *Group Proc Intergr Rel* 7:398-412.

Spoor JR, KD Williams. 2007. The evolution of an ostracism detection system. In JP Forgas et al., eds. *Evolution and the Social Mind.* New York: Psychology Press. pp. 279-292.

Sridhar H, G. Beauchamp, K Shankar. 2009. Why do birds participate in mixed-species foraging flocks? *Science Direct* 78:337-347.

Stahler DR, DW Smith, R Landis. 2002. The acceptance of a new breeding male into a wild wolf pack. *Can J Zool* 80:360-365.

Stanner WEH. 1965. Aboriginal territorial organization. *Oceania* 36:1-26.

——. 1979. *White Man Got No Dreaming: Essays 1938-78.* Canberra: Australian National University Press.

Staub E 1989. *The Roots of Evil.* Cambridge: Cambridge University Press.

——. 1997. Blind versus constructive patriotism. In D Bar-Tal, E Staub, eds. *Patriotism in the Lives of Individuals and Nations.* Chicago: Nelson-Hall. pp. 213-228.

Steele C, J Gamble. 1999. Hominid ranging patterns and dietary strategies. In H Ullrich, ed. *Hominid Evolution: Lifestyles and Survival Strategies.* Gelsenkirchen: Edition Archaea. pp. 369-409.

Steele CM, SJ Spencer, J Aronson. 2002. Contending with group image: The psychology of stereotype and social identity threat. *Adv Exp Soc Psychol* 34:379-440.

Steffian AF, PG Saltonstall. 2001. Markers of identity: Labrets and social organization in the Kodiak Archipelago. *Alaskan J Anthropol* 1:1-27.

Stiner MC, SL Kuhn. 2006. Changes in the "connectedness" and resilience of Paleolithic societies in Mediterranean ecosystems. *Hum Ecol* 34:693-712.

Stirling MW. 1938. *Historical and Ethnographical Material on the Jívaro Indians.* Washington, DC: Smithsonian Institution.

Stoneking M. 2003. Widespread prehistoric human cannibalism: Easier to swallow? *Trends Ecol Evol* 18:489-490.

Strandburg-Peshkin A, et al. 2015. Shared decision-making drives collective movement in wild baboons. *Science* 348:1358-1361.

Struch N, SH Schwartz. 1989. Intergroup aggression: Its predictors and distinctness from in-group bias. *J Pers Soc Psychol* 56:364-373.

Struhsaker TT. 2010. *The Red Colobus Monkeys*. New York: Oxford University Press.

Sturgis J, DM Gordon. 2012. Nestmate recognition in ants. *Myrmecol News* 16:101-110.

Suarez AV, et al. 2002. Spatiotemporal patterns of intraspecific aggression in the invasive Argentine ant. *Anim Behav* 64:697-708.

Suetonius 1979 (written AD 121). *The Twelve Caesars*. M. Graves, trans. London: Penguin.

Sueur C, et al. 2011. Group size, grooming and fission in primates: A modeling approach based on group structure. *J Theor Biol* 273:156-166.

Sugita Y. 2008. Face perception in monkeys reared with no exposure to faces. *Proc Nat Acad Sci* 105:394-398.

Sugiyama Y. 1999. Socioecological factors of male chimpanzee migration at Bossou, Guinea. *Primates* 40:61-68.

Sumner WG. 1906. *Folkways: The Study of the Sociological Importance of Usages, Manners, Customs, Mores, and Morals.* Boston: Ginn & Co.

Surbeck M, G Hohmann. 2008. Primate hunting by bonobos at LuiKotale, Salonga National Park. *Curr Biol* 18:R906-R907.

Swann WB Jr, et al. 2012. When group membership gets personal: A theory of identity fusion. *Psychol Rev* 119:441-456.

Taglialatela JP, et al. 2009. Visualizing vocal perception in the chimpanzee brain. *Cereb Cortex* 19:1151-1157.

Tainter JA. 1988. *The Collapse of Complex Societies.* Cambridge: Cambridge University

Press.

Tajfel H, et al. 1970. The development of children's preference for their own country: A cross national study. *Int J Psychol* 5:245-253.

Tajfel H, JC Turner. 1979. An integrative theory of intergroup conflict. In W Austin, S Worchel, eds. *The Social Psychology of Intergroup Relations.* Monterey, CA: Brooks/Cole. pp. 33-47.

Takahashi H, et al. 2014. Different impressions of other agents obtained through social interaction uniquely modulate dorsal and ventral pathway activities in the social human brain. *Science Direct* 58:289-300.

Tan J, B Hare. 2013. Bonobos share with strangers. *PLoS ONE* 8:e51922.

Tanaka J. 1980. *The San, Hunter-Gatherers of the Kalahari.* Tokyo: University of Tokyo Press.

Tarr B, J Launay, RIM Dunbar. 2016. Silent disco: Dancing in synchrony leads to elevated pain thresholds and social closeness. *Evol Hum Behav* 37:343-349.

Taylor AM. 2005. *The Divided Family in Civil War America*. Chapel Hill: University of North Carolina Press.

Taylor CB, JM Ferguson, BM Wermuth. 1977. Simple techniques to treat medical phobias. *Postgrad Med J* 53:28-32.

Taylor R. 2008. The polemics of making fire in Tasmania. *Aboriginal Hist* 32:1-26.

Tebbich S, R Bshary. 2004. Cognitive abilities related to tool use in the woodpecker finch. *Anim Behav* 67:689-697.

Tennie C, J Call, M Tomasello. 2009. Ratcheting up the ratchet: On the evolution of cumulative culture. *Philos T Roy Soc B* 364:2405-2415.

Terry DJ, CJ Carey, VJ Callan. 2001. Employee adjustment to an organizational merger: An intergroup perspective. *Pers Soc Psychol Bull* 27:267-280.

Testart A. 1982. Significance of food storage among hunter-gatherers. *Curr Anthropol* 23:523-530.

Testi A. 2005. You Americans aren't the only people obsessed with your flag. *Zócalo.* http://www.zocalopublicsquare.org/2015/06/12/you-americans-arent-the-only-people-obsessed-with-your-flag/ideas/nexus/.

——. 2010. *Capture the Flag.* NG Mazhar, trans. New York: New York University Press.

Thaler RH, CR Sunstein. 2009. *Nudge: Improving Decisions about Health, Wealth, and Happiness*. New York: Penguin.

Theberge J, M Theberge. 1998. *Wolf Country: Eleven Years Tracking the Algonquin Wolves*. Toronto: McClelland & Stewart.

Thierry B. 2005. Hair grows to be cut. *Evol Anthropol: Issues, News, and Reviews* 14:5.

Thomas EM. 1959. *The Harmless People*. New York: Alfred A. Knopf.

Thomas-Symonds N. 2010. *Attlee: A Life in Politics*. New York: IB Tauris.

Thompson B. 1983. Social ties and ethnic settlement patterns. In WC McCready, ed. *Culture, Ethnicity, and Identity*. New York: Academic Press. pp. 341-360.

Thompson PR. 1975. A cross-species analysis of carnivore, primate, and hominid behavior. J *Human Evol* 4:113-124.

Thornton A, J Samson, T Clutton-Brock. 2010. Multi-generational persistence of traditions in neighbouring meerkat groups. *Proc Roy Soc B* 277:3623-3629.

Tibbetts EA, J Dale. 2007. Individual recognition: It is good to be different. *Trends Ecol Evol* 22:529-537.

Tilly C. 1975. Reflections on the history of European state-making. In C Tilly, ed. *The Formation of National States in Western Europe*. Princeton, NJ: Princeton University Press. pp. 3-83.

Tincoff R, PW Jusczyk. 1999. Some beginnings of word comprehension in 6-month-olds. *Psychol Sci* 10:172-175.

Tindale RS, S Sheffey. 2002. Shared information, cognitive load, and group memory. *Group Process Intergr Relat* 5:5-18.

Tishkoff SA, et al. 2007. Convergent adaptation of human lactase persistence in Africa and Europe. *Nat Genet* 39:31-40.

Tobler R, et al. 2017. Aboriginal mitogenomes reveal 50, 000 years of regionalism in Australia. *Nature* 544:180-184.

Todorov A. 2017. *Face Value: The Irresitable Influence of First Impressions*. Princeton, NJ: Princeton University Press.

Toft MD. 2003. *The Geography of Ethnic Violence*. Princeton, NJ: Princeton University Press.

Tomasello M. 2011. Human culture in evolutionary perspective. In MJ Gelfand et al., eds. *Advances in Culture and Psychology*, vol 1. New York: Oxford University Press. pp. 5-51.

——. 2014. *A Natural History of Human Thinking*. Cambridge, MA: Harvard University Press.

Tomasello M, et al. 2005. Understand and sharing intentions: The origins of cultural cognition. *Behav Brain* Sci 28:675-673.

Tonkinson R. 1987. Mardujarra kinship. In DJ Mulvaney, JP White, eds. *Australia to 1788*. Broadway, NSW: Fairfax, Syme, Weldon. pp. 197-220.

——. 2002. *The Mardu Aborigines: Living the Dream in Australia's Desert*. 2nd ed. Belmont, CA: Wadsworth.

——. 2011. Landscape, transformations, and immutability in an Aboriginal Australian culture. *Cult Memories* 4:329-345.

Torres CW, ND Tsutsui. 2016. The effect of social parasitism by *Polyergus breviceps* on the nestmate recognition system of its host, *Formica altipetens. PloS ONE* 11:e0147498.

Townsend JB. 1983. Pre-contact political organization and slavery in Aleut society. In E Tooker, ed. *The Development of Political Organization in Native North America*. Philadelphia: Proceeding of the American Ethnological Society. pp. 120-132.

Townsend SW, LI Hollén, MB Manser. 2010. Meerkat close calls encode group-specific signatures, but receivers fail to discriminate. *Anim Behav* 80:133-138.

Trinkaus E, et al. 2014. *The people of Sunghir*. Oxford: Oxford University Press.

Tschinkel WR. 2006. *The Fire Ants*. Cambridge, MA, Harvard University Press.

Tsutsui ND 2004. Scents of self: The expression component of self/non-self recognition systems. In *Ann Zool Fenn*. Finnish Zoological and Botanical Publishing Board. pp. 713-727.

Turchin P. 2015. *Ultrasociety: How 10, 000 Years of War Made Humans the Greatest Cooperators on Earth*. Chaplin, CT: Beresta Books.

Turchin P, et al. 2013. War, space and the evolution of Old World complex societies. *Proc Nat Acad Sci* 110:16384-16389.

Turchin P, S Gavrilets. 2009. Evolution of complex hierarchical societies. *Soc Evol Hist* 8:167-198.

Turnbull CM. 1965. *Wayward Servants*. London: Eyre and Spottiswoode.

——. 1972. *The Mountain People*. London: Cape.

Turner JC. 1981. The experimental social psychology of intergroup behavior. In JC Turner, H Giles, eds. *Intergroup Behavior*. Oxford: Blackwell. pp. 66-101.

Turner JH, RS Machalek. 2018. *The New Evolutionary Sociology*. New York: Routledge.

Turner TS. 2012. The social skin. *J Ethnog Theory* 2:486-504.

Tuzin D. 2001. *Social Complexity in the Making: A Case Study Among the Arapesh of New Guinea*. London: Routledge.

Tyler TR. 2006. Psychological perspectives on legitimacy and legitimation. *Annu Rev*

Psychol 57:375-400.

Uehara E. 1990. Dual exchange theory, social networks, and informal social support. *Am J Sociol* 96:521-57.

Vaes J, MP Paladino 2010. The uniquely human content of stereotypes. *Process Intergr Relat* 13:23-39.

Vaes J, et al. 2012. We are human, they are not: Driving forces behind outgroup dehumanisation and the humanisation of the ingroup. *Eur Rev Soc Psychol* 23:64-106.

Vaesen K, et al. 2016. Population size does not explain past changes in cultural complexity. *Proc Nat Acad Sci* 113:E2241-E2247.

Valdesolo P, J Ouyang, D DeSteno. 2010. The rhythm of joint action: Synchrony promotes cooperative ability. *J Exp Soc Psychol* 46:693-695.

Van den Berghe PL. 1981. *The Ethnic Phenomenon.* New York: Elsevier.

van der Dennen JMG. 1987. Ethnocentrism and in-group/out-group differentiation. In V Reynolds et al., eds. *The Sociobiology of Ethnocentrism.* London: Croom Helm. pp. 1-47.

——. 1991. Studies of conflict. In M Maxwell, ed. *The Sociobiological Imagination.* Albany: State University of New York Press. pp. 223-241.

——. 1999. Of badges, bonds, and boundaries: In-group/out-group differentiation and ethnocentrism revisited. In K Thienpont, R Cliquet, eds. *In-group/Out-group Behavior in Modern Societies.* Amsterdam: Vlaamse Gemeeschap/CBGS. pp. 37-74.

——. 2014. Peace and war in nonstate societies: An anatomy of the literature in anthropology and political science. *Common Knowledge* 20:419-489.

Van der Toorn J, et al. 2014. My country, right or wrong: Does activating system justification motivation eliminate the liberal-conservative gap in patriotism? *J Exp Soc Psychol* 54:50-60.

van de Waal E, C Borgeaud, A Whiten. 2013. Potent social learning and conformity shape a wild primate' s foraging decisions. *Science* 340:483-485.

van Dijk RE, et al. 2013. The thermoregulatory benefits of the communal nest of sociable weavers *Philetairus socius* are spatially structured within nests. *J Avian Biol* 44:102-110.

van Dijk RE, et al. 2014. Cooperative investment in public goods is kin directed in communal nests of social birds. *Ecol Lett* 17:1141-1148.

Vanhaeren M, F d' Errico. 2006. Aurignacian ethno-linguistic geography of Europe revealed by personal ornaments. *J Archaeol Sci* 33:1105-1128.

Van Horn RC, et al. 2007. Divided destinies: Group choice by female savannah baboons during social group fission. *Behav Ecol Sociobiol* 61:1823-1837.

Van Knippenberg D. 2011. Embodying who we are: Leader group prototypicality and leadership effectiveness. *Leadership Quart* 22:1078-1091.

Van Meter PE. 2009. Hormones, stress and aggression in the spotted hyena. Ph.D. diss. in Zoology. Michigan State University, East Lansing, MI.

Van Vugt M, A Ahuja. 2011. *Naturally Selected: The Evolutionary Science of Leadership.* New York: HarperCollins.

Van Vugt M, CM Hart. 2004. Social identity as social glue: The origins of group loyalty. *J Pers Soc Psychol* 86:585-598.

Van Vugt M, R Hogan, RB Kaiser. 2008. Leadership, followership, and evolution: Some lessons from the past. *Am Psychol* 63:182-196.

Vasquez JA, ed. 2012. *What do We Know About War?* 2nd ed. Lanham, Maryland: Rowman & Littlefield.

Vecoli RJ. 1978. The coming of age of the Italian Americans 1945-1974. *Ethnic Racial Stud* 8:134-158.

Verdolin JL, AL Traud, RR Dunn. 2014. Key players and hierarchical organization of prairie dog social networks. *Ecol Complex* 19:140-147.

Verdu P, et al. 2010. Limited dispersal in mobile hunter-gatherer Baka Pygmies. *Biol Lett* 6:858-861.

Viki GT, R Calitri. 2008. Infrahuman outgroup or suprahuman group: The role of nationalism and patriotism in the infrahumanization of outgroups. *Eur J Soc Psychol* 38:1054-1061.

Viki GT, D Osgood, S Phillips. 2013. Dehumanization and self-reported proclivity to torture prisoners of war. *J Exp Soc Psychol* 49:325-328.

Villa P. 1983. *Terra Amata and the Middle Pleistocene Archaeological Record of Southern France.* Berkeley, CA: University of California Publications in Anthropology 13.

Visscher PK. 2007. Group decision making in nest-site selection among social insects. *Annu Rev Entomol* 52:255-275.

Volpp L. 2001. The citizen and the terrorist. *UCLA Law Rev* 49:1575-1600.

Voltaire. 1901. *A Philosophical Dictionary*, vol. 4. Paris: ER Dumont.

Vonholdt BM, et al. 2008. The genealogy and genetic viability of reintroduced Yellowstone grey wolves. *Mol Ecol* 17:252-274.

Voorpostel M. 2013. Just like family: Fictive kin relationships in the Netherlands. *J Gerontol B Psychol Sci Soc Sci* 68:816-824.

Wadley L. 2001. What is cultural modernity? A general view and a South African perspective from Rose Cottage Cave. *Cambr Archaeol J* 11:201-221.

Walford E, J Gillies. 1853. *The Politics and Economics of Aristotle.* London: HG Bohn.

Walker RH, et al. 2017. Sneeze to leave: African wild dogs use variable quorum thresholds facilitated by sneezes in collective decisions. *Proc R Soc B* 284:20170347.

Walker RS. 2014. Amazonian horticulturalists live in larger, more related groups than hunter-gatherers. *Evol Hum Behav* 35:384-388.

Walker RS, et al. 2011. Evolutionary history of hunter-gatherer marriage practices. *PLoS ONE* 6:e19066.

Walker RS, KR Hill. 2014. Causes, consequences, and kin bias of human group fissions. *Hum Nature* 25:465-475.

Wallensteen P. 2012. Future directions in the scientific study of peace and war. In JA Vasquez, ed. *What Do We Know About War?* 2nd ed. Lanham, MD: Rowman & Littlefield. pp. 257-270.

Walter R, I Smith, C Jacomb. 2006. Sedentism, subsistence and socio-political organization in prehistoric New Zealand. *World Archaeol* 38:274-290.

Wang Y, S Quadflieg. 2015. In our own image? Emotional and neural processing differences when observing human-human vs human-robot interactions. *Soc Cogn Affect Neurosci* 10:1515-1524.

Ward RH. 1972. The genetic structure of a tribal population, the Yanomama Indians V. Comparisons of a series of genetic networks. *Ann Hum Genet* 36:21-43.

Warnecke AM, RD Masters, G Kempter. 1992. The roots of nationalism: Nonverbal behavior and xenophobia. *Ethol Sociobiol* 13:267-282.

Watanabe S, J Sakamoto, M Wakita. 1995. Pigeons discrimination of paintings by Monet and Picasso. *J Exp Anal Behav* 63:165-174.

Watson RD Jr. 2008. *Normans and Saxons: Southern Race Mythology and the Intellectual History of the American Civil War.* Baton Rouge, LA: Louisiana State University Press.

Watson-Jones RE, et al. 2014. Task-specific effects of ostracism on imitative fidelity in early childhood. *Evol Hum Behav* 35:204-210.

Watts DP, et al. 2000. Redirection, consolation, and male policing. In F Aureli, FBM de Waal, eds. *Natural Conflict Resolution*. Berkeley: University of California Press. pp. 281-301.

Watts DP, et al. 2006. Lethal intergroup aggression by chimpanzees in Kibale National Park, Uganda. *Am J Primatol* 68:161-180.

Waytz A, N Epley, JT Cacioppo. 2010. Social cognition unbound: Insights into anthropomorphism and dehumanization. *Curr Dir Psychol Sci* 19:58-62.

Weber E. 1976. *Peasants into Frenchmen: The Modernization of Rural France 1870-1914.* Stanford, CA: Stanford University Press.

Weddle RS. 1985. *Spanish Sea: The Gulf of Mexico in North American Discovery 1500-1685.* College Station: Texas A & M University Press.

Wegner DM. 1994. Ironic processes of mental control. *Psychol Rev* 101:34-52.

Weinstein EA. 1957. Development of the concept of flag and the sense of national identity. *Child Dev* 28:167-174.

Weisler MI. 1995. Henderson Island prehistory: Colonization and extinction on a remote Polynesian island. *Biol J Linn Soc* 56:377-404.

Weitz MA. 2008. *More Damning than Slaughter: Desertion in the Confederate Army.* Lincoln: University of Nebraska Press.

Wells RS. 2003. Dolphin social complexity. In FBM de Waal, PL Tyack, eds. *Animal Social Complexity: Intelligence, Culture and Individualized Societies.* Cambridge, MA: Harvard University Press. pp. 32-56.

Wendorf F. 1968. Site 117: A Nubian final paleolithic graveyard near Jebel Sahaba, Sudan. In F Wendorf, ed. *The Prehistory of Nubia.* Dallas: Southern Methodist University Press. pp. 954-1040.

West SA, I Pen, AS Griffin. 2002. Cooperation and competition between relatives. *Science* 296:72-75.

Weston K. 1991. *Families We Choose: Lesbians, Gays, Kinship.* New York: Columbia University Press.

Whallon R. 2006. Social networks and information: non- "utilitarian" mobility among hunter-gatherers. *J Anthropol Archaeol* 25:259-270.

Wheeler A, et al. 2011. Caucasian infants scan own-and other-race faces differently. *PloS ONE* 6: e18621.

White HT. 2011. *Burma.* Cambridge: Cambridge University Press.

Whitehead NL. 1992. Tribes make states and states make tribes: Warfare and the creation of colonial tribes and states in northeastern South America. In RB Ferguson, NL Whitehead, eds. *War in the Tribal Zone.* Santa Fe, NM: SAR Press. pp. 127-150.

Whitehouse H, et al. 2014a. The ties that bind us: Ritual, fusion, and identification. *Curr Anthropol* 55:674-695.

Whitehouse H, et al. 2014b. Brothers in arms: Libyan revolutionaries bond like family.

Proc Nat Acad Sci 111:17783-17785.

Whitehouse H, RN McCauley. 2005. *Mind and Religion: Psychological and Cognitive Foundations of Religiosity.* Walnut Creek, CA: Altamira.

Whiten A. 2011. The scope of culture in chimpanzees, humans and ancestral apes. *Philos T Roy Soc B* 366:997-1007.

Widdig A, et al. 2006. Consequences of group fission for the patterns of relatedness among rhesus macaques. *Mol Ecol* 15:3825-3832.

Wiessner PW. 1977. Hxaro: A regional system of reciprocity for reducing risk among the !Kung San. Ph.D. diss. University of Michigan, Ann Arbor, MI.

——. 1982. Risk, reciprocity and social influences on !Kung San economics. In E Leacock, R Lee, eds. *Politics and History in Band Societies.* Cambridge: Cambridge University Press. pp. 61-84.

——. 1983. Style and social information in Kalahari San projectile points. *Am Antiquity* 48:253-276.

——. 1984. Reconsidering the behavioral basis for style: A case study among the Kalahari San. *J Anthropol Arch* 3:190-234.

——. 2002. Hunting, healing, and *hxaro* exchange: A long-term perspective on !Kung (Ju/ 'hoansi) large-game hunting. *Evol Hum Behav* 23:407-436.

——. 2014. Embers of society: Firelight talk among the Ju/'hoansi Bushmen. *Proc Nat Acad Sci* 111:14027-14035.

Wiessner P, A Tumu. 1998. *Historical Vines: Enga Networks of Exchange, Ritual and Warfare in Papua New Guinea.* Washington, DC: Smithsonian Institution Press.

Wildschut T, et al. 2003. Beyond the group mind: A quantitative review of the interindividual-intergroup discontinuity effect. *Psychol Bull* 129:698-722.

Wilkinson GS, JW Boughman. 1998. Social calls coordinate foraging in greater spear-nosed bats. *Anim Behav* 55:337-350.

Willer R, K Kuwabara, MW Macy. 2009. The false enforcement of unpopular norms. *Am J Sociol* 115:451-490.

Williams J. 2006. *Clam Gardens: Aboriginal Mariculture on Canada's West Coast.* Point Roberts, WA: New Star Books.

Williams JM, et al. 2004. Why do male chimpanzees defend a group range? *Anim Behav* 68:523-532.

Williams JM, et al. 2008. Causes of death in the Kasakela chimpanzees of Gombe

National Park, Tanzania. *Am J Primatol* 70:766-777.

Wilshusen RH, JM Potter. 2010. The emergence of early villages in the American Southwest: Cultural issues and historical perspectives. In MS Bandy, JR Fox, eds. *Becoming Villagers: Comparing Early Village Societies.* Tucson: University of Arizona Press. pp. 165-183.

Wilson DS, EO Wilson. 2008. Evolution "for the Good of the Group." *Am Sci* 96:380-389.

Wilson EO. 1975. *Sociobiology: The New Synthesis.* Cambridge, MA: Harvard University Press.

——. 1978. *On Human Nature*. Cambridge, MA: Harvard University Press.

——. 1980. Caste and division of labor in leaf-cutter ants. I. The overall pattern in *A. sexdens. Behav Ecol Sociobiol* 7:143-156.

——. 2012. *Social Conquest of Earth.* New York: W.W. Norton.

Wilson ML, et al. 2014. Lethal aggression in *Pan* is better explained by adaptive strategies than human impacts. *Nature 513*:414-417.

Wilson ML, M Hauser, R Wrangham. 2001. Does participation in intergroup conflict depend on numerical assessment, range location or rank in wild chimps? *Anim Behav* 61:1203-1216.

Wilson ML, WR Wallauer, AE Pusey. 2004. New cases of intergroup violence among chimpanzees in Gombe National Park, Tanzania. *Int J Primatol* 25:523-549.

Wilson ML, RW Wrangham. 2003. Intergroup relations in chimpanzees. *Annu Rev Anthropol* 32:363-392.

Wilson TD. 2002. *Strangers to Ourselves: Discovering the Adaptive Unconscious.* Cambridge, MA: Harvard University Press.

Wimmer A, B Min. 2006. From empire to nation-state: Explaining wars in the modern world, 1816-2001. *Am Sociol Rev* 71:867-897.

Winston ML, GW Otis. 1978. Ages of bees in swarms and afterswarms of the Africanized honeybee. *J Apic Res* 17:123-129.

Witkin HA, JW Berry. 1975. Psychological differentiation in cross-cultural perspective. *J Cross Cult Psychol* 6:4-87.

Wittemyer G, et al. 2007. Social dominance, seasonal movements, and spatial segregation in African elephants. *Behav Ecol Sociobiol* 61:1919-1931.

Wittemyer G, et al. 2009. Where sociality and relatedness diverge: The genetic basis for hierarchical social organization in African elephants. *Proc Roy Soc B* 276:3513-3521.

Wobst HM. 1974. Boundary conditions for Paleolithic social systems. *Am Antiquity*

39:147-178.

——. 1977. Stylistic behavior and information exchange. In CE Cleland, ed. *Research Essays in Honor of James B. Griffin.* Ann Arbor, MI: Museum of Anthropology. pp. 317-342.

Wohl MJA, MJ Hornsey, CR Philpot. 2011. A critical review of official public apologies: Aims, pitfalls, and a staircase model of effectiveness. *Soc Issues Policy Rev* 5:70-100.

Wohl MJA, et al. 2012. Why group apologies succeed and fail: Intergroup forgiveness and the role of primary and secondary emotions. *J Pers Soc Psychol* 102:306-322.

Wolsko C, B Park, CM Judd. 2006. Considering the tower of Babel. *Soc Justice Res* 19:277-306.

Womack M. 2005. *Symbols and Meaning: A Concise Introduction*. Walnut Creek CA: Altamira.

Wood G. 2015. What ISIS really wants. *The Atlantic* 315:78-94.

Woodburn J. 1982. Social dimensions of death in four African hunting and gathering societies. In M Bloch, J Parry, eds. *Death and the Regeneration of Life.* Cambridge: Cambridge University Press. pp. 187-210.

Word CO, MP Zanna, J Cooper. 1974. The nonverbal mediation of self-fulfilling prophecies in interracial interaction. *J Exp Soc Psychol* 10:109-120.

Wrangham RW. 1977. Feeding behaviour of chimpanzees in Gombe National Park, Tanzania. In TH Clutton-Brock, ed. *Primate Ecology*. London: Academic Press. pp. 504-538.

——. 1999. Evolution of coalitionary killing. *Am J Phys Anthropol* 110:1-30.

——. 2009. *Catching Fire: How Cooking Made Us Human.* New York: Basic Books.

——. 2014. Ecology and social relationships in two species of chimpanzee. In DI Rubenstein, RW Wrangham, eds. *Ecological Aspects of Social Evolution: Birds and Mammals.* Princeton, NJ: Princeton University Press. pp. 352-378.

——. 2019. *The Goodness Paradox: The Strange Relationship between Virtue and Violence in Human Evoution*. New York: Pantheon Books.

Wrangham RW, L Glowacki. 2012. Intergroup aggression in chimpanzees and war in nomadic hunter-gatherers. *Hum Nature* 23:5-29.

Wrangham RW, D Peterson. 1996. *Demonic Males: Apes and the Origins of Human Violence.* New York: Houghton Mifflin Harcourt.

Wrangham RW, et al. 2016. Distribution of a chimpanzee social custom is explained by matrilineal relationship rather than conformity. *Curr Biol* 26:3033-3037.

Wrangham RW, ML Wilson, MN Muller. 2006. Comparative rates of aggression in chimpanzees and humans. *Primates* 47:14-26.

Wray MK, et al. 2011. Collective personalities in honeybee colonies are linked to fitness. *Anim Behav* 81:559-568.

Wright R. 2004. *A Short History of Progress.* New York: Carroll & Graf.

Wright SC, et al. 1997. The extended contact effect: Knowledge of cross-group friendsips and prejudice. *J Pers Soc Psychol* 73:73-90.

Wu F. 2002. *Yellow: Race in America Beyond Black and White.* New York: Basic Books.

Wurgaft BA. 2006. Incensed: Food smells and ethnic tension. *Gastronomica* 6:57-60.

Yates FA. 1966. *The Art of Memory*. London: Routledge & Kegan Paul.

Yellen J, H Harpending. 1972. Hunter-gatherer populations and archaeological inference. *World Archaeol* 4:244-253.

Yoffee N. 1995. Collapse of ancient Mesopotamian states and civilization. In N Yoffee, G Cowgill, eds. *Collapse of Ancient States and Civilizations*. Tucson AR: University of Arizona. pp 44-68.

Yogeeswaran K, N Dasgupta. 2010. Will the "real" American please stand up? The effect of implicit national prototypes on discriminatory behavior and judgments. *Pers Soc Psychol Bull* 36:1332-1345.

Yonezawa M. 2005. Memories of Japanese identity and racial hierarchy. In P Spickard, ed. *Race and Nation.* New York: Routledge. pp. 115-132.

Zajonc R, et al. 1987 Convergence in the physical appearance of spouses. *Motiv Emot* 11:335-346.

Zayan R, J Vauclair. 1998. Categories as paradigms for comparative cognition. *Behav Proc* 42:87-99.

Zeder MA, et al., eds. 2006. *Documenting Domestication: New Genetic and Archaeological Paradigms.* Berkeley: University of California Press.

Zentall TR. 2015. Intelligence in non-primates. In S Goldstein, D Princiotta , JA Naglieri, eds. *Handbook of Intelligence.* New York: Springer. pp. 11-25.

Zerubavel E. 2003. *Time Maps: Collective Memory and the Social Shape of the Past.* Chicago: University of Chicago Press.

Zick A, et al. 2008. The syndrome of group-focused enmity. *J Soc Issues* 64:363-383.

Zinn H. 2005. *A People's History of the United States*. New York: HarperCollins.

Zvelebil M, M Lillie. 2000. The transition to agriculture in eastern Europe. In TD Price, ed. *Europe's First Farmers.* Cambridge: Cambridge University Press. pp. 57-92.